Treasury-Management Internationaler Unternehmen

SCHRIFTENREIHE FINANZIERUNG UND BANKEN

herausgegeben von
Prof. Dr. Detlev Hummel

Band 24

Nicolas Edling

**Treasury-Management
Internationaler Unternehmen**

Verlag Wissenschaft & Praxis

Bibliografische Information der Deutschen Nationalbibliothek
Die Deutsche Nationalbibliothek verzeichnet diese Publikation in
der Deutschen Nationalbibliografie; detaillierte bibliografische Daten
sind im Internet über http://dnb.dnb.de abrufbar.

ISBN 978-3-89673-693-2

© Verlag Wissenschaft & Praxis
Dr. Brauner GmbH 2015
D-75447 Sternenfels, Nußbaumweg 6
Tel. +49 7045 93 00 93 Fax +49 7045 93 00 94
verlagwp@t-online.de www.verlagwp.de

Druck und Bindung: Esser printSolutions GmbH, Bretten

Alle Rechte vorbehalten

Das Werk einschließlich aller seiner Teile ist urheberrechtlich geschützt. Jede Verwertung außerhalb der engen Grenzen des Urheberrechtsgesetzes ist ohne Zustimmung des Verlages unzulässig und strafbar. Das gilt insbesondere für Vervielfältigungen, Übersetzungen, Mikroverfilmungen und die Einspeicherung und Verarbeitung in elektronischen Systemen.

Vorwort des Herausgebers

Veränderte Rahmenbedingungen der Finanzmärkte durch globale Krisen erfordern seit Jahrzehnten eine Anpassung der finanziellen Unternehmenssteuerung, wobei letztere zunehmend eine strategische Bedeutung vor allem in internationalen Unternehmungen erlangte.

Komplexe Transaktionen verlangen nicht nur eine Intensivierung und Neuausrichtung finanzieller Führungsprozesse. Das Treasury-Management (traditionell eher als unternehmensinterne Finanzwelt weniger im Fokus des öffentlichen Interesses) rückt zunehmend grundsätzliche wissenschaftliche Forschungen in den Mittelpunkt. Die Analyse der Stellung des Treasury-Managements im betriebswirtschaftlichen Führungsprozess, ebenso wie deren Ansätze und Instrumentarien für interne wie externe Aktivitäten, wurde in der Vergangenheit eher einseitig, d. h. fachlich verengt betrieben. Die im Gegensatz dazu in den Unternehmen selbst sichtbaren enormen Veränderungen sowie die wachsende Strategieorientierung des Treasury-Managements werden hier im historischen Kontext überprüft und bewertet.

Dem Herausgeber der Schriftenreihe und Betreuer der vorliegenden Dissertation ging es folglich um eine grundlegende Forschungsarbeit zu den Entwicklungen des Treasury-Managements, um eine theoretische Systematisierung sowie eine Analyse zum holistischen Verständnis dieses Bereiches in internationalen Unternehmen. Ebenso sollten mittels empirischer Forschungen aktuelle Tendenzen der Bankensteuerung und des Cash-Managements aufgezeigt werden.

Wie die theoretischen und empirischen Ergebnisse des vorliegenden Bandes zeigen, gelang es Herrn Edling, bestehende Forschungslücken zu schließen sowie aktuelle Fragestellungen zu beantworten. Möglicherweise können diese dazu beitragen, das Finanzmanagement hinsichtlich seiner Bedeutung und Ausprägungen, Incentives etc. differenzierter zu erkennen, als dies bisher in der neoklassischen Kapitalmarktforschung reflektiert wurde.

Insbesondere entwickelt der Autor ein Gesamtverständnis für das Treasury-Management in internationalen Unternehmen. Mit Hilfe einer theoriebasierten Modellentwicklung erreicht er eine systematische Darstellung des Aufgabenspektrums sowie des Bezugsrahmens des Treasury-Managements. Zugleich befördern die empirischen Forschungen zu einigen, bisher wenig untersuchten Teilbereichen einen Erkenntnisgewinn. Die Einzelanalysen über Cash-Management sowie Bankensteuerung in ausgewählten internationalen Unternehmen zeigen Einflussfaktoren und Entwicklungstrends des Treasury-Managements auf.

Die vorliegende Arbeit versteht sich in gewisser Arbeitsteilung zu anderen mehr finanzierungsorientierten Forschungen über internationale Unternehmen und Projekte.

Ich wünsche dem neuen Band der Schriftenreihe des Lehrstuhls Finanzierung und Banken Aufmerksamkeit und fachliches Interesse und bin dem geneigten Leser aus Theorie, Lehre und Praxis dankbar für weiterführende Hinweise und Arbeitsvorschläge.

Potsdam, im Januar 2015

Prof. Dr. Detlev Hummel

Vorwort des Verfassers

Für meine
Mama und Oma!

Ich bedanke mich ebenfalls bei meinem Doktorvater Herrn Prof. Dr. Hummel für die Möglichkeit, die vorliegende Arbeit nach meinen Vorstellungen schreiben zu können. Seine Offenheit und sein Interesse für praxisorientierte Forschungsfragen haben mir dies ermöglicht. Vor allem möchte ich mich aber für die tolle Zeit am Lehrstuhl bedanken. Ich habe sehr viel gelernt und konnte Einiges für mein späteres Leben mitnehmen!

Berlin, im Januar 2015

Nicolas Edling

Inhaltsverzeichnis

Abbildungsverzeichnis 10
Tabellenverzeichnis 13
Formelverzeichnis 16
Abkürzungsverzeichnis 18

1. Einleitung 21
   1.1 Problemstellung 24
   1.2 Gang der Untersuchung 31

2. Holistisches Verständnis des Treasury-Managements Internationaler Unternehmen 39
   2.1. Theorie und Rahmenbedingungen Internationaler Unternehmen 39
      2.1.1 Theorien der Entstehung von Internationalen Unternehmen 42
      2.1.2 Internationale Unternehmen – Definition und Abgrenzung 51
      2.1.3 Umfeld Internationaler Unternehmen – Speziell internationale (Finanz-)Märkte 68
   2.2. Treasury-Management Internationaler Unternehmen – Begriffsbestimmung 91
      2.2.1 Entwicklung von der Finanzbuchhaltung hin zur Treasury 94
      2.2.2 Konzept des Finanzmanagements von Internationalen Unternehmen 100
      2.2.3 Aufgaben und Ziele des Treasury-Managements Internationaler Unternehmen 108
      2.2.4 Treasury-Management – Definition und Abgrenzung 126
      2.2.5 Corporate Governance im Treasury-Management 141

3. Treasury-Management Internationaler Unternehmen – Ansätze und Systematik 151

   3.1 Treasury-Management-Modell – Herleitung 152

   3.2 Treasury-Management-Modell – Schwerpunktsetzung und Fokussierung der Arbeit 156

   3.3 Cash-Management 158

   3.4 Bank-Relationship-Management 222

   3.5 Bankensteuerungsbezogenes Risikomanagement im Treasury-Management 250

   3.6 Exkurs: Organisation des Treasury-Managements 266

4. Empirische Untersuchung 283

   4.1 Empirische Untersuchung – Thesen, Methodik und Stichprobe 283

      4.1.1 Einleitende empirische Untersuchung zum Cash-Management 284

      4.1.2 Empirische Untersuchung zur Bankensteuerung 289

      4.1.3 Eingesetzte Methodik – Auswertung und Datenerhebung 305

      4.1.4 Stichprobenselektion 324

   4.2 Empirische Untersuchung – Ergebnisse und Interpretation 333

      4.2.1 Globale Finanzkrise und Cash-Management 335

      4.2.2 Globale Finanzkrise und Bankensteuerung im Treasury-Management 372

      4.2.3 Zusammenhang Bankensteuerung und Cash-Management 404

5. Zusammenfassung und Fazit 423

   5.1 Erkenntnisse aus der Arbeit 425

   5.2 Weiterführende Forschungsmöglichkeiten 437

Anhang 439

Quellenverzeichnis 473

Abbildungsverzeichnis

Seite

Abb. 1: Einordnung des Treasury-Managements in die
Forschungsschwerpunkte des Internationalen Managements 41

Abb. 2: Entscheidungsprozess Eklektische Theorie 47

Abb. 3: Das Uppsala-Modell der Internationalisierung nach Johanson
und Vahlne (1977) 49

Abb. 4: Systematisierung der Betrachtungs- und Abgrenzungsmöglichkeiten
von Internationalen Unternehmen 55

Abb. 5: Übersicht einstufige Betrachtungskonzepte der Internationalen
Unternehmung 56

Abb. 6: Das EPRG-Konzept von Perlmutter – Vereinfachte grafische
Darstellung 62

Abb. 7: Das Konzept von Bartlett/Ghosal – Vereinfachte grafische
Darstellung 65

Abb. 8: Einflüsse auf Internationale Unternehmen (Marktumfeld) 71

Abb. 9: Wertekette und Interaktion mit internationalen Märkten 72

Abb. 10: Entwicklung des weltweiten Exportvolumens in Mio. US-Dollar 85

Abb. 11: FDI-Flows (Inward) in Mio. US-Dollar 88

Abb. 12: FDI-Flows (Outward) in Mio. US-Dollar 88

Abb. 13: Zusammenhang Normatives, Strategisches und Operatives
Management 105

Abb. 14: Einordnung Finanzmanagement in das
St. Gallener-Management-Konzept 107

Abb. 15: Grobes übergeordnetes Zielbild des Treasury-Managements 113

Abb. 16: Entwicklungspfad Treasury-Partner-Modell 122

Abb. 17: Einflüsse und Zusammenhänge in Bezug auf die Definition des
Begriffes „Treasury-Management" 129

Abb. 18: Aufbauorganisation kontinentaleuropäisches Modell 144

Abb. 19: Aufbauorganisation angelsächsisches Modell 146

Abb. 20: Allgemeine Darstellung Treasury-Management-Organisation 147

Abb. 21: Übersicht Regelwerk Treasury-Management 149

Abb. 22: Treasury-Management-Modell 153

ABBILDUNGSVERZEICHNIS

Abb. 23: Erweiterte Darstellung des Treasury-Management-Modells 156
Abb. 24: Schwerpunktsetzung Treasury-Management-Modell 157
Abb. 25: Der Cash-Management-Prozess 163
Abb. 26: Beispiel „Cash Pooling" 181
Abb. 27: Beispiel „bilaterales Netting" 185
Abb. 28: Beispiel „multilaterales Netting" 186
Abb. 29: Leading & Lagging-Break-Even-Analyse 190
Abb. 30: (Net) Working Capital in der Bilanz 197
Abb. 31: Fluktuierendes und permanentes (Net) Working Capital 198
Abb. 32: Maturity Matching Strategie 199
Abb. 33: Long-term Funding Strategy 199
Abb. 34: Short-term Funding Strategy 200
Abb. 35: Bestimmung optimale/kostenminimale Höhe des
(Net) Working Capitals 203
Abb. 36: Grundidee des Ablaufs des Cash Conversion Cycle 206
Abb. 37: Cash Conversion Cycle 207
Abb. 38: Der Cash Conversion Cycle und seine Prozesse 212
Abb. 39: Klassifizierung von Ansätzen zur Unternehmen-Bank-Beziehung 225
Abb. 40: Bank-Relationship-Plan 238
Abb. 41: Strukturierung qualitativer Kriterien für Bankenrating 241
Abb. 42: Unternehmensinternes Bankenrating 247
Abb. 43: Risikomanagementprozess 253
Abb. 44: Beispiel zur Kategorisierung von Risiken 254
Abb. 45: Ratingbeispiel 259
Abb. 46: Steuerung von Kontrahentenrisiko 264
Abb. 47: Stellung des CFO und der Treasury im Unternehmen 268
Abb. 48: Exemplarischer Handelsprozess im Treasury-Management 272
Abb. 49: Grobablauf der Datenerhebung 322
Abb. 50: Stichprobenselektion 329
Abb. 51: Struktur empirische Untersuchung 335
Abb. 52: Entwicklung der Cash Conversion Cycle-Time –
DAX-Unternehmen 340

Abb. 53: Entwicklung der Cash Conversion Cycle-Time –
MDAX-Unternehmen 340

Abb. 54: Entwicklung der Cash Conversion Cycle-Time – Gesamt 340

Abb. 55: Entwicklung der Mediane der Liquiditätsgrade –
DAX-Unternehmen 355

Abb. 56: Entwicklung der Mediane der Liquiditätsgrade –
MDAX-Unternehmen 355

Abb. 57: Entwicklung der Mediane der Liquiditätsgrade – Gesamt 355

Abb. 58: Entwicklung der Mittelwerte der Liquiditätsgrade –
DAX-Unternehmen 356

Abb. 59: Entwicklung der Mittelwerte der Liquiditätsgrade –
MDAX-Unternehmen 356

Abb. 60: Entwicklung der Mittelwerte der Liquiditätsgrade – Gesamt 356

Abb. 61: Erfüllung der Referenzgröße für die Liquidität 1. Grades von 20% 361

Abb. 62: Heteroskedastizität im Regressionsmodell
„Working Capital-Management" 408

Abb. 63: Heteroskedastizität im Regressionsmodell
„Liquidität Cash-Management" 411

Abb. 64: Heteroskedastizität im Regressionsmodell
„Effizienz des Cash-Managements 414

Abb. 65: Heteroskedastizität im Regressionsmodell
„Einflüsse auf die Bankensteuerung" 417

Tabellenverzeichnis

Tab. 1: Übersicht Definitionen von Internationalen, Multinationalen und Transnationalen Unternehmen ... 53
Tab. 2: Interpretation der verwendeten Definition Internationaler Unternehmen ... 70
Tab. 3: Kurzübersicht geschichtliche Entwicklung Treasury-Management 102
Tab. 4: Inhalte des Treasury-Partner-Modells ... 125
Tab. 5: Übersicht Treasury-Management-Definitionen ... 127
Tab. 6: Interpretation der verwendeten Treasury-Management-Definition ... 139
Tab. 7: Beispiele Definition Cash-Management ... 160
Tab. 8: Gegenüberstellung des Physischen zu dem Notional Cash Pooling 179
Tab. 9: Gegenüberstellung restriktive und flexible Politik im WCM ... 201
Tab. 10: Optimierungsmöglichkeiten des Order-to-Cash-Prozesses ... 215
Tab. 11: Optimierungsmöglichkeiten des Purchase-to-Pay-Prozesses ... 217
Tab. 12: Mögliche qualitative Kriterien für ein unternehmensinternes Bankenrating ... 242
Tab. 13: Mögliche quantitative Kriterien für ein unternehmensinternes Banken-Rating ... 244
Tab. 14: Vorteile der Zentralisierung im Treasury-Management ... 277
Tab. 15: Relevante Arbeiten zur Bankensteuerung ... 301
Tab. 16: Formelüberblick Cash Conversion Cycle ... 306
Tab. 17: Überblick Formeln Liquiditätsgrade ... 307
Tab. 18: Übersicht und Interpretation verwendeter Kennzahlen ... 309
Tab. 19: Formales Beispiel Kontingenztabelle ... 311
Tab. 20: Prüfungsmethoden „Regression" ... 319
Tab. 21: DAX-Unternehmen in der Stichprobe ... 330
Tab. 22: Gründe für Ausschluss DAX-Unternehmen aus Stichprobe ... 331
Tab. 23: MDAX-Unternehmen in der Stichprobe ... 332
Tab. 24: Gründe für Ausschluss MDAX-Unternehmen aus Stichprobe ... 333
Tab. 25: Überblick „Thesen zum Cash-Management" ... 335
Tab. 26: Analyse der Komponenten des Cash Conversion Cycle der untersuchten DAX-Unternehmen ... 342

Tab. 27: Auswertung der Analyse der Komponenten des
Cash Conversion Cycle der untersuchten DAX-Unternehmen 243

Tab. 28: Analyse der Komponenten des Cash Conversion Cycle der
untersuchten MDAX-Unternehmen 246

Tab. 29: Auswertung der Analyse der Komponenten des
Cash Conversion Cycle der untersuchten MDAX-Unternehmen 348

Tab. 30: Entwicklung der Liquidität 1. Grades – DAX-Unternehmen 358

Tab. 31: Entwicklung der Liquidität 1. Grades – MDAX-Unternehmen 359

Tab. 32: Wachstum der Cash-Bestände der untersuchten
DAX-Unternehmen 363

Tab. 33: Wachstum der Cash-Bestände der untersuchten
MDAX-Unternehmen 364

Tab. 34: Cash-Umschlagsdauer der untersuchten DAX-Unternehmen 368

Tab. 35: Cash-Umschlagsdauer der untersuchten MDAX-Unternehmen 370

Tab. 36: Überblick „Thesen zur Bankensteuerung" 373

Tab. 37: Berichterstattung über Bankensteuerung – ja oder nein 376

Tab. 38: Berichterstattungsintensität 377

Tab. 39: Chi-Quadrat-Test: Globale Finanzkrise und
Berichterstattungsintensität 375

Tab. 40: Cramer V: Globale Finanzkrise und Berichterstattungsintensität 378

Tab. 41: Steuerungskriterien mit Kontrahentenrisikobezug 382

Tab. 42: Bonität als Steuerungskriterium mit Kontrahentenrisikobezug 379

Tab. 43: Spezifizierung des Steuerungskriteriums Bonität 380

Tab. 44: Ausprägungen der Spezifizierung des Steuerungskriteriums
Bonität 381

Tab. 45: Mindestanforderung Bonität 381

Tab. 46: Mindestanforderung Rating 383

Tab. 47: Verbreitung der Methodik des Ausschlusses von riskanten
Geschäftspartnern 389

Tab. 48: Diversifikation als Methodik zur Kontrahentenrisikoreduzierung 390

Tab. 49: Verwendung von Limitsystemen als Methodik der
Kontrahentenrisikosteuerung 391

Tab. 50: Chi-Quadrat-Test: Indexzugehörigkeit und Anwendung
Limitsystem 385

Tab. 51: Cramer V: Indexzugehörigkeit und Verwendung von Limitsystemen 386
Tab. 52: Chi-Quadrat-Test: Indexzugehörigkeit und Anzahl an Steuerungsmethoden 387
Tab. 53: Cramer V: Indexzugehörigkeit und Anzahl verwendeter Methoden zur Kontrahentenrisikosteuerung 388
Tab. 54: Anzahl verwendeter Steuerungsmethoden zur Kontrahentenrisikosteuerung 392
Tab. 55: Häufigkeitsranking verbreiteter Methoden zur Kontrahentenrisikosteuerung 393
Tab. 56: Verbreitung des Steuerungskriteriums „Rating" im Zeitverlauf 397
Tab. 57: Verbreitung des Steuerungskriteriums „CDS" im Zeitverlauf 398
Tab. 58: Chi-Quadrat-Test: Indexzugehörigkeit und Verwendung von CDS-Spreads 396
Tab. 59: Cramer V: Indexzugehörigkeit und Verwendung von CDS-Spreads 396
Tab. 60: Existenz von Partnerbanken 401
Tab. 61: Ergebnisse Regressionsmodell „Working Capital Management" 409
Tab. 62: Ergebnisse Regressionsmodell „Liquidität Cash-Management" 412
Tab. 63: Ergebnisse Regressionsmodell „Effizienz Cash-Management" 415
Tab. 64: Ergebnisse Regressionsmodell „Einflüsse auf die Bankensteuerung" 418

Formelverzeichnis

For. 1: (Net) Working Capital 196
For. 2: Berechnungsschema (Net) Working Capital 197
For. 3: (Net) Working Capital im Sinne des Cash Conversion Cycle 207
For. 4: Cash Conversion Cycle-Time 208
For. 5: Days Sales in Inventory 209
For. 6: Days Sales in Inventory umgeformt 209
For. 7: Days Sales Outstanding 209
For. 8: Days Sales Outstanding umgeformt 209
For. 9: Days Payable Outstanding 210
For. 10: Days Payable Outstanding umgeformt 210
For. 11: Cash-Umschlagsdauer 308
For. 12: Liquidität 1. Grades 307
For. 13: Liquidität 2. Grades 307
For. 14: Liquidität 3. Grades 307
For. 15: Erwartete Häufigkeit 311
For. 16: Chi-Quadrat (x2) 312
For. 17: Cramer V 313
For. 18: Modellgleichung „Lineare Einfachregression" 314
For. 19: Formel „Residuen" 315
For. 20: Zielfunktion „Lineare Einfachregression" 315
For. 21: Modellgleichung „Lineare Mehrfachregression" 316
For. 22: Zielfunktion „Lineare Mehrfachregression" 316
For. 23: Bestimmtheitsmaß (R2) 319
For. 24: Korrigiertes Bestimmtheitsmaß (R2korr) 319
For. 25: F-Statistik (F-Test) 319
For. 26: Standardfehler der Schätzung (s) 320
For. 27: t-Statistik 320

For. 28: Beta-Wert bzw. Konfidenzintervall 320
For. 29: Modellgleichung Regressionsmodell
„Working Capital-Management" 407
For. 30: Modellgleichung Regressionsmodell
„Liquidität Cash-Management" 410
For. 31: Modellgleichung Regressionsmodell
„Effizienz Cash-Management" 413
For. 32: Modellgleichung Regressionsmodell
„Einflüsse auf die Bankensteuerung" 417

Abkürzungsverzeichnis

ABS	Asset Backed Securities
AIG	American International Group
AktG	Aktiengesetz
AP	Accounts Payables
AR	Accounts Receivables
BASF	Badische Anilin- & Soda-Fabrik
BRD	Bundesrepublik Deutschland
CCC	Cash Conversion Cycle
CCCT	Cash Conversion Cycle-Time
CEO	Chief Executive Officer
CFO	Chief Financial Officer
DAX	Deutscher Aktienindex
DM	Deutsche Mark
DMNC	Diversified Multinational Corporation
DPO	Days Payables Outstanding
DSI	Days Sales in Inventory
DSO	Days Sales Outstanding
EADS	European Aeronautic Defence and Space Company
EGKS	Europäische Gemeinschaft für Kohle und Stahl
EPG	Ethnozentrischen, Polyzentrischen und Geozentrischen
EPRG	Ethnozentrischen, Polyzentrischen, Regiozentrischen und Geozentrischen
ERP	Enterprice Ressource Planning
EMS	European Monetary System
EMU	European Monetary Union
EU	Europäische Union
EWG	Europäische Wirtschaftsgemeinschaft
EZB	Europäische Zentralbank
FDI	Foreign Direct Investment
FED	Federal Reserve System
F&E	Forschung und Entwicklung
GATT	General Agreement on Tariffs and Trade
GEFIU	Gesellschaft für Finanzwirtschaft in der Unternehmensführung e.V.

G7	Group of Seven
HGB	Handelsgesetzbuch
HR	Human Ressources
IBM	International Business Machines Corporation
IFO	Integrierte Finanzfunktion
IFRS	International Financial Reporting Standards
IMF	International Monetary Funds
IPO	Initial Public Offering
ISIC	International Standard Industrial Classification
IWF	Internationaler Währungsfonds
JCTM	Journal of Corporate Treasury Management
KMU	Kleine und Mittlere Unternehmen
KonTraG	Gesetz zur Kontrolle und Transparenz im Unternehmensbereich
KPMG	Klynveld Peat Marwick Goerdeler
LuL	Lieferung und Leistung
MaRisk	Mindestanforderung an das Risikomanagement
MbO	Management by Objectives
MDAX	Mid-Cap-DAX
MNE	Multinational Enterprise
M&A	Mergers & Acquisitions
NEMAX	Neuer Markt Aktienindex
NWC	(Net) Working Capital
OECD	Organization for European Economic Cooperation
OLI	Ownership, Location, Internalization
PC	Personal Computer
SAP	Software, Anwendung und Produkte
SDAX	Small-Cap-DAX
SE	Societas Europaea
SLA	Service Level Agreement
S&P 500	Standard & Poor's 500
SSC	Shared Service Center
T-Bills	Treasury-Bills
TEU	Twenty-foot Equivalent Unit
TMS	Treasury Management System
TNC	Transnational Company
TNI	Transnationality Index

UBS	Union Bank of Switzerland
UDSSR	Union der Sozialistischen Sowjetrepubliken
UK	United Kingdom
UNCTAD	United Nations Conference on Trade and Development
UNESCO	United Nations Educational, Scientific and Cultural Organization
UNO	United Nations Organization
US	United States
USA	United States of America
VDT	Verband Deutscher Treasurer e.V.
VIF	Variance Inflacion Factors
WTO	World Trade Organization
WWU	Wirtschafts- und Währungsunion

1 Einleitung

Durch die in den letzten Jahrzehnten zunehmende krisenhafte Entwicklung an den internationalen Finanzmärkten – speziell nach dem Platzen der „New-Economy"-Blase im Jahr 2000 und durch den Höhepunkt der krisenhaften Entwicklung in der jüngeren Vergangenheit mit der Globalen Finanzkrise der Jahre 2007 bis 2009 – rücken klar die finanziellen Aspekte des Weltgeschehens in den Vordergrund. Die Globale Finanzkrise kann historisch auf Grund ihres Ausmaßes und ihrer Gefährlichkeit als die größte (Finanz-)Krise seit der Weltwirtschaftskrise von 1929 bezeichnet werden. Sie wirkte sich global aus und traf nicht nur die Finanzwelt, sondern schlug sich auch auf die Realwirtschaft nieder.[1] Internationale Unternehmen[2] mit Tochtergesellschaften im Ausland und einer weltweit hohen Präsenz wurden auf Grund ihrer nahezu globalen Verstrickung mit den weltweiten Finanz- und Gütermärkten von den angesprochenen krisenhaften Entwicklungen wesentlich tangiert. Hierbei ist nicht zuletzt auch die finanzielle Globalisierung als treibende Kraft zu nennen. Die durch das zunehmende Auftreten von (Finanz-)Krisen im globalen finanzwirtschaftlichen Umfeld veränderten Rahmenbedingungen lassen eine Anpassung der finanziellen Unternehmenssteuerung gerade bei Internationalen Unternehmen als unabdingbar erscheinen. Auf Grund der zunehmend komplexeren und gleichzeitig sich immer schneller ändernden finanziellen Rahmenbedingungen, die auf Internationale Unternehmen direkt bzw. indirekt einwirken, wird eine Intensivierung bzw. Neuausrichtung der finanziellen Unternehmensführung unumstößlich. Das Treasury-Management als Herzstück der unternehmensinternen Finanzwelt rückt somit in den Mittelpunkt des Interesses.

In diesem Kontext stellt sich die Frage, ob die Thematik „Treasury-Management" aktuell eine Art von Modeerscheinung auf Grund der krisenbelasteten Finanzwelt ist oder aber einen nachhaltigen Trend hin zu einem sich verändernden Fokus im Bereich der Unternehmenssteuerung beschreibt. Es bedarf somit einer umfassenden Analyse der Stellung des Treasury-Managements sowohl in der Theorie (Wissenschaft) als auch in der Praxis.

---

[1] Vgl. Valdez/Molyneux (2010), S. 263. und vgl. Bank for International Settlements (2009), S. 3 ff., online. Sowie für weiterführende Informationen Kapitel 2.3.2 dieser Arbeit.
[2] Daten der United Nations Conference on Trade and Development (UNCTAD) belegen, dass Internationale Unternehmen (dort als Transnationale Unternehmen bezeichnet – Definition ist jedoch mit der von Internationalen Unternehmen in dieser Arbeit vergleichbar) heutzutage eine entscheidende Rolle im internationalen Kontext und bei der Globalisierung spielen. Eine Analyse dieser Unternehmen erscheint für die vorliegende Arbeit daher als übergeordnetes Untersuchungsobjekt und zugleich als Rahmen für das primäre (eingebettete) Untersuchungsobjekt (Treasury-Management) sinnvoll. Für weiterführende Informationen und Statistiken, vgl. United Nations Conference on Trade and Development (2013), online.

Beleuchtet man in diesem Zusammenhang die Stellung des Treasury-Managements im Unternehmen (Praxisfokus), so ist diesem – aus einer historischen Perspektive heraus – eine zunehmende Strategieorientierung zu attestieren. Diese verstärkte strategische Ausrichtung wurde sehr wahrscheinlich durch die Globale Finanzkrise zusätzlich gefördert. Die Treasury agiert somit heutzutage als gleichwertiger Businesspartner innerhalb des Gesamt-Konzerns und hat sich mit auf der obersten Konzernleitungsebene – vertreten durch den CFO – etabliert. Insgesamt kann von einer Entwicklung ausgehend von rein administrativen Tätigkeiten hin zu einer mitlenkenden strategischen Funktion gesprochen werden.[3]

Auf Grund dieser Entwicklung ist ergänzend zu vermuten, dass auch in der Wissenschaft der Bereich „Treasury-Management im Unternehmenskontext" zu den viel diskutierten und stark analysierten Fachbereichen zählt. Dies ist jedoch nicht der Fall. Es existiert bspw. ein nur sehr geringes Lehrbuchangebot im Vergleich zu anderen Fachgebieten. In der betriebswirtschaftlichen universitären Lehre wird der Bereich ebenfalls meist nur rudimentär behandelt. Es findet eine überwiegende Konzentration auf Teilbereiche bzw. Teilaspekte statt.[4] Diese starke Fokussierung auf treasury-relevante Teilaspekte bzw. Spezialfälle zeigt sich auch in wissenschaftlichen Publikationen zu treasury-relevanten Fragestellungen. Hier kommt erschwerend hinzu, dass diese Veröffentlichungen meist nicht im Kontext der Erforschung des Treasury-Managements entstehen, sondern vielmehr zu einem zwar für die Treasury relevanten, jedoch aber anderem eigenständigen Forschungsbereich gehören (z. B. dem Risikomanagement). Es existiert somit zwar eine Fülle an treasury-relevanter Forschung zu Teilaspekten bzw. Spezialfällen aus verschiedensten anderen Forschungsbereichen, jedoch fehlt es an einem eigenständigen etablierten Forschungsstrang in Bezug auf eine holistische bzw. interdisziplinäre Forschung über das Treasury-Management auf Unternehmensebene. Es mangelt an grundlegenden Modellen bzw. übergreifenden Ansätzen zu der Rolle, den Aufgaben sowie dem Verständnis des Treasury-Managements im Unternehmenskontext.

Insgesamt bedarf es somit einer grundlegenden Treasury-Management-bezogenen Forschung, die sich der theoretischen Systematisierung annimmt und das Ziel der Schaffung eines holistischen Verständnisses des Treasury-Managements bei Internationalen Unternehmen verfolgt. Darüber hinaus gilt es, durch empirische Forschungsarbeit aktuelle Tendenzen in diesem Bereich zu untersuchen. Die vorliegende Arbeit hat auf Grund dieser Notwendigkeiten ein zweigeteiltes Ziel:

---

[3] Vgl. Polak/Robertson/Lind (2011), S. 50.; vgl. Hollein (2010), S. 28. und vgl. Spiegel (2011), S. 32.
Sowie für weiterführende Information zur historischen Entwicklung des Treasury-Managements, Kapitel 2.2.1 dieser Arbeit.
[4] Vgl. Rapp (2011), S. 75.

(1) Es soll zur theoretischen Erklärung sowie zur Schaffung eines holistischen Verständnisses über das Treasury-Management von Internationalen Unternehmen beigetragen werden. In diesem Kontext wird eine theoriebasierte Modellentwicklung zur Treasury-Management-Systematisierung (Aufgabenspektrum und Bezugsrahmen für weiterführende Detaildiskussionen) sowie zur Stellung der Treasury innerhalb einer Unternehmung (inkl. Entwicklungspfad bzw. Incentives) angestrebt. Darüber hinaus werden verschiedenste treasuryrelevante Aspekte (Kernelemente) ausführlich theoretisch diskutiert.

(2) Es soll zum empirischen Erkenntnisgewinn über aktuell wichtige und wenig untersuchte Teilbereiche des Treasury-Managements beigetragen werden. Hierfür werden mehrere empirische Untersuchungen durchgeführt. Zum einen wird in einem Einzelanalysekontext jeweils die Entwicklung des Cash-Managements sowie der Bankensteuerung im Rahmen der Globalen Finanzkrise untersucht. Hierbei ist es das vordergründige Ziel, aktuelle Entwicklungstendenzen aufzuzeigen. Zum anderen wird in einer ergänzenden und zusammenführenden Analyse der beiden zuvor untersuchten Bereiche der Einfluss des Cash-Managements auf die Bankensteuerung sowie weitere Einflussfaktoren, die auf die Bankensteuerung einwirken, weiterführend analysiert.

Zusammenfassend wird die Auswahl des Forschungsobjektes (/-bereichs) dieser Arbeit – das „Treasury-Management von Internationalen Unternehmen" – wie folgt begründet: Auf Grund der zunehmend komplexeren und schnelllebigeren sowie zunehmend von Krisen geschüttelten finanziellen Umwelt rückt das Finanzmanagement in allen Bereich, so auch bei Internationalen Unternehmen, in den Vordergrund. Das Treasury-Management nimmt in diesem Kontext eine zunehmend strategische Stellung ein. Diese in der Praxis vermehrte strategische Stellung des Treasury-Managements wird jedoch bis heute nur unzureichend in der Wissenschaft reflektiert. Es fehlen ein umfassendes theoriebasiertes Verständnis sowie ein diesbezüglich eigenständiger Forschungsstrang und es besteht erheblicher Forschungsbedarf an theoriebasierten Ansätzen zur Rolle des Treasury-Managements Internationaler Unternehmen sowie zu aktuellen Tendenzen in diesem Bereich. Die vorliegende Arbeit nimmt sich dieser existierenden Forschungslücke soweit wie möglich an und entwickelt ein theoriebasiertes holistisches Treasury-Management-Verständnis und führt ergänzend eine empirische Untersuchung zu ausgewählten Teilbereichen des Treasury-Managements von Internationalen Unternehmen durch. Dieser umfassende Fokus verdeutlicht die Relevanz und Besonderheit der Arbeit.

Im Folgekapitel 1.1 wird die der Arbeit zugrundeliegende Problemstellung nochmals präzisiert. In Kapitel 1.2 findet dann eine ausführliche Besprechung und Detaillierung des Ganges der Untersuchung statt.

1.1 Problemstellung

Die in dieser Arbeit behandelte Problemstellung ist auf Grund des doppelten Zielcharakters der Arbeit ebenfalls zweigeteilt zu behandeln. Vor diesem Hintergrund werden im Folgenden die hinter den Einzelzielen stehenden Problemstellungen separat weiterführend spezifiziert. Hierbei wird insbesondere der empirische Teil schwerpunktmäßig beleuchtet.

Passend zur Struktur der Arbeit (siehe auch Kapitel 1.2) wird zunächst die mit der Schaffung eines holistischen Verständnisses des Treasury-Managements von Internationalen Unternehmen einhergehende Problemstellung erläutert. Die mit der Zielstellung der Schaffung eines empirischen Erkenntnisgewinnes über aktuell wichtige und wenig untersuchte Teilbereiche des Treasury-Managements einhergehende Problemstellung wird im Anschluss umfassend skizziert und auf zu erwartende Ergebnisse eingegangen.

Schaffung eines holistischen Verständnisses des Treasury-Managements Internationaler Unternehmen

Bei einer umfassenden Analyse des Treasury-Managements Internationaler Unternehmen ist auf den besonderen Charakter dieses Forschungsobjektes einzugehen. Eine isolierte Analyse der Treasury ist nicht möglich, da diese im internationalen Kontext von dem übergeordneten Bezugsrahmen „Internationale Unternehmen" stark beeinflusst wird. Das Treasury-Management Internationaler Unternehmen als Teilbereich eines international agierenden Unternehmens stellt somit eine Art „eingebettetes" Forschungsobjekt dar, welches von dem übergeordneten Bezugsrahmen „Internationale Unternehmen" wesentlich beeinflusst wird. Es bedarf zunächst einer ausführlichen Erörterung von Internationaler Unternehmen zur theoretischen Einordnung bevor im Anschluss auf die Besonderheiten des Treasury-Managements im Kontext solcher internationaler Geschäftstätigkeit eingegangen werden kann. Diese zweistufige Betrachtung ist im Hinblick auf die Besonderheiten des Finanzmanagements im grenzüberschreitenden Kontext essenziell, da ansonsten wesentliche Rahmenbedingungen vernachlässigt werden und der einzigartige Charakter bzw. Stellenwert der Thematik nur unzureichend erfasst werden würde. Es bedarf daher einer ausführlichen Erörterung der Theorie sowie der Rahmenbedingungen von Internationalen Unternehmen. Hier ist das Entstehen dieser Unternehmen, die existierenden definitorischen Ansätze – inklusive einer eigenständigen Definition für diese Arbeit – sowie das (Markt-)Umfeld (die externen Rahmenbedingungen) solcher Unternehmen zu erörtern. Bei dem letztgenannten Bereich bedarf es primär der Auseinandersetzung mit dem Finanzumfeld (z. B. durch ein Marktmodell) sowie mit Phänomen in diesem Bereich (Finanzielle Globalisierung). Darüber hinaus sind die Wirkbeziehungen, die auf Internationale Unternehmen bzw. die Treasury einwirken, zu benennen. Nach Schaffung dieser essenziellen Grundlagen als Basis für ein weiterführendes Verständnis kann sich der Bildung eines holistischen Treasury-Management-Verständnisses angenommen werden.

Das Ziel der Schaffung eines holistischen Verständnisses des Treasury-Managements Internationaler Unternehmen und somit die Erarbeitung eines Beitrages zur theoretischen Fundierung dieses Forschungsbereiches wird über die Abhandlung verschiedenster treasury-relevanter Aspekte (Kernelemente) erreicht. Hierunter fallen u.a. die historische Entwicklung sowie die neue Rolle der Treasury, die Stellung der Treasury im Unternehmen, die Abgrenzung bzw. Interaktion zu anderen Funktionsbereichen im Unternehmen, die Management-Dimensionen der Treasury, die treasuryspezifische Corporate Governance sowie die vorherrschenden Ziele (Incentives etc.) und Aufgaben des Treasury-Managements.

Bei einer derart umfassenden Analyse stellt sich speziell die Frage, wie die aktuelle Stellung des Treasury-Managements innerhalb von Internationalen Unternehmen ist. Wird die Treasury als eine reine Supportfunktion für andere Unternehmensbereiche gesehen oder hat sie sich vielmehr – auf Grund der in Kapitel 1. eingangs beschriebenen krisenhaften Entwicklung im globalen Finanzbereich – als eine strategische bis in die oberste Führung verankerte strategiebeeinflussende Steuerungsfunktion etabliert und lenkt die Unternehmens-geschehnisse aktiv mit?

Zur Strukturierung dieser Frage und für eine wissenschaftliche Systematisierung werden zwei theoriebasierte Modelle für die Diskussion von externen und internen Fragestellungen im Kontext des Treasury-Managements Internationaler Unternehmen entwickelt.

Modellentwicklung – Treasury-Management-Modell und Treasury-Partner-Modell

Die Entwicklung des Treasury-Management-Modells – als ein Modell zur Systematisierung des Treasury-Managements von Internationalen Unternehmen und speziell von dessen Aufgabenbereichen – hat als Ziel, die Schaffung eines Bezugsrahmens für die Erörterung von wissenschaftlichen sowie praxis-orientierten Ansätzen im Bereich des Treasury-Managements. Das Modell weist somit eine Art von externem Betrachtungscharakter auf. Es werden die verschiedensten Hauptaufgabenbereiche des Treasury-Managements von Internationalen Unternehmen abgebildet und so eine externe Sicht auf die Treasury mit allen ihren Hauptaufgabenfeldern ermöglicht. Es ist nicht Ziel, alle möglichen Aufgaben des Treasury-Managements zu deklarieren, sondern vielmehr die Hauptaufgaben-felder zu erfassen und so einen Rahmen zur Diskussion von ausgewählten Fragestellungen zu ermöglichen.

Das zweite Modell – das Treasury-Partner-Modell – weist hingegen eher eine Art von internem Betrachtungsfokus auf. Es hat als Ziel, die Stellung der Treasury im Unternehmen basierend auf einem übergreifenden Strategiemodell, welches einen theoretisch möglichen Entwicklungspfad der Treasury-Management-Strategie über mehrere Stufen umfasst, abzubilden. Ergänzend wird die Evolution des Treasury-Selbstverständnisses skizziert.

Durch diese beiden Modelle entsteht ein Verständnis für das Aufgaben- und Zielspektrum eines strategisch ausgerichteten Treasury-Managements Internationaler Unternehmen. Es wird so die Grundlage für eine fachspezifische Erörterung von Teilaspekten sowie der übergeordneten strategischen Orientierung geschaffen. In der vorliegenden Arbeit findet in diesem Zusammenhang eine Fokussierung auf die strategische[5] (bzw. normative[6]) Dimension des Treasury-Managements basierend auf einer Einordnung im Sinne des St. Gallener-Management-Konzepts statt. Es geht somit primär um Methoden, Konzepte sowie Steuerungsansätze im Kontext des Treasury-Managements von Internationalen Unternehmen.

Insgesamt wird durch diese umfassende Diskussion verschiedenster Aspekte des Treasury-Managements von Internationalen Unternehmen sowie der Entwicklung eines externen (Treasury-Management-Modells) und eines internen (Treasury-Partner-Modells) Treasury-Modells ein holistischer Verständnisansatz entwickelt. Die hierauf aufbauende weiterführende Analyse von ausgewählten Teilbereichen der Treasury (Cash-Management, Bank-Relationship-Management und zugehörige Risikomanagementaspekte) hat als Ziel, die notwendigen Voraussetzungen für die empirische Untersuchung von aktuellen Fragestellungen und somit das Erreichen des zweiten Ziels der Arbeit (den empirischen Erkenntnisgewinn) vorzubereiten.

Die in diesem Zuge gewonnenen theoretischen Erkenntnisse gilt es dann, im Zuge der empirischen Analyse der Arbeit zu prüfen. Hier bietet die Globale Finanzkrise der Jahre 2007 bis 2009 eine einmalige Chance, die Reaktionen des Treasury-Managements Internationaler Unternehmen auf wesentliche Änderungen der finanziellen Rahmenbedingungen zu analysieren und somit aktuelle Entwicklungstrends zu erfassen.

Empirische Problemstellung der Arbeit

Die in dieser Arbeit empirisch zu untersuchenden und schwerpunktmäßig theoretisch zu erörternden Treasury-Management-Bereiche – Cash-Management und Bankensteuerung – wurden vor dem Hintergrund der weltweiten Entwicklungen im Kontext der Globalen Finanzkrise gewählt. Die Globale Finanzkrise führte zurückgehend auf den Sub-prime-Boom in den USA und damit einhergehend dem „Originate-to-Distribute"-System der Banken sowie dem einsetzenden Trend der Verbriefung – kombiniert mit einem hohen Leverage-Grad der Kreditinstitute und einer Unterschätzung der Risiken[7] – zu der schwersten internationalen Finanzkrise seit der Weltwirtschaftskrise von 1929.[8] Hinzu kam, dass durch die Nichtrettung

---

[5] *Die operative Dimension des Treasury-Managements (das Tagesgeschäft) ist nicht Analyseebene dieser Arbeit, da für diesen Bereich zum einen keine Daten für die Empirie zur Verfügung stehen und zum anderen von einer starken unternehmensindividuellen Ausprägung ausgegangen werden muss.*

[6] *Die normative Dimension des Treasury-Managements soll mit Erwähnung finden, bildet jedoch auf Grund ihres ungreifbaren Charakters nicht die primäre Analyseebene der Arbeit.*

[7] Vgl. de la Motte/Czernomoriez/Clemens (2010), S. 52 ff. und vgl. Rudolph (2009), S. 6 ff, online.

[8] Vgl. Valdez/Molyneux (2010), S. 263.

der Investmentbank Lehman Brothers Thesen, wie „too-big-to-fail" oder „lender of last resort" scheinbar an Gültigkeit verloren und die Kontrahentenrisiken der Banken in die Höhe schossen.[9] Selbst zwischen den Banken entwickelte sich eine Vertrauenskrise, die bis zum Zusammenbruch des Interbankenmarktes führte.[10] In diesem Zusammenhang gilt es nun, empirisch zu untersuchen, wie das Treasury-Management Internationaler Unternehmen auf diese externen Einflüsse reagiert hat. Hierfür werden die Entwicklungen in den Bereichen „Cash-Management" und „Bank-Relationship-Management (Bankensteuerung)" untersucht. Diese Schwerpunktsetzung ist nicht als Wertung für die Wichtigkeit einzelner Bereiche des Treasury-Managements zu sehen, sondern lediglich als Eingrenzung auf einige von der Globalen Finanzkrise stark tangierte Treasury-Bereiche. Eine Analyse aller Treasury-Bereiche wäre für den Rahmen der Arbeit zu weitgreifend und würde diesen sprengen.

Empirie zum Cash-Management – Entwicklung im Zuge der Globalen Finanzkrise

Gerade auf Grund der krisenbedingten Unsicherheiten im Kontext der Globalen Finanzkrise mit einer damals zu erwartenden Verknappung externer Finanzierungsquellen (Stichwort: Kreditrationierung) standen Unternehmen vor erheblichen Herausforderungen. Um diesen Finanzierungsschwierigkeiten (proaktiv) entgegenzuwirken, ist davon auszugehen, dass Internationale Unternehmen während der Globalen Finanzkrise eine zunehmende Konzentration auf konzerninterne Cash-Generierung etablierten. Eine entsprechende Strategieanpassung im Cash-Management-Bereich ist zu vermuten.

In solchen Krisensituationen ist von einem starken Bedeutungsgewinn des Working Capital-Managements auszugehen. Durch die zu erwartende erschwerte Beschaffung von unternehmensexternem Eigen- bzw. Fremdkapital stellt die Freisetzung von Liquidität durch ein stärker optimiertes Working Capital-Management mit Fokus auf der Cash Conversion Cycle-Optimierung ein zu erwartendes Vorgehen dar.[11] Auf Grund dieser (theoretisch) zu erwartenden Entwicklung bildet eine Analyse des Cash Conversion Cycles sowie seiner Einzelkomponenten das Herzstück der empirischen Untersuchung im Bereich des Cash-Managements. Es soll speziell durch eine Teilkomponentenanalyse des Cash Conversion Cycles untersucht werden, in welchen (operativen) Bereichen des Cash-Managements es zu Veränderungen kam. Ergänzend ist zu prüfen, wie sich die Liquidität im Zuge der Globalen Finanzkrise entwickelt hat. Kam es hier zu einer verstärkten Liquiditätsvorhaltung zur Sicherung des Ongoing Concern-Ziels der Unternehmung oder nicht? In diesem Zusammenhang ist auch die Effizienz des Cash-Managements zu analysieren und zu prüfen, inwieweit z. B. Opportunitätskosten durch eine

---

[9] Vgl. Rudolph (2009), S. 26 ff., online und vgl. PWC (2010), S. 18.
[10] Vgl. Rudolph (2009), S. 24, online und vgl. de la Motte/Czernomoriez/Clemens (2010), S. 40 ff. und S. 63 ff.
[11] Vgl. Klepzig (2008), S. 34 und vgl. Buchmann (2009), S. 350.

verstärkte Liquiditätsvorhaltung im Zuge der Krisenprävention entstanden sind und evtl. sogar bewusst in Kauf genommen wurden.

Insgesamt wird davon ausgegangen, dass es zu einer Verkürzung der Cash Conversion Cycle-Time (Kapitalfreisetzung) kam und gleichzeitig vermehrt Liquidität als Krisenprävention vorgehalten wurde. Es wird eine konservative Cash-Management-Strategie als Reaktion auf die Globale Finanzkrise und der damit einhergehenden Unsicherheiten an den internationalen Finanzmärkten (Finanzierungsproblematik) erwartet. Es kann von einer zunehmenden Wichtigkeit des Cash-Managements ausgegangen werden. Der dem Cash-Management innewohnende strategische Aspekt der Sicherung der Unternehmensexistenz trat im Zuge der Globalen Finanzkrise vermutlich stärker in den Vordergrund.

Empirie zur Bankensteuerung – Entwicklung im Zuge der Globalen Finanzkrise

Die krisenhaften Entwicklungen im Kontext der Globalen Finanzkrise führten dazu, dass Unternehmen im Zuge ihrer Treasury-Management-Aktivitäten im Vergleich zur Zeit vor der Globalen Finanzkrise verstärkt auf Kontrahentenrisiken blickten und das Kontrahenten-Risikomanagement heutzutage im bankbezogenen Kontext mit an erster Stelle steht.[12] Auf Unternehmensseite gewann Bankensteuerung und dort speziell das Kontrahenten-Risikomanagement gegenüber Banken zunehmend an Wichtigkeit.[13]

Die hieraus resultierende und in dieser Arbeit zu untersuchende empirische Fragestellung hat das Ziel, herauszufinden, wie sich das Bank-Relationship-Management (die Bankensteuerung) im Treasury-Management von Internationalen Unternehmen im Zuge der Globalen Finanzkrise entwickelt hat. Es soll ermittelt werden, wie Internationale Unternehmen heute ihre Bankbeziehungen steuern. Hier ist speziell zu prüfen, welche Kriterien und Methoden eingesetzt werden und vor allem, wie sich dieser Methoden- und Kriterien-Einsatz verändert hat. Darüber hinaus stellt die Form bzw. das der Bankbeziehung zugrundeliegende Grundverständnis einen hoch interessanten Aspekt dar. Hier ist zu analysieren, inwieweit Unternehmen ihre Banken noch als Partner im Sinne eines Kernbanken-Prinzips oder Tier-Bank-Systems („Art internes Bankenranking") sehen oder aber, ob sie auf Grund der zunehmenden Risiken der Kreditinstitute diese nur noch als reine Servicedienstleister betrachten, deren Risiken es zu minimieren gilt und die im Bedarfsfalle im Sinne eines transaktionalen Bankbeziehungsansatzes schnell ersetzt werden können. Provokant formuliert geht es darum zu überprüfen, ob das einst erhabene Bankgeschäft heutzutage für Internationale (Groß-)Unternehmen zu einer jederzeit austauschbaren und somit standardisierten Serviceleistung geworden ist, deren Risiko es zu minimieren gilt.

---

[12] Vgl. Häberle/Meves (2012), S. 41 f.; vgl. Talkenberger/Wehn (2012), S. 2.; vgl. PWC (2010), S. 18; vgl. Mitter/Wohlschlager/Kobler (2011), S. 99 und vgl. Hemsley (2012), online.
[13] Vgl. Talkenberger/Wehn (2012), S. 2.; vgl. Verband Deutscher Treasurer e.V. (2011), S. 44.; vgl. PWC (2010), S. 18 und vgl. Mitter/Wohlschlager/Kobler (2011), S. 99.

Im Hinblick auf die erwarteten Ergebnisse in diesem Bereich kann vorab davon ausgegangen werden, dass es zu wesentlichen Veränderungen bei der Bankensteuerung von Internationalen Unternehmen im Kontext der Globalen Finanzkrise gekommen ist. Die Globale Finanzkrise sollte hier erhebliche Reaktionen ausgelöst haben. Es ist eine zunehmende Risikoorientierung gerade im Kontext der Kontrahentenrisiken von Banken zu vermuten. Darüber hinaus erscheint es nur logisch, dass Bankbeziehungen von Unternehmen auf den Prüfstand gesetzt wurden und die Risikoreduktion bzw. Flexibilität (geringe Abhängigkeit gegenüber einzelnen Banken) als oberstes Ziel der Bankensteuerung von Internationalen Unternehmen sich etabliert hat. Dies müsste durch einen im Verlauf der Globalen Finanzkrise zunehmenden Einsatz von kontrahentenrisikobezogenen Steuerungskriterien und -methoden sichtbar werden. Hier ist auch ein zunehmender Marktbezug auf Grund der starken und sich zuspitzenden Schnelllebigkeit im internationalen Finanzumfeld zu vermuten. Die stark angestiegenen Kontrahentenrisiken der Banken sollten darüber hinaus dazu geführt haben, dass Beziehungen zwischen Unternehmen und Banken weniger eng und stattdessen zunehmend an Kontrahentenrisiken orientiert sind. Es ist heutzutage somit am ehesten von einem auf Kontrahentenrisiken basierenden Tier-Banken-System auszugehen. Das klassische Kernbanken-Prinzip im Sinne eines partnerschaftlichen Charakters scheint eher ausgedient zu haben. Inwieweit eine solche reine Risikoorientierung sinnvoll oder als gefährlich einzustufen ist, sollte bei der Ergebnisdiskussion der Arbeit – spätestens im Fazit – kritisch beleuchtet werden.

Insgesamt ist somit bei Internationalen Unternehmen von einer zunehmenden Relevanz der Bankensteuerung und einer Abkehr von der klassischen Bankbeziehung, in der Banken sich ihre Kunden aussuchten, auszugehen. Die Partnerwahl in der Unternehmen-Bank-Beziehung ist in diesem Fall auf der Unternehmensseite zu vermuten.

Empirie zum Zusammenhang zwischen Cash-Management und Bankensteuerung

Führt man die erwarteten Ergebnisse der beiden in dieser Arbeit zunächst getrennt voneinander analysierten Treasury-Bereiche – Cash-Management und Bankensteuerung – zusammen, so lässt sich weiterführend eine abgestimmte Strategie beider Bereiche im Kontext der Globalen Finanzkrise vermuten. Durch die erhöhten Kontrahentenrisiken der Banken einhergehend mit einer zu erwartenden erschwerten Finanzierung auf Grund der krisenhaften Situation an den internationalen Finanzmärkten im Kontext der Globalen Finanzkrise kam es zu einer verstärkten Liquiditätsvorhaltung zur Sicherung der Liquidität. Ergänzend wurde die Bankensteuerung und dort speziell die kontrahentenrisikobezogene Steuerung intensiviert. Durch diese Intensivierung wird zum einen dem erhöhten Kontrahentenrisiko der Banken begegnet, aber auch gleichzeitig die Anlagerisiken der erhöhten Liquiditätsvorhaltung besser gesteuert und minimiert. Es ist somit von einem

Zusammenhang zwischen den Cash-Management-Aktivitäten und dem Bank-Relationship-Management auszugehen.

Die Überprüfung dieses Zusammenhanges – mittels eines multiplen linearen Regressionsmodells – hat neben der Untersuchung der resultierenden Wirkbeziehung selbst des Weiteren das Ziel, andere Einflussfaktoren, die ebenfalls auf die Intensität der Bankensteuerung wirken, zu identifizieren. Es wird so das zuvor erarbeitete Bild der Entwicklungen des Cash-Managements und der Bankensteuerung im Zusammenhang mit der Globalen Finanzkrise weiterführend untersucht und in einen gemeinsamen Kontext gesetzt. Es ist von einer zunehmenden Intensivierung der Bankensteuerung durch die erhöhte Liquiditätsvorhaltung etc. auszugehen.

Verwendete Methodik und Einordnung in den wissenschaftlichen Gesamtkontext

Die Analyse der beschriebenen empirischen Problemstellung wird mit Hilfe von struktur-prüfenden Verfahren durchgeführt. Es werden sowohl univariate als auch multivariate Analyseverfahren eingesetzt. Hierfür werden zunächst theoretische (bzw. sachlogische) Wirkbeziehungen (Kapitel 4.1) basierend auf der theoriebasierenden Analyse des Treasury-Managements von Internationalen Unternehmen bzw. anderen Forschungsarbeiten (in Kapitel 2., 3. und 4.1) abgeleitet, um dann diese mit Hilfe von etablierten („State of the Art") statistischen Verfahren zu prüfen (Kapitel 4.2).[14]

Im Zuge der vorliegenden Arbeit werden verschiedenste empirische Analysemethoden eingesetzt, um so der jeweiligen Fragestellung als auch der Datenlage bzw. -verfügbarkeit gerecht zu werden. Im Bereich der alleinigen Analyse der Bankensteuerung wird auf Grund der Vorlage von rein nominalskalierten Daten bei der abhängigen als auch unabhängigen Variablen eine Kontingenzanalyse gewählt. Bei der Cash-Management-Analyse wird auf Grund der Fragestellung auf eine quantitative kennzahlenbasierte Jahresabschlussanalyse zurückgegriffen und bei der zusammenführenden Analyse werden mehrere lineare multivariate Regressionsmodelle verwendet. Insgesamt liegt so eine sehr breite Methodenvielfalt vor.

Im wissenschaftstheoretischen Gesamtkontext ist die Arbeit in einen (überwiegend) deduktiven Kontext einzuordnen. Es werden basierend auf (modelltheoretischen) Überlegungen aus der allgemeinen Theorie des Forschungsbereiches heraus Hypothesen über den Spezialfall der Reaktion auf die Globale Finanzkrise abgeleitet, die dann empirisch überprüft werden.

---

[14] *Für eine den Ausführungen zugrundeliegenden Einteilung sowie Beschreibung von statistischen Analyseverfahren bzw. deren Einsatzbereiche sowie weiterführende Informationen, vgl. Backhaus u.a. (2011), S. 12 ff.*

Abschließende Zusammenführung des Erörterten

Die vorliegende Arbeit beschäftigt sich zusammenfassend gesehen mit folgenden zwei primären Problemstellungen:

(1) der relativ schwach ausgeprägten theoretischen Basierung des Forschungsbereiches „Treasury-Management Internationaler Unternehmen". In diesem Kontext soll durch ausgewählte theoriespezifische Erörterung sowie durch die Entwicklung zweier theoretischer Modelle zur theoretischen Rahmenbildung beigetragen werden. Es wird erstmalig ein holistischer Betrachtungsansatz angestrebt.

(2) der Entwicklung der Treasury-Management-Bereiche „Cash-Management" und „Bankensteuerung" von Internationalen Unternehmen im Kontext der Globalen Finanzkrise sowie deren Wirkbeziehungen untereinander. In diesem Zusammenhang werden zwei separate Einzelanalysen der Entwicklungen der Bereiche „Cash-Management" und „Bankensteuerung" sowie eine zusammenfassende Analyse mittels eines multiplen linearen Regressionsmodells durchgeführt.

Durch die Behandlung dieser beiden Problemkreise des Treasury-Managements Internationaler Unternehmen sollen die beiden in Kapitel 1. definierten Ziele der Arbeit erreicht werden. Es wird zum einen zur Theorieentwicklung sowie zur Schaffung eines holistischen Verständnisses über das Treasury-Management von Internationalen Unternehmen beigetragen und zum anderen ein empirischer Erkenntnisgewinn zu aktuell wichtigen und wenig untersuchten Teilbereichen des Treasury-Managements geleistet (speziell im Bereich „Bankensteuerung auf Unternehmensebene im Treasury"). Im Folgekapitel 1.2 werden die Details des Ganges der Untersuchung zur Erreichung der Ziele dieser Arbeit aufgeführt.

1.2 Gang der Untersuchung

Die vorliegende Arbeit besteht aus fünf Hauptkapiteln welche die inhaltliche Struktur der Arbeit bilden. Es wird ausgehend von der Beschreibung der Ziele und der Problemstellung der Arbeit ein holistisches Verständnis des Treasury-Managements Internationaler Unternehmen aufgebaut. Darauf basierend werden ausgewählte Treasury-Bereiche weiterführend theoretisch analysiert und deren Entwicklung empirisch im Kontext der Globalen Finanzkrise untersucht. Abschließend werden die Ergebnisse der Arbeit resümiert und kritisch beleuchtet sowie weiterführende Forschungsmöglichkeiten aufgezeigt. Im einzelne befassen sich die fünf Kapitel mit folgenden Aspekten:

- **Kapitel 1.** führt in die Thematik ein und stellt ihre Relevanz und Aktualität heraus. Es wird die Ziel- und Problemstellung der Arbeit erörtert und erwartete Ergebnisse besprochen sowie der Gang der Untersuchung begründet.
- **Kapitel 2.** entwickelt ein holistisches Verständnis des Treasury-Managements Internationaler Unternehmen und analysiert in diesem Kontext einleitend Internationale Unternehmen als übergeordneten Bezugsrahmen, um anschließend verschiedenste Aspekte des Treasury-Managements Internationaler Unternehmen vertieft zu diskutieren. Es wird so ein holistisches Verständnis des Treasury-Managements entwickelt.
- **Kapitel 3.** baut auf dem zuvor entwickelten holistischen Verständnis des Treasury-Managements Internationaler Unternehmen auf und vertieft dieses durch eine weiterführende theoriebasierte Diskussion ausgewählter Treasury-Management-Bereiche. Es werden die notwendigen theoriebasierten Erkenntnisse für eine spätere weiterführende empirische Untersuchung geschaffen.
- **Kapitel 4.** umfasst die empirische Analyse der zuvor vertieft betrachteten Treasury-Bereiche „Cash-Management" und „Bankensteuerung" im Kontext der Globalen Finanzkrise und ergänzt die theoretischen Erörterungen der Vorkapitel. Es werden sowohl die verwendete empirische Methodik als auch die empirischen Ergebnisse behandelt.
- **Kapitel 5.** fasst die Erkenntnisse aus der Arbeit zusammen und beleuchtet diese kritisch. Abschließend werden weiterführende Forschungsmöglichkeiten diskutiert.

Insgesamt bauen die fünf Kapitel der Arbeit sachlogisch aufeinander auf und bilden einen strukturierten Argumentationsstrang. Die gewählte Fünfteilung gliedert sich im Detail wie folgt auf:

Kapitel 1. – Einleitung

Kapitel 1. umfasst eine einführende Erörterung inklusive der Darstellung der Aktualität der Thematik „Treasury-Management Internationaler Unternehmen" (Kapitel 1.). In diesem Kontext werden ergänzend die Ziele der Arbeit dargelegt. In Kapitel 1.1 erfolgt eine weiterführende Erörterung der behandelten Problemstellungen; es wird genauer auf angestrebte Untersuchungen und Modellentwicklungen eingegangen. Das Kapitel 1.2 stellt abschließend den gewählten Gang der Untersuchung im Detail dar.

Kapitel 2. – Holistisches Verständnis des Treasury-Managements Internationaler Unternehmen

Nach den einleitenden Ausführungen des Kapitel 1. werden in Kapitel 2. Alle notwendigen Aspekte für ein holistisches Verständnis der Thematik „Treasury-Management von Internationalen Unternehmen" erarbeitet. Es findet noch keine Fokussierung auf Einzelthemen statt, vielmehr wird die Thematik umfassend erfasst und einleitend erörtert.

Diese ausführliche Erörterung startet mit dem übergeordneten Bezugsrahmen „Internationale Unternehmen". Dies bedarf es, um die Rahmenbedingungen und Einflüsse, die auf das Treasury-Management von international agierenden Unternehmen wirken, zu erfassen und eine allgemeine Einordnung der Arbeit in existierende Forschungsbereiche darzulegen.

In Kapitel 2.1 findet daher anfangs eine Einordnung der Arbeit in den Forschungsbereich „Internationales Management" statt. In Kapitel 2.1.1 wird dann der übergeordnete Bezugsrahmen bearbeitet und Systematisierungsansätze für existierende Theorien über die Entstehung von Internationalen Unternehmen erörtert. Es werden nicht alle existierende Theorien im Detail besprochen, sondern schwerpunktmäßig auf ausgewählte Ansätze eingegangen. Eine umfassende Erörterung aller Ansätze wäre zu weitgreifend. Durch die gezielte Auswahl entsteht jedoch trotz alledem ein umfassendes Bild der Theorien zur Internationalisierung von Unternehmen. Abschließend wird diese Auswahl nochmals vor dem Hintergrund der Arbeit eingeordnet und gewürdigt. Insgesamt entsteht so ein Grundverständnis für die Existenz von Internationalen Unternehmen.

Im sich anschließenden Kapitel 2.1.2 wird die inhaltliche Ausgestaltung des Begriffes „Internationale Unternehmen" klar definiert, abgegrenzt und für den Kontext der Arbeit festgelegt. Die Schaffung einer solchen für den Kontext der Arbeit passenden Definition ist für die Abgrenzung und Einordnung der Empirie sowie für ein Verständnis des Treasury-Management-Bezugsrahmens wichtig. Hierfür werden zunächst bereits existierende Definitionsansätze dargestellt sowie auf ähnliche Begriffe (Multinationale bzw. Transnationale Unternehmen) eingegangen. Es werden einstufige sowie zwei mehrstufige Betrachtungskonzepte vorgestellt, bevor abschließend eine eigenständige Definition geschaffen wird.

Abschließend und als Übergang zur Detailbetrachtung der Treasury wird in Kapitel 2.1.3 das Umfeld von Internationalen Unternehmen und dort speziell internationale Finanzmärkte und wesentliche Phänomene, wie die Finanzielle Globalisierung, erörtert. Es werden mit Hilfe eines Marktumfeldmodells sowie einer eigenständig entwickelten Erweiterung der schematisierten Wertschöpfungskette von Porter die existierenden Zusammenhänge (direkte und indirekte Beeinflussung) zwischen externer Unternehmensumwelt und dem Treasury-Management in Kapitel 2.1.3.1 aufgezeigt. Im Folgekapitel 2.1.3.2 wird die geschichtliche Entwicklung der internationalen Finanzmärkte ab dem Ende des Zweiten Weltkrieges mit einer Schwerpunktsetzung auf die Globale Finanzkrise beschrieben. Dies ist notwendig, um die bereits in der Einleitung erwähnte verstärkt krisenhafte Entwicklung historisch zu begründen und ein Verständnis für die Entstehung der Globalen Finanzkrise sowie deren in der Empirie analysierten Auswirkungen zu schaffen. Kapitel 2.1.3.3 schließt die Erörterung der Rahmenbedingungen mit einer ausführlichen Betrachtung von Internationalisierung und finanzieller Globalisierung ab. Die Erörterung dieser Phänomene soll die zunehmende Komplexität von internationalen Fragestellungen untermauern und zusätzlich sensibilisieren.

Kapitel 2.2. greift die internationale Fragestellung auf und diskutiert alle wesentlichen Aspekte des Treasury-Managements Internationaler Unternehmen, die für den Aufbau eines holistischen Verständnisses der Thematik notwendig sind. Gleichzeitig wird der Einstieg für die Schwerpunktsetzung auf ausgewählte Treasury-Bereiche in Kapitel 3. geschaffen. Eingangs wird die Definitionsproblematik des Begriffes „Treasury(-Management)" aufgegriffen und erörtert. Es findet so eine Abgrenzung zu anderen Themenbereichen statt. Darüber hinaus werden die unterschiedlichen internationalen Abläufe im Treasury-Bereich aufgegriffen, um so die Komplexität des Themas greifbarer zu machen. Für ein verbessertes Verständnis und zur Beschreibung der Evaluation der Treasury wird in Kapitel 2.2.1 die historische Entwicklung des Treasury-Managements chronologisch und fachliteraturbezogen aufgezeigt sowie eine ergänzende Analyse der IBM-Studien verschiedener Jahre durchgeführt. Die durch die historische Abhandlung gewonnenen Ergebnisse werden so nochmals durch eine Praxisperspektive gespiegelt. Hier wird speziell die neue Rolle (Stellung) der Treasury als strategisch mitlenkende Einheit herausgearbeitet.

In Kapitel 2.2.2 findet eine Besprechung des Konzeptes des Finanzmanagements von Internationalen Unternehmen und somit der finanziellen Unternehmensführung statt. Hier wird sich speziell auf das St. Gallener-Management-Konzept gestützt. Es findet eine Einordnung des Treasury-Managements in diesem Kontext mittels eines Top-Down-Vorgehens statt. Darüber hinaus wird die Analysedimension der Arbeit festgelegt – die (normative und) strategische Dimension. Eine solche Kollokation der Treasury im Rahmen dieser Arbeit ist für die spätere Schwerpunktsetzung essenziell. Es werden so Bereiche, die in der Arbeit nicht behandelt werden können ausgegrenzt (z. B. das operative Tagesgeschäft wegen unzureichender Datenverfügbarkeit) und der Forschungsfokus weiter geschärft.

Kapitel 2.2.3. beschäftigt sich dann mit den Zielen und Aufgaben des Treasury-Managements Internationaler Unternehmen und somit auch mit dessen Incentives. Im Unterkapitel 2.2.3.1 werden drei Erhebungen über das treasury-spezifische Aufgabenspektrum durchgeführt bzw. analysiert, um so eine wissenschaftlich und zugleich praxisorientierte Festlegung des primären Aufgabenspektrums zu gewährleisten. Anschließend wird in Kapitel 2.2.3.2 ein Modell zur Beschreibung der Stellung der Treasury im Unternehmen entwickelt. Das so entstehende Treasury-Partner-Modell beschreibt darüber hinaus einen theoretischen Entwicklungspfad der Treasury-Management-Strategie innerhalb eines Unternehmens. Dieser Teilabschnitt der Arbeit dient zur aufgaben- und zielbezogenen Abgrenzung des Treasury-Managements und setzt durch die Modellentwicklung diese Erkenntnisse gleichzeitig in ein strategisches Verständnismodell um. Es werden so alle wesentlichen Grundlagen für eine abschließende Definition im Folgekapitel geschaffen.

In Kapitel 2.2.4 wird abschließend eine eigenständige Definition des Treasury-Managements von International Unternehmen – basierend auf den Ergebnissen der Vorkapitel – entwickelt. Hierfür bedarf es selbstverständlich ergänzend einer ausführlichen Abgrenzung zu anderen Funktionsbereichen, diese findet zuvor statt. Sowohl die Treasury-Definition als auch die explizite Abgrenzung zu anderen Funktionsbereichen heben die zuvor rein treasury-funktionsbezogene Analyse auf einen Gesamtunternehmenskontext und schafft einen interdisziplinären Blickwinkel.

Kapitel 2.2.5 rundet die holistische Erörterung durch eine umfassende Diskussion der Corporate Governance im Bereich Treasury-Management ab. Es wird bspw. die Wichtigkeit von organisatorischen Aspekten betont und so der Exkurs in Kapitel 3.6 gerechtfertigt.

Kapitel 3. – Treasury-Management Internationaler Unternehmen – Systematisierung und Details

In Kapitel 3 wird eingangs in Kapitel 3.1 ein Modell zur Systematisierung des Treasury-Managements von Internationalen Unternehmen entwickelt. Dieses Treasury-Management-Modell bildet Ausgangspunkt, Basis und Bezugsrahmen für die weiterführende Erörterung wissenschaftlicher Ansätze und fungiert als Auswertungs- und Reflektionsgrundlage für die Empirie. In Kapitel 3.2 findet die Schwerpunktsetzung für die weiterführende Analyse statt. Diese Schwerpunktsetzung wird auf Grund der Entwicklungen im Zuge der Globalen Finanzkrise gerechtfertigt und die Wichtigkeit der gewählten Thematik herausgearbeitet. Es findet eine Fokussierung auf das Cash-Management, die Bankensteuerung sowie die damit einhergehenden Aspekte des Risikomanagements statt. Durch diese Schwerpunktsetzung wird ein zusammenhängender Treasury-Komplex analysiert und gleichzeitig durch die Ausgrenzung der anderen Bereiche sichergestellt, dass die Thematik vollumfänglich und tiefgreifend behandelt werden kann. Ergänzend wird die Aktualität der Arbeit sichergestellt.

Kapitel 3.3 und dessen Unterkapitel beschäftigten sich im Detail mit den Methoden und Konzepten des Cash-Managements und stellen diese auf einer strategischen Ebene dar. Eingangs wird die Wichtigkeit dieses Bereiches sowie dessen Komplexität hervorgehoben, bevor im Anschluss in Kapitel 3.3.1 die Ziele und Aufgaben des Cash-Managements genauer beleuchtet werden. Kapitel 3.3.2 behandelt den Cash-Management-Prozess als Einstieg. Kapitel 3.3.3 als wesentlicher Teil des Kapitels 3.3 beschäftigt sich dann mit Methoden des Cash-Managements, die für eine strategische Konzipierung wichtig sind. Es wird die strategische Ebene betrachtet und somit das operative Tagesgeschäft ausgeblendet. Eine solche ausführliche Cash-Management-Methodendiskussion ist ebenfalls vor dem Hintergrund des Forschungsschwerpunktes „Bank-Relationship-Management" essenziell, da diese Methoden die Basis der finanziellen Disposition einer Unternehmung bilden und somit den Rahmen der Bankbeziehungen prägen. Es werden folgende Methoden in den Kapitel diskutiert: Cash-Pooling, Netting bzw. Clearing, Matching, Leading & Lagging, Payment-Factory, Reinvoicing Center und Inhouse-Factoring.

Kapitel 3.3.4 behandelt als weiterführende Schwerpunktsetzung das Working Capital-Management. Diese Schwerpunktsetzung wurde gewählt, da davon auszugehen ist, dass im Zuge der Globalen Finanzkrise Working Capital zunehmend wichtiger wurde und über dem Cash Conversion Cycle dieses später in der Empirie umfassend untersucht werden kann.

In Kapitel 3.3.4.1 wird zunächst das (Net) Working Capital definiert, um dann in Kapitel 3.3.4.2 dessen Finanzierungsstrategien diskutieren zu können. Kapitel 3.3.4.3 beschäftigt sich dann mit der Working Capital-Optimierung. In den Kapitel 3.3.4.4 bis 3.3.4.6 wird dann das Konzept des Cash Conversion Cycles als eine Möglichkeit zur dynamischen und ganzheitlichen Analyse des (Net) Working Capitals bzw. für die Effizienzmessung und -steuerung in diesem Bereich vorgestellt. Dieses, oft auch in der Praxis eingesetzte Konzept wird zunächst einleitend erklärt, um dann auf seine Berechnung und Optimierung eingehen zu können. Bei der Optimierung wird eine Prozesssichtweise vertreten und diese im Detail beschrieben. Diese tiefgreifende Abhandlung fungiert als theoretische Grundlagenbildung für die Cash-Management-Empirie.

Das Kapitel 3.3.5 rundet die Cash-Management-Betrachtung ab und setzt die zuvor geführte Methodendiskussion mit der Bankensteuerung in Verbindung. Die Frage nach der Notwendigkeit von Banken wird hier speziell als Überleitung zur Bankensteuerung aufgegriffen. Hierbei werden u.a. die Unterschiede zwischen Inhouse-Banking und bankenbezogenem Cash-Management diskutiert. Es werden Zusammenhänge zwischen den gewählten Analysebereichen aufgezeigt und die gemeinsame empirische Analyse vorbereitet.

Kapitel 3.4 umfasst die theoretische Abhandlung des Bank-Relationship-Managements (Bankensteuerung). Hier wird zunächst die Aktualität und Brisanz des Themas vor dem Hintergrund der Globalen Finanzkrise aufgezeigt; um dann auf Konzepte zur Beschreibung von Bankbeziehungen als theoretische Grundlage sowie auf die weiterführenden Erörterungen über die optimale Anzahl an Bankbeziehungen und die tatsächliche Durchführung der Bankensteuerung eingehen zu können. Bei der Erörterung Bankensteuerung wird die Bankenpolitik, der Bank-Relationship-Management-Plan, das unternehmensinterne Bankenrating und die Geschäftszuweisung an Banken weiterführend präzisiert. Es entsteht so ein umfassendes und praxisnahes Bild.

Kapitel 3.5 ergänzt diese Ausführungen um die risikomanagement-bezogenen Aspekte der Bankensteuerung. Hier wird jedoch zunächst mit einer Einführung in das Risikomanagement im Unternehmenskontext begonnen, um dann auf das bankenbezogene Kontrahentenrisiko (Definition und Einordnung) einzugehen. Es wird nochmal speziell auf die aktuelle Relevanz dieses Aspektes eingegangen. Anschließende wird die Möglichkeit der Ermittlung des Kontrahentenrisikos von

Banken sowie dessen Steuerung dargestellt. Es werden so unterschiedliche Konzepte der Bankensteuerung vorgestellt, die anschließend in Kapitel 4.2.2 empirisch untersucht werden. Die Schwerpunktsetzung auf Kontrahentenrisiken wurde auf Grund der Ausfallrisikoproblematik von Banken während der Globalen Finanzkrise gewählt.

Das Kapitel 3.6 stellt einen Exkurs zu der Organisation des Treasury-Managements dar. Es wird auf die Office-Organisation, auf den Grad an Zentralisierung und die Center-Frage eingegangen. Dieser Exkurs ist essenziell, da eine Umsetzung der zuvor beschriebenen Ansätze, Methoden und Theorien nur durch eine organisationale Verankerung möglich ist und somit jede Erörterung über Treasury-Management-Strategien etc. auch organisationale Aspekte beinhalten sollte.

Kapitel 4. – Empirische Untersuchung

Das Kapitel 4 umfasst die Thesen, Methodik und Stichprobenbegründung der Empirie sowie die Empirie selbst. Zunächst wird hier für die angestrebten Einzeluntersuchungen das wissenschaftliche Umfeld[15] im Hinblick auf existierende Forschungsarbeiten sowie Forschungslücken beschrieben. Basierend auf dieser Darstellung sowie der Theoriediskussion des Kapitel 3. werden weiterführend Thesen für die Empirie formuliert. In Kapitel 4.1.1. findet daher eine Erläuterung des wissenschaftlichen Umfeldes und der Thesenformulierung zur Cash-Management-Untersuchung statt. In Kapitel 4.1.2 erfolgt dies ebenfalls für die Untersuchung der Bankensteuerung. In Kapitel 4.1.3 wird die eingesetzte Methodik für die Auswertung und Datenerhebung im Zuge dieser Arbeit vorgestellt. Hier wird auch auf den Problemkreis der Datenverfügbarkeit bzw. -erhebung eingegangen. Es werden existierende Schwachstellen explizit angesprochen. Kapitel 4.1.4 beschäftigt sich dann mit der Stichprobenselektion. In Unterkapitel 4.1.4.1 findet die Festlegung und Begründung des Untersuchungszeitraums auf die Jahre 2006 bis 2010 statt. Unterkapitel 4.1.4.1 beinhaltet die durchgeführte Stichprobenselektion und begründet die Auswahl der in der Stichprobe enthaltenen Unternehmen. Somit schafft das Kapitel 4.1. alle notwendigen methodischen und konzeptionellen Grundlagen für die Durchführung der empirischen Analyse in dieser Arbeit.

Kapitel 4.2. beginnt mit einer zusammenfassenden Darstellung der Ziele und der Struktur der durchgeführten empirischen Analyse der Unterkapitel. Kapitel 4.2.1 beinhaltet die Auswertung der Einzelanalyse des Cash-Managements im Kontext der Globalen Finanzkrise. Hier wird in Kapitel 4.2.1.1 auf die Entwicklung des Cash Conversion Cycles und in Kapitel 4.2.1.2 auf die Vorhaltung von liquiden

---

[15] *Die Positionierung der wissenschaftlichen Umfelddiskussion und Thesenformulierung ist im Gesamtkontext der Arbeit wie folgt einzuordnen: In Kapitel 2. und 3. sind die Ergebnisse der relevanten Forschungsarbeiten für diese Arbeit eingeflossen. Es wurde der Stand der Wissenschaft (Ergebnisse) zu den dortigen Themen dargestellt und nicht, wie im Methodenkapitel der Empirie (Kapitel 4.1.1 und 4.1.2), die Forschungsziele und Methodik einzelner Arbeiten sowie deren Schwachstellen und Forschungslücken aufgezeigt.*

Mitteln eingegangen. In Kapitel 4.2.1.3 finden eine abschließende Betrachtung der Ergebnisse sowie eine erste Bezugnahme zu den vermuteten Ergebnissen der Bankensteuerungsanalyse statt. Diese Ausführungen fungieren mit als Basis für die zusammenführende Analyse in Kapitel 4.2.3. Kapitel 4.2.2 umfasst die Ergebnisse der durchgeführten Kontingenzanalyse zur Bankensteuerung. Hier wird auf die Wichtigkeit der Bankensteuerung, auf die Relevanz des Kontrahentenrisikos, auf die Steuerungsmethoden der Bankensteuerung und ihre Verbreitung, auf die Relevanz marktbezogener Steuerungskriterien und auf die Stellung der Banken als (Geschäfts-)Partner oder doch nur als weiteren Kontrahenten eingegangen. Die Analyse wird dann mit einer abschließenden Betrachtung sowie einer Prognose der zukünftigen Entwicklung der Bankensteuerung abgeschlossen. Kapitel 4.2.3 führt die Ergebnisse der Vorkapitel in einer weiterführenden Analyse der Zusammenhänge zwischen Cash-Management und Bankensteuerung zusammen. Es wird auf Basis der Ergebnisse der Einzelanalysen die Theorie einer Existenz eines weitestgehend aufeinander abgestimmten Vorgehens (Strategie) beider Bereiche im Kontext der Globalen Finanzkrise untersucht. Hierfür wird ein zweiteiliges Vorgehen gewählt. Im ersten Schritt werden die Einflüsse von Einzelbereichen des Cash-Managements auf die Bankensteuerung mittels drei linearen Regressionsmodellen analysiert, um dann in einem zweiten Schritt mit Hilfe eines übergreifenden Regressionsmodells und der zuvor abgeleiteten Einflussgrößen auf die Bankensteuerung einwirkende Einflüsse weiterführend zu untersuchen.

Kapitel 5. – Zusammenfassung und Fazit

Kapitel 5. bildet den Abschluss der vorliegenden Arbeit. Hier wird ein umfassendes Fazit zu den Ergebnissen der Arbeit gezogen und in Kapitel 5.1 diese Ergebnisse nochmals kritisch diskutiert und ergänzend vor den Zielen der Arbeit eingeordnet. Kapitel 5.2 geht dann final auf weiterführende Forschungsmöglichkeiten im Bereich des Treasury-Managements Internationaler Unternehmen ein.

Zusammenfassung der Besonderheiten dieser Arbeit

Die Besonderheiten der vorliegenden Arbeit zeigen sich bereits bei der ihr zugrundeliegenden Fragestellung. Es wird nicht ein Spezialfall aus einem bereits strak untersuchten Forschungsbereich analysiert, sondern vielmehr sich einem bis heute sehr wenig bearbeitet Bereich angenommen – dem Treasury-Management Internationaler Unternehmen. In diesem Kontext wird darüber hinaus nicht nur eine (isolierte) Fragestellung analysiert, sondern eine zweigeteilte Zielstellung bearbeitet. Es wird erstmalig eine holistische Betrachtung des Treasury-Managements von Internationalen Unternehmen geschaffen und in diesem Kontext zwei theoretische Treasury-Management-Modelle entwickelt. Des Weiteren findet ebenfalls erstmals eine umfassende empirische Untersuchung der Bankensteuerung mit gleichzeitiger Betrachtung der einwirkende Einflussgrößen sowie des Zusammenhangs zum Cash-Management statt. Insgesamt bewegt sich die Arbeit somit sowohl bei den theoretischen Fragestellungen als auch bei der Empirie weitestgehend auf Neuland.

2 Holistisches Verständnis des Treasury-Managements Internationaler Unternehmen

Das Ziel der vorliegenden Arbeit ist u.a. die Schaffung eines holistischen Verständnisses des Treasury-Managements von Internationalen Unternehmen. In diesem Kontext soll ein Beitrag zur theoriebasierten Erklärung bzw. Charakterisierung des Treasury-Managements von Internationalen Unternehmen geleistet werden. Aus diesem Grund werden zunächst Internationale Unternehmen als übergeordneter Bezugsrahmen (Forschungsbereich) sowie deren Rahmenbedingungen und existierende Einflüsse in Kapitel 2.1 ausführlich diskutiert. Es werden so die Voraussetzungen für die umfassende Diskussion des Treasury-Managements von Internationalen Unternehmen als „eingebettetes" Forschungsobjekt innerhalb Internationaler Unternehmen geschaffen. Kapitel 2.2 beschäftigt sich dann ausführlich mit der Diskussion der notwendigen Aspekte für ein holistisches Verständnis des Treasury-Managements von Internationalen Unternehmen. Hier wird bspw. die historische Entwicklung der Treasury aufgezeigt (Kapitel 2.2.1), Aufgaben und Ziele diskutiert (Kapitel 2.2.3), eine Abgrenzung zu anderen Unternehmensbereichen geschaffen (Kapitel 2.2.4.1) sowie der Begriff „Treasury-Management" in Kapitel 2.2.4.2 abschließend umfassend definiert. Insgesamt wird so ein holistisches Verständnis des Treasury-Managements von Internationalen Unternehmen aufgebaut. Es werden darüber hinaus die notwendigen theoretischen Voraussetzungen für eine weiterführende Analyse von ausgewählten Teilbereichen des Treasury-Managements Internationaler Unternehmen in Kapitel 3. erarbeitet. Das empiriebezogene Kapitel 4. ergänzt diese überwiegend theoriebezogene Diskussion um eine empirische Analyse und rundet somit die holistische Betrachtung des Treasury-Managements von Internationalen Unternehmen zusätzlich ab.

2.1 Theorie und Rahmenbedingungen Internationaler Unternehmen

Für die Analyse spezieller Teilbereiche von Internationalen Unternehmen – wie das Treasury Management – bedarf es zunächst einer fundierten theoretischen Basis, die sowohl das Entstehen der Unternehmen selbst, deren konkrete Definition sowie die vorherrschenden Rahmenbedingungen beschreibt, in denen diese Unternehmen eingebettet sind. Zu diesen Rahmenbedingungen gehören selbstverständlich zunächst die Märkte, auf denen solche Internationalen Unternehmen tätig sind sowie eventuell existierende spezielle Phänomene, die im Allgemeinen die Rahmenbedingungen prägen.

Bevor die eben angesprochenen Grundlagen geschaffen werden (siehe Unterkapitel 2.1.1 bis 2.1.3), wird an dieser Stelle zunächst kurz eine Strukturierung des Forschungsbereiches „Internationales Management" aus der Finanzperspektive vorgenommen und die vorliegende Arbeit eingeordnet. Der Forschungsbereich

„Internationales Management" stellt innerhalb der Betriebswirtschaftslehre ein Querschnittsfach mit einer integrativen Sichtweise dar. Andere Fachbereiche – wie bspw. Finanzierung und Marketing – müssen zwar auch internationale Fragestellungen bearbeiten, wobei es zu einem gewissen Grad zu Überschneidungen kommen kann, sie haben jedoch nicht die komplette Breite der Auswirkungen einer internationalen Unternehmenstätigkeit im Fokus, sondern versuchen sich stärker zu fokussieren.[31] Es wird daher hier die Meinung vertreten, dass z. B. „Internationales Marketing" oder „Internationale Finanzierung" Teilbereiche des „Internationalen Managements" sind, eben nur mit einem stark konzentrierten Fokus auf Unterbereiche. Ziel einer jeden Arbeit im Forschungsbereich „Internationales Management" sollte es daher sein, eine integrative Sichtweise zu wählen und bestmöglich zu versuchen, die komplexen interdisziplinären Zusammenhänge im Rahmen der gewählten Fragestellung zu durchleuchten. Ein solches Vorgehen ist auch Bestandteil dieser Arbeit (es wird speziell auf das Kapitel 3. und dort auf das Kapitel 3.1 sowie 3.2 verwiesen).

Lehnt man sich an eine Schematisierung der Erforschung internationaler Unternehmenstätigkeit von Meckl (2010) und Welge/Holtbrügge (2006) an, so lässt sich das Untersuchungsobjekt dieser Arbeit (das Treasury-Management Internationaler Unternehmen) je nach Analyseebene in die Bereiche „Management Internationaler Unternehmen" oder „Abwicklung operativer Geschäftätigkeiten im Ausland" einordnen (siehe Abbildung 1). Analysiert man – wie in dieser Arbeit – das Treasury-Management Internationaler Unternehmen auf der strategischen Ebene vor dem Hintergrund des St. Gallener Managementkonzepts (siehe Kapitel 2.2.2), so ist die Treasury klar dem Bereich „Management Internationaler Unternehmen" zuzuordnen. Es weist auf dieser Ebene einen stark strategischen Charakter auf und greift in die Unternehmenssteuerung ein (siehe auch Kapitel 2.2.3.2). Wird jedoch eher die operationelle Ebene der Treasury (die Abwicklung des Tagesgeschäfts) betrachtet, so sind solche Analysen dem Bereich „Abwicklung operativer Geschäftätigkeiten im Ausland" zuzuordnen. Somit wird diese Arbeit dem Forschungsbereich „Internationale Unternehmensführung", genauer der Unterkategorie „Management Internationaler Unternehmen" mit einer klaren finanziellen Fokussierung – also dem strategischen Finanzmanagement solcher Unternehmen – zugeordnet.

Ziel einer theoretisch fundierten internationalen Management-Forschung ist die Identifizierung von übertragbaren (zu einem gewissen Grad verallgemeinerbaren) Wirkungsbeziehungen.[32] Um bei der Analyse solcher Wirkungsbeziehungen eventuelle Missverständnisse oder Unklarheiten zu vermeiden, muss das jeweilige Untersuchungsobjekt klar definiert und abgegrenzt sein. Aus diesem Grund wird im Folgenden (Kapitel 2.1 und 2.2) die Entstehung von Internationalen Unter-

---

[31] Vgl. Breuer/Gürtler (2003), S. 14 ff.
[32] Vgl. Meckl (2010), S. 31.

nehmen sowie deren Definition und Abgrenzung erarbeitet. Am Ende wird eine für diese Arbeit eigens entwickelte Definition von Internationalen Unternehmen hergeleitet. Somit wäre der übergeordnete Bezugsrahmen (Internationale Unternehmen) definiert und es kann in den Folgekapiteln (Kapitel 2.2 und 3.) das „eingebettete" Untersuchungsobjekt – das Treasury-Management Internationaler Unternehmen – theoretisch untersucht werden.

Abbildung 1: *Einordnung des Treasury-Managements in die Forschungsschwerpunkte des Internationalen Managements*

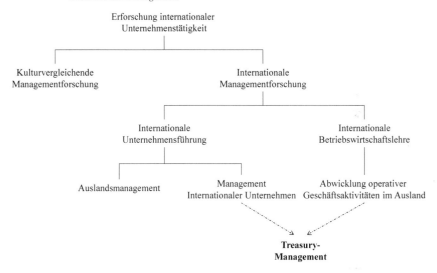

Quelle: *Erweiterte Darstellung in Anlehnung an Meckl (2010), S. 33 und Welge/Holtbrügge (2006), S. 35.*

Ziel einer theoretisch fundierten internationalen Management-Forschung ist die Identifizierung von übertragbaren (zu einem gewissen Grad verallgemeinerbaren) Wirkungsbeziehungen.[33] Um bei der Analyse solcher Wirkungsbeziehungen eventuelle Missverständnisse oder Unklarheiten zu vermeiden, muss das jeweilige Untersuchungsobjekt klar definiert und abgegrenzt sein. Aus diesem Grund wird im Folgenden (Kapitel 2.1 und 2.2) die Entstehung von Internationalen Unternehmen sowie deren Definition und Abgrenzung erarbeitet. Am Ende wird eine für diese Arbeit eigens entwickelte Definition von Internationalen Unternehmen hergeleitet. Somit wäre der übergeordnete Bezugsrahmen (Internationale Unternehmen) definiert und es kann in den Folgekapiteln (Kapitel 2.2 und 3.) das „eingebettete" Untersuchungsobjekt – das Treasury-Management Internationaler Unternehmen – theoretisch untersucht werden.

---

[33] Vgl. Meckl (2010), S. 31.

Um sich jedoch mit den angesprochenen Wirkbeziehungen näher zu beschäftigen, bedarf es nicht nur einer klaren formalen Abgrenzung, sondern es muss auch zunächst geklärt werden, innerhalb welcher Rahmenbedingungen diese stattfinden. Aus diesem Grund werden ausgewählte Rahmenbedingungen in den folgenden Unterkapiteln (speziell Kapitel 2.1.3) diskutiert. Das Treasury-Management ist als eine Abteilung in den gesamten Konzern eingebettet und interagiert mit anderen Unternehmensbereichen und der Unternehmensumwelt. Somit wirken natürlich alle Einflüsse, die auf den Konzern selbst einwirken, auch auf die Treasury. Es gilt daher, zumindest die wesentlichen dieser Umwelteinflüsse zu betrachten. Zunächst soll das große Ganze grob erfasst werden, um später dann Details vor diesem Hintergrund diskutieren zu können. Es wird ein besonderes Augenmerk auf die Finanzmärkte gelegt, da über diese die stärkste Interaktion zwischen Treasury und Umwelt stattfindet (für Details siehe Kapitel 2.1.3). Speziell wird abschließend auf das Phänomen der Internationalisierung vs. Globalisierung eingegangen, um die Tragweite und Einflusskraft dieses Phänomens herauszustellen. Zunächst jedoch in den sich anschließenden Kapiteln 2.1.1 und 2.1.2 die bereits zuvor angekündigten Ausführungen zu Internationalen Unternehmen im Allgemeinen.

2.1.1 Theorien der Entstehung von Internationalen Unternehmen

In der existierenden Literatur zur Entstehung von Internationalen Unternehmen gibt es verschiedenste Ansätze. Ein Teil erklärt entweder Außenhandel oder Direktinvestitionen als Form der internationalen Unternehmenstätigkeit, andere Ansätze beziehen sich gleich auf beide Arten oder aber beziehen weitere Formen[34] – wie bspw. Lizenzvergabe oder Technologieabkommen – mit ein. Wieder andere Ansätze erklären nicht die unterschiedlichen Formen internationaler Unternehmenstätigkeit, sondern fokussieren vielmehr auf die Fragestellung, warum überhaupt (unabhängig von der Internationalisierungsform) eine Internationalisierung von Unternehmen stattfindet.[35]

Meckl (2010) unterteilt existierende Ansätze zu Internationalen Unternehmen nach Sichtweisen („views"). Hier sind bspw. folgende Gruppen zu nennen: „value-based-view" (hierunter fallen kapitalmarkttheoretische Ansätze, wie Risikoportfoliotheorien oder ein Realoptionenansatz) und „behavioural view" (hier werden verhaltenswissenschaftliche Aspekte berücksichtigt, wie bspw. bei der verhaltensorientierten Theorie der Internationalisierung von Aharoni). Meckl (2010) selbst weist allerdings darauf hin, dass eine Zuordnung zu den einzelnen Sichtweisen nicht immer eindeutig ist.[36] Wie man an diesem Beispiel sieht, ist eine Unterteilung der existierenden Theorien durchaus schwierig und für das eigentliche

---

[34] *Für eine detaillierteren Überblick über Formen des Auslandsengagements vgl. Meckl (2010), S. 7 ff.*
[35] Vgl. Kutschker/Schmid (2011), S. 426.
[36] Vgl. Meckl (2010), S. 35 ff.

Verständnis der Internationalisierung von Unternehmen nicht zwingend notwendig. Aus diesem Grund wird an dieser Stelle auf eine umfassende Kategorisierung verzichtet und vielmehr versucht, durch das gezielte Auswählen von Theorien das Spektrum der Ansätze bestmöglich abzudecken.

Im Folgenden werden die Theorie der Internalisierung (siehe Kapitel 2.1.1.1), die Eklektische Theorie (siehe Kapitel 2.1.1.2) sowie das Uppsala-Modell der Internationalisierung (siehe Kapitel 2.1.1.3) vorgestellt. Die Theorie der Internalisierung wurde gewählt, um einen kostenbasierten Ansatz (Transaktionskostentheorie) darzustellen.[37] Die Eklektische Theorie wurde auf Grund ihrer Eigenschaft, dass sie verschiedene Ansätze verbindet und zu einem Paradigma verschmilzt, in die Auswahl mit aufgenommen.[38] Der dritte selektierte Ansatz – das Uppsala Modell der Internationalisierung – soll als Beispiel für dynamische und lerntheoretische Modelle fungieren.[39] Es wurden somit sehr bekannte Theorien sowie Theorien mit unterschiedlichsten Herangehensweisen ausgewählt. Auf diese Weise soll ein umfassendes Bild der Theorien zur Internationalisierung von Unternehmen entstehen. Abschließend wird diese Auswahl in Kapitel 2.1.1.4 nochmals vor dem Hintergrund der Arbeit eingeordnet und gewürdigt.

2.1.1.1 Theorie der Internalisierung

Die Theorie der Internalisierung basiert auf der Arbeit von Buckley und Casson (1976)[40]. Die Autoren übertrugen den Transaktionskostenansatz von Coase[41] [42] (1937) erstmalig auf Multinationale Unternehmen und entwickelten so die Theorie der Internalisierung.[43] Teilweise werden die Internalisierungs- und die Transaktionskostentheorie sogar als ein- und derselbe Ansatz angesehen;[44] zumindest aber kann dieser Ansatz als eine Übertragung der Transaktionstheorie auf die internationale Unternehmenstätigkeit angesehen werden.[45]

---

[37] Vgl. Meckl (2010), S. 75 ff.
[38] Vgl. Kutschker/Schmid (2008), S. 458.
[39] Vgl. Haas/Neumair (2006), S. 695.
[40] Für eine Stellungnahme von Buckley und Casson zu ihrem ursprünglichen Buch „The Future of the Multinationale Enterprise", vgl. Buckley/Casson (2003), S. 219 ff.
[41] Coase untersuchte die Effizienz verschiedener Transaktionsformen. Er analysiert die Transaktionskosten des Markts im Vergleich zu den Kosten von innerorganisatorischen Transaktionen und kommt zu dem Ergebnis, dass für viele Transaktionen eine Abwicklung über den Markt ineffizient und eine innerorganisatorische Erstellung effizienter ist. Er weist auf Marktversagen hin in den Fällen, in denen eine Erstellung ausschließlich innerhalb einer Unternehmung stattfindet. Vgl. u.a. Coase (1937), S. 386 ff.
[42] Für eine Einordnung des Transaktionskostenansatzes sowie eine Darstellung der Grundannahmen des Ansatzes in Zusammenhang mit der Theorie der Internalisierung. Vgl. Kutschker/Schmid (2008), S. 451 ff.
[43] Vgl. Perlitz (2004), S. 108.
[44] Vgl. Ekeledo/Sivakuamr (2004), S. 71.
[45] Vgl. Kutschker/Schmid (2008), S. 451.

Die Theorie der Internationalisierung geht davon aus, dass das Entstehen von Multinationalen Unternehmen durch die Internalisierung von unvollkommenen Märkten zu erklären ist.[46] Somit bildet die Existenz unvollkommener Märkte den Ausgangspunkt der Internalisierungstheorie.[47] Die Existenz solcher Marktunvollkommenheiten bietet Unternehmen die Chance, durch eine Internalisierung von Markttransaktionen Effizienzgewinne zu realisieren.[48] Unternehmen können diesen Vorteil durch Direktinvestitionen ins Ausland ausnutzen, falls eine unternehmensinterne Leistungserstellung oder Disposition kostengünstiger ist als eine marktbezogene.[49] Multinationale Unternehmen entstehen somit nach Buckley und Casson, wenn eine innerorganisatorische Lösung im Zuge einer Auslandsexpansion einer Marktlösung aus Kosteneffizienzgesichtspunkten vorgezogen wird.[50] Bei einer solchen Entscheidung sind die Kosten für eine marktbezogene den Kosten einer innerorganisatorischen Lösung gegenüberzustellen. Im Rahmen der innerorganisatorischen Kostenbetrachtung müssen unter anderem Kosten für eine eventuelle suboptimale Ausbringungsmenge („Diseconomics of Sale") sowie steigende Kosten für Kommunikations- und Verwaltungsaufwand miteinberechnet werden.[51] Führt spezifisches Fachwissen zu einem Wettbewerbsvorteil, so ist ein entsprechender Markt hierfür höchstwahrscheinlich in hohem Maße unvollkommen und eine Internalisierung sehr wahrscheinlich.[52] Hieraus ist abzuleiten, dass Unternehmen mit Wissensvorteilen den Schritt ins Ausland eher durch die Gründung von Tochterunternehmen realisieren als bspw. durch Lizenzvergabe.[53] Eine konkrete Aussage darüber, was/wann/wie internalisiert werden soll, wird von der Theorie nicht abgedeckt. Kutschker/Schmid (2008) weisen daher darauf hin, dass bei einer Analyse aller Ansätze zur Internalisierung eigentlich davon ausgegangen werden müsste, dass prinzipiell alles internalisiert werden kann bzw. internalisiert werden muss. Es muss nur die Voraussetzung erfüllt sein, dass eine marktbezogene Lösung im Vergleich zur unternehmensinternen Erstellung – in Bezug auf Effizienz – versagt.[54]

Die Theorie der Internalisierung hat einige Erweiterungen erfahren.[55] So weist bspw. Baumann (1975) auf die Bedeutsamkeit von Skalenvorteilen („Economics of Scale") und Synergieeffekten sowie auf den Aspekt der Marktmacht zur Generierung von Internalisierungsvorteilen hin.[56] Furubotn (1989) verweist auf die

---

[46] Vgl. Perlitz (2004), S. 108.
[47] Vgl. Strietzel (2005), S. 115
[48] Vgl. Königsmeier (2003), S. 89 f.
[49] Vgl. Perlitz (2004), S. 108.
[50] Vgl. Corsten/Reiß (2008), 542 f.
[51] Vgl. Strietzel (2005), S. 115.
[52] Vgl. Wesnitzer (1993), S. 160 f.
[53] Vgl. Strietzel (2005), S. 115.
[54] Vgl. Kutschker/Schmid (2008), S. 455.
[55] Vgl. Perlitz (2004), S. 109.
[56] Vgl. Baumann (1975), S. 676 ff.

Bedeutung von Lerneffekten bei der Erzielung von Internalisierungsvorteilen.[57] Abschließend wird hier im Kontext der Erweiterungen noch Dunning (u.a. 1988), der die Theorien der Internalisierung zur Eklektischen Theorie[58] (siehe Folgekapitel 2.1.1.2) weiterentwickelte, genannt.[59]

2.1.1.2 Die Eklektische Theorie

Die Eklektische Theorie von Dunning (1988, 1993, 1995), auch bezeichnet als OLI-Framework (Ownership, Location, Internalization),[60] stellt die wohl dominierendste Theorie über Multinationale Unternehmen (und Direktinvestitionen) dar. Sie verbindet Aspekte der früheren Direktinvestitionstheorie in Zusammenhang mit Multinationalen Unternehmen, Elemente aus der Wirtschaftsgeographie sowie der Transaktionskostentheorie[61] einhergehend mit Aspekten der Internalisierung.[62] Durch den so entstehenden Einbezug verschiedener Aspekte erweitert Dunning die bis dato existierenden monokausalen Theorien der Existenz von Internationalen Unternehmen und schafft einen umfassenderen Ansatz[63], der den Prozess (die Transformation) der Entwicklung von einem national tätigen Unternehmen zu einem Multinationalen Unternehmen beschreibt.[64] Vor diesem Hintergrund ist auch die Wahl des Begriffes „eklektisch" nachvollziehbar; er verweist auf eine Sammlung von verschiedenen Ansätzen und verschmilzt diese zu einem Paradigma.[65]

Laut der Eklektischen Theorie beeinflussen folgende drei Faktoren die Internationalisierungsentscheidung und -strategie von Unternehmen: 1. Wettbewerbs- bzw. Eigentumsvorteile (Ownership (O)), 2. Vorteile in Bezug auf den Standort (Location (L)) und 3. Internalisierungsvorteile (Internalization (I)). Alle drei Elemente haben eine wichtige Bedeutung bei der Investitionsentscheidung von Multinationalen Unternehmen und werden in der OLI-Theorie als ineinandergreifend betrachtet.[66] Der Internationalisierungsprozess wird somit als ein rein rational ablaufender Prozess unter dem Ziel der langfristigen Gewinnmaximierung gesehen. Die Unternehmen analysieren die drei OLI-Elemente in der Hinsicht, dass eine Vorteilsgenerierung (Eigentums-, Internalisierungs- sowie Standortvorteile) im Vergleich zu Konkurrenten (andere inländische und/oder ausländische Unternehmen) untersucht wird, um so über eine Internationalisierung zu entscheiden.[67]

---

[57] Vgl. Furubotn (1989), S. 401 ff.
[58] Für eine ausführliche Darstellung der Eklektischen Theorie siehe Kapitel 2.1.1.2 dieser Arbeit.
[59] Vgl. Perlitz (2004), S. 109.
[60] Vgl. Brouthers/Brouthers/Werner (1999), S. 831.
[61] Vgl. Wortmann (2008), S. 122
[62] Vgl. Brouthers/Brouthers/Werner (1999), S. 831.
[63] Vgl. Perlitz (2004), S. 112.
[64] Vgl. Johanson/Vahlne (1990), S. 15 f.
[65] Vgl. Kutschker/Schmid (2008), S. 458.
[66] Vgl. Williams (1997), S. 78. und Perlitz (2004), S. 109 f.
[67] Vgl. Reich/Reihlen/Rhode (2006), S. 153 ff.

Dunning zeigt des Weiteren in seinem Ansatz Bedingungen auf, unter denen bestimmte Markteintritts- oder Marktbearbeitungsformen – wie bspw. Direktinvestitionen, Exporte oder vertragsbasierte Ressourcenübertragung (z. B.: Lizenz-/ Technologieverträge) – von Vorteil sind.[68] Es werden an dieser Stelle der Arbeit nicht alle diese Bedingungen und Kombinationen (OLI-Elemente und Markteintrittsstrategien) ausführlich vorgestellt, sondern nur sehr kurz in Bezug auf Kutschker/Schmid (2008) wie folgt zusammengefasst:

„Zur Internationalisierung von Aktivitäten sind Eigentumsvorteile eine zwingende Voraussetzung. Verfügt eine Unternehmung nur über Eigentumsvorteile, so wird sie sich innerhalb des Spektrums der Markteintritts- und Marktbearbeitungsformen für vertragliche Ressourcenübertragung entscheiden. Hat sie darüber hinaus auch Internalisierungsvorteile, so kommt es zu Exporten. Nur wenn zusätzlich noch Standortvorteile im Ausland existieren, werden Direktinvestitionen vorgenommen."[69]

Zusammenfassend kann gesagt werden, dass das zentrale Erklärungsanliegen des OLI-Framework in der Vorteilhaftigkeit verschiedener Eintrittsformen für die internationale Marktbearbeitung in Abhängigkeit verschiedenartig ausgeprägter unternehmensinterner und -externer Bedingungen besteht. Nach Dunning ist der Entscheidungsprozess einer möglichen Internationalisierung durch drei Schritte modellierbar. In einem ersten Schritt wird die Existenz von Eigentumsvorteilen geprüft, um im zweiten Schritt – bei einem positiven Ergebnis aus Schritt eins – die Möglichkeit der Verwendung (unternehmensinterne Koordination oder vertragsbasierte Ressourcenübertragung) dieser Vorteile zu prüfen. Im dritten und letzten Schritt wird bei einer zuvor entschiedenen unternehmensinternen Koordination die Wahl für die bestmögliche Standortalternative festgelegt.[70] Für eine grafische Darstellung dieses Entscheidungsprozesses siehe Abbildung 2.

---

[68] Vgl. Kutschker/Schmid (2008), S. 458 ff.
[69] Kutschker/Schmid (2008), S. 461.
[70] Vgl. Meckl (2010), S. 82 ff.

Abbildung 2: *Entscheidungsprozess Eklektische Theorie*

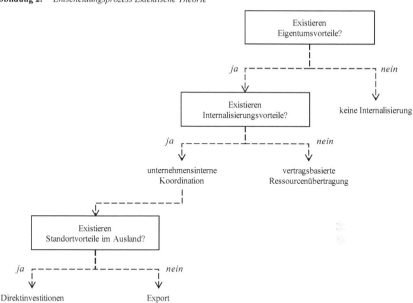

Quelle: *In starker Anlehnung an Meckl (2010), S. 85 und Kutscher/Schmid (2008), S. 462.*

2.1.1.3 Das Uppsala-Modell der Internationalisierung

Das Uppsala-Modell der Internationalisierung geht schwerpunktmäßig auf die Veröffentlichungen von Johanson und Vahlne (1977, 1990) zurück.[71] Es ist das bekannteste dynamische und lerntheoretische Modell im Kontext der Internationalisierung von Unternehmen.[72] In dem Modell wird die Internationalisierung basierend auf dynamischen Lernprozessen beschrieben, wobei der Prozessgedanke[73] eine Grundannahme darstellt.[74]

---

[71] Vgl. Perlitz (2004), S. 112.
[72] Vgl. Haas/Neumair (2006), S. 695.
[73] *Das Uppsala-Modell basiert u.a. auf den empirischen Untersuchungen von Johanson und Wiedersheim-Paul (1975), die zwei Arten von inkrementellen Internationalisierungsprozessen nachwiesen. Erstens Internationalisierung innerhalb eines Landesmarktes durch folgende vier Schritte: (1) unregelmäßige Exporttätigkeiten, (2) Export über einen unabhängigen Vertreter (Agent), (3) durch eine Verkaufsniederlassung und (4) durch Produktionsstätten im Ausland selbst; die sogenannte „Establishment Chain". Zweitens ein Internationalisierungsmuster im Hinblick auf die bearbeiteten Ländermärkte. Hier wurde auch eine inkrementelle Vorgehensweise von den bekannten, nahegelegenen Märkten hin zu den entfernteren Regionen erkannt. Vgl. Johanson/ Wiedersheim-Paul (1975), S. 305 ff. und Bäurle (1996), S. 67 f.*
[74] Vgl. Perlitz (2004), S. 112.

Johanson und Vahlne (1977) beschreiben in ihrem Modell das Internationalisierungsverhalten von Unternehmen anhand einer Abfolge von inkrementellen Schritten[75].[76] Sie gehen davon aus, dass der Prozess der unternehmerischen Internationalisierung schrittweise und evolutionär erfolgt und im Wesentlichen durch die Akkumulation von Wissen stattfindet.[77] Wissen bezieht sich hier auf den Kenntnisstand über ausländische Märkte und dortige geschäftliche Aktivitäten.[78] Der Internationalisierungsgrad wird somit laut dem Modell direkt durch den Wissensstand der jeweiligen Unternehmung beeinflusst.[79] Die Grundannahmen des Modells sind, dass das Fehlen solchen Wissens eine wesentliche Hürde für die Entwicklung internationaler Tätigkeiten von Unternehmen ist und dass das nötige Wissen hauptsächlich durch ausländische Aktivitäten generiert werden kann.[80]

Das Modell unterscheidet zwischen „State Aspects" und „Change Aspects", wobei unter „State Aspects" das Ressourcen Engagement – also die Marktbindung (Market Commitment) – sowie das Wissen über ausländische Märkte und dortige geschäftliche Aktivitäten (Market Knowledge) verstanden wird. Als „Change Aspects" werden zum einen Entscheidungen über den Ressourceneinsatz (Commitment Decision) verstanden und zum anderen die aktuelle Performance der Geschäftsaktivitäten (Current Activities) subsumiert.[81] Hierbei ist anzumerken, dass die „State Aspects" Zustandsgrößen und die „Change Aspects" Entscheidungsgrößen darstellen, die eine iterative Wechselwirkung haben.[82] Hieraus ist ableitbar, dass es sich um ein dynamisches Modell handelt, bei dem das Ergebnis getroffener Entscheidungen Input für die nächste Entscheidung ist (Abbildung 3).[83]

In dem Modell wird davon ausgegangen, dass das aktuelle Wissen und die Marktbindung der Unternehmung (die „State Aspects") sowohl Entscheidungen über die weitere Entwicklung der Internationalisierung als auch über die weitere Ausgestaltung der schon bestehenden Geschäftsaktivitäten beeinflussen (die „Change Aspects"). Des Weiteren wird davon ausgegangen, dass jede Entscheidung über aktuelle Aktivitäten oder zukünftige Internationalisierungsbestrebungen sowohl das aktuelle Wissen als auch die Marktbindung der Unternehmung wiederum beeinflussen werden, wobei die aktuellen Geschäftsaktivitäten als wichtige Quelle für die Generierung von Wissen zu betrachten sind und daher mögliche zukünftige Entscheidungen wiederum beeinflussen.[84] Diese Wechselwirkung kann als ein

---

[75] *Wobei Schritte hier laut der Originalveröffentlichung von Johanson und Vahlne als Entscheidungen zu verstehen sind, vgl. Johanson/Vahlne (1977), S. 23.*
[76] Vgl. Bohn (2009), S. 61.
[77] Vgl. Elmar (2003), S. 67.
[78] Vgl. Johanson/Vahlne (1977), S. 23.
[79] Vgl. Perlitz (2004), S. 112 f.
[80] Vgl. Johanson/Vahlne (1977), S. 23.
[81] Vgl. Johanson/Vahlne (1977), S. 26.
[82] Vgl. Bohn (2009), S. 62 und vgl. Bäurle (1996), S. 70.
[83] Vgl. Bäurle (1996), S. 69 und vgl. Johanson/Vahlne (1977), S. 26.
[84] Vgl. Johanson/Vahlen (1977), S. 26 ff. und vgl. Johanson/Vahlen (1990), S. 11 ff.

dynamischer Prozess der ständigen Erweiterung der unternehmerischen Wissensbasis[85] aufgefasst werden, der sich in einer verstärkten Auslandsorientierung manifestiert.[86]

Abbildung 3: Das Uppsala-Modell der Internationalisierung nach Johanson und Vahlne (1977)

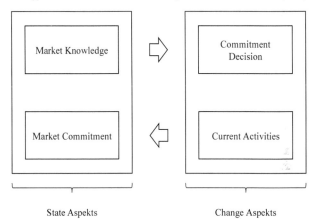

Quelle: In Anlehnung an Johanson/Vahlne (1977), S. 26.

Das originäre Uppsala-Modell der Internationalisierung wurde in zahlreichen wissenschaftlichen Studien überprüft und mehrmals bestätigt.[87] Nichtsdestotrotz wurden auch verschiedenste Kritikpunkte formuliert.[88] Ein häufiger Kritikpunkt an dem Modell ist, dass als einzige erklärende Variable für die Entwicklung internationaler Aktivitäten Wissen im Modell angeführt wird. Hier ist zum einen auf die heutige Informationsgesellschaft zu verweisen und somit auf die schnelle Transferierbarkeit von Wissen und eine damit entstehende „gewisse Transparenz".[89] Darüber hinaus kritisiert bspw. Melin (1992), dass Akquisitionen als ein Weg der Internationalisierung nicht betrachtet werden.[90] Weiterhin wird die Berücksichtigung von Umweltaspekten gefordert, wie bspw. die Wettbewerbsstruktur des Unternehmensumfeldes.[91]

---

[85] Für eine Auseinandersetzung mit dem „Lernkonzept" im Uppsala-Modell vgl. Forsgren (2002), S. 257 ff.
[86] Vgl. Perlitz (2004), S. 113.
[87] Vgl. Perlitz (2004), S. 113.
[88] Vgl. Bäurle (1996), S. 71 ff. und vgl. Johanson/Vahlne (1990), S. 14 f.
[89] Vgl. Perlitz (2004), S. 113.
[90] Vgl. Melin (1992), S. 104.
[91] Vgl. Hedlund/Kverneland (1985), S. 42 ff.; vgl. Johanson/Vahlne (1990), S. 14 ff.; vgl. Nordström (1991), S. 87; vgl. Reid (1983), S. 44 ff. und vgl. Sullivan/Bauerschmidt (1990), S. 26.

Johanson und Vahlne (2009) selbst geben in ihrem aktuellen Artikel zu, dass auf Grund neuer Erkenntnisse ihr ursprüngliches Uppsala-Modell der Internationalisierung weiterentwickelt werden muss. Sie erweitern es selbst vor dem Hintergrund der Wichtigkeit von Netzwerken[92] im Internationalisierungsprozess[93]. Sie stellen in diesem angepassten Modell heraus, dass die Internationalisierung der Unternehmung von der Netzwerkposition sowie von den Beziehungen der jeweiligen Unternehmung beeinflusst wird, wovon wiederum der Zugang zu Chancen für eine Internationalisierung sowie der Wissensaufbau in diesem Kontext abhängig sind.[94]

2.1.1.4 Abschließende Betrachtung

Betrachtet man alle drei vorgestellten Ansätze vor dem Hintergrund der vorliegenden Arbeit, so lässt sich festhalten, dass nicht ein einzelner Ansatz alleine als vollumfänglich passend für die Erklärung des Entstehens und somit der Existenz von Internationalen Unternehmen angesehen werden sollte. Vielmehr sollten alle beschriebenen Aspekte der Ansätze als Teilstücke für ein Aufkommen von Internationalen Unternehmen angenommen werden.

Die Theorie der Internalisierung beschreibt, basierend auf der Grundlage des Ansatzes von Marktversagen und der daraus resultierenden unternehmensinternen Erstellung, einen wichtigen und gerade in der heutigen Zeit vor dem Hintergrund der Effizienz nicht zu vernachlässigenden Erklärungsansatz für die Existenz von Direktinvestitionen ins Ausland. Jedoch sollte bei einer umfassenden Betrachtung die Eklektische Theorie mit ihren OLI-Aspekten nicht vernachlässigt werden, da Standortvorteile und Eigentumsvorteile sicherlich neben den Internalisierungsvorteilen (inhaltliche Überschneidung mit der Theorie der Internalisierung) einen wichtigen Entscheidungsfaktor bei Internationalisierungsüberlegungen darstellen. Der Prozesscharakter des Uppsala-Modells und die Fokussierung auf das Lernen von Unternehmen (Akkumulation von Wissen) ergänzen die beiden erstgenannten Ansätze nochmals, indem es einen dynamischen Aspekt in den Prozess der Internationalisierung mit einbringt. Gerade die Wechselwirkung zwischen „Change Aspekts" und „State Aspektes" in diesem Ansatz drückt den Entwicklungscharakter von Internationalisierung aus. Es wird somit auch eine gewisse Komplexität des Prozesses in den Vordergrund gestellt.

---

[92] *Netzwerke sind hier als Marktstrukturen zu verstehen, in die das jeweilige Unternehmen eingebettet ist sowie den entsprechenden dazugehörigen Strukturen der Märkte, vgl. Johanson/Vahlne (2009), S. 1413.*
[93] *Der Netzwerkgedanke (Märkte als Netzwerk von Beziehungen) im Kontext von Internationalisierungsprozessen wurde bereits von Johanson und Mattsson (1986, 1988) in die Diskussion eingebracht. Vgl. Johanson/ Mattsson (1986), S. 234 ff. und vgl. Johanson/Mattsson (1988), S. 287 ff.*
Johanson und Vahlne (1990) greifen diesen Gedanken auf und bauen ihn ergänzend in ihr Modell von 1977 ein. Vgl. Johanson/Vahlne (1990), S. 11 ff.
[94] Vgl. Johanson/Vahlne (2009), S. 1413 ff.

Wichtig ist an dieser Stelle der Hinweis, dass keines der vorgestellten Modelle alleine – und auch nicht die Kombination der drei Modelle – alle theoretischen Gründe oder Erklärungsmöglichkeiten für die Entstehung von Internationalen Unternehmen darstellen kann, jedoch aber ein gewisses Grundverständnis für die Existenz von Internationalen Unternehmen für die weiteren Ausführungen und Analysen der vorliegenden Arbeit liefert. Eine so entstehende Sensibilisierung für die Komplexität der Prozesse, Entscheidungen und Einflussfaktoren im Zusammenhang mit Internationalen Unternehmen ist entscheidend, um im Weiteren auf spezielle Details im Treasury-Bereich eingehen zu können.

2.1.2 Internationale Unternehmen – Definition und Abgrenzung

Bevor eine umfassende Analyse des Treasury-Managements von Internationalen Unternehmen angegangen werden kann, muss zunächst einmal die inhaltliche Ausgestaltung des Begriffes „Internationale Unternehmen" klar definiert, abgegrenzt und festgelegt werden. Es stellt sich somit zunächst die Frage, ob es eine allgemeingültige – in der Wissenschaft anerkannte – Definition des Begriffes „Internationale Unternehmen" bereits gibt, auf die zurückgegriffen werden kann. Ergänzend muss auf die Abgrenzungs- oder Spezifikationsproblematik des Begriffes von „Internationalen Unternehmen" im Kontrast zu den Begriffen „Transnationale Unternehmen" und „Multinationale Unternehmen" eingegangen werden. Hier ist zu klären, inwieweit diese Begriffe synonym verwendet werden können. Abschließend muss erörtert werden, ob bei einer Betrachtung – vor dem Hintergrund der angestrebten Analyse – mehr auf quantitative oder auf qualitative Merkmale eingegangen wird oder aber ein integrativer Ansatz[95] angestrebt werden soll.

Analysiert man die Literatur zu Internationalen Unternehmen, so wird zum einen sehr schnell deutlich, dass es in diesem Bereich eine Vielzahl von Arbeiten gibt; aber auch, dass sich bis heute keine einheitliche Definition[96] durchgesetzt hat.[97] Czinkota u.a. (2009) weisen darauf hin, dass ein internationales Wirtschaftsleben in verschiedensten Formen, die oft miteinander in Wechselbeziehung stehen, existiert.[98] Hieraus könnte sich u.a. die Vielzahl der existierenden Definitionen

---

[95] *Für die ausführliche Darstellung eines integrativen Konzeptes, basierend auf quantitativen und qualitativen Merkmalen, vgl. bspw. Kutschker/Schmid (2011), S. 227 ff.*
Das dort vorgestellte integrative Konzept zur Abgrenzung von Internationalen Unternehmen umfasst im Wesentlichen drei Dimensionen: (1) Umfang und geografische-kulturelle Distanz der Länder, in der die Unternehmung tätig ist, (2) Form und Quantität der ausländischen Wertschöpfung sowie (3) Grad der Integration innerhalb des Unternehmens. Es wird in dem Ansatz davon ausgegangen, je stärker die Ausprägung dieser drei Dimension ist, desto internationaler ist das jeweilige Unternehmen. Vgl. Kutschker/Schmid (2011), S. 227 ff.
[96] *Doenecke (2007) weist darauf hin, dass auch für den Begriff der „Multinationalen Unternehmung" keine einheitliche Definition in der Literatur existiert, vgl. Doenecke (2007), S. 5.*
[97] Vgl. hierzu auch die Beispiele in Kutschker/Schmid (2008), S. 242 ff.
[98] Vgl. Czinkota (2009), S. 8.

erklären. Hinzu kommt aber, dass bspw. die Begriffe „Internationale Unternehmen", „Transnationale Unternehmen" und „Multinationale Unternehmen" oft nicht trennscharf gebraucht werden, sondern eine synonyme Verwendung finden.[99] Die Tabelle 1 stellt eine kurze Übersicht von ausgewählten Definitionen dar. Es soll hiermit nochmals deutlich gemacht werden, wie unterschiedlich und gegensätzlich die existierenden Definitionen sind.

Aggarwal u.a. (2010) stellen in ihrem Aufsatz eine Auswertung von 393 Studien und deren verwendeten Definitionen von „Multinationalen Unternehmen" im Zeitraum von 1987 bis 2007 dar. Sie identifizierten 19 Attribute, die zur Beschreibung von „Multinationalen Unternehmen" genutzt werden, wie bspw. Niederlassungen, Umsatz, Auslandsinvestitionen oder Steuern im Ausland, wobei viele der untersuchten Definitionen als Multiattribut-Definitionen zu klassifizieren sind, da mehrere Attribute Verwendung fanden.[100] Dies verdeutlicht somit nochmals die Fragmentiertheit der existierenden Definitionen.

Nach der Schaffung einer ersten Idee über die existierende Definition von „Internationalen Unternehmen" und der gewonnenen Erkenntnis der Nichtexistenz einer allgemein gültigen Definition, stellt sich nun die Frage nach einer möglichen Systematisierung. Kutscher/Schmidt (2010) weisen darauf hin, dass aus wissenschaftlicher Sicht drei Zugänge für die Beschreibung von Internationalen Unternehmen differenzbar sind:

- Eine Betrachtung mittels rein quantitativer Merkmale,
- eine Betrachtung mittels rein qualitativer Merkmale und
- eine integrierte Betrachtung aus quantitativen und qualitativen Merkmalen,

wobei sowohl eine absolute als auch eine relative Betrachtung helfen kann, den Umfang der Internationalität eines Unternehmens zu bemessen.[101]

Bei einer quantitativen Betrachtung können Bestandsgrößen als auch Bewegungsgrößen verwendet werden. Bestandsgrößen erfassen bestimmte Merkmale zu einem Zeitpunkt, wogegen Bewegungsgrößen einen Zeitraum abdecken. Neben diesen absoluten Kenngrößen können auch quantitative-relative Beobachtungen durchgeführt werden. In diesem Zusammenhang können u.a. Auslandsquoten und Internationalisierungsindizes angeführt werden. Auslandsquoten werden in der Weise ermittelt, dass die absoluten Zahlen des Auslands zu den absoluten Zahlen des Inlands oder des Gesamtunternehmens in Verhältnis gesetzt werden, wobei die

---

[99] Vgl. Aggarwal u.a. (2010), S. 557 f.; vgl. Sell (2003), S. 195. und vgl. Wilderer (2010), S. 88.
[100] Vgl. Aggarwal u.a. (2010), S. 557 ff.
[101] Vgl. Kutschker/Schmid (2010), S. 257 ff.

erstgenannte Verhältnisrelation als Foreign to Domestic Operations-Ratio und die zweite als Foreign to Total Operations-Ratio bezeichnet wird.[102]

Tabelle 1: *Übersicht Definitionen von Internationalen, Multinationalen und Transnationalen Unternehmen*

Autor	Jahr	Definition
Glaum	1996	„Im weitesten Sinne werden alle Unternehmen als international bezeichnet, deren Geschäftstätigkeit staatenübergreifend angelegt ist."[103]
Morrison	2011	„The multinational enterprise (MNE) is a broad term signifying a lead company (the parent company) which has acquired ownership or other contractual ties in other organizations (including companies and unincorporated businesses) outside its home country. The parent company co-ordinates and controls (in varying degrees) the international business activities carried out by all the organizations within the MNE's broad control."[104]
Navaretti/ Venables	2004	„MNEs are firms hat own a significant equity share (typically 50% or more) of another company (henceforth subsidiary or affiliate) operating in a foreign country."[105]
OECD	2000	„Es handelt sich gewöhnlich um Unternehmen oder andere in mehreren Ländern niedergelassene Unternehmensteile, die so miteinander verbunden sind, dass sie ihre Geschäftstätigkeit auf unterschiedliche Art und Weise koordinieren können. Einer oder mehrere dieser Unternehmensteile können u.U. in der Lage sein, einen wesentlichen Einfluss auf die Geschäftstätigkeit der anderen Unternehmensteile auszuüben, doch wird ihr Autonomiegrad innerhalb des Gesamt-unternehmens je nach den betreffenden multinationalen Unternehmen sehr unterschiedlich sein. Das Gesellschaftskapital kann privat, öffentlich oder gemischt sein."[106]
Dunning/ Lundan	2008	„A multinational or transnational enterprise is an enterprise that engages in foreign direct investment (FDI) and owns or, in some way, controls value-added activities in more than one country."[107]
UNCTAD	2011	„A TNC[108] is an enterprise, which is irrespective of its country of origin and its ownership, including private, public or mixed, which comprises entities located in two or more countries which are linked, by ownership or otherwise, such that one or more of them may be able to exercise significant influence over the activities of others and, in particular, to share knowledge, resources and responsibilities with the others. TNCs operate under a system of decision making which permits coherent policies and a common strategy through one or more decision-making centres."[109]

Quelle: *Eigene Darstellung.*

---

[102] Vgl. Söllner (2008), S. 343 ff. Hier findet sich auch eine Auflistung möglicher Bewegungs- und Bestandsgrößen.
[103] Glaum (1996), S. 10.
[104] Morrison (2011), S. 16 f.
[105] Navaretti/Venables (2004), S. 2.
[106] Organization for Economic Cooperation and Development (2000), S. 17, online.
[107] Dunning/Lundan (2008), S. 3.
[108] TNC steht hier für „Transnational Corporations". Vgl. United Nations Conference on Trade and Development (2011a), online.
[109] United Nations Conference on Trade and Development (2011a), online.

Einige Autoren haben jedoch schon früh erkannt, dass eine rein quantitativ orientierte Betrachtung Problematiken[110] birgt. Daher kam es zu der Entwicklung von Konzepten, welche die Internationalität von Unternehmen qualitativ abbilden.[111] Perlitz (2004) weist zusätzlich darauf hin, dass einige dieser qualitativen Modelle sich auch mit der Frage der Internationalisierungsstrategie von Unternehmen auseinandersetzen; er führt hier im Speziellen das EPRG-Modell (siehe Kapitel 2.1.2.2) an.[112]

Eine Gruppierung der qualitativen Modelle kann in der Form vorgenommen werden, dass mehrstufige und einstufige Konzepte unterschieden werden können. Die Bezeichnung „mehrstufig" und „einstufig" kommt daher, dass die Vertreter einstufiger qualitativer Konzepte zur Beschreibung von Internationalen Unternehmen nur einen („erfolgreichen oder fortgeschrittenen") Archetyp beschreiben, wogegen bei den mehrstufigen Konzepten von der Existenz unterschiedlicher, alternativer Archetypen ausgegangen wird. Zeitlich betrachtet sind die mehrstufigen vor den einstufigen Konzepten erstanden. In beiden Fällen werden Kriterien verwendet, um eine Abgrenzung des jeweiligen Archetyps vorzunehmen. Kutscher/Schmidt (2008) weisen darauf hin, dass diese Kriterien wie folgt gruppiert werden können:[113]

- Die Einstellung des Managements auf mentaler Ebene,
- die strategische Ausrichtung des Unternehmens und
- die organisatorische Ausprägung des Unternehmens.

Somit geht es bei diesen Modellen nicht rein um eine Definition von „Internationalen Unternehmen", sondern um ein generelles und tiefgreifendes Verständnis derselben.[114] Für eine Übersicht der Systematisierung der verschiedenen Ansatzmöglichkeiten zur Betrachtung und Abgrenzung von Internationalen Unternehmen siehe Abbildung 4.

Im Folgenden werden die Ansätze der quantitativen Betrachtung nicht näher betrachtet, sondern vielmehr auf die Darstellung ausgewählter qualitativer Konzepte von Internationalen Unternehmen eingegangen. Hier werden zunächst einige einstufige Modelle thematisiert, bevor dann die mehrstufigen Modelle[115] von

---

[110] *Bspw. weist Perlitz (2004) auf Grund der Heterogenität von Branchen und Unternehmen darauf hin, dass eine rein quantitative Festlegung des Internationalisierungsgrades wegen inadäquater Messkonzepte problembehaftet ist. (Vgl. Perlitz (2004), S. 10) Eine umfassende Betrachtung der Internationalen Unternehmung als Ganzes scheint rein quantitativ nicht möglich zu sein. Vgl. Bode (2009), S. 29.*
[111] Vgl. Kutschker/Schmid (2008), S. 284. und vgl. Söllner (2008), S. 347.
[112] Vgl. Perlitz (2004), S. 115 ff.
[113] *Eine ähnliche Unterteilung (mit dem Schwerpunkt auf Multinationale Unternehmen) gibt Aharoni (1971), allerdings mit dem Unterschied, dass er nicht auf die strategische Ausrichtung eingeht, sondern als dritten Punkt die Performance (Betriebseigenschaften) der Unternehmen anführt, vgl. Aharoni (1971), S. 27 ff.*
[114] Vgl. Kutschker/Schmid (2008), S. 284.
[115] *Ein weiteres mehrstufiges Modell ist das Modell von Griffin/Pustay (1999); diese unterscheiden zwischen „Multidomestic Company" (alle Märkte werden als unterschiedlich angesehen, Tochtergesellschaften sind*

Perlmutter und Barlett/Ghoshal eingehender besprochen werden. Abschließend wird eine eigene Definition von Internationalen Unternehmen passend zu der Forschungsfrage der Arbeit hergeleitet. In diesem Abschnitt wird dann auch die Frage nach der zu wählenden Form der Definition erörtert werden.

Abbildung 4: *Systematisierung der Betrachtungs- und Abgrenzungsmöglichkeiten von Internationalen Unternehmen*

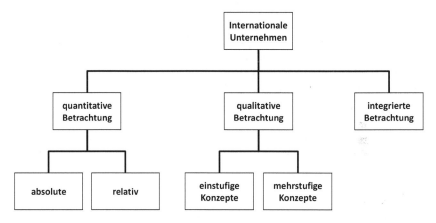

Quelle: *Darstellung in Anlehnung an Kutschker/Schmid (2008), S. 256.*

2.1.2.1 Einstufige Betrachtungskonzepte

Die einstufigen Konzepte von Internationalen Unternehmen stellen nicht mehrere Archetypen einer Internationalen Unternehmung dar, vielmehr wird sich auf einen Archetyp konzentriert. Dieser wird von den Autoren der Konzepte (meist) als „erfolgreicher" Typ einer international tätigen Unternehmung angesehen.[116] Vor dem Hintergrund der Anzahl der in diesem Bereich existierenden Konzepte wird im Rahmen dieser Arbeit eine auszugsweise Darstellung gewählt und sich auf für die vorliegende Fragestellung „relevantere" Ansätze (Doz/Prahald und White/Poynter) konzentriert. Für einen ersten Überblick siehe Abbildung 5.

---

z. B. in den Bereichen Marketing und Operations unabhängig von der Muttergesellschaft), „Global Company" (die Welt wird als ein einziger Markt angesehen, es findet eine Standardisierung in den Bereichen Marketing und Produktion statt) und „Transnational Company" (die operationalen Einheiten agieren unabhängig voneinander und es wird versucht, Vorteile aus Global-Scale-Ansätzen und lokalen Besonderheiten zu kombinieren), vgl. Mead/Andrews (2009), S. 314.

[116] Vgl. Kutschker/Schmid (2011), S. 309.

Als erster einstufiger Ansatz zur Abgrenzung von Internationalen Unternehmen wird der Ansatz von Doz/Prahalad (1991/1993) mit der Fokussierung auf „Diversified Multinational Corporation" dargestellt. Anschließend erfolgt eine kurze Erörterung des Ansatzes von White/Poynter (1989/1990) mit ihrem Konzept der „horizontalen Organisation".

Abbildung 5: *Übersicht einstufige Betrachtungskonzepte der Internationalen Unternehmung*

Quelle: *Eigene Darstellung, basierend auf Kutschker/Schmid (2011), S. 309 ff.*

Diversified Multinational Corporation

Doz/Prahalad (1991/1993) führen den Begriff der „Diversified Multinational Corporation (DMNC)" in die Literatur ein.[117] Teilweise verwenden die Autoren jedoch auch den Begriff der „Multifokalen Unternehmung". Diversified Multinational Corporation unterscheidet sich nach diesem Ansatz von anderen Unternehmen wesentlich in zwei Punkten; zum einen durch ihre Multidimensionalität und zum anderen durch ihre Heterogenität als eine Folge der zuerst genannten Multidimensionalität, wobei diese Multidimensionalität primär auf Grund der Vielzahl an Produktlinien sowie geografischen Märkten und der Verschiedenartigkeit der Unternehmensaktivitäten zustande kommt.[118] Doz/Prahalad stellen in ihrem Aufsatz sieben charakterliche Attribute von DMNCs dar, die aus den beiden Haupteigenschaften resultieren:

(1) **Structural undeterminacy** (*strukturelle Unbestimmtheit*):
DMNCs weisen keine unidimensionalen Strukturen im Hinblick auf Zentralisierung oder Dezentralisierung auf,

(2) **Internal differention** (*interne Differenzierung*):
Die Management Prozesse von DMNCs variieren in Abhängigkeit von Ländern, Produkten und Funktionen – sie sind uneinheitlich,

---

[117] Vgl. Doz/Prahalad(1991), S. 145 ff.
[118] Vgl. Kutschker/Schmid (2011), S. 315.

(3) **Integrative optimization** (*integrative Optimierung*):
Berücksichtigung entstehender Trade-offs auf Grund von verschiedenartigen Prioritäten entlang multipler Dimensionen innerhalb der Managementprozesse von DMNCs,

(4) **Information intensity** (*Intensität des Informationsaustauschs*):
Formaler als auch informeller Informationsaustausch innerhalb von DNMCs bildet einen Wettbewerbsvorteil gegenüber anderen Unternehmen, wodurch das Managen und Verwalten von Informationen eine zentrale Aufgabe innerhalb DMNCs darstellt,

(5) **Latent linkages** (*latente Verbindungen*):
Auf Grund der Komplexität von DMNCs ist eine Spezifizierung von Verbindungen (und Interdependenzen) im Voraus nicht möglich, so dass Voraussetzungen für eine im Bedarfsfall notwendige Verbindung von dezentralen, sich selbst strukturierenden Prozessen geschaffen wird.

(6) **Network organization & fuzzy boundaries** (*Netzwerkorganisation mit unscharfen Grenzen*):
DMNCs umfassen interne und externe Netzwerke, z. B. zu Kunden und Zulieferern. Diese Netzwerke sind essentiell und spielen auch in Verbindung mit Managementaufgaben eine wichtige Rolle,

(7) **Learning & continuity** (*Kontinuität im Lernen*):
DMNCs sind charakterisiert durch ein Spannungsfeld zwischen Innovation und Wandel im Kontrast zu Kontinuität im Hinblick auf Kostensenkung.[119]

Zusammenfassend kann somit gesagt werden, dass die simultane Fokussierung auf lokale Anpassungen und globale Integration sowie deren optimale Ausbalancierung untereinander (dieser scheinbaren Gegensätze) die Hauptaufgaben im Managementbereich von DMNC sind.[120] Um dies zu erreichen, existiert in DMNCs ein multidimensionaler Blick auf die Ressourcenallokation.[121] Es geht somit auch um prozess-, struktur-, informations- und lernbezogene Fragestellungen.[122] Schaut man sich vor diesem Hintergrund bspw. die strategische Steuerung von Tochtergesellschaften an, so kommt man in Anlehnung an Doz/Prahald zu der Schlussfolgerung, dass eine Kontrolle von Tochterunternehmen durch die Mutter bei einer starken Ressourcen-Ausstattung der Tochter nur schwer möglich ist. Daher ist innerhalb einer DMNC die Steuerung der Tochtergesellschaften von deren Ressourcenbesitz abhängig und variiert somit stark, gerade vor dem Hintergrund der hohen Anzahl von unterschiedlichen Tochtergesellschaften bei DMNCs.[123]

---

[119] Vgl. Doz/Prahalad (1991), S. 147. und vgl. Kutschker/Schmid (2011), S. 315 f.
[120] Vgl. Wunder (2003), S. 85. und vgl. Doz/Prahalad (1991), S. 145 ff.
[121] Vgl. Borghoff (2004), S. 204.
[122] Vgl. Doz/Prahalad (1991), S. 145 ff. und vgl. Doz/Prahalad (1981), S. 15 ff.
[123] Vgl. Kutschker/Schmid (2011), S. 316 ff.

Die horizontale Organisation

Das Konzept von White/Poynter (1989, 1990) ist als Reaktion auf geänderte Umweltbedingungen von Internationalen Unternehmen entstanden. Als Ausgangspunkt der Konzeptentwicklung können die konfligierenden Anforderungen in Internationalen Unternehmen genannt werden: Die Anzahl von verschiedenen Wettbewerbsquellen vor dem Spannungsfeld einer lokalen oder doch eher globalen Orientierung im Zusammenhang mit Produkten, Märkten und Regionen sowie der gesamten Unternehmenswertschöpfungskette selbst.[124] Die Autoren argumentieren, dass klassische Organisationsstrukturen (z. B. Matrixstrukturen etc.) vor dem Hintergrund der simultanen Ausnutzung von Lokalisierungs- und Globalisierungsvorteilen nicht effizient genug sind. Daher schlagen White/Poynter vor, solche Unternehmen mittels einer horizontalen Organisation zu betrachten. Hierfür entwickeln sie ihr Konzept der „horizontalen Organisation".[125] Folgende drei Kernmerkmale für eine horizontale Organisation werden von den Autoren genannt:

(1) **Laterale Entscheidungsprozesse** *(„Entscheidungsebene"):*
Hier wird davon ausgegangen, dass es unrealistisch ist, dass Internationale Unternehmen über ein zentrales Entscheidungszentrum verfügen. Vielmehr ist von unzureichenden kognitiven Fähigkeiten und Informationsverarbeitungskapazitäten der Muttergesellschaft auszugehen. Es erscheinen daher laterale Entscheidungsprozesse – charakterisiert durch Ad-hoc-Kontakte, Projekt-Manager und temporär gegründeten Arbeitsgruppen – am besten geeignet, um dem globalen Wettbewerb gerecht zu werden.

(2) **Horizontales Netzwerk** *(„Handlungsebene"):*
Bei dieser Organisationsform kommt es zu einer Reduzierung der vertikalen Berichtslinien (Zurücktreten der Hierarchiegewichtung) und zur Aufweichung von klar definierten organisationalen Einheiten, anstelle derer ein horizontales Netzwerk mit flexibel interagierenden Einheiten tritt, wodurch eine höhere Flexibilität und somit eine verbesserte Reaktionsfähigkeit auf externe Umweltzustände entsteht.

(3) **Geteilte Entscheidungsgrundlagen** *(„Ergebnisebene"):*
Als geteilte Entscheidungsgrundlagen sind in diesem Zusammenhang die Werte und Normen (die Unternehmenskultur) als Basis für eine gemeinsame Auffassung der Ziele des Unternehmens durch das Top-Management zu nennen. Hierdurch soll auch einer eventuellen Anarchie im Verhalten der dezentralen Strukturen vorgebeugt werden.[126]

---

[124] Vgl. Wunder (2004), S. 98.; vgl. White/Poynter (1989a), S. 84 ff.; vgl. White/Poynter (1989b), S. 55 ff. und vgl. White/Poynter (1990), S. 95 ff.
[125] Vgl. Berg (2002), S. 97.
[126] Vgl. Kutschker/Schmid (2011), S. 319 f.; vgl. Berg (2002), S. 97 f.; vgl. White/Poynter (1989a), S. 84 ff.; vgl. White/Poynter (1989b), S. 55 ff. und vgl. White/Poynter (1990), S. 95 ff.

Betrachtet man nun zusammenfassend das Konzept von White/Poynter so erkennt man, dass die Autoren zwar auf die Notwendigkeit verschiedener strategischer Perspektiven eingehen, jedoch sich mehr darauf fokussieren, dass das Problem vieler international tätiger Unternehmen organisatorischer Natur sei. Somit kann dem White/Poynter-Konzept einen primär organisatorischen Fokus testiert werden.[127] Auf Basis dieses Konzeptes wird die Wichtigkeit einer organisationalen Umsetzung von Strategien ersichtlich. Daher sollte im Rahmen der Analyse des Treasury-Managements zumindest peripher, wenn nicht sogar explizit, auf Organisationsmodelle und -strukturen im Treasury-Bereich Internationaler Unternehmen eingegangen werden (siehe hierzu auch Kapitel 3.6).

Abschließend sei an dieser Stelle nochmals erwähnt, dass die dargestellten Konzepte von Doz/Prahalad (1991/1993) und White/Poynter (1989, 1990) nur als Beispiele für einstufige Konzepte zur Definition von Internationalen Unternehmen erörtert wurden. Es sollte hierdurch eine Sensibilisierung des Lesers auf einige wichtige Aspekte wie die organisationalen und strategischen Fragestellungen erreicht werden. Allerdings scheint keines der erwähnten Konzepte sowie der aufgelisteten Konzepte in Abbildung 5 geeignet, um als Analysebasis in dieser Arbeit zu fungieren.

2.1.2.2 Das mehrstufige Betrachtungskonzept von Perlmutter

Perlmutter (1969) weist darauf hin, dass eine rein quantitative Betrachtung von international operierenden Unternehmen für eine erste Betrachtung durchaus sinnvoll und nützlich ist, jedoch aber für eine umfassende Darstellung nicht ausreicht. Nach seiner Meinung spielt das Top-Management und speziell dessen Einstellungen, Werte, Erfahrungen, Vorurteile und Gewohnheiten eine ausschlaggebende Rolle dafür, inwieweit ein Unternehmen international tätig wird oder nicht.[128] Perlmutter entwickelt daher zunächst ein EPG-Modell, welches drei Typen von Internationalen Unternehmen klassifiziert: Ethnozentrische, polyzentrische und geozentrische Unternehmen.[129] Später entwickelten Heenan/Perlmutter (1979) das Konzept um den Typ der regiozentrischen Unternehmung weiter und schufen so das heute existierende EPRG-Schema.[130] Diese vier Typen sollen Ziele und Philosophie von Unternehmen im Hinblick auf internationale Aktivitäten reflektieren und führen somit zu unterschiedlichen Managementstrategien und Planungsansätzen für die internationale Geschäftstätigkeit.[131]

---

[127] Vgl. Kutschker/Schmid (2011), S. 320 f.
[128] Vgl. Perlmutter (1969), S. 9 ff.; vgl. Perlitz (2004), S. 119 ff. und vgl. Kutscher/Schmid (2008), S. 285 ff.
[129] Vgl. Perlmutter (1969), S. 9 ff.
[130] Vgl. Heenan/Perlmutter (1979), S. 17 ff. und vgl. Vieregg (2009), S. 38 ff.
[131] Vgl. Vieregg (2009), S. 38 ff. und vgl. Wind/Douglas/Perlmutter (1973), S. 14 f.

Betrachtet man nun die vier Führungskonzepte nach dem EPRG-Modell, so lassen sich diese wie folgt charakterisieren[132] (siehe auch Abbildung 6):

- Bei dem **ethnozentrischen Führungskonzept** („home country attitude", Stammlandorientierung) werden Schlüsselpositionen in ausländischen Tochterunternehmen primär durch aus dem Stammland kommende Führungskräfte besetzt.[133] Dieses zeugt von einer Dominanz des Heimatlandes[134] und einem gewissen Misstrauen über die Qualität und den Ausbildungsstand von Mitarbeitern aus den ausländischen Tochtergesellschaften.[135] Es werden alle strategischen Entscheidungen in der Muttergesellschaft getroffen und sowohl Managementtechniken als auch Produktstrategien eins zu eins auf das Ausland übertragen. So entstehen identische Strukturen im In- und Ausland.[136] Dieses Konzept wird oft einer frühen Phase einer Internationalisierung von Unternehmen zugeschrieben.[137]

- Bei dem **polyzentrischen Führungskonzept** („host country orientation", Auslandsorientierung) sind die Führungspositionen im Ausland mit lokalen Mitarbeitern besetzt, da diesen die größte Kompetenz zugeschrieben wird, im lokalen Markt bestmöglich zu agieren. Entscheidungen erfolgen somit dezentral und die ausländischen Tochtergesellschaften müssen im Hinblick auf Strategieentfaltung nur die Zielsetzungen der Mutter erfüllen. Das „Wie" ist freigestellt, es wird sozusagen dem lokalen Top-Management vertraut.[138] Somit kann das polyzentrische Führungskonzept als Gegenteil zum ethnozentrischen Führungskonzept aufgefasst werden.

- Das **regiozentrische Führungskonzept** („region oriented orientation", Regionenorientierung) kann als Weiterentwicklung einer geozentrischen Orientierung beschrieben werden. Es wird von Ländergruppen ausgegangen, die in sich relativ homogen veranlagt sind; allerdings erfolgt das Agieren innerhalb einer Region meist geozentrisch. Die Rekrutierung der Führungskräfte erfolgt somit nicht aus einem einzelnen Land, sondern aus einer gesamten Region, bspw. Lateinamerika.[139] Die Ergänzung dieses Führungskonzeptes kann als

---

[132] Für eine tabellarische Gegenüberstellung der verschiedenen Typen von Internationalen Unternehmen nach dem EPRG-Schema vgl. Perlitz (2004), S. 121 f. und vgl. Kutschker/Schmid (2008), S. 288.
[133] Vgl. Becker (2009), S 74 f.; vgl. Kutschker/Schmid (2008), S. 286.; vgl. Perlitz (2004), S. 119. und vgl. Perlmutter (1969), S. 9 ff.
[134] Vgl. Vieregg (2009), S. 39. und vgl. Kutschker/Schmid (2008), S. 286.
[135] Vgl. Perlitz (2004), S. 119. und vgl. Becker (2009), S 74 f.
[136] Vgl. Vieregg (2009), S. 39.; vgl. Kutschker/Schmid (2008), S. 286.; vgl. Perlmutter (1969), S. 9f f. und vgl. Becker (2009), S 74 f.
[137] Vgl. Bogner/Brunner (2007), S. 127.
[138] Vgl. Kutschker/Schmid (2008), S. 286.; vgl. Perlmutter (1969), S. 9 ff. und Perlitz (2004), S. 119 f.
[139] Vgl. Heenan/Perlmutter (1979), S. 17 ff.; vgl. Perlmutter (1969), S. 9 ff.; vgl. Kutschker/Schmid (2008), S. 287 und vgl. Perlitz (2004), S. 120.

Reaktion auf die Entstehung von Wirtschaftsblöcken genannt werden; so führen Heenan/Perlmutter (1979) den europäischen Markt als Beispiel auf.[140]

- Bei dem **geozentrischen Führungskonzept** („world oriented orientation", Weltorientierung) existiert das Bestreben, im Zuge eines globalen Ansatzes unterschiedliche Regionen der Welt zu integrieren. Eine geozentrische Unternehmung entwickelt daher unternehmensspezifische Eigenschaften, losgelöst von spezifischen Landescharakteristika und Kulturen. Die Besetzung von Stellen erfolgt global in der Form, dass die geeignete Person für eine Stelle gesucht und nicht nach Länderspezifika besetzt wird. So weist auch das Stammhaus eine internationale Besetzung auf.[141]

Zusammenfassend kann festgehalten werden, dass es sich bei dem EPRG-Schema von Perlmutter zwar um ein idealtheoretisches Konzept (für eine grafische Darstellung siehe Abbildung 6) handelt, es jedoch einen hohen Praxisbezug aufweist und zusätzlich in der Wissenschaft hoch angesehen ist.[142] Im Hinblick auf den Untersuchungsgegenstand der vorliegenden Arbeit ist darauf hinzuweisen, dass bspw. Meffert (1990) versucht hat, das EPRG-Modell auf betriebliche Funktionsbereiche anzuwenden.[143] Perlmutter selbst ordnet dem Bereich „Finanzen" eine eher ethnozentrische Orientierung zu, wobei „Vertrieb" und „Marketing" eher als polyzentrisch gesehen werden.[144] Meffert (1990) seinerseits zeigt bspw. an dem Beispiel des Automobilkonzerns „Ford" welche Funktionen eher von Globalisierungs- oder von Lokalisierungsvorteilen profitieren können; wobei er „F&E-Aktivitäten" und „das Marketing" eher global sieht und „den Service" als auch „den Vertrieb" mehr lokalorientiert einordnet. Auf den Bereich „Finanzen" geht er in diesem Beispiel nicht ein, weist aber später darauf hin, dass ein leistungsfähiges Controlling (in Zusammenhang mit einer globalen Strategie) auf ein eindeutig definiertes und identisches Set an planungsrelevanten internationalen Kontrollgrößen zurückgreifen sollte.[145] Hieraus lässt sich interpretieren, dass Meffert auch den Finanzbereich eher standardisiert sieht und somit seine Sichtweise mit der ethnozentrischen Orientierung Perlmutters vereinbar ist. Es können somit zeitgleich verschiedene EPRG-Orientierungen innerhalb einer Unternehmung parallel und in verschiedenem Ausmaß existieren.[146] Daher sollte das Konzept von Perlmutter für die vorliegende Arbeit in Erinnerung behalten werden, da es ein tiefgreifendes Verständnis von (organisationalen) Ausrichtungen im Finanzbereich begünstigen kann.

---

[140] Vgl. Becker (2009), S. 75.; vgl. Perlitz (2004), S. 120 und vgl. Heenan/Perlmutter (1979), S. 17 ff.
[141] Vgl. Kutschker/Schmid (2008), S. 287; vgl. Perlitz (2004), S. 120.; vgl. Becker (2009), S. 76 und vgl. Perlmutter (1969), S. 9 ff.
[142] Vgl. Kutschker/Schmid (2008), S. 289 f.
[143] Vgl. Perlitz (2004), S. 121 und vgl. Meffert (1990), S. 93 ff.
[144] Vgl. Kutschker/Schmid (2008), S. 289 und vgl. Perlmutter (1969), S. 9 ff.
[145] Vgl. Meffert (1990), S. 101 ff.
[146] Vgl. Kutschker/Schmid (2008), S. 289.
Der Hinweis von Meffert (1990) auf Mischstrategien, wie bspw. „Think global, act local" scheint in diesem Zusammenhang auch verständlich, vgl. Meffert (1990), S. 99 f.

Abbildung 6: *Das EPRG-Konzept von Perlmutter – Vereinfachte grafische Darstellung*

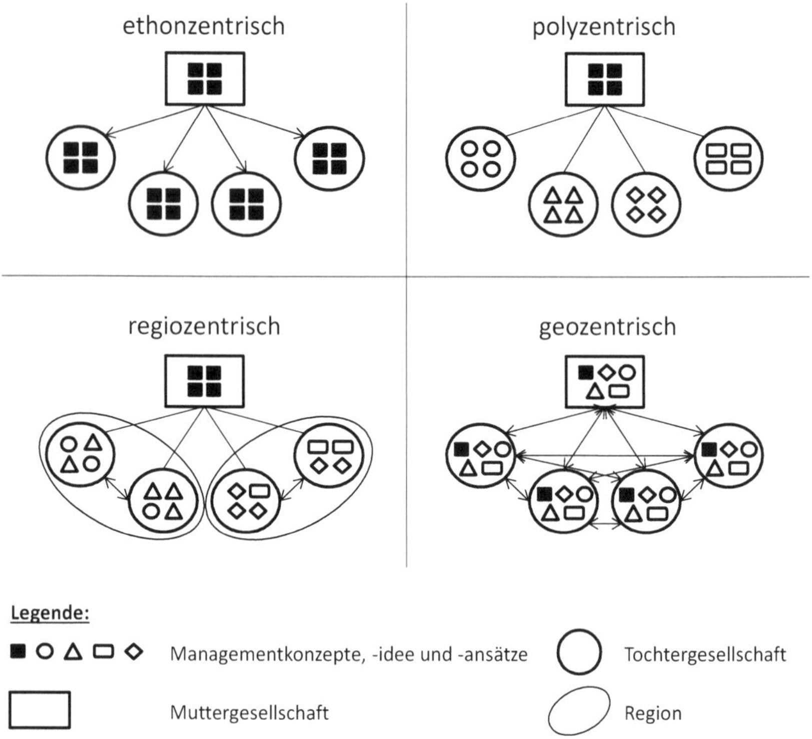

ethonzentrisch | polyzentrisch

regiozentrisch | geozentrisch

Legende:

■ ○ △ □ ◇   Managementkonzepte, -idee und -ansätze   ◯ Tochtergesellschaft

☐ Muttergesellschaft   ⬭ Region

Quelle: In Anlehnung an Kutschker/Schmid (2008), S. 294.

2.1.2.3 Das mehrstufige Betrachtungskonzept von Bartlett/Ghoshal

Bartlett/Ghoshal beschreiben in ihrem Modell vier verschiedene Typen von international tätigen Unternehmen: „Globale", „Multinationale", „Internationale" und „Transnationale Unternehmen".[147] Die Autoren gruppieren diese vier Typen nach der gewählten Internationalisierungsstrategie bzw. der gewählten strategischen Ausrichtung derselben.[148] Die hieraus resultierenden „Basisoptionen" sind:

---

[147] Vgl. Mead/Andrews (2009), S. 313.
[148] Vgl. Morschett (2006), S. 56.

(1) Internationalisierung (Typ: „*Internationale Unternehmen*")
(2) Lokalisierung (Typ: „*Multinationale Unternehmen*")
(3) Globalisierung (Typ: „*Globale Unternehmen*")
(4) Kombination aus Lokalisierung und Globalisierung (Typ: *Transnationale Unternehmen*)[149]

Bevor im Anschluss eine weiterführende inhaltliche Betrachtung sowie ein Vergleich mit dem Konzept von Perlmutter vorgenommen werden kann, muss zunächst das genaue Verständnis der Autoren für die vier oben genannten Typen dargestellt werden. Diese sind wie folgt umschreibbar:

- Die Strategie von **„Internationalen Unternehmen"** ist primär die Transferierung von Wissen und Erfahrung der Muttergesellschaft auf ausländische Märkte. Die Muttergesellschaft behält somit einen bedeutenden Einfluss (jedoch weniger als bei „Globalen Firmen") auf die nationalen Einheiten; diese können Produkte anpassen, jedoch weniger als bei einer „Multinationalen Unternehmung".[150] Die Tochtergesellschaften können als „verlängerter" Arm der Muttergesellschaft angesehen werden.[151] Dem Typ der „Internationalen Unternehmung" liegt das klassische Konzept des Produktlebenszyklus-Modells[152] zu Grunde.[153] Nach dieser Theorie werden zunächst Produkte auf dem Heimatmarkt des Unternehmens verkauft, um dann – in späteren Phasen – auch in den Auslandsmärkten eingeführt zu werden.[154]

- **„Multinationale Unternehmen"** haben eine stark reaktionsfähige Strategie und Organisation entwickelt, die es dem Unternehmen ermöglicht, auf lokale Differenzen in dem jeweiligen nationalen Unternehmensumfeld einzugehen.[155] Die Tochtergesellschaften dieser Unternehmungen weisen einen relativ hohen Grad an Autonomie auf und agieren als quasi einheimische Akteure auf dem jeweiligen Markt. Hierdurch entsteht eine starke lokale Präsenz und es kann auf nationale Besonderheiten eingegangen werden.[156]

- Die internationalen Aktivitäten von **„Globalen Unternehmen"** sind primär durch das Streben nach Effizienz geprägt. Der Weltmarkt wird als ein integriertes Ganzes verstanden. Dies begründet auch die zentrale Ausrichtung der Unternehmensorganisation und -strategie.[157] Es werden Produkte entwickelt, die eine breite Masse ansprechen, wobei lokale Spezifika ignoriert werden.

---

[149] Vgl. Kutschker/Schmid (2008), S. 297.
[150] Vgl. Bartlett/Ghoshal (1998), S. 17.
[151] Vgl. Morschett (2006), S. 58.
[152] *Für eine ausführliche Darstellung des Produktlebenszyklus-Modells, vgl. bspw. Voll (2006), S. 29 ff.*
[153] Vgl. Kutschker/Schmid (2008), S. 296.
[154] Vgl. Perlitz (2004), S. 72 ff.
[155] Vgl. Bartlett/Ghoshal (1998), S. 16.
[156] Vgl. Kutschker/Schmid (2008), S. 296.
[157] Vgl. Bartlett/Ghoshal (1998), S. 16 f.

Kosten und Effizienzvorteile werden durch Economies of Scale und Scope erreicht.[158] Unternehmensstrategien sind vor dem Hintergrund des Weltmarktes entwickelt und es findet eine generelle Zentralisierung statt.[159]

- Die „**Transnationale Unternehmung**"[160] kombiniert Charakteristika der „Internationalen", „Multinationalen" und „Globalen" Unternehmenstypen.[161] Dies geschieht durch eine Netzwerkorganisation, die Effizienz, Anpassungsfähigkeit und Lernfähigkeit verbindet. Hierbei kommen Tochtergesellschaften teilweise unterschiedliche und teils spezifische Rollen zu.[162] So kann es vorkommen, dass ein gegenläufiger Prozess – wie bei der Internationalen Unternehmung – abläuft, nämlich, dass ein Produkt oder eine Strategie in einer Tochtergesellschaft entwickelt wird und eine Transferierung in die Muttergesellschaft stattfindet.[163]

Zusammenfassend kann festgehalten werden, dass das Konzept von Bartlett/ Ghoshal (für eine grafische Darstellung siehe Abbildung 7) sich dadurch auszeichnet, dass die Typologie Perlmutters (das EPRG-Schema), welche sich primär an den Managementeinstellungen orientiert, durch eine auf Strategie ausgerichtete Typologie von international tätigen Unternehmen ergänzt wird.[164] Perlmutters Archetypen einer international tätigen Unternehmung resultieren aus den Einstellungen des Top-Managements,[165] wogegen bei Bartlett/Ghoshal die eingeschlagene strategische Ausrichtung der Startpunkt ist. Die strategische Ausrichtung determiniert in diesem Konzept zum einen den organisationalen Charakter des Unternehmens und zum anderen die damit einhergehende (sich entwickelnde) mentale Einstellung innerhalb der Unternehmung selbst. Diese strategische Ausrichtung ist nach der Auffassung von Bartlett/Ghoshal nicht branchenunabhängig. Die Anforderung der Branche beeinflusst, ob ein Unternehmen bspw. international oder transnational ausgerichtet ist.[166] Meffert (1990) ordnet unter anderem in diesem Zusammenhang die Flugzeugindustrie als globalorientiert und die Nahrungsmittelindustrie als lokalorientiert ein.[167] Neben der Branche sind jedoch auch andere Einflussfaktoren zu berücksichtigen, die den Unternehmenstyp beeinflussen. So kann die unterschiedliche Globalisierungs- bzw. Lokalisierungsnotwendigkeit bis hin

---

[158] Vgl. Mead/Andrews (2009), S. 313.
[159] Vgl. Kutschker/Schmid (2008), S. 296.
[160] *Bartlett/Ghoshal weisen in ihrem Buch „Managing Across Borders" darauf hin, dass sie mit der Entwicklung des Konzeptes der Transnationalen Unternehmung nicht nur einen Strategie- und Organisationstyp beschreiben wollen, sondern vielmehr auch Management-Mentalität begründen möchten. Vgl. Bartlett/Ghoshal (1998), S. 20 ff.*
[161] Vgl. Mead/Andrews (2009), S. 313.
[162] Vgl. Kutschker/Schmid (2008), S. 296.
[163] Vgl. Mead/Andrews (2009), S. 313.
[164] Vgl. Kutschker/Schmid (2008), S. 303.
[165] Vgl. Perlmutter (1969), S. 9 ff.
[166] Vgl. Kutschker/Schmid (2008), S. 297 ff. und vgl. Bartlett/Ghoshal (1998), S. 3 ff.
[167] Vgl. Meffert (1990), S. 98.

zur funktionalen Ebene einer Unternehmung heruntergebrochen werden. Die Finanzstrategie einer Unternehmung kann zentral angelegt sein, wobei die Produktpolitik an lokale Anforderungen angepasst wird.[168] Abschließend ist noch darauf hinzuweisen, dass Bartlett/Ghoshal in ihrem Konzept kein temporäres Internationalisierungsmuster oder -abfolge beschreiben. Es existiert keine deterministische Abfolge der verschiedenen Typen in Form eines Weges zur international tätigen Unternehmung oder ähnliches.[169]

Abbildung 7: *Das Konzept von Bartlett/Ghoshal - Vereinfachte grafische Darstellung*

Internationales Unternehmen | Multinationales Unternehmen

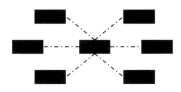 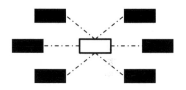

- Kernkompetenzen zentralisiert
- Anwendung von Strategien der Zentrale
- Übertragung von Mutter- auf Tochtergesellschaften (mit lokalen Anpassungen)

- Dezentralisierung und nationaler Rahmen unabhängig
- Nutzen lokaler Chancen
- Differenzierte Leistungen auf lokalen Märkten

Globales Unternehmen | Transnationales Unternehmen

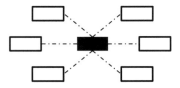 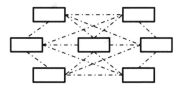

- Weltmarktorientierung und Zentralisierung
- Umsetzung der von der Zentrale entwickelten Strategien
- Effizienzfokus (Wettbewerbsposition)

- Interdependenzen und Spezialisierung im Netzwerk
- Unterschiedliche Beiträge nationaler Gesellschaften (Differenzierung, Standardisierung und Übertragung)

Quelle: *In Anlehnung an Kutschker/Schmid (2008), S. 298 und Bartlett/Ghoshal (1998), S. 57 ff.*

---

[168] Vgl. Mead/Andrews (2009), S. 313 und vgl. Kutschker/Schmid (2008), S. 300 f.
[169] Vgl. Kutschker/Schmid (2008), S. 302.

2.1.2.4 Verwendete Definition in der Arbeit

Nach der Darstellung ausgewählter bereits existierender einstufiger und mehrstufiger Konzepte zur Definition von international tätigen Unternehmen – einhergehend mit deren Verwerfung als geeignete Definitionen für die vorliegende Arbeit – ist nun zu diskutieren, ob eine eher quantitativ oder qualitativ (einstufig oder mehrstufig) ausgelegte Definition für die hier angestrebte Untersuchung sinnvoll ist oder doch eher ein integrativer Ansatz zur Anwendung kommen sollte. Ziel der in der Arbeit verwendeten Definition ist es zum einen, eine stabile Basis für alle weiteren Ausarbeitungen in Bezug auf Internationale Unternehmen – im Rahmen dieser Arbeit – zu schaffen und zum anderen, den Kreis der möglichen zu untersuchenden Unternehmen (vor allem gegenüber rein nationalen Unternehmen) für die Stichprobenselektion im empirischen Teil der Arbeit einzugrenzen.

Auf dem Weg zur Festlegung der Ausprägungsart (quantitativ, qualitativ oder integriert) für die zu entwickelnde Definition ist ein erster Schritt, die Definitionsart zu klären. In diesem Kontext könnten folgende vier Arten von Definitionen in Betracht kommen:

(1) **Operationelle Definition**[170]: *Beschreibt prägnant und präzise einen Begriff, um zum einen eine Messung zu ermöglichen und zum anderen, um den Begriff für eine wissenschaftliche Untersuchung einsetzbar zu machen,*

(2) **Konzeptionelle Definition:** *Beschreibt die Bedeutung eines Konzepts in einer derartigen Weise, dass eine Messung möglich ist,*

(3) **Lexikalische Definition:** *Beschreibt einen Begriff in einfacher Ausdrucksweise für ein breites Publikum,*

(4) **Abstrakte Definition:** *Wird verwendet, wenn die Bedeutung/der Begriffsinhalt nicht einfach zu erfassen/messbar ist.*[171]

Um das Analyseziel der Arbeit zu erreichen, ist es sinnvoll, eine operationelle Definition[172] des Begriffes der „Internationalen Unternehmen" zu verwenden. Es soll so eine Abgrenzungsmöglichkeit geschaffen werden. Die Definition soll nicht primär eine Messungs- oder Quantifizierungsmöglichkeit liefern, da es nicht um eine statistische Analyse von Internationalen Unternehmen im Allgemeinen geht, sondern vielmehr um eine Analyse von Teilbereichen, nämlich dem Treasury-Management dieser Unternehmen. Allerdings sollte auch eine Quantifizierung bei Bedarf ableitbar sein. Primär soll somit die Definition von „Internationalen Unter-

---

[170] *Operationelle Definitionen sollten im Allgemeinen einfach quantifiziert und messbar sein, sie sollten direkt auf das zu messende Objekt hinweisen und somit eine Indikation geben, wie zu messen ist. Vgl. Aggarwal u.a. (2010), S. 557 ff.*
[171] Vgl. Aggarwal u.a. (2010), S. 557 ff.
[172] *Borsodi (1967) listete vier Eigenschaften auf, die eine operationelle Definition aufweisen sollte: Adäquanz, Differenziertheit, Objektivität und Vollständigkeit; des Weiteren weist er darauf hin, dass eine solche Definitionen reproduzierbar und standardisierbar sein sollte, vgl. Borsodi (1967), S. 1 ff.*

nehmen" der Schaffung eines klar definierten Untersuchungsrahmens dienen. Eine konzeptionelle oder abstrakte Definition scheint nicht geeignet zu sein, da solche Definitionen – laut obiger Beschreibung – eher konzeptionellen Charakter aufweisen. Es ist jedoch nicht das Ziel der Arbeit, ein neues Konzept über Internationale Unternehmen zu erarbeiten. Es soll vielmehr zunächst aus der Masse an existierenden Unternehmen die Internationalen herausdefiniert werden. Daher erscheinen die Definitionsarten „konzeptionelle Definition" und „abstrakte Definition" als nicht geeignet und werden ausgeschlossen. Auch die lexikalische Definitionsart ist auszuschließen, da die hier verwendete Definition fachbezogen sein sollte und nicht das Ziel eines breiten Publikums hat. Somit wird eine operationelle Definition gewählt.

Nach der Klärung der Definitionsart geht es nun um die inhaltliche Ausprägung derselben. Aharoni (1971) versuchte in diesem Zusammenhang als einer der Ersten, Multinationale Unternehmen[173] zu definieren und erwähnte drei Kategorien von Definitionen:

(1) **Performancebezogene Definitionen:** *Basieren auf Kriterien, wie bspw. Auslandsanteil am Gesamtumsatzvolumen oder Anzahl an ausländischen Mitarbeitern,*

(2) **Strukturbezogene Definitionen:** *Basieren auf Kriterien, wie bspw. Anzahl der Länder, in denen das Unternehmen tätig ist sowie strukturelle Organisation des Gesamtunternehmens,*

(3) **Verhaltensbezogene Definitionen:** *Basieren bspw. auf der Auslandsorientierung des Managements.*[174]

Bei der Verwendung einer verhaltensbezogenen Definition stellt sich die Problematik der Überprüfbarkeit bei real existierenden Unternehmen. So kann bspw. die Auslandsorientierung des Managements eigentlich nur effektiv über Interviews herausgefunden werden. Der verwendete Analyseansatz dieser Arbeit basiert jedoch auf extern verfügbaren Informationen, wodurch verhaltensbezogene Definitionen ausscheiden. Um eine sehr klare und eindeutige Definition von Internationalen Unternehmen zu erreichen, erscheint eine Kombination von performance- und strukturbezogenen Definitionen aussichtsreich; so kann das zu definierende Objekt klar und eindeutig anhand mehrerer Kriterien abgegrenzt werden. Es wird somit eine Kombination dieser inhaltlichen Definitionsausprägungen angestrebt. Hier sei auch nochmals darauf verwiesen, dass Aggarwal u.a. (2010) festgestellt haben, dass viele Definitionen in dem Analysefeld „Internationale Unternehmen" Multiattribute-Definitionen sind.[175]

---

[173] *Aharoni bezog sich zwar auf Multinationale Unternehmen, es wird jedoch nach Durchsicht seiner Arbeit davon ausgegangen, dass eine Übertragung hier in diesem Kontext unproblematisch ist.*
[174] Vgl. Aggarwal u.a. (2010), S. 557 ff. und vgl. Aharoni (1971), S. 27 ff.
[175] Vgl. Aggarwal u.a. (2010), S. 557 ff.

Nach der Diskussion der Definitionsart und deren Ausprägung, mündend in die Wahl einer operationellen Definition mit performance- und strukturbezogenen Merkmalen, ist nun nur noch zu klären, ob ein einstufiger oder mehrstufiger Ansatz sinnvoller ist. Es sollen in dieser Arbeit nicht mehrere Arten von Internationalen Unternehmen betrachtet werden, sondern das Treasury-Management und dort speziell die Bankensteuerung und das Cash-Management von eben solchen Unternehmen untersucht werden. Basierend auf diesem Ziel, erscheint ein mehrstufiger Ansatz keinen Mehrwert zu erzeugen, da es im Kontext der verwendeten Definition zuerst einmal nur um Abgrenzung zu national tätigen Unternehmen geht. Es ist nicht primär Ziel, verschiedene Ausprägungsformen einer Internationalen Unternehmung zu untersuchen. Somit erscheint eine einstufige Definition besser geeignet und wird verwendet.

Aus den dargelegten Gründen wird eine einstufige operationelle Definition mit performance- und strukturbezogenen Merkmalen gewählt. Diese lautet wie folgt:

Internationale Unternehmen sind Unternehmen, die in mehreren Ländern tätig sind und dort Niederlassungen unterhalten. Sie sind in einem Konzernverbund organisiert und bestehen aus verschiedenen Tochtergesellschaften, wobei die Muttergesellschaft einen wesentlichen Einfluss auf die Geschäftstätigkeit der Tochtergesellschaft ausübt. Der Anteil der Auslandsaktivitäten im Konzernverbund – zur Erreichung und Sicherung der Konzernziele – hat eine wesentliche Bedeutung.

Um ein besseres Verständnis der verwendeten Definition zu gewährleisten, liefert die Tabelle 2 eine Interpretation der einzelnen verwendeten Definitionsmerkmale.

2.1.3 Umfeld Internationaler Unternehmen – Speziell internationale (Finanz-) Märkte

Internationale Unternehmen sind über ihre Präsenz in verschiedensten Märkten unterschiedlichsten Umwelteinflüssen ausgesetzt. Viele dieser Märkte sind heutzutage international (oder sogar teilweise nahezu global) integriert. Die Marktteilnehmer kommen aus verschiedensten Ländern. Hierdurch wird die operative Tätigkeit von Internationalen Unternehmen geprägt und im Vergleich zu rein national tätigen Unternehmen zusätzlich verkompliziert.[176] Daher bedarf es für eine umfassende Analyse von Teilbereichen von Internationalen Unternehmen (wie bspw. dem Treasury-Management) zumindest einer einführenden Betrachtung der wesentlichen Märkte, die auf den untersuchten Bereich (direkt oder indirekt) einwirken. Aus diesem Grund werden in diesem Kapitel speziell die internationalen

---

[176] *An dieser Stelle sei darauf hingewiesen, dass selbst rein national tätige Unternehmen den Einflüssen von internationalen Finanzmärkten und Gütermärkten zu einem gewissen Grade ausgesetzt sind. Die Einflüsse werden bspw. durch Geschäftspartner – wie Banken – weitergegeben und beeinflussen somit zumindest indirekt.*

Finanzmärkte betrachtet und ihre Verknüpfungen und Einflüsse auf das Treasury-Management herausgestellt. Zusätzlich wird das Phänomen der Internationalisierung (/Globalisierung) – speziell die Finanzielle Globalisierung – erörtert. Es soll ein weitestgehend umfassendes Bild des Marktumfeldes von Internationalen Unternehmen geschaffen werden (spezielle Gruppen von Marktteilnehmern – wie bspw. Banken – werden nicht hervorgehoben). Die Aufgaben und Ziele des Treasury-Managements werden zunächst nur recht grob in diesen Zusammenhang eingeordnet, da in Kapitel 2.2. dieser Arbeit eine detailliertere Analyse der treasuryspezifischen Ziel- und Aufgabenstruktur stattfindet.

2.1.3.1 Marktumfeldmodell und der Einfluss auf das Treasury-Management

Bevor auf ausgewählte spezielle Entwicklungen auf Teilmärkten – dem Finanzmarkt – in den Unterkapiteln eingegangen wird, soll an dieser Stelle ein erweitertes und leicht abgewandeltes Modell, basierend auf dem Ansatz von Buckley und Ghauri (2004), einen ersten Eindruck des komplexen Umfeldes von Internationalen Unternehmen liefern. Buckley und Ghauri gehen in ihrem Modell näher auf drei Märkte ein: (1) den Finanzmarkt, (2) den Gütermarkt (inklusive Dienstleistungen) und (3) den Arbeitsmarkt. Sie sehen alle drei Märkte mit einer unterschiedlichen Geschwindigkeit hin auf dem Weg zu einer globalen Integration. Der Finanzmarkt sei bereits am weitesten integriert und der Arbeitsmarkt am wenigsten, da dieser funktional auf nationaler Ebene getrennt sei. Gütermärkte und Märkte für Serviceleistungen weisen zumindest auf einer (begrenzt) lokalen Ebene eine Integration auf; hier ist bspw. die Europäische Union zu nennen. Allerdings sind Internationale Unternehmen durch ihre globale Ausrichtung in der Position, die immer noch existierenden Unterschiede auszunutzen.[177] Dieses Bestreben der Ausnutzung komparativer Vorteile im globalen Wettbewerb führt zu einer Globalisierung von Wertschöpfungsaktivitäten im Spannungsfeld zwischen einer globalen Zentralisierung oder einer lokalen Dezentralisierung von Wertschöpfungsaktivitäten. Ziel ist es, eine Balance und unternehmensindividuelle Strategie zu finden, die zu einer bestmöglichen Ausrichtung des Konzerns führt.[178] Allerdings sind so agierende Unternehmen durch ihre breite (teilweise weltumspannende) Präsenz unterschiedlichsten Umwelteinflüssen ausgesetzt, die auf alle Konzernfunktionen einwirken.

---

[177] Vgl. Buckley/Ghauri (2004), S. 82.
[178] Vgl. Mirow (2002), S. 113 ff.

Tabelle 2: *Interpretation der verwendeten Definition Internationaler Unternehmen*

Merkmal	Interpretation
Internationale Unternehmen sind Unternehmen, die in mehreren Ländern tätig [...]	– Ein solches Unternehmen sollte nicht nur in verschiedenen Ländern, sondern auch verteilt auf verschiedenen Kontinenten tätig sein – Aktivitäten, die auf einen Kontinent begrenzt sind, sollten als regionenbezogen eingestuft werden, aber nicht als international
[...] dort Niederlassungen unterhalten [...]	– Ziel ist eine dauerhafte Auslandsaktivität der Unternehmen – Auslandsaktivitäten, basierend auf reinem Exportgeschäft ohne Niederlassung vor Ort, werden als nicht dauerhaft ausgelegt – Eine Niederlassung im Ausland (Produktion etc.) stellt ein „Signaling" von langfristigem Geschäftsinteresse dar
[...] im Konzernverbund organisiert und bestehen aus verschiedenen Tochtergesellschaften [...]	– Soll ein Indikator dafür sein, dass es sich um ein großes Internationales Unternehmen handelt und nicht bspw. um einen international tätigen Mittelständler
[...] Muttergesellschaft einen wesentlichen Einfluss auf die Geschäftstätigkeit der Tochter-gesellschaft ausübt [...]	– Hierdurch wird deutlich, dass die verschiedenen Gesellschaften gemeinsam agieren und nicht einfach ein Konglomerat von Einzelgesellschaften im Sinne einer Finanzholding[179] darstellen – Es wird davon ausgegangen, dass bei solchen „Machtverhältnissen" eine gemeinsame Zielverfolgung stattfindet; es ist sehr wahrscheinlich, dass eine Unternehmensstrategie (kohärent sowie) zentral ausgearbeitet und festgelegt wird – Ein maßgeblicher Einfluss auf finanz- und geschäftspolitische Entscheidungen sollte hier Mindestgrundlage sein[180]
[...] Anteil der Auslandsaktivitäten im Konzernverbund – zur Erreichung und Sicherung der Konzernziele – hat eine wesentliche Bedeutung.	– Über dieses Performance-Merkmal soll sichergestellt werden, dass die Auslandsaktivitäten einen prägenden Charakter[181] der Unternehmung darstellen und ohne diese sich das Unternehmen wesentlich verändern würde und im Extremfall nicht weiterbestehen könnte

Quelle: *Eigene Darstellung.*

---

[179] Eine Finanzholding nimmt keinen Einfluss auf die strategische und operationelle Leitung der Beteiligungen. Beteiligungen an Tochtergesellschaften werden lediglich gehalten und nicht aktiv gelenkt (maximal werden Finanzziele vorgegeben). Vgl. Keller (1993), S. 40 ff. und vgl. Klimmer (2009) S. 60.

[180] Für eine detaillierte Darstellung des Beherrschungsverhältnisses von Mutter- und Tochterunternehmen, im Speziellen auch Erläuterungen zu „Maßgeblichen Einfluss", vgl. Guserl/Pernsteiner (2011), S.526 ff.

[181] Für eine Auflistung von Kriterien, die den Grad einer international tätigen Unternehmung erfassen und somit die Bedeutung dieser Aktivitäten für den Konzern selbst mit abbilden, Vgl. Dunning/Lundan (2008), S. 3.

Das Entscheidende – das aus diesem Ansatz für das Verständnis des Umfeldes von Internationalen Unternehmen ableitbar ist – ist, dass durch die Existenz und die laufende Integration der genannten drei Märkte ständig sich ändernde Umweltzustände auf Internationale Unternehmen einwirken; siehe auch Abbildung 8. Diese Unternehmen müssen durch Optimierung in den einzelnen Teilbereichen des Unternehmens auf diese Veränderungen reagieren. Somit steht den komplexen unternehmensinternen Wertschöpfungsketten, startend bei der Forschung und Entwicklung bis hin zum Absatz der Produkte, eine sich ständig verändernde Umwelt entgegen. Das Treasury-Management muss zum einen die (durch Marktumfeld beeinflussten) internen Prozesse sowie die extern sich ändernde Umwelt (z. B. höheres Risiko bei Banken durch Globale Finanzkrise) finanziell so begleiten, dass ein angemessenes Level an „finanzieller Sicherheit" im Sinne der Sicherung der Existenz der Unternehmung gewährleistet wird.[182]

Abbildung 8: *Einflüsse auf Internationale Unternehmen (Marktumfeld)*

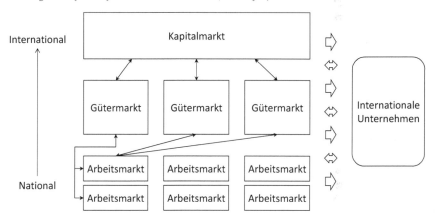

Quelle: *Eigene erweiterte Darstellung in Anlehnung an Buckley/Ghauri (2004), S. 82.*

Betrachtet man bspw. in Bezug auf Porter (1989) eine schematisierte Wertschöpfungskette einer Unternehmung und stellt dieser in Anlehnung an Abbildung 9 exemplarisch Kapital- und Gütermärkte als aggregierte Interaktionspartner gegenüber, so wird klar, dass die Wertschöpfungskette einer Unternehmung in allen Teilbereichen mit externen Märkten verknüpft ist und somit beeinflusst wird; siehe Abbildung 9.

---

[182] Für den Zusammenhang Wertschöpfungskette und Konzern-Treasury, speziell dem Gedanken der ständigen Begleitung in der Form der Sicherstellung von Liquidität etc., vgl. Reisch (2009), S.3 ff.

Abbildung 9: *Wertekette und Interaktion mit internationalen Märkten*

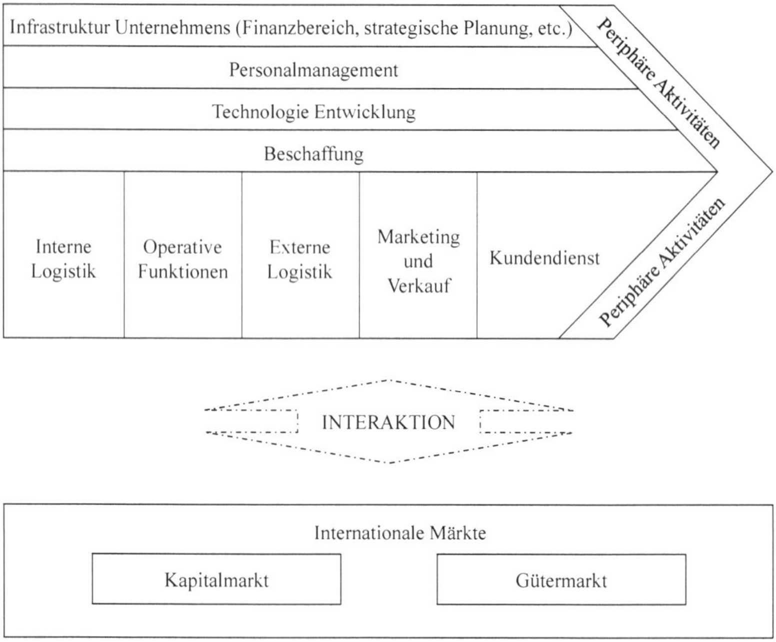

```
┌──────────────────────────────────────────────────────────┐╲
│ Infrastruktur Unternehmens (Finanzbereich, strategische Planung, etc.) │ Periphäre
├──────────────────────────────────────────────────────────┤   Aktivitäten
│                   Personalmanagement                      │
├──────────────────────────────────────────────────────────┤
│                  Technologie Entwicklung                  │
├──────────────────────────────────────────────────────────┤
│                       Beschaffung                         │
├────────┬──────────┬──────────┬───────────┬───────────────┤
│ Interne│ Operative│ Externe  │ Marketing │               │
│Logistik│Funktionen│ Logistik │    und    │ Kundendienst  │
│        │          │          │  Verkauf  │               │
└────────┴──────────┴──────────┴───────────┴───────────────┘╱
                                              Periphäre Aktivitäten

                         INTERAKTION

┌──────────────────────────────────────────────────────────┐
│                  Internationale Märkte                    │
│   ┌──────────────┐              ┌──────────────┐          │
│   │ Kapitalmarkt │              │  Gütermarkt  │          │
│   └──────────────┘              └──────────────┘          │
└──────────────────────────────────────────────────────────┘
```

Quelle: *Eigene erweiterte Darstellung in Anlehnung an Porter (1989), S. 23.*

Laut Porter können alle betrieblichen Funktionen einer Unternehmung unabhängig von der Industrie schematisch mittels neuen Basiskategorien in einer Wertekette dargestellt werden. Diese Basiskategorien können je nach Industrie, Unternehmen und Strategie verschiedenartig ausgeprägt sein, jedoch sind die grundlegenden Funktionen stets wiederfindbar. Zusätzlich kann eine Unterteilung in „Flankierende Maßnahmen" und „Primäraktivitäten" herausgearbeitet werden. Unter „Primäraktivitäten" sind alle Aktivitäten zu verstehen, die der Erstellung des Produktes und dem direkten Kundenkontakt zuschreibbar sind. Zu den „Flankierenden Maßnahmen" zählen: Infrastruktur des Unternehmens, Personalmanagement, technologische Entwicklung und Beschaffung. Der Bereich Treasury-Management ist unter Infrastruktur des Unternehmens einzuordnen und soll, wie alle flankierenden Maßnahmen, die benötigten Inputfaktoren (hier Kapital und Know-How) bereitstellen. Es soll eine einwandfreie Abwicklung der Primäraktivitäten durch Bereitstellung der nötigen infrastrukturellen Bedingungen sichergestellt werden.[183]

---

[183] Vgl. Porter (1989), S. 22 ff.

Wichtig, vor allem für das Verständnis der Auswirkungen von Interaktionen zwischen den Einzelteilen der Wertekette und externen Märkten, ist der Sachverhalt, dass zwischen den verschiedenen Aktivitäten der Wertekette zahlreiche Querverbindungen existieren und die einzelnen Teile nicht autark agieren, sondern vielmehr miteinander verknüpft sind. Änderungen innerhalb eines Bereichs haben oft Auswirkungen auf einen anderen Bereich oder sogar auf die gesamte Kette mit allen ihren Aktivitäten.[184] Aus finanzieller Sicht ist die Wertekette durch ein finanzielles („unsichtbares") Geflecht miteinander verbunden, das aus einer Wechselwirkung zwischen Güter- und Geldströmen entsteht. Die Wertschöpfungskette ist somit laufend zu finanzieren und mit finanziellen Serviceleistungen zu versorgen[185] Eine Interaktion einer „Primäraktivität" oder von anderen „Flankierenden Maßnahmen" mit einem unternehmensexternen Markt hat im Normalfall finanzielle Folgen, die die Treasury berücksichtigen und begleiten muss. Durch diesen Beeinflussungszusammenhang wird deutlich, dass die externe Unternehmensumwelt sich entweder direkt (ausgelöst durch Aktivitäten der Treasury – z. B. Anleiheemission) oder aber indirekt (durch Markttransaktionen anderer Funktionen – diese vollziehen sich permanent) auf das Treasury- Management auswirken und somit seine Existenz (Ziele und Aufgaben) stark prägen. Ein Modell, welches verschiedene Stadien dieser Integration beschreibt, findet sich in Kapitel 2.2.3.2 mit dem in dieser Arbeit entwickelten „Treasury-Partner-Modell".

Eine umfassende Darstellung und Analyse des Treasury-Managements von Internationalen Unternehmen bedarf somit auch einer Betrachtung der unternehmensexternen Umwelt, die direkt oder indirekt auf die Treasury einwirkt. Für die vorliegende Arbeit findet eine Fokussierung auf die internationalen Finanzmärkte statt. Zusätzlich wird das Phänomen der Internationalisierung und Globalisierung mit einem speziellen Fokus auf die finanzielle Globalisierung hervorgehoben. Es wird einführend versucht, die geschichtlichen Entwicklungen des jeweiligen Themenkomplexes kurz aufzuarbeiten, um dann die Aktualität und speziell existierende Auswirkungen auf das Treasury-Management offenlegen zu können. Die Betrachtung der unternehmensinternen Zusammenhänge sowie die definitorische Abgrenzung der Treasury gegenüber anderen Funktionen im Unternehmen finden in Kapitel 2.2. und Kapitel 3. statt.

Im folgenden Kapitel 2.1.3.2 und seinen Unterkapiteln wird die Historie internationaler Finanzmärkte beschrieben. Es wird ein spezieller Fokus auf die Globale Finanzkrise gelegt, da deren Auswirkungen auf ausgewählte Teilbereiche des Treasury-Managements in dieser Arbeit (Kapitel 4.) empirisch untersucht werden.

---

[184] Vgl. Porter (1989), S. 23.
[185] Vgl. Reisch (2009), S. 3 ff.

2.1.3.2 Entstehung und Historie internationaler Finanzmärkte

Für ein umfassendes und tiefgreifendes Verständnis von finanziellen Zielen, Entscheidungen und den hieraus resultierenden finanziellen Transaktionen sowie den aktuellen herrschenden Bedingungen im internationalen Finanzumfeld des Treasury-Managements von Internationalen Unternehmen ist eine historische Betrachtung[186] der Entwicklung internationaler Finanzmärkte unerlässlich. Eine solche retrospektivische Erörterung ermöglicht ein Verständnis der globalen Zusammenhänge, die heute an den internationalen Finanzmärkten vorherrschen und stellt einen Ausgangspunkt für die geschichtliche Analyse der Entwicklung des Treasury-Managements[187] dar (siehe Kapitel 2.2.1) und ist somit auch die primäre Grundlage zur Analyse der aktuellen Facetten des Treasury-Managements. Speziell die Entstehung und der Verlauf der Globalen Finanzkrise (Subprime Krise) wird vor dem Hintergrund der empirischen Untersuchung dieser Arbeit hervorgehoben.

Es wird eine chronologische Darstellung der Entstehung und der geschichtlichen Entwicklung internationaler Finanzmärkte ab dem Ende des Zweiten Weltkrieges[188] gewählt. Dabei wird davon ausgegangen, dass der Zweite Weltkrieg ein derart einschneidendes Ereignis darstellte, dass alle finanziellen Bedingungen vor Kriegsbeginn nicht mit denen nach Ende des Kriegs vergleichbar sind und sich das heutige Finanzumfeld primär basierend auf den globalen Entwicklungen ab 1945 entwickelt hat. Die folgenden Unterkapitel beschreiben jeweils ausgewählte wesentliche geschichtliche Teilabschnitte.

2.1.3.2.1 Bretton-Woods-Abkommen und der Weg zu flexiblen Wechselkursen

Ein Jahr vor Ende des Zweiten Weltkrieges im Juli 1944 trafen sich Vertreter aller 45 alliierten Nationen in Bretton Woods, New Hampshire mit dem Ziel, das Internationale Geldsystem für die Zeit nach dem Zweiten Weltkrieg zu planen.[189] Es sollte ein System entwickelt werden, das den Welthandel fördert und Weltwirtschaftskrisen – wie in den 1930ern – vermeidet.[190] Als Ergebnis resultierte das Bretton-Woods-Abkommen[191], welches sich wesentlich in drei Teile gliederte:

---

[186] Für eine Erläuterung, warum Geschichte im internationalen Analysekontext wichtig ist, vgl. Jones/Khanna (2006), S. 453 ff.

[187] Für eine ausführliche Erörterung der geschichtlichen Entwicklung des Treasury-Managements vgl. Kapitel 2.2.1 der vorliegenden Dissertation.

[188] Für eine Darstellung geschichtlicher Ereignisse im Hinblick auf internationale Finanzmärkte vor 1945 vgl. Obstfeld/Tayler (2004), S. 126 ff.; vgl. Eichengreen (1996), S. 7 ff.; vgl. Britton (2001), S. 23 ff. und vgl. Buckley (1992), S. 11 ff.

[189] Vgl. Eiteman/Stonehill/Moffett (2010), S. 52.

[190] Vgl. Butler (2008), S. 20.

[191] Für weiterführende Hintergrundinformationen zum Bretton-Woods-Abkommen, vgl. Bretton Woods Commission (Hrsg.) (1994), S. A-1 ff.

Erstens die Etablierung eines festen Wechselkurssystems[192], zweitens die Gründung des International Monetary Funds (IMF), der u.a. Mitgliedsländern in Notlage helfen soll, ihre jeweiligen Währungen zu stabilisieren, und drittens die Schaffung der International Bank für Reconstruction and Development (die Weltbank) zur Finanzierung von langfristigen Entwicklungsprojekten.[193] Die geplante internationale Währungsordnung nach Bretton Woods kam aber erst in den späten 50er-Jahren nach einer Phase von Anlaufschwierigkeiten zu ihrer Geltung.[194] Das System funktionierte danach bis in die späten 60er-Jahre hinein recht gut.[195]

Durch verschiedene ökonomische, institutionelle und politische Faktoren in den 50er- und 60er-Jahren wurden darüber hinaus die Voraussetzungen für das Entstehen sogenannter Euromärkte[196] geschaffen.[197] Zum einen verlagerten die ehemalige Sowjetunion sowie deren Verbündete ihre dollarbasierten Guthaben aus den USA nach Westeuropa (fern von US-Jurisdiktion),[198] um die Guthaben so – wegen des Kalten Kriegs – gegen amerikanische Maßnahmen abzusichern;[199] zum anderen ist in diesem Kontext die „Regulation Q" (USA 1937) zu erwähnen. Sie untersagte, Sichteinlagen bei US-Banken zu verzinsen und Termingelder durften höchstens zu einem vom Federal Reserve System festgelegten Zinssatz vergütet werden. Hierdurch verschoben viele Inhaber von Termingeldern ihr Vermögen aus den USA auf die Eurodollarmärkte, um so höhere Renditen zu erzielen.[200] Das Nicht-Dollar-Segment der Euromärkte wurde durch Kapitalverkehrskontrollen in Europa (70er-Jahre) begünstigt. Es galten in der BRD hohe Reserveverpflichtungen für DM-Einlagen von Ausländern bei deutschen Banken. Diese Guthaben durften nicht verzinst werden und förderten daher euromarktorientierte Anlagen.[201] Wie auszugsweise dargelegt, sind zusammenfassend im Wesentlichen fünf Gründe für das Aufkommen von Euromärkten[202] zu nennen: 1. eine starke Ausbreitung des Welthandels; 2. die „Regulation Q" in den USA; 3. die freie Konvertierbarkeit der neun wichtigsten europäischen sowie der japanischen Währung; 4. das Aufkom-

---

[192] *Das Bretton-Woods-System war ein System fester Wechselkurse. Die Leitwährung US-Dollar war an Gold gebunden (die Goldkonvertibilität betrug 35 USD pro Unze). Die anderen Währungen legten ihre Parität zum Dollar fest. Angestrebt wurde eine Bandbreite von ±1% zum Dollar. Vgl. Cassis, Youssef (2006), S. 202.*
[193] Vgl. Eiteman/Stonehill/Moffett (2010), S. 52 und Butler (2008), S. 20.
[194] Vgl. Rittberger/Zangel (2003), S. 71.
[195] Vgl. Butler (2008), S. 27.
[196] *Bei Euromärkten handelt es sich um internationale Finanzmärkte, auf denen Fremdwährungsgeschäfte außerhalb des jeweiligen Ursprungslandes der entsprechenden Währung abgewickelt werden. Vgl. Lütz (2002), S. 138.*
[197] Vgl. Ungefehr (1988), S. 229.
[198] Vgl. Ishii/Ötker-Robe/Cui (2001), S. 7.
[199] Vgl. Ungefehr (1988), S. 229.
[200] Vgl. Sele (1995), S. 60.
[201] Vgl. Ishii/Ötker-Robe/Cui (2001), S. 7.
[202] *Als zusätzliches finanzielles Phänomen im Zuge der Euromarktentstehung ist das Entstehen von Offshore-Finanzplätzen anzuführen. Diese Finanzplätze sind sozusagen als Beiprodukt des Euromarktes entstanden. Vgl. Eng/Lees/Mauer (1998), S. 155 ff. Da diese Offshore-Finanzplätze nicht Kern dieser Arbeit sind und im Weiteren nicht näher betrachtet werden, jedoch ein wichtiger Teil des internationalen Finanzsystems sind, sei an dieser Stelle für eine ausführliche Abhandlung auf McCann (2009), S. 1 ff. verwiesen.*

men internationaler Spannungen im Zuge des Ost-West-Konfliktes und 5. Die Zahlungsbilanzdefizite der USA.[203] Die Euromärkte existieren bis heute und sind keineswegs mehr auf den europäischen Wirtschaftsraum beschränkt.[204]

Die hohen Zahlungsbilanzdefizite der USA seit Mitte der 60er-Jahre, einhergehend mit einer starken Haushaltsbelastung durch die Vietnamkriegsfinanzierung ohne rechtzeitige Steuererhöhungen und somit der Finanzierungsversuch durch Zahlungsbilanzdefizite, führten zu einem steigenden Misstrauen gegenüber der US-Politik sowie gegenüber der Werthaltigkeit des US-Dollars als Leitwährung.[205] Hinzu kam, dass amerikanische Produkte gegen Ende der 60er-Jahre international an Konkurrenzfähigkeit verloren.[206] Andere Nationen steigerten ihre Produktivität und exportierten mehr, so dass die Vereinigten Staaten von Amerika erstmals 1971 nach dem Zweiten Weltkrieg ein Handelsbilanzdefizit auswiesen.[207] Am 15. August 1971 wurde dann das Ende[208] des Bretton-Woods-Systems mit festen Wechselkursen eingeleitet, als der damalige amerikanische Präsident Richard Nixon die Konvertierung von Dollarguthaben in Gold oder anderen Vermögenswerten aussetzte.[209] Der hierdurch wegbrechende Eckpfeiler des Bretton-Woods-Systems, die „Goldeinlöseverpflichtung der USA" und damit einhergehend die Stärke und Wertstabilität des US-Dollar, führten zu einem Vertrauensverlust, der sich bis 1973 in zunehmend heftigen Währungskrisen kumulierte.[210]

In den Folgewochen des August 1971 kam es zu einer Abwertung des Dollars auf den Devisenmärkten. Zur ersten offiziellen Abwertung des Dollars kam es allerdings erst Ende 1971, als die Finanzminister der Group of Ten sich in Washington DC trafen, um das angeschlagene Währungssystem zu retten. Daraufhin wurde erstens der Dollar von 35 US$ pro Unze Gold auf 38 US$ pro Unze Gold abgewertet (weiterhin ohne Konvertierungsmöglichkeit) und zweitens wurden alle größeren Währungen aufgewertet sowie eine Schwankungsbreite von 2,25% zu den früheren 1,00% zugelassen. Ohne die Konvertierungsmöglichkeit von mindestens einer Hauptwährung des Systems in Gold, war das Bretton-Woods-System jedoch zum endgültigen Scheitern verurteilt. Innerhalb von Wochen kam es zum Durchbrechen der festgelegten Schwankungsbreiten und Währungsaufwertungen wurden häufiger; das Finanzsystem lag sprichwörtlich im „Chaos".[211] Schlussendlich kam es im März 1973 zur Schließung der Devisenmärkte. Bei Wiedereröffnung waren die meisten Währungen schwankend determiniert.[212] Im Januar 1976 trat die

---

[203] Vgl. Storck (2005), S. 10 ff.
[204] Vgl. Perridon/Steiner/Rathgeber (2009), S. 165.
[205] Vgl. Wagner (2009), S. 74 f.
[206] Vgl. Vaghefi/Paulson/Tomlinson (1991), S. 132
[207] Vgl. Peng (2009), S. 190.
[208] *Für eine Darstellung des Zusammenbruch des Bretton-Woods-System vgl. Wagner (2009), S. 171 ff.*
[209] Vgl. Czinkota u.a. (2009), S. 133.
[210] Vgl. Caspers (2002), S. 171.
[211] Vgl. Czinkota u.a. (2009), S. 133.
[212] Vgl. Eiteman/Stonehill/Moffett (2010), S. 56.

Group of Ten erneut – diesmal in Jamaica – zusammen und erkannte offiziell in dem sogenannten „Jamaica Abkommen" an, dass die Weltwährungen nicht länger fixiert seien, sondern schwankend.[213] Der Zusammenbruch des Systems fester Wechselkurse von Bretton-Wood vollzog sich somit allmählich in den Jahren 1971[214]-1973[215] und wurde 1976 offiziell.

2.1.3.2.2 Von Bretton Woods zu den heutigen „globalisierten Finanzmärkten"

Die im vorherigen Kapitel beschriebene Periode des Bretton-Woods-Systems kann als nicht gerade globalisierungsfreundlich im Hinblick auf finanzielle Aspekte beschrieben werden, sie war charakterisiert durch feste Wechselkurse einhergehend mit Kapitalverkehrskontrollen.[216] Der Finanzsektor unterstütze zwar die Nachkriegswirtschaft bei der Expansion, jedoch blieb das Finanzplatzgeschäft in den 60er-Jahren – teilweise bis in die 70er-Jahre hinein – überwiegend national. So können die dreißig Jahre nach dem Ende des Zweiten Weltkriegs (das „Goldene Zeitalter des Wirtschaftswachstums"[217] in Europa und Japan) als nicht von großer internationaler Privatkapitalmobilität charakterisiert werden.[218] Ab den 70er-Jahren setzte dann der Prozess der finanziellen Liberalisierung ein;[219] dies änderte die Struktur und Offenheit der internationalen Finanzmärkte signifikant.[220] Durch die Aufhebung der monetären Einschränkungen durch das Bretton-Woods-System nahm das internationale Investitions- und Anlagegeschäft sprungartig zu. Zum einen kam es zu der Expansion international tätiger Unternehmen und zum anderen zu einem bis dahin nicht gekannten Ausmaß des Anlagebedarfs ölexportierender Länder auf Grund hoher Ölpreise.[221] Es kann zwar davon gesprochen werden, dass die heutige Ära der finanziellen Globalisierung (siehe hierzu auch Kapitel 2.1.3.3) unter anderem durch den Zusammenbruch des Bretton-Woods-System initialisiert wurde,[222] jedoch kann kein konkretes Datum für die Entstehung der heutigen „globalisierten" Finanzmärkte genannt werden, da der Prozess der zunehmenden Mobilität und transnationalen Vernetztheit finanzieller Transaktionen gradual ist.[223]

---

[213] Vgl. Czinkota u.a. (2009), S. 133.
[214] *Für eine tabellarische Darstellung von wichtigen währungsbezogenen Ereignissen (mit Kurzbeschreibung) von 1971 bis 2008 vgl. Eiteman/Stonehill/Moffett (2010), S. 58 f.*
[215] Vgl. Wagner (2009), S. 74.
[216] Vgl. Arestis/Basu/Mallick (2005), S. 508.
[217] *Für eine detaillierte Erörterung des „Goldenen Zeitalters", vgl. Britton (2001), S. 121 ff.*
[218] Vgl. Cassis (2006), S. 200 f.
[219] Vgl. Arestis/Basu/Mallick (2005), S. 508.
[220] Vgl. Grilli/Roubini (1993), S. 89.
[221] Vgl. Schirm (2007), S. 72.
[222] Vgl. Das (2006), S. 4.
[223] Vgl. Schirm (2007), S. 70.

Während der Jahre 1974 und 1975 ließen bspw. die USA ihre Restriktionen für Kapitalabflüsse fallen und Deutschland liberalisierte den Kapitalzufluss. Japan öffnete seine Zahlungsbilanz 1980 (zuvor schrittweise kumulative Liberalisierungen ab 1974). Während der Periode von Bretton Woods hatten die Entwicklungsländer im Allgemeinen ihre Kapitalverkehrskontrollen beibehalten oder verschärft, sie öffneten sich jedoch im Zuge der zwei Ölpreisschocks[224] der 70er-Jahre und wurden zum Anlageziel der ölexportierenden Länder, die ihre Petrodollars[225] dort „recycleten". Die so aufgebauten Schulden in den Entwicklungsländern führten diese Länder bspw. 1982 durch den Druck einer kriselnden Weltwirtschaft und steigenden Zinsen in die Krise. Banken waren nicht bereit, neue Kredite zu vergeben oder alte Verpflichtungen zu erneuern.[226] So wurde in den frühen 80er-Jahren eine große Anzahl von Entwicklungsländern von Finanzkrisen getroffen. Hier sind u.a. folgende Krisen zu nennen: Lateinamerika 1982-83, Mexiko 1994-95, Ost-Asien 1997-98 und Russland 1998.[227] Diese erhöhte Zahl von Finanzkrisen seit Beginn der 80er-Jahre, einhergehend mit zunehmenden Turbulenzen an den internationalen Devisenmärkten, wurde zum einen von der bereits genannten zunehmenden Liberalisierung der Finanzmärkte begleitet und zum anderen durch eine beschleunigte Kommunikation begünstigt.[228]

Die Globalisierung der Finanzmärkte wurde somit durch fortschreitende Entwicklung der Informationstechnologie bedingt, denn seit Beginn der 90er-Jahre kam es zu der Einführung von elektronischen Börsen, begünstigt durch die verbesserte Kapazität von Computersystemen. Hierdurch wurde die Abwicklung von Transaktionen beschleunigt und Kosten reduzierten sich. Marktakteure konnten auf Grund verbesserter Kommunikationstechniken durch eine zeitnahe Übermittlung von Informationen schneller agieren. Die Verbreitung des Internets trug zusätzlich zur Kostenreduktion bei und eröffnete die Möglichkeit eines weltumspannenden Handels zu günstigen Konditionen. Hierdurch konnten auch nicht institutionelle Anleger an ausländischen Börsen leichter handeln, wodurch sie wiederum zur Verflechtung der Finanzplätze beitrugen.[229] Der Abfall der Raumüberwindungskosten führte einerseits dazu, dass sich die Märkte weltweit immer stärker vernetzten und andererseits administrative Marktsegmentierungen abgebaut wurden.[230] Im Zuge dieser verstärkten Integration verschiedener Marktsegmente durch eine gegenseitige Verknüpfung ist auch das Aufkommen neuer Finanzinstrumente (Derivate) seit Mitte der 70er-Jahre sowie dadurch resultierend ein steigendes

---

[224] *Für weiterführende Informationen zu den Ölpreisschocks von 1973 und 1978, vgl. Pilbeam (2006), S. 273 ff.*
[225] *Für eine Darstellung der Mechanismen des Petrodollar-Recycling, vgl. Jonas/Minte (1975), S. 78 ff.*
[226] Vgl. Obstfeld/Taylor (2004), S. 160 f.
[227] *Für eine Beurteilung und ausführliche Darstellung von Finanz- und Währungskrisen, darunter auch die vier genannten Krisen, vgl. Aschinger (2001), S. 16 ff.; vgl. de Luna-Martínez (2002), S. 89 ff. und Pilbeam (2006), S. 281 ff.*
[228] Vgl. Weber (1999), S. 1.
[229] Vgl. Aschinger (2001), S. 39 f.
[230] Vgl. Siebert (1998), S. 41.

Handelsvolumen anzuführen.[231] Diese Finanzinnovationen haben einen wesentlichen Beitrag zu der Liberalisierung und Internationalisierung der Finanzmärkte geleistet;[232] siehe hierzu auch Kapitel 2.1.3.3.

2.1.3.2.3 Die „New-Economy"-Blase

In den 90er-Jahren kam es zur Einführung zahlreicher neuer Finanzmarktsegmente.[233] So eröffnete auch die Deutsche Börse am 10. März 1997 den Neuen Markt als ein separates Segment der Frankfurter Wertpapierbörse. Ziel war es, ein Börsensegment zu erschaffen, das institutionellen Investoren Sicherheit bot für die Investition in KMUs sowie in Firmen mit hohen Wachstumspotenzialen. Hierfür wurde eine Reihe von Regularien eingeführt, wie bspw. eine quartalsweise Offenlegungspflicht oder das Minimum von zwei Designated Sponsor zur Garantie der Liquidität und Handelbarkeit der Aktien von IPOs. Die Bemühungen der Deutsche Börse hatten Erfolg und die damalige hohe Reputation des Neuen Marktes führte zu einem starken Anstieg der neugelisteten Firmen. Die Anzahl an IPOs entwickelte sich von 39 Firmen (1998) über 117 Firmen (1999) zu 120 neugelisteten Firmen im Jahr 2010.[234] Somit machten die IPOs am Neuen Markt den größten Anteil der IPOs in Deutschland in diesem Zeitraum aus.[235] Dieser damalige Erfolg des Neuen Marktes zeigte sich auch in seiner Marktkapitalisierung, die mehr als die Hälfte der Marktkapitalisierung aller Marktsegmente für junge und high-tech Firmen in Europa ausmachte.[236] Der Nemax (Index des Neuen Marktes) erreichte bis ins Jahr 2000 einen Höchststand von ca. 8.600 Punkten, wobei er bei Auflegung im April 1997 mit ca. 500 Punkten geführt wurde.[237]

In den Anfängen des Jahres 2000 begann allerdings dann die Krise des Neuen Marktes als eine große Anzahl von Unternehmen bekannt gab, dass sie die Prognosen aus ihren Emissionsprospekten oder aus anderen Publikationen nicht erreichen werden. Im September desselben Jahres kam es zum ersten Bankrott eines am Neuen Markt gelisteten Unternehmens. Weitere Insolvenzen folgten und die Deutsche Börse entfernte daraufhin zum ersten Oktober 2001 Penny Stocks und insolvente Firmen aus der Aktienbestandsliste. Ab diesem Zeitpunkt erhöhte sich die Zahl der Firmen, die den Neuen Markt verließen, dramatisch und Ende 2002 hatten mehr als ein Drittel der gelisteten Firmen (119) den Neuen Markt wieder

---

[231] Vgl. Aschinger (2001), S. 41.
[232] Vgl. De Luna Martínez (2002), S. 53.
[233] Vgl. Sell (2006), S. 191.
[234] Vgl. Audretsch/Lehmann (2008), S. 420 f.
[235] Vgl. Vitols (2001), S. 556.
[236] Vgl. Audretsch/Lehmann (2008), S. 421.
[237] Vgl. Walther (2009), S. 34.

verlassen.[238] Der Index stürzte in diesem Verlauf von 8.600 Punkten (Höchststand) auf 353 Punkte ab.[239]

Die Kombination aus dem Platzen der „New-Economy"-Blase am Neuen Markt sowie der Bankrott einiger gelisteter Firmen und das Bekanntwerden von Fällen des Insider-Trading führten dazu, dass sich die Deutsche Börse dazu entschloss, das Neue Markt-Segment zu schließen. Der letzte Handelstag war der 05. Juni 2003.[240] So endete der unbeschwerte Glaube an die New Economy mit dem starken Fokus auf die „Unternehmensstory" und der geringen Beachtung von fundamentalen Daten.[241] Die Folgen der Blase bis hin zur Globalen Finanzkrise waren damals nicht abschätzbar und werden im Folgekapitel beschrieben.

2.1.3.2.4 Die Globale Finanzkrise

Als Folge des Platzens der „New-Economy"-Blase im Jahr 2000 sahen sich nun viele Ländern, so auch die USA, mit einem wirtschaftlichen Abschwung konfrontiert.[242] Die FED senkte in den Jahren 2002 und 2003 den Leitzins (nach dem Platzen der „New Economy-Blase"[243] und nach den Terroranschlägen vom 11. September 2001 in New York) auf ein Tief von ca. 1%, um so einen Aufschwung der Wirtschaft zu erreichen. Die Amerikaner, die sich nach dem Ende der Spekulationsblase mit Investitionen im Aktienbereich zurückhielten, investierten nun verstärkt in Immobilien.[244] Diese erhöhte Nachfrage führte zu steigenden Immobilienpreisen und ermöglichte so die Aufnahme von höheren Hypotheken[245] oder eine Umschuldung von alten Krediten in neue zu günstigeren Konditionen.[246] Es kam zu einer Hypothekenvergabe an Kreditnehmer mit schlechter Bonität, obwohl diese teilweise keine feste Arbeit hatten oder nur wenig Eigenkapital aufbringen konnten.[247] In den Extremen wurden sogar Kredite an Menschen vergeben, die über kein Einkommen verfügten, arbeitslos waren und keine Vermögenswerte besaßen (sogenannte „ninja loans" – no income, no job and no assets).[248] Da die Hauspreise weiter anstiegen, ging das Risiko von Kreditausfällen zurück. Selbst Kreditnehmern, die ihre Raten nicht mehr bedienen konnten, war es möglich, ihre Häuser gewinnbringend weiterzuveräußern und so die offenen Hypotheken auf

---

[238] Vgl. Audretsch/Lehmann (2008), S. 421.
[239] Vgl. Walther (2009), S. 34.
[240] Vgl. Sell (2006), S. 193.
[241] Vgl. Walther (2009), S. 41 ff.
[242] Vgl. Bloss u.a. (2009), S. 25.
[243] *Als Reaktion auf das Platzen der „New Economy-Blase" wurden die Leitzinsen in den USA innerhalb nur weniger Monate (von 6,5%) auf 3,5% gesenkt, vgl. Hellerforth (2009), S. 138.*
[244] Vgl. Bloss u.a. (2009), S. 15.
[245] Vgl. Hellerforth (2009), S. 88.
[246] Vgl. Bloss u.a. (2009), S. 15.
[247] Vgl. de la Motte/Czernomoriez/Clemens (2010), S. 57.
[248] Vgl. Kodres (2008), S. 12.

einmal zurückzuzahlen.²⁴⁹ Es kam zu einem sich selbstverstärkenden Kreislauf von steigenden Immobilienpreisen und einer „laxen" Kreditvergabe, die sich wechselseitig begünstigten. Durch die erwähnten niedrigen Zinsen, die sich auch auf dem Interbankenmarkt zeigten, konnten (Investment-)Banken sich günstig refinanzieren und so mit Hilfe von Fremdkapital wiederum Hypothekenverträge aufkaufen. Die in diesem Zuge erworbenen Rechte an Zins- und Tilgungszahlungen wurden dann, um risikobasierte Eigenkapitalanforderungen zu erfüllen und Kapital für andere Aktivitäten zu haben, von den (Investment-)Banken an Zweckgesellschaften ausgegliedert. Diese Zweckgesellschaften (Conduit) verkauften Rechte wiederum in Form von speziellen Verbriefungen²⁵⁰ (z. B. Mortgage-Backed-Securities) an Investoren, um sich selbst zu refinanzieren.²⁵¹ So kam es dazu, dass die erwähnten Sub-prime-Kredite verbrieft und über den Kapitalmarkt weiterveräußert wurden.²⁵²

Als dann die Zinsen in den Jahren von 2003 bis 2007 von 1% auf 5,75% stiegen, konnten viele Kreditnehmer mit variabel verzinsten Krediten ihren Zahlungsverpflichtungen nicht mehr nachkommen.²⁵³ Ein Verkauf wurde durch nun fallende Immobilienpreise – ausgelöst durch Zwangsverkäufe im Zuge von Kreditnehmerinsolvenzen – schwierig.²⁵⁴ Auf Grund der durchgeführten Verbriefungen war es weitestgehend nicht möglich, die Konditionen der notleidenden Hypothekenverträge anzupassen, um sie bspw. durch eine Laufzeitverlängerung und Anpassung der Raten zu restrukturieren.²⁵⁵ Die Rating-Agenturen integrierten die nun neu vorliegenden Daten zu den Zahlungsausfällen in ihre Analysen und stuften viele Verbriefungen, die durch Sub-prime-Hypotheken unterlegt waren, herunter.²⁵⁶ So kam es ab Juli 2007 zu massiven Herabstufungen. Zuvor meldete die New Century Financial Corporation (zweitgrößte Adresse in den USA für die Vergabe von Subprime Mortgages) im April 2007 Gläubigerschutz an. Im Mai 2007 schloss die UBS den Dillion Read Hedgefonds auf Grund starker Verluste im Subprime-Geschäft. Viele (Investment-)Banken, die im Sub-prime-Verbriefungsgeschäft tätig waren, konnten nun nur schwer oder gar nicht die hierfür gegründeten Zweckgesellschaften refinanzieren. Ursprünglich kauften diese langfristig strukturierte Wertpapiere (insbesondere Collateralized Debt Obligations, basierend auf Hypothekenforderungen) an und refinanzierten sich durch die Ausgabe von kurzfristigen Mortgage Backed Commercial Papers, wobei ein sehr hochrangiges Rating des Conduit Voraussetzung war. Die Conduits operierten ohne eigene

---

²⁴⁹ Vgl. de la Motte/Czernomoriez/Clemens (2010), S. 58.
  Für eine weiterführende Untersuchung von Kreditvergabetechniken im Zuge der „Sub-prime Crisis", vgl. Dell'Ariccia/Igan/Laeven (2008), S. 3 ff., online.
²⁵⁰ Für eine Darstellung der relevanten Verbriefungsarten sowie weiterführende Informationen, vgl. Pech (2008), S. 18 ff.; vgl. Bloss u.a. (2009), S. 67 ff.; vgl. Hellerforth (2009), S. 27 ff. und vgl. Rudolph (2007), S. 1 ff.
²⁵¹ Vgl. de la Motte/Czernomoriez/Clemens (2010), S. 53.
²⁵² Vgl. Hellerforth (2009), S. 88.
²⁵³ Vgl. Bloss u.a. (2009), S. 27
²⁵⁴ Vgl. Pech (2008), S. 5 und vgl. Bloss u.a. (2009), S. 27.
²⁵⁵ Vgl. Brescia (2008), S. 298.
²⁵⁶ Vgl. Beville (2008), S. 249 ff.

Eigenkapitalpuffer und die existierenden Anlagesummen überstiegen die Eigenkapitalreserven der Sponsoren. Auf Grund der nun existierenden Refinanzierungsschwierigkeiten der Zweckgesellschaften wurden die Liquiditätsfazilitäten der Sponsoren in Anspruch genommen und es kam zu Unsicherheiten hinsichtlich der Risikoverteilung zwischen Sponsor und Conduit – speziell über die Risikotragfähigkeit der Sponsoren.[257] Die betroffenen (Investment-)Banken mussten die ausgegliederten Kredite in ihre eigene Bilanz nehmen, wodurch es zu hohen Abschreibungen kam, da die Papiere auf Grund des Fair-Value-Accounting zu aktuellen Marktpreisen bilanziert werden mussten und nicht zu deren Buchwerten. Hieraus resultierten dann teilweise erhebliche Liquiditätsprobleme.[258] Die Banken begannen sich gegenseitig zu misstrauen und lieber das ihnen zur Verfügung stehende Geld als Sicherheit zu behalten, als es anderen Banken zu verleihen.[259] So herrschte ab Ende Juli 2007 auf dem Interbankenmarkt eine große Ungewissheit über Solvenz und Liquidität von Marktteilnehmern (Vertrauenskrise[260]) und die EZB sowie andere Notenbanken begannen den Interbankenmarkt mit Liquidität zu fluten.[261]

Im März 2008 war es der Investmentbank Bear Stearns nicht mehr möglich, sich am Geldmarkt zu refinanzieren, so dass es zu einer Übernahme – begünstigt durch Kreditgarantien der US-Notenbank – durch die konkurrierende Bank JP Morgan Chase am 16. März 2008 kam. Im August desselben Jahres wurde der Versicherungskonzern AIG durch einen Überbrückungskredit der US-Regierung gestützt. Am 13. September 2008 brach die Investmentbank Lehman Brothers zusammen und meldete Insolvenz an. In der Folgewoche griff die Finanzkrise dann auch auf Nicht-Investment-Banken in den USA über. Es kam zu Zahlungsschwierigkeiten von Banken in anderen Ländern als Folge von Fehlspekulationen.[262] Der Interbankenmarkt brach nach der Nichtrettung der Investmentbank Lehman Brothers weltweit vollständig zusammen. Die „Too-big-to-fail"-These verlor (scheinbar) an Gültigkeit und die Kreditinstitute verliehen sich nicht einmal mehr kurzfristig untereinander Geld ohne spezifische Sicherheiten zu fordern. Der Interbankenmarkt wurde in der Folge durch die Zentralbanken mittels neu bereitgestellter Refinanzierungsmöglichkeiten übernommen. Als Folge dieser Krisensituation stellten Regierungen Kreditsicherheiten für angeschlagene Gesellschaften bereit. Die Hilfspakete beschränkten sich nicht nur auf die USA, sondern wurden weltweit von Staaten und Notenbanken begeben, um die globale Krise in den Griff zu bekommen[263] und negative Spillover-Effekte – bspw. auf die Realwirtschaft –

---

[257] Vgl. Rudolph (2009), S. 23 f., online.
[258] Vgl. de la Motte/Czernomoriez/Clemens (2010), S. 61.
[259] Vgl. Bloss u.a. (2009), S. 32.
[260] *Für eine Darstellung und weiterführende Informationen zur Vertrauenskrise auf dem Interbankenmarkt, vgl. de la Motte/Czernomoriez/Clemens (2010), S. 40 ff. und S. 63 ff.*
[261] Vgl. Rudolph (2009), S. 24, online.
[262] Vgl. de la Motte/Czernomoriez/Clemens (2010), S. 61 f.
[263] Vgl. Rudolph (2009), S. 26 ff., online.

zu verhindern. Spätestens ab Mitte 2008 kann jedoch davon gesprochen werden, dass sich die Globale Finanzkrise auch auf die Weltwirtschaft auswirkte. Es kam zu einer globalen Wirtschaftskrise.[264] Eine weiterführende detaillierte Beschreibung der Krisenfolgen erscheint vor dem Hintergrund der vorliegenden Arbeit als nicht notwendig. Hier wird auf entsprechende Literatur verwiesen;[265] vielmehr zeigt das bereits Erörtere die wesentlichen und für diese Arbeit relevanten Aspekte der Globalen Finanzkrise. Es wurde sowohl das Entstehen der Globalen Finanzkrise aufgezeigt, auf die Vertrauenskrise im Krisenverlauf und dort speziell auf die Situation der Banken (Kontrahentenrisiken) hingewiesen, als auch die Folgen für die globale Weltwirtschaft (Weltwirtschaftskrise) kurz thematisiert.

Insgesamt war somit das Treasury-Management von Internationalen Unternehmen auf Grund der Globalen Finanzkrise sowohl mit einer erschwerten Kapitalbeschaffung über Finanzmärkte bzw. Banken konfrontiert als auch mit einem wegbrechenden Finanzstrom aus dem operativen Geschäft.[266] Eine entsprechend strategische Reaktion ist zu vermuten. Betrachtet man nun im Rückblick die Globale Finanzkrise, so können mitunter (kurz dargestellt) folgende Punkte für ihre Entstehung[267] genannt werden: Der Sub-prime Boom in den USA, damit einhergehend das „Originate-to-Distribute"-System der Banken [268] und somit ein Trend zur Verbriefung, kombiniert mit einer Unterschätzung der Risiken der neu entstandenen Produkte. Hinzu kam die Vernetztheit der Finanzinstitute – sowohl national als auch international – und eine hoher Leverage-Grad dieser Bankinstitute, sicher auch begünstigt durch eine expansive Geldpolitik nach dem Platzen der „New-Economy-Blase".[269]

Zusammenfassend kann gesagt werden, dass die Finanz- und Bankenkrise der Jahre 2007 bis 2009 (Hauptkrisenjahre) historisch betrachtet in ihrem Ausmaß und ihrer Gefährlichkeit die größte Krise seit der Weltwirtschaftskrise (von 1929) war.[270] Erstmals waren auch verstärkt aufstrebende Volkswirtschaften, wie bspw. Dubai, Russland und weitere mittel- und osteuropäische Staaten neben den USA und Europa von der Krise betroffen. Die Basis für diese Globale Finanzkrise wurde unter anderem (wie oben dargelegt) direkt in den Folgejahren nach dem Platzen der „New Economy"-Blase durch das Absenken des Leitzinses (auf bis zu 1%) zur Stärkung der Wirtschaft von der US-Notenbank geschaffen.[271] Somit kann

---

[264] Vgl. PWC (2010), S. 112.
[265] *Für weiterführende Informationen zu den weltwirtschaftlichen Aspekten der Globalen Finanzkrise, vgl. bspw. Bank for International Settlements (2009), S. 56 ff., online und vgl. Horn/Joebges/Zwiener (2009), S. 1 ff., online.*
[266] Vgl. PWC (2010), S. 112.
[267] *Für einen enzyklopädischen Überblick der Gründe, des Ausmaßes und der Konsequenzen der internationalen Finanzkrise, vgl. Bank for International Settlements (2009), S. 3 ff., online.*
[268] Vgl. de la Motte/Czernomoriez/Clemens (2010), S. 52 ff.
[269] Vgl. Nastansky/Strohe (2009), S. 13 ff., online und vgl. Rudolph (2009), S. 6 ff., online.
[270] Vgl. Valdez/Molyneux (2010), S. 263.
[271] Vgl. Nastansky/Strohe (2009), S. 1, online.

davon gesprochen werden, dass seit Beginn der Jahrtausendwende die internationalen Finanzmärkte von einer Krise nach der anderen getroffen worden sind und diese teilweise auseinander hervorgingen. Hier sei ergänzend auf die aktuelle europäische Staatsschuldenkrise verwiesen, die jedoch nicht im empirischen Unter-suchungszeitraum der Arbeit (Kapitel 4.) liegt und daher hier nicht weiter besprochen wird.

2.1.3.2.5 Implikationen der Globalen Finanzkrise für die vorliegende Arbeit

Für die vorliegende Arbeit ist aus den dargelegten historischen Zusammenhängen abzuleiten, dass sich Internationale Unternehmen, die in einem engen Kontakt mit den internationalen Finanzmärkten stehen, sich diesen Entwicklungen (finanzielle Globalisierung, verstärktes Auftreten von (globalen) Finanzkrisen etc.) anpassen müssen und ihre Finanzsteuerung dementsprechend ausgestalten sollten. Es müssen entsprechende Strategien im Treasury-Management eingeführt werden, um bspw. das internationale Cash- oder Risikomanagement (z. B. Kontrahentenrisiko bei Banken) auf aktuelle Entwicklungen einstellen zu können und durch passende Methoden und Produkte geeignete Maßnahmenpakete verfügbar zu haben.

Die Globale Finanzkrise und die damit einhergehende zunehmende Unsicherheit in Bezug auf Kontrahentenrisiken bei Banken stellte das Treasury-Management von Internationalen Unternehmen vor neue Herausforderungen bei der Bankensteuerung. Banken wurden auf einmal unsicherer und drohten auszufallen. Thesen wie „Too-big-to-fail" oder „Lender of last Resort" verloren (scheinbar) an Gültigkeit. Die Unternehmen mussten auf diese neue Situation reagieren. Speziell im Bereich der Bankensteuerung und des Cash-Management mussten die damit einhergehenden Risiken ganz neu gesteuert und überwacht werden.[272] Aus diesem Grund wird die Globale Finanzkrise (Subprime-Krise) als spezielles Event für die empirische Untersuchung in dieser Arbeit herangezogen und deren Auswirkungen auf das Treasury-Management von Internationalen Unternehmen und dort speziell auf die Bankensteuerung sowie angrenzende Bereiche – wie dem Cash-Management – untersucht.

---

[272] Vgl. Talkenberger/Wehn (2012), S. 2; vgl. Verband Deutscher Treasurer e.V. (2011), S. 44.; vgl. PWC (2010), S. 18 und vgl. Mitter/Wohlschlager/Kobler (2011), S. 99.

2.1.3.3 Internationalisierung – Abgrenzung zur (finanziellen) Globalisierung

Ein grundlegender ökonomischer Trend ist die ansteigende länderübergreifende Verflechtung von Volkswirtschaften. Diese zunehmende Verflechtung erfolgt über existierende Landesgrenzen hinweg und kann bspw. an dem Volumen getauschter Waren aufgezeigt werden.[273] Betrachtet man hierfür die Entwicklung des weltweiten Exportvolumens von 1980 bis 2010, so ist ein drastischer Anstieg zu verzeichnen (Abbildung 10). Dieser Anstieg bestätigt zum einen den erwähnten ökonomischen Trend der internationalen Verflechtung und ist zum anderen ein guter Indikator für die Internationalisierung der (Welt-) Wirtschaft. Zunächst jedoch einige Informationen zur Geschichte der Internationalisierung.

Abbildung 10: *Entwicklung des weltweiten Exportvolumens in Mio. US-Dollar*

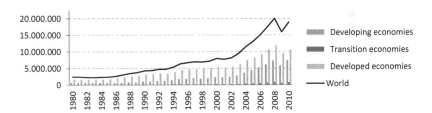

Quelle: *Eigene Darstellung – basierend auf statistischen Daten der UNCTAD (UnctadStat), vgl. United Nations Conference on Trade and Development (2011b), online.*

Historischer Kontext

Im historischen Kontext weisen internationale Geschäftstätigkeiten eine sehr lange Tradition auf. Einige Autoren sehen bspw. erste Anzeichen Tausende von Jahren vor Christi Geburt bei alten Stadtkulturen, die Stützpunkte außerhalb ihrer eigenen Stadtgrenzen unterhielten.[274] Ab dem Hoch- und Spätmittelalter kam es dann (u.a. in Kontinentaleuropa) zu einer Art Blüte des Handels (Stichwort: Fugger[275], Medici und in der späteren Kolonialzeit speziell die British East India Company[276])[277].[278] Durch den Ersten Weltkrieg und die Weltwirtschaftskrise[279] kam es dann jedoch im späteren Geschichtsverlauf zu einem Einbruch und teilweiser Stagnation des weltweiten Gütertransfers. Bei Direktinvestitionen hingegen war

---
[273] Vgl. Meckl (2010), S. 1.
[274] Vgl. Kutschker/Schmid (2011), S. 7 f. und für weitere Informationen, vgl. Moore/Lewis (1998), S. 95 ff.
[275] *Für weiterführende Informationen zu den Fuggern (sowie den damaligen Handelsgepflogenheiten), vgl. von Pölnitz (1999), S. 9 ff. und vgl. Häberlein (2006), S. 17 ff.*
[276] *Für weiterführende Informationen zur „British East India Company", vgl. Carter/Harlow (2003), S. 13 ff.*
[277] *Für weiterführende Informationen zu den Stichwörtern vgl. bspw. Kutschker/Schmid (2011), S. 8 ff.*
[278] Vgl. Meyer (1994), S. 57.
[279] *Für weiterführende Informationen sowie weiteren Hintergründen zur Weltwirtschaftskrise ab 1929 vgl. Kindleberger (2010), S. 27 ff.; vgl. Rothermund (1993), S. 1 ff. und vgl. Clavin (2000), S. 1 ff.*

ein solcher Rückgang nicht zu verzeichnen. Hier kam es vielmehr zu einer gegenteiligen Entwicklung. Unternehmen versuchten durch Gründung von ausländischen Tochtergesellschaften bspw. existierende Schutzzölle (in dieser Zeit) zu umgehen.[280] Bis heute hat der im Mittelalter startende Trend einer zunehmenden Integration bzw. Verflechtung der Welt sich fortgesetzt. In diesem Kontext entstanden auch die im Folgenden erörterten Fachbegriffe „Internationalisierung" und „Globalisierung".

Internationalisierung vs. Globalisierung

Gerade am Beginn dieses Jahrhunderts spielt dieser („geschichtsträchtige") Begriff der „Internationalisierung" eine solche starke Rolle wie kaum ein anderer Begriff in Politik und Wirtschaft.[281] Zusätzlich hat sich in diesem Kontext auch der Begriff „Globalisierung" in den letzten drei Dekaden in theoretischen Diskussionen etabliert.[282] Der Unterschied der Begriffe liegt in dem Ausprägungszustand der durch sie beschriebenen Internationalisierung begründet. Globalisierung kann als eine besonders intensive Ausprägung von Internationalisierung aufgefasst werden. Globalisierung beschreibt somit einen globalen Kontext, der über die Vernetzung einzelner Länder oder Regionen hinausgeht und Einflüsse, die die ganze Welt betreffen, umfasst.[283] Unter Globalisierung kann daher die Zunahme an Geschwindigkeit, Leichtigkeit und Ausmaß, mit der Güter, Technologie, Dienstleistungen, Kapital, Menschen, Kultur, Informationen, Ideen und auch Gefahren weltweit Grenzen überwinden und hinter sich lassen, verstanden werden.[284]

Die Finanzielle Globalisierung im Allgemeinen und ihre Auswirkung auf die Treasury

Gerade im Hinblick auf das vorliegende Untersuchungsobjekt – das Treasury Management von Internationalen Unternehmen – stellt ein besonderer Aspekt der Globalisierung, nämlich die „Finanzielle Globalisierung", einen entscheidenden und nicht zu vernachlässigenden Umwelteinfluss dar. Zwar sind die untersuchten Unternehmen selbst nicht global, sondern international ausgerichtet; allerdings unterliegen sie klar den Einflüssen der Finanziellen Globalisierung vor dem Hintergrund einer immer mehr zunehmenden Verflechtung der weltweiten Finanzaktivitäten. Hier sei nochmals auf die Auswirkungen der Globalen Finanzkrise beispielhaft verwiesen.

---

[280] Vgl. Kutschker/Schmid (2011), S. 8 ff.
[281] Vgl. Krystek/Zur (2002), S. 3.
[282] Vgl. Arestis/Basu/Mallick (2005), S. 507.
[283] Vgl. Kutschker/Schmid (2011), S. 172.
[284] Vgl. Gordon (2006), S. 3.

Auf Grund einer oft sehr offenen und unpräzisen Verwendung des Begriffes „Finanzielle Globalisierung" (Globalisierung der Finanzmärkte) in den Medien[285] wird, um sauber argumentieren zu können, unter „Finanzieller Globalisierung" in dieser Arbeit folgendes verstanden: (1) Die Deregulierung und Liberalisierung[286] im Bereich nationaler Finanzsysteme, (2) eine (finanzielle) Integration[287] von Finanzmärkten im geografischen Sinn, (3) die revolutionären Entwicklungen in Bereichen wie der Informations- und Kommunikationstechnologie und speziell im Hinblick auf Datenübermittlung im Zusammenhang mit Finanzprodukten[288] und somit (4) die Kapitalverflechtung der Weltwirtschaft.[289] Gerade im finanziellen Bereich ist zusätzlich darauf hinzuweisen, dass eine Gleichsetzung des Begriffes „Finanzielle Globalisierung" mit dem Begriff „Globalität der Finanzmärkte" zwar oft stattfindet, jedoch falsch ist und daher auch im Weiteren nicht unterstellt wird. Die „Globalität der Finanzmärkte" zielt auf einen globalen Finanzmarkt ab, der aus den wichtigsten Finanzmärkten der Welt geformt wird. Dieser Zustand ist jedoch für die heute Situation an den internationalen Finanzmärkten nicht korrekt.[290] So kann bspw. heutzutage der internationale Kapitalmarkt als aus vielen kleinen eng miteinander verbundenen Märkten beschrieben werden, auf denen Werte in einer internationalen Dimension ausgetauscht und gehandelt werden. Es handelt sich aber nicht um einen einzelnen großen Markt[291] und somit existiert auch keine wirkliche Globalität der Finanzmärkte.

Für die Darstellung des bereits existierenden Ausmaßes der finanziellen Verflechtung der internationalen Kapitalmärkte können Statistiken zu Foreign Direct Investments (FDI) herangezogen werden.[292] Foreign Direct Investments Flows entstehen, wenn bspw. Firmen im Ausland neue Produktionsanlagen aufbauen, erwerben oder bereits bestehende Produktionsstätten erweitern. Hier sind im Speziellen international tätige Unternehmen beteiligt und als Treiber dieses Prozesses erkennbar.[293] Betrachtet man die grafisch dargelegten FDI-Entwicklungen in den Abbildungen 11 und 12 so ist sowohl bei Inward- als auch bei Outward-FDI-

---

[285] Vgl. Abel (1998), S. 6.
[286] *Für eine alternative Auffassung, dass finanzielle Liberalisierung allein nicht ausreichend ist, um eine „wirkliche" finanzielle Globalisierung zu begründen, sondern vielmehr eine – durch eine einzelne internationale Institution verwaltete – Weltwährung vonnöten ist. Vgl. Arestis/Basu (2004), S. 129 ff.*
[287] *Für Informationen zur Typologisierung der (globalen) finanziellen Integration, vgl. Kenen (2007), S. 179.*
[288] Vgl. Lamfalussy (2001), S. 11 f.
[289] Vgl. Schularick (2006), S. 26.
[290] Vgl. Luna Martinez (2002), S. 25.
[291] Vgl. Krugman/Obstfeld (2003), S. 636.
[292] *Eine weitere Möglichkeit, das Ausmaß der globalen Verflechtung im Hinblick auf Kapital zu betrachten und statistisch darzustellen, sind Portfolio Investments (Foreign Indirect Investments) – wie unter anderem der Kauf von Financial Assets in anderen Ländern. Bspw. zeigte sich eine solche Verflechtung in 2006 als geschätzt wurde, dass mehr als 10% der acht Billionen Dollar an ausstehenden „US Residential Mortgages" in den Händen von ausländischen Investoren waren. Die Folge war, dass sich der Abschwung am US-Immobilienmarkt stark international ausbreiten konnte und somit letztendlich zu der Internationalen Finanzkrise führte. Vgl. Hamilton/Webster (2012), S. 10 f.*
[293] Vgl. Hamilton/Webster (2012), S. 12 f.

Flüssen ein temporärer Höhepunkt – gefolgt von einem starken Rückgang in den Krisenjahr 2000 (Neue-Marktkrise) und 2007 (Globale Finanzkrise) – erkennbar. Die damaligen Krisensituationen an den internationalen Finanzmärkten hatten scheinbar ein so großes Ausmaß angenommen, dass sie sich bis auf die globale Wirtschaft niedergeschlagen haben. Hier wird noch einmal deutlich, dass das internationale Finanzmarktumfeld einen entscheidenden Einfluss auf international agierende Unternehmen hat und somit es höchst interessant erscheint, die Auswirkungen dieser globalen (krisenhaften) Entwicklungen auf das Treasury von Internationalen Unternehmen zu untersuchen. Die Finanzielle Globalisierung stellt somit einen entscheidenden Umwelteinfluss auf Internationale Unternehmen sowie deren Treasury-Management dar.

Abbildung 11: *FDI-Flows (Inward) in Mio. US-Dollar*

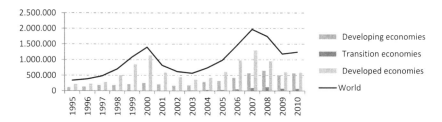

Quelle: *Eigene Darstellung – basierend auf statistischen Daten der UNCTAD (UnctadStat), vgl. United Nations Conference on Trade and Development (2011b), online.*

Abbildung 12: *FDI-Flows (Outward) in Mio. US-Dollar*

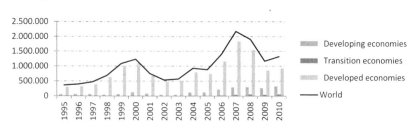

Quelle: *Eigene Darstellung – basierend auf statistischen Daten der UNCTAD (UnctadStat), vgl. United Nations Conference on Trade and Development (2011b), online.*

An dieser Stelle sei speziell auf den Zusammenhang zwischen Treasury-Management und globalem Welthandel mit seinen komplexen finanziellen Verflechtungen hingewiesen. Nimmt man Cash- und Risiko-Management als zwei zentrale Aufgabenbereiche der Treasury an (siehe auch Kapitel 2.2.3.1), so wird schnell deutlich, dass eine globale Unternehmensausrichtung in diesem Zusammenhang die Komplexität signifikant erhöht. So stellt bspw. ein idiosynkratrischer Handelsfluss („Deal Flow") bei einem nicht standardisierten Transactional-Processing eine erschwerte Situation für die Treasury dar, da die spezifischen Anforderungen eines jeden Abschlusses (z. B. für das Hedging) nur erschwert zugänglich sind. Dieser Umstand wird gerade über Landesgrenzen hinweg verstärkt und bildet daher – neben der „Big-Picture-Problematik[294]" sowie Problemen beim Working Capital-Management – einen speziellen Problemkreis (ausgelöst durch internationale Handelsaktivitäten) im Treasury-Management. Im internationalen Working Capital-Management ist das Transactional-Processing vergleichsweise teuer; hinzu kommt die zusätzliche Komplexität – resultierend aus unterschiedlichen rechtlichen und steuerlichen Systemen sowie kulturellen und sprachlichen Hemmschwellen. Darüber hinaus kommt es oft zu konsequenten Zahlungsverzügen, wodurch signifikante Zinskosten entstehen können. Eventuell resultierende Cash-Bestände als Puffer zeugen von einer herrschenden Ineffizienz.[295]

Dieser kurze Exkurs zu Detailproblemen im Treasury-Management auf Grund einer internationalen Konzernausrichtung hat noch einmal die Wichtigkeit des Faktors finanzielle Internationalisierung (und Globalisierung) für das Treasury gezeigt. Die hieraus resultierenden Rahmenbedingungen sind entscheidend, um das Umfeld internationaler Treasury-Abteilungen verstehen zu können.

Triebkräfte der finanziellen Globalisierung und deren Treasury-Relevanz

Aus historischer Sicht sind speziell institutionelle Umwälzungen – hier ist u.a. der Zusammenbruch des Bretton-Woods-Systems zu nennen (Kapitel 2.1.3.2.2) – für das aufgezeigte starke Wachstum von finanziellen Transaktionen verantwortlich. Somit zählen zu den treibenden Kräften[296] der finanziellen Globalisierung supranationale Organisationen (Weltbank, IWF etc.), Zentralbanken und Regierungen.[297] Als Hauptkräfte[298] sind jedoch die gestiegene Kapitalmobilität (stark beeinflusst durch Sektor-Trends, wie Verbriefung und das Aufkommen von Hedge-Fonds), Finanzmarktderegulierungen, der immer weiter fortschreitende technische Fortschritt in den Bereichen Computer und Telekommunikation (einhergehend mit fallenden Kommunikationskosten) sowie das Aufkommen finanzwirtschaftlicher Derivate (neuartige Finanzinstrumente und damit einhergehend die hohe Ge-

---

[294] *Bei einem international agierenden Unternehmen mit nahezu weltweiten Handelsbeziehungen über internationale Standorte stellt die einheitliche und vor allem zeitnahe Informationsversorgung des Treasury eine spezielle Herausforderung dar. Das Cash-Flow-Forecasting bildet hier bspw. bei einer dezentralen Abwicklung eine nur schwer handelbare Informationsversorgungsproblematik durch entstehende (separate nationale) Datensilos. Vgl. bspw. Ehrlich/Anandarajan/Fossaceca (2009), S. 56.*
[295] Vgl. Ehrlich/Anandarajan/Fossaceca (2009), S. 56.
[296] *Für übergreifende Ursachen und Triebkräfte von „Globalisierung/Internationalisierung" – speziell auch im Hinblick auf die hier nicht erwähnten sozio-ökonomischen und sozio-kulturellen Gründe, vgl. Kutschker/ Schmidt (2011), S. 182 ff.*
Für den Einfluss von kulturellen Aspekten im internationalen Kontext, vgl. Mead/Andrews (2009), S.1 ff.
[297] Duwendag (2006), S. 16 f.
[298] *Für einen alternativen Ansatz, bestehend aus drei Teilbereichen: „Technological Determinism", „Hegemonic Power Approaches" und „Rationalist Interest Group Approaches", vgl. Walter (2005), S. 141 ff.*

schwindigkeit finanzieller Innovation) zu nennen.[299] An dieser Stelle wird noch einmal speziell auf den Rückgang der Raumüberwindungskosten und die Einführung von neuartigen (abgeleiteten) Finanzinstrumenten eingegangen, da diese zwei Aspekte das Tagesgeschäft des Treasury-Managements stark beeinflussen und in einem gewissen Sinne wohl auch revolutioniert haben. Gerade bei den Raumüberwindungskosten ist anzumerken, dass sich die Märkte weltweit vernetzt haben und existierende administrative Marktsegmentierungen abgebaut wurden.[300] Ein extremes Beispiel dieser Kostenreduktion zeigt die Entgeltentwicklung eines dreiminütigen Telefonats von New York nach London. 1930 beliefen sich die Kosten auf ca. 244 USD, 1990 wurden für diese Dienstleistung nur noch ca. 3,30 USD fällig[301] und 2005 günstige 0,30 USD.[302] Heutzutage kann ein solches Gespräch bspw. mittels „skype" kostenlos im Internet[303] geführt werden. Gerade das Internet hat auch zu einer Reduktion von Transaktionskosten geführt, indem die Möglichkeit eines weltumspannenden Handelns zu günstigen Konditionen geschaffen wurde. Resultierend hieraus trugen auch nicht institutionelle Anleger zur Verflechtung von Finanzplätzen bei.[304] Gerade auch das Treasury-Management hat stark von dieser Computerisierung nicht nur im Handelsbereich profitiert; so werden u.a. heutzutage schon webbasierte Ansätze für Teilbereiche bis hin zu Komplettlösungen im Treasury-Management angeboten. Durch die weltweite Vernetzung von Businesseinheiten (oder Tochtergesellschaften) – bspw. mittels eines zentralen ERP-Systems oder TMS-Systems – wird die Möglichkeit eines Realtime-Zugriffes auf Informationen (wie Kontensalden) geschaffen und damit eine direkte Reaktion ermöglicht.[305] Somit werden Steuerung und Kontrolle von weltweit dezentralen Einheiten erleichtert und es kann einfacher zu einer effizienten Ressourcenallokation kommen.

Der zweite, hier ausführlicher zu diskutierende Aspekt – die Einführung von neuartigen (abgeleiteten) Finanzinstrumenten – führte seit Mitte der 70er-Jahre zu einer starken Ausweitung des Handelsvolumens. Diese „neuen" Derivate ermöglichen es, viele Geschäfte flexibler und kostengünstiger durchzuführen und trugen somit auch ihren Teil zur Transaktionskostenreduktion bei. Gerade in den letzten 30 Jahren nahm die Bedeutung von Derivaten in der Finanzwelt stark zu. Heutzutage findet ein intensiver Handel an vielen Börsen dieser Welt statt. Mittlerweile wurde eine Vielzahl von Derivaten entwickelt, so unter anderem auch Kredit- oder Versicherungsderivate. Hierdurch ist auch im Risikomanagement sowie bei der

---

[299] Vgl. Aschinger (2001), S. 40.; vgl. Lane/Milesi-Ferretti (2008), S. 327 und vgl. Moosa (2010), S. 14 ff.
[300] Vgl. Siebert (1998), S. 41.
[301] Vgl. Kotz (2001), S. 12, online.
[302] Vgl. Bundeszentrale für politische Bildung (2012), S. 4, online
[303] *Für weiterführende Informationen zu dem Thema technologischer Fortschritt, speziell Entwicklung des Internet im Kontext der Internationalisierung, vgl. u.a. Kutschker/Schmidt (2011), S. 193 ff.*
[304] Vgl. Aschinger (2001), S. 39 f.
[305] Vgl. Hollein (2010), S. 32 f. und vgl. Stanwick/Stanwick (2001), S. 3 ff.

Risikomessung eine Vielzahl von neuen Ansätzen entstanden.[306] Das Treasury-Management eines international agierenden Großunternehmens kann diese neu entstandenen Möglichkeiten bspw. für die Absicherung von Risiken einsetzen und so dem originären Geschäft des Unternehmens ein gewisses Niveau an Kalkulationssicherheit etc. verschaffen. Es besteht zusätzlich die Chance, auf neu eintretende Marktentwicklungen schnell mit den entsprechenden Instrumenten zu reagieren und die jeweilige Risiko-Position des Unternehmens der Marktsituation anzupassen.[307]

Abschließend kann festgehalten werden, dass die Beurteilung von Internationalisierung oder deren Spezial-Fälle – wie die Finanzielle Globalisierung – stets neutral erfolgen sollte und nicht wertend.[308] Für die vorliegende Arbeit ist es wichtig, dass diese heute existierenden Rahmenbedingungen benannt und anerkannt wurden und der Leser sensibilisiert wird, um speziell die Ausführungen in Kapitel 3. zu dem Treasury-Management-Modell besser einordnen zu können.

2.2. Treasury-Management Internationaler Unternehmen – Begriffsbestimmung

Heutzutage – unter anderem verstärkt auf Grund der aktuellen Situationen an den internationalen (Finanz-)Märkten (Stichwort: Globale Finanzkrise – siehe hierzu auch Kapitel 2.1.3.2) – ist es für Unternehmen nicht mehr allein ausreichend, dass sie eine marktführende Position mit ihren Produkten einnehmen oder aber in der Fertigung, dem Vertrieb und dem Marketing komparative Vorteile besitzen, vielmehr rücken immer mehr auch die finanziellen Aspekte der Unternehmung in den Vordergrund. Die Vergangenheit hat immer wieder gezeigt, wie selbst operativ gut geführte Gesellschaften auf Grund eines Missmanagements im Finanzbereich in „Schieflage" geraten sind. In diesen Unternehmen fehlten passende Ansätze zur Steuerung und Abfederung finanzieller Risiken.[309] Somit ist es nur verständlich, dass es gerade bei großen international tätigen Unternehmen eine Abteilung geben sollte, die die finanziellen Angelegenheiten der Unternehmung lenkt. Gäbe es eine

---

[306] Vgl. Hull (2009), S. 24 und vgl. Aschinger (2001), S. 39 f.
[307] *Darüber hinaus können Vorteile der internationalen Kapitalmärkte ausgenutzt werden, wie bspw. die internationale Kapitalbeschaffung (z.B. Cross-Listings) an ausländischen Börsen. Vgl. Abdel Shahid (2004), S. 46 f.*
[308] *Jeweils zwei weitere Vor- und Nachteile der finanziellen Globalisierung sind: Vorteile: (1) Aus dem Blickwinkel der ökonomischen Theorie kommt es zu einem globalen Effizienzgewinn auf Grund der effektiven Allokation von Kapital zur produktivsten Verwendungsmöglichkeit über nationale Grenzen hinweg, (2) Schaffung der Möglichkeit (mittels Partizipation an den internationalen Finanzmärkten) für Investoren, je nach ihrer individuellen Präferenz unterschiedliche Portfolios mit verschiedenen Rendite- und Risikostrukturen zu halten; Nachteile: (1) Die Entstehung von Systemrisiken, wie bspw. „Contagion Effekte" für Schwellenländern in Krisenfall, (2) „Herdenverhalten" von Investoren, welches durch eine schnelle Informationsverbreitung begünstigt wird und sich destabilisierend auswirken kann. Vgl. Schularick (2006), S. 24.; vgl. Aschinger (2001), S. 50.; vgl. Kubelec/Orskaug/Tanaka (2007), S. 246.; vgl. Ceballos/Cantarero (2006), S. 41.; vgl. Solbes (2001), S. 60 f.; vgl. Das (2004), S. 123.; vgl. Claessens/Forbes (2001), S. 3 ff. und vgl. Artus/Cartapanis/Legros (2005), S. 1.*
[309] Vgl. Verband Deutscher Treasurer e.V. (2008), S. 9.

solche Finanzabteilung bspw. in einer stark diversifizierten internationalen Unternehmung nicht, so müssten alle Abteilungen die für ihren Bereich entsprechende finanzielle Dimension mitorganisieren, sie müssten selbständig Gelder akquirieren, investieren und verwalten oder aber bspw. Wechselkursrisiken bei grenzüberschreitenden Geschäften absichern. Offensichtlich wäre dies kein effizienter Zustand und der Ruf nach Spezialisten würde schnell laut werden.[310]

Betrachtet man sich ergänzend das existierende Lehrbuchangebot, das über den Bereich „Treasury-Management" zur Verfügung steht, so wird schnell klar, dass es im Vergleich zu anderen Disziplinen nur wenige Lehrbücher[311] gibt und diese meist nur mit einem sehr geringen Praxisgehalt aufwarten können. Im Allgemeinen wird das Treasury-Management im Studium der Betriebswirtschaftslehre nur sehr selten ausführlich behandelt. Es werden überwiegend nur Teilbereiche beleuchtet. Aus diesem Grund und zum besseren Verständnis der Analysen in den Folgekapiteln soll in diesem Kapitel ein holistisches Verständnis zu dem Themenkomplex „Treasury-Management von Internationalen Unternehmen" aufgebaut werden.[312]

Der Begriff „Treasury" oder „Treasury-Management" findet sich allerdings nicht nur im Zusammenhang mit dem Finanzmanagement von Unternehmen, sondern auch im Bereich des Bankmanagements oder der öffentlichen Finanzen. Im Bankenbereich umfasst „Treasury" die Aktiv-Passiv-Steuerung, das Bilanzstrukturmanagement, das Liquiditätsmanagement und das Gesamtbankrisikomanagement und ist letztendlich nichts anderes als ein weiterentwickeltes Einlagenmanagement.[313] Im Bereich „Öffentliche Finanzen" bezeichnet „Treasury" oft das Finanzministerium – so auch in den USA. Das Finanzministerium wird dort offiziell „US Department of the Treasury" genannt.[314] In England weist ebenfalls die Bezeichnung des Finanzministeriums („Her Majesty's Treasury" oder abgekürzt „HM Treasury") das Wort Treasury im Namen auf.[315] Des Weiteren versteht man bspw. unter Treasury-Bills (T-Bills) kurzfristige Geldmarktpapiere des öffentlichen Sektors in den USA.[316] Auf Grund dieser unterschiedlichen Verwendung des Wortes „Treasury" in verschiedenen Bereichen reicht eine alleinige wörtliche Übersetzung mit „Schatzmeister"[317] bei weitem nicht aus, um eine Einordnung des

---

[310] Vgl. Thiry (1991), S. 39.
[311] Als („positives") Gegenbeispiel sei an dieser Stelle das Buch „Konzern-Treasury: Finanzmanagement in der Industrie" von Reisch (2009) erwähnt, welches einen sehr hohen und fundierten Praxisgehalt der Thematik „Treasury-Management" vermittelt. Vgl. Reisch (2009), S. 1 ff.
[312] Vgl. Rapp (2011), S. 75.
[313] Vgl. Fähnrichs/Manns (2008), S. 28 und vgl. Hartman-Wendels/Pfingsten/Weber (2007), S. 418. Bspw. ist im Deutsche Bank AG-Konzern laut Geschäftsbericht 2011 das Treasury u.a. für die Steuerung des Liquiditäts- und Refinanzierungsrisikos und dem Kapitalmanagement (inklusive Währungssicherung, Passive-Management-Geschäfte etc.) zuständig. Vgl. Deutsche Bank AG (2012), online.
[314] Vgl. U.S. Department of the Treasury (2012), online.
[315] Vgl. Her Majesty's Treasury (2012), online.
[316] Vgl. Albrecht/Maurer (2008), S. 33 und vgl. Bodie/Kane/Marcus (2010), S. 24 ff.
[317] Vgl. Degenhart (2003), S. 6.

Begriffes „Treasury" zu erreichen. Vielmehr bedarf es bei der Verwendung des Begriffes „Treasury" einer eindeutigen Festlegung, um welchen Bereich (Unternehmen, Bank oder Staat) es sich genau handelt und wie die Treasury in diesem Zusammenhang definiert wird. Siehe hierzu für diese Arbeit Kapitel 2.2.4.2.

Ein weiterer Punkt im Rahmen einer umfassenden Verständnisdiskussion ist der Hinweis auf unterschiedliche internationale Abläufe von Treasury-Management-Aktivitäten.[318] An dieser Stelle sei daher u.a. auf die Unterschiede zwischen den USA und Europa hingewiesen. Hier finden sich Unterschiede im existierenden Bankensystem[319] und bei den herrschenden regulatorischen Bedingungen sowie im Zahlungsverkehr (Aufzählung bei weitem nicht vollständig). Die Hauptunterschiede im Bereich Zahlungsverkehr liegen bei der Verwendung von Schecks[320]; in Europa werden nur sehr wenig Schecks für die Begleichung von finanziellen Verpflichtungen eingesetzt, wogegen in den USA Schecks normal sind. Zwar wurden in der letzten Zeit auch elektronische Scheckvarianten eingeführt („Scheck 21"), jedoch macht der papierbasierte Anteil noch einen nicht zu unterschätzenden Prozentsatz aus. In Europa erfolgt dagegen eine vollelektronische Abwicklung als weitverbreiteter Standard (aktuelles Stichwort: SEPA[321]). Im Hinblick auf den Mittleren Osten können ergänzend Probleme, resultierend aus der Zeitverschiebung, den unterschiedlichen Tagen als Wochenende (es verbleiben nur drei gemeinsame Arbeitstage: Montag bis Mittwoch) oder einen stark divergierenden Entwicklungsstand im Bereich Risikomanagement, genannt werden.[322] Im Allgemeinen ist daher festzuhalten, dass die Treasury-Management-Aktivitäten von Internationalen Unternehmen sich auf Grund von Zeitverschiebungen, unterschiedlichen Sprachen und Kulturen[323] sowie divergierenden sozialen, ökonomischen, legalen und steuerlichen Systemen bei grenzüberschreitenden Geschäften verkomplizieren.[324]

---

[318] *Alle diese Unterschiede können im Rahmen der vorliegenden Arbeit nicht erörtert werden. Dies ist jedoch auch nicht zwingend notwendig, da davon ausgegangen werden kann, dass solche Unterschiede primär Einfluss auf das Tagesgeschäft (operationale Dimension) und nicht primär auf die Strategien im Treasury-Management (strategische Dimension) haben. Der Analysefokus der Arbeit liegt auf der strategischen Ebene des Treasury-Managements und sollte daher hiervon nicht stark tangiert werden (siehe hierzu auch Kapitel 2.2.2).Wichtige Besonderheiten finden in der Arbeit jedoch selbstverständlich Berücksichtigung.*

[319] *Für den Unterschied zwischen dem Deutschen und US-Amerikanischen Bankensystem vgl. Hartman-Wendels/Pfingsten/Weber (2010), S. 29 ff.*

[320] *Für weiterführende Informationen zu dem scheckbasierenden Zahlungssystem in den USA im Hinblick auf das Cash-Management, vgl. Allman-Ward/Sagner (2003), S. 30 ff. und vgl. Bragg (2010a), S. 21 ff.*

[321] *Für Informationen zu SEPA im Kontext des Treasury-Managements, vgl. bspw. Brandt/Knopf (2011), S. 55 ff.*

[322] Vgl. Ehrlich/Anandarajan/Fossaceca (2009), S. 57 ff.

[323] *Für weiterführende Informationen zu kulturellen Aspekten im internationalen Managementumfeld, (vgl. Mead/Andrews (2009), S. 3 ff.) sowie für Informationen zu internationalen Rahmenbedingungen des politischen oder legalen Umfeldes. Vgl. Hamilton/Webster (2012), 92 ff.*

[324] Vgl. Butler (2008), S. 5 ff.; vgl. Mead/Andrews (2009), S. 3 ff.; vgl. Hamilton/Webster (2012), 92 ff. und vgl. Morrison (2011), S. 39 ff.

Gerade auf Grund dieser internationalen, teilweise doch mannigfaltigen Unterschiede, die auf das Treasury-Management von Internationalen Unternehmen einwirken, sowie der angesprochenen Definitionsproblematik soll in den folgenden Unterkapiteln ein erstes Verständnis des Treasury-Managements von Internationalen Unternehmen geschaffen werden. Es wird für ein verbessertes Verständnis der Thematik die geschichtliche Entwicklung des Treasury-Managements aufgezeigt (Kapitel 2.2.1), das Aufgaben- und Zielspektrum diskutiert (Kapitel 2.2.3), eine Abgrenzung zu anderen Bereichen durchgeführt (Kapitel 2.2.4 und hier speziell 2.2.4.1) sowie eine für diese Arbeit verwendete Definition erarbeitet (Kapitel 2.2.4.2). Abschließend wird auf die Besonderheiten der Corporate Governance im Bereich Treasury-Management eingegangen (Kapitel 2.2.5).

2.2.1 Entwicklung von der Finanzbuchhaltung hin zur Treasury

Bei dem Aufbau eines umfassenden Verständnisses zu einem Thema ist die historische Entwicklung in diesem Bereich äußerst bedeutend. Sie zeigt Wurzeln auf und bildet somit einen idealen Startpunkt für die Betrachtung. Aus diesem Grund wird an dieser Stelle die geschichtliche Entwicklung von der Finanzbuchhaltung bis hin zum heutigen Treasury-Management (Schwerpunkt: Internationale Unternehmen) beleuchtet. Der Fokus der geschichtlichen Analyse startet ab den 50er-Jahren. Die Zeit vor und während des Zweiten Weltkrieges wird nicht ausführlich betrachtet, da diese – speziell vor dem Hintergrund der damals herrschenden Umweltbedingungen – als komplett unterschiedlich zu heute angesehen werden kann. Es soll hier nur kurz erwähnt werden, dass früher viele finanzielle Aktivitäten in Unternehmen primär über die Finanzbuchhaltung abgewickelt wurden; diese hatte im 19. Jahrhundert keine strategische Ausrichtung, sondern diente dokumentarischen Zwecken.[325]

Vereinfacht kann daher gesagt werden, dass sich das heutige Treasury-Management ursprünglich aus der Finanzbuchhaltung heraus entwickelt hat. Früher war die Finanzbuchhaltung prinzipiell mit allen Finanzfragen mit betraut und organisatorisch oft unter einem Leiter der Buchhaltung angesiedelt. Bei KMUs ist dies selbst heute noch oft der Fall. Bei größeren Unternehmen hingegen gab es häufig einen Finanzdirektor und in angelsächsisch geprägten Bereichen existierte die Position des „Head of Finance". Dort waren alle Verantwortlichkeiten und entsprechende Entscheidungskompetenzen sowohl für alle Finanz- als auch für Finanzbuchhaltungsfragen angesiedelt.[326]

---

[325] Vgl. Engelhardt/Raffée/Wischermann (2010), S. 4 und vgl. Degenhart (2003), S. 6.
Für einen geschichtlichen Überblick der Entwicklung der Buchhaltung und Bilanzierung, vgl. Schneider (1993), S. 712 ff.
[326] Vgl. Degenhart (2003), S. 6.

In den 1950er-Jahren entwickelte sich dann aus der Betriebsbuchhaltung und Teilen der Finanzbuchhaltung heraus die Funktion des Controllers[327]. An diesen neuen Bereich verlor zu dieser Zeit die traditionelle Finanzbuchhaltung alle Verantwortlichkeit bei Planungs- und Steuerungsfragen. Ab den Sechzigerjahren kann davon gesprochen werden, dass es zusätzlich zu einer Verselbständigung – aus den Resten der Finanzabteilung – unter dem Begriff „Treasury" kam.[328] In dieser Zeit umfassten die Treasury-Aufgaben noch reine Routinearbeiten. Die Treasury-Abteilung war eine rein unterstützende (Neben-)Funktion; sozusagen eine zentrales Cash-Management mit dazugehörigen administrativen Aufgaben.[329]

In den 1970er-Jahren entwickelte sich bspw. in englischen Unternehmen häufig Treasury-Funktion, so dass zum Ende dieses Jahrzehnts alle großen englischen Unternehmen ein Treasury-Department unterhielten oder dieses gerade aufbauten.[330] Allgemein kann davon gesprochen werden, dass in den 1970er- und 1980er-Jahren (weltweit) viele neue Treasury-Abteilungen entstanden sind.[331] Das Treasury-Management war auch zu dieser Zeit noch immer auf die Beschaffung von Finanzmitteln, dem Zahlungsmanagement (AP) sowie Inkassoserviceleistungen („Cash Collection" (AR)) etc. begrenzt. Allerdings kam es in den 1970ern auch zu ersten signifikanten Änderungen im ökonomischen Umfeld. Rezession prägte das Wirtschaftsleben; dies begünstigte das Aufkommen von ersten neuen geldpolitischen Instrumenten und es kam zu ersten Deregulierungsansätzen auf den internationalen Finanzmärkten (siehe hierzu Kapitel 2.1.3.2). Aber das Treasury-Management – wie bereits erwähnt – blieb in seinen alten administrativen Aufgaben weiterhin stecken.[332]

Die Zeit der zweistelligen Zinssätze in den späten 1970ern und frühen 1980ern führte dazu, dass das Cash-Management äußerst kritisch für das finanzielle Wohlbefinden einer Unternehmung war. Der ideale Finanzmittel-Bestand einer Unternehmung war essenziell auf Grund von Opportunitätskosten und möglichen hohen Zinszahlungen bei Kreditlinien. In der Folgezeit der zweistelligen Zinssätze gewann das Treasury-Management immer mehr an Verantwortung.[333] Es fand eine Integration in das generelle Corporate-Management statt, wodurch es dem Treasury möglich war, seiner rein administrativen Funktion zu entwachsen.[334]

---

[327] Für eine ausführliche Darstellung der Ursprünge des Controllings sowie weiterführende Informationen zur Controller-Funktion in Unternehmen, vgl. Horváth (2011), S. 18 ff.
[328] Vgl. Degenhart (2003), S. 6.
[329] Vgl. San José/Iturralde/Maseda (2008), S. 192.
[330] Vgl. Billings (2007), S. 14.
[331] Vgl. Spiegel (2011), S. 32.
[332] Vgl. San José/Iturralde/Maseda (2008), S. 192.
[333] Vgl. Phillips (1997), S. 70.
[334] Vgl. San José/Iturralde/Maseda (2008), S. 192.

In den 1980ern entstanden in Groß-Britannien, Frankreich, Deutschland und den USA spezialisierte Treasury-Gremien/Verbände[335] („Treasury Bodies"). Alle G7-Staaten hatten in den frühen 1980ern, mit den Ausnahmen Italien und Japan, Treasury-Organisationen. Somit wurde die Position „Treasurer" in dieser Zeit zu einem international anerkannten Beruf. Hier sei ergänzend kurz erwähnt, dass in den 1990ern es zu einer zweiten Welle von Treasury-Verbandsgründungen in Europa und Asien kam.[336]

Ende der 1990er-Jahre wurde das Treasury-Management, unter anderem auf Grund von wegweisenden Entwicklungen im Bereich der Informationstechnologie sowie häufigen „Corporate Re-Engineering Programmen", von seinem Aufgabenbereich her zum einen immer breiter und zum anderen kam es zu einer ersten mehr strategisch werdenden Fokussierung innerhalb der Unternehmensorganisation.[337] In dieser Zeit fand über internationale Konzerne und auf Grund von globalen Unternehmensverflechtungen eine Etablierung des Begriffes „Treasury" in Deutschland statt.[338] Gerade auch die wachsende Shareholder Value-Orientierung ab Mitte der 1990er, speziell in den deutschsprachigen Ländern, führte zu einer weiteren Veränderung der Finanzfunktion. In dieser Zeit wurde der Ruf nach einem aktiven (mehr strategisch orientierten) CFO laut, der alle wichtigen internen Fäden zusammenhält und notwendige Veränderungen vorantreibt. Analysten, Fonds-Manager und Finanzspezialisten im Allgemeinen wollten als Gegenüber auf Unternehmensseite einen Finanzmanager, der nicht nur die neuesten Unternehmenszahlen erläutern konnte, sondern auch in der Unternehmensstrategie kompetent war sowie die Strategie offen und professionell vertrat. Hinzukamen weitere äußere Entwicklungen, wie: (1) die wachsende Dynamik der Märkte – die häufig in eine Neuausrichtung oder Reorganisation von Prozessen oder der gesamten Organisation eines Unternehmens mündete; (2) die zunehmende Notwendigkeit einer Harmonisierung des externen und internen Rechnungswesen – eine konsistente interne und externe Sicht auf die finanziellen Ziele und Ergebnisse des Unternehmens wurde auf Grund der Shareholder Value-Orientierung und deren Zielverfolgung unerlässlich und (3) die häufige (Neu-)Implementierung von ERP-Standardsoftware in Unternehmen.[339]

---

[335] *In Deutschland sind hier die beiden Vereine „Verband Deutscher Treasurer e.V. (VDT)" und „Gesellschaft für Finanzwirtschaft in der Unternehmensführung e.V. (GEFIU)" zu nennen. Weiterführende Informationen zu deren Tätigkeit findet man auf der jeweiligen Homepage: www.vdtev.de und www.gefiu.de. Für eine tabellarische Liste von Treasury-Verbänden weltweit, vgl. Billings (2007), S. 16 f. oder vgl. Association of Corporate Treasurer (2012), online.*
[336] Vgl. Billings (2007), S. 15.
[337] Vgl. Phillips (1997), S. 70.
Die zunehmende strategische Ausrichtung des Treasury-Management in dieser Zeit zeigt auch die empirische Untersuchung innerhalb des Aufsatzes von Phillips (1997), S. 69 ff.
[338] Vgl. Degenhart (2003), S. 6.
[339] Vgl. Daum (2005), S. 207 ff.

Nach dem Platzen der New-Economy-Blase und dem Niedergang des Neuen Marktes[340] um das Jahr 2000 (siehe auch Kapitel 2.1.3.2.3) kann von einer Art nächsten Evolutionsphase (Neufokussierung) des Finanzmanagements gesprochen werden. An Stelle des „Rausches der New Economy" trat nun die Einsicht, dass ein langfristiges Fortbestehen einer Unternehmung nur durch Kosteneffizienz auch in schwierigen Marktphasen möglich sei. Hinzukamen eine Krisenstimmung, ausgelöst durch die Terroranschläge vom 11. September 2001 in New York sowie durch die großen Bilanzfälschungsskandale in den USA (Stichwort: Enron[341] und Worldcom). Somit standen die Themen „Kosteneffizienz", „Compliance" und „Corporate Governance" damals im Vordergrund. Dies alles sind Themen, die direkt auf das Treasury-Management einwirken und dieses somit damals stark mitprägten. Der CFO und die gesamte Finanzfunktion rückten in den Fokus des öffentlichen Interesses sowie der unternehmensinternen obersten Führungsebene. Es mussten Veränderungen für den zeitgemäßen Umbau der Finanzinfrastruktur der Unternehmen eingeleitet werden, um so eine signifikante Verbesserung der Finanzdisziplin und -transparenz („Financial Control") des globalen Risikomanagements und der Prozesseffizienz zu erreichen.[342] Die angesprochene Fokussierung der obersten Führungsebene auf Finanzfragen und somit die damit einhergehende Aufwartung der Position des Treasurers, führten laut Degenhart/v. Haller (2006) dazu, dass die früher eher untergeordnete Rolle des Treasurer („als Verwalter der Finanzen") nun gleichberechtigt neben dem Controlling und Rechnungswesen stand. Kapital wurde damals – auch schon vor der globalen Banken- und Finanzkrise (2008 und 2009) und den Folgejahren dieser Subprime-Krise – knapper eingestuft als zuvor und somit zu einer Art strategischen Ressource, die es mit Bedacht einzusetzen galt. Die Treasury entwickelte sich daher von seiner „Randaufgabe Finanzierung" zu einer gleichgestellten Funktion, sowohl in der Wahrnehmung als auch organisatorisch in den meisten Unternehmen.[343]

Als Folge der Finanz- und Bankenkrise der Jahre 2007 bis 2009 (historisch betrachtet einer der größten Krisen überhaupt), die mitunter durch das niedrige Leitzinsniveau in den Folgejahren das Platzen der „New Economy"-Blase begünstigt und mit ausgelöst hat (siehe hierzu Kapitel 2.1.3.2.4),[344] kam es dazu, dass das Treasury-Management in seiner Wichtigkeit immer weiter aufgewertet wurde. War vor dieser globalen Banken- und Finanzkrise es noch oft so, dass viele Unternehmen sich weniger um ihr Cash-Management kümmerten, da Kapital leicht und ohne weiteres verfügbar war, wurde doch spätestens durch den Zusammenbruch

---

[340] *Für weiterführende Details zum Niedergang des Neuen Marktes sowie zu den historischen Entwicklungen in dieser Zeit an den internationalen Finanzmärkten; siehe auch Kapitel 2.1.3.2 dieser Arbeit.*
[341] *Für weiterführende Informationen zu dem Enron-Skandal, seiner Entstehung und die Folgen, vgl. Sterling (2002), S. 1 ff.; vgl. Markham (2006), S. 49 ff. und vgl. Niskanen (2007), S. 1 ff.*
[342] Vgl. Daum (2005), S. 207 ff.
[343] Vgl. Degenhart/v. Haller (2006), S. 6.
[344] Vgl. Valdez/Molyneux (2010), S. 263.; vgl. Nastansky/Strohe (2009), S. 1, online und vgl. Bank for International Settlements (2009), S.3 ff., online.

der Investmentbank Lehman Brothers deutlich, dass Kontrahentenrisiken eine wichtige Rolle spielen und Kapital nicht mehr so einfach aufzunehmen ist. Es kam zur Rückforderung von ausstehenden Krediten und Liquidität wurde plötzlich als kritisch für die Stabilität und Zukunft einer Unternehmung erachtet. Das Treasury-Management wurde sozusagen zum „Chief Liquidity Officer" und partizipierte im übergeordneten Finanzmanagement von großen international tätigen Unternehmen als permanenter Partner.[345] Diese wichtige strategische Position des Treasury-Managements dauert bis heute an und wird auch immer häufiger in der Literatur diskutiert. Teilweise geht dies sogar so weit, dass dem Treasury-Management eine große Einflussnahme auf die Unternehmensstrategie eingeräumt wird. Speziell wird die Rolle als Businesspartner immer wieder hervorgehoben (siehe hierzu auch Kapitel 2.2.3.2).[346] Für eine tabellarische Kurzübersicht der erörterten Entwicklung der Treasury siehe Tabelle 1.

Betrachtet man ergänzend zu den obigen fachliteraturbezogenen Ausführungen die IBM-Studien[347] der Jahre (2003,) 2005, 2008 und 2010 über den CFO-Bereich, so ist folgendes zu vermerken: Die Einzelstudien sind leider nur schwer miteinander vergleichbar, da für den Leser der Studien keine durchgängige Einheitlichkeit der erhobenen Fragen zu erkennen ist. Es werden zwar immer ähnliche Bereiche oder Fragekomplexe untersucht – wie bspw. die „Wichtigkeit von Themen und deren Effizienz innerhalb der Finanzorganisation" – aber innerhalb dieser sind, wenn überhaupt, nur teilweise sich wiederholende und somit über die Zeit vergleichbare Fragen- und Antwortauswertungen zu finden.[348] Allerdings kann alleine aus der Kurzübersicht der IBM-Studie von 2010 schon ein Beleg für die oben angesprochene zunehmende Strategiefokussierung des Treasury-Managements, mit dem CFO als übergeordnete Leitungsinstanz, herausgenommen werden:

---

[345] Vgl. Hollein (2010), S. 28 und vgl. Spiegel (2011), S. 32.
[346] Vgl. Furter (2012), S. 27 f.; vgl. o.V. (2009), S. 28 ff.; vgl. Ball (2007), S. 153 ff.; vgl. Hollein (2010), S. 28 ff.; vgl. Masquelier (2011), S. 39 ff.; dies sind nur einige ausgewählte Quellen als Beispiel.
Ein klarer Beleg für die zunehmende strategische Rolle (auch in der Praxis) ist ein Interview mit dem CFO von EADS, in dem dieser Folgendes zur Rolle des CFO bei EADS sagte: „Diese Rolle der Finanzabteilung hat in den vergangenen Jahren sehr stark an Bedeutung gewonnen. Sie ist deutlich strategischer geworden mit viel früherer Einbeziehung und aktiverem Einfluss auf die Geschäftsentwicklung." Häberle/Meves (2012), S. 40.
[347] *Die Studien umfassen jeweils eine Vielzahl von ausgewerteten Interviews mit CFOs und leitenden Finanzexperten (Studie 2010 über 1.900 aus 81 Länder, Studie 2008 über 1.200 in 79 Länder, Studie 2005 889 in 74 Ländern, Studie 2003 450 aus 35 Ländern) aus unterschiedlichsten Branchen. Die Studien sind (ab 2008) unter der Mitarbeit der „The Wharton School, University of Pennsylvania" erstellt worden und können daher als wissenschaftlich qualifiziert eingestuft werden. Vgl. IBM (2010), S. 1 ff.; vgl. IBM (2007), S. 1 ff.; vgl. IBM (2005), S. 1 ff. und vgl. IBM (2003), S. 1 ff.*
[348] Vgl. IBM (2010), S. 1 ff.; vgl. IBM (2007), S. 1 ff.; vgl. IBM (2005), S. 1 ff. und vgl. IBM (2003), S. 1 ff.

"Für Chief Financial Officers war die Weltwirtschaftskrise eine entscheidende Trendwende. Gemeinsam mit ihren Finanzorganisationen mussten sie sich nun auch verstärkt drängenden Themen wie Kapitalbeschaffung, Cash-Flow und Umsatzsicherung annehmen. Auf Grund hoher Volatilität und wachsender Unsicherheit standen für die CFOs immer häufiger auch Gespräche auf Vorstandsebene zu Prognosen, Profitabilität, Risikomanagement sowie strategischen Entscheidungen über Lieferketten, Preisgestaltung und Produktion auf der Agenda. Seither gewinnen CFOs immer größeren Einfluss auch auf Konzernebene."[349]

Geht man nun zu einer Detailauswertung der IBM-Studien über, so lässt sich für die Entwicklung des Treasury-Managements in den letzten Jahren (speziell ab der Globalen Finanzkrise) folgendes festhalten: In der Studie von 2005 wurde „Messung/Monitoring der Geschäftsperformance" als wichtigster Aufgaben-/ Verantwortungsbereich mit 69% angegeben.[350] 2007 hatte dieser Bereich bei der Studie mit über 80% weiterhin die führende Position inne[351] und selbst bei der Studie aus 2010 führt diese Aktivität das Ranking mit 85% weiterhin an.[352] Somit bleiben die klassischen Aufgaben der Finanzfunktion zwar weiterhin bestehen, aber sie werden durch neue in ihrer Wichtigkeit immer mehr zunehmende Aufgaben ergänzt. Betrachtet man die Wichtigkeit der strategischen Aspekte der in den Studien genannten Aufgabenbereiche, so nehmen diese im Zeitverlauf zu.[353] Rangierte der Aspekt „Zusammenarbeit mit der (Business-)Organisation, um Wachstumsstrategien zu identifizieren und umzusetzen" in der Studie von 2005 noch bei 61%,[354] so wurde in 2007 der Aspekt „Input für das Identifizieren und Umsetzen von Wachstumsstrategien" schon mit über 70% bewertet[355] und bei der Studie aus 2010 lag der Aspekt „Informationen für die Unternehmensstrategie bereitstellen" bei 80%.[356] Dieser zunehmend wichtige strategische Input[357] aus dem Treasury-Management für die Unternehmensstrategie an sich passt zu der bereits

---

[349] IBM (2010), S. 6.
[350] Vgl. IBM (2005), S. 8.
[351] Vgl. IBM (2007), S. 12.
[352] Vgl. IBM (2010), S. 29.
[353] Vgl. IBM (2010), S. 1 ff.; vgl. IBM (2007), S. 1 ff.; vgl. IBM (2005), S. 1 ff. und vgl. IBM (2003), S. 1 ff.
Ergänzend ist hier darauf hinzuweisen, dass die Differenz zwischen Wichtigkeit und Effizienz in den genannten Aufgabenbereichen über den Zeitverlauf der Studien teilweise eklatant groß ist und die Finanzorganisationen somit ihren Ansprüchen hinterherlaufen.
[354] Vgl. IBM (2005), S. 8.
[355] Vgl. IBM (2007), S. 12.
[356] Vgl. IBM (2010), S. 29.
[357] *An dieser Stelle sei darauf hingewiesen, dass bei der ersten IBM CFO-Studie in 2003 als wichtigster Aufgabenbereich mit 68% „Die Unterstützung des CFO bei der Generierung von Shareholder Value" genannt wurde und die „Messung/Monitoring der Geschäftsperformance" nur an zweiter Stelle mit 65% lag. [Vgl. IBM (2003), S. 4.] Hier ist eine damalige, noch aus den 1990er-Jahren vorherrschende Shareholder Value-Orientierung klar erkennbar. Die anderen genannten Aufgabenbereiche stützen die Aussage, dass in der Zeit von 2000 bis zur Finanzkrise eine „Kosteneffizienz", „Compliance" und „Corporate Governance" – Ausrichtung vorherrschte.*

dargelegten zunehmenden Strategieorientierung[358] des Treasury-Managements und soll bei den weiteren theoretischen (und empirischen) Untersuchungen in dieser Arbeit daher auch mit im Mittelpunkt stehen.

Zusammenfassend kann die Entwicklung des Treasury Managements in den letzten 60 Jahren wie folgt festgehalten werden: Ausgehend von einer starken Cash-Management Fokussierung entwickelte sich das Treasury-Management zu einem heutzutage eher strategischen Fokus.[359] Diese strategische Fokussierung wurde gerade durch die Globale Finanzkrise (Sub-Prime Krise) noch einmal verstärkt und positioniert das heutige Treasury-Management von Internationalen Unternehmen als gleichwertigen Businesspartner innerhalb der gesamten globalen Konzernorganisation. Das Treasury-Management hat sich somit auf der höchsten Führungsebene etabliert und ist von seiner ursprünglichen rein administrativen Aufgabenstellung zu einer mitlenkenden strategischen Funktion im Unternehmen geworden. Für eine tabellarische Kurzübersicht siehe Tabelle 3. Diese Sichtweise wird bspw. auch von Polak/Robertson/Lind (2011) vertreten und somit bestätigt. Die Autoren sehen ebenfalls das Treasury-Management heutzutage (und in Zukunft) mit einem starken strategischen Fokus und der Pflicht, eng mit dem Business zusammenzuarbeiten.[360]

Nach der Klärung der historischen Entwicklung des Treasury-Managements kann nun das dahinterliegende Finanzmanagementkonzept beschrieben und systematisiert werden.

2.2.2 Konzept des Finanzmanagements von Internationalen Unternehmen

Der Begriff „Finanzmanagement" ist in der Praxis weit verbreitet und gängig, wogegen im theoretischen Literaturumfeld die Verwendung des Begriffes weniger stark dominiert. Finanzmanagement wird in der Praxis meist aus einer Managementsicht heraus wahrgenommen und somit unter dem Bereich der Unternehmensführung subsumiert. Dieser Auffassung soll auch im Zuge dieser Arbeit gefolgt werden. Somit kann das Finanzmanagement als „Finanzielle Unternehmensführung" aufgefasst werden (und passt zur Einordnung der Treasury aus Kapitel 2.1).[361]

---

[358] *Eine andere Studie aus 2011 von KPMG, in der 443 Fragebögen (von Finanzführungskräften) ausgewertet wurden, zeigt, dass die Stellung des Treasury-Managements in fünf Jahren als sehr stark strategisch gesehen wird. Wurde der strategische Bezug zum Business noch vor fünf Jahren als sehr gering eingestuft, so wird aktuell eine Veränderung zu einer starken Strategieorientierung gesehen. Vgl. KPMG (2011), S. 5.*
[359] Vgl. Horcher (2006), S. 4.
[360] Vgl. Polak/Robertson/Lind (2011), S. 50.
[361] Vgl. Guserl/Pernsteiner (2004), S. 4; vgl. Guserl/Pernsteiner (2011), S. 23 und vgl. Sperber (1999), S. 18.

An dieser Stelle sei darauf hingewiesen, dass der Ausdruck „Treasury-Management" als Synonym für den Begriff „Finanzmanagement" verwendet werden kann und hier auch Verwendung findet.[362] Darüber hinaus ist darauf einzugehen, dass der Begriff „Finanzmanagement" zwei Aspekte umfasst: 1. einen funktionalen Aspekt (Ablauforganisation); dieser umfasst die Managementfunktionen – wie Planung, Entscheidung und Kontrolle und 2. einen institutionellen Aspekt (Aufbauorganisation), welcher u.a. das Positions- und Interaktionsgefüge (unter Berücksichtigung von Kompetenzverteilung) der Entscheidungsträger umfasst.[363]

Eine zielgerichtete Steuerung in diesem Zusammenhang beinhaltet zum einen die innerbetrieblichen finanzwirtschaftlichen Prozesse und zum anderen auch die Abwicklung der finanziellen Interaktionen des Unternehmens mit seiner Umwelt (z. B. mit Banken im Zuge der Bankensteuerung).[364] Im Fokus der Arbeit soll die Finanzfunktion (speziell das Treasury-Management von Internationalen Unternehmen) stehen; somit ist die Frage nach der Funktionsstrategie[365] in diesem Bereich sowie deren Einordnung in das Gesamtunternehmen offenkundig. Des Weiteren muss die Frage nach der Interaktion mit der Unternehmensumwelt berücksichtigt werden (siehe hierzu auch Kapitel 2.1.3). Zunächst geht es jedoch im Folgekapitel um die Managementebenen (Entscheidungsebenen) des Treasury-Managements.

---

[362] Vgl. Sperber (1999), S. 18.
[363] Vgl. Abresch (1994), S. 134.; vgl. Eilenberger (1987), S. 72 f. und vgl. Eilenberger (2003), S. 62 ff.
[364] Vgl. Abresch (1994), S. 134.; vgl. Eilenberger (1987), S. 72 f. und vgl. Eilenberger (2003), S. 62 ff.
[365] *Es ist wichtig, trotz einer semantischen Ähnlichkeit die „Strategie des Finanzbereiches" (des Treasury) von der „Finanzstrategie" bzw. „Finanzierungsstrategie" auseinanderzuhalten. Die „Finanzstrategie" beschäftigt sich mit der optimalen Kapitalstruktur, Finanzierungsalternativen und Liquiditätsversorgung, wogegen die „Strategie des Finanzbereiches", dessen Aufstellung, Arbeitsweise und Interaktion mit anderen Unternehmensbereichen eine optimale Zielerreichung umfasst. Vgl. Häfner/Hiendlmeier (2008), S. 150.*

Tabelle 3: *Kurzübersicht geschichtliche Entwicklung Treasury-Management*

1970er	1980er	1990er	2000 bis Finanzkrise	Finanzkrise bis heute
▪ Treasury als unterstützende (Neben-)Funktion ▪ Rein administrative Aufgaben	▪ Integration des Treasury in das generelle Corporate-Management ▪ Treasury entwächst den rein administrativen Aufgaben ▪ Entstehung erster Treasury-Gremien/Verbände (zweite Welle in den 1990ern)	▪ Das Treasury-Aufgabenspektrum wird breiter (u.a. auf Grund von Corporate-Re-Engineering Programmen etc.) ▪ Zunehmende Shareholder Value-Orientierung auch im deutschsprachigen Raum, daher Ruf nach „aktiven" (mehr strategischen) CFO ▪ Erste strategische Fokussierungen im Treasury-Management erkennbar	▪ Art neue Evolutionsphase, ausgelöst durch das Platzen der New Economy Blase, den Terroranschlägen in den USA und den Bilanzfälschungsskandalen – wie Enron ▪ Hauptthemen in dieser Zeit: „Kosteneffizienz", „Compliance" und „Corporate Governance"	▪ Durch globale Finanz- und Bankenkrise (Subprime-Krise) wird die Verfügbarkeit von Kapital immer wichtiger ▪ Treasury wird in das globale Finanzmanagement als gleichgestellter Partner integriert ▪ Treasury-Management hat eine starke strategische Ausrichtung

Quelle: *Eigene Darstellung.*

2.2.2.1 St. Gallener Management-Konzept

Versucht man eine Einordnung des Finanzmanagements über Managemententscheidungen, die in dessen Rahmen getroffen werden, so lassen sich diese Entscheidungen mittels verschiedener Zeithorizonte, variierender Freiheitsgrade und im speziellen durch unterschiedliche Bedeutungsgewichtungen für den Unternehmenserfolg kategorisieren. Es lassen sich so in sich homogene, aber voneinander abgrenzbare (drei) Dimensionen bilden, die wie folgt voneinander unterschieden werden können (Abbildung 13):[351]

- Die Ebene des „**Normativen Managements**" beschäftigt sich mit den übergreifenden Zielen der Unternehmung, deren Normen und Prinzipien.[352] Die Schlüsselaufgabe ist es, das der Unternehmung innewohnende Selbstverständnis zu charakterisieren. Dieses Selbstverständnis findet dann Ausdruck in einer Unternehmensvision[353] und -mission. Grundlegende Ziele werden definiert und es kommt zu einer Herausbildung einer Unternehmensverfassung und -kultur.[354] Somit wirkt das normative Management durch seine konstitutive Rolle für alle Handlungen des Unternehmens begründend.[355]

  Zusammenfassendes Zitat:

  „Die Ebene des normativen Managements beschäftigt sich mit den generellen Zielen der Unternehmung, mit Prinzipien, Normen und Spielregeln, die darauf ausgerichtet sind, die Lebens- und Entwicklungsfähigkeit der Unternehmung zu ermöglichen."[356]

- Die Ebene des „**Strategischen Managements**" ist dafür zuständig, dass die Bedingungen geschaffen werden, um die normativen Entwicklungsziele langfristig erreichen zu können.[357] Im Zentrum jeglicher strategischer Überlegung stehen Programme, Strukturen und Systeme des Managements sowie das Verhalten bei Problemlösungen. Das strategische Management wirkt ausrichtend auf die durch das Normative Management begründeten Aktivitäten ein.[358] Es findet eine Ausbeutung von Erfolgspotenzialen mittels spezieller Strategien statt.[359] Hierdurch wird eine interne (Ressourcenbasis) und externe (Marktstellung) Ausrichtung festgelegt.[360]

---

[351] Vgl. Hungenberg (2011), S. 23.
[352] Vgl. Hommels (1995), S. 8.
[353] Für Ausführungen zu Visionen, Missionen und Zielen von Unternehmen, sowie in diesem Zusammenhang zu erwähnende Unternehmensverfassung und Unternehmenskultur, Vgl. Hungenberg (2011), S. 26 ff.
[354] Vgl. Hungenberg (2011), S. 23.
[355] Vgl. Bleicher (1999), S. 75 und vgl. Bleicher (2011), S. 86 ff.
[356] Bleicher (1999), S. 74.
[357] Vgl. Hungenberg (2011), S. 24.
[358] Vgl. Bleicher (1999), S. 76 und vgl. Bleicher (2011), S. 86 ff.
[359] Vgl. Hommels (1995), S. 9.
[360] Vgl. Hungenberg (2011), S. 24.

Zusammenfassendes Zitat:

„*Strategisches Management ist auf den Aufbau, die Pflege und die Ausbeutung von Erfolgspotentialen gerichtet, für die Ressourcen eingesetzt werden müssen.*"[361]

- Die Ebene des „**Operativen Managements**" ist dazu da, die normativen und strategischen Vorgaben umzusetzen.[362] Das Operative Management (Tagesgeschäft) vollzieht sich innerhalb des durch strategische Managemententscheidungen gebenen Handlungsrahmens. Es ist meist kurzfristig ausgerichtet und es finden konkrete Entscheidungen bezüglich Maßnahmen im Unternehmen selbst oder an Märkten statt.[363] Der Vollzug geschieht durch Leistungs-, Finanz- und Informationsprozesse.[364]

Zusammenfassendes Zitat:

„*Die Funktion des operativen Managements besteht darin, die normativen und strategischen Vorgaben praktisch in Operationen umzusetzen*"[365]

Zusammenfassend kann somit gesagt werden, dass dem Normativen und Strategischen Management eher eine gestaltende Funktion innewohnt, wogegen dem Operativen Management eine lenkende, direkt in die Unternehmensentwicklung eingreifende Funktion im Tagesgeschäft zukommt. Um eine Integration aller drei Dimensionen zu gewährleisten, bedarf es einer paradigmatisch geprägten Leitidee. Diese wird durch eine einheitliche Managementphilosophie gewährleistet und umfasst wiederum beispielsweise die Wertestrukturen der Unternehmung und trägt zur Sinnfindung derselbigen bei.[366] Der Ausdruck „St. Gallener-Management-Konzept"[367] steht primär nur für die Dimensionen Normatives und Strategisches Management, da die operative Dimension für den Vollzug der beiden erstgenannten Dimensionen steht[368] und somit eine Resultierende ist.

Für die vorliegende Arbeit ist jedoch eine zusätzliche Erweiterung oder – genauer gesagt – eine Fokussierung des beschriebenen „St. Gallener-Management-Konzeptes" vonnöten. Es muss dargestellt werden, wie das Treasury-Management in dieses Konzept eingeordnet werden kann und welche die zu wählende Analysedimension der Arbeit ist. Das Konzept ist hierfür geeignet, da es einen problem-

---

[361] Bleicher (1999), S. 75.
[362] Vgl. Bleicher (1999), S. 78 und vgl. Bleicher (2011), S. 86 ff.
[363] Vgl. Hungenberg (2011), S. 24.
[364] Vgl. Hommels (1995), S. 9.
[365] Heinrichs (2010), S. 8.
[366] Vgl. Bleicher (1999), S. 73 ff. und vgl. Bleicher (2011), S. 86 ff.
[367] *Das Konzept geht ursprünglich auf die Arbeit von Ulrich/Krieg (1972 – „Das St. Gallener-Managementmodell") zurück und wurde 1992 von Bleicher zum „St. Gallener-Management-Konzept" weiterentwickelt. Vgl. Pischon/Liesegang (1999), S. 99 und vgl. Ulrich/Krieg (1972), S. 1 ff.*
[368] Vgl. Bleicher (1999), S. 74.

bezogenen Ordnungsrahmen sowie ein Vorgehensmuster zur integrativen Konzipierung und Betrachtung von Lösungsrichtungen als Ziel hat.[369]

Abbildung 13: *Zusammenhang Normatives, Strategisches und Operatives Management*

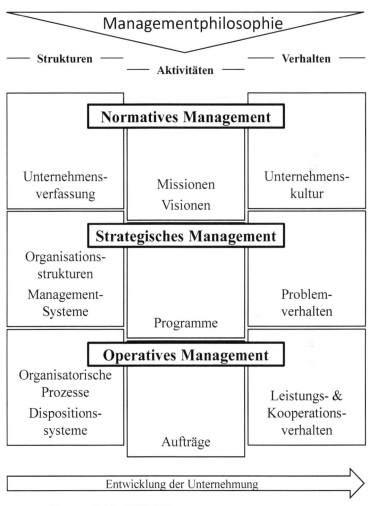

Quelle: *In enger Anlehnung an Bleicher (1999), S. 77.*

---

[369] Vgl. Bleicher (2011), S. 86.

2.2.2.2 Einordnung der Treasury in das St. Gallener-Management-Konzept

Für die Einordnung des Treasury-Managements in das St. Gallener-Management-Konzept wird ein Top-Down-Vorgehen gewählt. Es soll die Konkretisierung der finanziellen Ziele, Strukturen und Vorgaben über die drei Analysedimensionen hinweg, ausgehend von der Normativen Ebene bis hin zur operativen Umsetzung aufgezeigt werden.

Folgt man der Auffassung, dass die Strategie des Finanzbereiches – auf Grund seiner Verwobenheit mit anderen Unternehmensbereichen – sich aus der Strategie des Gesamtunternehmens ergibt und ableitet,[370] so kommt dem Normativen Finanzmanagement eine generell konstituierende Aufgabe zu. Es müssen, wie oben bereits im originären Konzept beschrieben, allgemeingültige (noch relativ ungenaue) Prinzipien, Normen und Regeln für den Finanzbereich festgelegt werden. Die Definition von finanziellen und finanzwirtschaftlichen Zielen des Unternehmens, abgestimmt mit der übergeordneten Vision und Mission der Gesamtunternehmung, ist somit Aufgabe des Normativen Finanzmanagements. Die Finanzpolitik legt die Prioritäten innerhalb des finanziellen Zielsystems der Unternehmung fest und formt eine langfristige generelle Grundorientierung für das in den untergeordneten Dimensionen konkretisierte finanzielle Ziel- und Aufgabensystem. Die Finanzpolitik (eine funktionale Teilpolitik) konkretisiert somit die globale Unternehmenspolitik für die finanziellen Bereiche.[371] Findet nicht schon auf der Normativen Dimension des Finanzmanagements eine Legitimierung des Treasury-Managements statt, so kann eine effiziente Abwicklung der Treasury-Aktivitäten nicht sichergestellt werden. Es würde am Wertesystem und der nötigen Grundeinstellung – resultierend aus der globalen Unternehmenspolitik – fehlen, um als Treasury-Abteilung aktiv und auf gleicher Augenhöhe mit anderen Teilfunktionen zu interagieren. Die nötige Legitimation von der „höchsten" Führungsebene wäre nicht vorhanden und die Treasury könnte maximal als eine rein zuarbeitende Funktion existieren; sich aber wohl nur schwer oder oft gar nicht als eine Art „Business oder Steering Partner" (siehe Kapitel 2.2.3.2) in das Unternehmensgeflecht integrieren.[372]

Die nächsttiefergelagerte Dimension des St. Gallener-Management-Konzept ist das Strategische Management. Im Hinblick auf dessen finanzielle Ausprägung umfasst das Strategische Finanzmanagement im Vergleich zum Normativen Finanzmanagement viel fassbarere Zielvorgaben. Konkret bedeutet dies: Die Umwandlung langfristiger durch die Unternehmenspolitik, -kultur und -verfassung getragener Ziele in strategische Programme. Hier werden erstmals eindeutige Ziele und Aufgaben formuliert und ihre strategische Umsetzung festgelegt. Es kommt

---

[370] Vgl. Häfner/Hiendlmeier (2008), S. 155.
[371] Für Grundlagen vgl. Bleicher (2011), S. 86 ff. und für eine in Teilaspekten ähnliche Einordnung vgl. Abresch (1994), S. 136 ff.
[372] Für einen ähnlichen Grundgedanken im Hinblick auf In-house-Banking vgl. Hommels (1995), S. 127 ff.

zu einer Konkretisierung. Es werden Sicherheits-, Rentabilitäts- oder Flexibilitätsziele erarbeitet, die dann durch strategische Programme in die einzelnen Bereiche des Treasury-Managements (z. B. der Bankenpolitik) hineindefiniert werden. Diese Teilstrategien liefern wiederum die Basis für die finale Ausgestaltung der jeweiligen Aktivitäten auf der operativen Finanz-managementebene im Tagesgeschäft.[373]

Die Managementinhalte der zuunterst angeordneten Ebene – dem Operativen Finanzmanagement – beinhalten die konkrete Umsetzung und Implementierung der normativen und strategischen Vorgaben im Tagesgeschäft des Treasury-Managements. Hier sind allerdings (sowohl interne als auch externe) situationsabhängige Gegebenheiten zu berücksichtigen. Bei der Disposition und Lenkung der finanziellen Ressourcen der Unternehmung ist ein Streben nach möglichst hoher Effizienz zu verfolgen. Bei allen diesen Aktivitäten ist es stets Ziel, eine möglichst hohe Zielkonformität zu gewährleisten.[374] Für eine Übersicht sowie konkrete Beispiele zur Einordnung des Treasury-Management in das St. Gallener-Management-Konzept siehe Abbildung 14.

Abbildung 14: *Einordnung Finanzmanagement in das St. Gallener-Management-Konzept*

Normatives Finanzmanagement	Beispiele
• Konstituierende Aufgabe • Allgemeingültige Prinzipien, Normen und Spielregeln für den Finanzbereich • Finanzpolitik: Grundorientierung für finanzielles Ziel- und Aufgabensystem, konkretisiert globale Unternehmenspolitik	• Finanzmärkte zur Unternehmensfinanzierung nutzen • Permanente just-in-time-Verfügbarkeit von Finanzdaten/-informationen

Strategisches Finanzmanagement	Beispiele
• Konkretisierende Aufgabe • Konkrete Zielvorgaben und Aufgaben für finanzielle Teilbereiche • Strategische Programme: Ziele für finanzielle Teilbereiche, setzt normative Vorgaben in strategische Details um	• Externe Finanzierung hauptsächlich durch klassische Anleihen, keine Wandelschuldverschreibungen oder Ausgabe von Aktien • Schaffung eines zentralen Liquiditäts- und Cash-Managements mit Cash Pools

Operatives Finanzmanagement	Beispiele
• Umsetzende Aufgabe • Vorgaben im Tagesgeschäft • Durchführung: möglichst effiziente Abwicklung/Disposition, situationsspezifische Reaktion	• Vorbereitung, Durchführung und Kontrolle von Anleiheemissionen • Implementierung eines Treasury-Management-Systems, Auswahl von Bankpartnern für Cash Pools etc.

Quelle: *Eigene Darstellung.*

---

[373] *Für Grundlagen vgl. Bleicher (2011), S. 86 ff. und für eine in Teilaspekten ähnliche Einordnung vgl. Abresch (1994), S. 141 ff.*
[374] *Für Grundlagen vgl. Bleicher (2011), S. 86 ff. und für eine in Teilaspekten ähnliche Einordnung vgl. Abresch (1994), S. 143 f.*

Der Fokus der vorliegenden Arbeit soll auf der (normativen und) strategischen Dimension liegen, diese beiden Dimensionen sind auch der eigentliche Kern des St. Gallener-Management-Konzepts.[375] Das Operative Management (das Tagesgeschäft) im Treasury-Management ist nicht Analyseziel dieser Arbeit. Es soll keine Diskussion von bspw. Finanzierungsalternativen oder Bankprodukten und deren vorteileilhaften Einsatz in verschiedenen Unternehmenssituationen, wie in vielen Lehrbüchern es der Fall ist, geführt werden, sondern es soll der strategische und somit der ausrichtende und zielvorgebende Aspekt des Treasury-Managements beleuchtet werden. Die Methoden- und Strategiediskussion im Treasury-Management soll vorwiegend auf der strategischen Ebene geführt werden und sich auf Methoden oder Konzepte fokussieren. Die konkrete Umsetzung dieser Konzepte in einem Unternehmen ist wiederum nicht Fokus und kann, wenn überhaupt, nur peripher betrachtet werden, da es hierfür ein tiefes unternehmensindividuelles Fachwissen bedarf, dass durch eine externe Analyse (wie hier angestrebt – siehe Kapitel 4.) nicht gewährleistet werden kann. Die normativen Aspekte des Treasury-Managements sollen zwar teilweise mit Erwähnung finden und diskutiert werden, stellen jedoch durch ihren noch relativ allgemeinen und ungreifbaren Charakter nicht die primäre Analyseebene dar. Sie sind als einen Art Inputvariable für das strategische Treasury-Management zu sehen, sollen aber nicht vordergründig analysiert und beschrieben werden. Vielmehr soll eine Detailierungsebene darunter die strategische Ausrichtung und Entwicklung des Treasury-Managements von Internationalen Unternehmen für ausgewählte Teilbereiche analysiert werden.

2.2.3 Aufgaben und Ziele des Treasury-Managements Internationaler Unternehmen

Wie in Kapitel 2.2.2 ausführlich dargelegt, liegt der Analyseschwerpunkt dieser Arbeit auf der strategischen Dimension des Treasury-Managements. Geht man nun davon aus, dass das internationale Treasury-Management auch als zielgerichtete Steuerung der internationalen Finanzströme des Unternehmens aufgefasst werden kann und somit im Spannungsfeld zwischen Güter- und Finanzsphäre agiert (siehe hierzu auch Kapitel 2.1.3), so muss bei der Aufgaben- und Zieldiskussion im Treasury-Management die nötige enge Verzahnung mit anderen Funktionsbereichen beachtet werden. Eine finanzielle Steuerung ist nicht nur auf den Finanzbereich beschränkt, sondern ist mit sämtlichen Funktionsbereichen einer Unternehmung zu koordinieren. Bei international tätigen Unternehmen kommt zudem noch erschwerend hinzu, dass alle leistungs- und finanzwirtschaftlichen Prozesse grenzüberschreitend ablaufen und daher verkompliziert werden.[376] Um diese komplexen Zusammenhänge möglichst nachvollziehbar erörtern zu können, werden in diesem Kapitel zunächst grobe Aspekte, sowohl für das Treasury-

---
[375] Vgl. Bleicher (1999), S. 74.
[376] Vgl. Sperber (1999), S. 14 ff.

Zielsystem als auch für das Treasury-Aufgabenspektrum dargelegt, um dann in den beiden folgenden Unterkapitel 2.2.3.1 und 2.2.3.2 eine Detailbetrachtung vornehmen zu können.

Erste Ausführungen zu den Zielen des Treasury-Managements

Betrachtet man zunächst das Zielsystem des Treasury-Managements von Internationalen Unternehmen und geht davon aus, dass auf der normativen Ebene die Grundvoraussetzungen – in Form einer entsprechenden Unternehmensverfassung, -kultur und -wertesystem – für die Etablierung eines strategischen Treasury-Managements geschaffen wurden, so sollte die Treasury-Management-Strategie nicht alleine für sich stehen, sondern die übergeordneten Unternehmenszieleunterstützen und vervollständigen.[377] Ist dies der Fall, so lassen sich folgende für jede Unternehmung essentielle Finanzziele ableiten, die dann je nach Aufgabenspektrum/-bereich innerhalb des Treasury-Managements detailliert werden sollten. Als eine Art übergeordnetes „Klammerziel", welches durch die nachfolgend erörterten Ziele erreicht werden muss, kann die Sicherung der Unternehmensfortführung („Ongoing Concern") angesehen werden. Zwar gehören zu deren Zielerreichung nicht ausschließlich rein finanzielle Aspekte, sondern auch bspw. Alleinstellungsmerkmale im Produkt-/Leistungsangebot oder zuallererst ein tragbares Geschäftsmodell. Nichtsdestotrotz sind zweifelsfrei auch primär finanzwirtschaftliche Kriterien hier entscheidend.[378] Diese Kriterien können wie folgt festgehalten werden (Reihenfolge ohne Priorisierung):

– Liquiditätssicherung und Zahlungsfähigkeit

– Rentabilitätsstreben

– Risikominimierung und -streuung

– Unabhängigkeit (*als Nebenbedingung auffassbar*)[379]

Die Sicherstellung des finanziellen Gleichgewichts der Unternehmung im Hinblick auf Ein- und Auszahlungen und damit die Sicherstellung der Zahlungsfähigkeit[380] (für zwingend fällige Zahlungsverpflichtungen) zu jedem Zeitpunkt, muss zur Abwendung einer möglichen Insolvenz höchste Priorität haben. Liquidität[381 382] ist somit uneingeschränkte Voraussetzung für das Fortbestehen des Unter-

---

[377] Vgl. Butler (2008), S. 194.
[378] Vgl. Guserl/Pernsteiner (2011), S. 35.
[379] *Für eine ähnliche Auflistung von Zielen, allerdings inklusive dem Shareholder Value-Konzept (dieses wird in dieser Arbeit separat als Alternative diskutiert), vgl. Sperber (1999), S. 19 f.*
[380] *Die Sicherstellung der Zahlungsfähigkeit wird vom Verband Deutscher Treasurer e.V. als Minimalziel für das Treasury-Management angegeben. Vgl. Verband Deutscher Treasurer e.V. (2008), S. 15.*
[381] *In diesem Zusammenhang ist ein zahlungsorientierter Liquiditätsbegriff anzuwenden, der auf die Eigenschaft des uneingeschränkten Nachkommens der Zahlungsverpflichtungen des jeweiligen Wirtschaftssubjekts zu jedem Zeitpunkt abzielt. Jedoch kann aus diesem Umstand nicht einfach abgeleitet werden, je höher die Zahlungskraft im Vergleich zu den Zahlungsanforderungen ist, desto besser ist es. Selbst ein Zahlungsmittelbestand von Null genügt für die Weiterführung der Unternehmung, wenn keine zwingenden Auszahlungen anste-*

nehmens. Ein möglicher Hang des Finanzmanagements zur Maximierung des Zahlungsmittelbestandes, um das Ziel der Sicherung der Liquidität und somit der Zahlungsfähigkeit zu gewährleisten, kollidiert allerdings mit dem Rentabilitätsziel (vorgehaltene Liquidität steht nicht zur Finanzierung gewinnbringender Investitionen zur Verfügung) und ist somit nicht optimal.[383] Vielmehr müssen je nach Unternehmenssituation und Umwelteinflüssen verschiedenste Aspekte in diese Optimierung mit einfließen. Dieses sollte jedoch auf der operativen Managementebene im Tagesgeschäft (unter Einbezug relevanter Unternehmensdaten) geschehen[384] und ist somit nicht Betrachtungsfokus dieser Arbeit. Allerdings sei an dieser Stelle auf Kapitel 3.3 hingewiesen, in dem speziell strategische Methoden des internationalen Cash-Managements vorgestellt werden. Diese bilden die strategischen Grundlagen für eine Ausbalancierung auf operationeller Ebene.

Bei Rentabilität geht es immer um die Relation[385] „Ergebnis[386] (Gewinn, Cash Flow etc.) zu Einsatz (Kapital)". Die Erwirtschaftung einer maximalen Rentabilität geht mit dem Ziel der Gewinnmaximierung einher. Allerdings kann eine Gewinnmaximierung nicht immer nur positiv auf das Fortbestehen einer Unternehmung wirken. Somit müssen eventuelle negative Nebeneffekte bei einem permanenten Rentabilitätsstreben berücksichtigt werden.[387] Die Sinnhaftigkeit eines Rentabilitätsstrebens im Treasury-Management (normative Vorgabe) mündet zwangsläufig in eine organisationale Fragestellung (siehe hierzu für eine ausführliche Diskussion in Kapitel 3.6): Soll die Treasury als Cost Center, Service Center oder aber doch eher als ein Profit Center (in diesem Fall auch mit Gewinn- und Rentabilitätszielen) organisiert werden? Falls sich bspw. gegen Rentabilitätsziele im Finanzbereich (z. B. auf Grund von Risikogesichtspunkten) entschieden wird, so stellt sich als hieraus resultierende Zielsetzung eine möglichst optimale Unterstützung bei der Erreichung der Rentabilitätsziele von anderen Unternehmensbereichen durch das Treasury-Management. Das übergeordnete Ziel „Rentabilität" bleibt jedoch bestehen und sollte durch das Treasury-Management – bspw. durch Bereitstellung von günstigem Investitionskapital – mitunterstützt werden.

---

hen. Somit ist eine Zahlungskraft, die größer ist als nötig, aus Rentabilitätsgesichts-punkten unnötig. Die einfache Frage nach der Zielerfüllung in diesem Bereich ist daher nicht nach „mehr" oder „weniger", sondern: Ist die Zahlungsfähigkeit sichergestellt – „ja" oder „nein"? Vgl. Perridon/Steiner/Rathgeber (2009), S. 12 ff.

[382] *Für weiterführende Informationen zu Liquidität, speziell zu verschiedenen Liquiditätsbegriffen, vgl. Schäfer (2002), S. 32 ff.*

[383] Vgl. Perridon/Steiner/Rathgeber (2009), S. 12 ff.; vgl. Tebroke/Laurer (2005), S. 19 f. und vgl. Eilenberger (2003), S. 7.

[384] *Als klassische Basismodelle der Liquiditätssteuerung sind hier bspw. Kassenhaltungsmodelle, wie das deterministische Baumol-Modell oder das stochastische Miller/Orr-Modell zu nennen. Für weiterführende Informationen zu diesen Modellen, vgl. Schierenbeck/Wöhle (2008), S. 569 ff. und vgl. Perridon/Steiner/Rathgeber (2009), S. 148 ff.*

[385] *Für Beispiele von Rentabilitätskennziffern, vgl. Lux (2010), S. 109 ff. oder Horváth (2011), S. 126.*

[386] *Eine Auflistung möglicher Ergebnisgrößen findet sich bei Becker (2012), S. 9.*

[387] Vgl. Perridon/Steiner/Rathgeber (2009), S. 14 und vgl. Tebroke/Laurer (2005), S. 20 f.

Neben den bereits besprochenen ökonomischen Kriterien „Liquidität und Rentabilität" gibt es aber auch metaökonomische Gesichtspunkte im Zielsystem des Finanzmanagements. Hier ist vor allem die Unabhängigkeit der Unternehmung, im speziellen der freie Dispositionsspielraum der Unternehmensführung zu nennen. Der stärkste Einfluss auf diesen Freiraum haben Fremd- und Eigenkapitalgeber. Diese können bspw. durch Informations- und Kontrollpflichten – bis hin zu Mitwirkungsrechten bei der Geschäftsführung – auf das Unternehmen einwirken und Dispositionsfreiräume beschneiden.[388] Speziell in den Bereichen „Investition und Finanzierung" spielt das Unabhängigkeitsstreben eine entscheidende Rolle. Wichtig ist auch, dass die Unabhängigkeit ergänzend betrachtet werden sollte und eher als Nebenbedingung anzusehen ist.[389] Das Ziel des Treasury-Managements sollte es somit sein, finanzielle Interaktionen mit Unternehmensexternen so zu gestalten, dass hieraus eine größtmögliche Flexibilität und Unabhängigkeit der Unternehmung resultiert. Es sollten stark einseitige oder gar vollkommene Abhängigkeiten vermieden werden. Speziell bei der Wahl von externen Finanzierungsquellen sollte kein Abhängigkeitsverhältnis zu Ungunsten der Unternehmung entstehen. So sollte die Bankensteuerung im Treasury-Management bspw. für eine Unabhängigkeit gegenüber Banken sorgen, um eine Finanzierungsflexibilität zu erhalten.

Für die Erreichung des Klammerziels „Going Concern" stellt auch das Risikomanagement als Teil eines integrierten Steuerungssystems der Unternehmensführung einen wichtigen Aspekt dar. Es gilt, einzelne „Risk Exposure" (Einzelrisiken) und den „Risiko-Mix" (Risikogesamtposition) des Unternehmens zu steuern. Das Risikomanagement (inklusive Chancenmanagement) gehört daher zu den essenziellen Führungsaufgaben innerhalb einer Unternehmung. Es bedarf der klaren Definition und Festlegung von Steuerungsgrößen für die strategische und operative Führung in diesem Bereich. Des Weiteren spielen rechtliche Rahmenbedingungen und internationale Normen eine wichtige Rolle (Stichwort: Sarbanes-Oxly in den USA und KonTraG in Deutschland).[390] Bankensteuerungsbezogene Teilaspekte des Risikomanagement werden in Kapitel 3.5 eingehend behandelt und daher an dieser Stelle der Arbeit nur einführende Grundgedanken in Zusammenhang mit dem Ziel der Risikominimierung aufgezeigt. Risiko stellt neben der Rentabilität ein komplementäres Entscheidungskriterium bei Kapitalanlage- und Kapitalaufnahmeentscheidungen in Unternehmen dar. Grobgesprochen gilt es, bspw. eine Verbindung zwischen Risiko und Rendite unter der Berücksichtigung der Risikopräferenzen des Entscheiders herzustellen, um so einen maximalen Nutzen ableiten zu können.[391] Somit steht der Sicherheitsaspekt (das Risiko) in einer interdependenten Beziehung mit den anderen strategischen (und operativen) Ziel-/Steuerungsgrößen. Die Frage nach dem maximal tragbaren Risiko im Hinblick auf die Unter-

---

[388] Vgl. Schierenbeck/Wöhle (2008), S. 378.
[389] Vgl. Becker (2012), S. 25 f. und vgl. Bieg/Kußmaul (2009a), S. 7 ff.
[390] Vgl. Guserl/Pernsteiner (2011), S. 424 ff.
[391] Vgl. Perridon/Steiner/Rathgeber (2009), S. 15.

nehmensstrategie ist offenkundig und muss bei jeglicher Entscheidung Beachtung finden.[392] Das Treasury-Management sollte im Bereich des Risikomanagements dazu beitragen, dass möglichst eine maximale Risikominimierung erzielt wird und keine unkontrollierten Risiken auftreten, die das Bestehen der Unternehmung gefährden könnten.

Abschließend zu der einführenden Zieldiskussion im Treasury-Management stellt sich die Frage, ob eine reine Shareholder Value-Orientierung der Gesamtunternehmung (und damit auch der Teilbereiche) nicht für das Erreichen des „Ongoing Concern" alleine ausreicht.[393] Der Shareholder Value-Ansatz nach Rappaport hat sich klar in den letzten Jahren als führendes Konzept der modernen Unternehmensführung (strategische Zielbildung) etabliert.[394] Er stellt eine Handlungsmaxime dar und fokussiert auf die Steigerung des Unternehmenswertes der Anteilseigner.[395] Basierend auf dem Unternehmenswertfokus wird auch von einer wertorientierten Unternehmensführung gesprochen.[396] Betrachtet man jedoch einmal die Berechnung dieses Unternehmenswertes sowie alle dort einfließenden Komponenten[397], den es für die Anteilseigener zu maximieren gilt, so wird schnell klar, dass auch hier sowohl Rentabilitäts-, Liquiditätsziele etc. enthalten sind (exemplarisch sei hier auf die Cash-Flow-Komponente verwiesen). Fehlt es an der nötigen Rentabilität, so können auch keine entsprechenden Cash-Flows (und daraus resultierende Gewinne) erzielt werden. Es kommt zu keiner Wertsteigerung der Unternehmung. Mangelt es an Liquidität, so tritt die Insolvenz ein. Kann die Unabhängigkeit nicht gewahrt werden, so kommt es recht schnell (z. B. durch das Einwirken von Fremdkapitalgebern) zu einer Abkehr von der Shareholderorientierung. Somit sind alle eingangs diskutierten Aspekte auch wichtige Komponenten im Shareholder Value-Ansatz nach Rappaport. Selbst bei einer vorliegenden Shareholder Value-Orientierung (von der bei großen Aktiengesellschaften auszugehen ist[398]) gilt es, diese klassischen finanziellen Grundziele weiter zu verfolgen. Diese können daher als Startpunkt für weiterführende Diskussionen festgehalten werden. Bereits jetzt kann daher von Zielantinomien im Zielbild des Treasury-Managements gesprochen werden. Es existiert entscheidungstheoretisch betrachtet ein (Mehrziel-)Optimierungs-problem. In Kapitel 2.2.3.2 der Arbeit findet sich zusätzlich ein Modell zur strategischen Zielorientierung des Treasury-Managements, das „Treasury-Partner-Modell". Im Rahmen dieses Modelles wird ein möglicher strategischer Entwicklungspfad im Hinblick auf die verfolgten

---

[392] Vgl. Guserl/Pernsteiner (2011), S. 433 ff.
[393] Vgl. Lingnau (2009), S. 22.
[394] Vgl. Schierenbeck/Wöhle (2008), S. 103 und vgl. Bea/Haas (2005), S. 77.
[395] Vgl. Steinhauer (2007), S. 131.
[396] Vgl. Schierenbeck/Wöhle (2008), S. 103.
[397] *Nach Rappaport ist der Shareholder Value gleich dem Bruttounternehmenswert minus dem Marktwert des Fremdkapitals, wobei sich der Bruttounternehmenswert aus Cash Flows und einem Residualwert ableitet. Für weiterführende Details, vgl. Rappaport (1998), S. 32 ff. und vgl. Schäfer (2002), S. 84 ff.*
[398] Vgl. Bea/Haas (2005), S. 78.

Treasury-Ziele dargestellt. Abbildung 15 fasst das Gesagte noch einmal zusammen.

Abbildung 15: *Grobes übergeordnetes Zielbild des Treasury-Managements*

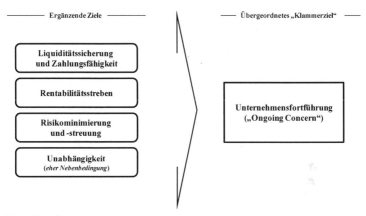

Quelle: *Eigene Darstellung.*

Erste Ausführungen zu den Aufgaben des Treasury-Managements

Nach der Diskussion des allgemeinen Treasury-Zielsystems soll nun ein erster sensibilisierender Überblick über das Treasury-Aufgabenspektrum gegeben werden. An dieser Stelle werden noch keine konkreten Aufgaben oder Aufgabenbereiche, wie bspw. Cash-Management, genannt (dieses erfolgt in Kapitel 3.3.1). Vielmehr soll hier zum einen kurz auf die Komplexität und Breite des Treasury-Aufgabenspektrums hingewiesen und zum anderen beispielhaft grobe Gliederungsmöglichkeiten aufgezeigt werden.

Auf Grund der Prozesskomplexität des Bereiches des internationalen Finanzmanagements umfasst die Treasury ein sehr breites Aufgabenspektrum.[399] Dies ist unter anderem auf Grund ihrer Betätigung auf verschiedensten Märkten (Geld-, Kapital-, Rohstoffmärkten etc.) auch nicht verwunderlich.[400] Hinzukommt – bei international tätigen Unternehmen – der Faktor „zunehmende Globalität der Aktivitäten". Schaut man sich zum Beispiel die Supply Chain solcher Unternehmen an und betrachtet man hier nur die Intercompany-Seite und davon wiederum nur die finanziellen Prozesse im Hinblick auf Zahlungen, so kann es selbst in diesem relativ „kleinen" Bereich schnell zu mannigfaltigen Problemkreisen kommen. So kann es zwischen Tochtergesellschaften zu Differenzen bei dem Liquiditätsniveau, den lokal involvierten Hedgingaktivitäten sowie fragmentierten Accounts Payable und

---

[399] Vgl. Sperber (1999), S. 17.
[400] Vgl. Reisch (2009), S. 3.

Accounts Receivabels Prozessen kommen (um nur einige Beispiele zu nennen).[401] Hier wird schnell die Breite und Tiefe der Aufgaben des Treasury-Managements sichtbar.

Eine erste sehr grobe Unterteilung der Herausforderungen und Aufgaben des Treasury-Managements von Internationalen Unternehmen kann in „strategic" und „tactical" vorgenommen werden. Erfolgt eine Zuordnung zu der Kategorie „strategic", so handelt es sich um Aktivitäten, die über das originäre Treasury-Management hinausgehen und auf die gesamte Unternehmensorganisation einwirken. Zu der Kategorie „tactial" gehören solche Aktivitäten, die auf Effizienz in Prozessen und der richtigen Abwicklung von originären Treasury-Aufgaben abzielen.[402]

Eine weitere Möglichkeit der Aufgabenstrukturierung lässt sich aus einem Ansatz, der originär die geschichtlich veränderte Rolle des Treasury-Managements gliedern sollte, ableiten. Hiernach wäre eine Einteilung nach „Strategisches Level", „Analytische Responsibilität" und „Ausführender Bereich" möglich. Der Bereich „Strategisches Level" ist hier auf keinen Fall eins zu eins mit der Strategischen Dimension des Finanzmanagements nach dem St. Gallener-Management-Konzept gleichzusetzen (Kapitel 2.2.2). Vielmehr umfasst dieser Bereich alle Aufgaben, die primär mit wertschaffenden Aktivitäten oder mit dem Treffen von strategischen Entscheidungen zu tun haben. Der Aufgabenbereich „Analytische Responsibilität" umfasst alle analytischen Aufgaben, bspw. solche, die mit Performance-Messung zu tun haben. Das Aufgabengebiet „Ausführender Bereich" umfasst alle transaktionalen Sachverhalte und solche, bei denen es primär um Effizienz geht.[403]

Wie schon jetzt zu sehen, ist eine Einteilung auf einer solchen groben Ebene nur sehr schwer und wenn, dann meist nur ungenau oder mit Überschneidungen möglich. Daher wird in der weiterführenden Analyse in Kapitel 2.2.3.1 dieser Arbeit auch eine Einteilung des Aufgabenspektrums des Treasury-Managements nach Bereichen, wie Cash-Management oder Risikomanagement gewählt (und nicht wie, oben beispielhaft angeführt nach Aufgabenarten). Die dortigen Ergebnisse bilden den Input für die Entwicklung des Treasury-Management-Modells in Kapitel 3.1, welches eine Systematisierung der Hauptaufgaben einer Treasury-Abteilung darstellt. Ziel dieses Kapitels war es jedoch, zunächst eine Sensibilisierung für die sich anschließenden weiterführenden Detailanalysen zu schaffen.

---

[401] Vgl. Everett (2012), online.
[402] Vgl. Ball (2007), S. 153 f.
[403] Vgl. Hollein (2010), S. 31.
Die Quelle beinhaltet allerdings nur die Grundidee der dargelegten Einteilung.

2.2.3.1 Analyse des Treasury-Management-Aufgabenspektrums

Das Treasury-Management hat heutzutage ein sehr bereits Aufgabenfeld[404]; dieses ist u.a. der Prozesskomplexität sowie den Aktivitäten auf unterschiedlichsten Märkten geschuldet.[405] Mit zunehmender Größe einer Gesellschaft steigt die Breite und Komplexität der Treasury-Management-Aktivitäten im Normalfall an. So bedarf es bei Großunternehmen eines ganzen Treasury-Management-Teams, um den vielfältigen Aufgaben der Treasury-Abteilung nachkommen zu können.[406] Für eine weiterführende Analyse ist daher eine Kategorisierung dieser verschiedenartigen Aufgaben essenziell. Wie die einführenden Erläuterungen zu dem Treasury-Aufgabenspektrum in Kapitel 2.2.3 bereits gezeigt haben, ist jedoch eine solche Einteilung (bspw. in „strategic und tactical" oder nach „Strategisches Level", „Analytische Responsibilität" sowie „Ausführender Bereich") auf Grund von Abgrenzungsproblematiken auf einer Metaebene eher problematisch. In diesem Kapitel wird daher der Fokus auf konkrete Aufgabenbereiche (z. B. Cash-Management) gelegt. Ein umfassendes Bild soll durch die Betrachtung von drei verschiedenen Analyseansätzen erreicht werden. Erstens wird eine Studie von Stellenanzeigen im Bereich Treasury-Management sowie eine ergänzende Erhebung des Verbandes Deutscher Treasurer e.V. näher untersucht. Zweitens findet eine Auswertung der publizierten Themenkomplexe des Journal of Corporate Treasury Management statt und drittens wird eine Analyse der Ausprägungen von wissenschaftlichen Treasury-Management-Definitionen durchgeführt.

**Erhebung zum Treasury-Aufgabenspektrum des
Verbandes Deutscher Treasurer e.V.**

Degenhart (2009) veröffentlicht in seinem Fachartikel „The Functions of a Corporate Treasury" die Ergebnisse einer Erhebung des Verbandes Deutscher Treasurer e.V. zu den Funktionen einer Treasury-Abteilung. In der Studie wurden in 2008 142 Stellenanzeigen für Treasury-Positionen ausgewertet und mit einer ähnlichen Auswertung aus 2002 verglichen.[407]

Diese Analyse ergab für 2008 folgendes Ranking der am häufigsten genannten zehn Aufgabenbereiche im Treasury: (1) Cash-Management, (2) Risikomanagement, (3) Reporting und Informationssysteme, (4) Kapitalbeschaffung, (5) Bank-Management, (6) Group Finance, (7) Planung, (8) Finanzinstrumente, (9) Bilanz-Management und (10) Steuern. Im Vergleich zu der Erhebung in 2002 hat der Bereich Risikomanagement (Steigerung von über 20%) und Group Finance (mehr als eine Verdopplung der Nennungen) in 2008 wesentlich an Bedeutung gewonnen. Das Cash-Management hat seine führende Position mit einer über 80%igen Nennung (in 2002) etwas weiter ausbauen können und reicht fast an die 90% in

---
[404] Vgl. Bragg (2010), S. xi; vgl. Sperber (1999), S. 17 und vgl. Reisch (2009), S. 3.
[405] Vgl. Reisch (2009), S. 3.
[406] Vgl. Horcher (2006), S. 3
[407] Vgl. Degenhart (2009), S. 3 ff.

2008 heran.[408] Dies ist eventuell mit der erhöhten Gefahr im finanziellen Bereich gerade seit der Globalen Finanzkrise (2008 bis 2009) begründbar (siehe hierzu auch Kapitel 2.1.3.2.4 und 2.1.3.2.5).

Im Allgemeinen ist bei der Verwendung solcher Studienergebnisse jedoch darauf hinzuweisen, dass bei Stellenanzeigen nicht immer alle Aufgaben genannt werden müssen, die ein Arbeitsprofil umfassen; somit bedarf es hier einer gewissen Zurückhaltung bei der Verwendung der Ergebnisse.[409] Allerdings können die Ergebnisse zumindest als ein ergänzender Praxisindikator verwendet werden.

Degenhart (2009) stellt ergänzend zu den Ergebnissen der Stellenanzeigenstudie eine weitere Untersuchung des Vereins Deutscher Treasurer e.V. vor, basierend auf einer Erhebung bei den Vereinsmitgliedern. Hieraus kann eine Unterteilung des Treasury-Aufgabenspektrums in drei Bereiche abgeleitet werden: (1) „Core Functions" – Aufgaben, die in allen Unternehmen vom Treasury durchgeführt werden, (2) „Marginal Functions" – stark unternehmensspezifische Aufgaben, die nicht in allen Unternehmen dem Treasury-Management zugeordnet werden, sowie (3) „Functions, Marginal Sectors and Interfaces to Other Organsiational Units or Tasks" (auch bezeichenbar als „Additional Functions) – Aufgaben, die für das Treasury-Management wichtig sind, aber nicht originär dazugehören. Nach dieser Erhebung sind folgende Bereiche den „Core Functions" zuzuordnen: (A) „Cash-Management" (u.a. inklusive Cash-Flow-Monitoring, Pooling, Netting sowie alle Funktionen einer In-House-Bank), (B) „Liquidity planning and control" (hat eine enge Verbindung mit dem Cash-Management), (C) „Management of interest, currency and commodity risks" (auch als Risikomanagement auffassbar), (D) „Procurement of finance and financial investments" (beinhaltet u.a. Working Capital-Management), (E) „Contacts with banks and rating agencies" und (F) Corporate Finance (inklusive Group Finance, mittel- und langfristige Finanzierung, ABS etc.);[410] wobei für eine noch stärkere Konzentration und Vereinfachung die Bereiche (A) und (B) zu Cash-Management zusammengefasst werden können. Der Bereich (C) kann verkürzt als Risikomanagement bezeichnet werden sowie (E) als Bank-Relationship-Management (inklusive Kontakt zu Ratingagenturen).

Als "Marginal Functions" sind laut der Studie folgende Bereiche festzuhalten: „Finance Controlling", „Project and export finance", „Pension schemes andpension funds", „Investor Relations" und „Mergers & Acquisitions". In der dritten Kategorie, den „Additional Functions", werden darüber hinaus die Bereiche, wie Versicherungen, Debt Management, Zahlungseingänge und Mahnwesen sowie juristische Aspekte und Steuern eingeordnet.[411]

---

[408] Vgl. Degenhart (2009), S 3 ff.
[409] Vgl. Degenhart (2009), S 4.
[410] Vgl. Degenhart (2009), S 3 ff.
[411] Vgl. Degenhart (2009), S 3 ff.

Vergleicht man die Ergebnisse beider Studien mit dem Ziel, eine erste Indikation (aus der Praxis) für das Aufgabenspektrum im Treasury-Management zu finden, so können folgende Bereiche als wesentliche Aufgabenfelder zusammenfassend festgehalten werden:

- Cash- und Liquiditäts-Management
- Risikomanagement
- Bank Relationship Management (inklusive Ratingagenturen)
- Group und Corporate Finance
- Kapitalbeschaffung und Investition.

Sie dienen somit als erster (praxisnaher) Ankerpunkt für das Finden des Treasury-Aufgabenspektrums in diesem Kapitel.

Auswertung der Themenkomplexe des Journal of Corporate Treasury Management

Das Journal of Corporate Treasury Management (JCTM) ist das führende Journal für Treasury-Professionals in den Bereichen Treasury-Management in Unternehmen, (großen) Non-Profit-Organisationen und Organisationen, die treasuryspezifische Leistungen für Unternehmen erbringen. Das Journal wird quartalsweise publiziert und wurde erstmals im Juli 2007 herausgegeben. Der Fokus des Journals umfasst die Bereiche: Cash-Management, Interest Rate Management, Corporate Tax, Security & Control, Corporate Strategy, Corporate Finance, Accounting, Financial Operations, Risk-Management, Financial Services und Financial Human Resource Management.[412] Diese vom Herausgeber selbst veröffentlichte Einteilung wurde mittels einer Detailanalyse auf Artikelebene überprüft. Es wurde jeder veröffentlichte Artikel des Journals (Klassifizierung Paper innerhalb des Journals) bis Mitte 2012 inhaltlich überprüft und in ein Analyseraster eingeordnet. Die Analyse umfasst insgesamt Volume 1 bis 4 mit 16 Heften und 131 Paper.

Das JCTM veröffentlicht nicht nur Artikel, die als Paper klassifiziert wurden, sondern auch Beiträge zu besonderen Bereichen – wie Editorial, Book Reviews, Interviews oder Aufsätze sowie Artikel zu den (Sonder-)Bereichen Technologie, Steuer und Regulierung.[413] Diese wurden nicht in der primären Analyse der veröffentlichen Paper mit aufgenommen, sondern separat erfasst (für Details siehe Anhang [2]). Die veröffentlichten Paper wurden primär in insgesamt zehn Kategorien[414] eingeordnet, die zuvor auf Grund von intensiven Literaturrecherchen festge-

---

[412] Vgl. o.V. (2013), online.
[413] *Hieraus ist abzuleiten, dass Entwicklungen in den Bereichen Technologie, Steuer und Regulierung einen starken Einfluss auf das Treasury-Management haben und als wichtige Einflussbereiche zu nennen sind. Sie sind je nach Fragestellung ergänzend näher zu beleuchten.*
[414] *Die Anwendung finden zehn Kategorien wurde auf Basis einer eingehenden Literaturrecherche ausgewählt und lauten wie folgt: Cash- & Liquiditäts-Management, Risiko-Management, Bankrelationship-*

legt wurden. Ergänzend fand eine Kategorie „Sonstiges" Anwendung, in die alle Paper eingeordnet wurden, für die es nicht möglich war, eine eindeutige Zuordnung zu den ersten zehn Kategorien zu treffen. Hier sind bspw. Artikel zu den folgenden Themenkomplexen eingeordnet: Outsourcing (SSC), Korruption, Treasury in bestimmten Ländern (z. B. Asien) oder Artikel zu derivativen Produkten sowie zu SEPA oder SWIFT (für Details siehe Anhang [1]). Diese Paper behandeln Themen, die sich auf das gesamte Treasury-Management auswirken und damit keinem einzelnen Aufgabenbereich zuordenbar sind. Insgesamt war dies der Fall bei 70 Paper, wodurch die Breite und Komplexität des Treasury-Managements (wie anfangs bereits erwähnt) nochmals hervorgehoben wird. Die verbleibenden Paper wurden hauptsächlich in die Bereiche:

– Cash-Management

– Risiko-Management

– Bank-Relationship-Management

– Finanzierungsentscheidungen

– Investitionsentscheidungen

eingeordnet. In die verbleibenden anderen fünf Bereiche fand entweder keine oder nur eine Einordnung statt (für Details siehe Anhang [1]). Diese Fokussierung kann daher als erstes Indiz für die herrschende wissenschaftliche Meinung (aktueller Publikations- und somit Forschungsfokus) zu dem Aufgabenspektrum des Treasury-Managements herangezogen werden. Für eine finale Beurteilung reicht sie jedoch nicht aus, sie wird daher von der nachfolgenden Ausprägungsanalyse der wissenschaftlichen Definitionen des Begriffes „Treasury oder Treasury-Management" ergänzt und komplettiert.

Ausprägungsanalyse von wissenschaftlichen Treasury-Management-Definitionen

Ergänzend zu der eben darlegten Auswertung der publizierten Themenkomplexe des Journals of Corporate Treasury Management werden nun die inhaltlichen Ausprägungen von wissenschaftlichen Definitionen des Begriffes „Treasury oder Treasury-Management" untersucht. An dieser Stelle muss allerdings darauf hingewiesen werden, dass solche Definitionen gerade in Fachartikeln nur sehr selten vorkommen. In wissenschaftlichen oder praxisnahen Fachartikeln werden meist sehr spezialisierte Themenkomplexe oder Fallbeispiele erörtert und keine übergreifende Definition gegeben. Daher stammen (trotz einer sehr umfassenden Recherche) die hier analysierten Definitionen meist aus Fach- oder Lehrbüchern und nur selten aus Fachaufsätzen. Insgesamt wurden achtzehn Definitionen aufge-

---

Management, Finanzierungsentscheidungen, Investitionsentscheidungen, Finanzsteuerung, Performance-Management, Finanzreporting, Merger & Aquisition und Investor Relation.

nommen. Die drei ältesten Definitionen des Untersuchungssamples sind von 1995, 1997 und 1999, die restlichen Definitionen sind nach dem Jahr 2000 entstanden, wobei die Mehrheit aus 2011 stammt. Somit ist die Aktualität der Untersuchung gegeben und mit den beiden anderen Analysen zeitlich kompatibel. Siehe hierzu auch Anhang [3].

Das methodische Vorgehen bei der Analyse ist identisch mit der Analyse des JCTM im vorherigen Abschnitt. Es wird so eine methodische Vergleichbarkeit gewährleistet. Die Inhalte der Definitionen wurden auch hier insgesamt in zehn Aufgabenbereiche[415] sowie einen elften Bereich mit der Bezeichnung „Sonstiges" eingeordnet (für Details siehe Anhang [3]). Auf Grund des hieraus resultierenden Analyseergebnisses kann davon gesprochen werden, dass das Treasury-Management auf Grund der in der wissenschaftlichen Literatur Anwendung findenden Definitionen primär folgende Aufgabenbereiche umfasst (häufigste Nennungen):

- Cash-Management
- Risikomanagement
- Bank-Relationship-Management
- Finanzierungsentscheidungen
- Investitionsentscheidungen
- Finanzsteuerung

Diese Bereiche sind (bis auf die Finanzsteuerung) mit den Ergebnissen der Auswertung der Fachartikel des JCTM identisch und sollten somit auch in die in dieser Arbeit verwendeten Definition Eingang finden.

Führt man nun abschließend die Ergebnisse der drei in diesem Kapitel vorgestellten Analysen zusammen, so können folgende Aufgabenbereiche als primäres Treasury-Management-Aufgabenspektrum (aus Theorie und Praxis) zusammengefasst werden:

---

[415] Die Anwendung findenden Aufgabenbereiche wurden auf Basis einer eingehenden Literaturrecherche ausgewählt und lauten wie folgt: Cash- & Liquiditäts-Management, Risiko-Management, Bank Relationship-Management, Finanzierungsentscheidungen, Investitionsentscheidungen, Finanzsteuerung, Performance-Management, Finanzreporting, Merger & Aquisition und Investor Relation.

- Cash-Management
- Risikomanagement
- Bank-Relationship-Management
- Finanzierungsentscheidungen
- Investitionsentscheidungen
- Finanzsteuerung

Der Bereich „Group und Corporate Finance", der auf Grund der vorgestellten Studien des Vereins Deutscher Treasurer e.V. scheinbar in der Praxis häufig dem Treasury zugerechnet wird, ist in der obigen Aufzählung bereits enthalten. Laut den Ausführungen von Degenhart (2009) umfasst dieser Bereich in den Erhebungen des Vereins Deutscher Treasurer e.V. die mittel- und langfristige Finanzierung, Kapitalmarktinstrumente, ABS etc.[416] und kann somit dem Bereich Finanzierungsentscheidungen zugeordnet werden. Es handelt sich hierbei einfach nur um eine andere Bezeichnung. Darüber hinaus sind M&A-Aktivitäten, die auch dem Bereich „Corporate Finance" theoretisch zuordenbar sind, keine permanenten Aktivitäten und somit hier nicht einzuordnen. Die anderen Bereiche (bis auf die Finanzsteuerung) sind bei allen drei Analysen als Hauptergebnisse enthalten und werden zum primären Aufgabenspektrum des Treasury Managements gezählt. Die Finanzsteuerung wurde mit aufgenommen, da sie als eine koordinierende Aufgabe zwischen den anderen Bereichen auffassbar ist und keine absolut neuen inhaltlichen Aspekte in das Aufgabenspektrum mit einbringt, sondern vielmehr eher die strategische Komponente des Treasury-Managements betont (siehe auch Kapitel 2.2.3.2) und somit zu dem Zielsystem der Treasury passt.

Bei dieser Festlegung des primären Aufgabenspektrums des Treasury-Managements ist darauf hinzuweisen, dass die genannten Aufgabenbereiche nicht abschließend sind und auch nicht alle Detailaufgaben umfassen, mit denen sich eine Treasury-Abteilung zu befassen hat. Vielmehr stellen sie nur die häufigsten und wichtigsten Bereiche dar (Metaebene). Darüber hinaus sind weitere ergänzende Aufgaben denkbar. Diese leiten sich entweder aus dem primären Aufgabenspektrum ab oder ergeben sich durch den integrativen Austausch mit anderen Funktionsbereichen im Unternehmen. Allerdings ist davon auszugehen, dass diese je Unternehmen variieren können und für die Bildung eines Verständnisses von Treasury-Management-Aktivitäten nicht zwingend notwendig sind.

---

[416] Vgl. Degenhart (2009), S. 3 ff.

2.2.3.2 Zielsystem des Treasury-Managements

Wie in Kapitel 2.2.3 bereits dargelegt wurde, ist das Zielsystem des Treasury-Managements äußert komplex und bei einer konkreten Ausformulierung sehr kleingliedrig, des Weiteren hängt es auch in den konkreten Details stark von der jeweiligen Gesamtunternehmensstrategie ab. Aus diesem Grund wird an dieser Stelle der Arbeit ein übergreifendes Strategiemodell für das Treasury-Management entwickelt. Das „Treasury-Partner-Modell" beleuchtet einen theoretisch möglichen Entwicklungspfad einer Treasury-Management-Strategie.

Das Treasury-Partner-Modell wurde aus dem „Learning Capability Modell" von Dulworth (2005) abgeleitet[417].[418] Bei dem „Learning Capability Modell" handelt es sich zwar um ein Modell, welches sich mit dem Bildungsmanagement in Unternehmen beschäftigt, also vordergründig erst einmal nichts mit dem Treasury-Management von Internationalen Unternehmen zu tun hat, allerdings ist die Idee von Dulworth (2005), dass sich das betriebliche Bildungsmanagement von einer „Learing Service Excellence" (gekennzeichnet durch u.a. einem Kostenreduktionsfokus) hin zu einem „Business Leadership" entwickelt, welches als Ziel hat, Unternehmenserfolg mit Blick auf die Geschäftsergebnisse zu liefern,[419] gut (leicht abgewandelt) auch auf das Treasury-Management übertragbar.

Das Treasury-Partner-Modell

Das Treasury-Partner-Modell umfasst insgesamt drei verschiedene Level: Level 1 – „Execution Partner", Level 2 – „Business Partner" und Level 3 – „Steering Partner". Eine idealtheoretische Entwicklung einer Treasury-Management-Funktion ist von einem „Execution Partner" über einen „Business Partner" hin zu einem „Steering Partner", wobei bei diesem Entwicklungspfad (siehe Abbildung 16) mindestens vier Stufen durchlaufen werden. Stufe 1 ist hierbei als Startpunkt zu sehen. Die verbleibenden drei weiteren Stufen korrespondieren mit den verschiedenen Level des Modells. Allgemein kann gesagt werden, dass mit steigendem Level die Strategieorientierung der Treasury zunimmt.

---

[417] Ein weiterer wichtiger Inputfaktor für die Entwicklung des Treasury-Partner-Modells war die bereits existierende breite Literatur zu „Business Partnering". Hier wurde zum einen Literatur herangezogen, die sich gezielt mit der Treasury als Business Partner beschäftigt, aber auch beispielsweise Literatur zu „Human Ressources oder Controlling als Businesspartner" verwendet. Aus dem Literaturstrang, der keinen primären Treasury-Management-Fokus hat, wurden allgemeine Hintergrundinformationen oder Ideen zu Zusammenhängen und Aspekten des Konzepts „Business Partner" herangezogen.
An dieser Stelle sei speziell die Arbeit von Ulrich (1997) erwähnt, der in seinem Buch „Human Ressource Champion" darauf hinweist, dass HR durch vier spezielle Rollen Wert für das Unternehmen generieren sollte – HR sollte ein Business Partner sein, wobei Ulrich einen Business Partner als einen „Strategischen Partner", „Administrativen Experten", „Employee Champion" und „Change Agent" in einer Person vereinigt, definiert. Vgl. Ulrich (1997), S. 37 ff.

[418] Vgl. Dulworth (2005), S. 3 ff.

[419] Vgl. Hasanbegovic (2010), S. 137 und vgl. Dulworth (2005), S. 3 ff.

Abbildung 16: *Entwicklungspfad Treasury-Partner-Modell*

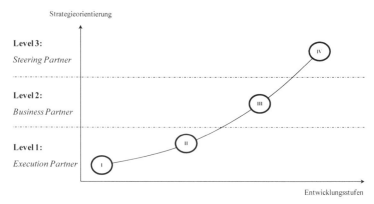

Quelle: *Eigene Darstellung.*

Der Startpunkt des postulierten Entwicklungspfades des Treasury-Partner-Modells ist die Stufe 1 – „Starting Point". Hierbei handelt es sich nicht um eine vollwertige Entwicklungsstufe, sondern vielmehr um einen Ausgangspunkt. Findet eine Einordnung der Treasury-Management-Aktivitäten in diese Stufe (unter Level 1) statt, so handelt es sich um eine Treasury-Abteilung, die noch am Anfang ihres (strategischen) Entwicklungspfades steht. Es wurden erste Standardisierungen durchgeführt und das Tagesgeschäft läuft größtenteils in geregelten Prozessen. Allerdings gibt es noch erhebliche Potenziale in den Bereichen Kostenreduktion, Transparenz und Effektivität, sowohl in den treasuryinternen Prozessen als auch an den Schnittstellen zu anderen Bereichen im Unternehmen. Von einer strategischen Ausrichtung des Treasury-Managements kann hier nur rudimentär – wenn überhaupt – gesprochen werden. Vielmehr ist in dieser Stufe eine Art „Isolationsgedanke" (überspitzte Formulierung) zu erwähnen. Das Treasury-Management hat noch genügend „hausgemachte" Probleme, an denen es arbeiten muss, und ist somit primär auf sich selbst konzentriert. Zwar versucht es, alle Anforderungen, welche von der Businessseite an die Treasury herangetragen werden, zu erfüllen, doch findet ausgehend von der Treasury selbst noch keinerlei Kontakt- oder Serviceangebote an andere Unternehmensbereiche statt. Man kann vereinfacht von einem Treasury-Management mit operativen Problembereichen im Tagesgeschäft und ohne eindeutige Strategieorientierung sprechen. Es wird davon ausgegangen, dass dies oft der Fall nach einer erst kürzlich erfolgten Neu-Gründung einer Treasury-Abteilung ist.

Stufe III des Modells umfasst das eigentliche Level 2 „Strategic Partner". Ab diesem Level kann von einer tatsächlichen Strategieorientierung im Treasury-Management gesprochen werden. Das Treasury-Management hat eine klare strategische Ausrichtung und agiert als gleichberechtigter (strategischer) Partner[420] mit dem Business. Durch diese Stellung (auf Augenhöhe mit dem Business) erfährt das Treasury-Management eine Aufwertung innerhalb des Unternehmens und arbeitet mit anderen Funktionsbereichen gemeinsam an einer permanenten Wertschaffung. Die Finanzstrategie ist klar an der Unternehmensstrategie ausgerichtet. Das Treasury-Management unterstützt andere Funktionen im Unternehmen bei deren Zielerreichung und verfolgt bei allen seinen Aktivitäten einen „Partnergedanken".[421] Als „Partnergedanke" wird an dieser Stelle die proaktive Ausrichtung[422] des Treasury-Managements an den Bedürfnissen des primären Unternehmensgeschäfts verstanden. Die Treasury ist permanent bestrebt, das primäre Unternehmensgeschäft in allen seinen Belangen und Facetten zu verstehen. Das Treasury-Management baut so ein aktives und tiefgreifendes Wissen über die strategischen Prozesse im Unternehmen auf. Die hierdurch entstehende und gelebte Nähe zum Business ermöglicht es dem Treasury-Management, Lösungen anzubieten, die speziell die „wunden Punkte" des originären Unternehmensgeschäfts adressieren.[423] Dieses wertschaffende Problemlösungsverhalten hat das Ziel, Glaubwürdigkeit und Vertrauen im Hinblick auf andere Unternehmensbereiche aufzubauen. Die so entstehenden „Allianzen" zum gegenseitigen Nutzen innerhalb der Organisation und des gesamten Business-Netzwerkes der Unternehmung zielen auf die Schaffung von komparativen Vorteilen ab.[424] Bei vollständiger Erreichung des Level 2 „Business Partner" wird das Treasury-Management gerne auch von Seiten des Business aktiv in Entscheidungsprozesse mit eingebunden; die Treasury sitzt bei der Strategiediskussion mit am Tisch und bringt Lösungsvorschläge aus finanzieller Sicht proaktiv mit ein. Das erreichte hohe Effizienz- und Qualitätsniveau in den Treasury-Prozessen, welches charakteristisch für das Level 1 „Execution Partner" des Modells ist, besteht weiterhin auch auf dem Level 2 „Business Partner". Es findet jedoch eine Ergänzung des weiterhin bestehenden Zieles der möglichst effizienten Abwicklung der vereinbarten SLAs mit dem Business statt. Neben dem reinen „Verkäufergedanke" tritt das permanente

---

[420] Für einen umfassende Darstellung des Konzepts: Treasury als strategischer Partner für das Business, vgl. Jeffery (2009), S. 1 ff.
[421] Für eine ähnliche Darstellung und der hier aufgegriffenen Grundidee Treasury als „Vendor" oder „Partner", vgl. Jeffery (2009), S. 21 f.
[422] Für erste Gedanken zu einer proaktiven bzw. reaktiven Ausrichtung einer Finanzfunktion, vgl. Häfner/Hiendelmeier (2008), S. 161 ff.
[423] Für eine Darstellung, wie die hier angesprochene Nähe zum Business (das genaue Verstehen des Business) erreicht werden kann. Vgl. Furter (2012), S. 27 und vgl. Jeffery (2009), S. 8 ff. und 24 ff.
[424] Für die Grundidee: Schaffung von Allianzen zum gegenseitigen Nutzen innerhalb der Organisation und des Business Netzwerkes der Unternehmung, um so einen komparativen Vorteil zu erlangen, vgl. Poirier/Houser (1993), S. 12.

Bestreben der zusätzlichen Wertschaffung für das Business („Partnergedanke").[425] Es existiert ein permanenter strategischer Austausch mit dem primären Unternehmensgeschäft, um so bereits festgelegte Leistungen des Treasury (mittels SLAs) noch besser an das Unternehmensgeschäft auszurichten und zusätzliche Möglichkeiten zu finden, in welchen Bereichen das Treasury-Management zusätzlich zu einer permanenten Wertschaffung beitragen kann.[426] Das Treasury-Management wird nicht mehr nur als reine Servicekraft, sondern vielmehr als (strategischer) Partner des Business („Business Partner") gesehen.

Stufe IV des Modells umfasst das eigentliche Level 3 „Steering Partner". Bei Erreichen des Levels „Steering Partner"[427] hat das Treasury-Management endgültig seine Stellung als Ergänzung zum Business (egal, ob als strategischer „Business Partner" oder reine „Servicekraft") überwunden und ist klar mitverantwortlich für den Unternehmenserfolg. Die finanzielle Seite des primären Geschäfts der Unternehmung wird als so wichtig angesehen, dass die Treasury eine gestaltende Funktion innehat. Sie nimmt gezielt Einfluss auf das Geschäftsmodell der Unternehmung[428] und hat eine Treiberrolle inne.[429] Bei strategischen Ausrichtungsfragen, wie zum Beispiel bei Standortentscheidungen oder M&A-Aktivitäten, hat sie eine führende Position inne und lenkt solche Entscheidungen aktiv aus der finanziellen Sicht der Unternehmung. Der CFO als übergeordnete Instanz – in der Vorstandsebene der Unternehmung – sowie das Treasury-Management selbst, haben als strategischer Counterpart des CEO eine klar lenkende Funktion und wichtige strategische Entscheidungen werden nicht gegen das Einverständnis des CFOs und seiner Treasury-Abteilung getroffen. Weiterhin strebt das Treasury-Management nach höchster Effizienz und Qualität in allen seinen Prozessen. Es ist weiterhin auch klares Ziel für das Treasury-Management, das Business mit allen seinen Facetten zu verstehen und so bestmöglich bei seiner Zielerreichung zu unterstützen. Es werden weiterhin Entscheidungen im Sinne eines Partners gemeinsam mit

---

[425] *Für eine ähnliche Darstellung und der hier aufgegriffenen Grundidee, Treasury als „Vendor" oder „Partner", vgl. Jeffery (2009), S. 21 f.*

[426] *Für eine Erörterung, wie bspw. durch den Einsatz von web-based Technologien eine Aufwertung des Treasury-Managements erreicht und so die Stellung als Business-Partner mitbegründet werden kann. Vgl. Stanwick/ Stanwick (2001), S. 3 ff.*

[427] *Für einen Ansatz im Bereich Human Ressources, in dem die Weiterentwicklung des HR-Managements vom „Business Partner" zum „Steering Partner" gefordert wird und u.a. auf eine hierfür notwendige generalistische HR-Arbeit sowie ein hohes Exzellenzniveau hingewiesen wird, vgl. Olesch (2011), S. 59 ff.*
Es sei hier darauf hingewiesen, dass das hier vorgestellte Level 3 „Steering Partner" als noch weiterreichender einzustufen ist und die geforderten Aktivitäten bei Olesch (2011) größtenteils schon in Level 2 „Steering Partner" erfolgen. Allerdings wurde die Namensgebung des Levels 3 „Steering Partner" von Olesch (2011) abgeleitet.

[428] *Eine richtige Treasury-Management-Strategie kann großen Einfluss auf die Fähigkeit des Unternehmens haben, Veränderungen an Märkten zu antizipieren und gegebenfalls schnell auf diese reagieren zu können. Vgl. Furter (2012), S. 27.*

[429] *Die Idee der „Treiberrolle", wurde schon 2007 bei dem 28. Österreichischen Controllertag mit dem Thema „CFO und Controller als Business Partner" in Wien in Fachvorträgen behandelt. Hier wurde speziell darauf hingewiesen, dass von Seiten des CFOs eine aktive Entwicklungsbeteiligung sowie eine starke Partizipation bei der Umsetzung von Strategien erwartet werden. Vgl. Hirsch (2008), S. 76 f.*

dem Business getroffen. Allerdings kommt der klare Steuerungsaspekt auf höchster Managementebene hinzu, wodurch das Treasury-Management aktiv in die Strategie des primären Unternehmensgeschäftes bei Bedarf eingreifen kann und finanzielle Belange der Unternehmung eine essenzielle Wichtigkeit in der Zielerreichung haben. Sowohl im Treasury-Management als auch auf Seiten des Business existiert das Verständnis, dass eine Unternehmung nur optimal gesteuert werden kann, wenn sowohl die primäre Unternehmensstrategie als aber auch die finanziellen Aspekte optimal im Einklang zueinander stehen und aufeinander aufbauen.

Tabelle 4: *Inhalte des Treasury-Partner-Modells*

	Treasury Partner Modell
Stufe IV *"Steering Partner"*	▪ Verantwortlich für Unternehmenserfolg ▪ Business Strategie aktiv mitgestalten ("Gestaltergedanke") ▪ Wettbewerbsvorteile schaffen
Stufe III *"Business Partner"*	▪ Wertschaffung für alle Funktionsbereiche ▪ Unterstützung anderer Funktionen bei der Zielerreichung ▪ Zusammenarbeit mit anderen Funktionen ("Partnergedanke") ▪ Ausrichtung Finanzstrategie an Unternehmensstrategie
Stufe II *"Execution Partner"*	▪ Administrative und Know-How Excellence ▪ Kosten- und Effizienz-Fokus ▪ Lieferung von Qualitäts-Serviceleistungen ("Verkäufergedanke")
Stufe I *"Starting Point"*	▪ Erste operative Standardisierung ▪ Keine Orientierung am primären Geschäft ("Isolationsgedanke")

Quelle: *Eigene Darstellung.*

Zusammenfassend können die einzelnen Schritte des Entwicklungspfades des Treasury-Managements im „Treasury-Partner-Modell" als aufeinander aufbauend charakterisiert werden. Sind die charakteristischen Eigenschaften der jeweiligen Levels erreicht, so werden diese mit in das nächst höhere Level transferiert und beibehalten sowie um weitere strategische Aspekte ergänzt, bis schließlich auf Level 3 „Steering Partner" eine volle Strategieausrichtung auf das Gesamtunternehmen und dessen Steuerung im Treasury-Management existiert. Weiterhin werden alle Prozesse mit dem gleichen operationellen Anspruch wie in Level 1 „Execution Partner" oder besser erfüllt. Die Exzellenz in allen transaktionalen Prozessen ist weiterhin oberste Priorität. Allerdings muss hier an dieser Stelle darauf hingewiesen werden, dass davon auszugehen ist, dass eine lineare Entwicklung in der Praxis nicht immer stattfindet. Theoretisch wird zwar eine lineare Entwicklung als optimal angenommen, diese kann aber durch verschiedene Umwelteinflüsse innerhalb und außerhalb eines Unternehmens beeinflusst werden. Daher können unter Umständen einzelne Aspekte höherer Stufen bereits Einklang in untere Stufen finden. Die Übergangsbereiche zwischen den einzelnen Level sind als durchlässig und nicht als starr zu betrachten. Ein zusammenfassender tabellarischer Kurzüberblick der charakteristischen Eigenschaften der verschiedenen Entwicklungsstufen im „Treasury-Partner-Modell" findet sich in Tabelle 4. Insgesamt weist das Modell einen internen Betrachtungscharakter des Treasury-Managements auf.

2.2.4 Treasury-Management – Definition und Abgrenzung

Bevor in weiterführenden Kapiteln (speziell Kapitel 3.) eine detailliertere Analyse von Teilbereichen des Treasury-Managements von Internationalen Unternehmen erfolgen kann, bedarf es zunächst einer klaren Definition der inhaltlichen Ausgestaltung des Begriffes „Treasury-Management" für diese Arbeit. Für die Entwicklung einer eigenständigen Definition bedarf es darüber hinaus zusätzlich einer Abgrenzung zu anderen Funktionsbereichen. Hier sind speziell solche Funktionsbereiche zu betrachten, bei denen eine Aufgaben- oder Kompetenzüberschneidung nicht auszuschließen ist (siehe Kapitel 2.2.4.1).

Vor Beginn einer solchen umfassenden Abgrenzungsanalyse sollte jedoch zunächst geklärt werden, ob es eventuell bereits eine in der Wissenschaft anerkannte Definition gibt, auf die zurückgegriffen werden kann. Wie die Analyse des Aufgabenspektrums des Treasury-Managements in Kapitel 2.2.3.1 bereits gezeigt hat, ordnen verschiedene Autoren höchst unterschiedliche Aufgabereiche der Treasury zu. Somit kann davon ausgegangen werden, dass in der theoretischen Treasury-Management-Literatur bis heute noch keine einheitliche Definition des Begriffes Treasury-Management existiert. Zwar existieren verschiedenste Definitionen, die jedoch alle nicht optimal geeignet für die Analyse der vorliegenden Arbeit erscheinen. Für einen tabellarischen Überblick ausgewählter existierender Definitionen des Begriffes „Treasury-Management" siehe Tabelle 5.

Bevor in den folgenden Unterkapiteln 2.2.4.1 und 2.2.4.2 eine Abgrenzung zu anderen Funktionsbereichen sowie die Herleitung der hier in der Arbeit verwendeten Definition des Begriffes „Treasury-Management" erfolgt, wird an dieser Stelle die bereits erläuterte Charakteristika des Treasury-Managements von Internationalen Unternehmen aus den Vorkapiteln nochmals komprimiert zusammengefasst, um so eine Art „Startbild" (Abbildung 17) für die folgende detaillierte Abgrenzung und Definition aufzubauen.

Tabelle 5: *Übersicht Treasury-Management-Definitionen*

Autor	Jahr	Definition
Kaiser	2011	„*Treasury Management ist die finanzielle Unternehmensführung, also der Managementteil, der (innerhalb gewisser Grenzen) die Zahlungsmittelbestände eines Unternehmens und die korrespondierenden Ströme steuert.*"[430]
Rapp	2011	„*Unter Treasury versteht man die Erfassung und Steuerung zahlungsstromorientierter Finanzmittel zur Innen- und Außenfinanzierung.*"[431]
Bragg	2010	„*The treasury department is responsible for a company's liquidity. [...] It also has significant responsibilities in the following areas: Cash forecasting [...] Working capital management [...] Cash management [...] Investment management [...] Treasury risk management [...] Management advice [...] Credit rating agency relations [...] Bank relationships [...] Fund raising [...] Credit granting [...] Other activities [...]*".[432]
Reisch	2009	„*Die Konzern-Treasury befaßt sich mit der Finanzierung des Konzerns, der Anlage seiner liquiden Mittel und der Eingrenzung seiner Zins-, Währungs- und Rohstoffrisiken sowie der Optimierung seiner Steuerposition - also mit allen konzernspezifischen Finanzströmen und deren Risikooptimierung.*"[433]
Horchner	2006	"*The treasury department is the financial center of an organization. The key role of treasury is the safeguarding and stewardship of an organization's financial assets and the management of an organization's financial liabilities. Treasury's role is often focused on external issues: financial markets, investors, creditors, financial institutions, rating agencies, and debt issuers, for example.*"[434]
Hommels	1995	„*Treasury Management bezeichnet die weitgehende Verselbstständigung des Finanzmanagements im Unternehmen, das den traditionellen Finanzierungsfunktionen nachzukommen hat, darüber hinaus aber auch autonom im Geld-, Kredit- und Kapitalbereich operiert.*"[435]

Quelle: Eigene Darstellung.

Überblick zu den bisher diskutierten Charakteristika des Treasury-Managements

Im Allgemeinen wurde bis jetzt und wird auch im Folgenden Treasury-Management aus einer Managementsicht als finanzielle Unternehmensführung aufgefasst. Finanzmanagement kann in diesem Zusammenhang als Synonym Verwendung finden.[436] Diese strategische, unternehmesführende Charakterisierung des Treasury-Managements kann durch eine historische Betrachtung bestätigt werden. Ab den 1980er Jahren begann das Treasury-Management damit, seinen

---

[430] Kaiser (2011), S. 359.
[431] Rapp (2011), S. 75.
[432] Bragg (2010a), S. 3 ff.
[433] Reisch (2009), S. 2.
[434] Horcher (2006), S. 3.
[435] Hommels (1995), S. 23.
[436] Siehe hierzu Kapitel 2.2.2 und vgl. Guserl/Pernsteiner (2004), S. 4; vgl. Guserl/Pernsteiner (2011), S. 23. sowie vgl. Sperber (1999), S. 18.

rein administrativen Aufgaben zu entwachsen und wurde im zeitgeschichtlichen Verlauf bis heute immer strategischer. Heutzutage agiert das Treasury-Management als permanenter strategischer Partner auf Augenhöhe mit dem Business und umfasst das globale Finanzmanagement einer Unternehmung.[437] Im Hinblick auf die Strategie im Bereich des Treasury-Managements kann festgehalten werden, dass sich diese an der Unternehmensstrategie orientieren sollte und aus dieser abgeleitet wird. Für die Strukturierung der zu treffenden Managemententscheidungen bietet das St. Gallener-Management-Konzept eine geeignete Einteilung in „Normatives Management", „Strategisches Management" und „Operationelles Management". Diese Einteilung lässt sich auch auf das Treasury-Management von Internationalen Unternehmen übertragen.[438] Das Treasury-Management – auch als zielgerichtete Steuerung der internationalen Finanzströme des Unternehmens aufgefasst – existiert in einem Spannungsfeld zwischen einer Güter- und Finanzsphäre und steht in enger Verbindung mit anderen Funktionsbereichen der Unternehmung. Als übergeordnetes „Klammerziel" des Treasury-Managements kann das „Ongoing Concern" in Zusammenhang mit den daraus resultierenden Zielen: Liquiditätssicherung und Zahlungsfähigkeit, Rentabilitätsstreben, Risikominimierung und -streuung und Unabhängigkeit (eher als Nebenbedingung aufzufassen) gesehen werden. Auch bei einer Shareholder Value Orientierung der Gesamtunternehmung sind diese klassischen Grundziele weiterhin gültig.[439] Das Treasury-Partner-Modell bildet in diesem Zusammenhang ein übergreifendes Strategiemodell für das Treasury-Management, das in drei Partner-Level – mit einer zunehmenden Strategieorientierung – gegliedert ist: Level 1 – „Execution Partner", Level 2 – „Business Partner" und Level 3 – „Steering Partner".[440] Im Hinblick auf das Treasury-Management-Aufgabenspektrum ist darauf hinzuweisen, dass dieses äußerst komplex und breitgefächert ist. Hier spielen Prozesskomplexität sowie Aktivitäten auf unterschiedlichsten Märkten eine wichtige Rolle. Es können jedoch folgende primäre Aufgabenbereiche, sowohl aus einer theoriebasierten Sicht als auch aus der Praxis ableitet werden: Cash-Management, Risikomanagement, Bank-Relationship-Management, Finanzierungsentscheidungen, Investitionsentscheidungen und Finanzsteuerung.[441]

---

[437] *Siehe hierzu Kapitel 2.2.1 und exemplarisch als weiterführende und begründende Literatur vgl. Daum (2005), S. 207 ff.; vgl. Hollein (2010), S. 28 sowie vgl. Spiegel (2011), S. 32.*
[438] *Siehe hierzu Kapitel 2.2.2 und exemplarisch als weiterführende und begründende Literatur vgl. Bleicher (1999), S. 1 ff. und vgl. Bleicher (2011), S. 1 ff.*
In der vorliegenden Arbeit findet eine primäre Fokussierung bei weiterführenden Analysen auf die „Strategische Dimension" des Treasury-Managements statt.
[439] *Siehe hierzu Kapitel 2.2.3 und exemplarisch als weiterführende und begründende Literatur vgl. Guserl/Pernsteiner (2011), S. 35 und vgl. Sperber (1999), S. 19 f.*
[440] *Siehe hierzu Kapitel 2.2.3.2 und exemplarisch als weiterführende und begründende Literatur vgl. Hasanbegovic (2010), S. 137 und vgl. Dulworth (2005), S. 3 ff.*
[441] *Siehe hierzu Kapitel 2.2.3.1 und exemplarisch als weiterführende und begründende Literatur vgl. Degenhart (2009), S. 3 ff.; vgl. Sperber (1999), S. 17 und vgl. Reisch (2009), S. 3.*

Abbildung 17: *Einflüsse und Zusammenhänge in Bezug auf die Definition des Begriffes „Treasury-Management"*

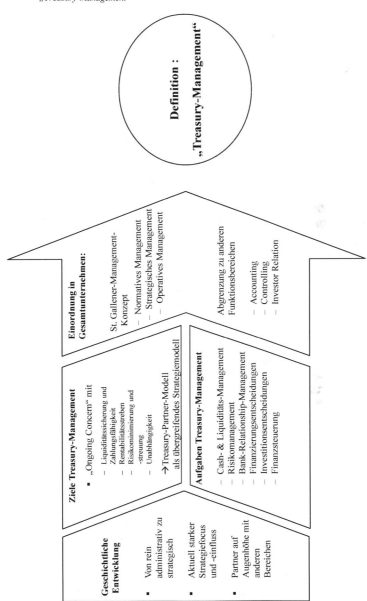

Quelle: *Eigene Darstellung.*

Alle diese Charakteristika des Treasury-Managements – ergänzt um die Abgrenzung zu anderen Funktionsbereichen (siehe Kapitel 2.2.4.1) – sind bei der Entwicklung einer Definition des Begriffes Treasury-Management für diese Arbeit zu berücksichtigen (siehe Kapitel 2.2.4.2). Für eine überblicksartige Darstellung dieser Aspekte siehe Abbildung 17. Im sich anschließenden Kapitel 2.2.4.1 wird zunächst die Stellung der Treasury im Unternehmen im Hinblick auf die Abgrenzung zu anderen Funktionsbereichen analysiert, bevor in Kapitel 2.2.4.2 eine Treasury-Management-Definition für die Arbeit hergeleitet wird.

2.2.4.1 Abgrenzung zu anderen Funktionsbereichen

Für eine umfassende Definition und Abgrenzung des Begriffes „Treasury-Management" bedarf es nicht nur einer schriftlichen Kurzdefinition (Kapitel 2.2.4.2), sondern auch darüber hinaus einer umfassenden Abgrenzung zu anderen Unternehmensbereichen sowie speziell innerhalb der „Finanzfunktion". In diesem Zusammenhang sollten zum einen die klassischen Bereiche der Finanzfunktion „Controlling" und „Accounting (Rechnungswesen)"[442] sowie aber auch ausgewählte andere Bereiche im Einflussbereich des CFO – wie bspw. „Investor Relation" – betrachtet werden. Unternehmensbereiche, wie „Marketing" oder „Produktion" werden hier nicht näher betrachtet, da hier die Grenzen zwischen diesen Bereichen und dem Treasury-Management (für Sachkundige) offensichtlich sind.

Controlling

Betrachtet man sich den Unternehmensbereich „Controlling", so wird schnell deutlich, dass keine einheitliche Controllingauffassung oder -definition existiert.[443] Beleuchtet man auf Grund dieser Präzisionsproblematik, die semantische Bedeutung von „to control", so erscheint auf Grund der Übersetzung mit „steuern, lenken und überwachen", eine vordergründige direkte Verbindung zum Planungs- und Kontrollsystem einer Unternehmung naheliegend. Nach diesem Verständnis wäre Controlling als eine Unternehmensfunktion im Sinne von Steuerung durch Planung und Kontrolle zu verstehen und hätte insoweit keinen Managementbezug.[444] Eine solche rein semantische Interpretation des Begriffes „Controlling" (wie sie früher oft der Fall war) würde des Weiteren eine rein vergangenheitsorientierte Sichtweise implizieren und wäre auf die letzte Phase des Koordinations-, Planungs- und Kontrollprozesses bezogen. Allerdings ist dies zu kurz gegriffen, da gerade in der jüngeren Zeit[445] auch andere Tätigkeiten unter dem Begriff „Controlling" verstanden werden. Der Bereich „Controlling" wurde hinsichtlich seiner

---

[442] Vgl. Häfner/Hiendlmeier (2008), S. 150.
[443] Vgl. Barth/Barth (2008), S. 9; vgl. Behring (2011), S. 15 und vgl. Preißler (2007), S. 14.
Für einen Überblick verschiedener Verständnisansätze vgl. Barth/Barth (2008), S. 9 ff.
[444] Vgl. Schierenbeck/Wöhle (2008), S. 177.
[445] *Für eine Darstellung der Entwicklungsgeschichte des Controllings vgl. Jung (2007), S. 1ff.; vgl. Barth/Barth (2008), S. 1 ff. und vgl. Horváth (2011), S. 18 ff.*

funktionalen und institutionellen Aufgaben erweitert und es fanden so bspw. strategische Aspekte (Strategisches Controlling) Einzug. In diesem Zusammenhang ist auch die Koordinationsfunktion des Controllings (bspw. nach Horváth) zu nennen. Nach Horvárth (2011) ist Controlling ein unterstützendes Subsystem, welches Führung, Planung, Kontrolle und Informationsversorgung koordiniert und lenkt. Der Begriff „Controlling" unterliegt somit einer kontinuierlichen Veränderung und kann verschiedenste Teilaspekte umfassen.[446]

Als Controlling-Aufgaben können im Allgemeinen solche Aktivitäten genannt werden, die den Kommunikations- und Informationsverarbeitungsprozess betreffen. Somit zählen Aktivitäten wie Informationsbeschaffung, Informationsaufbereitung, Datenanalyse, Beurteilung und Kontrolle mithin zu den wesentlichen Aktivitäten des Controllers.[447] Darüber hinaus kann das Controlling als eine Art „Führungshilfe" zur Unterstützung des Managements aufgefasst werden. In diesem Zusammenhang nimmt das Controlling bei den Lenkungs- und Gestaltungsprozessen der Unternehmensführung eine Beratungs- und Servicefunktion ein.[448] Der Controller ist damit auf einen koordinierenden und prozessbezogenen Regelkreis ausgerichtet und übernimmt abstrakt gesehen im wesentlichen Planungs-, Informations-, Kontroll- und darüber hinaus zu einem gewissen Grad auch Steuerungsaufgaben, je nach Unternehmen.[449] Die Controlling-Ziele sind in der Regel an der Sicherstellung der Antizipations-, Adaptions-, Reaktions- und Koordinationsfähigkeit der Führung ausgerichtet.[450] Der Controller kann daher als eine Art „ökonomischer Fluglotse" unter der Führungsverantwortung des Finanzvorstands (CFO) gesehen werden.[451]

Diese Besonderheit des Controllings wird bei der Betrachtung der Beziehung zu den lenkenden Managern der Unternehmung (z. B. dem Vorstand) deutlich. Das Management bedarf für seine Entscheidungen umfassende Informationen, die im Normalfall aus Hilfefunktionen bzw. -systemen stammen. Das Controlling als eine solche Hilfefunktion ist aus diesem Grund in die dynamischen und komplexen Managementprozesse der Unternehmung zu integrieren, um so eindeutige Zahlen und Fakten zur Objektivierung von Entscheidungen liefern zu können. Je nach Akzeptanz können daher die Aufgaben des Controllers von einer reinen Zahlen-

---

[446] Vgl. Reichmann (20 11), S. 2 f. und vgl. Horváth (2011), S. 3 ff.
Heutzutage existieren verschiedenste Arten von Controlling, so bspw. „Kosten- und Erfolgs-Controlling, Investitions-Controlling, Beschaffungs-, Produktions-, Logistik-, Strategisches- und Marketing-Controlling sowie Finanz-Controlling. Wobei nach Reichmann (2011) das Finanz-Controlling u.a. bei der Sicherstellung der Liquidität in der Form beteiligt ist, dass es das notwendige Instrumentarium für die Kontrolle und Informationsbeschaffung bereitstellt. Für weiterführende Details zu den aufgeführten Controlling-Arten vgl. Reichmann (2011), S. 4 f. sowie S. 14.
[447] Vgl. Reichmann (2011), S. 4 ff.
[448] Vgl. Guserl/Pernsteiner (2011), S. 249 ff.
[449] Vgl. Eberlein (2010), S. 2 f.
[450] Vgl. Guserl/Pernsteiner (2011), S. 249 ff.
[451] Vgl. Eberlein (2010), S. 1 und vgl. Guserl/Pernsteiner (2011), S. 249 ff.

verantwortung bis hin zur Funktion eines betriebsinternen Beraters reichen.[452] Allerdings trifft der Controller nie eigenständige Entscheidungen – im Gegensatz zum Management –, er bereitet diese nur durch Informationsbereitstellung vor.[453] Im Hinblick auf das Treasury-Management besteht zwischen Treasury und Controlling u.a. ein Beziehungsgeflecht bei den folgenden Aspekten (Aufzählung nicht vollständig): Erarbeitung von Richtlinien für die Jahres- und Quartalsabschlüsse, Prüfung der Unternehmensplanung hinsichtlich finanzieller Tragfähigkeit und Übereinstimmung mit der Unternehmensstrategie, Ausgestaltung und Definition eines adäquaten Zielsystems sowie von Steuerungsgrößen (KPIs) zur Führung der Gesellschaft, Ausgestaltung des internen und externen Reportings (speziell im Hinblick auf finanzielle Aspekte), Ausgestaltung eines unternehmensadäquaten Risikomanagement-Systems und gemeinsames Agieren bei Veränderungsprozessen oder Restrukturierungen – so bspw. in dem Bereich Working Capital-Management.[454] Nichtsdestotrotz haben die Treasury und das Controlling unterschiedliche Aufgaben und Zielsetzungen[455] und verwenden darüber hinaus ein unterschiedliches Instrumentarium.[456] Preißler (2007) stellt bspw. Aufgaben, Ziele, Funktionen etc. des Controllers sowie des Treasurer gegenüber. Er sieht bei den Aufgaben den Unterschied, dass das Controlling sich mit Kosten- und Planungsmanagement beschäftigt, wogegen die Treasury sich auf das Finanz- und Liquiditätsmanagement konzentriert. Im Bereich des verwendeten Instrumentariums unterscheiden sich die beiden Funktionen nach ihm wie folgt: Das Controlling verwendet vorwiegend Soll-Ist-Vergleiche, Benchmarking, moderne Kostenrechnungsverfahren sowie das Berichtwesen; im Treasury-Bereich finden hingegen Gewinn- und Verlustrechnungen, Bilanzen, Mittelflussrechnungen sowie Finanz- und Liquiditätspläne Verwendung. Der Autor attestiert dem Controlling zusammenfassend betrachtet als allgemeine Funktionsbeschreibung „Betriebswirtschaftlicher Zielerreichungslotse" und der Treasury „Schatzmeister".[457]

Der Unterscheidung von Preißl (2007) wird hier allerdings nur eingeschränkt gefolgt, da die Ausführungen zum Treasury als nicht (vollständig) kompatibel zu dem hier zugrunde gelegten Aufgabenspektrum des Treasury-Managements in dieser Arbeit angesehen werden können. Vielmehr soll die Unterscheidung zwischen Treasury-Management und Controlling an dem Aspekt der Zielausrichtung dieser Bereiche festgemacht werden. Das Treasury-Management wird als finanzielle Unternehmensführung aufgefasst, die bspw. auch direkten Einfluss auf das

---

[452] Vgl. Schierenbeck/Wöhle (2008), S. 177 f.
[453] Vgl. Behringer (2011), S. 15 ff.
[454] Vgl. Guserl/Pernsteiner (2011), S. 252 f.
[455] *Jeffery (2009) unterscheidet Controller und Treasurer im Hinblick auf die unterschiedliche Wahrnehmungsweise von Kontrolle. Controller haben nach dem Autor eher einen ermittelnden Fokus („detective control") in Bezug auf Kontrolle, wogegen Treasurer Kontrolle eher als präventiv („preventative controls") sehen. Vgl. Jeffery (2009), S. 154 f.*
[456] Vgl. Preißler (2007), S. 60.
[457] Vgl. Preißler (2007), S. 60 ff.

primäre Unternehmensgeschäft haben kann. Es werden somit aktive Management-Entscheidungen gefällt. Dieses ist im Bereich Controlling – wie oben dargelegt – im Normalfall nicht üblich. Das Controlling hat als primäre Aufgabe die Verbesserung der Informationstransparenz im Unternehmen und agiert als entscheidungsunterstützende Funktion der Unternehmensführung. Insoweit bedarf es einer engen Zusammenarbeit zwischen dem Treasury-Management und dem Controlling bezüglich aller finanziellen Informationen. Es sollte im Idealfall sogar ein eigenständiges Treasury-Management-Controlling existieren, das zum einen den Verantwortlichen in der Treasury-Abteilung die nötigen Informationen bereitstellt und zum anderen den Vorstand über die Treasury-Aktivitäten, Risikoposition und Performance des Konzerns informiert.

Investor Relation

Investor Relation bedeutet wörtlich übersetzt „die Beziehung zu Investoren".[458] Somit umfasst der Bereich Investor Relations die langfristige, strategisch angelegte direkte sowie indirekte Kommunikation[459] eines Unternehmens (börsennotiert) mit potenziellen und bereits existierenden Investoren. [460] Es wird eine Verbindung zwischen dem Unternehmen selbst sowie dem Kapitalmarkt hergestellt und es findet so eine öffentliche Kommunikation mit den Investoren der Gesellschaft sowie sonstigen Interessengruppen statt. Die Informationsdiskrepanz zwischen dem Vorstand und den Anteilseignern der Gesellschaft wird dabei minimiert,[461] wobei die Investor Relation-Aktivitäten nicht nur auf die Relation[462] zu den Eigenkapital-, sondern auch auf Fremdkapitalinvestoren abzielt. [463] Die regelmäßige Kontaktpflege zu Investoren mit Schuldtitelbezug (Bonds) wird heutzutage immer wichtiger, allerdings nicht auf Kosten der traditionellen Orientierung auf die Aktie und Investoren in diesem Bereich, sondern als ergänzender Fokus. Die aktienbezogene Altorientierung der Investor Relation-Abteilung bleibt weiterhin bestehen.[464] Die Notwendigkeit ihrer Existenz liegt neben gesetzlichen Vorschriften in der existierenden Informationsasymmetrie zwischen Anteilseignern (sowie Gläubigern) und der Unternehmensführung begründet.[465]

---

[458] Vgl. Wöhe u.a. (2011), S. 121.
[459] In Deutschland existieren seit 2006 die „DVFA-Grundsätze für Effektive Finanzkommunikation" der Deutschen Vereinigung für Finanzanalyse und Asset Management, welche sich als eine Art von Industriestandard für zielgruppengerechte Finanzkommunikation etabliert haben. Für die dritte Version von Mai 2008 vgl. Deutsche Vereinigung für Finanzanalyse und Asset Management (2012), online.
[460] Vgl. Perridon/Steiner/Rathgeber (2009), S. 555.
[461] Vgl. Wöhe u.a. (2011), S. 121.
[462] Für eine Darstellung der „Financial Community", die als Gesamtziel der Investor Relations-Aktivitäten verstanden werden kann und die sich aus Investoren, Multiplikatoren und Regulatoren zusammensetzt. Vgl. Reichert (2012), S. 7 ff.
[463] Vgl. Guserl/Pernsteiner (2011), S. 381 f.
[464] Vgl. Reisch (2009), S. 428.
[465] Vgl. Perridon/Steiner/Rathgeber (2009), S. 555.

Aus dieser Notwendigkeit der aktiven Kommunikation zwischen börsennotierten Gesellschaften und deren derzeitigen und potenziellen Investoren, ergibt sich folgende wesentliche Aufgabe für den Bereich Investor Relations: Erstellung der Geschäfts- und Quartalsberichterstattung sowie Ad-hoc-Meldungen. In diesem Zusammenhang sollte im wesentlichen Augenmerk auf die Rechnungslegungsvorschriften, die Corporate Governance sowie die Corporate Social Responsability gelegt werden.[466] Das hierbei verfolgte Oberziel der Stabilisierung und Annäherung des Börsenwertes an den fundamental begründeten Unternehmenswert[467] kann nur durch die Bildung von Vertrauen bei Investoren und Gläubigern der Gesellschaft sowie der Förderung von Aktionärstreue erreicht werden.[468]

Organisatorisch ist der Bereich Investor Relations entweder eigenständig mit einer direkten Anbindung an den Vorstand oder aber integriert innerhalb der Treasury-Abteilung (im Rahmen der allgemeinen Kapitalmarktaktivitäten) oder Controlling-Abteilung (Auf Grund der Verantwortung für die Unternehmensplanung) anzusiedeln. Eine Eingliederung in das Rechnungswesen ist wegen der Vergangenheitsorientierung in diesem Bereich eher nicht zu empfehlen; Investor Relation-Aktivitäten sollten sich nämlich im Idealfall auf zukünftige Entwicklungen konzentrieren.[469] An dieser Stelle wird für eine eigenständige organisationale Lösung – bspw. als Stabsstelle – plädiert, da so am ehesten von einer hohen Unabhängigkeit und Objektivität bei den Investor Relations-Aktivitäten ausgegangen werden kann.

Auf Grund der dargelegten Ausführungen zu dem Bereich Investor Relations wird im Hinblick auf die Abgrenzung zur Treasury Folgendes festgehalten: Die Investor Relation-Abteilung ist für die Finanzkommunikation mit unternehmensexternen Interessengruppen („Financial Community") verantwortlich. Hierdurch entsteht teilweise ein enger Bedarf an Zusammenarbeit mit verschiedensten Unternehmensteilen, so auch der Treasury. Es bedarf bspw. Input bei der Erstellung von der unternehmensexternen Berichterstattung. Somit kann von einer starken Informationsaustauschbeziehung zwischen den beiden Abteilungen Treasury und Investor Relations ausgegangen werden.

---

[466] Vgl. Guserl/Pernsteiner (2011), S. 381 f.
[467] *Durch diese Maximierung des Marktwerts der Unternehmung können zum einen bis zu einem gewissen Grad feindliche Übernahmen abgewehrt werden (da ein Kauf des Unternehmens sehr teuer wäre) und zum anderen kann die Unternehmung die maximale Anzahl an Kapital im Austausch zu der minimalsten Anzahl an Aktien realisieren. Vgl. Bragg (2010b), S. 2.*
[468] Vgl. Perridon/Steiner/Rathgeber (2009), S. 555.
[469] Vgl. Reisch (2009), S. 428.

Rechnungswesen

Das betriebliche Rechnungswesen ist als ein integriertes Subsystem wichtiger Bestandteil des unternehmenseigenen Informationssystems. Das Rechnungswesen erfasst und dokumentiert (quantitativ – also mengen- und wertmäßig) die innerbetrieblichen ökonomischen Prozesse sowie die (ökonomisch relevante) Interaktion der Unternehmung mit seiner Umwelt.[470] Die Hauptaufgaben des Rechnungswesens umfassen in diesem Zusammenhang die Informationserstellung, -verarbeitung und -weiterleitung.[471] Diese rechnerische Erfassung von Unternehmensaktivitäten (Prozessen) wird durch eine Vielzahl von internen und externen Ereignissen notwendig. Es müssen gesetzliche Rechnungslegungspflichten erfüllt, die Informationsbedürfnisse bestimmter unternehmensexterner Rechnungslegungsadressaten befriedigt und nicht zuletzt das Eigeninteresse des Managements der Unternehmung nach Informationen für die Entscheidungsprozesse erfüllt werden. Somit kann das Rechnungswesen je nach Adressatenkreis der dort verarbeiteten Informationen in ein Internes[472] und Externes Rechnungswesen untergliedert werden. Die beiden Teilsysteme stehen jedoch in enger Abhängigkeit und Verbindung zueinander.[473] Dem Rechnungswesen ist allgemein eine retrospektive Ausrichtung, in der faktische Daten zu situationsabhängigen Zuständen und prozessualen Ereignissen dokumentiert werden, zuzuordnen.[474]

Das Interne Rechnungswesen unterliegt im Gegensatz zum Externen Rechnungswesen keinerlei gesetzlichen Bestimmungen oder Vorschriften. Jede Unternehmung selbst kann es nach den jeweiligen Informationsbedürfnissen der Unternehmensführung ausgestalten. Hier kann das volle zur Verfügung stehende Wissen über die Lage der Unternehmung Einzug halten. Bei dem externen Rechnungswesen auf Grund von gesetzlichen Rechnungslegungsvorschriften, die es zu erfüllen gilt, muss dies leider nicht immer der Fall sein (Stichwort: Bewertungsspielräume).[475]

Nach Mumm (2008) kann das betriebliche Rechnungswesen in vier Bereiche gegliedert werden: (1) Die Finanzbuchhaltung – diese erfasst alle Kapital- und Vermögenswerte sowie alle Aufwendungen und Erträge der Unternehmung innerhalb definierter Rechnungsperioden; sie dient der Dokumentation und liefert die gesetzlich benötigten Informationen, (2) Die Kosten- und Leistungsrechnung – dient der innerbetrieblichen Dokumentation, Erfassung und Kontrolle der betrieblichen Aktivitäten; ihr Fokus liegt hier auf dem eigentlichen Leistungsprozess des

---

[470] Vgl. Ostermann (2007), S. 3 und vgl. Mumm (2008), S. 1.
[471] Vgl. Wöltje (2008), S. 7.
[472] Für weiterführende Informationen zu konkreten Techniken des Internen Rechnungswesen wie bspw. die Kosten- und Leistungsrechnung, Kostenstellen- oder Kostenträgerrechnung. Vgl. Ostermann (2007), S. 1 ff.
[473] Vgl. Eisele (2002), S. 3 ff.; vgl. Troßman (2008), S. 101 f. und vgl. Wöltje (2008), S. 7.
[474] Vgl. Eisele (2002), S. 10.
Für prospektive Informationen bspw. resultierend aus Planungsrechnungen ist eher das Controlling zuständig. Siehe hierfür auch die Ausführungen zu dem Bereich Controlling in diesem Kapitel.
[475] Vgl. Troßman (2008), S. 101 f.

Betriebszwecks und sie unterliegt keinen gesetzlichen Vorschriften, da sie zu dem betriebsinternen Rechnungswesen gehört, (3) Die betriebliche Statistik – hier findet eine Auswertung und analytische Aufbereitung aller Daten der Bereiche (1) und (2) statt, (4) Die Planungsrechnung – diese basiert auf den bereits genannten anderen drei Bereichen des Rechnungswesen und hat als Aufgabe, die zukünftige Entwicklung des Unternehmens zu prognostizieren.[476] Dieser Einteilung wird insoweit auch hier gefolgt, dass die Punkte (1) und (2) als originäre Hauptaufgaben des Rechnungswesens angesehen werden. Bei den Punkten (3) und (4) wird davon ausgegangen, dass solche Aktivitäten auf Basis der generierten Daten der Teilbereiche (1) und (2) erfolgen und das Rechnungswesen hier teilweise involviert ist, jedoch die primären Aktivitäten in diesen Bereichen über das Controlling abgewickelt werden (siehe hierzu auch die Ausführungen zu Controlling).

Aus diesem Grund sind die in den Teilbereichen (1) und (2) des Rechnungswesens dokumentierten Informationen so zu gestalten, dass sie sowohl für das Controlling als auch für die Treasury verwendbar sind. Lediglich spezialisierte Zusatzinformationen sollten getrennt dokumentiert und erarbeitet werden. Es bedarf einer einheitlichen Datenquelle, so dass die Ergebnisse der verschiedenen Bereiche miteinander vergleichbar und abstimmbar sind. Controller und Treasurer übernehmen somit die Informationsverarbeitungs- sowie Informationsverdichtungsaufgaben, während das betriebliche Rechnungswesen im Wesentlichen reine Dokumentationsaufgaben vornimmt. Das Rechnungswesen ist daher für die vollständige, zeitlich richtige und sachlich korrekte Verbuchung von Geschäftsvorfällen nach den herrschenden gesetzlichen Vorschriften zuständig.[477]

Im Hinblick auf das Treasury-Management steht im Rechnungswesen die bilanzielle Abbildung – bspw. von Risiken – im Vordergrund, wogegen die Treasury sich mit der Absicherung wirtschaftlicher Risiken beschäftigt. Es bedarf zwischen beiden Abteilungen einem engen Informationsaustausch und einer Abstimmung[478]. Das Rechnungswesen muss daher auf Daten des Treasury-Managements zurückgreifen können sowie vice versa.[479]

Zusammenfassend kann somit festgehalten werden, dass das Treasury-Management zwar in einem starken Beziehungs- und Interaktionsgeflecht zu anderen Bereichen steht (interdisziplinäres Arbeiten ist erforderlich)[480], diese aber trotzdem voneinander abgrenzbar sind. So ist der Bereich Investor Relations für die Finanzkommunikation zuständig und bedarf hierfür selbstverständlich auch Informationen aus dem Treasury-Management. Allerdings finden hier keinerlei Überschneidungen im Tagesgeschäft statt. Das Rechnungswesen ist für die voll-

---

[476] Vgl. Mumm (2008), S. 2.
[477] Vgl. Preißler (2007), S. 59 ff.
[478] *Bei fehlender Abstimmung zwischen dem Rechnungswesen und dem Treasury besteht ein erhebliches Risiko im Hinblick auf die bilanzielle Behandlung von Finanzinstrumenten, Vgl. Bubeck/Wriedt (2008), S. 13.*
[479] Vgl. Verband Deutscher Treasurer e.V. (2008), S. 33.
[480] Vgl. Nitsch/Niebel (1997), S. 20.

ständige und korrekte Verbuchung aller Geschäftsvorfalle zuständig; es kommt reinen Dokumentationsaufgaben nach. Geschäftsvorfälle, die im Treasury-Management stattfinden, werden daher auch vom Rechnungswesen erfasst und es besteht hier ein Informationsaustausch. Das Treasury-Management kann bei Bedarf auf diese Informationen zugreifen und diese für weiterführende Auswertungen verwenden. Somit ist der Informationsfluss zwischen Rechnungswesen und Treasury beidseitig bedingt. Die Abgrenzung zum Controlling ist vielleicht die komplexeste, da es im Normalfall auch ein spezielles Treasury-Controlling geben sollte. Das Controlling im Allgemeinen stellt eine Hilfefunktion zur Informationsgenerierung und zur Entscheidungsunterstützung des Managements dar. Hierfür bedarf es selbstverständlich auch Detailinformationen aus allen Bereichen der Unternehmung und damit auch aus dem Treasury-Management, wodurch ein Informationsaustausch zwischen den beiden Abteilungen stattfindet. Im Fall des Treasury-Controllings ist dieser Austausch verstärkt. Allerdings findet auch vom Controlling kein Eingriff oder etwa eine Überschneidung mit dem Tagesgeschäft des Treasury-Managements statt. Das Controlling weist keinerlei Entscheidungskompetenz auf und ist höchstens als eine Art betriebsinterner Berater tätig. Somit besteht in diesem Bereich maximal eine Überschneidung bei informationsgenerierenden Aktivitäten, die für die Unternehmenssteuerung wichtig sind. Gerade in diesem Bereich wird hier für eine enge Zusammenarbeit des Controllings und des Treasury-Managements plädiert, um so eine optimale Informationsbasis für Entscheidungen zu generieren. Im Folgekapitel 2.2.4.2 findet sich eine entsprechende Definition des Treasury-Managements für den Rahmen dieser Arbeit.

2.2.4.2 Verwendete Definition in der Arbeit

Nach der Darstellung des Aufgaben- und Zielspektrums des Treasury-Managements von Internationalen Unternehmen (Kapitel 2.2.3) sowie der Abgrenzung zu anderen Funktionsbereichen im Unternehmen (Kapitel 2.2.4.1) bedarf es nun für die weiterführenden Analysen einer Festlegung der in dieser Arbeit verwendeten Definition des Treasury-Managements von Internationalen Unternehmen. Ziel dieser Definition des Begriffes „Treasury-Management" ist es zum einen, eine stabile Basis für alle weiteren Ausarbeitungen in Bezug auf das Treasury-Management von Internationalen Unternehmen – im Rahmen dieser Arbeit – zu schaffen und zum anderen, den Untersuchungskreis der möglichen zu untersuchenden finanzwirtschaftlichen Aktivitäten (vor allem gegenüber anderen Funktionsbereichen) im Unternehmen für die folgende theoretische und empirische Analyse in den Kapiteln 3. und 4. der Arbeit zu begrenzen und klar abzugrenzen.

Auf dem Weg zur finalen Festlegung der Definition des Begriffes „Treasury-Management" ist ein erster Schritt (wie auch bei der Definition von Internationalen Unternehmen in Kapitel 2.1.2.4) die Klärung der Definitionsart. In diesem Kontext können folgende vier Arten von Definitionen in Betracht kommen:

(1) **Operationelle Definition**[481]: *Beschreibt prägnant und präzise einen Begriff, um zum einen eine Messung zu ermöglichen und zum anderen, um den Begriff für eine wissenschaftliche Untersuchung einsetzbar zu machen,*

(2) **Konzeptionelle Definition:** *Beschreibt die Bedeutung eines Konzepts in einer derartigen Weise, dass eine Messung möglich ist,*

(3) **Lexikalische Definition:** *Beschreibt einen Begriff in einfacher Ausdrucksweise für ein breites Publikum,*

(4) **Abstrakte Definition:** *Wird verwendet, wenn die Bedeutung/der Begriffsinhalt nicht einfach zu erfassen/messbar ist.*[482]

Um das Analyseziel der Arbeit zu erreichen, kommt primär eine operationelle Definition des Begriffes „Treasury-Management" in Betracht. Es soll das Untersuchungsobjekt beschrieben werden, um so eine Abgrenzungsmöglichkeiten zu schaffen. Die Definition soll nicht primär eine Messungs- oder Quantifizierungsmöglichkeit liefern, da es nicht um eine statistische Analyse der Häufigkeit der Existenz einer Treasury-Management-Abteilung in Internationalen Unternehmen geht, sondern vielmehr um eine Detailanalyse (einiger) der hinter dem Begriff „Treasury-Management" stehenden (ausgewählten) Teilaktivitäten. Hauptsächlich soll die Definition des „Treasury-Managements von Internationalen Unternehmen" in dieser Arbeit der Schaffung eines klar definierten Untersuchungsrahmens dienen. Eine konzeptionelle oder abstrakte Definition scheint hierfür nicht geeignet zu sein, da solche Definitionen eher konzeptionellen Charakter aufweisen. Es soll jedoch im Rahmen dieser Arbeit kein neues Konzept für das Treasury-Management von Internationalen Unternehmen erarbeitet (ein solches Konzept sollte idealerweise unternehmensindividuell sein), sondern vielmehr sollen einzelne Aspekte kritisch beleuchtet und untersucht werden. Die verwendete Definition zielt somit auf eine Funktionsabgrenzung innerhalb einer Unternehmung ab. Die Definitionsarten „konzeptionelle Definition" und „abstrakte Definition" erscheinen daher als nicht geeignet und werden ausgeschlossen. Auch eine lexikalische Definition ist auszuschließen, da die hier verwendete Definition fachbezogen sein sollte und nicht das Ziel eines breiten Publikums hat. Aus den dargelegten Gründen fällt die Wahl der Definitionsart auf eine operationelle Definition.

---

[481] *Operationelle Definitionen sollten im Allgemeinen einfach quantifiziert und messbar sein, sie sollten direkt auf das zu messende Objekt hinweisen. Vgl. Aggarwal u.a. (2010), S. 557 ff.*

[482] Vgl. Aggarwal u.a. (2010), S. 557 ff.
Aggarwal u.a. (2010) erwähnt die hier genannten Arten von Definitionen im Zusammenhang mit der definitorischen Abgrenzung von MNCs, jedoch scheint eine Übertragung für den hier angestrebten Kontext sinnvoll und angebracht, da es sich um eine verallgemeinerbare Einteilung handelt.

Tabelle 6: *Interpretation der verwendeten Treasury-Management-Definition*

Merkmal	Interpretation
Treasury-Management umfasst alle Aspekte der finanziellen Unternehmensführung [...]	– Hierdurch wird der klare primär finanzwirtschaftliche Aspekt des Treasury-Managements hervorgehoben – Es geht bei Treasury-Management immer um eine finanzielle Komponente der Unternehmensführung, die jedoch auch eine nicht finanzielle Auswirkung auf die Gesamtunternehmung haben kann – Durch die Erwähnung der Unternehmensführung wird der Managementaspekt des Treasury-Managements hervorgehoben, es handelt sich nicht nur um eine rein ausführende Aktivität
[...] bis hin zur Einflussnahme auf das originäre Unternehmensgeschäft. [...]	– Unter einer Einflussnahme auf das originäre Unternehmensgeschäft wird der Einfluss des Treasury-Managements auf nicht finanzielle Entscheidungen im Unternehmen verstanden – Durch die Erwähnung dieser Einflussnahme wird der Treasury die Kompetenz der Gesamtunternehmenseinflussnahme zugeschrieben – Siehe auch Level 3 „Steering Partner" des Treasury-Partner-Modells
[...] Hauptaufgaben des Treasury-Management sind in diesem Zusammenhang: Cash-Management, Risikomanagement, Investitions- und Finanzierungsentscheidungen sowie die finanzielle Steuerung des Gesamtunternehmens.	– Hauptaufgaben sind solche Aufgaben, die durch das Treasury-Management primär wahrgenommen werden – Bei Hauptaufgaben ist das Treasury-Management die (alleinige) federführende Instanz mit primärer Verantwortung im Unternehmen – Über die Hauptaufgaben hinaus gibt es auch weitere Aufgaben, die das Treasury-Management wahrnimmt. Allerdings spielen bei diesen Aufgaben auch andere Unternehmensbereiche eine wesentliche Rolle (z. B. bei der Abwicklung oder bei der Entscheidungsfindung) – Die ergänzenden Aufgaben – neben den Hauptaufgaben – werden in der Interpretation nicht genannt. Eine Nennung würde keinen Mehrwert für eine Abgrenzung liefern, da bei solchen Aufgaben auch andere Funktionen beteiligt sind und es zu Überschneidungen kommen kann

Quelle: *Eigene Darstellung.*

Bevor die finale Ausformulierung einer solchen operationellen Definition sowie deren Interpretation (enthaltene Teilaspekte) erörtert werden kann, bedarf es zunächst noch einer zusammenfassenden Darstellung der Ziele der verwendeten Definition. Hauptziel der in dieser Arbeit verwendeten Definition des Treasury-Managements von Internationalen Unternehmen ist' es, eine Abgrenzung zu anderen Funktionsbereichen innerhalb einer Unternehmung zu erreichen. Aus diesem Grund sind auch die konkreten Aufgaben (zumindest die Hauptaufgaben) des Treasury-Managements in die Definition zu integrieren. Des Weiteren ist eine (grobe) Beschreibung der Aufgabenstellung sowie der Reichweite der Treasury-Management-Aktivitäten von der verwendeten Definition zu leisten. Hier ist vor allem ein möglicher Einfluss auf das originäre Unternehmensgeschäft relevant. Der durch die Definition so festgelegte Grad der Einflussnahme auf das originäre Unternehmensgeschäft (und somit auf die Gesamtunternehmung) ist ein Indikator für die strategische Ausrichtung des durch die Definition beschriebenen Verständnisses des Begriffes „Treasury-Management".

Aus den Ergebnissen der Ziel- und Aufgabenspektrumsanalyse des Treasury-Managements (speziell Kapitel 2.2.3.1 und 2.2.3.2) sowie den ergänzenden Ausführungen in den restlichen Abschnitten des Kapitels (2.1 und) 2.2 lässt sich die folgende Definition des Treasury-Managements von Internationalen Unternehmen für die vorliegende Arbeit ableiten (eine Interpretation der Teilaspekte liefert Tabelle 6):

Treasury-Management umfasst alle Aspekte der finanziellen Unternehmensführung bis hin zur Einflussnahme auf das originäre Unternehmensgeschäft. Hauptaufgaben des Treasury-Managements sind in diesem Zusammenhang: Cash-Management, Risikomanagement, Investitions- und Finanzierungsentscheidungen sowie die finanzielle Steuerung des Gesamtunternehmens.

Abschließend wird noch einmal darauf hingewiesen, dass es sich bei der in dieser Arbeit verwendeten Definition des Treasury-Managements von Internationalen Unternehmen um eine auf den Untersuchungszweck ausgerichtete Definition handelt. Es wird primär eine Abgrenzung zu anderen Funktionsbereichen innerhalb einer Unternehmung angestrebt sowie der strategische Charakter des Treasury-Managements in den Vordergrund gestellt.

Das sich anschließende Kapitel 2.2.5 zu der Corporate Governance im Treasury-Management baut auf die in diesem Kapitel entwickelte Definition sowie allen vorherigen Ausführungen auf und rundet die einführende Grundlagenbildung ab. Gleichzeitig bildet es den Übergang zu den theoretischen Detailbetrachtungen des Kapitels 3., da es bereits einige Teilaspekte vorwegnimmt (z. B. im organisationalen Bereich).

2.2.5 Corporate Governance im Treasury-Management

In den letzten Jahren haben Regelungen und Empfehlungen im Bereich „Corporate Governance"[483] wesentlich an Bedeutung gewonnen. Sie haben Eingang in die Organisation und Führung von Unternehmen gefunden und der gesellschaftliche sowie anteilseignerseitige und kundenseitige Druck in diesem Bereich hat auf alle Wirtschaftssubjekte zugenommen. Es wird darauf gedrängt, dass die Grundsätze einer verantwortungsbewussten Unternehmensführung angenommen und im Tagesgeschäft der Unternehmung umgesetzt werden.[484] Gerade im Treasury-Management kann – nach dem Platzen der New Economy-Blase um das Jahr 2000 – von einer neueintretenden Fokussierung (bestärkt durch krisenhafte Ereignisse, wie die Terroranschläge 2001 in New York) auf „Kosteneffizienz", „Compliance" und „Corporate Governance" gesprochen werden. Zwar kamen durch die Finanz- und Bankenkrise der Jahre 2008 und 2009 neue Aspekte – wie Kontrahentenrisiken und Liquidität im Allgemeinen – in den Vordergrund, jedoch kann davon ausgegangen werden, dass „Corporate Governance" weiterhin eine wichtige Rolle im Treasury-Management spielt und spielen sollte (Kapitel 2.2.1). Es wird daher ein Einblick in die treasuryspezifische Corporate Governance von Internationalen Unternehmen gegeben. Corporate Governance wird hierfür (i.w.S.) als eine verantwortungsvolle Unternehmensführung sowie als Ordnungsrahmen für die Führung und Überwachung aufgefasst.[485]

Rechtliche Grundlagen

Betrachtet man sich einleitend die existierenden gesetzlichen Vorgaben und Rahmenbedingungen (hier exemplarisch an Deutschland), so sind vor allem folgende Rahmenwerke zu nennen: Der „Deutsche Corporate-Governance-Kodex"[486], das Gesetz für „Kontrolle und Transparenz im Unternehmensbereich" (KonTraG[487])

---

[483] Für weiterführende Informationen zum dem Themenkomplex „Corporate Governance" im Allgemeinen, vgl. Monks/Minow (2011), S. 4 ff. und vgl. Padgett (2012), S. 1 ff.

[484] Vgl. Gilg (2008), S. 293.

[485] Vgl. Guserl/Pernsteiner (2011), S. 50 f.

[486] Der „Deutsche Corporate Governance Kodex" wurde am 26. Februar 2002 verabschiedet. Er besitzt über die Entsprechenserklärung gemäß § 161 AktG eine gesetzliche Grundlage. Ziel des Kodex ist, die herrschenden Regeln für Unternehmensführung und -kontrolle in Deutschland für internationale Investoren transparenter zu machen und so das Vertrauen zu steigern. Der Kodex geht auf internationale Kritikpunkte an der (deutschen) Unternehmensverfassung ein. Inhaltlich umfasst der Kodex sowohl Empfehlungen (gekennzeichnet durch „soll" – Abweichungen sind möglich, müssen jedoch offengelegt werden) und Anregungen (gekennzeichnet durch „sollte" oder „kann" – eine Abweichung ohne Offenlegung ist möglich). Alle übrigen nicht in dieser Art gekennzeichneten Abschnitte des Kodex betreffen Bestimmungen, die auf Grund von geltenden Gesetzen von den Unternehmen zu befolgen sind. Primär richtet sich der Kodex an börsennotierte Gesellschaften. Vgl. Regierungskommission Deutscher Corporate Governance Kodex (2012a), online und vgl. Regierungskommission Deutscher Corporate Governance Kodex (2012b), online. Für weiterführende Informationen, vgl. Strieder (2005), S. 1 ff. und vgl. Pfitzer/Oser/Orth (2005), S. 1 ff.

[487] Das KonTraG richtet sich primär an die Aufsichtsgremien, Vorstände und Geschäftsführer sowie die Wirtschaftsprüfer eines Unternehmens. Mit dem Inkrafttreten des Gesetzes am 1. Mai 1998 wurden zehn Gesetze bzw. Verordnungen geändert. Hierzu zählen u.a. das Aktiengesetz, das Handelsgesetz oder das Publizitätsgesetz. Hauptziel des KonTraG ist die Etablierung einer permanenten Risikoüberwachung in Unternehmen zum Zweck der Früherkennung von unternehmensgefährdenden Entwicklungen. Darüber hinaus soll es zu einer

(bei Banken die MaRisk[488]) sowie den „Leitfaden Corporate Governance im Konzern-Treasury[489]" des eingetragenen Vereins Verband Deutscher Treasurer e.V. Darüber hinaus finden und ergeben sich gesetzliche Anforderungen an die Corporate Governance in der Unternehmens-Treasury aus vielen weiteren Vorschriften.[490] So ist beispielsweise im Zuge der Jahresabschlussprüfung das Risikomanagementsystem einer Unternehmung durch den jeweiligen Abschlussprüfer zu prüfen.[491] In Zusammenhang mit IFRS 7 und der hieraus resultierenden Angabepflicht bei Finanzinstrumenten sind weiterführende regulatorische Vorschriften für die Ausgestaltung von Risikomanagementsystemen abzuleiten (um nur zwei Beispiele zu nennen).[492] Im Rahmen dieser Arbeit soll jedoch primär auf den „Leitfaden Corporate Governance im Konzern-Treasury" eingegangen werden, da dieser viele gesetzliche Vorgaben in Bezug auf das Treasury-Management weiter konkretisiert und explizite Ausgestaltungsmöglichkeiten aufzeigt.[493] Er bildet die Grundlage für die weiteren Ausführungen in diesem Kapitel.

Allgemeine Grundsätze

Generell sind folgende Grundsätze für die Corporate Governance im Treasury-Management festzulegen: (1) der Konzern tritt nach außen geschlossen als eine finanzielle Einheit auf, (2) die Aufgabenverteilung zwischen dem Treasury-Management und anderen Konzernteilbereichen müssen eindeutig geregelt sein sowie unvereinbare Aufgaben innerhalb der Treasury getrennt werden (Stichwort: Front-, Middel- und Back-Office), (3) eine Orientierung am primären Grundgeschäft der Gesellschaft ist Grundlage für jeglichen Abschluss, (4) Geschäfte mit unternehmensexternen Kontrahenten dürfen nur mit vorher freigegebenen Kontrahenten (das Gleiche gilt für die Finanzinstrumente) erfolgen und es bedarf klar festgelegter Limits für einzelne Risikopositionen (Limitüberschreitungen sind

---

Transparenzerhöhung (z.B. für Investoren) und einer Verbesserung der Qualität der Abschlussprüfung kommen. Eine der wichtigsten Änderungen findet sich in § 91 Abs. 2 AktG, in dem eine Einrichtung eines Risikomanagementsystems gefordert wird. Vgl. Schneck (2011), S. 88 ff. Für weiterführende Informationen vgl. Fiege (2006), S. 1 ff. und vgl. Wolf/Runzheimer (2009), S. 1 ff.

[488] *In den „Mindestanforderungen an das Risikomanagement (MaRisk)" wurden bereits bestehende Mindestanforderungen, z.B. an das Handelsgeschäft oder Kreditgeschäft, zu einem Standard für Kreditinstitute zusammengefasst. Die MaRisk ist hier nicht Untersuchungsobjekt und ist auch nur für Kreditinstitute rechtlich bindend. Allerdings ist darauf hinzuweisen, dass auch eine sinngemäße Anwendung der dort enthaltenen Vorgaben zur Steuerung von finanziellen Risiken im Unternehmen teilweise möglich ist. Vgl. Auer (2008), S. 68 f. und Vgl. Verband Deutscher Treasurer e.V. (2008), S. 9 f.*

[489] *Der „Leitfaden Corporate Governance im Konzern-Treasury" ist eine Weiterentwicklung, basierend auf den 1998 entwickelten „Mindeststandards für ein Konzern-Treasury". Der Leitfaden konkretisiert gesetzliche Grundlagen und stellt darüber hinaus momentan aktuelle Best-Practice-Standards im Treasury-Management von Industrieunternehmen dar. Der Leitfaden bezieht sich primär auf große und mittlere Unternehmen, in denen die Treasury-Abteilung als ein Cost- oder Service-Center organisiert ist. Vgl. Gilg (2008), S. 296 und vgl. Verband Deutscher Treasurer e.V. (2008), S. 1 ff.*

[490] Vgl. Verband Deutscher Treasurer e.V. (2008), S. 11.
[491] Vgl. § 317 Abs. 4 HGB.
[492] *Für weiterführende Informationen vergleiche den Originaltext des „IFRS 7 Financial Instruments" oder bspw. die Webseiten www.ifrs.org, www.iasplus.com oder www.ifrs-portal.com.*
[493] Vgl. Gilg (2008), S. 296 und vgl. Verband Deutscher Treasurer e.V. (2008), S. 1 ff.

vorher im Ausnahmefall zu genehmigen), (5) in allen treasuryrelevanten Prozessen sind passende Kontrollverfahren (z. B. Vieraugenprinzip[494]) zu integrieren, (6) eine Aufgabentrennung ist festzulegen, (7) es muss eine für sachkundige Dritte nachvollziehbare (und aktuelle) Dokumentation aller Geschäfts-, Kontroll- und Überwachungstätigkeiten entsprechend der gesetzlichen Vorschriften existieren und jederzeit verfügbar sein, (8) die Systemsicherheit der Treasury-IT-Systeme ist jederzeit sicherzustellen, (9) eine Risikostrategie ist festzulegen, (10) es ist ein Risikofrühwarnsystem aufzubauen und (11) ein zeitnahes, regelmäßiges und unternehmensindividuelles Reporting mit dem Ziel einer Risiko- und Erfolgsmessung ist zu implementieren.[495]

Aufbau- und Ablauforganisation

Bei der Festlegung der Aufbau- und Ablauforganisation ist die Sicherstellung der Trennung von miteinander unvereinbaren Tätigkeiten primäres Ziel. Demzufolge ist in jedem Unternehmen, abhängig von Art, Umfang und Komplexität sowie Risikogehalt des Geschäftsmodells die Ausgestaltung der Organisation festzulegen.[496]

In diesem Zusammenhang, gerade auch im Hinblick auf das Treasury-Management von Internationalen Unternehmen, werden an dieser Stelle zwei Corporate Governance-Modelle der Aufbauorganisation von Unternehmen dargestellt. Das erste hier vorgestellte Modell ist das kontinentaleuropäische Modell der finanziellen Aufbauorganisation von Aktiengesellschaften. Dieses Modell setzt sich zum einen aus dem Aufsichtsrat[497] mit einem Aufsichtsratvorsitzenden (der vom gesamten Aufsichtsrat nach § 107 I AktG gewählt wird) als vorstehende Spitze und zum anderen aus dem Vorstand, der nach § 84 I AktG vom Aufsichtsrat bestellt wird, zusammen. Dem Vorstand wiederum steht entweder ein Vorstandsvorsitzender – eingesetzt durch den Aufsichtsrat (§ 84 II AktG) – oder ein vom Vorstand selbst gewählter Sprecher (§ 77 II AktG) vor. Zwischen den einzelnen Mitgliedern des Vorstands einer Aktiengesellschaft besteht darüber hinaus Aufgabentrennung. Gesetzlich ist eine personelle Überschneidung von Aufsichtsrat und Vorstand unzulässig (§ 105 I AktG); man spricht aus diesem

---

[494] Für weiterführende Informationen zu dem Themengebiet „Funktionstrennung und Vier-Augen-Prinzip", vgl. Nimwegen (2009), S. 121 ff. und vgl. Malchow (2011), S. 28 ff.
[495] Vgl. Verband Deutscher Treasurer e.V. (2008), S. 15 f.
Die hier gelieferte Aufzählung ist als keinesfalls abschließend zu betrachten und bedarf in der Unternehmenspraxis einer weiterführenden unternehmensspezifischen Detaillierung.
[496] Vgl. Verband Deutscher Treasurer e.V. (2008), S. 23.
[497] Die Zusammensetzung des Aufsichtsrats in Deutschland wird wesentlich durch die Gesetze zur Unternehmensmitbestimmung beeinflusst. Hier sind im Wesentlichen das Montan-Mitbestimmungsgesetz von 1951, das Betriebsverfassungsgesetz von 1952, 1952 und 1976 sowie das Drittelbeteiligungsgesetz von 2004 zu nennen. Diese Gesetze regeln unter anderem die anteilige Besetzung des Aufsichtsrats durch die Arbeitnehmer- und Anteilseignerseite. Für weiterführende Informationen vgl. Kißler/Greifenstein/Schneider(2011), S. 1 ff.; vgl. Niederhoff (2005), S. 1 ff.; vgl. Streeck/Kluge(1999), S. 17 ff. und vgl. Frick/Kluge/Streeck (1999), S. 19 ff. sowie die erwähnten Gesetzestexte selbst.

Grund auch von einem dualistischen Modell der Unternehmensverfassung[498] mit einem zweigliedrigen Leitungsorgan (Vorstand und Aufsichtsrat).[499] Im Hinblick auf die Besonderheiten der finanziellen Aufbauorganisation im kontinentaleuropäischen Modell ist anzumerken, dass hierarchisch unter dem kaufmännischen Vorstand (erste Führungsebene) meist ein Leiter Finanz- und Rechnungswesen angesiedelt ist. Dieser Leiter auf der zweiten Führungsebene ist gleichermaßen bspw. für die Bereiche Rechnungswesen, Finanzen (Treasury) und Steuern sowie diverse andere Bereiche zuständig. Somit kann im Vergleich zum angelsächsischen Modell bei dem kontinentaleuropäischen Modell frühestens (wenn überhaupt) auf der dritten Führungsebene ein selbständiges finanzwirtschaftliches Subsystem angesiedelt sein.[500] Dort kann dann bspw. ein verantwortlicher Leiter für den Bereich Treasury hierarchisch eingeordnet werden. Für eine grafische Darstellung siehe Abbildung 18.

Abbildung 18: *Aufbauorganisation kontinentaleuropäisches Modell*

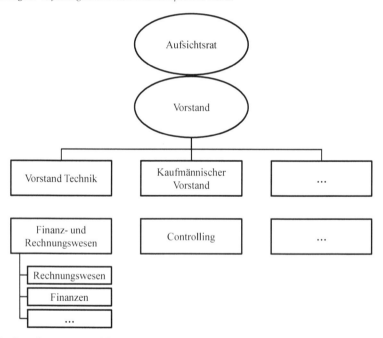

Quelle: *Darstellung in enger Anlehnung an Kaiser (2011), S. 369.*

---

[498] Vgl. Kaiser (2011), S. 368 f. sowie die genannten Paragrafen des Aktiengesetzes.
[499] Vgl. Zipperling (2012), S. 31.
[500] Vgl. Kaiser (2011), S. 368 f.

Im angelsächsischen Modell gibt es zum einen das Board of Directors, welches originär die Geschäfte des Unternehmens führt und die Vertretungsfunktion nach außen innehat. Der sogenannte Chairman steht dem Board of Directors vor.[501] Das Board setzt sich aus Inside (Angestellte der Unternehmung) und Outside (unternehmensexterne) Members zusammen. Outside Member sind oft ehemalige Officer von anderen Gesellschaften und sollen einen gesunden Grad an Distanz, Unbefangenheit und Objektivität (unter dem Risiko eines limitierten tiefgreifenden Verständnisses der Unternehmung) einbringen.[502] Die Mitglieder des Board of Directors werden von der Aktionärshauptversammlung gewählt.[503] Zum anderen gibt es Officers, die vom Board of Directors ernannt werden.[504] Die (Senior) Officers, wie bspw. der CEO oder CFO, sind für die Strategie und die operationelle Richtung der Gesellschaft verantwortlich.[505] Gesetzlich ist es zulässig, dass Mitglieder des Board of Directors Angestellte der Gesellschaft sind und speziell auch eine Position als Officer innehaben dürfen. Hier herrscht im Vergleich zu dem kontinentaleuropäischen Modell keine gesetzliche Trennung vor und es wird daher auch von einer dualistischen Unternehmensverfassung gesprochen.[506] Somit kann davon gesprochen werden, dass bei diesem Modell im Gegensatz zu dem dualistischen Modell die Leitungs- und Kontrollkompetenz zusammengefasst sind.[507] Bei dem angelsächsischen Modell herrscht zwischen den Officer Aufgabentrennung. So gibt es in diesem Modell standardgemäß einen CFO, der primär für die finanzwirtschaftlichen Aspekte der Unternehmensführung zuständig ist. Im Vergleich zum kontinentaleuropäischen Modell kann davon gesprochen werden, dass ab der zweiten Führungsebene ein selbstständiges finanzwirtschaftliches Subsystem existiert. Auf der zweiten Führungsebene gibt es nämlich im Regelfall die zwei Bereiche Treasury und Controlling, welche sich – stark vereinfacht gesprochen – die Aufgaben des Finanz- und Rechnungswesen im kontinentaleuropäischen Modell untereinander aufteilen.[508] Somit findet eine Spezialisierung der finanzwirtschaftlichen Aufgabenbereiche bereits auf der zweiten Führungsebene statt und nicht erst – wie im kontinentaleuropäischen Modell – frühestens auf der dritten. Für eine grafische Darstellung siehe Abbildung 19.

An dieser Stelle sei jedoch erwähnt, dass davon gesprochen werden kann, dass weltweit die verschiedenen Corporate Governance-Systeme zunehmend konvergieren. Dieser Effekt ist speziell bei international tätigen Unternehmen zu registrieren und kann auf einen (langsamen) Angleich der Umweltbedingungen, wie Finanzmärkte und -institutionen, Gesetze sowie kulturelle Aspekte zurückgeführt

---

[501] Vgl. Kaiser (2011), S. 369.
[502] Vgl. Eiteman/Stonehill/Moffett (2010), S. 30 und vgl. Czinkota (2009), S. 375.
[503] Vgl. Schewe (2005), S. 70.
[504] Vgl. Kaiser (2011), S. 369.
[505] Vgl. Eiteman/Stonehill/Moffett (2010), S. 30 f. und vgl. Czinkota (2009), S. 376.
[506] Vgl. Kaiser (2011), S. 369 ff.
[507] Vgl. Schewe (2005), S. 70.
[508] Vgl. Kaiser (2011), S. 369 ff.

werden.[509] Ein Beispiel hierfür ist die Europäische Aktiengesellschaft (Societas Europaea (SE)). Durch diese Rechtsform kann die monistische Unternehmensverfassung Eingang in das deutsche Rechtssystem finden, was bei einer Aktiengesellschaft undenkbar wäre. Bei einer europäischen Aktiengesellschaft besteht ein Wahlrecht zwischen der monistischen und der dualistischen Unternehmensverfassung. Es besteht zwar keine hundertprozentige Übereinstimmung mit dem hier vorgestellten angelsächsischen Modell,[510] jedoch zeigt diese Möglichkeit die internationale Konvergenz der Corporate Governance-Systeme.

Abbildung 19: *Aufbauorganisation angelsächsisches Modell*

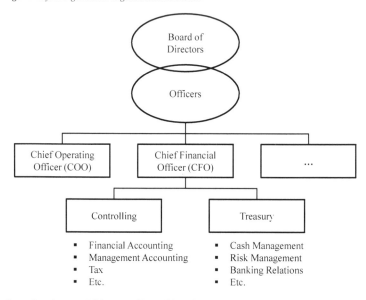

Quelle: *Darstellung in enger Anlehnung an Kaiser (2011), S. 372.*

Bei der Gestaltung der Ablauforganisation (Prozesse etc.) spielt die strikte funktionale Trennung (auch im Vertretungsfall) von Aufgaben eine entscheidende Rolle. Miteinander unvereinbare Aufgaben sind von unterschiedlichen Mitarbeitern innerhalb der Treasury-Abteilung durchzuführen. Dieser Grundsatz gilt vor allem in den Bereichen Handel, Abwicklung und Kontrolle[511] sowie Risikoüberwachung. Darüber hinaus ist sicherzustellen, dass bei allen Tätigkeiten ein Vier-Augen-Prinzip vorherrscht. Eine solche funktionale Trennung innerhalb der Treasury

---

[509] Vgl. Padgett (2012), S. 6 ff.
[510] Vgl. Kaiser (2011), S. 370 f.
 Für eine ausführliche Darstellung der Wahlmöglichkeit zwischen einem monistischen oder dualistischen System bei dem Aufbau einer SE sowie die daraus folgende Mitbestimmung vgl. Lange (2006), S. 8 ff.
[511] Vgl. Guserl/Pernsteiner (2011), S. 543 f.

kann durch eine Unterteilung der Ablauforganisation in die Bereiche Front-, Middle- und Back-Office erreicht werden.[512] Eine allgemeine Darstellung einer solchen idealtheoretischen Treasury-Management-Organisation findet sich in Abbildung 20 sowie eine ausführliche Diskussion dieser organisationalen Aspekte der Corporate Governance im Treasury-Management im organisationalen Exkurs in Kapitel 3.

Abbildung 20: *Allgemeine Darstellung Treasury-Management-Organisation*

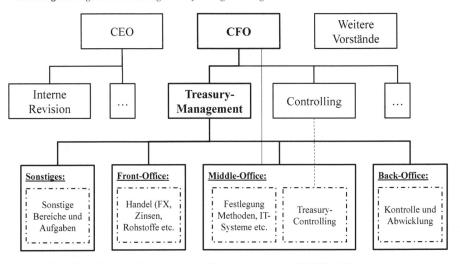

Quelle: *Eigene Darstellung in Anlehnung an Verband Deutscher Treasurer e.V. (2008), S. 25 und Gilg (2008), S. 298.*

An dieser Stelle sei nochmals kurz vorab erwähnt, dass der maßgebliche Grundsatz für die Gestaltung aller Prozesse im Treasury-Management die klare funktionale und organisationale Trennung (eine festgeschriebene Form existiert nicht) der geschäftsabschließenden Tätigkeiten (Front-Office), der risikoüberwachenden Aufgaben (Middle-Office) und der Kontroll- und Abwicklungsaufgaben (Back-Office) sein sollte. Es bedarf somit einer umfassenden und eindeutigen Definition aller Prozesse und der damit verbundenen Aufgaben, Kompetenzen und Verantwortlichkeiten, Kommunikationspfade und Kontrollinstanzen.[513] Zusätzlich kann die Einrichtung eines Treasury-Komitees zur Steuerung und Überwachung der Treasury-Management-Aktivitäten sinnvoll sein. Falls es zur Einrichtung eines solchen Komitees kommt, ist die Sitzungsfrequenz sowie die Zusammensetzung der Mitglieder des Komitees in einem Regelwerk festzuhalten. Die Aufgaben des Treasury-Komitees umfassen im Normalfall Beschlüsse zu Maßnahmen und

---

[512] Vgl. Verband Deutscher Treasurer e.V. (2008), S. 23 f.
[513] Vgl. Verband Deutscher Treasurer e.V. (2008), S. 23 ff.; vgl. Gilg (2008), S. 23 und vgl. Rapp (2011), S. 76.

Strategien im Hinblick auf die allgemeinen Anforderungen an die Treasury sowie auf das Aufgabenspektrum des Funktionsbereiches. Beschlüsse bedürfen einer zusätzlichen Genehmigung der Ressortleitung.[514]

Regelwerk und Dokumentation

In diesem Teilbereich der treasury-spezifischen Corporate Governance ist festzuhalten, dass ein für alle Mitarbeiter zugängliches, permanent verfügbares, für fachkundige Dritte verständliches und sich den aktuellen Veränderungen in Aktivitäten und Prozessen des Treasury-Managements ständig anpassendes Regelwerk vorzuliegen hat. Dieses Regelwerk hat vor allem die Aufbau- und Ablauforganisation, die Aufgaben- und Kompetenzzuordnung sowie alle Treasury-Management-Prozesse (speziell die Risikosteuerungs- und Controllingprozesse) zu regeln. In der Industriepraxis hat sich für die Ausgestaltung eines solchen Regelwerks ein dreistufiges Konzept durchgesetzt: (1) Rahmenrichtlinien – präzisieren grundlegende geschäfts- und risikopolitische Vorgaben, (2) Funktionsrichtlinien – regeln Aufgaben- und Funktionsbereiche des Treasury-Managements und (3) funktionsbezogene Arbeitsanweisungen – konkretisieren Geschäftsaktivitäten (detaillierte Abläufe) auf Basis der geltenden Funktionsrichtlinien. Der Detaillierungsgrad dieser Richtlinien ist zum einen von Art und Umfang der geschäftlichen Aktivitäten des jeweiligen Unternehmens abhängig und zum anderen von der Komplexität des Geschäftsmodells.[515] Einen schematischen Überblick gibt Abbildung 21.

Mitarbeiter

Ein weiterer wichtiger Punkt, der im Sinne einer angemessenen Corporate Governance im Treasury-Management zu beachten ist, sind Regelungen in Zusammenhang mit den Mitarbeitern der Treasury-Abteilung. Es bedarf einer ständig gewährleisteten angemessenen quantitativen und qualitativen Personalausstattung. Die Mitarbeiter müssen für ihren Aufgaben- und Verantwortungsbereich über Kompetenzen[516] und Fachwissen verfügen. Sie müssen entsprechend geschult sein. Mitarbeiterausfälle dürfen zu keinen nachhaltigen Störungen im betrieblichen Ablauf führen. In Bezug auf das Verhalten der Mitarbeiter sollte eine unternehmensweit gültige Compliance- und Ethik-Richtlinie definiert werden.[517]

---

[514] Vgl. Verband Deutscher Treasurer e.V. (2008), S. 31 und vgl. Guserl/Pernsteiner (2011), 544.
[515] Vgl. Verband Deutscher Treasurer e.V. (2008), S. 19.
[516] *Für eine empirische Untersuchung zu den benötigten Kompetenzen im Treasury-Management vgl. Phillips (1997), S. 69 ff.*
[517] Vgl. Verband Deutscher Treasurer e.V. (2008), S. 21.

Abbildung 21: *Übersicht Regelwerk Treasury-Management*

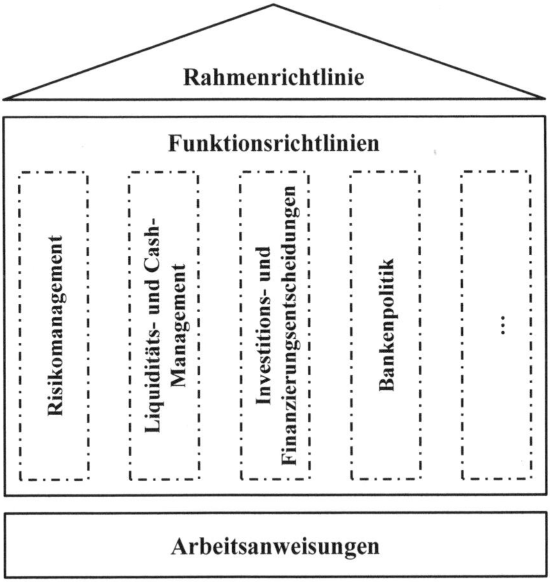

```
                    ▲
                   ╱ ╲
                  ╱   ╲
                 ╱     ╲
                ╱Rahmen-╲
               ╱richtlinie╲
              ╱_____╲
              │Funktionsrichtlinien                            │
              │ ┌───┐ ┌───┐ ┌───┐ ┌───┐    ┌───┐              │
              │ │Ri-│ │Li-│ │In-│ │Ban-│   │...│              │
              │ │si-│ │qui│ │ves│ │ken-│   │   │              │
              │ │ko-│ │di-│ │ti-│ │po- │   │   │              │
              │ │ma-│ │tä-│ │ti-│ │li- │   │   │              │
              │ │na-│ │ts-│ │on-│ │tik │   │   │              │
              │ │ge-│ │und│ │s- │ │    │   │   │              │
              │ │ment│ │Ca-│ │und│ │    │   │   │              │
              │ │   │ │sh-│ │Fi-│ │    │   │   │              │
              │ │   │ │Ma-│ │na-│ │    │   │   │              │
              │ │   │ │na-│ │nz-│ │    │   │   │              │
              │ │   │ │ge-│ │ie-│ │    │   │   │              │
              │ │   │ │ment│ │ru-│ │    │   │   │              │
              │ │   │ │   │ │ngs│ │    │   │   │              │
              │ └───┘ └───┘ └───┘ └───┘    └───┘              │
              │                                                │
              │              Arbeitsanweisungen                │
              └────────────────────────────────────────────────┘
```

Quelle: *Eigene Darstellung in enger Anlehnung an Verband Deutscher Treasurer e.V. (2008), S. 19.*

Technische Ausstattung

Die technische (sowie organisatorische) Ausstattung (Umfang und Qualität) des Treasury-Managements sollte an den betrieblichen Erfordernissen, den durchgeführten geschäftlichen Aktivitäten sowie dem herrschenden Risikoprofil ausgerichtet sein.[518] Die verwendeten IT-Systeme[519] im Treasury-Management müssen die Verfügbarkeit, Authentizität, Integrität, Einheitlichkeit und Nachvollziehbarkeit der Daten über den gesamten Konzern hinweg sicherstellen. Es muss eine „Single Source of Truth[520]" (eine einheitliche Datenquelle) geben, aus der konzernweit Daten nachvollziehbar und konsistent generiert werden können. Als Grundlage hierfür ist eine harmonisierte Datenstruktur zu schaffen sowie Kennzahlen (KPIs) und Stammdaten konzernweit einheitlich zu definieren. Diese sind dann in allen relevanten Quellsystemen durchgängig und identisch abzubilden.

---

[518] Vgl. Verband Deutscher Treasurer e.V. (2008), S. 23.
[519] Für weiterführende Informationen zu Ablauf und Struktur eines beispielhaften Auswahl- und Implementierungsprozesses für ein unternehmensindividuell passendes Treasury-Management-System in fünf Schritten (Schritt 1: „Initial Evaluation and Screening", Schritt 2: „Locating Resellers", Schritt 3: „Setting Up Your Test Environment & Testing Process", Schritt 4: „Presentations to Management" und Schritt 5: „Closing the Deal & Conversion Process"), vgl. Perry (2005), S. 24 ff.
[520] Für die Darstellung eines integrierten Treasury-Management-Ansatzes u.a. basierend auf integrierten IT-Systemen vgl. Schmude/Svatopluk (2008), S. 275 ff.

Das Gleiche gilt für alle Schnittstellen (IT-Systeme oder Prozesse) zu anderen Bereichen, die der Treasury vor- oder nachgelagert sind. Darüber hinaus muss ein Notfallkonzept für Problemfälle existieren.[521]

Interne Revision

Abschließend soll hier auf die Wichtigkeit eines internen Kontroll- und Überwachungssystem im Rahmen der Corporate Governance hingewiesen werden. Dieses interne Kontrollsystem sollte aufbau- und ablauforganisatorische sowie risikoidentifizierende, -steuernde und -kontollierende Aspekte umfassen.[522] Die Interne Revision ist integraler Bestandteil dieses unternehmensinternen Überwachungsprozesses.[523] Sie ist als unabhängige (Stabs-)Stelle organisatorisch unmittelbar der Geschäftsführung zugeordnet und unterstellt. Eine Weisungsbindung existiert nur gegenüber der Geschäftsführung.[524] Die Interne Revision befasst sich mit unternehmensweiten Überwachungs- und Beratungsaufgaben und orientiert sich dabei an den Unternehmenszielen.[525] Im Hinblick auf das Treasury-Management führt die Interne Revision regelmäßige Kontrollen auf Grund eines Prüfplans und bei Bedarf auch ad hoc durch. Diese Prüfungen sollten (in regelmäßigen Abständen) alle Treasury-Management-Aktivitäten umfassen (auch z. B. durch Outsourcing ausgelagerte Prozesse). Darüber hinaus sollte bei neuen Projekten im Treasury-Management am Anfang entschieden werden, ob eine Beteiligung der Internen Revision sinnvoll ist und Mehrwert liefern kann.[526]

---

[521] Vgl. Häfner/Hiendelmeier (2008), S. 164 f. und vgl. Verband Deutscher Treasurer e.V. (2008), S. 23.
[522] Vgl. Gilg (2008), S. 294.
[523] Vgl. Verband Deutscher Treasurer e.V. (2008), S. 33 und vgl. Knapp (2009), vgl. S. 31.
[524] Vgl. Verband Deutscher Treasurer e.V. (2008), S. 33.
[525] Vgl. Knapp (2009), S. 39 und vgl. Peemöller (2008), S. 3.
[526] Vgl. Verband Deutscher Treasurer e.V. (2008), S. 33.

3 Treasury-Management Internationaler Unternehmen – Ansätze und Systematik

Durch die Schaffung eines ersten holistischen Verständnisses des Treasury-Managements Internationaler Unternehmen in Kapitel 2. wurde klar, dass Treasury-Management äußerst komplex und in seinen Facetten sehr breit gefächert ist.[527] Seine Ausgestaltung variiert in der Praxis von Unternehmen zu Unternehmen (siehe auch Kapitel 2.2.3 und 2.2.4). Aus diesem Grund wird nun in dieser Arbeit ein theoretischer Rahmen zur Beschreibung des Treasury-Managements von international tätigen Großkonzernen hergeleitet (Treasury-Management-Modell – Kapitel 3.1). Diese Systematisierung soll als Ausgangspunkt, Basis und Bezugsrahmen für die Erörterung wissenschaftlicher Ansätze des Treasury-Managements von Internationalen Unternehmen fungieren sowie als Auswertungs- und Reflektionsgrundlage für die Empirie in Kapitel 4 dienen. Sie weist eine Art von externem Betrachtungscharakter auf.

Auf Grund der Fokussierung der vorliegenden Arbeit – auf die Analyse des Treasury-Managements von Internationalen Unternehmen – bezieht sich die im Anschluss zu entwickelnde Systematisierung klar auf Großkonzerne und deren internationale Treasury-Management-Aktivitäten. Eine Anwendung der Inhalte (ohne Anpassungen) auf rein national tätige Unternehmen oder KMUs sowie größere mittelständische Unternehmen ist nicht vorgesehen. Es wird ein möglichst holistischer Ansatz für die Struktur und Inhalte gewählt. Auf Detailaspekte wird bei der Erörterung einzelner Teilbereiche des Treasury-Managements eingegangen. Die Zusammenhänge zwischen diesen Bereichen finden zusätzlich Beachtung. Darüber hinaus wird bei der gesamten Systematisierung und der Detaildiskussion das Zusammenspiel mit anderen Unternehmensbereichen berücksichtigt. Die angestrebte und dargestellte Analyseebene ist die strategische Dimension des Treasury-Managements (siehe Kapitel 2.2.2). Außerdem wird – soweit möglich – eine starke Praxisrelevanz angestrebt.

Zusammenfassend ist somit zu konstatieren, dass die durchgeführte Systematisierung des Treasury-Managements von Internationalen Unternehmen die Schaffung eines Bezugsrahmens als Basis für eine zusammenfassende, auf wissenschaftlichen sowie praxisorientierten Ansätzen und Forschungsergebnissen beruhende Darstellung der existierenden Ansätze im Bereich Treasury-Management von Internationalen Unternehmen als Ziel hat. Auf Grund der Komplexität des Themas „Treasury-Management Internationaler Unternehmen" wird nach erfolgter Herleitung eine Themenfokussierung auf die Bereiche Cash-Management, Bankensteuerung und Organisation durchgeführt.

---

[527] Vgl. Bragg (2010a), S. ix.; vgl. Sperber (1999), S. 17 und vgl. Reisch (2009), S. 3.

3.1 Treasury-Management-Modell – Herleitung

Das in diesem Kapitel zu entwickelnde Treasury-Management-Modell stellt den Systematisierungsrahmen für alle weiteren Ausführungen zum Treasury-Management von Internationalen Unternehmen in dieser Arbeit dar. Die einzelnen Komponenten des Treasury-Management-Modells[528] bilden die verschiedenen (Haupt-)Aufgabenbereiche einer Treasury-Abteilung von Großkonzernen[529] ab. Sie beschreiben auf einer Metaebene alle existierenden Treasury-Management-Aufgaben in der Form, dass sie die einzelnen Teilaufgaben zu Aufgabengruppen zusammenfassen. Die zur Gruppenbildung verwendeten Aufgabenbereiche korrespondieren mit der in dieser Arbeit verwendeten Treasury-Management-Definition (siehe Kapitel 2.2.4.2). Sie basieren des Weiteren auf den Ergebnissen der drei[530] Untersuchungen des Kapitels 2.2.3.1 zur Bestimmung des Aufgabenspektrums des Treasury-Managements von Internationalen Unternehmen. Alle drei Untersuchungen führten zu ähnlichen Ergebnissen, wodurch eine Ableitung des primären Aufgabenspektrums des Treasury-Managements (aus praktischer und theoretischer Sicht) möglich war. Dieses ist wie folgt:

- Cash-Management
- Risikomanagement
- Bank-Relationship-Management
- Finanzierungsentscheidungen
- Investitionsentscheidungen
- Finanzsteuerung

---

[528] *Unter einem Modell wird die vereinfachte, abstrakte und generalisierte Abbildung eines Originals (der Realität) verstanden, welches von einem Subjekt ersatzweise und unter Beschränkung zu einer bestimmten Zeit mit einem definierten Zweck erstellt wird. Somit definiert ein Modell einen individuellen Realitätsausschnitt, welcher die für das zu erstellende Subjekt relevanten Tatsachen und Merkmale umfasst und darstellt. Bei dieser Vereinfachung der Realität müssen Strukturen etc. so erfasst werden, dass Übertragungen zwischen Modell und Realität möglich ist. Modelle werden zum Erklären und Verstehen von Strukturen und Funktionen der Realität sowie zur Problemlösung eingesetzt. Oft findet ein Modell Anwendung, wenn die Realität komplex und die Betrachtung des Originals zu aufwendig oder nicht zu bewältigen ist. Vgl. Müller-Steinfahrt (2006), S. 122 f. und vgl. Stachowiack (1973), S. 132 ff.*

[529] *Der Hauptgrund, weshalb eine Übertragung ohne Anpassung des Modells auf mittelständische Unternehmen oder KMUs nicht möglich ist, liegt darin begründet, dass viele Mittelständler keine eigenständige Treasury-Abteilung haben. Es erfolgt bspw. eine unternehmensexterne Fremdvergabe. Des Weiteren gilt allgemein im Finanzmanagement, dass dieses umso professioneller ist, je größer ein Unternehmen ist – auch gerade im Bereich des Mittelstands. Vgl. Meffert/Klein (2007), S. 180 ff. und vgl. Priermeier (2005), S. 12.*

[530] *Diese Untersuchungen umfassen: (1) eine Studie zu Stellenanzeigen im Bereich Treasury-Management sowie eine ergänzende Erhebung des Verbandes Deutscher Treasurer e.V., (2) eine Auswertung der publizierten Themenkomplexe des Journal of Corporate Treasury Management und (3) eine Analyse der Ausprägungen von wissenschaftlichen Treasury-Management-Definitionen. Siehe auch Kapitel 2.2.3.1 dieser Arbeit.*

Für die Strukturierung der Aufgabenbereiche im Treasury-Management-Modell wird diese Gliederung weitestgehend übernommen. Der Bereich „Bank-Relationship-Management" wird jedoch nicht als eigenständiger Aufgabenbereich in das Modell integriert. Er stellt vielmehr einen Querschnittsbereich dar, dessen Aufgaben sich auch anderen Bereichen zuordnen lassen. Eine detaillierte Erörterung findet sich in Kapitel 3.4 dieser Arbeit. Ergänzend zu den verbleibenden fünf Aufgabenbereichen enthält das hier Anwendung findende Treasury-Management-Modell einen Bereich „Treasury-Organisation". Dieser umfasst keine originären Treasury-Management-Aufgaben, sondern schließt alle organisatorischen Aspekte einer Treasury-Abteilung ein. Für eine grafische Darstellung des Treasury-Management-Modells siehe Abbildung 22.

Abbildung 22: *Treasury-Management-Modell*

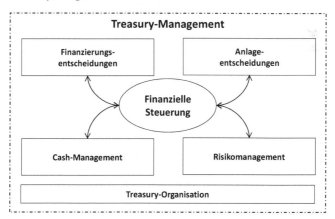

Quelle: *Eigene Darstellung.*

Die einzelnen Aufgabenbereiche innerhalb des Modells stehen in enger Verbindung zueinander. Sie sind nicht autark organisiert, sondern stehen in (reger) Interaktion. Die grafische Anordnung der einzelnen Aufgabenbereiche hat nur in den Fällen „Finanzielle Steuerung" und „Treasury-Organisation" eine tiefere Bedeutung. Die zentrale Stellung der „Finanziellen Steuerung" symbolisiert die Wichtigkeit dieses Aspektes sowie die Einflussnahme (Koordination und Leitung) – symbolisiert durch die dargestellten Pfeile – auf die anderen Bereiche. Die nach unten abgesetzte Anordnung der „Treasury-Organisation" stellt die diesem Bereich innewohnende grundstrukturbildende Eigenschaft dar. Es wird sozusagen ein Fundament für die auszuführenden Aufgaben gebildet.

Der Bereich „Treasury-Organisation" kann daher auch als eine Art „Fundament" für die anderen Bereiche verstanden werden. Die Treasury Organisation bildet den Ordnungsrahmen für die im Treasury-Management abzuwickelnden Aufgaben.

Sie umfasst die Aufbau- und Ablauforganisation des Treasury-Managements. Hier ist speziell die Officestruktur (Front-, Middle- und Back-Office) sowie ergänzend das (gewählte) Centerkonzept (Treasury als Profit, Cost oder Service Center) des Treasury-Managements zu nennen. Des Weiteren fallen unter organisationale Aspekte im Bereich der Treasury die Frage nach dem Zentralisierungsgrad sowie die hieraus resultierende Standortstruktur der Treasury-Abteilung (Stichwort: globales vs. regionales Treasury-Center).[531]

Neben dem Bereich „Treasury-Organisation" – fungierend als eine Art Ordnungsrahmen – hat auch der Bereich „Finanzielle Steuerung" eine besondere Stellung im Modell. Er kann als ein koordinierender und lenkender Aspekt innerhalb des Modells angesehen werden. Dieser Bereich steht zum einen für die ihm zugehörigen Aufgaben und zum anderen symbolisiert er den strategischen Aspekt (Zielsetzungen) des Treasury-Managements, welcher auch im Treasury-Partner-Modell Ausdruck findet (siehe hierzu auch Kapitel 2.2.3.2).

Der Aufgabenbereich „Finanzierungsentscheidungen" umfasst alle Maßnahmen, die auf die Finanzierung des Konzerns abzielen. Gerade im kurzfristigen Bereich kann es hier zu einer gewissen Überschneidung mit dem Cash-Management in der Innenfinanzierung kommen. Speziell zählen zu diesem Bereich alle Aktivitäten im Zusammenhang mit der Rechtsstellung der Kapitalgeber[532] (Eigenkapital oder Fremdkapital), der Mittelherkunft (Konzerninnen- und Konzernaußenfinanzierung), dem Finanzierungshorizont (kurz-, mittel- oder langfristig), den Kapitalkosten und der Kapitalstrukturpolitik[533] sowie die Fakturierung des Kapitals und die Festlegung des Marktes für die Kapitalbeschaffung.

Unter den Bereich „Anlageentscheidung" fallen alle Aktivitäten, die mit der (lang- oder kurzfristigen) Anlage von (überschüssigem) Kapital zu tun haben. Darüber hinaus spielen auch unterstützende Tätigkeiten sowie die Einflussnahme des Treasury-Managements bei Investitionsentscheidungen (CAPEX-Prozesse etc.) von anderen Unternehmensbereichen eine wichtige Rolle (Stichwort: Stufe 4 des Treasury-Partner-Modells). Zu diesen Investitionsentscheidungen gehören somit u.a. Überlegungen basierend auf der Investitionsrechnungstheorie[534] sowie bspw. Portfoliooptimierungsentscheidungen oder Diversifikationsaspekte im internationalen Kontext.[535]

---

[531] *Ergänzend ist die Möglichkeit einer Fremdvergabe von Treasury-Aufgaben an unternehmensexterne Dritte durch Outsourcing sowie die unternehmensinterne Serviceerbringung durch ein Shared Service Center-Ansatz in dem Bereich „Treasury-Organisation" einzuordnen.*
[532] *Für weiterführende Informationen vgl. Wöhe u.a. (2009), S. 22 ff.*
[533] *Für weiterführende Informationen vgl. Jaeger (2012), S. 3 ff.*
[534] *Für weiterführende Informationen zu den existierenden Investitionsrechenverfahren und der in diesem Bereich wichtigsten theoretischen Grundlagen vgl. Perridon/Steiner/Rathgeber (2009), S. 29 ff.; vgl. Schierenbeck/Wöhle (2008), S. 384 ff. und vgl. Kruschwitz (2011), S. 1 ff.*
[535] *Für weiterführende Informationen zur internationalen Portfoliotheorie und Diversifikation vgl. Butler (2008), S. 467 ff.; vgl Czinkota (2009), S. 327 ff.; vgl. Solnik/McLeavey (2009), S. 117 ff. sowie S. 385 ff. und vgl Eitemann/Stonehill/Moffett (2010), S. 432 ff.*

Der Aufgabenbereich „Cash-Management" im Treasury-Management-Modell umfasst primär alle Aktivitäten, die im Zusammenhang mit der Liquiditätsdisposition des Konzerns und seiner Teilunternehmen stehen. Darüber hinaus ist stets der Kontakt zu Banken in diesem Bereich zu beachten (Stichwort: Bankensteuerung). Hierunter sind alle Methoden zu subsumieren, die den Liquiditätsfluss sowohl im Innen- als auch im Außenverhältnis aktiv beeinflussen. Ein Beispiel hierfür ist u.a. die Cash Management-Methode des Cash Pooling oder das Netting. Darüber hinaus ist hier das große Feld des Working Capital-Management einzuordnen und speziell auf die Optimierung des Cash Conversion Cycles hinzuweisen.

„Risikomanagement" umfasst alle Aktivitäten, die im Zusammenhang mit Risikoaspekten der Unternehmung stehen. Gerade bei Internationalen Unternehmen kommt durch deren internationale Präsenz und Geschäftstätigkeit der Aspekt des Wechselkursrisikos etc. als erschwerender und verkomplizierender Faktor hinzu. Der Bereich „Risikomanagement" im Treasury-Management umfasst im Speziellen den Risikomanagement-Prozess mit folgenden Schritten: Risikoidentifikation, Risikoanalyse und -bewertung (sowie -aggregation), Risikobewältigung (-steuerung) und Risikoüberwachung (-monitoring).[536]

Bei der Diskussion der Zusammenhänge und Details des Treasury-Management-Modells gilt es, nicht nur die einzelnen Aufgabenbereiche (Ansätze, Strategien, Methoden etc.) sowie ihre Interaktion untereinander auf einer strategischen Ebene zu analysieren, sondern vielmehr auch übergreifende Zusammenhänge mit zu diskutieren. Diese Zusammenhänge werden durch die modellumfassende gestrichelte Linie dargestellt. Sie ist bewusst durch Strichpunkte und somit durchlässig dargestellt, um zusätzlich die Integration und Zusammenarbeit der Treasury-Abteilung mit anderen Unternehmensbereichen zu symbolisieren.

Unter ergänzend zu beachtende Gesichtspunkte fällt u.a. die Corporate Governance im Treasury-Management (siehe Kapitel 2.2.5 dieser Arbeit). Corporate Governance-Aspekte sollten stets bei einer Diskussion von treasuryrelevanten Fragestellungen Beachtung finden. Des Weiteren ist – wie bereits angedeutet – die Einordnung des gesamten Treasury-Managements in die Unternehmung sowie die Abgrenzung zu anderen Funktionsbereichen, wie dem Controlling oder Rechnungswesen, nicht zu vernachlässigen. Es wird hier auf Kapitel 2.2.4.1 verwiesen. Das vorherrschende Zielsystem der Unternehmenstreasury gilt es darüber hinaus stets zu beachten. Hier sei speziell auf das Treasury-Partner-Modell und seine drei Stufen verwiesen (siehe Kapitel 2.2.3.2) sowie auf das übergeordnete Ziel des „Ongoing Concern" (siehe Kapitel 2.2.3). Für eine erweiterte grafische Darstellung dieser ergänzenden Aspekte siehe Abbildung 23.

---

[536] Vgl. Gunkel (2010), S. 54 ff.; vgl. Guserl/Pernsteiner (2011), S. 137, vgl. Hofmann/Bühler (2004), S. 165 f.; vgl. Wiederkehr/Züger (2010), S. 17 f.; vgl. Schmitz/Wehrheim (2006), S. 34 ff.; vgl. Martin/Bär (2002), S. 88 ff.

Abbildung 23: *Erweiterte Darstellung des Treasury-Management-Modells*

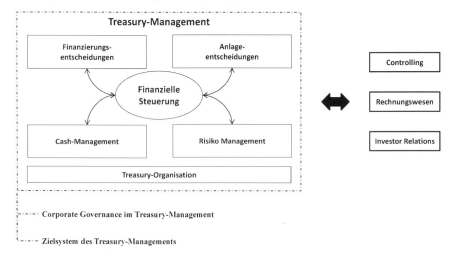

Quelle: *Eigene Darstellung.*

3.2 Treasury-Management-Modell – Schwerpunktsetzung und Fokussierung der Arbeit

In der vorliegenden Arbeit wird den aktuellen und geschichtlichen Entwicklungen sowie existierenden Trends im Treasury-Management in der Form Rechnung getragen, dass eine Fokussierung und Schwerpunktsetzung auf aktuell wichtige Aufgabenbereiche erfolgt. Deren Analyse erfolgt auf der strategischen Ebene des St. Gallener-Management-Konzeptes (Kapitel 2.2.2.1 und 2.2.2.2). Eine vollumfängliche Detailbetrachtung des Treasury-Management-Modells mit allen seinen Bereichen und Facetten wäre für den Rahmen der Arbeit zu weitführend.

Geschichtlich betrachtet entwickelte sich die Treasury von rein administrativen Aufgaben hin zu strategischen Fragestellungen, die die Gesamtunternehmung betreffen (siehe hierzu auch Kapitel 2.2.1 und 2.2.3.2). Die Globale Finanzkrise (Subprime-Krise) führte ergänzend dazu, dass die Treasury-Management-Bereiche Cash-Management, Risikomanagement sowie die übergeordnete Finanzsteuerung einer Unternehmung und im Speziellen die Bankensteuerung immer stärker in den Vordergrund traten und an Relevanz gewannen. Gerade bei Fragestellungen im Zusammenhang mit Kapital (Management, Beschaffung, Anlage etc.) spielt das Kontrahentenrisiko – speziell seit der Pleite der Investmentbank Lehman Brothers – eine entscheidende Rolle (siehe hierzu auch Kapitel 2.2.1 und 2.1.3.2.4). Aus diesem Grund findet im Rahmen der vorliegenden Arbeit eine Schwerpunktsetzung auf das Bank-Relationship-Management sowie dem Cash-Management als stark mit der Bankensteuerung verbundenen Bereich statt. Hier soll dem immer wichtiger werdenden Aspekt der aktuellen Problematik des „neuen" (verstärkten) Ausfallrisikos[537] von Banken sowie der damit einhergehenden ergänzenden Fokussierung auf konzerninterne Finanzoptimierung (Stichwort: WCM) Rechnung getragen werden. Das Kontrahentenrisiko im Bereich des „Risikomanagements" hat aktuell durch die Folgen der Globalen Finanzkrise mitunter höchste Priorität – gerade auch in Bezug auf Banken. Aus diesem Grund findet eine ergänzende Besprechung dieses Aspektes des Risikomanagements für den Bereich Bank-Relationship-Management im Speziellen statt. Der Bereich „Risikomanagement" wird somit nicht umfänglich mit allen seinen Facetten betrachtet, sondern es werden nur solche Aspekte, die für das Bank-Relationship-Management relevant sind, dargelegt (Kontrahentenrisiko).

Die abschließende Erörterung der Treasury-Organisation (Exkurs) soll auf die Wichtigkeit einer organisationalen Verankerung der diskutierten Ansätze und Theorien der Vorkapitel hinweisen. Um spezielle Strategien durchführen zu können, bedarf es zunächst organisationaler Grundvoraussetzungen, wie bspw. einen gewissen Grad an Zentralisierung oder die Klärung der Frage nach einer möglichen Gewinnerzielungsabsicht der Treasury. Somit sollte eine umfassende (theoretische) Erörterung von Treasury-Management-Aspekten auch immer die Treasury-Organisation beleuchten – so auch in dieser Arbeit.

Abbildung 24: *Schwerpunktsetzung Treasury-Management-Modell*

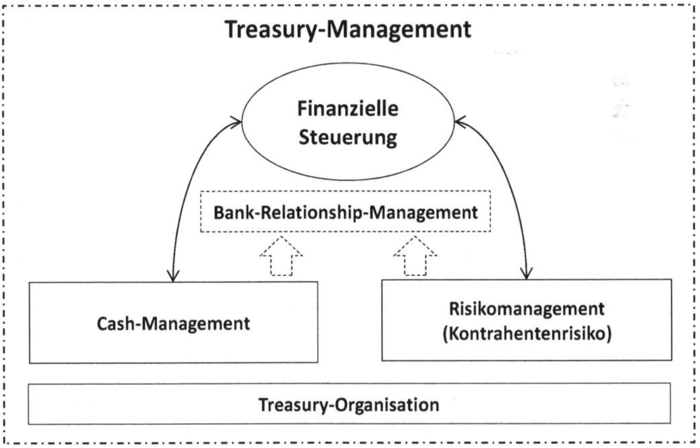

Quelle: *Eigene Darstellung.*

---

[537] *In diesem Zusammenhang ist auch die Problematik einer restriktiven Kreditvergabe zu erwähnen. Diese führt in der Regel bei Unternehmen zu einer Fokussierung auf die Innenfinanzierungskraft und somit bspw. zu einer Stärkung des Working Capital-Managements als Teil des Cash-Managements. Vgl. Heyke/Stahl (2010), S. 28.*

Die nicht im Detail behandelten Bereiche des Treasury-Management-Modells – wie die komplexe (konzernweite) finanzielle Steuerung oder das vollumfängliche Risikomanagement sowie die Finanzierungs- und Anlageentscheidungen – sind für eine erfolgreiche finanzielle Unternehmensführung nicht minder entscheidend oder wichtig; sie bilden nur nicht den primären Fokus dieser Arbeit. Teilaspekte werden auf Grund der Interaktion aller Bereiche des Modells untereinander in den im Detail betrachteten Bereichen teilweise miterörtert.

Die empirische Analyse des Kapitel 4. baut auf dieser Fokussierung auf. Für eine grafische Darstellung der in dieser Arbeit betrachteten Bereiche des Treasury-Management-Modells siehe Abbildung 24.

3.3 Cash-Management

Traditionell glauben Unternehmen, dass Gewinne[538] Erfolge zeigen. Zwar ist dieser Glaube durchaus richtig, allerding realisieren immer mehr Unternehmen auch, dass es etwas viel Fundamentaleres für das Weiterbestehen des Unternehmens gibt – nämlich Cash[539]! Das Sprichwort „Cash[540] is King" gilt nun mal für alle Unternehmen, unabhängig von ihrer Größe. Ohne „Cash" ist das „Onging Concern"-Ziel unerreichbar und bei geringen Cash-Beständen ist schon die Wettbewerbsfähigkeit des Unternehmens theoretisch gefährdet, da die Möglichkeit von Investitionen fehlt. Ein effizientes Cash-Management ist somit unersetzlich und überlebensnotwendig[541].[542] Hinzu kommt, dass die Internationalisierung in allen Bereichen der Weltwirtschaft das Komplexitätsmaß des Cash-Managements von Internationalen Unternehmen erhöht hat. Diese Komplexität wird durch den Grad der Vernetzung von unternehmerischen Aktivitäten, (steuer-)rechtlichen Rahmenbedingungen sowie durch die Volatilität von (mikro- und) makroökonomischen

---

[538] *Die Cash-Position einer Unternehmung wird als besserer Indikator für die Gesundheit einer Unternehmung angesehen als deren Gewinne (G&V-Rechnung). Das genaue Kennen und Beziffern der Cash-Position einer Unternehmung ermöglicht, Vorhersagen darüber zu treffen, wann, wie, wieviel und wo Gelder benötigt werden. Es kann die bestmöglich verfügbare Quelle gefunden werden und die Unternehmung so bestmöglich auf die Deckung von Cash-Bedarf vorbereitet werden. Vgl. Mallya/Jayanty (2011), online.*

[539] *Der Begriff „Cash" umfasst im Kontext dieser Arbeit nicht nur im Sinne einer wörtlichen Übersetzung das reine Bargeld, sondern auch weitere Komponenten. Hierzu zählen u.a.: Sichtguthaben sowie potenzielle Liquidität, bereitgestellt durch (Kontokorrent-)Kreditlinien oder kurzfristige Geldanlagen (schnell liquidierbare Assets im Allgemeinen). Es geht um den Betrag an unmittelbar verfügbarem Geld für die Unternehmung. Bei der empirischen Untersuchung in Kapitel 4.2 gelten die dortigen Definitionen von Cash.*

[540] *Bei der Definition des Begriffes „Cash" im Kontext des Treasury-Managements ist auch darauf hinzuweisen, dass Treasurer im Vergleich zu Controllern oder Wirtschaftsprüfern den Begriff „Cash" unterschiedlich wahrnehmen. Sie wenden nicht primär eine rechnungslegungsbezogene Betrachtungsweise (Accounting oder GAAP Cash View) an, sondern sehen Cash vielmehr „realer" – primär nach seiner Verfügbarkeit (Fälligkeitsstruktur). Vgl. Jeffery (2009), S. 62 ff.*

[541] *Denn nicht selten hat (geschichtlich betrachtet) ein ineffizientes oder falsches Cash-Management Grund für das Scheitern von Unternehmen. Vgl. Mallya/Jayanty (2011), online.*

[542] Vgl. Mallya/Jayanty (2011), online und vgl. Jeffery (2009), S. 47 ff.

Größen (speziell Wechselkurse und Zinsen) bestimmt.[543] Darüber hinaus wird die Wichtigkeit einer ausreichenden Liquidität gerade in Krisensituationen deutlich.

Die Notwendigkeit eines professionellen Cash-Managements beruht auf der großen Anzahl von täglichen konzerninternen sowie -externen finanzwirtschaftlichen Transaktionen (meist mit Banken). Die aus diesen Transaktionen resultierenden Überschüsse und Defizite gilt es im Konzernkontext zu steuern und zu optimieren. Es entsteht ein regelmäßiger Intermediationsbedarf, der entweder durch externe Dienstleister (Banken) gedeckt werden kann und somit einer Bankensteuerung bedarf oder aber konzernintern durch die Treasury-Abteilung im Zuge des Cash-Managements geleistet wird.[544] Das Cash-Management gehört zu den klassischen Bereichen einer Treasury-Abteilung und stellt auch heute noch ihr Herzstück dar.[545] Es ist eng mit dem Bank-Relationship-Management verbunden, da bspw. die überwiegende Anzahl der Cash-Management-Trans-aktionen über Banken abgewickelt wird oder verschiedene Methoden des Cash-Managements auf Bankdienstleistungen mit aufbauen bzw. diese ersetzen. Eine gemeinsame Betrachtung dieser beiden Bereiche ist somit essentiell.

Der Begriff „Cash-Management"[546] ist in der betriebswirtschaftlichen Literatur keinesfalls einheitlich definiert. Eine allgemein anerkannte Definition existiert nicht.[547] An dieser Stelle soll daher nicht einfach eine schriftliche Definition von Cash-Management gegeben werden, sondern vielmehr die dahinterstehende Idee beschrieben werden. Zur Sensibilisierung und zur Aufzeigung der definitorischen Breite des Begriffes „Cash-Management" sind in Tabelle 7 drei einleitend exemplarische Definitionen aufgelistet.

Im Kontext dieser Arbeit umfasst das Cash-Management die Gesamtheit aller Aktivitäten, die einen gezielten Einfluss auf das kurzfristige Finanzpotenzial eines Unternehmens nehmen. Es beschreibt somit ein aktives Agieren und kein passives Reagieren, wobei der konzerninterne Finanzausgleich im Fokus ist.[548] Das Cash-Management umfasst eine Reihe von Aktivitäten, die darauf abzielen, dass die konzernweiten Cash-Inflows und -Outflows effizient gehandhabt werden. Hierdurch werden Gelder von dem Ort, wo sie vorgehalten, dorthin geleitet wo sie benötigt werden. In anderen Worten ist Cash-Management – vereinfacht ausgedrückt – die Optimierung von Cash-Flows, Salden und kurzfristigen Investitionen,[549]

---

[543] Vgl. Boettger (1994), S. 12.
[544] Vgl. Wendland (2008), S. 27.
[545] Vgl. PWC Deutsche Revision AG/Verband Deutscher Treasurer e.V. (2003), S. 25 und vgl. Nitsch/Niebel (1997), S. 19.
[546] *Die Begrifflichkeiten „Cash- und Liquiditätsmanagement" sind weitestgehend im Hinblick auf ihre Aufgaben und Ziele gleichzusetzen. Sie werden auch in der Literatur oft synonym verwendet, so auch in dieser Arbeit. Vgl. Nitsch/Niebel (1997), S. 22.*
[547] Vgl. Deckart (2005), S. 5 und vgl. Wendland (2008), S. 26.
[548] Vgl. Makowski (2000), S. 21.
[549] Vgl. Mallya/Jayanty (2011), online und vgl. Zahrte (2010), S. 45

wodurch liquide Mittel an den richtigen Ort, zur richtigen Zeit, in der richtigen Währung und zu möglichst minimalen Kosten bereitgestellt werden.[550]

Tabelle 7: *Beispiele Definition Cash-Management*

Autor	Jahr	Definition
Wendland	2008	*„Als Cash Management wird die aktive und zielgerichtete Planung, Steuerung und Überwachung des kurzfristigen Finanzpotentials der Konzernunternehmung verstanden."*[551]
Deckart	2005	*„Unter Cash Management sind alle internen Entscheidungen zu verstehen, die auf eine zielgerichtete Steuerung des kurzfristigen Finanzbedarfs einer Unternehmensgruppe gerichtet sind."*[552]
Buckley	1992	*„Cash management is concerned with planning, monitoring and managing liquid resource."*[553]

Quelle: *Eigene Darstellung.*

Cash-Management ist nicht rein als Zahlungs- und Bonitätssicherung oder Durchführung von Transaktionen zu verstehen, sondern hängt vielmehr ebenfalls stark mit den Bereichen Risikomanagement (z. B. Währungsrisiken) und Bank-Relationship-Management sowie der gesamten (finanziellen Seite der) Supply-Chain zusammen. Darüber hinaus wird durch ein effektives Cash-Management eine signifikante Verbesserung der Profitabilität und des Wachstums der Gesamtunternehmung erwartet.[554] Ein aktives Cash-Management dient zur Erhaltung der Unabhängigkeit der Unternehmung in der Form, dass es den Bedarf an externer Kapitalaufnahme durch ein Ausnutzen von internen Finanzierungspotenzialen senkt (z. B. durch Working Capital-Management).[555] Darüber hinaus trägt ein funktionsfähiges Cash-Management mittels einer zentralen Steuerung und Kontrolle aller Zahlungsvorgänge im Konzern zu einer Erhöhung der Transparenz bei. Es können Fehlentwicklungen früh erkannt oder gar von vornherein vermieden werden, wodurch eine Risikoreduktion stattfindet.[556]

Internationale Unternehmen streben als Ergebnisse der Globalisierung und des stark wettbewerbsgeprägten Unternehmensumfeldes immer mehr anspruchsvolle und ausgeklügelte Cash-Management-Lösungen an.[557] Die aktuell vorherrschende globale finanzielle Situation (siehe Kapitel 2.1.3) hat bspw. den Fokus hin zu einem effizienten Working Capital-Management sowie einer zunehmenden Zent-

---

[550] Vgl. Herold (1994), S. 27.
[551] Wendland (2008), S. 26.
[552] Deckart (2005), S. 5.
[553] Buckley (1992), S. 570.
[554] Vgl. Zucknick/Schramm (2008), online.
[555] Vgl. Deckart (2005), S. 6.
[556] Vgl. Deckart (2005), S. 6.
[557] Vgl. Zucknick/Schramm (2008), online.

ralisierung des Liquiditätsmanagements verstärkt.[558] So war Cash-Management bereits früher[559] – und ist es auch heute noch – in vielen Bereichen mit dem Working Capital-Management gleichzusetzen.[560]

Aus diesem Grund wird auch bei der Diskussion des Cash-Managements im Zuge dieser Arbeit nach der Besprechung der Ziele und Aufgaben (Kapitel 3.3.1) dem eigentlichen Cash-Management-Prozess (Kapitel 3.3.2) sowie allgemeiner strategischer Methoden (Kapitel 3.3.3) das Working Capital-Management (Kapitel 3.3.4) als ein spezieller Ansatz des Cash-Managements schwerpunktmäßig behandelt. Es wird stets auf Verbindungen zum Bank-Relationship-Management hingewiesen, um so die starke Interaktion beider Bereiche aufzuzeigen. Abschließend wird nochmals speziell als Übergang zu Kapitel 3.3.5 (Bank-Relationship-Management) auf die Notwendigkeit von Bankbeziehungen für das Cash-Management eingegangen.

3.3.1 Ziele und Aufgaben des Cash-Managements

Die Ziele und Aufgaben des Cash-Managements von Internationalen Unternehmen sind weitestgehend unternehmensübergreifend identisch, nur der Weg der Zielerreichung und Aufgabenerfüllung variiert von Unternehmen zu Unternehmen stark.[561] Das dem Cash-Management zu Grunde liegende Zielsystem ist aus dem übergeordneten Zielbild des Treasury-Managements abgeleitet.[562] Es umfasst Sicherheit (Liquidität), Rentabilität, Risikominimierung und Unabhängigkeit als Oberziele.[563] Das Ziel des „Going Concern" kann auch hier als eine Art Klammerziel gesehen werden (siehe hierzu auch Kapitel 2.2.3).

Die Cash-Management-Ziele von Internationalen Unternehmen stehen nicht losgelöst nebeneinander, vielmehr bedingen sie sich gegenseitig und stehen in einem antinomischen Verhältnis zueinander. Diese Art von Konkurrenzbeziehung ist am stärksten zwischen den Rentabilitäts- und Sicherheitszielen ausgeprägt und zeigt sich unter anderem bei der Kassenhaltung, denn vereinfacht ausgedrückt bedeutet eine hohe Kassenhaltung hohe Sicherheit, aber nur geringe Liquidität und eine geringe Kassenhaltung geringe Sicherheit, jedoch höhere Rentabilität. Es gilt somit, für diesen Zielkonflikt eine möglichst optimale Lösung zu finden,[564] wobei die Nichtmanipulierbarkeit der Liquidität entscheidend ist. Hieraus resultiert auch die

---

[558] Vgl. van der Wal/Rijken (2010), online.
[559] Vgl. Nitsch/Niebel (1997), S. 21.
[560] Vgl. Verband Deutscher Treasurer e.V. (2011), S. 23.
[561] Vgl. Herold (1994), S. 49.
[562] Vgl. Boettger (1994), S. 78 ff.
[563] Vgl. Deckart (2005),S. 5.; vgl. Nitsch/Niebel (1997), S. 22.; vgl. Boettger (1994), S. 78 ff.; vgl. Sperber/ Sprink (1999), S. 164 und vgl. Herold (1994), S. 28 ff.
[564] Vgl. Herold (1994), S. 31 f. und vgl. Boettger (1994), S. 81 f.

Verpflichtung der Treasury, frühzeitig eventuell bedrohliche Entwicklungen zu kommunizieren, um so ein rechtzeitiges Gegensteuern zu ermöglichen.[565]

Konkreter formuliert lässt sich das Ziel des Cash-Managements von Internationalen Unternehmen wie folgt beschreiben: Es gilt, die Cash-Position des Unternehmens so zu managen, dass sie am effizientesten ist, die Kosten von Cash-Flows (Transaktionen) etc. gering sind sowie eventuelle Zinskosten minimiert und gleichzeitig Zinserträge (mit festgelegten Risikoparametern) maximiert werden. Darüber hinaus sollte die Unabhängigkeit der Unternehmung gewahrt werden – z. B. gegenüber Banken. Cash-Management dient somit auch der langfristigen Gewinnmaximierung in der Form, dass es zu einer Senkung der Finanzierungskosten sowie Transaktionskosten beiträgt.[566] Ebenfalls ist die Steigerung der Innenfinanzierungskraft des Konzerns durch aktives Cash-Management (WCM) zu erwähnen.

Zusammenfassend ist darauf hinzuweisen, dass alle Cash-Management-Aufgaben in das primäre Ziel der Liquiditätssicherung der Unternehmung münden.[567] Gegenstand, Ziel und Aufgabe des Cash-Managements ist somit primär die permanente Aufrechterhaltung (Sicherung) der Liquidität der Unternehmung unter Berücksichtigung einer möglichst hohen Rentabilität bei gewahrter Unabhängigkeit des Unternehmens. Eine prozessbezogene Gliederung dieser Cash-Management-Aufgaben stellt der Cash-Management-Prozess dar.

3.3.2 Der Cash-Management-Prozess

Der Cash-Management-Prozess lässt sich in sequenziell aufeinanderfolgende Aufgabenbereiche einteilen und umfasst drei Phasen: (1) Liquiditätsplanung, (2) Liquiditätsdisposition und (3) Liquiditätskontrolle.[568] Diese drei Phasen stehen in einem sachlogischen prozessbezogenen Zusammenhang (siehe Abbildung 25).[569]

Dieser, in der Literatur beschriebene sachlogische, prozessbezogene Zusammenhang der drei Phasen des Cash-Management-Prozesses lässt sich wie folgt beschreiben: Bei der Liquiditätsplanung erfolgt eine zukunftsgerichtete planerische Erfassung aller regelmäßigen und unregelmäßigen Ein- und Auszahlungen des (gesamten) Konzerns.[570] Es folgt die Liquiditätsdisposition, die sich hauptsächlich im Tagesgeschäft abspielt und auf Informationen der Finanzplanung basiert. Sie bildet das Herzstück des Cash-Managements und umfasst Transaktionsentschei-

---

[565] Vgl. Nitsch/Niebel (1997), S. 25.
[566] Vgl. van der Wal/Rijken (2010), online; vgl. Deckart (2005), S. 6; vgl. Herold (1994), S. 30 und vgl. Sperber/Sprink (1999), S. 164.
[567] Vgl. Nitsch/Niebel (1997), S. 24.
[568] Vgl. Zahrte (2010), S. 45; vgl. Nitsch/Niebel (1997), S. 36; vgl. Guserl/Pernsteiner (2011), S. 550 und vgl. Makowski (2000), S. 20 f.
[569] Vgl. Bonn (2006), S. 27.
[570] Vgl. Makowski (2000) S. 20.

dungen, die die Liquiditätssituation des Konzerns gezielt beeinflussen sollen, um entsprechende Zielvorgaben der Liquiditätsplanung zu erreichen. Der Bereich Liquiditätskontrolle ist für die Überwachung des Zusammenspiels von Liquiditätsplanung und -disposition verantwortlich.[571] Die Kontrolle stellt sozusagen den Gegenspieler zur Planung dar.[572] Im Zuge eines Rückkopplungsprozesses zur Liquiditätsplanung finden die Ergebnisse der Liquiditätskontrolle wieder Eingang in die Liquiditätsplanung,[573] wodurch der Prozess in sich geschlossen ist. Auf die einzelnen Phasen wird in den folgenden drei Unterkapiteln (3.3.2.1 bis 3.3.2.3) nochmals näher eingegangen.

Abbildung 25: *Der Cash-Management-Prozess*

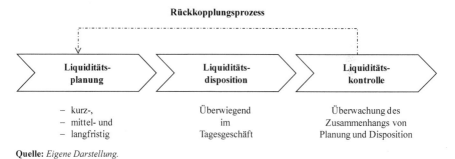

Quelle: *Eigene Darstellung.*

3.3.2.1 Liquiditätsplanung

Für eine optimale Wahrnehmung aller Treasury-Management-Aufgaben bedarf es einer professionellen Finanzplanung. Ein Treffen von möglichst optimalen Investitions- oder Anlageentscheidungen sowie eine optimierte Steuerung der finanzwirtschaftlichen Ströme ist nur auf Grundlage verlässlicher (Ist- und Plan-)Daten möglich. Hier bedarf es im Speziellen Informationen über die Höhe, Denominierung, Fälligkeit und Art der Zahlung.[574] Ein Forecasting der Liquidität ist für ein jedes Unternehmen daher unerlässlich.[575] Die Liquiditätsplanung zielt somit darauf ab, dass zukünftige Liquiditätsentwicklungen prognostiziert, geschätzt und vorausberechnet werden, um so einen Einsatz von geeigneten Maßnahmen zu ermöglichen und vorzubereiten. So ist eine optimal ausgerichtete zeitliche Synchronisierung von Ein- und Auszahlungen sowie ein möglichst minimaler Bestand an nicht oder

---

[571] Vgl. Nitsch/Niebel (1997), S. 38 f.
[572] Vgl. Horváth (2011), S. 145.
[573] Vgl. Nitsch/Niebel (1997), S. 42 und vgl. Makowski (2000), S. 21.
[574] Vgl. Sperber/Sprink (1999), S. 160 f.
[575] Vgl. Bragg (2010), S. 49.

nur ungenügend verzinsten Cash-Beständen zu erzielen.[576] Sämtliche Maßnahmen und Optimierungsansätze des Finanzmanagements bauen auf der Liquiditätsplanung auf. Die Prognose aller Liquiditätsbewegungen auf Konzern- wie auch auf Gesellschaftsebene ist entscheidend für ein effizientes Treasury-Management.[577] Die Liquiditätsplanung sollte revolvierend erfolgen.[578] Das Hauptproblem der Liquiditätsplanung ist die Prognostizierbarkeit von Einzahlungen. Je ungenauer diese Prognose ist, desto mehr liquide Mittel müssen vorgehalten werden.[579] Gerade im Bereich von kleinen Rechnungsbeträgen ist es nicht möglich, den Zahltag je Rechnung zu prognostizieren. Aus diesem Grund finden hier Verteilungsmodelle Anwendung, die – basierend auf historischen Daten – Ein- und Auszahlungen prognostizieren.[580] Es kann somit festgehalten werden: Je geografisch breiter ein Unternehmen aufgestellt ist, desto schwieriger ist es, akkurate und zeitnahe Cash-Flow-Informationen zu generieren und diese zu steuern.[581]

Einordnung der Liquiditätsplanung in die Finanzplanung

Im Allgemeinen kann die Finanzplanung (welche die Liquiditätsplanung beinhaltet) als ein Instrument zur Unterstützung der Unternehmensführung bei finanz- und geschäftspolitischen Entscheidungen verstanden werden.[582] Sie bildet daher ein zentrales Subsystem des Führungssystems.[583] Eine Einteilung der Finanzplanung kann grob in drei Bereiche vorgenommen werden: (1) Kurzfristige Prognosen – dienen primär zur Liquiditätsdisposition (Planungshorizont: 0 bis 3 Monate), (2) mittelfristige Prognosen – für Working Capital-Management etc. (Planungshorizont: 1 bis 12 Monate) und (3) langfristige Prognosen – zur Planung der Finanzierungsstrategie (Planungshorizont: 1 bis 5 Jahre).[584] Die eigentliche Liquiditätsplanung erstreckt sich dabei über die Bereiche eins und zwei dieser Einteilung. Aus diesem Grund werden im Folgenden die Bereiche (1) und (2) näher beleuchtet. Sie stehen darüber hinaus primär im Zusammenhang mit dem Cash-Management. Der dritte Bereich wird nur kurz angerissen, jedoch nicht ausführlich diskutiert. Er dient hauptsächlich als Input für die Bereiche Finanzierung- und Anlageentscheidungen des Treasury-Managements.

---

[576] Vgl. Herold (1994), S. 34 und vgl. Nitsch/Niebel (1997), S. 36.
[577] Vgl. Kohnhorst (2001), S. 116 f.
[578] Vgl. Reisch (2009), S. 20 und vgl. Eilenberger (2003), S. 351.
[579] Vgl. Herold (1994), S. 34.
[580] Vgl. Bragg (2010), S. 53 f.
[581] Vgl. Polak (2010b), S. 109 und vgl. Polak (2010a), S. 88.
[582] Vgl. Bonn (2006), S. 26 f.
[583] Vgl. Horváth (2011), S. 146.
[584] Vgl. Allman-Ward/Sagner (2003), S. 97.

Kurz- und mittelfristige Finanz-/Liquiditätsplanung

Die kurzfristige Finanz-/Liquiditätsplanung[585] weist primär einen Planungshorizont von (max.) 12 Monaten auf. Hierbei wird in Wochen, Monaten und Quartalen geplant. Mit zunehmendem Planungszeitraum geht die Planschärfe[586] auf Grund von Unsicherheiten zurück.[587] Die kurzfristige Finanzplanung weist somit die Problematik auf, dass die Input- und Outputdaten nur (unsichere) Prognosen sind. Darüber hinaus existieren nur aggregierte Größen. Informationen zur täglichen Liquidität sind nicht enthalten.[588] Ein solches Instrument ist die Liquiditätsvorschaurechnung. Sie wird tagesgenau erstellt und basiert auf fixierten Ein- und Auszahlungen. Somit fließen nur prognostizierbare Transaktionen ein.[589] Die hierfür benötigten Planungsinformationen – basierend auf eingegangenen Bestellungen und Rechnungen – müssen dezentral von den Konzerngesellschaften bereitgestellt werden. Zwar ist die Liquiditätsvorschaurechnung um einiges genauer als die kurzfristige Finanzplanung, jedoch aber immer noch mit Unsicherheiten behaftet, wodurch die Ergänzung um ein weiteres Instrument für die tagesgenaue Disposition notwendig wird.[590]

Die Grundlage dieser finanziellen Disposition bildet die tatsächlich verfügbare Liquidität des Konzerns. Es bedarf einer valutabereinigten Übersicht aller Kontensalden.[591] Der tägliche Liquiditätsstatus ist ein solches extrem kurzfristig und rein gegenwartsorientiertes Instrument (Umfang: 1 Tag).[592] Er dient zur Ermittlung der disponiblen Liquidität und wird an jedem Dispositionstag erstellt. Es wird dem Tagesanfangsbestand an liquiden Mitteln alle bereits valutierten Ein- und Auszahlungen hinzugerechnet, um als Ergebnis den zur Verfügung stehenden tagesgenauen Planendbestand zu erhalten.[593]

Alle Entscheidungen des Treasury-Managements im Rahmen des Cash-Managements basieren auf den drei beschriebenen Plänen: kurzfristige Finanzplanung, Liquiditätsvorschaurechnung und täglicher Liquiditätsstatus. Durch den unterschiedlichen Planungshorizont (Planungsschärfe) wird ein umfassendes Bild der zukünftigen Liquiditätssituation der Unternehmung gezeichnet. Hierbei ist sowohl

---

[585] *Für weiterführende Informationen zur konkreten Gestaltung (sowie Prognoseverfahren) eines solchen Finanzplans vgl. Bonn (2006), S. 70 ff.*
[586] *Im kurzfristigen Bereich ist der Grundsatz der Zeitpunktgenauigkeit entscheidend. Gemeldete Beträge sollten auch wirklich am gemeldeten Valutadatum gebucht werden. Gerade bei der tagesgenauen Planung können schon kleine Fehler zu großen Problemen und im schlimmsten Fall zur Zahlungsunfähigkeit führen. Vgl. Nitsch/Niebel (1997), S. 37.*
[587] Vgl. Eilenberger (2003), S. 351 ff.; vgl. Kohnhorst (2001), S. 118 und vgl. Bonn (2006), S. 69.
[588] Vgl. Kohnhorst (2001), S. 120.
[589] Vgl. Kohnhorst (2001), S. 120.
[590] Vgl. Kohnhorst (2001), S. 120 ff.
[591] Vgl. Kohnhorst (2001), S. 122 und vgl. Sperber/Sprink (1999), S. 173.
[592] Vgl. Bonn (2006), S. 62.
[593] Vgl. Sperber/Sprink (1999), S. 173; vgl. Nitsch/Niebel (1997), S. 37 ff.; vgl. Kohnhorst (2001), S. 122 und vgl. Bonn (2006), S. 62.

die tagesgenaue Dispositionsübersicht zur finanziellen Feinsteuerung wichtig als auch weitreichendere Prognosen zur mittel- bis längerfristigen Finanzsteuerung.[594]

Langfristige Finanzplanung

Die Kapitalbindungs- und Kapitalbedarfsplanung (mehrjährige Planung) wird zur Ermittlung des mehrjährigen Kapitalbedarfs mittels Planbilanzen eingesetzt. Sie dient der Absicherung der (strukturellen) Liquidität des Unternehmens.[595] Die im Zuge dieser langfristigen Finanzplanung getroffenen Entscheidungen finden als Eckpfeiler Eingang in die kurz- bis mittelfristige Liquiditätsplanung, wodurch ein taktsicherer Charakter der Liquiditätsplanung entsteht.[596]

3.3.2.2 Liquiditätsdisposition

Die Liquiditätsdisposition findet hauptsächlich im Tagesgeschäft statt. Sie formt das Herzstück des Cash-Managements und umfasst Transaktionsentscheidungen, die die Liquiditätssituation des Konzerns gezielt beeinflussen.[597] Hier werden u.a. Entscheidungen darüber getroffen, welche Kreditlinien bei Bedarf beansprucht werden sollen oder mit Hilfe welcher Finanzgeschäfte überschüssige liquide Mittel zwischengeparkt werden sollen.

Der Fokus der vorliegenden Arbeit liegt – wie ausführlich in Kapitel 2.2.2 dargelegt – auf der strategischen Ebene des Treasury-Managements und umfasst somit nicht die täglichen Dispositionsentscheidungen, die sich auf der operativen Ebene abspielen.

3.3.2.3 Liquiditätskontrolle

Die Liquiditätskontrolle im Rahmen des Cash-Management-Prozesses ist für die Überwachung des Zusammenspiels von Liquiditätsplanung und -disposition zuständig.[598] Der bei der Liquiditätskontrolle Anwendung findende Soll-Ist-Vergleich der Planungsdaten mit der tatsächlichen Disposition dient zur Analyse von Abweichungen sowie zur Definition entsprechender Gegenmaßnahmen. Es besteht ein Rückkopplungsprozess zur Liquiditätsplanung. Die Ergebnisse der Liquiditätskontrolle fließen zur Prognoseverbesserung in die Planung ein.[599] Das Controlling sollte nach einheitlicher Meinung sowohl in die Planung als auch in die sich später anschließende Kontrolle integriert werden.[600] Im Hinblick auf den

---

[594] Vgl. Kohnhorst (2001), S. 122 f.
[595] Vgl. Kohnhorst (2001), S. 117.
[596] Vgl. Kohnhorst (2001), S. 117.
[597] Vgl. Nitsch/Niebel (1997), S. 38 f.
[598] Vgl. Nitsch/Niebel (1997), S. 38 f.
[599] Vgl. Nitsch/Niebel (1997), S. 42 und vgl. Makowski (2000), S. 21.
[600] Vgl. Horváth (2011), S. 145 ff.

Cash-Management-Prozess sollte die Liquiditätskontrolle in der Regel primär durch das (Treasury-)Controlling erfolgen.[601] An dieser Stelle findet keine Beschreibung von Controlling-Modellen oder -Ansätzen statt. Diese zählen nicht zur strategischen Ebene des Treasury-Managements. Die Ergebnisse des Treasury-Controllings sollten in die Strategiebildung und -umsetzung Eingang finden; sie stellen jedoch keine strategischen Aspekte dar, sondern sind Inputinformationen. Im Folgenden wird auf die strategischen Methoden des Cash-Managements eingegangen.

3.3.3 Methoden des Cash-Managements

Im Fokus des folgenden Abschnitts zu den (strategischen) Methoden des Cash-Managements stehen Ansätze, die bei einer strategischen Konzipierung des Treasury-Managements Anwendung finden können. Es geht nicht primär um die Diskussion der konkreten Umsetzung solcher Methoden im operativen Tagesgeschäft, sondern vielmehr um die Grundidee der Methoden sowie die Darstellung, wofür diese eingesetzt werden können und was für Vorteile sie bieten. Die gewählte Ebene ist somit die strategische Ebene. Alle vorgestellten Methoden sind im Kontext des Cash-Management-Prozesses dem Schritt zwei der finanziellen Disposition zuzuordnen. Sie dienen primär zur Liquiditätssicherung sowie dazu, Kosten im Zusammenhang mit Transaktionen und Kapitalhaltung (Sicherheitsbestände) zu reduzieren (Beitrag zur Rentabilität) und das Kapital an die Stellen des Konzerns zu leiten, wo es aktuell benötigt wird und am effizientesten eingesetzt werden kann.

Bei den dargestellten Methoden geht es somit primär nicht um den Aspekt der Risikominimierung sowie der Verbesserung der Innenfinanzierungskraft oder Freisetzung von Kapital. Diese Aspekte können zwar durch die beschriebenen Methoden mit begünstigt werden, sind aber nicht deren Hauptmotiv oder -anwendungsbereich. Das Ziel der Risikominimierung (Währungs-/Zinsrisiko etc.) wird an dieser Stelle nicht umfänglich besprochen, da dies im Treasury-Management-Modell dem Bereich „Risikomanagment" federführend zuzurechnen ist. Zwar werden beim Risikomanagement teilweise die gleichen Methoden eingesetzt wie im Cash-Management, nur mit einem anderen Fokus (Stichwort: Leading und Lagging oder Netting bzw. Matching); solche Überschneidungspunkte werden aber nur bei der folgenden Methodendiskussion angerissen. Der Aspekt der Verbesserung der Innenfinanzierungskraft – häufig im Zusammenhang mit dem Cash-Management erwähnt – ist auch nicht Hauptziel dieser Methoden. Wie auch beim

---

Bei Horváth (2011) findet sich eine ausführliche Darstellungen zur Planung und Kontrolle im Hinblick auf eine Beteiligung des Controllings.
[601] Vgl. Nitsch/Niebel (1997), S. 42.

Risikomanagement können sie einen Beitrag leisten, haben jedoch primär einen anderen Fokus.

Eine ausführliche Cash-Management-Methodendiskussion ist im Kontext der Arbeit und im Hinblick auf den Forschungsschwerpunkt Bank-Relationship-Management essenziell, da die diskutierten Methoden die Grundlagen der finanziellen Disposition einer Unternehmung bilden und somit den Rahmen für die Geschäftsbeziehungen zu Banken vorgeben. Sie formen das Grundgerüst für die benötigten Bankbeziehungen und stellen den Ausgangspunkt für die Bankensteuerung dar. Sie geben die benötigten Bankdienstleistungen weitestgehend vor.

3.3.3.1 Cash Pooling

Das Cash Pooling lässt sich in den Cash-Management-Prozess zu Beginn des zweiten Schritts einordnen[602]. Es bildet somit eine Grundlage für die (Liquiditäts-)Disposition.[603] Als primäres Ziel des Cash Pooling ist die Sicherung der permanenten Zahlungsfähigkeit[604] der am Cash Pooling beteiligten Konzerneinheiten festzuhalten.[605] Darüber hinaus dient es der Mobilisierung und Nutzung von dezentralen Cash-Beständen im Konzern.[606] Cash Pooling stellt somit einen konzerninternen Finanzausgleich[607] dar.[608] Beim Cash Pooling erfolgt (zumeist täglich) eine Zusammenführen von Liquiditätsüberschüssen auf ein zentrales Zielkonto[609] (oder wenige zentrale Zielkonten). Aus dieser so entstehenden Kapitalsammelstelle können Konzerneinheiten mit Kapitalbedarf finanziert werden. Konzerneinheiten, die Kapital in den Cash Pool einbringen, erhalten hierfür einen Ausgleich in Form von Zinszahlungen, wogegen Kapital in Anspruch nehmende Konzerneinheiten hierfür Zinsen aufbringen müssen. Die hierfür geltenden Konditionen sind oft im Vergleich zum Bankenmarkt[610] günstiger,[611] denn der Konzern bezahlt nur

---

[602] *Cash Pooling wird teilweise sogar synonym für das Cash-Management verwendet. Vgl. Wendland (2008), S. 29. Einer solchen Verwendung wird hier jedoch klar widersprochen.*
[603] Vgl. Pflug (2007), S. 91.
[604] *Die Verantwortung für die Solvenz der einzelnen Konzerneinheiten verbleibt bei deren Management (gesetzliche Vertreter) und geht nicht von der Legaleinheit an den Cash Pool über. Vgl. Pflug (2007), S. 100.*
[605] Vgl. Zahrte (2010), S. 54.
[606] Vgl. Herold (1994), S. 52.
[607] *Es erscheint als nur logisch, überschüssige Liquidität an die Bereiche eines Konzerns zu transferieren, in denen sie auch benötigt wird, bevor eine teure externe Kapitalaufnahme in Erwägung gezogen werden sollte. Vgl. Deckart (2005), S. 1 und vgl. Kohnhorst (2001), S. 139.*
[608] Vgl. Wendland (2008), S. 30.
[609] *Dieses Zielkonto (Master Account) wird oft aber nicht zwingenderweise von der Konzernmuttergesellschaft geführt. Alternativ ist auch eine Führung des Master Accounts durch eine spezielle Konzernfinanzierungsgesellschaft denkbar. Die Gesellschaft, der das Master Konto zugeordnet ist, wird im Rahmen dieser Arbeit als Cash Pool-führende Gesellschaft bezeichnet. Vgl. Deckart (2005), S. 8.*
[610] *Für eine Darstellung von Bankserviceleistungen als Cash Pooling-Servicedienstleister, vgl. Wassing (2011), online.*
[611] Vgl. Kohnhorst (2001), S. 135; vgl. Zucknick/Schramm (2008), online; vgl. Rittscher (2007), S. 24 ff. und vgl. Pflug (2007), S. 90.

dann Soll-Zinsen, wenn der Endbetrag – nach Übertragung von den Unterkonten – auf dem Zielkonto (Master Account) negativ ist.[612] Die Cash Pool-führende Gesellschaft stellt somit teilweise – auf Grund ihrer Funktion (Kreditvergabe etc.) – eine Art Bank dar, ohne jedoch ein Kreditinstitut im Rechtssinne (§1 Abs. 1 KWG sowie § 2 Abs. 1 Nr. 7 KWG) zu sein.[613] Dieses zeigt sich, indem im Zuge des Cash Pooling unternehmensintern für die am Cash Pooling beteiligten Konzerneinheiten Kreditlinien eingeräumt werden, bis zu deren Höchstgrenze ein Ausgleich des jeweiligen Kontos der Konzerneinheit erfolgen kann; Abwicklung über interne Verrechnungskonten.[614] Voraussetzung und Basis für eine effektive Umsetzung des Cash Poolings ist ein permanenter und aktueller (idealerweise just-in-time) Informationsfluss zwischen den am Cash Pooling beteiligten Konzerneinheiten und dem Treasury-Management.[615] Darüber hinaus sind bei einer Implementierung oder Optimierung von Cash Pooling-Strukturen verschiedenste interne und externe Aspekte zu beachten. Hierzu zählen bspw. die unternehmensinternen Aspekte, wie Unternehmensstrategie, Organisationsstruktur der Unternehmung, existierende interne Grundsätze und Richtlinien für den Umgang mit Cash, inter-company Kredite und Dividenden sowie die Bank-Relationships-Management-Strategie der Unternehmung. Unter unternehmensexternen Aspekten können u.a. legale und steuerliche Anforderungen und Vorschriften (z. B. „Arm´s Length Principle"), Bankgebühren, Wechselkursrisiken, nationale Kapitalverkehrskontrollen sowie regulatorische Reporting-Anforderungen subsumiert werden.[616] Bei Anwendung von Cash Pools bedarf es immer einer vertraglichen Fixierung aller wichtigen Eckpunkte der Anwendung findenden Pooling-Vorgänge in einen Cash-Pool-Vertrag[617]. Ein solcher Vertrag dient zur Schaffung von Rechtssicherheit und sollte u.a. folgende Aspekte beinhalten: Teilnehmer, Umfang des Service-Levels (beinhaltende Dienstleistungen etc.), Konditionen und Ablauf einer internen Kreditvergabe sowie für Bereitstellung von Liquidität an den Cash Pool Zinsen und Entgelte sowie sonstige Kosten.[618] Die Teilnahme an einem derartigen Cash Pool kann entweder freiwillig erfolgen oder verpflichtend vorgegeben werden. Eine dritte Alternative ist die „First Refusal-Last-Call"-Regel, auf Basis derer eine Konzerneinheit den Cash Pool in Anspruch nehmen muss, sobald dieser günstigere Konditionen als die am Markt vorherrschenden anbieten kann. Diese Zwischenform hat den Vorteil, dass es zu keiner Entmündigung der Konzerneinheiten kommt.[619] Jedoch können so nicht alle Vorteile des Cash Poolings konsequent genutzt werden; es wird daher von einer

---

[612] Vgl. Deckart (2005), S. 8 f.
[613] Vgl. Zahrte (2010), S. 50 sowie entsprechende Gesetzestexte (KWG).
[614] Vgl. Zahrte (2010), S. 50.
[615] Vgl. Herold (1994), S. 52.
[616] Vgl. Zucknick/Schramm (2008), online.
[617] *Für einen beispielhaften Vertragsentwurf vgl. Korts (2012), S. 12 ff.*
[618] Vgl. Pflug (2007), S. 102.
[619] Vgl. Kohnhorst (2001), S. 136 f.

solchen Lösung abgeraten. Cash Pooling kann entweder nur innerhalb eines Landes oder aber grenzüberschreitend ablaufen. Dies ist abhängig von der Unternehmensstruktur.[620] In der Praxis existiert zumeist keine „Reinform" des Cash Poolings, sondern es entsteht auf Grund der Kombination von verschiedenen Cash-Management-Techniken ein komplexes System, das sich auf verschiedenste Ebenen und Bereiche im Konzern erstrecken kann. Gerade im internationalen Kontext kann dies sehr komplex werden. Die konkrete Ausgestaltung wird durch die vorherrschenden Ziele des Cash-Pooling sowie der Unternehmensorganisation und (Finanz-) Strategie bestimmt.[621]

Für eine umfassende Darstellung der Cash-Management-Methode „Cash Pooling" finden sich in den folgenden Unterkapiteln detaillierte Ausführungen zu Vor- und Nachteilen sowie Arten. Abschließend werden mögliche Cash Pooling-Strukturen dargestellt.

3.3.3.1.1 Vor- und Nachteile des Cash Pooling

Bevor auf die unterschiedlichen Arten des Cash Poolings eingegangen wird, erfolgt in diesem Teilabschnitt eine Darstellung der Vor- und Nachteile. Die Erörterung der Vor- und Nachteile erfolgt nacheinander, es wird mit den Vorteilen begonnen.

Vorteile des Cash Pooling

Die Vorteile des Cash Pooling sind wie folgt:

(1) Die Konzentration von liquiden Mitteln innerhalb eines unternehmensweiten Cash Pools ermöglicht auf Grund der hohen Volumina eine Erzielung von günstigeren Konditionen bei der Anlage und Aufnahme im Vergleich zu einem alleinigen Auftreten von einzelnen Konzerneinheiten.[622]

(2) Durch die Konsolidierung der (überschüssigen) Liquidität auf Konzernebene wird eine Bilanzverkürzung erreicht und somit eine Verbesserung der Bilanzkennziffern.[623]

(3) Es findet eine Reduktion von Prognoseabweichungen statt (Verrechnung unerwarteter Einzahlungsüberschüsse mit unerwarteten Einzahlungsdefiziten).[624]

(4) Cash Pooling bietet die Möglichkeit, durch die Ausnutzung von Bodensatzbildung Liquiditätspuffer (oft „unrentabel") im Konzern möglichst minimal und vor allem geringer als die Summe der Einzelliquiditätsreserven der betei-

---

[620] Vgl. Zucknick/Schramm (2008), online.
[621] Vgl. Zahrte (2010), S. 48 und vgl. Nitsch/Niebel (1997), S. 62 f.
[622] Vgl. Herold (1994), S. 56 und vgl. Wendland (2008), S. 30.
[623] Vgl. Wendland (2008), S. 31 und vgl. Rittscher (2007), S. 25.
[624] Vgl. Herold (1994), S. 56.

ligten Unternehmenseinheiten zu halten. Die Reduzierung[625] von „unrentablen" Liquiditätspuffern („Vorsichtskasse") stellt einen finanzwirtschaftlichen Vorteil für die Cash Pooling-Teilnehmer dar.[626] Bei einem gleichen Sicherheitsniveau kann auf Grund eines sich ergebenden Portfolio-Effektes das benötigte Volumen an Liquidität zur Zahlungssicherung des Konzerns reduziert werden. Nicht vollkommen positiv korrelierte Liquiditätserfordernisse gleichen sich teilweise gegenseitig aus. Darüber hinaus ist nicht mit einer vollständigen Inanspruchnahme aller dezentralen „Vorsichtskassen" zu rechnen. Die gepoolte Varianz des Cash Pools fällt somit geringer aus. Dies resultiert in einen Liquiditätsfreisetzungseffekt.[627]

(5) Auf Grund unterschiedlicher Kontensalden von einzelnen Konzerngesellschaften – einige sind im Haben andere wiederum im Soll – wird mittels Cash Pooling eine Zinsvorteilsrealisierung ermöglicht. Durch eine weitestgehende Ausschaltung von Kreditinstituten wird es möglich, dass Konzerneinheiten für ihre debitorischen Konten einen geringeren Zins zahlen als dies der Fall bei wäre einer üblichen Verzinsung durch Banken. Dies gilt auch für den Fall der kreditorischen Konten, wobei hier ein höherer Zinssatz realisiert werden kann.[628] Für ein Rechenbeispiel siehe Anhang [4].

(6) Durch das Cash Pooling können eventuell vorgeschriebene Mindestbeträge für bestimmte Investments erreicht werden.[629]

(7) Basierend auf der bei der Cash Pooling verantwortlichen Konzerneinheit (oft die Muttergesellschaft oder eine spezielle Finanzierungsgesellschaft[630]) entstehenden hohen Cash-Volumina und eines eventuell „guten Namens" kann bei Verhandlungen über eine unternehmensexterne Kapitalaufnahme eine bessere Verhandlungsposition erreicht werden. Dies wird zusätzlich dadurch begünstigt, dass ein Konzern (nach § 19 Abs. 2 Nr. 1 KWG) bei Kreditaufnahme bei einer Bank eine Kreditnehmereinheit bildet und somit meist bonitätsbezogen höher eingestuft wird als Einzelunternehmen.[631]

---

[625] *Hier sei darauf hingewiesen, dass auch bereits durch eine Reduzierung von Konten eine Reduktion der „Vorsichtskasse" erreicht werden kann, denn je weniger Konten im Konzern gehalten werden, desto geringer ist die benötigte Liquidität, die als Puffer auf diesen Konten zu halten ist. Vgl. Gabler (2004), S. 395.*
[626] Vgl. Zahrte (2010), S. 54 f.; vgl. Herold (1994), S. 56.; vgl. Hangebrauck (2007), S. 41 und vgl. Kohnhorst (2001), S. 138.
Ein Rechenbeispiel findet sich bspw. bei Fastrich/Hepp (1991), S. 308 f.
[627] Vgl. Kohnhorst (2001), S. 138 f.; vgl. Hangebrauck (2007), S. 41 ff. und vgl. Wendland (2008), S. 31.
[628] Vgl. Zahrte (2010), S. 55 und vgl. Kohnhorst (2001), S. 138 f.
Beim multinationalen Cash Pooling kommt hinzu, dass Chancen durch unterschiedliche Entwicklungen im Bereich Währung und Zinsen zwischen Ländern ausgenutzt werden können. Vgl. Zahrte (2010), S. 59.
[629] Vgl. Kohnhorst (2001), S. 138.; vgl. Hangebrauck (2007), S. 42; vgl. Wendland (2008), S. 30 f. und vgl. Nitsch/Niebel (1997), S. 61.
[630] *Bei der Wahl des Standortes für ein solche spezielle Finanzierungsgesellschaft zum Cash Pooling sind folgende Kriterien zu beachten: Quellensteuerfreiheit des Landes, Stabilität der Währung, Cash Pooling-Beschränkungen und Devisenbewirtschaftungsvorschriften. Vgl. Herold (1994), S. 57.*
[631] Vgl. Zahrte (2010), S. 56 f.; vgl. Rittscher (2007), S. 25 und vgl. Pflug (2007), S. 99.

(8) Durch die aus dem Cash Pooling entstehende zentrale Finanzierung kann eine günstigere Refinanzierung des Konzerns erreicht werden. Gerade in den letzten Jahren hat hier der Aspekt der „structional subordination" an Bedeutung gewonnen. Rating-Agenturen vergeben im Normalfall ein besseres Rating bei der Kapitalaufnahme einer Konzernobergesellschaft als bei einer eigenständigen Kreditaufnahme von untergeordneten Konzerneinheiten, da bei einer Mittelaufnahme durch die Konzernobergesellschaft sich die Deckungsmasse vergrößert, wodurch das Risikoprofil bei einer externen Konzernfinanzierung verbessert wird.[632]

(9) Durch das Cash Pooling können die am Markt oft existierenden (versteckten) Zusatzkosten/-gebühren umgangen werden. So können Bereitstellungsgebühren oder unverzinste Tage vermieden werden, da auf diese im Kontext einer Konzerninnenfinanzierung oft verzichtet wird.[633]

(10) Durch ein Cash Pooling kann eine Stärkung der Autonomie des Konzerns erreicht werden, da bei Kapitalbedarf der extern finanzierte Anteil reduziert werden kann und somit Fremdeinflüsse geringer werden. Der fremd zu finanzierende Saldo kann auf Grund der erhöhten Spezialisierung (Professionalität) oft zu verbesserten Konditionen als im dezentralen Einzelfall finanziert werden.[634] Darüber hinaus wird eine Vereinheitlichung von Entscheidungen im Hinblick auf die strategischen Vorgaben des Konzerns (Finanzierungsziele etc.) erleichtert.[635]

(11) Ein weiterer Vorteil durch eine zentrale Cash Pooling-Variante ist der Wegfall von doppelt vorgehaltenen Ressourcen. So müssen die dezentralen Konzerneinheiten bspw. keinen Experten in diesem Bereich mehr vorhalten und reduzieren ihre Personalkosten bei gleichzeitig erhöhtem oder mindestens gleichbleibendem Qualitätsniveau des Finanzmanagements. Somit reduzieren sich die Fixkosten, was sich wiederum positiv auf die Deckungsbeitragsrechnung der einzelnen Konzerneinheiten auswirkt.[636]

---

[632] Vgl. Hangebrauck (2007), S. 42 f. und vgl. Rittscher (2007), S. 25.
[633] Vgl. Zahrte (2010), S. 56.
[634] Vgl. Zahrte (2010), S. 59 und vgl. Wendland (2008), S. 30 f.
[635] Vgl. Hangebrauck (2007), S. 43.
[636] Vgl. Zahrte (2010), S. 57; vgl. Wendland (2008), S. 3; vgl. Rittscher (2007), S. 25 und vgl. Pflug (2007), S. 99.

(12) Im Hinblick auf die Cash Pooling-führende Konzerneinheit ist anzumerken, dass diese durch eine Zentralisierung des gesamten Zahlungsverkehrs im Rahmen des Cash Poolings eine wesentlich höhere Transparenz über Zeitzonen, Ländergrenzen und Legaleinheiten hinweg erreichen kann. Darüber hinaus wird die Allokation von liquiden Mitteln vereinfacht und es kann im Fall eines Liquiditätsengpasses zentral über Investitionsalternativen entschieden werden.[637]

Nachteile des Cash Pooling

Die Nachteile des Cash Pooling sind wie folgt:

(1) Durch das Cash Pooling im Konzern kann es zu einem Bonitätsrisiko[638] für die teilnehmenden Konzerneinheiten kommen. Die Bonität der Cash Pool-führenden Gesellschaft wird von der Bonität der einzelnen teilnehmenden Konzernteile beeinflusst. Es besteht die Gefahr eines Dominoeffekts und somit die Gefahr, dass solvente Konzernteile von insolvenzgefährdeten in Gefahr gebracht werden. Ein Beispiel für diesen Dominoeffekt ist das Scheitern der Bremer Vulkan Verbund AG. Die Mutter der Bremer Vulkan Verbund AG rutschte in die Insolvenz[639], wodurch auch alle Gelder der anderen Gesellschaften – die durch Zuordnung des Cash Pools zur Muttergesellschaft – in die Insolvenzmasse gerieten.[640] Gerade beim Zero-Balancing (Kapitel 3.3.3.1.2) ist dieser Dominoeffekt verstärkt. Auf Grund der kompletten Übertragung aller Salden verbleiben bei den am Cash Pooling beteiligten Gesellschaften keinerlei Liquidität, wodurch – sobald die Cash Pool-führende Gesellschaft in Liquiditätsnöte gerät – auch alle anderen Gesellschaften sofort zahlungsunfähig werden, falls ihre Mittelzuflüsse nicht die Mittelabflüsse täglich übersteigen.[641]

---

[637] Vgl. Zahrte (2010), S. 59; vgl. Pflug (2007), S. 91; vgl. Kohnhorst (2001), S. 138 und vgl. Deckart (2005), S. 6.
[638] *Im Falle einer Insolvenz der Cash Pool-führenden Konzerneinheit und dem Weiterbestehen der anderen Konzerneinheiten (da wirtschaftlich gesund) kann es zu erheblichen Problemen kommen. Diese Gesellschaften verfügen über keine Hausbankbeziehungen oder ähnliches, geschweige denn verfügen sie über eine externe Bankenhistorie. Somit kann das Erhalten von Zwischenkrediten sich schwierig gestalten. Vgl. Zahrte (2010), S. 64; vgl. Hangebrauck (2007), S. 45 ff.; vgl. Wendland (2008), S. 32 und vgl. Deckart (2005), S. 12.*
[639] *Ein „erweitertes Clearing" wird für eine Verbesserung der Sicherheit im Insolvenzfall der Konzernmutter angewendet. Hierbei werden unternehmensexterne Verträge um eine Klausel ergänzt, dass bei einer Insolvenz Ansprüche andere Tochtergesellschaften gegen offene Forderungen der im Insolvenzverfahren befindlichen Mutter verrechnet werden dürfen. Die Gläubiger verlieren somit ihre Ansprüche. In Deutschland ist ein solches Verfahren nur sehr eingeschränkt möglich. Vgl. Zahrte (2010), S. 48 und vgl. Rittscher (2007), S. 29.*
[640] Vgl. Zahrte (2010), S. 60 f. und vgl. Deckart (2005), S. 12.
[641] Vgl. Deckart (2005), S. 12.

(2) Ergänzend ist die Gefahr einer Doppelhaftung für Konzerneinheiten zu erwähnen. Die Cash Pool-führende Gesellschaft weist oft keine eigenen Assets – neben dem eigentlichen Cash Pool – auf. Somit haften die am Cash Pool beteiligten Gesellschaften bei einer externen Kapitalaufnahme oft mit ihrem Vermögen mit, wodurch es bei Wegfall der Forderungen an die Cash Pool-führende Gesellschaft zu einem Weiterbestehen der Anlagevermögenshaftung der anderen Gesellschaften gegenüber Dritten (Haftungsverbund) und somit zu einer Doppelhaftung kommen kann.[642]

(3) Ein weiterer Nachteil ist das entstehende Klumpenrisiko durch die Konzentration aller schuldrechtlichen Ansprüche der am Cash Pooling beteiligten Konzerngesellschaften auf die Cash Pool-führende Gesellschaft. Damit existiert in diesem Fall nur ein Schuldner, dessen Ausfall auf keinen Fall kompensiert werden kann.[643] Allerdings muss dies im Vergleich zu einer Bank als Schuldner nicht unbedingt schlecht sein, da die Bonität der Cash Poolführenden Gesellschaft nicht zwangsläufig geringer sein muss als die einer Bank.[644] Ist es jedoch der Fall, wirkt dieses Klumpenrisiko zusätzlich nachteilig, da die kapitalgebenden Konzerneinheiten keinerlei Möglichkeit haben, eine Diversifikation des Risikos vorzunehmen. Ohne einen Cash Pool könnten sie einfach ihre Gelder auf verschiedene Banken verteilen und somit einem Klumpenrisiko weitestgehend aus dem Weg gehen.[645]

(4) Durch die Minimierung des vorgehaltenen Kapitals und die gleichzeitige Investition des durch das Cash Pooling freiwerdenden Kapitals kann eine gewisse Illiquidität entstehen. Investiertes Kapital kann nicht so schnell verfügbar gemacht werden wie vorgehaltene liquide Mittel. Hierdurch kann es auch im Fall einer gesunden Cash Pooling-Struktur bei plötzlich auftretenden Investitionsmöglichkeiten mit hohem Kapitalbedarf zu einer eingeschränkt verfügbaren Liquidität kommen und so eine Priorisierung von Investitionen notwendig werden. Es entsteht ein potenzielles Risiko in der Höhe der Differenz aus den Verzinsungen des im Zuge des Cash Poolings angelegten Kapitals und der nicht erzielbaren Rendite von zurückgestellten Investitionen.[646]

(5) Im Vergleich zu einer Finanzierung über den Markt besteht bei einer Cash Pool-Lösung die Gefahr, dass eigentlich unwirtschaftliche Konzerneinheiten lange „mitgeschleppt" (weiterfinanziert) werden. Diese Konzerneinheiten bekommen über die Cash Pooling-Verträge teilweise auch dann noch Kapital, wenn eine Finanzierung über den Markt schon lange nicht mehr möglich wäre. Es bedarf einem starken Kontroll-/Frühwarnsystem und entsprechendem

---

[642] Vgl. Zahrte (2010), S. 65.; vgl. Deckart (2005), S. 13.und vgl. Wendland (2008), S. 32.
[643] Vgl. Zahrte (2010), S. 61 f.; vgl. Hangebrauck (2007), S. 45 und vgl. Deckart (2005), S. 11.
[644] Vgl. Zahrte (2010), S. 61 f.
[645] Vgl. Deckart (2005), S. 11.
[646] Vgl. Zahrte (2010), S. 62 f.

Fachwissen, um solche Fälle zu identifizieren und gegebenenfalls Hilfsmaßnahmen einleiten zu können oder aber eine kontrollierte Abwicklung zu veranlassen. Anderenfalls wirkt sich eine solche unwirtschaftliche Performance negativ auf den (Gesamt-)Konzern aus und kann diesen in Mitleidenschaft ziehen. Hinzu kommt, dass die anderen Konzerngesellschaften keinerlei Möglichkeit haben, hier einzugreifen, da ihnen keine Informationen vorliegen.[647]

(6) Es kann im Zuge von Cash Pooling-Maßnahmen auch zu einer bewussten Benachteiligung von Konzerneinheiten kommen, da bspw. Kapital an bestimmten anderen Orten im Konzern gebündelt oder aber entsprechende Konzernbereiche abgewickelt/ausgegliedert werden sollen. Eine Cash Pooling-Teilnahme ist für diese Konzerneinheiten eher als nachteilig zu bewerten.[648]

(7) Auf Grund einer zentralen Disposition über liquide Mittel kann es unter gewissen Umständen zu einer Entscheidungsferne bei Investitionsentscheidungen kommen, wodurch nicht immer eine optimale Entscheidung sichergestellt werden kann.[649]

(8) Es kann zu Konflikten mit erfolgreichen Konzernteilen über die abzuführenden Beträge an den Cash Pool kommen, da eine Abgabe von Autonomie bspw. über Investitionsentscheidungen abgelehnt wird.[650] Darüber hinaus besteht das theoretische Risiko, dass eingezahlte Gelder nicht wieder zurückgefordert werden können.[651]

(9) Der mit dem Cash Pooling erhöhte administrative Aufwand kann die gewonnene Flexibilität und Transparenz konterkarieren (abhängig vom Transaktionsvolumen).[652]

Anhang [5] beinhaltet eine Kollokation der Vor- und Nachteile in Gruppen.

---

[647] Vgl. Zahrte (2010), S. 64 f. und vgl. Deckart (2005), S. 13.
[648] Vgl. Zahrte (2010), S. 64 und vgl. Deckart (2005), S. 13.
[649] Vgl. Zahrte (2010), S. 62.
[650] Vgl. Herold (1994), S. 57.
[651] Vgl. Wendland (2008), S. 30.
[652] Vgl. Hangebrack (2007), S. 46 f.

3.3.3.1.2 Physisches Pooling

Deckart (2005) weist darauf hin, dass das physische Cash Pooling sowohl in der Praxis als auch in theoretischen Diskussionen eine Vielzahl von Namen trägt (z. B. „Cash Concentration", „Kontenübertragungsverfahren" und „Effektives Cash Pooling").[653] Der Kerngedanke ist jedoch bei allen Bezeichnungen identisch: Es wird täglich eine Konsolidierung aller Saldi der Bankkonten der am Cash Pooling beteiligten Konzerneinheiten durchgeführt. Der Konsolidierungssaldo wird auf ein zentrales Konto (Zielkonto) dem sogenannten „Master Account" transferiert.[654] Es findet eine „physische" Verschiebung statt.

Das physische Cash Pooling kann je nach Durchführungsart in „Zero Balancing" (Nullsaldierung) oder „Target Balancing" (verbleibender Sockelbetrag) unterschieden werden.[655] Das „Trigger Balancing" ist eine weitere Variante, die mit den beiden erstgenannten physischen Cash Pooling-Varianten kombinierbar ist.[656]

Zero Balancing

Beim Zero Balancing weisen alle Kontensalden der Unterkonten am Ende des Balancing-Vorgangs einen Saldo von Null auf.[657] Diese automatische Nullstellung der Salden der Unterkonten erfolgt entweder bei einem negativen Saldo durch eine Ausgleichbuchung vom Master Account auf das Unterkonto oder bei einem Habensaldo des Unterkontos durch eine Übertragung dieses Saldos an den Master Account.[658]

Target Balancing

Das Target Balancing wird oft zur Vermeidung von teuren Kreditlinien eingesetzt oder aber ist auf Grund von lokalen Regulationsvorschriften notwendig.[659] Bei dieser Variante verbleibt ein Minimum-Level an Liquidität auf den Unterkonten.[660] Zwar hat sich das Zero-Balancing üblicherweise in der Praxis durchgesetzt, nichtsdestotrotz kann ein abweichender Saldo der Cash Pooling-Unterkonten sinnvoll sein. Er kann im Rahmen der Barmittelverfügung oder zum Ausgleich von rückwirkenden Valutierungen benötigt werden.[661]

---

[653] Vgl. Deckart (2005), S. 8 sowie die dort angegebenen Quellen.
[654] Vgl. Zahrte (2010), S. 50; vgl. Wendland (2008), S. 32 und vgl. Deckart (2005), S. 8.
[655] Vgl. Hangebrack (2007), S. 36.; vgl. Zahrte (2010), S. 50.; vgl. Rittscher (2007), S. 25 und vgl. Bragg (2010a), S. 70 f.
[656] Vgl. Pflug (2007), S. 94.
[657] Vgl. Zucknick/Schramm (2008), online; vgl. Hangebrack (2007), S. 36 und vgl. Deckart (2005), S. 8.
[658] Vgl. Hangebrack (2007), S. 36.
[659] Vgl. Zucknick/Schramm (2008), online.
[660] Vgl. Zucknick/Schramm (2008), online; vgl. Wendland (2008), S. 32 und vgl. Deckart (2005), S. 8.
[661] Vgl. Pflug (2007), S. 92.

Trigger Balancing

Bei dem Konzept „Trigger Balancing" wird nur dann eine Pooling-Transaktion ausgelöst, wenn eine bestimmte Mindesthöhe erreicht ist. Hier ist u.a. das Ziel der Vermeidung von Transaktionskosten für relativ irrelevante Beträge zu nennen.[662] Eine solche Mindesthöhe erscheint als stets sinnvoll (sowohl bei der Variante des Zero als auch des Target Balancing) und sollte im Rahmen jeglicher (physischer) Cash Pooling-Aktivitäten berücksichtigt werden.

3.3.3.1.3 Notional Pooling

Notional Pooling (virtuelles Pooling)[663] hat das gleiche Ziel und die Ablaufstruktur wie das physische Cash Pooling, allerdings mit dem Unterschied, dass kein physischer Transfer der Liquidität stattfindet, sondern nur eine virtuelle Transferierung, um so die (Gesamt-) Zinsposition (Soll oder Haben) zu ermitteln. Hierbei werden Differenzen automatisch ausgeglichen, wodurch eine Verbesserung der gesamten Vermögensposition entsteht, da eine Reduzierung der Auswirkung von unterschiedlicher Verzinsung von Guthaben und Krediten erreicht wird.[664] Das mit der Durchführung beauftragte Kreditinstitut bildet somit lediglich einen fiktiven kalkulatorischen Gesamtsaldo aller Konten der am Cash Pooling beteiligten Gesellschaften ab. Dieser Spitzensaldo wird dann, je nach Höhe, mit Soll- oder Habenzinsen verzinst.[665] Hierbei findet eine virtuelle Zinsstaffel Anwendung.[666]

Das Notional Pooling spielt sich in einem vertraglich geregelten Zwei-Personen-Verhältnis –zwischen Unternehmen und beauftragter Bank – ab.[667] In Bezug auf das angesprochene Bankverhältnis tritt im Vergleich zu dem physischen Cash Pooling beim virtuellen Cash Pooling das Problem auf, dass sich die Bank weiterhin verschiedenen Ausfallrisiken gegenübersieht und nicht nur eine Kreditlinie für den Master Account zu Verfügung stellt.[668] Es fehlt der Ausgleich der Salden (Soll oder Haben) auf den Konten der teilnehmenden Konzerneinheiten, wodurch das höhere Ausfallrisiko begründet wird.[669] Die Anwendung findenden Zinskonditionen dürften in der Regel beim virtuellen Cash Pooling schlechter sein.[670] Die mit dem Cash Pooling angestrebte Zinsvorteilsrealisierung ist somit im Vergleich zum

---

[662] Vgl. Pflug (2007), S. 94.
[663] Wie beim physischen Cash Pooling gibt es auch für das notional Pooling eine Vielzahl von Bezeichnungen, so nennt es Hangebrack (2007) zum Beispiel psychisches Cash Pooling. Vgl. Hangebrack (2007), S. 36 und vgl. Deckart (2005), S. 8.
[664] Vgl. Deckart (2005), S. 9.; vgl. Wendland (2008), S. 34 f.; vgl. Zucknick/Schramm (2008), online; vgl. Rittscher (2007), S. 26 und vgl. Pflug (2007), S. 94.
[665] Vgl. Deckart (2005), S. 9.
[666] Vgl. Wendland (2008), S. 33 f.
[667] Vgl. Zahrte (2010), S. 49.
[668] Vgl. Deckart (2005), S. 9 und vgl. Wendland (2008), S. 36.
[669] Vgl. Hangebrack (2007), S. 37.
[670] Vgl. Deckart (2005), S. 9.; vgl. Hangebrack (2007), S. 37 und vgl. Wendland (2008), S. 36.

physischen Cash Pooling nicht vollumfänglich realisiert.[671] Ergänzend kann bei dieser Variante des Cash Poolings die Transparenz sowie Steuerungsmöglichkeit im Vergleich zu einer physischen Transferierung nachteilig sein.[672] Es findet keine Bilanzverkürzung oder Reduzierung der Kassenhaltung für den Gesamtkonzern statt, da die einzelnen Konzerneinheiten ihre volle Hoheit über ihre Konten sowie Cash-Bestände behalten.[673] Es ist daher nicht verwunderlich, dass das notional Pooling[674] in der Praxis[675] eher selten erfolgt.[676]

Hinsichtlich der Verzinsung gibt es zwei Modelle. Bei dem Zinsoptimierungsmodell werden alle Konten mit einem günstigen – durch die Treasury mit den Banken – ausgehandelten Zinssatz verzinst. Dieser Zinssatz ergibt sich aus der (virtuellen) Gesamtzinsposition unter Hinzuziehung einer (virtuellen) Zinsstaffel für den (Gesamt-)Konzern. Bei dem Zinskompensationsmodell erfolgt eine „normale" Verzinsung der Konten aller der am Cash Pooling teilnehmenden Gesellschaften. Ergänzend erfolgt eine Zinskompensation an die Cash Pool-führende Konzerneinheit. Diese Zinszahlung wird auf Basis der virtuell gepoolten Salden errechnet und kann an die am Cash Pooling beteiligten Gesellschaften weiterverrechnet werden.[677]

Das hybride Cash Pooling ist eine weitere Variante und bezeichnet ein Verfahren, das sich aus physischem und virtuellem Cash Pooling zusammensetzt. Eine mögliche Variante eines solchen Verfahrens ist das physische währungsspezifische Vorpoolen innerhalb von Währungsräumen, kombiniert mit einem virtuellen Pooling auf Konzernebene.[678]

In Tabelle 8 findet sich eine Gegenüberstellung des Physischen Cash Pooling zu dem Notional Cash Pooling.

---

[671] Vgl. Hangebrack (2007), S. 37.
[672] Vgl. Deckart (2005), S. 9.
[673] Vgl. Pflug (2007), S. 100 und vgl. Wendland (2008), S. 36.
[674] *Das häufige Argument für eine Verwendung des Notional Pooling, dass diese Cash Management-Technik rein rechtlich unproblematisch wäre, da gesetzliche Vorschriften im Hinblick auf die Kapitalerhaltung nicht einschlägig sind, ist mit Vorsicht zu genießen. Gerade bei dem Vorliegen von gegenseitigen Garantien oder sonstigen Sicherheiten zwischen Unternehmen gilt es, dies zu prüfen; es könnte ein sittenwidriges Verhalten vorliegen. Vgl. Zahrte (2010), S. 49 sowie die dort angegebenen Quellen und Urteile.*
[675] *Die Anwendung des virtuellen Cash Poolings erscheint dann als sinnvoll, wenn die Salden der zu poolenden Konten eher gering sind oder aber, wenn Transaktionskosten unverhältnismäßig hoch sind, wodurch ein Notional Pooling uninteressant wird. Vgl. Pflug (2007), S. 95.*
[676] Vgl. Zahrte (2010), S. 48 und vgl. Wendland (2008), S. 33.
[677] Vgl. Zahrte (2010), S. 49.; vgl. Hangebrack (2007), S. 37.; vgl. Rittscher (2007), S. 27 und vgl. Wendland (2008), S. 35 ff.
[678] Vgl. Wendland (2008), S. 36.

Tabelle 8: *Gegenüberstellung des Physischen zu dem Notional Cash Pooling*

Kriterien	Physisches Cash Pooling	Notional Cash Pooling	
		Zinsoptimierungsmodell	Zinskompensationsmodell
Umbuchung der Salden	i.d.R. banktäglich und vollständig bzw. bis zu fixiertem Sockelbetrag	keine Transferierung der Salden, lediglich (banktägliche) virtuelle Verrechnung	
Kreditaufnahme/ Geldanlage	Fremdaufnahme/-anlage des Saldos des Master Account; konzerninterner Ausgleich der Ursprungskonten über den Master Account	Fremdaufnahme/-anlage von den Ursprungskonten aus	
Weitergabe des Vorteils an Konzerngesellschaften	indirekt: abhängig von den konzernintern verrechneten Zinssätzen	direkt: Verzinsung der Ursprungskosten mit günstigeren Zinskonditionen	indirekt: nur insoweit die Zinsausgleichzahlungen an Unterkonten weiterverrechnet werden

Quelle: *Darstellung in enger Anlehnung an Wendland (2008), S. 37.*

3.3.3.1.4 Cash Pool-Strukturen

Im Bereich des Cash Poolings innerhalb eines Konzerns kann es gerade für die Schaffung von Transparenz (Salden je Konzerneinheit etc.) oder aus Steuer-/Kostengründen sinnvoll sein, dass ein mehrstufiges[679] Cash Pooling-Verfahren angewendet wird. In diesem Fall findet ein (Zwischen-)Pooling auf verschiedenen Ebenen (z. B. je Konzerneinheit und dann je Region) des Konzerns statt.[680] Es sind bei einer grenzüberschreitenden Anwendung devisenrechtliche und steuerliche Beschränkungen zu beachten. Aus diesem Grund werden in der Praxis oft mehrere dezentrale Cash Pools (Länder- oder Regionen-Cash Pools)[681] eingesetzt. Diese Cash Pools werden zentral durch die Treasury verwaltet und bündeln zunächst die verfügbare Liquidität aller Konzerneinheiten innerhalb einer Region oder eines Landes.[682] Eine weiterführende Bündelung in einen weltweiten Cash Pool ist denkbar.

---

[679] *Bei einem einstufigen Cash Pooling erfolgt ein direkter Liquiditätszufluss aller Unterkonten auf ein zentrales Zielkonto. Vgl. Pflug (2007), S. 95.*
[680] Vgl. Pflug (2007), S. 95 f.
[681] *Nach der Einführung des Euro sowie als Resultat der SEPA-Initiative ist die Harmonisierung im legalen und steuerlichen Bereich u.a. weit fortgeschritten. Hierdurch sollte in den meisten Fällen eine paneuropäische Cash Pooling-Lösung implementiert werden können. In (Zentral-)/Osteuropa kann es immer noch zu Hindernissen kommen. Vgl. Zucknick/Schramm (2008), online.*
[682] Vgl. Kohnhorst (2001), S. 137.

Bei einer solchen grenzüberschreitenden Cash Pooling-Struktur ist darüber hinaus die für das Pooling verwendete Währung festzulegen. Es kann entweder ein Pooling in der Form stattfinden, dass eine Konvertierung aller liquiden Mittel in eine Einheitswährung in einem zentralen Cash Pool stattfindet – das sogenannte „Multicurrency Pooling" – oder aber es findet die Form des „Singel Currency Poolings" Anwendung, bei der alle Fremdwährungsbestände in den Ländern gepoolt werden, in denen die entsprechende Währung Landeswährung ist bspw. alle Dollarbestände bei einer US-Bank in den USA.[683] Es ist sinnvoll bei der Existenz von verschiedenen Währungen, dass im Konzern nur eine Cash Pooling-Lösung für solche Währungen angewendet wird, die einen konsiderablen Anteil an der Liquiditätsposition des Konzerns haben (z. B. mittels „ABC-Analyse"). Auch in diesem Fall sind steuerrechtliche und devisenrechtliche Restriktionen zu beachten, jedoch aber vor allem auch die entstehenden Kosten.[684] Je komplexer eine Pooling-Struktur ist, desto mehr Transaktionskosten fallen an und umso mehr legale und steuerliche Fragen sind vorab zu klären. Hierdurch können die Vorteile des Pooling im schlechtesten Fall völlig aufgewogen werden.[685] Der Aufbau von Länder- oder Währungspools birgt im Allgemeinen somit folgende zusätzliche Vorteile:

- Es entstehen zusätzliche Einsparungspotenziale im Bereich Transaktionskosten, da nur noch eine geringe Zahl an internationalen Überweisungen zwischen den Länder-/Währungspools und dem zentralen Pool getätigt werden müssen.

- Es entsteht eine zusätzliche Nähe und Transparenz zu/über die dezentralen Gesellschaften, wodurch die Informationsgenerierung verbessert werden kann. Die Länder-/Währungspools konsolidieren entsprechende Informationen für das zentrale Treasury-Management vor.[686]

Einen Variante des mehrstufigen Cash Pooling ist die Overlay-Struktur. Bei Anwendung einer Overlay-Struktur wird ein Cash Pool je Land (bei einer lokalen Bank) für die dort ansässigen Konzerneinheiten errichtet (Vorpooling). Diese Vorpools werden dann wiederum innerhalb eines Cash Pools, der alle oder aber nur einen Teil (z. B. nach Währungen) der Vorpools umfasst, gepoolt. Findet ein weiteres Pooling von Teilen der Vorpools statt, so wird das Pooling der resultierenden Pools so lange fortgeführt, bis ein zentraler (internationaler) Cash Pool resultiert. Eine Overlay-Struktur (generiert durch Vorpooling) muss unter Beachtung der im Konzern existierenden Währungen optimiert und je Unternehmen designet werden. Eine exemplarische Darstellung findet sich in Abbildung 26.[687]

---

[683] Vgl. Kohnhorst (2001), S. 137.
[684] Vgl. Gabler (2004), S. 396 f.
[685] Vgl. Pflug (2007), S. 98.
[686] Vgl. Herold (1994), S. 60.
[687] Vgl. Pflug (2007), S. 95 ff. und vgl. Korts (2012), S. 6 ff.

Abbildung 26: *Beispiel „Cash Pooling"*

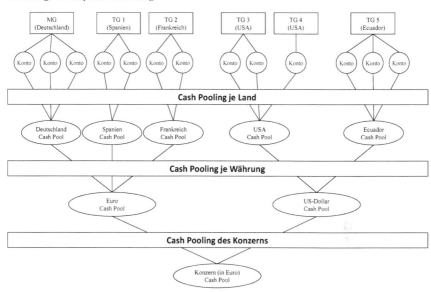

Quelle: *Eigene Darstellung.*

3.3.3.2 Netting bzw. Clearing

Gerade bei Internationalen Unternehmen ist es im Bereich des Cash-Managements wichtig, dass die Anzahl an (grenzüberschreitenden) Zahlungen und somit die damit verbundenen Kosten so gering wie möglich sind. Dies kann auf zwei Arten erreicht werden, entweder können die Konzerneinheiten nur einmal in einem Monat weitestgehend gebündelt Zahlungen ausführen, um so Zahlungsverpflichtungen gebündelt nachzukommen oder es wird auf die Technik des Nettings zurückgegriffen.[688] Der Begriff „Netting oder Clearing" (oder Konzernclearing) bezeichnet ein Verfahren, bei dem konzerninterne Forderungen und Verbindlichkeiten gegeneinander aufgerechnet werden (i.S.d. § 389 und § 387 BGB)[689] und damit bis auf einen Nettobetrag zum Erlöschen kommen. Die verbleibende Verrechnungsspitze kommt dann zur Auszahlung,[690] wobei nur die zur Zahlung

---

Bei dem Autor findet sich ein beschriebenes Beispiel für eine *Multi-Currency-Overlay-Struktur.* Vgl. *Pflug (2007), S. 98.* Ein weiteres Praxisbeispiel findet sich bei, vgl. *Wassing (2011), online.*

[688] Vgl. Anvari (1986), S. 40.
[689] Die eigentliche Rechtsgrundlage des Netting ist die Kontokorrentabrede im Sinne des § 355 HGB. vgl. *Rittscher (2007), S. 36.*
[690] Vgl. Deckart (2005), S. 7.; vgl. Wendland (2008), S. 28.; vgl. Kohnhorst (2001), S. 127; vgl. Nitsch/Niebel (1997), S. 54.; vgl. Fastrich/Hepp (1991),S . 316 ff.; vgl. Rittscher (2007), S. 28 f.; vgl. Sperber/Sprink (1999), S. 167.; vgl. Herold (1994), S. 73 und vgl. Enthofer/Haas (2011), S. 683 ff.

verpflichtete Partei darüber entscheidet, ob eine Zahlung fällig ist oder nicht.[691] Das Netting ist somit ein Verfahren der Forderungsaufrechnung zwischen Konzernbereichen (Konzernunternehmen/-abteilungen etc.).[692] In diesem wechselseitigen Aufrechnungsprozess werden im Wesentlichen Ansprüche aus Lieferungs- und Leistungsgeschäften (LuL) einbezogen; darüber hinaus können aber auch Ansprüche bezüglich Devisen, Zinsen, Patente etc. Bestandteil des Nettings sein.[693] Netting kann entweder zentralisiert oder dezentralisiert umgesetzt werden. Bei einer dezentralen Umsetzung zahlt jede Konzerneinheit, die offenen Forderungen nach dem Netting hat, diese an den jeweiligen Schuldner in der mit dem Schuldner vereinbarten Währung (hier besteht ein Währungsrisiko). Bei einer zentralen Lösung wird ein Netting-Center gegründet, das verschiedene Währungskonten für den Netting-Prozess eröffnet. In diesem Fall zahlen die Nettogläubiger den noch offenen Betrag an das Netting-Center. Diese Zahlung kann – je nach Ausgestaltung des Netting-Prozesses und seiner Ziele – bspw. in der Heimatwährung des Nettogläubigers erfolgen, wodurch das Wechselkursrisiko auf das Netting-Center übertagen wird und dort zentral abgesichert werden kann.[694] Zu den Vorteilen (Zielen) des Netting später mehr.

Ein Netting-Zyklus umfasst fünf feste Zeitpunkte (Tage). Er beginnt mit dem „Tag der Freigabe". Dies ist der letzte Tag, an dem eine Meldung (von Forderungen etc.) an das Netting-Center erfolgen kann. Am sogenannten „Bestätigungstag" erhalten dann alle Netting-Teilnehmer auf Grund dieser Meldungen eine Information über ihre Netto-Position. Am „Geschäftstag" führt das Netting-Center seine für das Netting notwendigen Währungstransaktionen durch. Die hierbei Anwendung findenden Wechselkurse am Kassamarkt werden für die Berechnung der endgültigen Netto-Positionen herangezogen. Es folgt des Weiteren eine Kommunikation dieser Beträge sowie der Zahlungsinstruktionen (Kontoverbindung des Netting-Centers etc.) an die Netting-Teilnehmer. Am letzten Tag des Netting-Zyklus, dem „Abwicklungstag", erfolgt die Wertstellung aller Zahlungen. Nach Durchführung aller Transaktionen weisen die Konten des Netting-Centers einen Saldo von Null auf. Alle für das Netting freigegebenen Forderungen wurden innerhalb des Konzerns ausgeglichen.[695] Da das Netting-Center Zahlungen in verschiedenen Währungen erhält und somit diese Gelder wiederum zur Begleichung in entsprechender Währung verwenden kann, findet eine Reduktion des zu hedgenden Betrages statt. Der Hedging-Aufwand wird reduziert.

---

[691] Vgl. Herold (1994), S. 76.
[692] Vgl. Zahrte (2010), S. 46.
[693] Vgl. Kohnhorst (2001), S. 127. vgl. Sperber/Sprink (1999), S. 167 und vgl. Nitsch/Niebel (1997), S. 54.
[694] Vgl. Anvari (1986), S. 41 f. und vgl. Srinivasan/Kim (1986), S. 2 ff.
[695] Vgl. Herold (1994), S. 76 f.; vgl. Fastrich/Hepp (1991), S . 320; vgl. Nitsch/Niebel (1997), S. 57 und vgl. Kohnhorst (2001), S. 129.

Der erzielbare Nutzen[696] eines Netting hängt von den im Konzern herrschenden Liefer- und Leistungsbeziehungen ab. Je komplexer und dezentraler sich diese gestalten, desto mehr Nutzen ist generierbar. Es bedarf einer gewissen Grundvolumina und somit Einsparungspotenzial, damit sich Investitionen in ein Netting-Center lohnen.[697] Der Schlüssel eines jeden Netting-Systems ist die Generierung und Überwachung von Informationen bezüglich der (konzerninternen) (Plan-) Transaktionen. Je mehr Konzerneinheiten hieran beteiligt sind und desto mehr Transaktionen generiert werden, desto komplexer wird das Netting. Im Tagesgeschäft – bei der Umsetzung des Netting – bedarf es daher systembasierter Unterstützung durch mathematische Modelle[698].[699] Ein solches komplexes Aufrechnungsverfahren führt in zweierlei Hinsicht zu einer Reduzierung von Kosten: Erstens nimmt die Anzahl von Einzeltransaktionen ab, wodurch eine Reduktion von Transaktionskosten und bei grenzüberschreitenden Transaktionen auch von Devisenkonvertierungskosten möglich ist und zweitens werden Float[700]-Verluste[701] und somit Zinsnachteile vermieden.[702] Darüber hinaus wird die Transparenz erhöht und die Planbarkeit von Zahlungen verbessert.[703] Das Netting ist daher als ein Konzept der Zahlungsrationalisierung (Minimierung von Transaktionen) zu werten. Es wird aber häufig auch als ein Konzept des Währungsmanagements verstanden. Dies ist jedoch nicht zwingend richtig. Es werden zwar auch in unterschiedlichen Währungen notierte Forderungen miteinander verrechnet, wodurch eine Währungsexposurereduzierung als denkbar erscheint. Dieses ist jedoch nicht zwingend, da zum Zeitpunkt des Nettings bereits die Fälligkeit für die Zahlungen eingetreten ist. Durch den einheitlichen Zahlungstermin wird jedoch eine Währungssicherung vereinfacht. Um das Netting auch für das Währungsmanagement interessant zu machen, bedarf es einer Verrechnung der Forderung direkt nach ihrer Entstehung und nicht erst kurz vor der effektiven Zahlung.[704]

---

[696] *Für eine Auflistung von Vorteilen des Nettings vgl. Kohnhorst (2001), S. 130.; vgl. Sperber/Sprink (1999), S. 169 und vgl. Anvari (1986), S. 40.*
[697] Vgl. Herold (1994), S. 78 und vgl. Kohnhorst (2001), S. 128.
[698] *Für in diesem Bereich Anwendung findende Modelle vgl. Srinivasan/Kim (1986), S. 1 ff.; vgl. Smith (1973), S. 50 ff.; vgl. Shapiro (1978), S. 51 ff. und vgl. Anvari (1986), S. 40 ff.*
[699] Vgl. Srinivasan/Kim (1986), S. 7 ff. und vgl. Shapiro (1978), S. 51 ff.
[700] *In Verbindung mit einem Netting-Ansatz kann die Verringerung des Float-Verlusts zusätzlich erhöht werden, da so die Anzahl der Transaktionen und die Transaktionsdauer (bei einem zentralen Cash-Management) reduziert werden. Vgl. Zahrte (2010), S. 58 und vgl. Wendland (2008), S. 28 f.*
[701] *Float-Verluste sind Zinsnachteile, die durch einen nicht verzinsten Zeitraum entstehen. Dieser Zeitraum entsteht bspw. bei einer zeitversetzten Belastung eines Kontos und Verbuchung auf einem anderen Konto. Vgl. Zahrte (2010), S. 47.; vgl. Horcher (2006), S. 27 f. und vgl. Sperber/Sprink (1999), S. 166.*
[702] Vgl. Zahrte (2010), S. 47.; vgl. Wendland (2008), S. 28 f.; vgl. Rittscher (2007), S. 28; vgl. Nitsch/Niebel (1997), S. 58 und vgl. Deckart (2005), S. 7.
[703] Vgl. Zahrte (2010), S. 47.; vgl. Deckart (2005), S. 7 und vgl. Anvari (1986), S. 42.
[704] Vgl. Herold (1994), S. 75 und vgl. Everett (2012), online.

Ein zusätzlicher Hebel für die Optimierung des Nettings ist der Wechsel von einer kreditorischen hin zu einer debitorischen Abwicklung. In diesem Fall erhält das Netting-Center das Recht, die Nettopositionen der Schuldner mittels Lastschriftverfahren einzuziehen. Das Netting-Center überweist danach die Guthaben an die Nettogläubiger unter den Konzerneinheiten. Hierdurch kann sichergestellt werden, dass es zu keinen Verzögerungen durch Determinierungen der Zahlungen im Rahmen des Netting-Prozesses kommt. Ergänzend kann zur Klärung von Unklarheiten eine zentrale (Online-) Plattform bereitgestellt werden.[705]

Im Bereich Netting sind zwei verschiedene Arten[706] zu unterscheiden: Das bilaterale und das multilaterale Netting.[707] Für eine Darstellung siehe das Folgekapitel.

3.3.3.2.1 Bilaterales Netting

Unter dem Begriff „bilaterales Netting" wird die Aufrechnung zwischen zwei Geschäftspartnern sowie der anschließende Transfer des offenen Saldos verstanden. Es wird eine 50%ige Reduktion der Transaktionen erzielt. Im Konzernkontext erreicht dieses Verfahren seine Grenzen sobald ein konzerninterner Leistungsaustausch zwischen mehr als zwei Konzerneinheiten stattfindet und somit vernetzte Geschäftsbeziehungen vorliegen. Bei der Anwendung des bilateralen Netting würde als Ergebnis eine Vielzahl neuer Salden zwischen verschiedenen Konzerneinheiten resultieren und damit nicht das gesamte Optimierungspotenzial ausgeschöpft werden.[708] Eine grafische Darstellung des „bilateralen Nettings" findet sich in Abbildung 27.

---

[705] Vgl. Schnetzler/Svatopluk (2001), S. 99.
[706] Darüber hinaus gibt es noch ein sogenanntes Devisen-Netting, welches auch dem Währungsmanagement zugerechnet werden kann. Bei dieser Variante werden grenzüberschreitende Ansprüche nicht direkt vom Schuldner beglichen, sondern zunächst von einer Schwestergesellschaft innerhalb des gleichen Währungsgebiets. Erst im Anschluss erfolgt ein Ausgleich zwischen den einzelnen Konzerngesellschaften. Vgl. Kohnhorst (2001), S. 128. Eine alternative Darstellung des Devisen-Netting über eine zentrale Clearing-Stelle im Konzern findet sich bei vgl. Sperber/Sprink (1999), S. 169 ff.
[707] Vgl. Wendland (2008), S. 28; Vgl. Nitsch/Niebel (1997), S. 54.; vgl. Anvari (1986), S. 41; vgl. Srinivasan/Kim (1986), S. 2 ff. und vgl. Sperber/Sprink (1999), S. 167 f.
[708] Vgl. Herold (1994), S. 73.; vgl. Srinivasan/Kim (1986), S. 2 ff.; vgl. Nitsch/Niebel (1997), S. 54 f.; vgl. Eun/Resnick/Sabherwal (2012), S. 483 ff. und vgl. Enthofer/Haas (2011), S. 685.

Abbildung 27: *Beispiel „bilaterales Netting"*

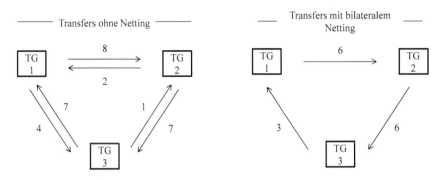

Quelle: *Eigene Darstellung in Anlehnung an Srinivasan/Kim (1986), S. 3.*

3.3.3.2.2 Multilaterales Netting

Im Falle des multilateralen Netting findet eine Verrechnung von Forderungen zwischen einer Vielzahl von Konzerneinheiten statt. Hierdurch wird eine mehrseitige und simultane Reduktion der ablaufenden Zahlungen erreicht (Abbildung 28).[709]

Ein zentrales Netting-Center[710] verantwortet die Koordination, Durchführung und Kontrolle des multinationalen Netting. Das Netting-Center führt in regelmäßigen Abständen die Berechnung der zu zahlenden Beträge der Nettoschuldner und -gläubiger durch. Hierfür findet eine sogenannte Zahlungsmatrix Anwendung. Bevor jedoch eine Kalkulation mit Hilfe dieser Matrix durchgeführt werden kann, müssen alle zu beachtenden Forderungen in eine „Einheitswährung" umgerechnet werden. Nach der Ermittlung der Zahlsalden werden diese wiederum in die jeweiligen Währungen der Konzerneinheiten umgerechnet und diesen gemeldet. Die Zahlungen erfolgen dann zu einem vom Netting-Center festgelegten Termin.[711] Garantiert das Netting-Center feste Wechselkurse über einen längeren klar festgelegten Zeitraum, so können sich die am multinationalen Netting teilnehmenden Konzerneinheiten ohne Währungsrisiko auf ihr (konzerninternes) operatives Geschäft konzentrieren.[712]

---

[709] Vgl. Herold (1994), S. 73.; vgl. Nitsch/Niebel (1997), S. 56 f.; vgl. Srinivasan/Kim (1986), S. 2 ff.; vgl. Kohnhorst (2001), S. 128. und vgl. Eun/Resnick/Sabherwal (2012), S. 483 ff.
[710] *Netting/Clearing-Center sind meist regional organisiert (z.B. für Europa oder USA). Vgl. Haux (2001), S. 296.*
[711] Vgl. Herold (1994), S. 75.; vgl. Nitsch/Niebel (1997), S. 56 f.; vgl. Kohnhorst (2001), S. 128 f.; vgl. Eun/Resnick/Sabherwal (2012), S. 483 ff. und vgl. Enthofer/Haas (2011), S. 685 ff.
[712] Vgl. Kohnhorst (2001), S. 130.

Abbildung 28: *Beispiel „multilaterales Netting"*

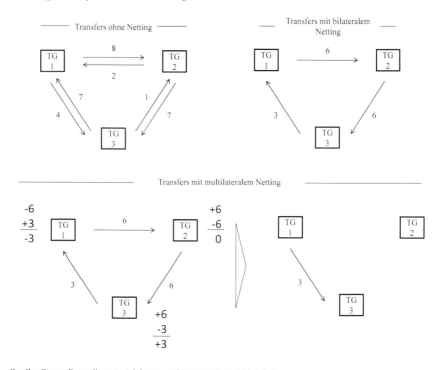

Quelle: *Eigene Darstellung in Anlehnung an Srinivasan/Kim (1986), S. 3.*

3.3.3.3 Matching

Matching bezeichnet ein Netting/Clearing im Zusammenhang mit Unternehmen außerhalb des Konzernverbundes (Konzernaußenverhältnis). Zumeist stehen Unternehmen, die hier mit eingeschlossen werden, in einem regelmäßigen Austausch mit Konzerngesellschaften, bspw. als Zulieferer oder Abnehmer.[713] Es bietet sich an, nur solche unternehmensexterne Vertragsparteien in das Matching zu integrieren, die sowohl als Gläubiger als auch als Schuldner auftreten.[714] Eine weitere Voraussetzung für die Aufnahme von externen Geschäftspartnern in ein Matching-System ist deren Solvenz. Die zur Feststellung benötigte Prüfung des Geschäftspartners bedingt allerdings zusätzliche Informationskosten. Darüber hinaus weist das Matching im Vergleich zum Netting eine geringere Flexibilität – auf Grund

---

[713] Vgl. Zahrte (2010), S. 47.; vgl. Deckart (2005), S. 7.; vgl. Wendland (2008), S. 28.; vgl. Rittscher (2007), S. 29.; vgl. Nitsch/Niebel (1997), S. 58.; vgl. Kohnhorst (2001), S. 127. und vgl. Rittscher (2007), S. 29.
[714] Vgl. Deckart (2005), S. 7.

der Einbindung Konzernexterner – auf,[715] denn es stellt sich das Problem der Einflussnahme auf Dritte.[716] Die Abwicklung des Matching wird daher im Vergleich zum Clearing nochmals verkompliziert, da das Treasury-Management (im Normalfall) keinen (oder nur sehr eingeschränkten) Einfluss auf die Zahlungsströme von unternehmensexternen Matching-Partnern hat. So kann es zu Verzögerungen oder Ausfällen kommen; darüber hinaus muss stets auf die Präferenzen der Matching-Partner eingegangen werden.[717]

Die Vorgehensweise und Grundidee des Matching ist – neben diesen Besonderheiten – identisch zu dem des (konzerninternen) Netting und wird daher hier nicht noch einmal ausführlich dargestellt. Es wird auf das Kapitel 3.3.3.2 verwiesen.

3.3.3.4 Leading & Lagging

Das bewusste Beschleunigen oder Verzögern von Zahlungen wird als Leading & Lagging bezeichnet. Beim Leading & Lagging werden fixierte Zahlungstermine von Forderungen und Verbindlichkeiten gezielt verschoben. Das Leading umfasst hierbei das zeitlich nach vorne gerichtete Zahlen (vor dem ursprünglichen Zahlungstermin), wogegen das Lagging zeitlich nach hinten versetzte Zahlungen (nach dem ursprünglichen Zahlungstermin) umfasst.[718] Leading & Lagging findet immer zwischen mindestens zwei Vertragsparteien statt, die sich bewusst auf entsprechende Maßnahmen einigen[719]. Entscheidungen über Leading & Lagging-Maßnahmen werden in einem kurzfristigen Zeithorizont (von max. 12 Monaten) getroffen.[720]

Wie beim Netting (bzw. Matching) kann auch beim Leading & Lagging ein Einbezug konzernexterner Dritter (Konzernaußenverhältnis) vorkommen. Hier bedarf es jedoch einer Einwilligung der externen Partei (gute Geschäftsbeziehungen sind Voraussetzung). Externe Dritte werden einer Zahlungsverschiebung wohl nur dann zustimmen, wenn sie gegenläufige Erwartungen bezüglich der zukünftigen Entwicklungen im Bereich Zinsen oder Wechselkurse haben. Eine Zustimmung bei identischen Zukunftserwartungen kann nur durch eine schlechte Verhandlungsposition des Geschäftspartners erreicht werden oder aber der Geschäftspartner möchte in eine zukünftige Zusammenarbeit investieren und nimmt bewusst Nachteile vorübergehend in Kauf. Auf Grund dieser Gegebenheiten ist die An-

---

[715] Vgl. Nitsch/Niebel (1997), S. 58 f.
[716] Vgl. Kohnhorst (2001), S. 127. und vgl. Rittscher (2007), S. 29.
[717] Vgl. Zahrte (2010), S. 48.
[718] Vgl. Wendland (2008), S. 29.; vgl. Butler (2008), S. 222 ff.; vgl. Herold (1994), S. 66.; vgl. Nitsch/Niebel (1997), S. 63. vgl. Sperber/Spring (1999), S. 166. und vgl. Kohnhorst (2001), S. 131.
[719] *Findet eine Beeinflussung des Zahlungstermins nur von einer Seite ohne Zustimmung der anderen Seite (einseitige Liquiditätssteuerung) statt, so spricht man nicht von Leading & Lagging. In solchen Fällen handelt es sich um eine Generierung von positiven Liquiditätseffekten durch das bewusste Beeinflussen von Ein- und Auszahlungen auf Kosten Dritter. Vgl. Nitsch/Niebel (1997), S. 67 ff.*
[720] Vgl. Nitsch/Niebel (1997), S. 64 ff.

wendung von Leading & Lagging häufig auf den konzerninternen Bereich beschränkt.[721] Die folgenden Ausführungen beziehen sich daher auch rein auf ein konzerninternes Leading & Lagging.

Als Voraussetzung für ein Anwendung des Leading & Laggings müssen folgende Punkte mindestens erfüllt sein: (1) Es muss eine gewisse Flexibilität im Zahlungsverkehr existieren, (2) die Treasury muss über alle notwendigen Informationen verfügen (z. B. Cash-Positionen der einzelnen Konzerneinheiten, Wechselkursprognosen, Prognosen zukünftiger Zahlungsströme, Devisenrestriktionen einzelner Länder etc.) und (3) es muss eine strenge konzerninterne Zahlungsdisziplin sowie deren Kontrolle existieren.[722] Die Etablierung von Leading & Lagging-Maßnahmen bedarf – wie bereits erwähnt – dem Einverständnis der betroffenen Geschäftspartner sowie einer Vereinbarung über entsprechende Zinsvergütungen für einen eventuellen Nachteilsausgleich.[723] Für die Durchsetzung und effektive Durchführung sowie Anwendung der Leading & Lagging-Technik bedarf es einer autoritären Instanz, die entsprechende Zahlungsanweisung innerhalb des Konzerns im Notfall erzwingen kann.[724] Die Treasury sollte somit mit entsprechenden Kompetenzen ausgestattet werden.

Leading & Lagging kann zum Ausgleich von (offenen) Währungspositionen, dem Entgegenwirken von (erwarteten) Wechselkursschwankungen sowie zur Steuerung von liquiden Mitteln (bzw. Liquiditätsunterschieden zwischen Konzerneinheiten) eingesetzt werden. Hieraus resultieren Einsparungen bei Kurssicherungs- und Konvertierungskosten-gebühren), und es kommt zu einer Verbesserung der Liquiditätssteuerung sowie Finanzierungskostenoptimierung.[725]

Es kann bspw. mit dem gezielten Einsatz von Leading & Lagging mittels Transferierung liquider Mittel aus abwertungsbedrohten Währungsgebieten in stabilere das Währungsrisiko des Konzern reduziert werden. Im Hinblick auf die Währungsrisikoreduktion können folgende zwei Leading & Lagging-Regeln festgehalten werden: (1) Forderungen denominiert in abwertungsgefährdeten Währungen sollten zeitlich verfrüht beglichen und direkt in eine „sichere" Währung getauscht werden und (2) Forderungen in Währungen, für die eine Aufwertung erwartet wird, sollten zeitlich nach hinten verschoben werden. Diese Regeln gelten spiegelbildlich für Verbindlichkeiten.[726] Das Währungsrisikomanagement ist nicht Teil des Cash-Management und stellt somit hier nur einen kurzen Exkurs dar.

---

[721] Vgl. Kohnhorst (2001), S. 131 f.; vgl. Herold (1994), S. 66. und vgl. Nitsch/Niebel (1997), S. 63.
[722] Vgl. Herold (1994), S. 70 ff.
[723] Vgl. Kohnhorst (2001), S. 131.
[724] Vgl. Herold (1994), S. 72.
[725] Vgl. Herold (1994), S. 67 ff. *Der Autor zeigt für die genannten Anwendungsbereiche des Leading & Lagging auch jeweils ein Fallbeispiel auf.*
[726] Vgl. Kohnhorst (2001), S. 131 ff.; vgl. Anvari (1986), S. 43. und vgl. Nitsch/Niebel (1997), S. 66.

Des Weiteren kann das Leading & Lagging für einen Liquiditätsausgleich zwischen Konzerneinheiten eingesetzt werden. Konzerneinheiten mit freien Liquiditätsüberschüssen können durch ein verfrühtes Bezahlen von Rechnungen oder ein verspätetes Einfordern von Forderungen als eine Art konzerninterner Kreditgeber gegenüber Liquidität benötigenden Konzerneinheiten auftreten. In einem gewissen Umfang kann somit die Kreditaufnahme bei Banken durch illiquide Gesellschaften vermieden werden. Es bedarf allerdings hierbei einer konzerninternen Kompensation der Fälligkeitsverschiebung über eine Soll- oder Habenverzinsung. Es erfolgt in einem solchen Fall ein Liquiditätsausgleich mittels vollständiger Umgehung von Kreditinstituten. Über diesen konzerninternen Liquiditätsausgleich hinaus kann eine Ausnutzung von Zinsunterschieden durch das Leading & Lagging erreicht werden. Es können Gelder in Länder mit einem aktuell hohen Zinsniveau transferiert (und dort angelegt) werden und somit ein Abzug von Geldern aus Konzerneinheiten in Niedrigzinsregionen erreicht werden. Das gleiche Prinzip gilt spiegelbildlich im Hinblick auf Finanzierungskosten und Kapitalaufnahme.[727] Darüber hinaus führt eine kombinierte Anwendung von Netting und Leading & Lagging auf Grund der durch das Leading & Lagging geschaffenen zeitlichen Variierbarkeit von Zahlungsterminen zu einem erhöhten Saldierungspotenzial und ermöglicht weitere Einsparungen im Bereich der Transaktions- sowie Absicherungskosten.[728] Eine grafische Veranschaulichung der dargelegten Leading & Lagging-Strategien an Hand einer Break-Even-Analyse findet sich in Abbildung 29. Hier werden die Auswirkungen und das Zusammenspiel von Kapitalbedarf und -kosten und Wechselkursen auf das Leading & Lagging veranschaulicht.

Es können somit mittels Leading & Lagging Vorteile im Bereich der konzerninternen Liquiditätsverteilung sowie bei der Devisenbewirtschaftung des Konzerns realisiert werden.[729] Diese scheinbar einfachen und mannigfaltigen Anwendungsbereiche des Leading & Lagging münden in ein höchst komplexes Optimierungsproblem im Spannungsfeld von Fälligkeitsterminen, vorherrschenden Liquiditätsengpässen und -überschüssen im Konzern, Zins- und Währungskursdifferenzen sowie juristischen und steuerlichen Vorschriften (Einschränkungen), welche es durch das Treasury-Management im Tagesgeschäft auf der operativen Ebene zu lösen gilt.[730]

---

[727] Vgl. Kohnhorst (2001), S. 132 f. und vgl. Sperber/Spring (1999), S. 166.
[728] Vgl. Kohnhorst (2001), S. 132.
[729] Vgl. Nitsch/Niebel (1997), S. 66.
[730] Vgl. Kohnhorst (2001), S. 133 f.

Abbildung 29: *Leading & Lagging-Break-Even-Analyse*

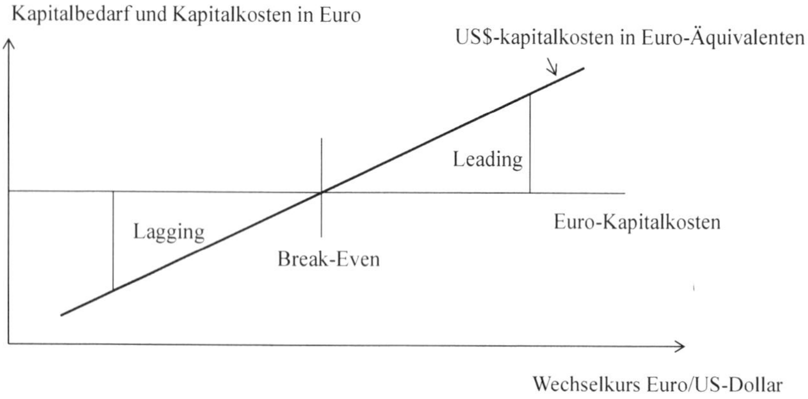

Kapitalbedarf und Kapitalkosten in Euro

US$-kapitalkosten in Euro-Äquivalenten

Leading

Lagging

Break-Even

Euro-Kapitalkosten

Wechselkurs Euro/US-Dollar

Quelle: *Darstellung in sehr enger Anlehnung an Fastrich/Hepp (1991), S. 312.*

3.3.3.5 Payment-Factory

Bei einer Payment-Factory[731] werden alle Zahlungsprozesse zentral abgewickelt. Die Bankkommunikation erfolgt ebenfalls zentral aus einem System heraus. Hierdurch kann eine Zahlungsoptimierung erreicht werden[732] und die Bankensteuerung erleichtert. Es finden keinerlei selbständige Zahlprozesse durch dezentrale Konzerneinheiten statt. Alle zahlungsrelevanten Instruktionen werden zentral an die Konzernbanken über die Payment-Factory kommuniziert.[733] Auf diesem Wege findet eine Vereinheitlichung von Zahlungsfreigabeprozessen im Konzern statt, wodurch die Zahlungsmoral verbessert werden kann. Länderübergreifende Zahlungen werden automatisch in das jeweilige lokale Zahlungsformat umgewandelt. Es werden durch die Etablierung einer Payment-Factory die der Treasury zu Verfügung stehende Übersicht aller Zahlungen sowie Zahlungszieldaten verbessert. Es kann eine effizientere Steuerung erfolgen. Des Weiteren kann über die damit einhergehende Prozessautomatisierung eine Aufwandreduzierung erreicht werden, denn ein zentralisiertes System reduziert den (administrativen) Aufwand im Vergleich zu (mehreren) dezentralen Banking-Systemen erheblich. Es entfällt bspw. die Kontrolle und Aggregation von dezentral vorgehaltenen Daten.[734]

---

[731] Das Konzept einer Payment-Factory wird teilweise auch als „Payment Consolidation Model" oder „Payment Hub" bezeichnet. Vgl. Farrell (2011), online.
[732] Vgl. Falke (2011), S. 46.
[733] Vgl. SunGard (2010), online.
[734] Vgl. Falke (2011), S. 46.

3.3.3.6 Reinvoicing Center

Das Prinzip eines Reinvoicing Centers basiert auf der Trennung von Leistungs- und Zahlungsströmen und stellt eine Umfakturierung der Originalrechnung dar.[735] Ein Reinvoicing Center arbeitet (rechtlich betrachtet) in der Form, dass es Leistungen von einer Konzerneinheit ankauft und diese an eine andere Konzerneinheit weiterveräußert. Im konkreten Fall sieht dieses wie folgt aus: Das Reinvoicing Center wird über jeden Geschäftsabschluss innerhalb des Konzerns unterrichtet und erstellt dementsprechend zwei Rechnungen. In der einen Rechnung erscheint das Reinvoicing Center als Zahlungspflichtiger und in der anderen als Zahlungsempfänger. Der Clou ist jedoch, dass beide am ursprünglichen Geschäftsabschluss beteiligten Konzerneinheiten nun Rechnungen[736] in ihrer Landeswährung vorliegen haben und für sie kein Wechselkursrisiko besteht; dies hat das Reinvoicing Center übernommen. Aus diesem Grund muss der Zeitraum zwischen Rechnungsstellung und Umfakturierung auch minimiert werden, so dass in dieser Zeitspanne kein Währungsrisiko entstehen kann.[737] Das Konzept des Reinvoicing Centers greift – wie dargestellt – in die aus Handelstransaktionen entstehenden Zahlungsströme ein. Die eigentliche Warenlieferung[738] wird jedoch nicht tangiert. Die Rolle des Reinvoicing Centers ist rein finanztechnischer Natur, alle Anbahnungs-, Abwicklungs- sowie Nachbearbeitungstätigkeiten der Geschäfte werden von den beteiligten Konzerneinheiten durchgeführt.[739]

Ein Reinvoicing Center kann entweder in das (zentrale) Cash-Management eingegliedert werden oder aber als eigenständige Tochtergesellschaft des Konzerns geführt werden. Eine Organisation als eigenständige Tochtergesellschaft hat oft steuerliche Gründe. Darüber hinaus kann ein Reinvoicing Center entweder rein konzernintern agieren oder aber auch auf konzernexterne Geschäftsbeziehungen ausgeweitet werden (die sich anschließenden Ausführungen beschränken sich auf eine konzerninterne Sichtweise).[740] Für die Etablierung eines Reinvoicing Centers bedarf es eines effizienten und über den gesamten Konzern ausgedehnten Informationsbeschaffungs- und -verarbeitungssystems. Die Rechnungs- und Buchhaltungssysteme sind entsprechend zu integrieren.[741] Des Weiteren ist ein umfangreicher Liefer-und Leistungsaustausch zwischen den Konzerngesellschaf-

---

[735] Vgl. Herold (1994), S. 81 f. und vgl. Kohnhorst (2001), S. 164.
[736] *Ohne ein Reinvoicing Center wird bei der (konzerninternen) Fakturierung meist die Währung des Exporteurs gewählt. Der Hauptgrund hierfür ist, dass Unternehmen bei der Herstellungskostendeckung keine Währungsrisiken eingehen wollen. Für weiterführende Erläuterungen, vgl. Fastrich/Hepp (19991), S. 306 f.*
[737] Vgl. Allman-Ward/Sagner (2003), S. 163 f.; vgl. Herold (1994), S. 81.; vgl. Fastrich/Hepp (1991), S. 323.; vgl. Kohnhorst (2001), S. 164 ff. und vgl. Czinkota u.a. (2009), S. 333.
[738] *Beim Reinvoicing geht im Gegensatz zum Netting rechtlich betrachtet das Wareneigentum an das Reinvoicing Center über, woraus erhebliche juristische und steuerrechtliche Problem resultieren können, die sich dann in zusätzlichem Aufwand für Rechts- und Steuerberatung niederschlagen können. Vgl. Herold (1994), S. 85.; vgl. Fastrich/Hepp (1991), S. 326. und vgl. Kohnhorst (2001), S. 169.*
[739] Vgl. Kohnhorst (2001), S. 164.
[740] Vgl. Herold (1994), S. 82.
[741] Vgl. Fastrich/Hepp (1991), S. 326.

ten Voraussetzung.[742] Oft berechnet das Reinvoicing Center eine Gebühr für seine Dienstleistungen (eine Art Maklergebühr). Diese Gebühren sind jedoch zumeist sehr gering, um eine Gewinnverschiebung zwischen den am Grundgeschäft beteiligten Konzerneinheiten weitestgehend zu vermeiden.[743] Eine Kanalisierung von Zahlungen über ein Reinvoicing Center verdoppelt zwar im Vergleich zum Netting-Ansatz die Anzahl an Transaktionen und erhöht somit den damit verbundenen organisatorischen und administrativen Aufwand extrem,[744] es bietet aber auch einige Vorteile, die eine Aufwandzunahme aufwiegen können, denn trotz der Konzentration des Reinvoicing Centers auf rein finanzwirtschaftliche Aufgaben geht dessen Tätigkeitsspektrum über das bloße Umfakturieren von Rechnungen hinaus. Es kann zu einer Verknüpfung von Finanzierungs- und Investitionsaktivitäten sowie allgemeinen Dienstleistungen kommen.[745] Die Transformationstätigkeit des Reinvoicing Centers erzeugt eine Bündelung aller Zahlungsströme innerhalb des Reinvoicing Centers.[746] Durch diese Bündelung der Zahlungsströme und somit aller Transaktionsinformationen des Konzerns im Reinvoicing Center wird eine ideale Voraussetzung für Cash-Flow-Prognosen geschaffen. Das Reinvoicing Center kann diese Informationen über Handelsströme und die daraus resultierenden Finanzströme zentral und gebündelt erfassen und so der Finanzplanung bereitstellen.[747] Es erfolgt eine Zentralisierung und verbesserte Koordinierung des (kurzfristigen) Finanzmanagements.[748] Durch die hohe Flexibilität bei der Wahl der Fakturierungswährung kann eine Umfakturierung aller Rechnungen in die jeweilige Heimatwährung der beteiligten Konzerneinheiten erreicht und so ein Umgehen von Devisenverkehrsbeschränkungen ermöglicht werden. Die jeweilige Konzerneinheit führt dann stets Transaktionen in ihrer Heimatwährung durch, so dass keine Devisenimporte oder -exporte entstehen.[749] Durch diese durch Umfakturierung entstehenden Zahlungsströme in Heimatwährung der beteiligten Konzerneinheiten wird eine Bündelung aller Zahlungsströme erreicht. Es findet gleichzeitig eine Verschiebung der Währungsrisiken in das Reinvoicing Center statt, wodurch eine zentrale (günstigere) Absicherung ermöglich wird.[750]

Eine weitere Optimierungsmöglichkeit, die durch ein Reinvoicing Center potenziell gegeben ist, ist das Anpassen von Preisen der gehandelten Waren (Re-Pricing von Forderungen). Durch diese Neufestlegung der Preise können unter Umständen steuerliche Vorteile generiert werden.[751] Das Reinvoicing Center kann ergänzend

---

[742] Vgl. Herold (1994), S. 84.
[743] Vgl. Fastrich/Hepp (1991), S. 323.
[744] Vgl. Herold (1994), S. 83 ff.; vgl. Fastrich/Hepp (1991), S. 324. und vgl. Kohnhorst (2001), S. 169.
[745] Vgl. Kohnhorst (2001), S. 166.
[746] Vgl. Kohnhorst (2001), S. 164.
[747] Vgl. Fastrich/Hepp (1991), S. 325.
[748] Vgl. Kohnhorst (2001), S. 163 f.
[749] Vgl. Kohnhorst (2001), S. 166. und vgl. Herold (1994), S. 84 ff.
[750] Vgl. Kohnhorst (2001), S. 164.
[751] Vgl. Czinkota u.a. (2009), S. 333.

auch die Ausfallrisiken der Forderungen übernehmen. In diesem Fall würde es der produzierenden Gesellschaft – unter Berechnung einer Gebühr – die noch offenen Zahlungen des Abnehmers garantieren.[752] Generell wird durch ein Reinvoicing Center die Verschiebung von Liquidität zwischen einzelnen Konzerneinheiten sowie die Steuerung von Zahlungsströmen vereinfacht. Es ist rein theoretisch denkbar, dass durch die Etablierung einer zusätzlichen Instanz (dem Reinvoicing Center) eine Verbesserung der Zahlungsdisziplin im Konzern erreicht werden kann.[753]

Die eingangs erwähnte Zentralisierung der Währungsrisiken scheint auf den ersten Blick darauf hinzudeuten, dass ein Reinvoicing Center primär dem Risikomanagement und dort speziell dem Währungsexposure-Management zuzuschreiben ist. Diese Einordnung greift jedoch zu kurz, da ein Reinvoicing Center vielseitige Anwendungsmöglichkeiten hat. Darüber hinaus bietet es ideale Möglichkeiten zur Kombination mit anderen Cash-Management-Techniken. Die Kombination des Reinvoicing mit einem Netting sowie Leading & Lagging-Ansatz – ergänzt um ein zentrales Debitoren- und Kreditorenmanagement – ermöglicht eine gezielte Steuerung und vor allen Freisetzung von Liquidität innerhalb des Konzerns.[754] Der Vorteil hierbei ist, dass die für das Netting sowie für das Leading & Lagging benötigten Informationen (Forderungsdaten etc.) bereits zentral im Reinvoicing Center vorliegen. Ergänzend ist eine Konzentration von liquiden Mittel durch einen angeschlossenen Cash Pool denkbar, wodurch zusätzliche Vorteile generiert werden können.

3.3.3.7 Inhouse-Factoring

Beim Inhouse-Factoring kauft die Treasury als eine zentrale Stelle im Konzern alle Forderungen an, die die (operativen) Konzerneinheiten untereinander halten. Dies kann auch auf konzernexterne Unternehmen ausgeweitet werden. Bei dieser Variante erwirbt die Treasury auch alle Forderungen von konzernexternen Lieferanten, die gegenüber Konzerneinheiten bestehen. Bei beiden Varianten erwirbt die Treasury die jeweiligen Forderungen im Rahmen des Inhouse Factoring[755] und diskontiert diese – wie beim klassischen Factoring[756] – durch eine Bank oder einen Factoring-Dienstleister.[757]

---

[752] Vgl. Kohnhorst (2001), S. 168.
[753] Vgl. Herold (1994), S. 83 ff.; vgl. Fastrich/Hepp (1991), S. 324. und vgl. Kohnhorst (2001), S. 169.
[754] Vgl. Kohnhorst (2001), S. 166. und vgl. Fastrich/Hepp (1991), S. 324.
[755] *Oft stellt das Inhouse-Factoring eine freiwillige Leistung der Treasury dar. Es kann von den operativen Konzerneinheiten in Anspruch genommen werden, muss es aber nicht. Eine Teilnahme ist somit nicht – wie bspw. beim Reinvoicing – verpflichtend. Vgl. Kohnhorst (2001), S. 170 ff.*
[756] *Für weiterführende Informationen zum Factoring vgl. Perridon/Steiner/Rathgeber (2009), S.442 ff.; vgl. Tebroke/Laurer (2005), S. 107 f. vgl. Däumler/Grabe (2008), S. 302 ff.*
[757] Vgl. Kohnhorst (2001), S. 160 f.

Ziel eines solchen Inhouse-Factorings ist es, durch das Zwischenschalten einer koordinierenden Stelle die finanzwirtschaftlichen Ströme des operativen Geschäfts des Konzerns zu steuern und alle damit einhergehenden Finanz- und Dienstleistungsaufgaben[758] zentral durchzuführen. Durch die im Zuge des Inhouse-Factoring entstehende zentrale Steuerung erhöht sich die Transparenz über die Liquiditätssituation des Konzerns. Zusätzlich können die Vorteile eines zentralen Finanzmanagements – wie die Minimierung der Finanzierungskosten sowie die Maximierung der Anlageerlöse oder aber einfach nur der gebündelte Einsatz von Experten und somit die Professionalisierung des Finanzwesens – ausgenutzt werden.[759] Auf Grund des Ankaufs der Forderungen findet eine (teilweise) Befreiung der produzierenden Konzerneinheiten von der Working Capital-Finanzierung statt; diese kann nun zentral übernommen werden.[760] Hierbei bleiben die Eigentumsverhältnisse unverändert und werden im Gegensatz zum Reinvoicing nicht tangiert.[761]

Bei einem Ankauf der Forderungen in der Heimatwährung der Konzerneinheiten kann durch das Inhouse-Factoring einen Übertragung des gesamten Währungsrisikos von den operativen Konzerneinheiten hin zur Treasury erreicht werden, wodurch ein zentrales Währungsmanagement ermöglicht wird. Ein stark nach dem Entstehungszeitpunkt der Forderung durchgeführter Forderungsankauf in Heimatwährung der Konzerneinheit schützt erst ab diesem Zeitpunkt vor Währungsrisiken. Es bedarf daher für eine effektive Reduktion des Währungsrisikos einer sofortigen Veräußerung der Forderung an die Treasury. Durch eine Kombination mit anderen Cash-Management-Techniken, wie bspw. dem Leading & Lagging (Kapitel 3.3.3.4), kann die Finanzierung des Inhouse-Factoring unterstützt sowie eine Optimierung der Zahlungsströme des Konzerns weiter vorangetrieben werden.[762]

---

[758] *Unter diese Aufgaben fallen bspw. die Übernahme der Finanzierungsfunktion, Dienstleistungen – wie Mahn- und Inkassowesen, Absicherung des Delkredererisikos sowie die Möglichkeit der Übernahme des Währungsrisikos. Vgl. Kohnhorst (2001), S. 162.*
[759] Vgl. Kohnhorst (2001), S. 162 f.
[760] Vgl. Czinkota u.a. (2009), S. 333.
[761] Vgl. Kohnhorst (2001), S. 161.
[762] Vgl. Kohnhorst (2001), S. 162 ff.
Für einen Vergleich zwischen Reinvoicing und Inhouse-Factoring, vgl. Kohnhorst (2001), S. 169 ff.

3.3.4 Working Capital-Management

Der Idealfall eines Leistungserstellungsprozesses umfasst eine nur sehr geringe Zeit für die Leistungserstellung sowie einen sofortigen Verkauf der Leistung mit unmittelbarem Erhalt der Rechnungsbeträge. In der Realität sieht dies jedoch weniger ideal aus. Bei Beginn des Leistungserstellungsprozesses (Beispiel: Produktionsprozess) liegt Kapital vor, das später durch Bestände an (Roh-)Material ersetzt wird. Ist die eigentliche Produktion abgeschlossen, so existieren Fertigprodukte, die später ausgeliefert und verkauft werden, wodurch Forderungen entstehen, die so lange bestehen bleiben, bis der Kunde gezahlt hat. Dieser Prozess muss laufend durch Working Capital finanziert werden und findet in der Bilanz des Unternehmens Niederschlag.[763] Der Umfang sowie die zeitliche Dauer dieses im Umlaufvermögen gebundenen Kapitals wird hauptsächlich von der Kapitalintensität der Branche, dem Geschäftsmodell und dem Produktionsprozess sowie den Zahlungsbedingungen der Kunden bzw. Lieferanten beeinflusst.[764] Das Working Capital-Management (WCM) ist somit an der Schnittstelle zu den Bereichen Ein- und Verkauf, Produktion (Logistik) sowie Finanzen angesiedelt. Der Treasury ist traditionell die Verantwortung zuzuschreiben.[765]

Gerade in angespannten Zeiten mit wirtschaftlichen bzw. finanziellen Schwierigkeiten kommt der Erweiterung des unternehmenseigenen Finanzierungsspielraums eine wichtige Bedeutung zu.[766] Hier kommt dann schnell auch die Verkürzung der Kapitalbindungsdauer des Umlaufvermögens in den Fokus und somit das Working Capital-Management mit allen seinen Facetten,[767] denn Ziele des Working Capital-Management sind eine Reduktion der Finanzierungskosten, eine Kostenreduktion durch Verbesserung (Rationalisierung) von Prozessabläufen sowie die Verbesserung der Innenfinanzierung (Vermögensumschichtung und Freisetzung von Kapital).[768] Die dem Working Capital-Management innewohnende Attraktivität ist somit im Wesentlichen auf zwei Aspekte (Doppelwirkungen) zurückzuführen. Durch die Verringerung der Kapitalbindung (sowie Kostenreduktion) wird zum einen ein Liquiditätsfreisetzungseffekt ausgelöst, der sich positiv auf die Finanzen des Unternehmens auswirkt und zum anderen erfolgt eine Verbesserung der Kapitalrentabilität, Bilanzstruktur sowie Kennzahlenoptimierung, wodurch die Außenfinanzierungsmöglichkeiten des Unternehmens wiederum positiv beeinflusst werden.[769] Das synchronisierte Management von Cash, Liquidität und Working Capital bietet dem Treasury-Management von Internationalen Unternehmen

---

[763] Vgl. Klepzig (2008), S. 33.
[764] Vgl. Guserl/Pernsteiner (2011), S. 513.
[765] Vgl. Degenhart (2007), S. 10.
[766] *Probleme mit dem Working Capital (Liquiditätsengpässe etc.) sind ein Hauptgrund für das Scheitern von Unternehmen und somit in krisenhaften Zeiten besonders wichtig. Vgl. Priester/Wang (2010), S. 69.*
[767] Vgl. Guserl/Pernsteiner (2011), S. 513.
[768] Vgl. Guserl/Pernsteiner (2011), S. 515.
[769] Vgl. Mißler (2007), S. 148.

somit die Möglichkeit, die Auswirkungen der aktuellen krisenhaften Situation an den Finanzmärkten besser zu bewältigen.[770] Aus diesem Grund findet eine ausführliche Diskussion des WCM als eine spezielle Cash-Management-Methode – mit dem Fokus auf den Cash Conversion Cycle als Working Capital-Optimierungsansatz – in den folgenden Unterkapiteln statt.

Des Weiteren ist davon auszugehen, dass Unternehmen mit hohem Working Capital eine intensive Bankensteuerung betreiben, um das benötigte Finanzierungsvolumen zu sichern und optimal zu steuern. Eine gemeinsame Betrachtung des WCM und der Bankensteuerung gehört somit in die vorliegende Arbeit und wird auch in der Empirie in Kapitel 4. integriert. Zunächst werden jedoch die notwendigen theoretischen Grundlagen zum Working Capital-Management erörtert.

3.3.4.1 Definition (Net) Working Capital

Der Begriff „(Net) Working Capital (NWC)" ist mit den Begriffen „Nettoumlaufvermögen" und „Betriebsvermögen/-kapital" im deutschsprachigen Raum gleichzusetzen. Working Capital beschreibt diejenigen Vermögensteile, die im Zuge eines Produktlebenszyklusses oder (mindestens) innerhalb eines Jahres in liquide Mittel umgewandelt werden.[771] Es ist eine zeitpunktbezogene monetäre Größe[772] und wird wie folgt berechnet:

Formel 1: *(Net) Working Capital*

(Net) Working Capital = Umlaufvermögen[773] ./. kurzfristige Verbindlichkeiten[774].

Quelle: *Eigene Darstellung, in Anlehnung an Hofmann u.a. (2011), S. 17.; Reichmann (2011), S. 100.; Moles/Parrino/Kidwell (2011), S. 535 und Guserl/Pernsteiner (2011), S. 209.*

Das (Net) Working Capital stellt somit die Differenz zwischen Umlaufvermögen und dessen kurzfristiger Finanzierung dar.[775] Ein (verkürztes) Berechnungsschema ist wie folgt:

---

[770] Camerinelli (2010), S. 141.
[771] Vgl. Gomm (2008), S. 115.; vgl. Eitelwein/Wohlthat (2005), S. 416.; vgl. Buchmann (2009), S. 350. und vgl. Perridon/Steiner/Rathgeber (2009), S. 142.
[772] Vgl. Klepzig (2008), S. 16. und vgl. Lies (2011), S. 22.
[773] *Zum Umlaufvermögen (UV) gehören: Vorräte, Forderungen aus LuL, Forderungen gegenüber verbundenen Unternehmen, Forderungen aus Steuern von Einkommen & Ertrag, sonstige Forderungen, Wertpapiere des UV, liquide Mittel und aktive Rechnungsabgrenzungsposten. Vgl. Guserl/Pernsteiner (2011), S. 514.*
[774] *Zu den kurzfristigen Verbindlichkeiten zählen: Verbindlichkeiten aus LuL, erhaltene Anzahlungen, (verzinsliche) Finanzverbindlichkeiten, Verbindlichkeiten aus Steuern von Einkommen & Ertrag, sonstige kurzfristige Rückstellungen, sonstige Verbindlichkeiten und passive Rechnungsabgrenzungsposten. Vgl. Guserl/Pernsteiner (2011), S. 514.*
[775] Vgl. Bösch (2009), S. 382. und vgl. Guserl/Pernsteiner (2011), S. 514.

Formel 2: *Berechnungsschema (Net) Working Capital*

$$\begin{array}{l} Liquide\ Mittel \\ +\ kurzfristige\ Forderungen\ aus\ LuL \\ +\ Vorr\ddot{a}te \\ +\ geleistete\ Anzahlungen \\ ./.\ Verbindlichkeiten\ aus\ LuL \\ \underline{./.\ sonstige\ kurzfristige\ Verbindlichkeiten} \\ (Net)\ Working\ Capital \end{array}$$

Quelle: *Eigene Darstellung, in Anlehnung an Lies (2011), S. 22.*

Das (Net) Working Capital kann entweder einen positiven oder negativen Wert aufweisen. Ein positives (Net) Working Capital bedeutet, dass ein Teil des Umlaufvermögens mit langfristigem Kapital (EK oder FK) finanziert wird.[776] In diesem Fall ist das betreffende Unternehmen im operativen Bereich zumeist mit genügend Kapital ausgestattet, wobei ein zu hoher Wert auf Ineffizienzen schließen lässt.[777] Ein negatives[778] (Net) Working Kapital weist auf eine kurzfristige Finanzierung von Teilen des Anlagevermögens hin.[779] Die Summe der Verbindlichkeiten übersteigt die Summe der Vorräte und Forderungen, die dem Working Capital zurechenbar sind. Hierdurch werden Vermögensteile unverzinslich finanziert und Zinskosten eingespart.[780] Für eine Darstellung dieser Sachverhalte (NWC > oder < 0) siehe die auf andere Art sortierte und stark vereinfachte Bilanz (mit einem positiven (Net) Working Capital) in Abbildung 30.

Abbildung 30: *(Net) Working Capital in der Bilanz*

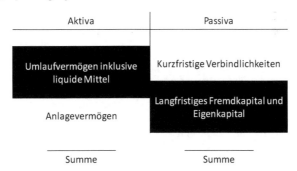

Quelle: *Darstellung in enger Anlehnung an Bösch (2009), S. 382.*

---

[776] Vgl. Hofmann u.a. (2011), S. 18.; vgl. Guserl/Pernsteiner (2011), S. 209. und vgl. Bösch (2009), S. 382.
[777] Vgl. Buchmann (2009), S. 350 f.
[778] *Ein negatives Net Working Capital kann auf besondere Marktmacht hinweisen. Vgl. Klepzig (2008), S. 16.*
[779] Vgl. Hofmann u.a. (2011), S. 18.; vgl. Guserl/Pernsteiner (2011), S. 209 und vgl. Bösch (2009), S. 382.
[780] Vgl. Eitelwein/Wohlthat (2005), S. 416.

Abbildung 31: *Fluktuierendes und permanentes (Net) Working Capital*

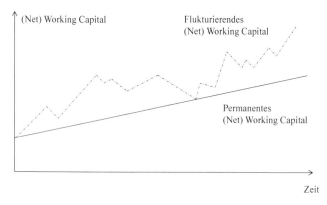

Quelle: *Darstellung in enger Anlehnung an Perridon/Steiner/Rathgeber (2009), S. 143.*

Das (Net) Working Capital kann des Weiteren (im Hinblick auf die Kapitalbindungsdauer) in permanentes und fluktuierendes (Net) Working Capital unterteilt werden. Der permanente Teil kommt durch das ständige Ausscheiden und Wiederauffüllen von Vorräten im Zuge des Produktionszyklus sowie die in diesem Zusammenhang ebenfalls permanente Erhöhung und Verringerung des Forderungsbestandes zustande. Es verbleibt somit ein bestimmter Prozentsatz des (Net) Working Capital permanent bestehen, das sogenannte permanente (Net) Working Capital. Das fluktuierende (Net) Working Capital ist nicht so leicht plan- und prognostizierbar. Es erfordert zur Finanzierung kurzfristig verfügbarer liquider Mittel und kann durch bspw. (unerwartete) Auftragsspitzen (saisonale Schwankungen) ausgelöst werden.[781] Eine grafische Darstellung findet sich in Abbildung 31.

3.3.4.2 Finanzierungsstrategien des (Net) Working Capital

Wie bereits dargelegt, fluktuiert das (Net) Working Capital über die Zeit. Aus dieser Tatsache lassen sich drei unterschiedliche Ansätze für dessen Finanzierung ableiten:

- Maturity Matching Strategy
- Long-term Funding Strategy (Conservative Approach)
- Short-term Funding Strategy (Aggressive Approach).[782]

---

[781] Vgl. Perridon/Steiner/Rathgeber (2009), S. 143.; vgl. Moles/Parrino/Kidwell (2011), S. 554. und vgl. Gomm (2008), S. 116.
[782] Vgl. Moles/Parrino/Kidwell (2011), S. 554 ff. und vgl. Melicher/Norton (2011), S. 452 ff.

Eine grafische Darstellung findet sich in Abbildung 32 bis 34.

Abbildung 32: *Maturity Matching Strategie*

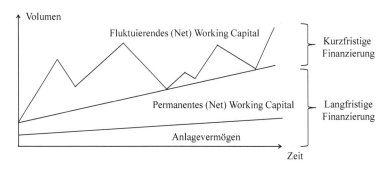

Quelle: *Darstellung in enger Anlehnung an Melicher/Norton (2011), S. 454.*

Der „Maturity Matching Strategie" liegt der Gedanke zu Grunde, dass die Fälligkeit eines Vermögensgegenstandes mit der Fälligkeit seiner Finanzierung übereinstimmen sollte (Maturity Matching). Somit sollten alle Vermögenswerte, die langfristig im Unternehmen verbleiben, auch langfristig finanziert werden. Solche, die nur eine kurze Verweildauer haben, hingegen kurzfristig.[783] Bei der Maturity Matching Strategie übersteigt somit das Umlaufvermögen die kurzfristigen Verbindlichkeiten und das (Net) Working Capital ist positiv.[784]

Abbildung 33: *Long-term Funding Strategy*

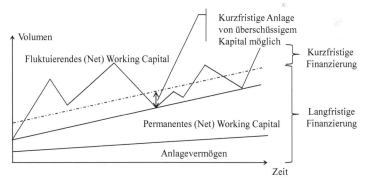

Quelle: *Darstellung in enger Anlehnung an Melicher/Norton (2011), S. 454.*

---

[783] Vgl. Moles/Parrino/Kidwell (2011), S. 554. und vgl. Melicher/Norton (2011), S. 453 f.
[784] Vgl. Melicher/Norton (2011), S. 454.

Bei der „Long-term Funding Strategy" wird sowohl das Anlagevermögen, das permanente, als auch Teile des fluktuierenden (Net) Working Capitals langfristig finanziert.[785] Auf Grund der Schwankungen des (Net) Working Capital (NWC) entstehen in Phasen von geringen NWC-Beständen Überschüsse an langfristig finanziertem und zur NWC-Finanzierung bereitgehaltenem Kapital. Diese Beträge können (am Kapitalmarkt) angelegt werden bis sie wieder benötigt werden. Hierbei ist eine permanente Verfügbarkeit sicherzustellen.[786] Auch bei dieser Finanzierungsstrategie ist das (Net) Working Capital positiv, da das Umlaufvermögen klar die kurzfristigen Verbindlichkeiten übersteigt.[787]

Abbildung 34: *Short-term Funding Strategy*

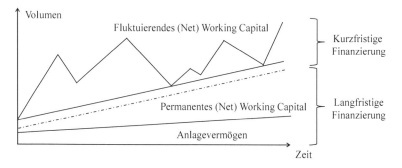

Quelle: *Darstellung in enger Anlehnung an Melicher/Norton (2011), S. 454.*

Die „Short-term Funding Strategy" ist die aggressivste der drei vorgestellten Strategien. Sie findet Anwendung, wenn sowohl das fluktuierende als auch das permanente Working Kapital kurzfristig finanziert werden. Nur das Anlagevermögen wird durch eine langfristige Finanzierung gesichert.[788] Der Vorteil dieser Strategie ist, dass bei Existenz einer positiv geneigten Zinsstrukturkurve (normale Zinsstruktur) diese ausgenutzt wird und Finanzierungskosten reduziert werden können. Die Kehrseite der Medaille ist ein permanentes Refinanzierungsrisiko, da langfristig gehaltene Vermögensteile immer wieder revolvierend kurzfristig finanziert werden müssen. Dieses kann bei Misslingen für das Unternehmen teuer zu stehen kommen.[789] Das (Net) Working Capital wäre im Falle des Gelingens der Finanzierungstrategie gleich Null, da sich Umlaufvermögen und kurzfristige Verbindlichkeiten ihrer Höhe nach ausgleichen würden. Würden sogar Teile des

---

[785] Vgl. Moles/Parrino/Kidwell (2011), S. 556.
[786] Vgl. Moles/Parrino/Kidwell (2011), S. 556. und vgl. Melicher/Norton (2011), S. 455.
[787] Vgl. Melicher/Norton (2011), S. 455.
[788] Vgl. Moles/Parrino/Kidwell (2011), S. 556. und vgl. Melicher/Norton (2011), S. 455.
[789] Vgl. Moles/Parrino/Kidwell (2011), S. 556.

Anlagevermögens kurzfristig finanziert, so käme es zu einem negativen (Net) Working Capital.[790]

Eine weitere Unterscheidungsmöglichkeit im Hinblick auf den Umgang mit der Finanzierung von (Net) Working Capital ist eine Unterteilung in „restriktive" und „flexible" Politik.[791] Beide Politiken setzen gegenteilige Akzente (Tabelle 9).[792]

Tabelle 9: *Gegenüberstellung restriktive und flexible Politik im WCM*

	Restriktive Politik	Flexible Politik
Finanzierung	Teile des Anlagevermögen kurzfristig finanziert (NWC < 0)	Teile des Umlaufvermögens langfristig finanziert (NWC > 0)
Komponenten des Umlaufvermögens	Geringer Liquiditätsbestand	Hoher Liquiditätsbestand
	Geringer Lagerbestand	Hoher Lagerbestand
	Geringe Zahlungsziele	Lange Zahlungsziele
Kosten der Finanzierung	Geringere Kapitalbindung	Höhere Kapitalbindung
	Geringerer Zinssatz	Höherer Zinssatz
Gefahr einer Unterdeckung	Relativ hoch	Gering

Quelle: *Darstellung in enger Anlehnung an Bösch (2009), S. 383 f.*

Im Zuge einer flexiblen Politik erfolgt die Finanzierung des Umlaufvermögens teilweise langfristig, es werden hohe Liquiditäts- und Lagerbestände vorgehalten sowie Kunden großzügige Zahlungsziele gewährt. Bei einer „restriktiven" Politik hingegen werden Teile des Anlagevermögens kurzfristig finanziert, der Cash- und Liquiditätsbestand wird möglichst gering gehalten und Lagerbestände werden auf ein absolutes Minimalniveau reduziert. Ergänzend werden den Kunden keine großzügigen Zahlungsziele eingeräumt. Hierdurch wird eine geringe Kapitalbindung und daraus resultierend geringe Finanzierungskosten angestrebt. Allerdings hat eine solche „restriktive" Politik ähnliche Nachteile wie die Short-term Funding Strategy. Es besteht das Risiko, dass kurzfristig teure Kredite in Anspruch genommen werden müssen, wenn der Bedarf an Cash das Planniveau übersteigt. Darüber hinaus besteht durch die geringen Lagerbestände ein Unterdeckungsrisiko im Umlaufvermögens, wodurch kostspielige Beeinträchtigungen der Produktion entstehen können. Es bedarf somit einem Optimierungskalkül für die Ermittlung

---

[790] Vgl. Melicher/Norton (2011), S. 455.
[791] *Wobei die „restriktive" Politik mit der Short-term Funding Strategy und die „flexible" Politik mit der Long-term Funding Strategy im Hinblick auf den dort vertretenen Finanzierungsansatz gleichgesetzt werden können. Die „restriktive" und „flexible" Politik geht jedoch über einen reinen Finanzierungsansatz hinaus, da sie auch die Höhe der Lagerbestände sowie die Politik der Zahlungszielgewährung mit einbezieht.*
[792] Vgl. Bösch (2009), S. 383.

des optimalen/kostenminimalen (Net) Working Capital im Spannungsfeld von Finanzierungskosten und Kosten einer Unterdeckung.[793]

3.3.4.3 (Net) Working Capital-Optimierung

Im Falle von (wirtschaftlich) angespannten Zeiten gewinnt die Optimierung des (Net) Working Capitals zusätzlich an Bedeutung[794], da die Zuführung von neuem Eigen- und Fremdkapital erschwert ist und die Eigenfinanzierung an erste Stelle rückt.[795] Es wird die Wichtigkeit eines effektiven Working Capital-Managements nochmals verstärkt, denn ein effektives Working Capital-Management kann zu einer signifikanten Freisetzung von Liquidität führen sowie gleichzeitig durch damit einhergehende Prozessoptimierung Kosten einsparen.[796] Darüber hinaus wird durch eine Reduzierung des (Net) Working Capitals eine Bilanzverkürzung erreicht. Dieses führt bei gleichbleibendem Eigenkapital zu einer Verbesserung der Eigenkapitalrelation, wodurch bspw. im Hinblick auf Basel II ein positiver Einfluss auf die zu erreichenden Eigenkapitalstandards bei Kreditvergaben erzielt wird.[797]

Die Höhe des (Net) Working Capitals wird maßgeblich durch Prozesse, die grob auf die Lagerhaltung (und Teile der Herstellungsprozesse) sowie auf das Forderungs- und das Verbindlichkeitsmanagement einwirken, beeinflusst.[798] Eine Optimierung des (Net) Working Capitals wird somit über die Optimierung der relevanten Prozesse erreicht.[799] Diesem Prozessoptimierungsgedanken wird durch die ausführliche Diskussion des Cash Conversion Cycle in den Kapiteln 3.3.4.4 bis 3.3.4.6 gefolgt. Speziell findet eine Diskussion von treasuryrelevanten Prozessen im Kontext der Cash Conversion Cycle-Optimierung statt.

In den folgenden Unterkapiteln wird auf die Frage nach der optimalen Höhe des (Net) Working Capitals (Kapitel 3.3.4.3.1) sowie auf die Einführung eines Working Capital Councils als unterstützende Maßnahme bei der Optimierung (Kapitel 3.3.4.3.2) eingegangen.

---

[793] Vgl. Bösch (2009), S. 383 f. und vgl. Moles/Parrino/Kidwell (2011), S. 556.
[794] *Historisch betrachtet wurde Working Capital-Management rein mit Kostensenkung in Verbindung gebracht. Vgl. Klepzig (2008), S. 20.*
[795] Vgl. Klepzig (2008), S. 34. und vgl. Buchmann (2009), S. 350.
[796] Vgl. Buchmann (2009), S. 350. und vgl. Heyke/Stahl (2010), S. 28.
[797] Vgl. Klepzig (2008), S. 25 f.
[798] Vgl. Heyke/Stahl (2010), S. 28. und vgl. Klepzig (2008), S. 27.
[799] Vgl. Klepzig (2008), S. 17.

3.3.4.3.1 Optimale (Net) Working Capital-Höhe

Das Problem der optimalen Höhe an (Net) Working Capital lässt sich wie folgt beschreiben: Bei einer zu geringen Bemessung kann der Produktionsprozess in Mitleidenschaft gezogen werden oder es kann zu Verknappung von Produkten für den Verkauf kommen, wodurch Kosten durch diese Unterdeckung entstehen. Wird das (Net) Working Capital jedoch zu sehr aufgebläht, so kommt es zu einer Bindung von Cash, der anderweitig rentabler investiert werden könnte.[800] Somit gilt es, einen Wert zu finden, der beiden Aspekten optimal gerecht wird und damit die optimale Höhe des (Net) Working Capitals beschreibt. Das dem zugrundeliegende Optimierungskalkül für die Ermittlung des optimalen bzw. kostenminimalen (Net) Working Capital im Spannungsfeld von Finanzierungskosten und Kosten einer Unterdeckung ist grafisch in Abbildung 35 dargestellt.[801]

Abbildung 35: *Bestimmung optimale/kostenminimale Höhe des (Net) Working Capital*

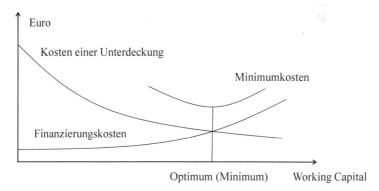

Quelle: *Darstellung in enger Anlehnung an Bösch (2009), S. 384.*

Das Hauptproblem bei der Lösung dieses Optimierungskalküls ist, dass es keine allgemeingültige mathematische Formel oder ähnliches gibt. Vielmehr ist ein solcher optimaler (Net) Working Capital-Level unternehmensindividuell zu ermitteln. Hierbei sind vor allem folgende Aspekte zu beachten: Die geografische Ausdehnung des Konzerns, die operationelle Struktur, die Kunden sowie Produktlebenszyklen.[802]

---

[800] Vgl. Ek/Guerin (2011), S. 147.
[801] Vgl. Bösch (2009), S. 383 f. und vgl. Moles/Parrino/Kidwell (2011), S. 556.
[802] Vgl. Ek/Guerin (2011), S. 138 ff.

Ek und Guerin (2007) veröffentlichen einen praxiserprobten Ansatz für die Determinierung des unternehmensindividuellen optimalen Levels an (Net) Working Capital. Der Ansatz beruht auf der Erfassung und Diskussion des „is", „could-be" und „should-be"-(Net) Working Capital-Levels. Die Erfassung des „is"-Levels sollte im Normalfall nicht allzu schwer sein. Allerdings würde eine Analyse auf Konzernebene zu kurz greifen, vielmehr bedarf es einer Detaillierung auf (mindestens) Konzerneinheitenebene. Für die Ermittlung des „could-be"-Levels kann bspw. ein Benchmarking-Ansatz[803] verwendet werden, bei dem das Unternehmen mit ausgewählten Peers verglichen wird (Branchen-Peers oder speziell ausgewählte Peers). Des Weiteren kann eine „Transaktionale Analyse" wichtige Einblicke liefern und den Umfang des existierenden Optimierungspotenzial zu definieren helfen. Bei diesem Analyseansatz werden die Prozesse Order-to-Cash (Accounts Receivabels), Procure-to-Pay (Accounts Payables) und Forecast-to-Full (Inventory) einer detaillierten Betrachtung unterzogen, um so Schwachstellen aufzudecken. Ergänzend sollte eine qualitative Analyse der Fähigkeiten der Mitarbeiter in Bezug auf Working Capital-Management, existierende Richtlinien und Vorschriften etc. vorgenommen werden. Bei der finalen Festlegung des angestrebten (für das Unternehmen optimalen) Levels an (Net) Working Capital gilt es, dann noch existierende Wechselwirkungen zum Beispiel mit der Produktion zu beachten. Hierbei kann zwischen taktischen (kurzfristigen) und strategischen (langfristigen) Entscheidungen unterschieden werden. Final sind die Ergebnisse zu diskutieren und das unternehmensindividuelle optimale NWC-„should-be"-Level festzulegen. Somit gibt es zwar kein allgemeingültiges optimales Level, es kann aber mit Hilfe des beschriebenen Vorgehens der Weg hin zu einer optimalen (Net) Working Capital-Höhe beschritten werden.[804]

3.3.4.3.2 Working Capital-Council

Die Etablierung eines Working Capital-Council kann zu einer verbesserten Akzeptanz von Working Capital-Management innerhalb einer Unternehmung führen und so die (Net) Working Capital-Optimierung positiv beeinflussen. Experten des Treasury-Managements sollten hier den Vorsitz übernehmen, da sie es sind, die primär mit der NWC-Optimierung betraut sind. Des Weiteren sollten die anderen Mitglieder signifikanten Einfluss auf spezielle Bereiche des Cash Conversion Cycle haben. Die Bildung eines funktionsübergreifenden Teams zur (Net) Working Capital-Optimierung ist die Folge. Das Working Capital-Council-Team sollte damit betraut werden, Prozesse detailliert zu analysieren und so Verbesserungsmög-

---

[803] *Bei der Verwendung eines Benchmarking-Ansatzes sind dessen Schwächen allerdings immer im Auge zu behalten. So findet meist nur eine stichtagsbezogene Betrachtung statt, wodurch Verzerrungen entstehen können, da viele Unternehmen zu Bilanzierungszeitpunkten ein speziell vorgegebenes Level an Working Capital anstreben, welches aber nicht das im Normalfall Tag für Tag vorliegende Level sein muss. Vgl. Ek/Guerin (2011), S. 139 f.*
[804] Vgl. Ek/Guerin (2011), S. 139 ff.

lichkeiten konzern- und funktions-übergreifend[805] zu finden. Es sollte sich für die Verbreitung von relevantem Wissen aus dem Bereich des WCM innerhalb der Unternehmung stark machen sowie bei einer Entwicklung von spezifischen „Working Capital-Metriken"[806] beitragen. Bereits erreichte Ergebnisse sowie aktuelle Entwicklungen sollten zu festgelegten Terminen an das Working Capital-Council berichtet werden, damit dieses das weitere Vorgehen beeinflussen kann.[807]

3.3.4.4 Der Cash Conversion Cycle – Definition und Abgrenzung

Der Cash Conversion Cycle (oder Cash-to-Cash Cycle) (CCC) stellt eine Möglichkeit zur dynamischen und ganzheitlichen Analyse der (Net) Working Capital-Performance dar. Er betrachtet die gesamte konzerninterne Wertschöpfungskette sowie die Schnittstellen zu Kunden und Lieferanten.[808] Diese integrative Betrachtung ermöglicht eine Wertsteigerung entlang der gesamten Wertschöpfungskette des Konzerns.[809] Das Konzept stellt darüber hinaus eine Möglichkeit der Effizienzmessung und -steuerung des (Net) Working Capital dar.[810] Des Weiteren bildet er ein Benchmarking-Konzept.[811]

Der Cash-to-Cash Cycle (Geldumschlag) umfasst die Zeit, die ein Euro, der in Rohmaterialien investiert worden ist, benötigt, um als Rückfluss wieder verbucht werden zu können.[812] Er beschreibt somit den Zeitraum zwischen Zahlungsausgang für Ressourcen und dem Zahlungseingang für (Fertig-) Produkte,[813] also die Zeit, die ein Unternehmen seinen Absatz vorfinanzieren muss.[814] Der Ablauf und die Grundidee des Cash Conversion Cycles (bei einem Produktionsunternehmen) lassen sich in vier Schritten beschreiben, siehe hierzu auch Abbildung 36. Im ersten Schritt (1) investiert das Unternehmen Cash (evtl. durch Kredite finanziert), um Rohstoffe etc. zu kaufen sowie die ergänzenden Kosten des Leistungserstellungsprozesses zu begleichen. Der Schritt zwei (2) umfasst die Zeit, in der die er-

---

[805] Im Rahmen des „Extended Enterprise"-Ansatzes wird das Working Capital-Management über die eigene Unternehmung hinaus auf die Zulieferer und Kunden erweitert. Es wird so eine übergreifende Koordinierung und Angleichung angestrebt. Hierbei werden drei unterschiedliche Level unterschieden: „Operational Alignment", „Information Sharing" und „Strategic Coordination". Das Umsetzen einer solchen erweiterten Unternehmenslösung kann nur dann gelingen, wenn sich von den „alten" Verhältnissen („Art Krieg") zwischen Zulieferern und Kunden abgewandt und sich gemeinsam auf eine „Win-Win"-Situation konzentriert wird. Hierbei spielt Vertrauen eine entscheidende Rolle. Vgl. Smid (2008), S. 134 f.
[806] Die Entwicklung und Implementierung von einer passenden (aussagekräftigen) Metrik zur Erfassung des Working Capital des betreffenden Unternehmens trägt wesentlich zur Working Capital-Optimierung bei. Es wird ein umfassendes Verständnis und Akzeptanz erreicht. Vgl. Craig (2007), S. 119.
[807] Vgl. Craig (2007), S. 119.
[808] Vgl. Eitelwein/Wohlthat (2005), S. 417.
[809] Vgl. Losbichler/Rothböck (2008), S. 49.
[810] Vgl. Hofmann u.a. (2011), S. 18.
[811] Vgl. Farris/Hutchison (2003), S. 84 ff.
[812] Vgl. Losbichler/Rothböck (2008), S. 48; vgl. Guserl/Pernsteiner (2011), S. 513 und vgl. Buchmann (2009), S. 351.
[813] Vgl. Hofmann u.a. (2011), S. 18.
[814] Vgl. Buchmann (2009), S. 351.

stellten Fertigprodukte auf Lager gehalten werden bis sie verkauft sind. Als Schritt drei (3) ist der Verkauf der Fertigprodukte und die Entstehung von Forderungen gegenüber dem Kunden zu sehen. Abschließend in Schritt vier (4) begleichen die Kunden ihre Forderungen und die Firma erhält Cash, der wiederum für Schritt eins verwendet werden kann.[815]

Abbildung 36: *Grundidee des Ablaufs des Cash Conversion Cycle*

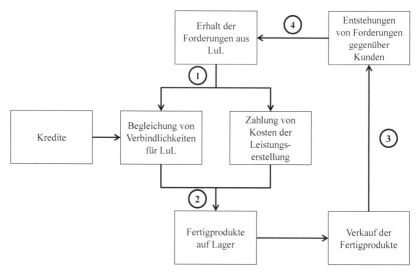

Quelle: *Darstellung in Anlehnung an Moles/Parrino/Kidwell (2011), S. 539.*

Der Cash Conversion Cycle bildet somit den (monetären) Kreislauf ab, der sich auf den wertschöpfungsprozessübergreifenden physischen Warenfluss einer Unternehmung bezieht. Es werden Geldflüsse betrachtet und nicht nur eine rein statische Betrachtung von Bilanzpositionen des NWC vorgenommen.[816] Eine Verkürzung des CCC führt zu einer Reduktion des (Net) Working Capitals sowie durch die resultierende Freisetzung von Liquidität zu einer Unternehmenswertsteigerung,[817] denn je schneller der CCC durchlaufen wird, desto schneller können Gelder aus dem operativen Geschäft generiert werden.[818]

---

[815] Vgl. Moles/Parrino/Kidwell (2011), S. 538.
[816] Vgl. Eitelwein/Wohlthat (2005), S. 417.
[817] Vgl. Losbichler/Rothböck (2008), S 48.
[818] Vgl. Eitelwein/Wohlthat (2005), S. 418.

Der Cash Conversion Cycle kann daher als ein weiterer mehr praktisch orientierter Ansatz zur Beschreibung (Art „Definition") von (Net) Working Capital gesehen werden. Der rechnungslegungsbasierte, oft für die Bewertung von Unternehmen verwendete Ansatz sagt bspw. nichts über das Potenzial oder den Wert einer Umwandlung von Accounts Receivabels in Cash aus. Der alternative Ansatz geht genau auf solche Komponenten ein. Er fasst (Net) Working Capital im Sinne des Cash Conversion Cycle wie folgt auf:

Formel 3: *(Net) Working Capital im Sinne des Cash Conversion Cycle*

(Adjusted) Working Capital = Accounts Receivabels + Inventory – Accounts Payables.

Quelle: Eigene Darstellung, in Anlehnung an Jeffery (2009), S. 78 ff.

Diese alternative Betrachtungsweise wird oft von Working Capital-Verantwortlichen im Zuge einer Gesamtunternehmenssicht angewendet. Der Treasurer ist nicht primär an der rechnungslegungsbasierten Sichtweise von Cash orientiert, sondern vielmehr betrachtet er Cash mit Blick auf seine Verfügbarkeit.[819] Das Interessante sind die Fälligkeitsstrukturen.

Abbildung 37: *Cash Conversion Cycle*

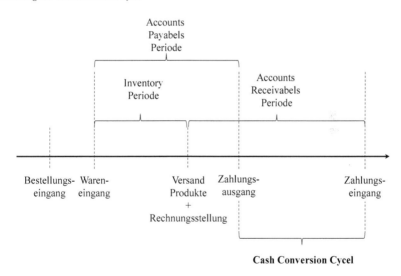

Quelle: Darstellung in Anlehnung an Eiteman/Stonehill/Moffett (2010), S. 536.

---

[819] Vgl. Craig (2007), S. 116. und vgl. Jeffery (2009), S. 78 ff.

Die konkrete Berechnung und Optimierung des CCC sowie der Cash Conversion Cycle-Time (Dauer des CCC) findet sich in den folgenden (Unter)-Kapiteln. Eine erste Idee liefert vorab Abbildung 37, die die beschriebene alternative Betrachtungsweise von (Net) Working Capital mit dem Konzept des CCC anschaulich vereint.

3.3.4.5 Berechnung des Cash Conversion Cycle

Wie bereits kurz erwähnt, ist der Cash Conversion Cycle eine Alternative zur absoluten Betrachtung der (bilanziellen) Kennzahl (Net) Working Capital. Er bildet eine weitere Möglichkeit der Effektivitätssteuerung (-optimierung) und -messung des Working Capital-Managements an Hand von relativen Größen. Hierbei bildet die Cash Conversion Cycle-Time (CCCT) die wesentliche Kennziffer.[820] Die Cash Conversion Cycle-Time beschreibt die Geschwindigkeit, mit der ein Unternehmen Geldabflüsse in Geldzuflüsse umwandeln kann. Je geringer die Ausprägung der Kennzahl ist, desto besser, da der Working Capital-Einsatz mit fallender Cash Conversion Cycle-Time geringer wird.[821]

Die dort einfließenden Teilkennziffern können wie folgt aufgefasst werden: DSI beschreibt die durchschnittliche Vorratsdauer (Bestandsreichweite), DSO die durchschnittliche Forderungsdauer (Forderungsreichweite) und DPO die durchschnittliche Verbindlichkeitendauer (Verbindlichkeitenreichweite).[822] Die erstgenannte Kennzahl Days Sales in Inventory (DSI) wird wie folgt berechnet (Formel 5 bis 6):

Formel 4: *Cash Conversion Cycle-Time*

Days Sales in Inventory (DSI)
+ Days Sales Outstanding (DSO)
− Days Payables Outstanding (DPO)
_____

Cash Conversion Cycle-Time (CCCT)[823]

Quelle: *Eigene Darstellung in Anlehnung an Losbichler/Rothböck (2008), S 48.; Guserl/Pernsteiner (2011), S. 513.; Priester/Wang (2010), S. 69 und Hofmann u.a. (2011), S. 19*

---

[820] Vgl. Hofmann u.a. (2011), S. 18 f.
[821] Vgl. Eitelwein/Wohlthat (2005), S. 418.
[822] Vgl. Losbichler/Rothböck (2008), S. 48. und vgl. Buchmann (2009), S. 351.
[823] *Umfasst das Geschäftsmodell des Unternehmens An- bzw. Vorauszahlungen, so sollten diese bei der Berechnung des Cash Conversion Cycle mit Berücksichtigung finden, da sie im Falle einer Anzahlung durch den Kunden das Working Capital reduzieren und im Falle geleisteter Anzahlungen durch das Unternehmen den Cash Conversion Cycle negativ beeinflussen (erhöhen). Vgl. Buchmann (2009), S. 351.*

Formel 5: Days Sales in Inventory

$$DSI = \frac{365\ days}{Inventories\ Turnover}$$

Quelle: Eigene Darstellung in Anlehnung an Moles/Parrino/Kidwell (2011), S. 539.

Wobei Inventories Turnover als Cost of Goods Sold (COGS) geteilt durch Inventories definiert ist.[824]

Formel 6: Days Sales in Inventory umgeformt

$$DSI = \frac{Inventories}{COGS} * 365\ days$$

Quelle: Eigene Darstellung in Anlehnung an Eitelwein/Wohlthat (2005), S. 419 und Moles/Parrino/Kidwell (2011), S. 539.

Die Kennzahl DSI misst somit den Zeitraum zwischen Lagereingang und Verkauf von (Fertig-)Produkten an die Kunden des Unternehmens. Die zweite für die Berechnung der Cash Conversion Cycle-Time wichtige Kennziffer „Days Sales Outstanding" (DSO) umfasst die Zeitspanne zwischen Umsatzrealisierung und Zahlungseingang der Kundenforderung.[825] Die Kennziffer ist wie folgt definiert (Formel 7 bis 8):

Formel 7: Days Sales Outstanding

$$DSO = \frac{365\ days}{Account\ receivables\ turnover}$$

Quelle: Eigene Darstellung in Anlehnung an Moles/Parrino/Kidwell (2011), S. 541.

Wobei Accounts Receivables Turnover als Net Sales geteilt durch Accounts Receivabels definiert ist,[826] wodurch sich folgendes ergibt:

Formel 8: Days Sales Outstanding umgeformt

$$DSO = \frac{Accounts\ Receivables}{Net\ Sales} * 365\ days$$

Quelle: Eigene Darstellung in Anlehnung an Moles/Parrino/Kidwell (2011), S. 541 und Eitelwein/Wohlthat (2005), S. 419.

---

[824] Vgl. Moles/Parrino/Kidwell (2011), S. 539.
[825] Vgl. Eitelwein/Wohlthat (2005), S. 418 f.
[826] Vgl. Moles/Parrino/Kidwell (2011), S. 541.

Die dritte und letzte Kennziffer, die in die Berechnung der Cash Convercion Cycle Time eingeht, ist die Kennziffer Days Payable Outstanding (DPO). Sie stellt das Zeitintervall zwischen Wareneingang bis zum Zahlungsausgang zur Begleichung der Lieferantenrechnung dar.[827] Ihre Berechnung ist wie folgt (Formel 9 bis 10):

Formel 9: *Days Payable Outstanding*

$$DPO = \frac{365 \; days}{Accounts \; Payables \; Turnover}$$

Quelle: *Eigene Darstellung in Anlehnung an Moles/Parrino/Kidwell (2011), S. 541.*

Wobei Accounts Payable Turnover auch als COGS geteilt durch Accounts Payables definiert werden kann,[828] wodurch sich folgende Formel ergibt:

Formel 10: *Days Payable Outstanding umgeformt*

$$DPO = \frac{Accounts \; Payables}{COGS} * 365 \; days$$

Quelle: *Eigene Darstellung in Anlehnung an Hofmann u.a. (2011), S. 19 und Moles/Parrino/Kidwell (2011), S. 541.*

In der Praxis wird häufig bei allen drei Kennziffern im Nenner mit (Net) Sales gerechnet, um zum einen eine Vereinfachung zu erreichen und zum anderen die externe Vergleichbarkeit der Working Capital-Performance im Zuge von Benchmarking-Aktivitäten zu erhöhen.[829] Es können somit auch Unternehmen einbezogen werden, die ihre Erfolgsrechnung nach dem Gesamtkostenverfahren durchführen.[830]

3.3.4.6 Optimierung des Cash Conversion Cycle

Im Allgemeinen gilt die Regel, je kürzer die Cash Conversion Cycle-Time ist, desto schneller ist ein Unternehmen in der Lage, Zuflüsse aus seiner operativen Geschäftstätigkeit zu generieren.[831] Da Working Capital-Management als wesentliche Liquiditätsquelle für ein Unternehmen angesehen werden kann und das Volumen an (operativem) Cash für die Aufrechterhaltung des Tagesgeschäfts zu minimieren ist,[832] gilt im Zuge der Optimierung des Cash Conversion Cycle eine minimale Cash Conversion Cycle-Time als optimal. Die Minimierung dieser Zeit-

---

[827] Vgl. Hofmann u.a. (2011), S. 19.
[828] Vgl. Moles/Parrino/Kidwell (2011), S. 541.
[829] Vgl. Losbichler/Rothböck (2008), S 48.; vgl. Eitelwein/Wohlthat (2005), S. 419. und vgl. Hofmann u.a. (2011), S. 19.
[830] Vgl. Eitelwein/Wohlthat (2005), S. 419.
[831] Vgl. Eitelwein/Wohlthat (2005), S. 418.
[832] Vgl. Buchmann (2009), S. 355. und vgl. Priester/Wang (2010), S. 89.

dauer kann durch eine zielgerichtete Optimierung der einzelnen Komponenten des Cash Conversion Cycle und der hinter diesen Komponenten stehenden Prozesse erreicht werden. Im Folgenden wird auf allgemeine Aspekte der Optimierung im Zuge des Cash Conversion Cycle eingegangen, bevor in den Unterkapiteln die einzelnen Optimierungsmöglichkeiten für die Teilkomponenten des CCC, die primär in den Aufgabenbereich der Treasury (speziell DSO und DPO) fallen, näher diskutiert werden.

Diesen drei Teilkomponenten können im Hinblick auf die Optimierung des CCC folgende Prozesse zugeordnet werden: Die Komponente DSO wird maßgeblich durch den Order-to-Cash-Prozess, die Komponente DSI hauptsächlich durch den Forecast-to-Full-Prozess und die Komponente DPO durch den Procure-to-Pay-Prozess beeinflusst.[833] Die Inhalte (Teilbereiche) dieser Prozesse lassen sich wie folgt grob herunterbrechen (siehe hierzu auch Kapitel 3.3.4.6.1 bis 3.3.4.6.3 sowie Anhang [6] und [7]):

- Order-to-Cash-Prozess – umfasst grob: (Marketing-Management), Bonitätsprüfung, Vertragsgestaltung, Rechnungsstellung, Zahlungsabwicklung, Mahnwesen & Inkasso;

- Forecast-to-Fulfill-Prozess – umfasst grob: Produktions- und Lagermanagement (Supply Chain Strategie) sowie Bedarfs- und Bestellmengenplanung (der Roh- und Betriebsstoffe);

- und Purchase-to-Pay-Prozess – umfasst grob: Einkauf- und Bestellmanagement, Warenannahme & Qualitätssicherung, Zahlungs- sowie Lieferantenmanagement.[834]

Es lassen sich somit drei Ansätze für die Optimierung (Reduzierung) der CCCT ableiten: (1) Für die Komponente DSO – dem Order-to-Cash-Prozess, ist eine Reduktion der durchschnittlichen Forderungsdauer anzustreben; (2) für die Komponente DSI – dem Forecast-to-Fulfill-Prozess, ist eine Verringerung der durchschnittlichen Lagerdauer anzustreben und (3) für die Komponente DPO – dem Purchase-to-Pay-Prozess, ist eine Erhöhung der durchschnittlichen Verbindlichkeitsdauer anzustreben.[835] Eine grafische Darstellung der obigen Einordnung und der dargelegten Ansatzpunkte für eine Optimierung der Cash Conversion Cycle-Time findet sich in Abbildung 38.

---

[833] Vgl. Eitelwein/Wohlthat (2005), S. 420.
[834] Vgl. Hofmann u.a. (2011), S. 22.; vgl. Klepzig (2008), S. 35 ff.; vgl. Eitelwein/Wohlthat (2005), S. 421 ff. und vgl. Mißler (2007), S. 149.
[835] Vgl. Losbichler/Rothböck (2008), S 49.

Abbildung 38: *Der Cash Conversion Cycle und seine Prozesse*

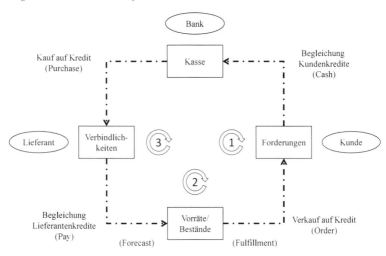

Hinweis:
- (1) = Order-to-Cash-Prozess
- (2) = Forecast-to-Fullfill-Prozess
- (3) = Purchase-to-Pay-Prozess

Quelle: *Darstellung in Anlehnung an Hofmann u.a. (2011), S. 22 und Eitelwein/Wohltat (2005), S. 418.*

Eine rein isolierte Optimierung einzelner Prozesse kann sich (schnell) negativ auf die Working Capital-Situation des (Gesamt-)Unternehmens auswirken. So kann sich der Standardratschlag im Zuge einer Working Capital-Optimierung – Aufbau von Verbindlichkeiten durch schleppende Bezahlung – schnell nachteilig auswirken, da Lieferanten entsprechende Gegenmaßnahmen treffen werden. Somit bedarf es einer umfassenden und abgestimmten Optimierung aller dem Working Capital zugrundeliegenden Prozesse.[836] Speziell innerhalb der konzerninternen Supply Chain wirken sich Verschiebungen der Zahlungsziele nicht auf die Gesamtdauer des CCC (Nullsummenspiel)[837] aus.[838] Es bedarf einer ganzheitlichen Betrachtung sowie Berücksichtigung möglicher Wechselwirkungen zwischen einzelnen Wertschöpfungsstufen (und Funktionen).[839]

---

[836] Vgl. Klepzig (2008), S. 36.
[837] Die Optimierung des Cash Conversion Cycle eines (isolierten) Unternehmens hat Auswirkungen auf die vor- und nachgelagerten Unternehmen in der Produktionskette, wodurch ein „Nullsummenspiel" bei Betrachtung der kompletten Supply Chain entsteht. Aus diesem Grund wird an dieser Stelle für eine unternehmensübergreifende Optimierung (zumindest im Konzernkontext) des Cash Convercsion Cycle im Konzern plädiert. Vgl. Hofmann u.a. (2011), S. 24 f.
[838] Vgl. Losbichler/Rothböck (2008), S 49.
[839] Vgl. Buchmann (2009), S. 352.

Es bedarf somit bei der Optimierung des CCC einer engen Zusammenarbeit zwischen dem Treasury-Management und dem Supply Chain-Management sowie dem Marketing.[840] Es wird eine Systematisierung aller beteiligten Managementprozesse sowie eindeutige Verantwortlichkeits- und Unterstützungsbeziehungen benötigt. Hierbei ist die herrschende Unternehmensorganisation zu berücksichtigen. Jedoch ist immer ein Aufbrechen der sogenannten „Functional Silos" notwendig, um eine übergreifende Zusammenarbeit zu erreichen.[841] In der Praxis findet aber im Hinblick auf die Prozessoptimierung des Working Capitals leider nur sehr selten ein ganzheitlicher Ansatz Anwendung.[842] Für einen solchen wird sich hier jedoch ausdrücklich ausgesprochen und seine Notwendigkeit nochmals betont.

3.3.4.6.1 Days Sales Outstanding-Optimierung

Der Order-to-Cash-Prozess (Accounts Receivables) steht (hauptsächlich) hinter der Days Sales Outstanding (DSO)-Komponente des Cash Conversion Cycle.[843] Es gilt somit im Zuge der Optimierung des Cash Conversion Cyel bei der DSO-Teilkomponenten-Optimierung den Order-to-Cash-Prozess möglichst optimal zu gestalten; sprich eine Reduktion der durchschnittlichen Forderungsdauer zu erreichen.[844] Der Order-to-Cash-Prozess stellt eine Schlüsselaktivität des Treasury-Managements von Internationalen Unternehmen dar.[845] Eine grafische Darstellung eines schematischen (high-level) Prozesses findet sich in Anhang [6].

Der Order-to-Cash-Prozess zählt im angelsächsischen Bereich klar zu dem Aufgabenspektrum des Treasury-Managements. In Deutschland ist dies noch nicht so eindeutig, da sich viele Treasurer schlicht vor Aufgaben wie Mahnwesen oder Inkasso drücken (Aufgaben werden z. B. der Finanzbuchhaltung zugeschrieben). Jedoch wird dieser Bereich aktuell[846] immer wichtiger und sollte somit klar dem Treasury-Management vollumfänglich zugeschrieben werden. So auch in dieser Arbeit.[847]

---

[840] Im Bereich des Forderungsmanagements bedarf es einer engen Abstimmung mit der Marketingstrategie. Ziele und Maßnahmen des Forderungsmanagements können gegenläufig zu denen der Marketingabteilung sein. Aus Working Capital-Gesichtspunkten ist Vorkasse die bestmögliche Zahlweise. Im Falle des Marketings können jedoch längere Zahlungsziele etc. unter Umständen absatzfördernd sein. Hier bedarf es einem abgestimmten Mittelweg sowie einer engen und permanenten Zusammenarbeit der beiden Bereiche. Vgl. Klepzig (2008), S. 148 und vgl. Craig (2007), S. 116.
[841] Vgl. Eitelwein/Wohlthat (2005), S. 424.
[842] Vgl. Klepzig (2008), S. 29.
[843] Vgl. Eitelwein/Wohlthat (2005), S. 420.
[844] Vgl. Losbichler/Rothböck (2008), S. 49.
[845] Vgl. Dorsman/Gounopoulos (2008), S. 154.
[846] Unternehmen müssen in wirtschaftlich schweren Zeiten oft starke Umsatzeinbrüche hinnehmen, dazu kommt häufig, dass Kunden ihre Rechnungen nur sehr spät begleichen. Hier ist ein aktives Debitorenmanagement umso wichtiger. Vgl. Heyke/Stahl (2010), S. 29.
[847] Vgl. Degenhart (2007), S. 10.

Allgemeine Optimierungsansätze Order-to-Cash-Prozess

Prinzipiell kann der Order-to-Cash-Prozess in zwei Subprozessabschnitte eingeteilt werden: (1) die Geschäftsanbahnung bis zur Fakturierung und (2) die Abwicklung der fakturierten Geschäftsvorfälle. Im Bereich der Geschäftsanbahnung bis zur Fakturierung bedarf es einer engen Zusammenarbeit mit dem hierfür primär verantwortlichen Vertrieb und hier vor allem dem aktiven Management der Zahlungsbedingungen bereits im Vertriebsprozess, so dass bereits hier ein finanzwirtschaftlicher Optimierungsgedanke Einzug hält. Es sollte daher im Rahmen der Order-to-Cash-(Prozess-)Strategie eine konzernweite Kreditpolitik(-richtlinie) existieren, um so entsprechende Kreditstrategien auf definierte Kunden-Risiko-Segmente anzuwenden. Eine gewisse Flexibilität sollte jedoch auch hier (beim Vertrieb) verbleiben. Die Prozessteile ab der Fakturierung – und somit die Abwicklung der fakturierten Geschäftsvorfälle – ist voll unter die Führungsaufgabe des Treasury-Managements zu stellen. Der Monitoringprozess von offenen Rechnungen sollte bei Erreichung der Fälligkeit unmittelbar mit dem Inkasso-Prozess verbunden sein.[848] In diesem Zusammenhang können kürzere Mahnzyklen in Kombination mit einem klar festgelegten und standardisierten Eskalationsprozess mit Einbindung des Vertriebs im Bereich der direkten Kundenansprache (als Zahlungserinnerung) eine erhebliche Beschleunigung des Zahlungseingangs bewirken.[849] Somit hört die Zusammenarbeit mit dem Vertrieb nicht beim Schreiben der Rechnung auf, sondern ist (teilweise) bis zum Zahlungseingang notwendig.[850] Eine weitere (wichtige) Möglichkeit der Optimierung und Effizienzerhöhung ist die Implementierung von modernen Technologielösungen, um den Prozessautomatisierungsgrad zu erhöhen und somit eine Standardisierung weiter voranzutreiben.[851] Das Erreichen eines möglichst hohen Standardisierungsgrades stellt bei transaktionalen Prozessen, wie dem Order-to-Cash-Prozess, einen essenziellen Optimierungsansatz dar, den es bestmöglich auszunutzen gilt. Es können so Durchlaufzeiten und -kosten reduziert werden.[852] Eine Auflistung weiterer Optimierungsmaßnahmen und Best Practice-Ansätze im Bereich der Order-to-Cash-Prozessoptimierung findet sich in Tabelle 10 (Aufzählung ist keinesfalls abschließend). Zusammenfassend sei darauf hingewiesen, dass der Order-to-Cash-Prozess (Accounts Receivables) der mit Abstand am schwersten handhabbare Prozess des Cash-Managements ist. Die dort entstehenden Cash-Flows sind schwer zu prognostizieren, da sie völlig vom jeweiligen Verhalten des Kunden abhängig sind.[853]

---

[848] Vgl. Mißler (2007), S. 161.
[849] Vgl. Buchmann (2009), S. 353.
[850] Vgl. Klepzig (2008), S. 150.
[851] Vgl. Mißler (2007), S. 161.
[852] Vgl. Häfner/Hiendelmeier (2008), S. 162 ff.; vgl. Mißler (2007), S. 161. und vgl. Klepzig (2008), S. 148 ff.
[853] Vgl. Blijdenstein/Westerman (2008), S. 319.

Tabelle 10: *Optimierungsmöglichkeiten des Order-to-Cash-Prozesses*

Maßnahmen
– Etablierung standardisierter Zahlungsbedingungen (u.a. Definition zahlungsauslösender Ereignisse, Fristen etc.)
– Implementierung eines systematischen (automatischen) Mahnwesens
– Verkürzung der Mahnzyklen
– Standardisierte Eskalationsstufen im Mahnwesen (Zahlungserinnerung, Mahnung etc.)
– Durchführung von Risikoanalyse vor Vertragsabschluss (Bonitätsauskünfte etc.)
– Sofortige Rechnungserstellung und Versand bei Lieferung (z. B. E-Billing)
– Frühzeitige Erinnerungsschreiben bei hohen Rechnungen (vor Fälligkeit)
– Einführung von verbindlichen Kreditlimits und Vorkasse bei zahlungsschwachen Kunden
– Gewährung von Skonti zur Minimierung des Ausfallrisikos und Zahlungseingangsbeschleunigung
– Verkauf von Forderungen (Factoring)

Quelle: *Eigene Darstellung – basierend auf Klepzig (2008), S. 150.; Mißler (2007), S. 161.; Buchmann (2009), S. 353 und Hofmann u.a. (2011), S. 22 f.*

Zusammenfassend sei darauf hingewiesen, dass der Order-to-Cash-Prozess und seine möglichst optimale und effiziente Abwicklung zwar eine wichtige (Schlüssel-)Aktivität des Treasury-Managements ist, jedoch im Rahmen des Treasury-Partner-Modells bereits dem Level 1 „Execution Partner" und somit der operativen und administrativen Exzellenz zuzuordnen ist. Das Prozessmanagement des Order-to-Cash-Prozesses ist als rein operativ (Tagesgeschäft) anzusehen. Diekonzernweite Reduktion der Cash Conversion Cycle-Time hingegen kann als strategischer Ansatz aufgefasst werden und ist somit auf Grund des starken Abstimmungsbedarfes im Treasury-Partner-Modell dem Level 2 „Strategic Partner" zuzuordnen. Die Treasury agiert in diesem Kontext auf Augenhöhe mit dem Business und arbeitet so mit anderen Funktionsbereichen gemeinsam an einer permanenten Wertschaffung.

3.3.4.6.2 Days Payables Outstanding-Optimierung

Der Purchase-to-Pay-Prozess (Accounts Payables) steht (hauptsächlich) hinter der Days Payables Outstanding-Komponente (DPO) des Cash Conversion Cycle.[854] Es gilt somit im Zuge der Optimierung des CCC bei der DPO-Teilkomponenten-Optimierung den Purchase-to-Pay Prozess möglichst optimal zu gestalten, d. h. eine Maximierung der durchschnittlichen Verbindlichkeitsdauer zu erreichen.[855] Der Purchase-to-Pay-Prozess stellt einen wichtigen Teil einer Cash-Management-

---

[854] Vgl. Eitelwein/Wohlthat (2005), S. 420.
[855] Vgl. Losbichler/Rothböck (2008), S 49.

Struktur (Strategie) dar.[856] Eine grafische Darstellung eines schematischen (high-level) Prozesses (Accounts Payables) findet sich in Anhang [7].

Auf Grund des Fokus der vorliegenden Arbeit auf den strategischen Teil des Treasury-Managements von Internationalen Unternehmen und nicht primär auf den operativen Bereich (das Tagesgeschäft) wird an dieser Stelle – wie beim Order-to-Cash-Prozess – keine ausführliche Diskussion der einzelnen Prozessschritte des Purchase-to-Pay-Prozesses durchgeführt, sondern nur kurz auf allgemeine Optimierungsansätze auf Prozessteilschrittebene eingegangen. Anschließend findet eine Diskussion der strategischen Einbettung und Ausrichtung in das Treasury-Management statt.

Allgemeine Optimierungsansätze Purchase-to-Pay-Prozess

Wie der Order-to-Cash-Prozess kann auch der Purchase-to-Pay-Prozess in zwei Subprozessabschnitte eingeteilt werden: (1) die Geschäftsanbahnung bis zur Rechnungsstellung und (2) die Rechnungsabwicklung bis zur Zahlungsabwicklung. Auch hier ist die Treasury bei Subprozessabschnitt (2) führend und bei (1) gibt sie mehr Input, hat aber nicht die eigentliche Führungsverantwortung inne; diese liegt hier beim Einkauf. Auch hier bedarf es einer engen Zusammenarbeit mit dem primär prozessverantwortlichen Bereich – dem Einkauf. Es sollten finanzwirtschaftliche Optimierungsgedanken bereits bei der Gestaltung der Lieferantenbeziehung durch den Einkauf mit Anwendung finden (Einkaufsrichtlinie) und so für die Unternehmung und ihrem Finanzmanagement günstige Zahlungsbedingungen vereinbart werden. Bei dem Subprozessabschnitt im Verantwortungsbereich der Treasury (die Rechnungsabwicklung bis zur Zahlungsabwicklung) sollte bereits bei dem Rechnungseingang eine Zentralisierung erfolgen. Im Idealfall erfolgt die Rechnungsstellung durch die Lieferanten elektronisch und kann dann an Hand von elektronischen Workflow-Systemen weiterbearbeitet werden.[857] Ziel der gesamten Optimierungsbestrebungen im Kontext des Purchase-to-Pay-Prozesses aus Treasury-Gesichtspunkten ist, dass Rechnungen nicht vor ihrer Fälligkeit bezahlt werden und ein möglichst langes Zahlungsziel zustande kommt. In Situationen der Liquiditätsknappheit können gerade Verbindlichkeiten (aus LuL) eine günstige Finanzierungsalternative darstellen. Solche „Überbrückungskredite" auf Kosten von Lieferanten sollten jedoch nicht schamlos ausgenutzt und ausgedehnt werden, da im Extremfall die Geschäftsbeziehung stark leidet und sich eventuell nachteilig auf das operative Geschäft der Unternehmung auswirken kann.[858] Unter Umständen kann im Fall eines liquiditätsschwachen Lieferanten, der jedoch als Zulieferer für das operative Geschäft unersetzlich ist, eine Zahlungszielverlängerung vorübergehend sinnvoll sein. Damit wird die Notwendigkeit einer konzernweiten Abstimmung nochmals auch im Bereich

---

[856] Vgl. Blijdenstein/Westerman (2008), S. 319.
[857] Vgl. Mißler (2007), S. 162 f.
[858] Vgl. Buchmann (2009), S. 353 f.; vgl. Degenhart (2007), S. 10 f. und vgl. Klepzig (2008), S. 152.

Purchase-to-Pay-Optimierung ersichtlich. Bei weniger wichtigen Lieferanten sollte dies nicht in Frage kommen.[859] Eine Auflistung weiterer Optimierungsmaßnahmen und Best Practice-Ansätzen im Bereich der Purchase-to-Pay-Optimierung findet sich in Tabelle 11 (Aufzählung nicht abschließend).

Tabelle 11: *Optimierungsmöglichkeiten des Purchase-to-Pay-Prozesses*

Maßnahmen
• Standardisierung der Zahlungsprozesse
• Nutzung elektronischer Rechnungstellung durch den Lieferanten
• Verwendung von Procurement Cards für kleinvolumige Einkäufe
• Segmentierung der Lieferantenbasis und differenzierte Zahlungskonditionen
• Rechnungseingang erfolgt zentral
• Erhöhung der Rechnungsqualität der Lieferanten
• Scannen von Rechnungen, falls keine elektronische Rechnungsstellung erfolgt
• Genehmigungsprozesse erfolgen durch elektronisches Workflow-System und sind standardisiert
• Rechnungen werden vollautomatisch, basierend auf einem Abgleich von Rechnung, Bestellung und Wareneingang verbucht
• Preis- oder Mengen-Differenzen sind durch Bedarfsträger (oder dem Einkauf) zu klären (systemgestützter Workflow)
• Einführung von Sammelrechnungen
• Verringerung der Zahlungsabläufe
• Rechnungen nicht vor Fälligkeit bezahlen (Ausnahmen klar definieren)
• Umwandlung von Skonto- in Rabattvereinbarungen
• Direkter Zahlungsstopp bei Reklamationen (von Lieferung oder Rechnung)
• Implementierung einer (konzernweiten) Payment Factory

Quelle: *Eigene Darstellung – basierend auf Mißler (2007), S. 162 f.; Klepzig (2008), S. 152.; Buchmann (2009), S. 353 f. und Hofmann u.a. (2011), S. 24.*

Zusammenfassend kann somit folgendes festgehalten werden: Ziel ist es für die Days Payables Outstanding (DPO) – im Gegensatz zu DIS und DSO –, einen möglichst hohen Wert zu erreichen. Grund hierfür ist die angesprochene Finanzierungsfunktion der Verbindlichkeiten aus LuL. Durch eine maximale Ausnutzung des Zeitraums zwischen Wareneingang und Zahlungsausgang bietet sich eine kurzfristige Finanzierungsmöglichkeit des operativen Geschäfts. Hier spielen im Tagesgeschäft vor allem Kredit- und Skontofristen der Lieferanten eine wichtige Rolle.[860] Somit sollten alle Optimierungsmaßnahmen im Kontext der Purchase-to-

---

[859] Vgl. Buchmann (2009), S. 354.
[860] Vgl. Hofmann u.a. (2011), S. 19.

Pay-Prozessoptimierung (neben Prozesskostensenkung) das Ziel haben, eine Maximierung der durchschnittlichen Verbindlichkeitsdauer zu erreichen.

Zusammenfassend ist auch beim Purchase-to-Pay-Prozess – wie beim Oder-to-Cash-Prozess – festzuhalten, dass der rein operative Teil der Prozessoptimierung und Umsetzung (im Tagesgeschäft) dem Level 1 „Execution Partner" des Treasury-Partner-Modells zuzurechnen ist. Die konzernweiten funktionsübergreifenden Aspekte der Optimierung des Purchase-to-Pay-Prozesses gehören dagegen auch in diesem Fall auf Grund des starken Abstimmungsbedarfes dem Level 2 „Strategic Partner" des Treasury-Partner-Modell an, denn die Treasury agiert ebenfalls in diesem Kontext auf Augenhöhe mit dem Business und arbeitet so mit anderen Funktionsbereichen gemeinsam an einer permanenten Wertschaffung durch die Optimierung des Cash Conversion Cycle im Konzernkontext.

3.3.4.6.3 Days Sales in Inventory Optimierung

Der Forecast-to-Full Prozess steht (hauptsächlich) hinter der Days Sales in Inventory (DSI) Komponente des Cash Conversion Cycle.[861] Es gilt somit, im Zuge der Optimierung des CCC bei der DSI-Teilkomponenten-Optimierung den Forecast-to-Full-Prozess möglichst optimal zu gestalten, d. h. eine Reduktion der durchschnittlichen Lagerdauer zu erreichen.[862]

Das Management der Lagerbestände (oder im Allgemeinen das Supply Chain-Management) gehört nicht – wie die beiden bereits besprochenen Bereiche Debitoren- und Kreditorenmanagement – primär in das Aufgabengebiet des Treasury-Managements. Da aber das Working Capital-Management als Schnittstellenfunktion zwischen den Bereichen Ein- und Verkauf, Produktion (Logistik) sowie Finanzen traditionell klar dem Treasury-Management zugeordnet wird, bedarf es im Hinblick auf das Management der Lagerbestände (DSI-Optimierung) einer engen Zusammenarbeit mit selbigen. Es sollte im Sinne einer umfänglichen Working Capital-Optimierung generell eine konzernübergreifende Zusammenarbeit zwischen allen für das Working Capital-Management wichtigen Bereichen und der Treasury existieren. Die Treasury sollte in die Zusammenarbeit finanzielles Fachwissen einbringen und die Gesamtoptimierung des CCC im Auge haben.[863]

---

[861] Vgl. Eitelwein/Wohlthat (2005), S. 420.
[862] Vgl. Losbichler/Rothböck (2008), S 49.
[863] Vgl. Degenhart (2007), S. 10 f.

Auf Grund der nicht gegebenen Zuordbarkeit der Lagerbestandsoptimierung – als Teil des Treasury-Managements – wird an dieser Stelle keine ausführliche Diskussion des Lagerbestands-Managements und seiner existierenden Optimierungsansätze durchgeführt. Es wird auf entsprechende Literatur[864] verwiesen.

3.3.5 Inhouse-Banking vs. bankbezogenes Cash-Management

Alle beschriebenen Cash-Management-Methoden stehen ab einem gewissen Punkt in Zusammenhang mit Cash-Bewegungen und somit mit dem Zahlungsverkehr des Unternehmens. Spätestens ab dann existiert eine Schnittstelle zu den mit Cash-Management-Dienstleistungen beauftragten Banken. Eine Steuerung dieser Bankbeziehungen ist somit notwendig und essenziell, um die Handlungsfähigkeit (und Überlebensfähigkeit) der Unternehmung zu sichern. Es kann sich jedoch auch die Frage gestellt werden: Ist eine solche Zusammenarbeit mit Banken wirklich unerlässlich oder kann vielmehr davon gesprochen werden, dass die angesprochene Bankenabhängigkeit bei Internationalen Unternehmen mit professionellem Cash-Management weniger gegeben ist? Lösen sich solche Unternehmen immer mehr von den Banken und nutzen diese nur noch im Bedarfsfall als Dienstleiter bzw. findet vielleicht sogar eine komplette Substituierung externer Banken durch ein Inhouse-Banking statt? Diese Fragen werden nun im Folgenden als Abschluss der Cash-Management-Diskussion erörtert und bilden gleichzeitig den Übergang zu dem nächsten Kapitel über das Bank-Relationship-Management. Die Frage nach der Abkopplung von Internationalen Unternehmen von Banken wird an Hand der Cash-Management-Methoden Netting, Leading & Lagging und Cash Pooling diskutiert. Es wird betrachtet, inwieweit die Anwendung dieser Methoden zur Reduktion der Inanspruchnahme von Bankleistungen führt und somit eine Relativierung der Notwendigkeit von Banken für Internationale Unternehmen bedingt.

Die Cash-Management-Methode Netting führt bspw. dazu, dass auf Grund der stattfindenden Aufrechnung von Ansprüchen und der damit einhergehenden Reduktion von Transaktionen klassische Bankdienstleistungen – wie der Zahlungsverkehr – zunehmend obsolet werden und die Treasury-Abteilung in eine bankenähnliche Rolle eintritt.[865] Allerdings ist trotz alledem ein Internationales Unternehmen ohne Bankbeziehungen völlig undenkbar. Es bedarf immer noch für die aus dem Netting resultierenden Zahlungsspitzen einem Bankenpartner, der diese Zahlungen abwickelt. Als Folge des Netting kann aber dennoch eine zunehmende Abkopplung der Unternehmen von Banken genannt werden.

---

[864] *Für weiterführende Informationen zum Inventory-Management sowie Optimierungsansätzen in diesem Bereich – wie bspw.: Just-in-Time/Sequence-Systeme, 5-S-Regeln/5-A-Regeln, Poka Yoke oder Total Productive Maintenance vgl. bspw. Klepzig (2008), S. 129 ff. oder bspw. vgl. Priester/Wang (2010), S. 75 ff. Für die Diskussion von „Quick Wins" bei der Bestandsreduktion vgl. bspw. Buchmann (2009), S. 352. oder für ein allgemeines Vorgehen vgl. Guserl/Pernsteiner (2011), S. 516 ff.*

[865] Vgl. Kohnhorst (2001), S. 130 f.

Wie bereits beim Netting, ist auch beim Leading & Lagging die zunehmende Übernahme von Bankfunktionen durch die Treasury anzuführen. Bereiche, die früher Banken zugerechnet wurden, werden heutzutage „inhouse" abgewickelt – so bspw. das aktive Zinsdifferenzgeschäft bei einem Liquiditätsausgleich oder aber das Währungsmanagement durch Liquiditätsverlagerung im Zuge von Leading & Lagging-Aktivitäten.[866]

Im Zuge des Cash Pooling nimmt die Cash Pool-führende Gesellschaft bzw. die Treasury-Abteilung die Rolle eines konzerninternen Finanzintermediärs[867] (eine Art „unternehmensinterne Bank") wahr. Sie stellt jedoch trotzdem kein Kreditinstitut im Rechtssinne des §1 Abs. 1 KWG sowie § 2 Abs. 1 Nr. 7 KWG dar.[868] Sie übernimmt den Liquiditätsausgleich innerhalb des Konzerns und führt im Zuge dessen notwendige Transformationsleistungen – wie Informations-, Losgrößen-, Fristen- und Risikotransformation – eigenständig durch. Für die am Cash Pooling beteiligten Konzerneinheiten kommt es so zu einer Ablösung externer Kreditinstitute durch die Treasury als neuen konzerninternen Kreditgeber. Es findet eine Zurückdrängung der klassischen Finanzintermediation durch Banken statt, da diese nur noch zur Finanzierung des nicht über einen konzerninternen Liquiditätsausgleich aufbringbaren Kapitalbedarfs benötigt werden. Selbst dieser Restbetrag könnte rein theoretisch über eine direkte Kapitalaufnahme am Geld- oder Kapitalmarkt durch die Treasury bereitgestellt werden.[869]

Zusammenfassend ist somit festzuhalten, dass durch ein aktives Cash-Management die Anzahl an benötigten Bankleistungen reduziert wird, jedoch Bankbeziehungen weiterhin notwendig sind. Es werden zwar durch ein effektives Cash-Management die Wertstellungs- und Zinsgewinne der Banken verkleinert und es findet eine (teilweise) Verlagerung der (Cash Management-) Gewinne von Banken hin zu den Unternehmen statt,[870] jedoch bildet weiterhin eine gute Bankbeziehung die Grundlage für ein effektives Cash-Management.[871] Es kann somit nicht davon gesprochen werden, dass Internationale Unternehmen im Zuge ihrer Cash-Management-Aktivitäten keine Banken mehr benötigen. Maximal kann davon ausgegangen werden, dass solche Unternehmen Banken mehr als Dienstleister sehen und ihre Abhängigkeit von Banken weitestgehend minimiert haben. Eine Bankensteuerung ist trotz alledem weiterhin notwendig. Ihre Aufgaben und Ziele variieren nur in Abhängigkeit der im Unternehmen Anwendung findenden Cash-Management-Methoden.

---

[866] Vgl. Kohnhorst (2001), S. 134 f.
[867] *Butler (2008)* weist sogar darauf hin, dass die Treasury-Abteilungen von Internationalen Unternehmen ihre Cash Flows ähnlich wie Banken managen, vgl. Butler (2008), S. 225 f.
[868] Vgl. Werdenich (2008), S. 238. und vgl. Kohnhorst (2001), S. 134 f.
[869] Vgl. Kohnhorst (2001), S. 139 f. und vgl. Pflug (2007), S. 99.
[870] Vgl. Werdenich (2008), S. 238.
[871] Vgl. Shapiro (2010), S. 681.

Der zweite hier zu besprechende Ansatz – neben dem Cash-Management – zur Substituierung von Bankenleistungen durch eigenerstellte Finanzdienstleistungen innerhalb des Konzerns (konzerninterne Finanz-Intermediation) ist die Etablierung einer Inhouse-Bank. Zunächst ist jedoch erst einmal zu klären, was Inhouse-Banking überhaupt ist und was darunter verstanden wird. Geht es hier wirklich um eine konzerninterne Bank oder nicht?

Der Begriff „Inhouse-Bank" beschreibt nicht die Etablierung einer eigenständigen Konzerneinheit als konzerninterne Bank im klassischen Sinne (des KWGs), sondern vielmehr umfasst der Begriff „Inhouse-Bank" eine Reihe von Funktionen des Treasury-Managements. Die Treasury agiert als eigenständige Konzerneinheit mit den konzerninternen Business-Einheiten (Tochtergesellschaften, Abteilungen etc.) auf arm´s length-Basis (Fremdvergleichsgrundsatz) und stellt bankähnliche Finanzdienstleistungen bereit.[872] Beim „Inhouse Banking" geht es daher im Wesentlichen auch um die bereits beschriebenen Cash-Management-Aktivitäten.[873] Es ist einfach eine Kombination verschiedener (Cash-Management-)Techniken mit dem Ziel der kosteneffizienten konzerninternen Bereitstellung von Finanzdienstleistungen, wodurch natürlich die Abhängigkeit[874] von Banken reduziert wird und der Konzern unabhängiger agieren kann. Eine solche im Vergleich zu externen Banken kostengünstigere Erstellung von Finanzdienstleistungen durch das konzerneigene Treasury-Management kommt dadurch zustande, dass erstens im Zuge des Inhouse-Banking keine Eigenkapitalvorschriften (Mindestreserveverpflichtungen etc.) wie bei externen Banken (Stichwort: Basel II) eingehalten werden müssen, zweitens die Treasury keine hohen Overhead-Kosten auf Grund der Unterhaltung/Bereitstellung von Dealing Rooms, Bank-Niederlassungen und anderen Serviceleistungen (Geldautomaten etc.), wie sie Banken unterhalten müssen, hat und drittens Vorteile bei der Kreditbewertung und -vergabe an konzerninterne Einheiten/Gesellschaften vor-liegen, um nur einige Gründe aufzuführen.[875]

Auch wenn davon gesprochen werden kann, dass das Inhouse-Banking (Cash-Management) eines Internationalen Unternehmens im gewissen Sinne eine Art eigene Bank für das Unternehmen darstellt,[876] so darf nicht vergessen werden, dass immer darauf zu achten ist, dass alle finanziellen Geschäfte der Treasury im Zusammenhang mit dem operativen Geschäft des Konzerns stehen müssen. Es bedarf einer Orientierung am Grundgeschäft des Unternehmens (vergleiche in diesem Zusammenhang auch die weiterführende Diskussion der möglichen Gewinnerzielungsabsicht der Treasury in Kapitel 3.6).[877] Vor diesem Hintergrund

---

[872] Vgl. Eiteman/Stonehill/Moffett (2010), S. 553.
[873] Vgl. Werdenich (2008), S. 238.
[874] *Für die Darstellung der Entwicklung hin zu einem Inhouse-Banking sowie der damit einhergehenden Zurückdrängung von Banken als Intermediär, vgl. von Eije/Westerman (2002), S 17 ff., online.*
[875] Vgl. Eiteman/Stonehill/Moffett (2010), S. 553 f.
[876] Vgl. Nitsch/Niebel (1997), S. 26.
[877] Vgl. Wimmer/Pastl (2004), S. 408.

ist auch verständlich, dass bis heute noch keine nennenswerten Forderungen zu einer stärkeren Regulierung dieser Inhouse-Banking-Aktivitäten geäußert wurden. Diese Aktivitäten beziehen sich rein auf das jeweilige Unternehmen und nicht bspw. auf eine Kreditvergabe an Kunden. In Bezug auf Finanzierungsaktivitäten für Kunden oder Zulieferer mittels Kreditvergabe oder Leasing (z. B. im Bereich der Absatzes von PKWs oder Flugzeugen) ist eine Regulierung klar notwendig und bereits existent. Solche Finanzdienstleistungen zählen allerdings nicht zum Inhouse-Banking, sondern werden zu dem Feld der Konzernbanken gezählt. Dieses gehört jedoch im Rahmen des Treasury-Management-Modells (Kapitel 3.1) nicht zum Treasury-Management und ist daher auch nicht Gegenstand dieser Arbeit. Solche Banken werden meist zur Abwicklung von produktbezogenen Finanzierungsleistungen für Kunden eingesetzt („Absatzfinanzierung").[878]

Als Fazit kann festgehalten werden, dass weder durch einzelne Cash-Management-Methoden noch durch ihre gezielte Kombination im Zuge eines Inhouse-Banking eine vollständige Substitution von Banken durch ein konzerneigenes Treasury-Management erreicht werden kann. Bankbeziehungen sind weiterhin für alle Unternehmen essentiell und sollten daher im Zuge eines Bank-Relationship-Managements aktiv gesteuert werden. Die Anwendung findenden Cash-Management-Methoden geben lediglich den Rahmen für die benötigten Bankbeziehungen und somit für deren Steuerung im Zuge eines Bank-Relationship-Managements vor. Für weiterführende Ausführungen zur Bankensteuerung siehe das folgende Kapitel 3.4. sowie für die Untersuchung der Ausgestaltung in der Praxis die empirische Untersuchung in Kapitel 4.2.2.

3.4 Bank-Relationship-Management

Die im vorherigen Kapitel 3.3.5 darlegte Notwendigkeit von Bankbeziehungen trotz aktivem Cash-Management (bzw. Inhouse-Banking) lässt sehr einfach den Schluss zu, dass diese Geschäftsbeziehungen auf Grund ihrer Wichtigkeit auch aktiv gesteuert werden sollten und somit ein Bank-Relationship-Management notwendig wird. Diese Notwendigkeit zeigt aber noch nicht, warum gerade jetzt ein Bank-Relationship-Management unabdingbar und aktuell äußerst relevant ist. Daher einleitend ein kurzer Gedankengang.

Vor der Globalen Finanzkrise musste sich im Treasury-Management eigentlich keine Sorge gemacht werden, wenn größere Summen an Kapital bei einer Bank platziert wurden. Heute ist dies etwas anders[879] (Stichwort: Subprime-Krise und Pleite der Investmentbank Lehman Brothers). Unternehmen müssen – wie Banken

---

[878] Vgl. Dahlhausen (1996), S. 1 ff. und speziell S. 163 ff.
[879] *Gerade während der aktuellen turbulenten Situation in der Eurozone (Staatsschuldenkrise) haben viele Unternehmen ihre Gelder über Nacht aus (kontinental-)europäischen Banken abgezogen und bspw. bei englischen Banken zwischengeparkt (Stichwort: UK AAA-Rating). Vgl. Manson (2012), online.*

– eine Bewertung der Bankbeziehung und deren Risiken vornehmen und entsprechend Ansätze entwickeln.[880] Gerade das Kontrahentenrisiko ist zu einem wesentlichen Anliegen („Sorge") des Treasury-Managements geworden. In diesem Bereich ist der aktive Dialog mit den Banken zur unternehmensinternen Risiko-Bewertung der Bankbeziehung immer wichtiger geworden.[881] Das Bonitätskriterium (Kontrahentenrisiko) der Bank sollte eine harte Bedingung bei der Bankenauswahl für ein Unternehmen darstellen. Ist es nicht erfüllt, so fällt die betroffene Bank aus der Bewertung heraus und es sollten keinerlei Geschäft mehr mit der Bank getätigt werden.[882]

Genau diese logische Folge einer zunehmenden Notwendigkeit der Steuerung von Bankbeziehungen auf Unternehmensseite – auf Grund einer Zunahme an Ausfallrisiken im Bankenbereich vor dem Hintergrund der Globalen Finanzkrise – zeigt die aktuelle Relevanz der Thematik eines Bank-Relationship-Managements. Dieser Bereich ist daher auch als eine Kernaufgabe des Treasury-Managements zu definieren.[883] Allerdings ist im Hinblick auf das Treasury-Management-Modell das Bank-Relationship-Management – wie in Kapitel 3.1 und 3.2 bereits dargestellt – kein eigener Bereich, sondern eine Art Querschnittsbereich vornehmlich zwischen den Bereichen „Cash-Management" und „Risikomanagement". Die Ausführungen zu Banken im Rahmen des bereits besprochenen Cash-Managements in Kapitel 3.3 sind dadurch als Basis anzusehen und werden nun um spezielle Methoden des Bank-Relationship-Managements sowie um die Aspekte des Kontrahentenrisikos aus dem Bereich des Risikomanagements ergänzt (siehe hierzu auch Kapitel 3.5).

Bevor jedoch auf die entsprechenden Methoden, wie dem unternehmensinternen Bankenrating (Kapitel 3.4.3.3) eingegangen wird, werden in Kapitel 3.4.1 die allgemeinen Theorien zu Bankbeziehungen sowie in Kapitel 3.4.2 die optimale Anzahl an Bankbeziehungen (/-verbindungen) aus Unternehmenssicht besprochen. Das allgemeine Ziel ist es (theoriebasierte), unternehmensseitige Konzepte für die Steuerung von Bankbeziehungen aufzuzeigen.

3.4.1 Konzepte zur Beschreibung von Bankbeziehungen

Ohne mindestens eine Bank, mit der ein Unternehmen Bankbeziehungen unterhält, ist kein effektiver Geschäftsablauf oder ein Unternehmenswachstum denkbar. Oft stellen Banken benötigte liquide Mittel in Form von Kreditlinien bereit. Ohne eine Bankverbindung wären Einzahlungen von Kunden oder das Begleichen von Rechnungen für das Unternehmen extrem kompliziert. Die Wahl einer Bank ist daher

---
[880] Vgl. Häberle/Meves (2012), S. 41 f.; vgl. Talkenberger/Wehn (2012), S. 2.; vgl. PWC (2010), S. 18 und vgl. Mitter/Wohlschlager/Kobler (2011), S. 99.
[881] Vgl. Hemsley (2012), online und vgl. PWC (2010), S. 18.
[882] Vgl. Verband Deutscher Treasurer e.V. (2007), S. 25.
[883] Vgl. Degenhart/v. Haller (2006), S. 7.; vgl. Verband Deutscher Treasurer e.V. (2011), S. 44 und vgl. Bragg (2010a), S. 10.

äußerst wichtig und entscheidend für jedes Unternehmen.[884] Gerade Internationale Unternehmen müssen auf Grund komplexer Konzernhierarchien und ihres globalen Auftretens meist Bankbeziehungen mit verschiedensten Banken aufrechterhalten.[885] Diese Bankbeziehungen gilt es zu klassifizieren.

Bankbeziehungen lassen sich grob in zwei Arten („Extreme") unterteilen: Zum einen „enge" Bankbeziehungen und zum anderen „transaktionale" Beziehungen. Existiert eine „enge" Bankbeziehung, so ist diese durch einen regelmäßigen Informationsfluss, privilegierten Zugang zu Aufträgen, hohes Commitment und hohe Loyalität der Beziehungspartner untereinander sowie eine langandauernde Geschäftsbeziehung gekennzeichnet. Bei „transaktionalen" Beziehungen hingegen existiert nur ein relativ geringer Informationsfluss; es finden rein preisorientierte Geschäftsabschlüsse statt und die Geschäftsbeziehung zwischen Unternehmen und Bank ist eher kurzfristig ausgelegt.[886] Auf Basis dieser beiden Extreme wird in der Standardliteratur zu Bankenbeziehungen zwischen drei Ansätzen, die die Unternehmen-Bank-Beziehung beschreiben, unterschieden: (1) Hausbankprinzip („Relationship-Banking"), (2) Kernbanken-Prinzip („Core Banking") und (3) Konkurrenzbankenprinzip („Transactional Banking").[887] Alle drei Ansätze werden in den folgenden drei Unterkapiteln [3.4.1.1 bis 3.4.1.3] näher besprochen und im Unterkapitel 3.4.1.4 um eine praxisnahe Betrachtung (das Tier-Bank-System), die mit dem Kernbanken-Prinzip in enger Verbindung steht, ergänzt.

Abbildung 39: *Klassifizierung von Ansätzen zur Unternehmen-Bank-Beziehung*

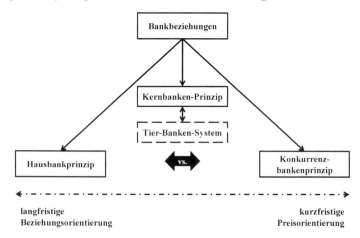

Quelle: *Eigene Darstellung.*

---

[884] Vgl. Herold (1994), S. 143. und teilweise vgl. Verband Deutscher Treasurer e.V. (2011), S. 24 f.
[885] Vgl. Danko/Godwin/Goldberg (2002), S. 5.
[886] Vgl. Holland (1994), S. 372.
[887] Vgl. Wittman (2006), S. 49. und vgl Zantow/Dinauer (2011), S. 500 f.

Die Abbildung 39 stellt grafisch die Zusammenhänge dieser vier Ansätze überblicksartig dar. Speziell wird die Gegensätzlichkeit der Ansätze eins und drei aufgezeigt sowie das Kernbankenprinzip (der zweite Ansatz) als eine Art Mittelweg zwischen diesen beiden Ansätzen (eins und drei) eingeordnet. Das Tier-Bank-System wird als eine Art Abwandlung des Kernbanken-Prinzips diesem zugeordnet. Für die Begründung dieser Zuordnungen wird auf die entsprechenden Unterkapitel, in denen die Ansätze ausführlich besprochen werden, verwiesen.

3.4.1.1 Hausbankprinzip

Wie bereits einführend in Kapitel 3.4.1 erwähnt, gibt es im Hinblick auf Bankbeziehungen im Wesentlichen zwei diametral verlaufende Ansätze: Zum einen das Hausbankprinzip und zum anderen das Konkurrenzbankenprinzip.[888] Das in diesem Kapitel im Fokus stehende Hausbankprinzip ist klar durch die monopolistische Stellung der Hausbank gekennzeichnet.[889] Die gesamte Bankleistungsnachfrage des Unternehmens wird bei einer Bank (der Hausbank) gebündelt. Die Hausbank kann die Kunde-Bank-Beziehung auf Grund der Langfristigkeit der Geschäftsbeziehung (langer Informationsgenerierungszeitraum) umfassend bewerten und so dem Unternehmen maßgeschneiderte Angebote anbieten.[890] Diese Fülle an Informationen führt des Weiteren dazu, dass eine (klassische) Hausbank schnell Finanzierungsentscheidungen treffen kann.[891] Diese Argumente für eine Hausbankbeziehung beruhen klar auf der klassischen Intermediationstheorie im Bankenbereich und beziehen sich auf Screening- und Monitoring-Vorteile der Hausbank bei der Informationsgenerierung (Stichwort: Das Modell von Peterson und Rajan[892]).[893] Des Weiteren kann in Bezug auf eine Hausbankbeziehung auf folgende, durch Studien belegte Vorteile für die Unternehmensseite verwiesen werden: Eine erleichterte Vergabe von Krediten, geringere Anforderungen an Sicherheiten und günstigere Konditionen sowie Unterstützung in Krisensituationen. Eine Verschlechterung des Kreditratings des Unternehmens kann bspw. durch einen kurzfristigen Margenverzicht überbrückt werden, da die Hausbank weiß, dass auf Grund der Langfristigkeit der Beziehung sie in Zukunft gewinnbringende Geschäfte mit dem Unternehmen tätigen kann. Allerdings entsteht durch eine solche enge Bankbeziehung auch eine gewisse Abhängigkeit, die zum Beispiel einen Bankwechsel erschwert (Hold-Up-Problem[894]).[895]

---

[888] Vgl. Zantow/Dinauer (2011), S. 500.
[889] Vgl. Zantow/Dinauer (2011), S. 500. und vgl. Wittman (2006), S. 49.
[890] Vgl. Börner (2000), S. 205 f.
[891] Vgl. Wittman (2006), S. 49 ff. und vgl. Zantow/Dinauer (2011), S. 500.
[892] *Für weiterführende Informationen vgl. Hartmann-Wendels/Pfingsten/Weber (2007), S.148 ff.*
[893] Vgl. Handke (2009), S. 104 ff.
[894] *Für weiterführende Informationen vgl. Boot (2000), S. 16 ff.*
[895] Vgl. Mitter/Wohlschlager/Kobler (2011), S. 98.; vgl. Boot (2000), S. 5 ff; vgl. Püthe (2008), S. 46 f.; vgl. Börner (2000), S. 205. und vgl. Wittman (2006), S. 49. sowie die dort angegebenen Studien.

Auf Grund dessen ist als Nachteil des Hausbankprinzips klar die monopolistische Stellung der Hausbank zu nennen und damit einhergehend eine Abhängigkeit des Unternehmens.[896] Dies kann (theoretisch) so weit gehen, dass die Bank Einfluss auf die Investitionsentscheidungen des Unternehmens nimmt. Eine solche Abhängigkeit wird dadurch verstärkt, dass im Falle einer Hausbankbeziehung das Unternehmen neben seiner Hausbank meist nur sehr wenig andere Bankbeziehungen unterhält.[897] Einen Diversifikation oder gar der Aufbau von Wettbewerbsdruck ist somit nicht erreichbar.

Im Hinblick auf Internationale Unternehmen und deren Treasury-Management-Aktivitäten ist anzuführen, dass mit zunehmender Größe eines Unternehmens die Idee des Hausbankprinzips in den Hintergrund tritt und das Konkurrenzbankenprinzip (Kapitel 3.4.1.2) zunehmend an Bedeutung gewinnt. Es soll primär eine Vermeidung von Abhängigkeiten erreicht und die Banken untereinander in eine Wettbewerbssituation gedrängt werden.[898] Schon seit den 1980er Jahren kann davon gesprochen werden, dass das Konzept der Hausbank für international tätige Unternehmen ausgedient hat und gerade heutzutage könnte eine einzige Bank, wie es beim Hausbankprinzip der Fall ist, ein Internationales Unternehmen nicht alleine durch eine Krise helfen. Die Bank könnte die benötigten Volumina vor dem Hintergrund ihres „Risk-Exposure" (Stichwort: Basel II und bald Basel III) gar nicht alleine stemmen.[899] In letzter Zeit hat sich daher die (Haus-)Bankbeziehung deutlich offener entwickelt und begrenzt sich zunehmend auf spezielle Bereiche, wie z. B. auf die transaktionale Zusammenarbeit.[900] Hierbei muss jedoch klar zwischen Internationalen Unternehmen – für die diese Entwicklung gilt – und kleinen und mittleren Unternehmen unterschieden werden. Gerade für kleinere Unternehmen ist eine Hausbankbeziehung oft überlebensnotwendig. Für weiterführende Erläuterungen zu dem Konkurrenzbankenprinzip siehe nächstes Kapitel.

3.4.1.2 Konkurrenzbankenprinzip

Das andere Extrem neben dem Hausbankprinzip ist das bereits angesprochene Konkurrenzbankenprinzip. Beim Konkurrenzbankenprinzip ist die Anzahl an Bankbeziehungen offen, denn es geht immer nur um die aktuelle Transaktion, das aktuelle Geschäft, und nicht um eine langfristige Geschäftsbeziehung oder den Aufbau eines Vertrauensverhältnisses zwischen Unternehmen und Bank.[901] Es existiert keine monopolistische Stellung einer Bank, sondern vielmehr stehen alle

---

[896] Vgl. Zantow/Dinauer (2011), S. 500. und vgl. Wittman (2006), S. 49.
[897] Vgl. Wittman (2006), S. 49 f.
[898] Vgl. Zantow/Dinauer (2011), S. 500.
[899] Vgl. Reisch (2009), S. 89 f.
[900] Vgl. Degenhart/v. Haller (2006), S. 7.
[901] Vgl. Wittman (2006), S. 51. und vgl. Börner (2000), S. 206.

Banken des Unternehmens im freien Wettbewerb zueinander und müssen sich Aufträge erst „erarbeiten".[902]

Das Hauptkriterium für die Vergabe von Geschäften ist beim Konkurrenzbankenprinzip das von der jeweiligen Bank angebotene Preis-Leistungsverhältnis. Es entsteht so eine starke Konkurrenzsituation zwischen den Banken.[903] Es herrscht eine klare Preisorientierung des Unternehmens bei der Vergabe von Bankgeschäften.[904] Die Banken selbst agieren hier auf Grund von öffentlichen Informationen und wenden meist Scoring-Verfahren zur Bewertung der Unternehmen-Bank-Beziehung an.[905]

Als Nachteil kann der Wegfall der Nähe zur Bank im Vergleich zu einem Hausbankprinzip interpretiert werden. Es besteht zwischen dem Unternehmen und seinen Banken keine feste auf lange Sicht ausgelegte Geschäftsbeziehung (Bindung), wodurch in Krisensituationen nicht unbedingt mit Unterstützung von Bankenseite zu rechnen ist.

In der Praxis findet gerade bei großen Unternehmen eine Art Kompromissstrategie zwischen den beiden dargestellten Extremen Anwendung, das Kernbankenprinzip. Dieses liegt im Hinblick auf die beiden bereits vorgestellten Extreme etwas näher am Konkurrenzbankenprinzip als am Hausbankprinzip.[906] Siehe hierzu das folgende Kapitel.

3.4.1.3 Kernbanken-Prinzip

Als Mittelweg zwischen Hausbank- und Konkurrenzbankenprinzip (die beiden Extreme) ist eine Kernbankenstrategie zu nennen.[907] Bei Anwendung des Kernbankenprinzips können überwiegend die Vorteile der beiden Extreme genutzt werden. Es können bspw. langfristige Bankbeziehungen aufgebaut und gleichzeitig auch der Konditionen- und Leistungswettbewerb zwischen den Banken aufrecht gehalten werden.[908]

Das Kernbankenprinzip beschreibt die Situation, dass ein Unternehmen zu mehreren Banken ein Loyalitäts- und Vertrauensverhältnis unterhält, dies ist jedoch im Vergleich zu einer Hausbankbeziehung weniger verbindlich.[909] Das Kernbankenprinzip weist trotzdem eine gewisse Kontinuität auf.[910] Mit der Gruppe der

---

[902] Vgl. Zantow/Dinauer (2011), S. 500.
[903] Vgl. Wittman (2006), S. 51.
[904] Vgl. Börner (2000), S. 206 f.
[905] Vgl. Wittman (2006), S. 51.
 Für weiterführende (allgemeine) Informationen zur Bewertung von Kundenbeziehungen aus Bankensicht vgl. *Verband Deutscher Treasurer e.V. (2011), S. 44 ff.*
[906] Vgl. Zantow/Dinauer (2011), S. 500.
[907] Vgl. Zantow/Dinauer (2011), S. 500.
[908] Vgl. Reisch (2009), S. 89.
[909] Vgl. Wittman (2006), S. 50.
[910] Vgl. Reisch (2009), S. 89.

sogenannten „Kernbanken" wickelt der Konzern den Großteil seiner Bankgeschäfte ab.[911] Die Bindung der Kernbanken an das Unternehmen erfolgt hierbei durch die Vergabe von Geschäftsvolumina. Daher können auch nicht unendlich viele Banken zu den Kernbanken eines Konzerns zählen. Im Normalfall steigt die Anzahl an Kernbanken mit der Größe des Unternehmens.[912] Allerdings sollte die Gruppe der Kernbanken immer so groß sein, dass zwischen den Banken Wettbewerb entsteht aber andererseits auch wiederum so klein, dass alle Banken das jeweilige Unternehmen als wichtigen Kunden einstufen. Es ist ein entsprechend großer Anteil des Bankgeschäfts des Konzerns jeder Kernbank zuzuweisen, um das Unternehmen für alle Kernbanken als interessanten und wichtigen Kunden zu positionieren.[913] Die Gruppe der Kernbanken sollte im Fall eines Internationalen Unternehmens zusätzlich über eine gewisse geografische Breite verfügen[914] und sich im Hinblick auf die Stärken der Kernbanken gegenseitig ergänzen.[915]

Die Zugehörigkeit einer Bank zu dem Kreis der Kernbanken eines Konzerns ist jedoch noch kein 100%iger Garant dafür, dass das Unternehmen auch Geschäfte mit der Bank abschließen wird. Die Bank wird zwar auf jeden Fall bei Anfrage (Stichwort: Request for Proposal[916]) berücksichtigt, steht aber immer noch in Konkurrenz zu den anderen Kernbanken. Um als Kernbank aufgenommen zu werden, muss eine Bank unternehmensindividuelle Kriterien erfüllen. Diese sollten standardisiert und eindeutig festgelegt sein. Für weiterführende Erläuterungen zur Bankenbewertung bzw. -selektion sei an dieser Stelle auf Kapitel 3.4.3 dieser Arbeit verwiesen.

Neben den Kernbanken existieren normalerweise weitere Bankbeziehungen zu sogenannten „Standardbanken". Über diese Bankbeziehungen werden Routinegeschäfte abgewickelt und rein nach dem Preis-/Leistungs-Verhältnis vergeben.[917] Banken können in manchen Bereichen zu den Kernbanken und in anderen zu den Standardbanken zählen.[918] Eine dritte Gruppe – sogenannte Opportunitätsbanken – sind solche Banken, die nur bei der Vergabe von Bankgeschäften einbezogen werden, wenn sie spezielle Serviceleistungen anbieten, die von keiner der Kern- oder Standardbanken angeboten werden. Sie sind im Hinblick auf langfristige Geschäftsbeziehungen außen vor.[919] Banken, mit denen der Konzern (oder Teile des Konzerns) in der Vergangenheit schlechte Erfahrungen gemacht hat oder Banken, die als nicht seriös eingestuft sind, werden auf einer „Schwarzen Liste"

---

[911] Vgl. Degenhart/v. Haller (2006), S. 7.
[912] Vgl. Wittman (2006), S. 50.
[913] Vgl. Zantow/Dinauer (2011), S. 500 und vgl. Reisch (2009), S. 89.
[914] Vgl. Reisch (2009), S. 89.
[915] Vgl. Reisch (2009), S. 89.
[916] *Für weiterführende Informationen, vgl. Jeffery (2009); S. 44 f. und vgl. Horcher (2006), S. 177 ff.*
[917] Vgl. Reisch (2009), S. 90. und vgl. Zantow/Dinauer (2011), S. 500.
[918] Vgl. Reisch (2009), S. 90.
[919] Vgl. Zantow/Dinauer (2011), S. 500. und vgl. Reisch (2009), S. 90.

geführt. Mit diesen Banken wickelt das Unternehmen grundsätzlich keinerlei Bankgeschäfte ab.[920]
Das im folgenden Kapitel 3.4.1.4 dargelegte Tier-Bank-System ist ein praxisnaher Ansatz und stellt eine Art Abwandlung des Kernbanken-Prinzips dar. Die Grundidee der Einteilung von verschiedenen Banken in Kategorien ist jedoch identisch.

3.4.1.4 Tier-Bank-System

Eine Klassifizierung der Bankverbindungen eines Konzerns anhand eines Tier-Bank-Systems ist ein praxisüblicher Ansatz. Ein solches Tier-Bank-System ähnelt dem Kernbankensystem und wird zur Steuerung der Bankbeziehungen eingesetzt. Üblicherweise findet eine Dreiteilung der Bankbeziehungen in drei Tier-Bank-Gruppen statt.[921] Im Folgenden wird eine beispielhafte Kategorisierung eines Tier-Bank-Systems vorgestellt:

- **Gruppe der „Tier-I-Banken":** Unter „Tier-I-Banken" fallen solche Banken, die von Konzernseite her als sehr wichtig für die Unternehmung eingestuft werden. Sie sind mindestens in einem Bereich bevorzugte Partner für das Unternehmen – bspw. im Hinblick auf Kreditgewährung oder speziellen Bank-Service-Leistungen.[922] Die Anzahl an Tier-I-Banken ist normalerweise eher gering. Die als Tier-I-Banken eingestuften Kreditinstitute erhalten auf Grund ihrer bevorzugten Stellung (überwiegend) die „lukrativsten" Aufträge, die das Unternehmen an Banken zu vergeben hat.[923]

- **Gruppe der „Tier-II-Banken":** „Tier-II-Banken" sind im Vergleich zu „Tier-I-Banken" für den Konzern weniger wichtig. Sie leisten aber immer noch bspw. einen nicht vernachlässigbaren Anteil am Kreditrahmen der Unternehmung oder liefern wichtige andere Bank-Service-Leistungen.[924] Oft zählen stark in einem Bereich spezialisierte Banken zu den „Tier-II-Banken". Sie unterhalten in diesen Bereichen eine durchaus enge Beziehung zu dem Unternehmen. Teilweise befinden sich auch „Tier-II-Banken" in der Warteposition auf eine Stellung als „Tier-I-Bank".[925]

---

[920] Vgl. Reisch (2009), S. 90.
[921] Vgl. Jeffery (2009), S. 33 ff.; vgl. Zantow/Dinauer (2011), S. 500.; vgl. Lind (2008), S. 227. und vgl. Holland (1994), S. 376.
[922] Vgl. Jeffery (2009), S. 33 ff. und vgl. Lind (2008), S. 227.
[923] Vgl. Holland (1994), S. 376.
[924] Vgl. Jeffery (2009), S. 33 ff.
[925] Vgl. Holland (1994), S. 376. und vgl. Lind (2008), S. 227.

- **Gruppe der „Tier-III-Banken":** Banken, die in die letzte (dritte) Tier-Bank-Gruppe („Tier-III-Banken") zugeordnet sind, sind weniger wichtig für das Unternehmen.[926] Als Tier-III-Banken werden solche Banken eingestuft, mit denen das Unternehmen eine rein transaktionale Geschäftsbeziehung unterhält. Solche Banken können unterschiedliche Serviceleistungen anbieten, es existiert jedoch keine dauerhafte Geschäftsbeziehung zwischen dem Unternehmen und der Bank.[927] Von Tier-III-Banken werden bspw. Standard-Service-Leistungen – die leicht auch von anderen Banken bereitgestellt werden könnten – erbracht.[928]

Zusammenfassend kann ein Tier-Bank-System wie folgt beschrieben werden: Unter Tier-I-Banken fallen die „Beziehungsbanken", unter Tier-II-Banken die „Spezialbanken" und unter Tier-III-Banken die „transaktionalen Banken" eines Konzerns.[929] Letztendlich ist für die Treasury jedoch nur entscheidend, dass eine Kategorisierung existiert und nach unternehmensindividuellen Gesichtspunkten strukturiert wird. Es soll eine Priorisierung der Bankverbindungen stattfinden und darauf aufbauend entsprechende Maßnahmen (z. B. Meetinghäufigkeiten, Ansprechpartner etc.) zur Beziehungspflege/-steuerung (Aus- oder Abbau der Beziehung) ergriffen werden.[930]

Um ein Tier-Bank-System zu begründen, können neben dem reinen Bankensteuerungsgedanken (siehe oben) sowohl Argumente aus dem Bereich der Diversifikation als auch aus dem Bereich der Transaktionskostentheorie angeführt werden. So kann die konventionelle Idee der Diversifikation die Vorteile eines Bankenportfolios – bestehend aus Tier-I-Banken bis Tier-III-Banken – für ein Unternehmen verdeutlichen. Nimmt man an, dass die Vorteile/der Nutzen (Net Benefits) einer engen Bankbeziehung zu einer beliebigen Bank „A" nicht perfekt korreliert sind mit den Vorteilen/dem Nutzen (Net Benefits) einer engen Bankbeziehung zu einer beliebigen Bank „B", dann kann das Unternehmen durch eine Aufnahme einer weiteren Bank in sein Bankenportfolio – ohne Nachteile (Nutzenverlust) im Hinblick auf existierende Bankbeziehungen – Risiken diversifizieren (siehe hierzu auch teilweise Kapitel 3.5).[931] Ein Unternehmen sollte daher so lange Banken in die verschiedenen Tier-Bank-Kategorien aufnehmen, bis der zusätzliche Nutzen einer weiteren Bankenaufnahme Null (bzw. gerade noch nicht negativ) ist.

---

[926] Vgl. Jeffery (2009), S. 33 ff.
[927] Vgl. Holland (1994), S. 376.
[928] Vgl. Jeffery (2009), S. 33 ff.
[929] Vgl. Holland (1994), S. 376. und vgl. Lind (2008), S. 227.
[930] Vgl. Jeffery (2009), S. 33 ff.
[931] Vgl. Holland (1994), S. 377.

Darüber hinaus stellt ein Mix an engen und rein transaktional basierten Bankbeziehungen für ein Unternehmen – neben dem angesprochenen Diversifikationsvorteil (Risiken) – auch eine Art „Versicherung" im Falle des Wegbrechens von (wichtigen) Bankbeziehungen dar. Es werden Abhängigkeiten reduziert.[932] Betrachtet man die Transaktionskostentheorie, so entstehen Bankbeziehungen, wenn die direkte markt- bzw. unternehmensinterne Lösung vergleichsweise zu teuer ist. Durch die Einteilung von Banken in Tier-Bank-Gruppen können Such- und Entscheidungskosten (sowie teilweise Monitoringkosten) reduziert werden. Bei den Banken, die als „Tier-I-Bank" klassifiziert wurden, kann das Unternehmen davon ausgehen, dass bei diesen Banken eine hohe Servicequalität bei angemessenen Preisen erwartet werden kann. In den Tier-Kategorien zwei und drei erhöhen sich sukzessive die Kosten, da mit Rückgang der Bankbeziehungs-intensität entsprechend die Suchkosten etc. steigen.[933] So kann das Unternehmen die anfallenden Transaktionskosten bei Neuvergabe von Bankaufträgen anhand der Tier-Bank-Gruppen weitestgehend steuern.

Bei der Verwendung eines Tier-Bank-Systems zur Bankensteuerung auf Unternehmensseite ergibt sich eine Vielzahl von Bankbeziehungen (-verbindungen). Hier stellt sich natürlich die Frage nach einer optimalen Anzahl, die ein Unternehmen unterhalten sollte. Aus diesem Grund wird im folgenden Kapitel 3.4.2 die Anzahl an Bankbeziehungen (bzw. /-verbindungen), die ein Unternehmen unterhalten sollte, diskutiert.

3.4.2 Optimale Anzahl an Bankbeziehungen für Unternehmen

Große international tätige Unternehmen weisen normalerweise hunderte von Bankverbindungen auf. Diese sind zum einen ihrer globalen Tätigkeit geschuldet und zum anderen den komplexen Konzernstrukturen.[934] Generell kann davon ausgegangen werden, je größer und älter ein Unternehmen ist, desto mehr Bankbeziehungen werden unterhalten.[935] Häufig wächst auch die Anzahl an Bankbeziehungen (/-verbindungen) durch nichtorganisches Wachstum (M&A-Aktivitäten).[936] Es stellt sich somit die Frage, ob eine solche Fülle an Bankbeziehungen(/-verbindungen)[937] theoretisch sinnvoll oder doch eher zu vermeiden ist.

---

[932] Vgl. Holland (1994), S. 378.
[933] Vgl. Holland (1994), S. 378.
[934] Vgl. Danko/Godwin/Goldberg (2002), S. 5.
[935] Vgl. von Rheinbaben/Ruckes (2004), S. 1611.
[936] Vgl. Elms/Mousseau (2012), online.
[937] *Im Folgenden nur noch als Bankbeziehung bezeichnet. Hier sind ist die Anzahl an (resultierenden) Bankverbindungen sinngemäß mit enthalten.*

Argumentationen für viele Bankbeziehungen

Für eine große Anzahl an Bankbeziehungen spricht, dass durch die Existenz von mehreren Bankbeziehungen die asymmetrische Informationslage zwischen Banken und Unternehmen reduziert werden kann, da das Unternehmen Informationen (z. B. Kapitalmarktprognosen) anhand unterschiedlicher Quellen vergleichen kann.[938] Auf je mehr Informationsquellen ein Unternehmen zurückgreifen kann, desto besser; somit kann vor diesem Hintergrund eine große Anzahl an Bankbeziehungen nur von Vorteil sein. Des Weiteren führen viele Bankbeziehungen zu einer stärkeren Wettbewerbssituation (um Anteile an dem Firmenkundengeschäft) der Banken untereinander. Es kann hier zu Preiskämpfen kommen, wodurch das Unternehmen theoretisch günstigere Konditionen realisieren kann. Zusätzlich kann durch eine hohe Anzahl von Bankbeziehungen auch der Finanzierungsspielraum des Unternehmens – gerade im kurzfristigen Bereich und in angespannten Zeiten – erhöht werden, denn es sind mehr Ansprechpartner und potenzielle Kreditgeber bereits vorhanden.[939]

Gerade vor dem Hintergrund der Globalen Finanzkrise (siehe hierzu auch Kapitel 2.1.3.2) erscheint im Hinblick auf das Ausfallrisiko von Banken (Kontrahentenrisiko – siehe hierzu auch Kapitel 3.5) eine Risiko-Diversifikation auf verschiedene Banken als sinnvoll. Aus diesem Grund sind viele Unternehmen in letzter Zeit davon abgekommen, sich auf eine Bank (oder wenige) im Kontext ihrer grenzüberschreitenden Aktivitäten zu verlassen, sondern interagieren mit verschiedensten Bankpartnern.[940] Durch eine solche starke Diversifikation von Bankbeziehungen kann ein Unternehmen des Weiteren auf verschiedene Arten von Bankleistungen in verschiedenen Regionen der Welt zurückgreifen. Der Einfluss einzelner Banken auf das Unternehmen wird reduziert und Schwierigkeiten auf Seiten einer Bank können besser kompensiert werden.[941] Für eine Mehrbankenstrategie spricht somit hauptsächlich die damit einhergehende (Risiko-)Diversifikation.[942]

Argumentationen für wenige Bankbeziehungen

Für eine geringe Anzahl an Bankbeziehungen spricht hingegen (diese Vorteile sind im Regelfall gleichzeitig Nachteile vieler Bankbeziehungen): Durch die Reduzierung von Kontenverbindungen und Bankbeziehungen können bei einer Konzentration des Geschäfts auf eine (oder wenige) Banken oft bessere Konditionen ausgehandelt und Float-Kosten reduziert werden.[943] Darüber hinaus führt eine geringe Anzahl an Bankverbindungen und -beziehungen dazu, dass administrativer Aufwand reduziert, Kosten gesenkt und Risiken reduziert werden können.

---

[938] Vgl. Holland (1994), S. 377.
[939] Vgl. Herold (1994), S. 145.
[940] Vgl. Hemsley (2012), online.
[941] Vgl. Mitter/Wohlschlager/Kobler (2011), S. 98.
[942] Vgl. Werdenich (2008), S. 233.
[943] Vgl. Danko/Godwin/Goldberg (2002), S. 5. und vgl. Shapiro (2010), S. 681.

Zusätzlich wird die Informationsgenerierung über aktuelle Cash-Bestände des Konzerns vereinfacht (nötiger Kontenabgleich wird reduziert).[944] Eine Vielzahl von Bankbeziehungen kann zu Kosten auf Grund von nicht optimal einsetzbarem Guthaben auf Einzelkonten führen, es stehen evtl. Cash-Bestände im Zuge des Cash-Poolings nicht zur Verfügung oder Guthaben werden ungünstig verzinst. Darüber hinaus ist der Bankenkontakt zeitaufwendig und resourcenbindend, da bspw. im Rechnungswesen und in den anderen Informationssystemen der Unternehmung alle Bankverbindungen(/-beziehungen) entsprechend hinterlegt und gepflegt werden müssen.[945] Somit führt eine hohe Anzahl an Bankbeziehungen zu einem erheblichen Aufwand bei der Informationsversorgung.[946]

Optimale Anzahl an Bankbeziehungen

Über die optimale Anzahl an Bankverbindungen kann an dieser Stelle aus theoretischer Sicht im allgemeingültigen Sinne nur recht wenig gesagt werden. Faktoren[947] können zwar benannt, aber es kann keine konkrete Zahl (Formel) zum Beispiel in Abhängigkeit von Umsatz oder Gewinn genannt werden. Hier kommt es immer darauf an, wie das jeweilige Unternehmen die Vor- und Nachteile von vielen bzw. wenigen Bankbeziehungen einstuft. Es bedarf einer unternehmensindividuellen Lösung.

Es kann auch keine pauschale Wertung der verschiedenen Konzepte zur Bankbeziehungsbeschreibung der Kapitel 3.4.1.1 bis 3.4.1.4 gegeben werden, damit aus einer solchen Wertung eine Tendenz zur optimalen Anzahl an Bankbeziehungen ableitbar wäre. Maximal kann hier angeführt werden, dass gerade bei Internationalen Unternehmen – wie bereits erwähnt – eine Hausbankbeziehung nicht in Frage kommt (siehe Kapitel 3.4.1.1)[948] und somit entweder auf eine Konkurrenzbankenstrategie oder Kernbankenstrategie (bzw. Tier-Bank-System) zurückgegriffen werden sollte. Dies weist zwar klar darauf hin, dass eher eine Tendenz zu mehreren Bankbeziehungen besteht, jedoch nicht, wie hoch deren optimale Anzahl theoretisch sein sollte. Es kann für den jeweiligen zu prüfenden Einzelfall als Hilfestellung zur Ermittlung der optimalen Bankbeziehungsanzahl nur folgende grobe Regel dargelegt werden: Ein Unternehmen sollte so lange die Anzahl seiner Bankbeziehungen(/-verbindungen) erhöhen, bis der Grenznutzen einer weiteren gleich Null ist.[949]

---

[944] Vgl. Elms/Mousseau (2012), online. und vgl. Shapiro (2010), S. 681.
[945] Vgl. Mitter/Wohlschlager/Kobler (2011), S. 98.
[946] Vgl. Herold (1994), S. 145 f.
[947] *Für eine Darstellung (Kurzbeschreibung) weiterführender Paper in diesem Bereich, vgl. von Rheinbaben/ Ruckes (2004), S. 1600. und vgl. Boot (2000), S. 7 ff.*
[948] Vgl. Reisch (2009), S. 89 f. und vgl. Zantow/Dinauer (2011), S. 500.
[949] *Für den Grundgedanken dieser Idee vgl. Holland (1994), S. 377.*

Abschließend sei an dieser Stelle darauf hingewiesen, dass die Anzahl an Bankbeziehungen, die ein Unternehmen unterhält, im Rahmen des Treasury-Managements permanent handhabbar sein muss.[950] Für die genaue Gestaltung einer solchen Bankensteuerung im Rahmen des Treasury-Managements siehe das folgende Kapitel.

3.4.3 Bankensteuerung im Treasury-Management auf Unternehmensseite

Das Treasury-Management von Internationalen Unternehmen muss eine Vielzahl von Beziehungen permanent pflegen und aktiv managen. Diese Beziehungen sind sowohl unternehmensintern (andere Abteilungen etc.) als auch -extern (Banken, Service-Provider etc.).[951] Greift man die als unternehmensextern einzustufenden Bankbeziehungen heraus und konzentriert sich auf Internationale Unternehmen mit ihrer Vielzahl an Bankbeziehungen, so wird schnell klar, dass es hier eines aktiven Managements bedarf. Ein solches Bank-Relationship-Management sollte daher auch als eine wesentliche Aufgabe des Treasury-Managements von Internationalen Unternehmen angesehen werden.[952] Im Rahmen dieser Arbeit wird „Bank Relationship Management" (englischer Fachbegriff[953]) – im Deutschen als „Bankensteuerung" bezeichnet – in Anlehnung an den Verband Deutscher Treasurer e.V. wie folgt definiert:

„Unter Bankensteuerung wird die systematische Auswahl geeigneter Banken und die Geschäftszuweisung an diese ausgewählten Banken unter Beachtung der vorgegebenen Unternehmensziele verstanden."[954]

Das Ziel der Bankensteuerung ist es somit, eine optimale Auswahl an Banken zu treffen und einen passenden Mix an Bankbeziehungen aufzubauen und zu pflegen, so dass die Stärken der einzelnen Banken optimal genutzt werden und sich gegenseitig ergänzen.[955]

In der bankenbezogenen finanzwirtschaftlichen Fachliteratur ist der Begriff „Bankensteuerung" (bzw. „Gesamtbanksteuerung")[956] jedoch bereits in einem anderen Kontext belegt und definiert. Hier bedarf es einer klaren Trennung der durch den Begriff „Bankensteuerung" angesprochenen Ideen und Konzepten zu denen des

---

[950] Vgl. Herold (1994), S. 145.
[951] Vgl. Jeffery (2009), S. 32.
[952] Vgl. Mitter/Wohlschlager/Kobler (2011), S. 98.; vgl. Degenhart/v. Haller (2006), S. 7.; vgl. Bragg (2010a), S. 10. und vgl. Verband Deutscher Treasurer e.V. (2011), S. 8 f.
[953] *Für den Begriff „Bankensteuerung" werden auch häufig synonym die Begriffe „Bankbeziehungsmanagement", „Management der Bankbeziehung" oder „Bank-Relationship-Management" (in verschiedenen Schreibweisen) verwendet. Vgl. Mitter/Wohlschlager/Kobler (2011), S. 99.*
[954] Verband Deutscher Treasurer e.V. (2011), S. 8. und vgl. Verband Deutscher Treasurer e.V. (2007), S. 8.
[955] Vgl. Mitter/Wohlschlager/Kobler (2011), S. 99.
[956] *Büschgen verwendet den Begriff „Bankenmanagement" und fasst diesen als Systemgebilde auf, welches sich aus drei Dimensionen zusammensetzt (strukturelle, prozessuale und personelle Dimension). Für weiterführende Informationen, vgl. Büschgen (1998), S. 480 ff.*

Verband Deutscher Treasurer e.V. Zu den Konzepten der Gesamtbanksteuerung im klassischen Begriffssinne gehören u.a. risikoadjustierte Performancemaße wie RAROC (Bankers Trust 1995) oder RAPM (Matten 1998). Des Weiteren ist in diesem Zusammenhang auf kapitalmarkttheoretische Konzepte wie dem Shareholder-Value-Ansätze oder dem Barwertkonzept hinzuweisen. Abschließend sei noch auf das Duale Steuerungssystem nach Schierenbeck (2003) verwiesen. Dieser integrierte Managementansatz für die ertragsorientierte Steuerung von Banken weist in seinem Kern Elemente einer Rentabilitäts- (hier ROI-Analyse) und Risikosteuerung auf.[957] In der vorliegenden Arbeit wird auf Grund dieser Begriffsproblematik folgende Begriffsunterscheidung getroffen: Wird der Begriff Bankensteuerung verwendet, so impliziert dieser das Verständnis des Verbandes Deutscher Treasurer e.V. (Definition siehe oben); unter Gesamtbanksteuerung wird hingegen die zuvor kurz angerissenen Konzepte zur Steuerung von Banken verstanden. Details der Bankensteuerung[958] werden in den folgenden Unterkapiteln 3.4.3.1 bis 3.4.3.4 diskutiert.

3.4.3.1 Bankenpolitik

Eine konzernweite klar formulierte und festgelegte Bankenpolitik begünstigt eine einheitliche Strategie gegenüber Banken. Sie ermöglicht es der Treasury, Bankbeziehungen zentral zu steuern und gleichzeitig die administrative Komplexität sowie Kosten eines möglichen Missmanagements zu reduzieren. Vor dem Hintergrund des St. Gallener-Management-Konzeptes (siehe Kapitel 2.2.2) ist die Bankenpolitik als normativer Rahmen für die Bankensteuerung einzuordnen.[959] Sie legt die Ziele und Grundsätze der Bankbeziehungen des Unternehmens fest, bildet die Grundlage, um alle Bankbeziehungen mittels klar definierter Anforderungen, Kriterien und Standards professionell zu managen und gewährleistet so ein einheitliches Auftreten des Konzerns gegenüber seiner Banken („one-voice"-Strategie).[960]

Die Bankenpolitik eines Konzerns sollte einen langfristigen Charakter aufweisen und die Ziele[961] der Geschäftsbeziehungen mit Banken festlegen.[962] Allgemein gilt für die Bankenpolitik eines Unternehmens – wie für alle Ziele/Strategien im Finanzbereich (siehe Kapitel 2.2.2) –, dass sich diese auf Grund der Verwobenheit

---

[957] Vgl. Hartmann-Wendels/Pfingsten/Weber (2010), S. 364 ff. und für weiterführende allgemeine Informationen, vgl. Eller/Gruber/Reif (2001), S. 5 ff. Für weiterführende Informationen zum Dualen Steuerungsmodell von Schierenbeck (2003), vgl. Schierenbeck (2003), S. 293 ff.
[958] Für einen konkreten Ausgestaltungsvorschlag einer Bankensteuerung sowie die Erörterung von Implementierungsschritten, vgl. Verband Deutscher Treasurer e.V. (2007), S. 26 ff.
[959] Vgl. Herold (1994), S. 144.
[960] Vgl. Mitter/Wohlschlager/Kobler (2011), S. 99 f. und vgl. Verband Deutscher Treasurer e.V. (2011), S. 9.
[961] Ein denkbares (normatives) Ziel lautet wie folgt: Das primäre Ziel einer Bankbeziehung ist der Erhalt von bestmöglichen Bankleistungen zu möglichst günstigen Konditionen. Für diese Grundidee vgl. Herold (1994), S. 148.
[962] Vgl. Guserl/Pernsteiner (2011), S. 553.

der Treasury im Unternehmen aus den Strategien des Gesamtunternehmens ergeben und ableiten sollte.[963] Das Herunterbrechen der normativen Grundlagen (Ziele/Strategien) auf eine strategische (bis hin zur operationellen) Ebene der Bankenpolitik in konkrete Maßnahmen kann an Hand eines Bank-Relationship-Management-Planes erfolgen, der im Folgenden beschrieben wird.

3.4.3.2 Bank-Relationship-Management-Plan

Für das Management von (wichtigen) finanziellen Beziehungen bedarf es eines entsprechenden Levels an Dokumentation und Strukturierung. Ein sogenannter Bank-Relationship-Management-Plan (BRM-Plan) kann hier den entsprechenden Rahmen bilden.[964]

Ein Bank-Relationship-Management-Plan sollte für jede Bankbeziehung des Unternehmens existieren und mindestens folgende Komponenten beinhalten: Die Stammdaten der Bankbeziehung, die Ziele (den Zweck) sowie die der Bankbeziehung zugrundeliegenden Grundsätze. Darüber hinaus sollten die Bewertungsergebnisse der Bankbeziehung nach dem unternehmensinternen Bankenrating (für weiterführende Informationen siehe Kapitel 3.4.3.3) und Bank Value Reporting (siehe weiter unten) ersichtlich sein sowie eine entsprechende Einteilung der Banken in Tier-Bank-Gruppen (siehe Kapitel 3.4.1.4) erfolgen. Eine Dokumentation von Ansprechpartnern[965] und Entwicklungen der Bankbeziehung sollten ebenfalls verfügbar sein, so dass diese bei Bedarf nicht erst langwierig nachvollzogen werden müssen.[966] Die anzuwendende Strategie für die jeweilige Bankbeziehung – abgeleitet aus der konzernweiten Bankenpolitik – bildet den Rahmen für die Interaktion mit der jeweiligen Bank und sollte schriftlich innerhalb des BRM-Plans dokumentiert werden. Gerade die Wichtigkeit einer standardisierten Dokumentation ist nicht zu unterschätzen und ist Basis für eine erfolgreiche Verwendung eines BRM-Plans. Es gilt daher, dass Bankkontakte (speziell mit Top-Tier-Banks) in Form von Telefonaten, Meetings etc. stets zu dokumentieren sind. Speziell (mündliche) Absprachen über Konditionen oder einer möglichen zukünftigen Zusammenarbeit sind schriftlich im Nachgang aufzubereiten und zu bestätigen. Hier sind entsprechend die beteiligten Personen und deren getätigte Aussagen zu dokumentieren und in den BRM-Plan aufzunehmen.[967]

---

[963] Vgl. Häfner/Hiendlmeier (2008), S. 155.
[964] Vgl. Jeffery (2009), S. 32.
[965] *Für jede Bankbeziehung die ein Unternehmen eingeht sollte ein Bankrelationshipmanager als Ansprechpartner für die Bankbeziehung definiert werden. Vgl. Danko/Godwin/Goldberg (2002), S. 6 f.*
[966] Vgl. Jeffery (2009), S. 33.; Allman-Ward/Sagner (2003), S. 120. und vgl. Witschonke (2007), S. 168.
[967] Vgl. Jeffery (2009), S. 41.
Eine entsprechende Vorbereitung von Bankgesprächen ist entsprechend durchzuführen. Für weiterführende Informationen, vgl. Verband Deutscher Treasurer e.V. (2011), S. 33 f.

Speziell vor dem Hintergrund einer langfristig ausgelegten Bankbeziehung ist ein regelmäßiger Austausch von Informationen[968] zwischen Unternehmen und Bank notwendig. Ein so erreichbares tiefes Verständnis der Bank für die Anforderungen und das Geschäftsmodell der Unternehmen kann zu einer engen Zusammenarbeit führen, vereinfacht die Kommunikation und erhöht die Stabilität sowie die Kontinuität der Geschäftsbeziehung. Das Unternehmen kann sich von Standard-Bank-Lösungen hin zu individuellen Bank-Serviceleistungspaketen weiterentwickeln und so den für sich größtmöglichen Nutzen aus einer Bankbeziehung generieren.[969] Um ein solches Beziehungsniveau zu erreichen, ist eine entsprechende Planung und Steuerung notwendig und im Idealfall über einen standardisierten BRM-Plan zu entwickeln und zu dokumentieren.

Für die Steuerung der einzelnen Bankbeziehungen mit Hilfe eines BRM-Plans und hier im Speziellen zur Bedeutungseinschätzung sollte ergänzend ein (monatliches) Reporting bezüglich des Volumens/Wertes der Bankgeschäfte (Bank Value Reporting[970]) nach Banking-Partnern existieren. Diese Informationen erleichtern die Verhandlungen/Kommunikation mit Banken, da die Treasury genau über den Wert ihrer Bankgeschäfte je Bank informiert ist und somit die Werthaltigkeit der Bankbeziehung für die Bank besser einschätzen kann. Zur Determinierung der konkreten Werte sollte versucht werden, die Bankenkalkulation nachzustellen. Ergänzende Informationen (für spätere Verhandlungen) können durch regelmäßigen Kontakt mit den entsprechenden Bankansprechpartnern generiert werden und ebenfalls – wie das Bank Value Reporting – in den BRM-Plan einfließen.[971]

---

[968] *Ein jährliches Banken-Treffen („Banker's Day") bietet die ideale Plattform, um das Top-Management des Unternehmens mit den entsprechenden Gegenübern der Banken in Verbindung zu bringen. Darüber hinaus können auf allen Arbeitsebenen wichtige Informationen ausgetauscht und neueste Entwicklungen besprochen werden. Vgl. Jeffery (2009), S. 38 f. und teilweise Verband Deutscher Treasurer e.V. (2011), S. 33.*

[969] Vgl. Herold (1994), S. 149.; vgl. Verband Deutscher Treasurer e.V. (2011), S. 32 ff. und vgl. Hemsley (2012), online.

[970] *Das Bank Value Reporting ist mit der Profitabilitätsanalyse von Kundenbeziehungen durch Banken vergleichbar. Es bedarf hierfür einer vollständigen Liste aller Bankbeziehungen sowie aller Volumina, die über diese Beziehungen abgewickelt werden, ergänzt um eine Profitabilitätskomponente, die den Wert der Transaktionen für die Bank abbilden soll. Vgl. Jeffery (2009), S. 43. Die Kalkulation sollte auf Bruttobasis erfolgen und die internen Kosten der Bank nicht berücksichtigen. Vgl. Verband Deutscher Treasurer e.V. (2011), S. 20 f.*

[971] Vgl. Shapiro (2010), S. 682.; vgl. Witschonke (2007), S. 168.; vgl. Gérard/Foltin (2011), S. 276 ff. und vgl. Verband Deutscher Treasurer e.V. (2007), S. 21.

Zusammenfassend stellt Abbildung 40 vereinfacht die Komponenten sowie (Haupt-)Inputfaktoren eines Bank-Relationship-Management-Plans nochmals dar. Prinzipiell stellt der BRM-Plan eine Methode (Tool) zur Dokumentation, Verdichtung und Strukturierung von Einzelstrategien je Bank für ein Unternehmen dar, wobei die aktuelle Einstufung jeder Bankbeziehung auf Basis des unternehmensinternen Banken-Rating klar die Bedeutung (z. B. Tier-Bank-Position) der jeweiligen Bank-Beziehung determiniert und den wesentlichsten Einfluss auf die Strategiefestlegung im Rahmen des BRM-Plans hat.[972] Für weiterführende Informationen hierzu siehe das sich anschließende Kapitel 3.4.3.3.

Abbildung 40: *Bank-Relationship-Plan*

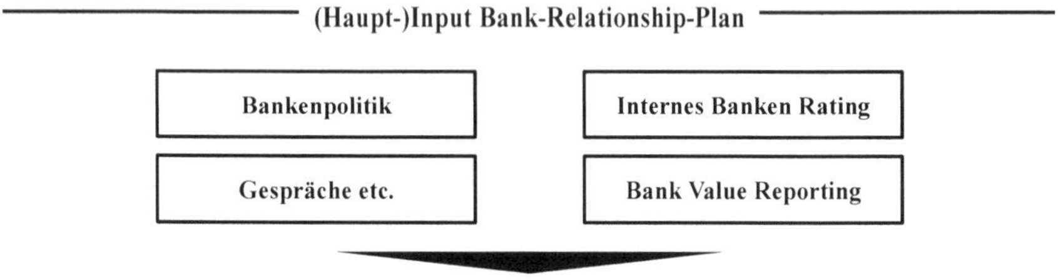

──────────── (Haupt-)Input Bank-Relationship-Plan ────────────

Bankenpolitik	Internes Banken Rating
Gespräche etc.	Bank Value Reporting

──────────── Bank-Relationship-Plan ────────────

Banken (Gliederung nach Tier-Bank-Gruppen)	Stammdaten der Bank	Ergebnisse internes Banken Rating	Ergebnisse Bank Value Reporting	Ziel der Bankbeziehung	Meeting Plan	Historische Dokumentation
Tier-I-Banken ...						
Tier-II-Banken ...						
Tier-III-Banken						

Quelle: *Eigene Darstellung.*

---

[972] Vgl. Jeffery (2009), S. 33 ff. und teilweise vgl. Witschonke (2007), S. 168.

3.4.3.3 Unternehmensinternes Bankenrating

Auf Grund der stark kaufmännisch[973] geprägten Kunde-Bank-Beziehung (Banken bewerten Beziehungen nach Wertbeitrag und Risiko) muss das Treasury-Management hier auf Augenhöhe mit den Banken agieren und von seiner Seite aus entsprechende Kompetenzen zur Geschäftsbeziehungsbewertung aufbauen.[974] Es stellt das Gegengewicht zu den Banken auf der Unternehmensseite dar.[975] Alle Bankbeziehungen sollten in regelmäßigen Abständen bewertet und einer kritischen Prüfung unterzogen werden. Es sollten die Entwicklung der Bankbeziehung an sich, alle Faktoren in Bezug auf die erbrachten Service-Leistungen (inkl. Risikoübernahme durch die Bank) sowie die Zukunftsaussichten analysiert werden. In diesem Rahmen sollte auch ein Benchmarking der Banken untereinander stattfinden.[976] Für die Anwendung eines Bank-Relationship-Management-Plans (Kapitel 3.4.3.2) ist darüber hinaus auch die Notwendigkeit einer Kategorisierung alle Bankbeziehungen in Tier-Bank-Gruppen (siehe hierzu auch Kapitel 3.4.1.4) gegeben.[977] Für diese Einteilung sowie für die angesprochene Geschäftsbeziehungsbewertung ist daher ein unternehmensinternes Bankenrating aller Bankbeziehungen unabdingbar und regelmäßig durchzuführen.

Die Bewertung von Bankbeziehungen stellt einen permanenten (logischen) Prozess dar, der nicht nur bei der Neuauswahl von Banken anzuwenden ist, sondern auch regelmäßig bei bereits etablierten Bankbeziehungen zu erfolgen hat.[978] Gegenstand (die Bewertungsobjekte) eines solchen unternehmensinternen Bankenratings sind zum einen die Banken selbst und zum anderen die mit den Banken getätigten Geschäfte. Grundsätzlich sollten alle Banken, mit denen ein Unternehmen Geschäfte tätigt oder tätigen will, in die Bewertung mit einbezogen werden. Aus Effizienzaspekten kann es aber sinnvoll sein, dass lokale (Neben-) Bankverbindungen mit geringen Volumina, die rein aus lokalen geschäftspolitischen Gründen unterhalten werden und kein wesentliches Volumen (unternehmensindividuell festzulegen) aufweisen, nicht mit einbezogen werden. Bei den getätigten Geschäften, die in das Ranking einfließen, empfiehlt sich ebenfalls eine weitreichende Auslegung, so dass auch Beratungsleistungen, Versicherungen etc.

---

[973] *Eine Untersuchung des Verbandes Deutscher Treasurer e.V. stellt folgende wichtige Aspekte der bankseitigen Geschäftsbeziehungsteuerung heraus: Eine Steuerung erfolgt meist zentral, entscheidend für die Beurteilung ist die Gesamtrentabilität, es werden primär quantitative Kriterien herangezogen und qualitative Kriterien spielen eine eher untergeordnete Rolle. Für Banken sind in erster Linie provisionsträchtige und dienstleistungsorientierte Geschäfte mit geringen Kosten von Interesse, so bspw. Kapitalmarktfinanzierungen, Beratungsleistungen, aber auch Cash-Management oder Wertpapierverwaltung. Banken benutzen oft einen Cross-Selling-Ansatz mit Mischkalkulation. Vgl. Verband Deutscher Treasurer e.V. (2007), S. 12 ff. sowie für neue (ähnliche) Ergebnisse vgl. Verband Deutscher Treasurer e.V. (2011), S. 36 ff.*

[974] Vgl. Degenhart/v. Haller (2006), S. 7.
[975] Vgl. Gérard/Foltin (2011), S. 277.
[976] Vgl. Sanders (2012b), S. 16.
[977] Vgl. Jeffery (2009), S. 32 ff.
[978] Vgl. Herold (1994), S. 147 und vgl. Buckley (1992), S. 574.

mit berücksichtigt werden.[979] Insgesamt sollte es (konzern)einheitlich bindende Richtlinien in Bezug auf die Bankenpartner(wahl) geben.[980]

Bei den für die Bewertung verwendeten Kriterien kann eine Unterteilung in qualitative und quantitative Kriterien erfolgen.[981] Diese werden in den folgenden Unterkapiteln beschrieben. Ergänzend wird vor dem Hintergrund der aktuell seit der Globalen Finanzkrise herrschenden Situation auf den weltweiten Finanz- und Bankenmärkten zusätzlich das Kontrahentenrisiko (Teil des Risikomanagements) in Kapitel 3.5 explizit hervorgehoben und diskutiert. In Kapitel 3.4.3.3.3 wird ein zusätzliches Instrument, das das eigentliche unternehmensinterne Bankenrating ergänzen kann, vorgestellt – das „Bank-Self-Assessment". Abschließend findet in Kapitel 3.4.3.3.4 eine Aggregation hin zu einem Bankenrating-Prozess statt.

3.4.3.3.1 Qualitative Kriterien

Die ehemalige Erhabenheit von Finanzprodukten und Banken gehört der Vergangenheit an. Viele Finanzprodukte sind mittlerweile standardisierbar und somit leicht austauschbar. Banken wurden zum Dienstleister und müssen heutzutage aktiv in die Kunde-Bank-Beziehung investieren.[982] Aus diesem Grund stellen bei einer Bewertung von Bankbeziehungen qualitative Kriterien eine wichtige Rolle dar. Nicht zuletzt zeigt auch der Ausspruch: „Banking ist people's business", dass weiche Faktoren, wie soziale Kompetenz von Ansprechpartnern etc. eine äußerst wichtige Rolle spielen. So weist auch der Verband Deutscher Treasurer e.V. (VDT) in seinem Guide zur Bankensteuerung (2007) darauf hin, dass sowohl qualitative und quantitative Aspekte zu einer Bankensteuerung dazugehören; die Gewichtung derselbigen ist jedoch unternehmensindividuell zu wählen, wobei eine Selektion rein qualitativer Kriterien ungeeignet erscheint, da es auch um Volumina und Preise geht.[983]

Der Verband Deutscher Treasurer e.V. schlägt des Weiteren für die qualitative Bewertung von Geschäftsbeziehungen zu Banken eine Separierung der Kriterien in drei Bereiche vor: (1) Beratungskompetenz (Qualität der Beratung und Qualität der Produkte), (2) Bonität (Risikoübernahmebereitschaft und Kreditfähigkeit der Bank) und (3) Produktabdeckung. Die Grundidee dieser Einteilung wird bis auf

---

[979] Vgl. Verband Deutscher Treasurer e.V. (2007), S. 14 f. und vgl. Verband Deutscher Treasurer e.V. (2011), S. 18. sowie teilweise von der Grundidee her vgl. Gérard/Foltin (2011), S. 276 f.
[980] Vgl. Gérard/Foltin (2011), S. 277.
[981] Vgl. Verband Deutscher Treasurer e.V. (2007), S. 15 ff.
[982] Vgl. Werdenich (2008), S. 233.
[983] Vgl. Verband Deutscher Treasurer e.V. (2007), S. 23. sowie für ein ähnliche Aussage vgl. Mitter/ Wohlschlager/Kobler (2011), S. 99.
Der VDT nimmt in seinem 2011 erschienenen (neuen) Guide zur Bankensteuerung eine solche explizite Unterteilung nicht mehr vor, verwendet jedoch weiterhin quantitative und qualitative Kriterien bei der Bankensteuerung, wodurch eine solche Unterteilung weiterhin als angeraten erscheint. Vgl. Verband Deutscher Treasurer e.V. (2011), S. 1 ff.

das Bonitätskriterium weitestgehend übernommen. Von dem Bereich (2) Bonität, der sich im Ansatz des VDT in Aspekte bezüglich der Risikoübernahmebereitschaft sowie der Kreditfähigkeit der Bank unterteilt,[984] wird die Risikoübernahmebereitschaft auch in dieser Arbeit den qualitativen Kriterien zugeordnet (wobei hier auch der quantitative Aspekt des bereits gewährten Kreditvolumens mit hineinspielen könnte). Die Kreditfähigkeit der Bank hingegen wird klar dem qualitativen Bereich zugeordnet. Es ergibt sich somit folgender Gliederungsvorschlag für die Strukturierung der qualitativen Kriterien für ein unternehmensinternes Bankenrating im Rahmen der Bankensteuerung des Treasury-Managements: (1) „Kompetenzen und Qualität"[985] – mit der weiteren Unterteilung in Beratung und Produkt, (2) „Angebotsabdeckung durch die Bank" – mit der weiteren Unterteilung in Produkt und Region und (3) „Risikobereitschaft der Bank". Für eine grafische Darstellung siehe Abbildung 41.

Abbildung 41: *Strukturierung qualitativer Kriterien für ein Bankenrating*

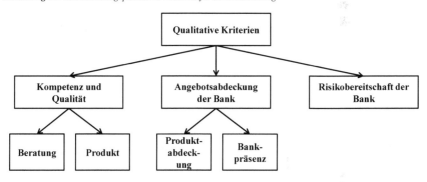

Quelle: *Eigene Darstellung, in sehr grober Anlehnung an Verband Deutscher Treasurer e.V. (2007), S. 17.*

Konkrete Beispiele für die einzelnen Bereiche finden sich in Tabelle 12; diese sind keinesfalls abschließend, sie stellen jedoch einen aktuellen Überblick wichtiger Kriterien aus der Fachliteratur dar.[986] Prinzipiell sollten alle Kriterien aus den normativen Grundsätzen der Bankenpolitik abgeleitet werden.[987]

---

[984] Vgl. Verband Deutscher Treasurer e.V. (2007), S. 15.
[985] Es sollte generell keine personenbezogene Bewertung vorgenommen werden, sondern die gesamte Geschäftsbeziehung einer Bewertung unterzogen werden. Die Festlegung einer Mindestqualität ist ratsam. Vgl. Verband Deutscher Treasurer e.V. (2007), S. 18.
[986] Vgl. Herold (1994), S. 143 ff.; vgl. Verband Deutscher Treasurer e.V. (2007), S. 1 ff.; vgl. Verband Deutscher Treasurer e.V. (2011), S. 1 ff. und vgl. Mitter/Wohlschlager/Kobler (2011), S. 99.
[987] Vgl. Herold (1994), S. 144.

Tabelle 12: *Mögliche qualitative Kriterien für ein unternehmensinternes Bankenrating*

Kompetenz und Qualität

Kriterien im Hinblick auf Beratung	Kriterien im Hinblick auf Produkte
– *Beratungsqualität im Allgemeinen* – *Fachliche Kompetenz der Ansprechpartner (z. B. Kapitalmarktkompetenz)* – *Soziale Kompetenz der Ansprechpartner* – *Branchenkenntnisse der Ansprechpartner* – *Erfahrungen der Bank bei internationalen Bankpraktiken* – *Kontinuität der Betreuung*	– *Schnelligkeit der Geschäftsabwicklung* – *Qualität der Geschäftsabwicklung* – *Entwicklungsstand der angebotenen Produkte*

Angebotsabdeckung der Bank

Kriterien im Hinblick auf Produktabdeckung	Kriterien im Hinblick auf Bankpräsenz
– *Angebotspalette der Bank (klassische Bankprodukte, Beratungsleistungen und andere Dienstleistungen)*	– *Standorte der Bank (geografische Verteilung und Präsenz an wichtigen Bankenplätzen in der Welt) in relevanten Märkten* – *Örtliche Nähe der Ansprechpartner* – *Image und Standing der Bank (an wichtigen Bankenplätzen der Welt)*

Risikobereitschaft der Bank

– *Signalisierung der Bereitschaft zur weiteren Kreditvergabe an das Unternehmen*
– *Allgemeine Bereitschaft der Bank für das Eingehen von Risiken*
– *(Fähigkeit/Kapazität zur Abwicklung von komplexen Transaktionen)*

Quelle: *Eigene Darstellung, u.a. inhaltlich basierend auf Herold (1994), S. 143 ff.; Verband Deutscher Treasurer e.V. (2007), S. 1 ff.; Verband Deutscher Treasurer e.V. (2011), S. 1 ff.; Mitter/Wohlschlager/Kobler (2011), S. 99 und Gérard/Foltin (2011), S. 277.*

Bei der Bewertung von Banken ist neben den oben dargestellten qualitativen Kriterien ein weiterer qualitativer Aspekt stets zu beachten, nämlich die kulturellen Unterschiede.[988] Gerade wenn man in den islamischen Teil der Welt mit seinem „Islamic Banking"[989] schaut, wird die Bedeutung von Kultur im Bankenbereich sehr schnell sehr deutlich. Doch nicht nur in diesem Extremfall gibt es kulturelle Unterschiede, sondern auch schon im europäischen Raum sowie zwischen Europa und den USA, um noch einige Beispiele zu nennen. Am Ende ist jedoch die Selektion der verwendeten Kriterien dem jeweiligen Unternehmen zu überlassen (so auch, ob kulturelle Unterschiede berücksichtigt werden oder nicht).[990] Aus diesem Grund wird auch keine weiterführende Diskussion im Hinblick auf geeignete

---

[988] Vgl. Verband Deutscher Treasurer e.V. (2007), S. 18.
[989] Für weiterführende Informationen zu „Islamic Banking" vgl. Braham (2012), S. 1 ff.
[990] Vgl. Verband Deutscher Treasurer e.V. (2007), S. 17.

oder ungeeignete Kriterien geführt – dieses stellt eine unternehmensspezifische Entscheidung dar.

Um eine Standardisierung sowie eine bestmögliche Objektivierung bei der Bewertung von qualitativen Kriterien zu erreichen, sollte diese von mehreren Entscheidungsträgern aus dem Finanzbereich des Unternehmens vorgenommen und nicht einer Einzelperson übertragen werden. Es sollte ein standardisiertes Bewertungssystem mit klar definierten Kriterien eingeführt werden. Hier bietet sich ein Schulnotensystem oder ein Erfüllungsgradansatz an, wobei ein 100%iger Erfüllungsgrad die bestmögliche Bewertung darstellt. Das Vorgehen sollte standardisiert und dokumentiert sein und keinen permanenten Veränderungen unterliegen. Die Gewichtung sollte nach Relevanz erfolgen und dauerhaft sein, um eine zeitliche Vergleichbarkeit zu ermöglichen.[991] Dieses Objektivierungsbestreben ist bei der Verwendung von quantitativen Indikatoren weniger notwendig und gerade bei der Verwendung von extern vorgegebenen Daten weniger subjektiv. Für Details zu quantitativen Kriterien siehe das folgende Kapitel 3.4.3.3.2.

3.4.3.3.2 Quantitative Kriterien

Der Verband Deutscher Treasurer e.V. (2007 und 2010) geht in seinen Guids zur Bankensteuerung im Bereich der quantitativen Faktoren zur Bankenbewertung hauptsächlich auf die Bewertung mittels Bankerträge und somit auf die bankbeziehungsspezifischen Konditionen ein. Er orientiert sich hier an der auf Bankenseite herrschenden vordergründigen quantitativen Bewertung von Kundenbeziehungen mittels Deckungsbeiträgen und Rentabilität.[992] Dieser einseitigen starken Fokussierung auf Konditionen wird an dieser Stelle nicht gefolgt. Es wird allerdings auch nicht in Frage gestellt, dass das Preiskriterium eines der wichtigsten Kriterien im Rahmen der Bankensteuerung ist. Unter quantitativen Kriterien zur Bewertung einer Bankbeziehung aus Unternehmenssicht werden daher neben dem Preiskriterium im Kontext dieser Arbeit alle Faktoren subsumiert, die dazu dienen können, Bankbeziehungen mittels Zahlenwerk zu ranken und so untereinander vergleichbar zu machen. Eine Auflistung möglicher quantitativer Kriterien findet sich in Tabelle 13; diese ist keinesfalls abschließend, sie stellt jedoch einen aktuellen Überblick wichtiger Kriterien aus der Fachliteratur dar.

---

[991] Vgl. Verband Deutscher Treasurer e.V. (2007), S. 18 ff.
Für die Darstellung einer beispielhaften Bewertung siehe die angegebene Quelle ab Seite 23 ff.
[992] Vgl. Verband Deutscher Treasurer e.V. (2007), S. 18 ff. und teilweise vgl. Verband Deutscher Treasurer e.V. (2011), S. 20 ff.

Tabelle 13: *Mögliche quantitative Kriterien für ein unternehmensinternes Banken-Rating*

Quantitative Kriterien

- Konditionen (Entgelte, Provisionen etc.) – mit Kostencharakter für das Unternehmen
- Zins-Konditionen – mit Einnahmencharakter für das Unternehmen
- Höhe bereits gewährter Kredite
- Höhe des noch verfügbaren Kreditvolumens (Kreditlinien)
- Größe der Bank
- Finanzkraft der Bank (z. B.: RoE, CIR, RAROC)
- Ausfallwahrscheinlichkeit und Bonität der Bank (finanzielle Stabilität)

Quelle: *Eigene Darstellung, u.a. basierend auf Verband Deutscher Treasurer e.V. (2007), S. 18 ff.; Verband Deutscher Treasurer e.V. (2011), S. 20 ff. und Herold (1994), S. 143 ff.*

Die schlussendliche Festlegung (Kriterienselektion) der quantitativen Kennzahlen ist jedem Unternehmen selbst zu überlassen. Eine Standardisierung muss gegeben sein. Die Größe (Bilanzsumme etc.) und die Finanzkraft (z. B.: RoE, CIR, RAROC) der Bank sollten als Mindestkriterien betrachtet werden. In diesem Kontext erscheint es als sinnvoll, auch das Kreditportfolio einer Bank einer näheren Analyse zu unterziehen (Kreditnehmerstruktur etc.), um bspw. Entwicklungstendenzen prognostizieren zu können.[993]

Kleine Banken mit einer hohen Servicequalität und günstigen Konditionen können gerade bei Internationalen Unternehmen teilweise nicht als Tier-1-Banken in Frage kommen, da sie einfach zu klein sind, um das benötigte Volumen zu stemmen. Hier bedarf es entsprechender Kennzahlen zur Mindestgrößenbestimmung (z. B. Bilanzsumme oder EK-Quote der Bank).

Im Hinblick auf die Gebühren sollte eine Bankbeziehung auf Basis der gesamten Konditionenstruktur und nicht auf Einzelgeschäftsebene bewertet werden.[994] Hier sind die direkten, als auch die indirekten Kosten der Bankbeziehung regelmäßig zu prüfen. Zu den direkten Kosten zählen u.a. Entgelte, Zinsen, Spreads und zu den indirekten Kosten z. B. Float-Kosten, Clearing-Verzögerungen etc.[995] Eine Bankbeziehung, die darauf aufbaut, dass die Bank in allen Bereichen gerade ihre Kosten deckt und somit das Unternehmen sehr günstige Konditionen realisieren kann, wird im Normalfall nicht von langer Dauer sein, da die Bank das Interesse an der Geschäftsbeziehung wohl verlieren wird. Somit bedarf es hier einer gewissen Flexibilität beider Seiten bei der Konditionenverhandlung.[996]

---

[993] Vgl. Herold (1994), S. 146.; vgl. Gérard/Foltin (2011(, S. 276 ff. und vgl. Verband Deutscher Treasurer e.V. (2007), S. 1 ff.
Für weiterführende Informationen zu Kennziffernanalyse im Hinblick auf Banken, vgl. Eilenberger (2012), S. 500 ff.; vgl. Hull (2012), S. 491. und vgl. Schierenbeck (2003), S. 422 ff.
[994] Vgl. Danko/Godwin/Goldberg (2002), S. 7.
[995] Vgl. Shapiro (2010), S. 682. und teilweise vgl. Verband Deutscher Treasurer e.V. (2011), S. 25.
[996] Vgl. Herold (1994), S. 162 f. und vgl. Verband Deutscher Treasurer e.V. (2011), S. 17.

Es sollte von Unternehmensseite her versucht werden, die bankseitige Kalkulation nachzustellen oder aber die Bank dazu aufgefordert werden, einen monatlichen (standardisierten) Bericht[997] mit allen berechneten Entgelten etc. dem Unternehmen zukommen zu lassen. Dieses Reporting bezüglich des Volumens/Wertes der Bankgeschäfte nach Banking-Partnern („Bank Value Reporting") kann neben einer Verwendung bei dem unternehmensinternen Bankenrating zur Verhandlung mit Banken eingesetzt werden. Die Treasury kann so den bankenseitigen Wert der Geschäftsbeziehung gut einschätzen.[998]

Ein weiteres wichtiges und klar quantitatives Kriterium ist das Kontrahentenrisiko. Die Ausfallwahrscheinlichkeit von Banken hat gerade aktuell u.a. auf Grund der Globalen Finanzkrise höchste Priorität. Aus diesem Grund findet auch in Kapitel 3.5 eine detaillierte Diskussion dieses Kriteriums im Kontext des bankensteuerungsbezogenen Risikomanagements im Treasury-Management statt.

3.4.3.3.3 Bank-Self-Assessment

Die Durchführung eines „Bank-Self-Assessment" stellt ein ergänzendes Instrument für das unternehmensinterne Bankenrating dar. Es kann wertvolle Einblicke liefern und wird oft unterschätzt. Die Bank wird im Zuge eines „Bank-Self-Assessment" vom Unternehmen dazu aufgefordert, ihre eigene Performance zu ranken und ihre Stärken (und Schwächen) aufzuzeigen,[999] denn für die Steuerung einer Geschäftsbeziehung zu einer Bank ist es wichtig, zu wissen, wie die Bankenseite die Geschäftsbeziehungen zum Unternehmen beurteilt.[1000]

Die Idee dahinter ist, dass jede Bank selbst am besten ihre Stärken und Schwächen im Vergleich zur Konkurrenz einschätzen kann. Sie kennt ihr Serviceangebot und das der Konkurrenz, mit der sie im Wettbewerb steht. Generell sollten die Banken dazu aufgefordert werden, ihre Selbsteinschätzung zu belegen (z. B. sich auf externe Rankings zu beziehen) und Bereiche zu nennen, in denen sie gerne mehr mit dem Unternehmen (verstärkt) zusammenarbeiten würden. Hierdurch wird es der Treasury ermöglicht, die aktuellen Entwicklungstendenzen besser einzuschätzen und die angebotenen Service-Leistungen zu vergleichen. Eine in allen Bereichen optimale Selbsteinschätzung sollte nicht akzeptiert werden, da das Ziel eines solchen „Bank-Self-Assessment" es ist herauszufinden, in welchem Bereich die

---

[997] *Die Treasury sollte sich monatlich von jeder Bank, mit der sie Geschäfte tätigt, eine Übersicht aller berechneten Entgelte zukommen lassen. Diese Information kann zum einen für Konditionsvergleiche genutzt werden und zum andern dient sie zur Prüfung der vereinbarten Konditionen und erhöht gleichzeitig die (Kosten-) Transparenz. Vgl. Bragg (2010a), S. 11 f. Die Kalkulation sollte auf Bruttobasis erfolgen und die internen Kosten der Bank nicht berücksichtigen. Vgl. Verband Deutscher Treasurer e.V. (2011), S. 20 f.*

[998] Vgl. Verband Deutscher Treasurer e.V. (2007), S. 18 ff.; vgl. Shapiro (2010), S. 682.; vgl. Verband Deutscher Treasurer e.V. (2011), S. 25.; vgl. Bragg (2010a), S. 11 f. und Jeffery (2009), S. 42 f.

[999] Vgl. Jeffery (2009), S. 37 f.

[1000] Vgl. Verband Deutscher Treasurer e.V. (2007), S. 12 ff.

Bank mit dem Unternehmen gerne Geschäfte machen würde und führend ist.[1001] Dies sollte auch klar so an die Banken kommuniziert werden, um unnötige Selbstdarstellungsversuche zu vermeiden und qualitativ hochwertige Informationen zu erhalten. Die Qualität der Antwort auf eine „Bank-Self-Assessment"-Anfrage kann als Indiz für das Interesse einer Bank an dem anfragenden Unternehmen verwendet werden.

3.4.3.3.4 Aggregation zu einem konzerninternen Bankenrating-Prozess

Die in diesem Kapitel durchgeführte Kriterienaggregation hin zu einer schematischen Darstellung (Prozessablauf) eines unternehmensinternen Bankenratings stellt eine Möglichkeit[1002] der Durchführung eines solchen Bankenratings dar, sie ist jedoch nicht zwingend und sollte unternehmensindividuell angepasst werden.

Das in Kapitel 3.5 ausführlich besprochene Kontrahentenrisiko stellt ein Ausschlusskriterium dar. Aus diesem Grund sollte es auch als Erstes überprüft werden, um zum einen unnötige Arbeiten bei der sich anschließenden unternehmensindividuellen qualitativen und quantitativen Bewertung zu vermeiden und zum anderen, um das Kontrahentenrisiko zu beschränken (siehe hierzu auch Kapitel 3.5.4). Es werden daher Banken, die das Kriterium einer geforderten maximalen Ausfallwahrscheinlichkeit oder Mindestbonität (extern oder intern determiniert) nicht erfüllen, direkt (unabhängig von anderen Kriterien) als mögliche Bankenpartner ausgeschlossen[1003] und es werden keinerlei Geschäftsbeziehungen mit ihnen (neu) aufgebaut oder weitergeführt. Falls bereits Geschäftsbeziehungen bestehen sollten, sind diese schnellstmöglich zu beenden und das entsprechende Bankgeschäft an anderen Banken zu transferieren.[1004] Die Idee hinter diesem Schritt ist, dass nur Geschäfte mit solchen Banken abgeschlossen werden, die eine ausreichend gute Bonität aufweisen. Es findet somit eine Deckelung des maximalen Kontrahentenrisikos statt. Ergänzend sollte im Anschluss für die verbleibenden Unternehmen – je nach (unternehmensinternem) Bankenrating – ein maximales Kontrahentenlimit (Geschäftsvolumina) festgelegt werden, wodurch eine Risikodiversifikation stattfindet. Eine ausführliche Erläuterung hierzu findet sich in Kapitel 3.5.4 und teilweise in Kapitel 3.4.3.4.

[1001] Vgl. Jeffery (2009), S. 37 f.
[1002] *Eine weitere Möglichkeit findet sich bspw. im Guide zur Bankensteuerung des Verbandes Deutscher Treasurer e.V., vgl. Verband Deutscher Treasurer e.V. (2007), S. 23 ff.*
[1003] *Im Allgemeinen können die Gründe, warum ein Unternehmen seine Bankbeziehung wechselt, mannigfaltig sein. So kann bspw. eine nachteilige Änderung in der Kreditpolitik einer Bank Auslöser sein oder aber technologische, produktbezogene bzw. servicebezogene Gründe existieren. Es ist jedoch immer wichtig, bei einem Bankenwechsel auf die damit verbunden Kosten zu schauen. Oft wiegen diese Kosten die Vorteile auf. Aus diesem Grund findet meist ein Bankenwechsel aus strategischen Gründen statt und nicht vordergründig zur Kosteneinsparung. (vgl. Sanders (2012b), S. 14 ff.) Die hier beschriebene Situation einer zu hohen Ausfallwahrscheinlichkeit und des damit zwingenden Bankenwechsels ist als ein strategischer Schritt einzustufen. Das Wechselkostenargument ist somit in diesem Fall nicht valid.*
[1004] *Für die Grundidee, vgl. Verband Deutscher Treasurer e.V. (2007), S. 25.*

Die verbleibenden und für das Unternehmen in Frage kommenden Banken sollten in einem nächsten Schritt einer qualitativen und quantitativen Bewertung unterzogen werden. Hier ist darauf zu achten, dass klar im Voraus formuliert worden ist, welche Anforderungen das Unternehmen an die Banken stellt (Auswahl nach Bedarf).[1005] Diese Kriterien sollten aus den normativen Grundsätzen der Bankenpolitik abgeleitet sein und auf Basis ihrer Relevanz auf Dauer gewichtet werden, um so ein dauerhaft vergleichbares Bild zu erreichen.[1006] Prinzipiell sind in die qualitative und quantitative Bewertung alle Arten von Bankgeschäften, die vom Unternehmen abgeschlossen werden, zu berücksichtigen. Auch Geschäfte wie Versicherungen oder Beratungsleistungen (M&A etc.) sind hier mit einzubeziehen, obwohl sie nicht zu den klassischen Bankgeschäften zählen. Die letztendliche Gewichtung der Einzelkriterien sowie der Anteil an qualitativen und quantitativen Kriterien sind jedem Unternehmen selbst zu überlassen und variieren je nach Unternehmenssituation. Eine rein qualitative Bewertung ist nicht ratsam, da letztendlich sowohl Qualität als auch der Preis bzw. das Volumen mit die entscheidendsten Kriterien zur Bankensteuerung sind.[1007]

Im Anschluss an die qualitative und quantitative Bewertung ist eine optionale Aufforderung zu einem „Bank-Self-Assessment" an die Banken denkbar. Die Ergebnisse eines solchen „Bank-Self-Assessment" können zur Überprüfung der eigenen Bewertung des vorherigen Schritts sowie zu deren Anreicherung mit ergänzenden Informationen verwendet werden. Die Ergebnisse sollten in jedem Fall einer kritischen Prüfung unterzogen werden.

Abbildung 42: *Unternehmensinternes Bankenrating*

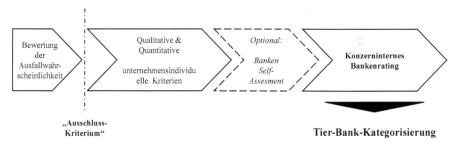

Quelle: *Eigene Darstellung.*

[1005] Vgl. Herold (1994), S. 148.; vgl. Verband Deutscher Treasurer e.V. (2011), S. 24 ff. und vgl. Mitter/ Wohlschlager/Kobler (2011), S. 99.
[1006] Vgl. Herold (1994), S. 144. und vgl. Verband Deutscher Treasurer e.V. (2007), S. 23.
[1007] Vgl. Verband Deutscher Treasurer e.V. (2007), S. 14 ff.

Die Ergebnisse der Ausfallwahrscheinlichkeitsüberprüfung sowie der qualitativen und quantitativen Bewertung ergeben insgesamt eine unternehmensinterne Bewertung (Scoring-Wert) und somit das unternehmensinterne Bankenrating. Als letzter Schritt wird anhand dieses unternehmensinternen Bankenratings eine Zuteilung der Banken zu den einzelnen Tier-Bank-Kategorien vorgenommen, wodurch sich eine daraus resultierende Bankenstrategie je Bank ergibt. Hier bedarf es ebenfalls im Voraus der Festlegung klarer Zuteilungskriterien für die einzelnen Tier-Bank-Kategorien. Die Verwendung der sich aus dem konzerninternen Bankenrating ergebenen Tier-Bank-Kategorisierung für die Geschäftszuweisung wird im nächsten Kapitel 3.4.3.4 vorgestellt. Abbildung 42 zeigt abschließend eine grafische Darstellung des zuvor beschriebenen Bankenrating-Prozesses (ein Beispiel).

3.4.3.4 Geschäftszuweisung an Banken

Die als Ergebnis des unternehmensinternen Bankenratings (Kapitel 3.4.3.3) resultierende Tier-Bank-Kategorisierung der Banken, mit denen das Unternehmen potenziell Geschäfte abschließt, bildet die Grundlage für die Geschäfts-zuweisung an diese Banken.

Die erste Regel der Geschäftszuweisung an Banken sollte sein: Banken, die keine Tier-Bank-Kategorisierung erhalten haben, erhalten auch keine Geschäftszuweisung. Die Geschäftszuweisung an die Tier-Bank des Unternehmens sollte in Anlehnung an ihre Tier-Bank-Kategorisierung erfolgen. Eine solche Einstufung kann wie folgt beschrieben werden:

- **„Tier-I-Banken"** (meist eine geringe Anzahl) sollten auf Grund ihrer Einstufung und somit bevorzugten Stellung als Bankenpartner des Unternehmens (überwiegend) die „lukrativsten[1008]" Aufträge des Unternehmens erhalten.[1009] Hier sollte explizit darauf geachtet werden, dass diese Banken das Unternehmen als wertvollen und wichtigen Kunden ansieht. Dies wird aber nur dann der Fall sein, wenn die Bank auch an der Geschäftsbeziehung verdient und einen wesentlichen Teil des Bankgeschäfts der Unternehmung zugeteilt bekommt.[1010]

[1008] *Es ist davon auszugehen, dass Banken Provisionsgeschäfte als deutlich attraktiver einstufen als Kreditgeschäfte, so stellen Cash-Management-Dienstleistungen bspw. für Banken ein äußerst interessantes Geschäft dar, da diese die Bankbilanz in der Regel nicht belasten. Vgl. Verband Deutscher Treasurer e.V. (2011), S. 23 ff.*

[1009] Vgl. Holland (1994), S. 376.; sowie teilweise vgl. Jeffery (2009), S. 33 ff. und vgl. Lind (2008), S. 227.

[1010] *Für die den Ausführungen dahinterstehenden Grundideen vgl. Herold (1994), S. 154 ff.*

- Die „**Tier-II-Banken**" des Unternehmens („Spezialbanken") spielen für das Unternehmen ebenfalls eine wichtige Rolle[1011] und sollten daher auch im Sinne einer langfristigen Bindung entsprechende Teile des Bankgeschäfts des Unternehmens erhalten. Hier ist u.a. denkbar, dass im Fall von M&A-Aktivitäten des Unternehmens entsprechend Aufträge vergeben werden.

- Die als „**Tier-III-Banken**" eingestuften Banken sind weniger wichtig für das Unternehmen und sollten daher auch nur nachrangig bei der Geschäftszuweisung berücksichtigt werden. Sie erhalten (wenn überhaupt) rein transaktionale Geschäftszuweisungen, die vordergründig keine langfristige Bindung als Ziel haben.[1012] Im Rahmen solcher Geschäftsbeziehungen stehen Standard-Service-Leistungen, die auch leicht von anderen Banken bereitgestellt werden könnten.[1013]

Darüber hinaus ist zu beachten, dass das zu vergebende Bankgeschäft[1014] einer Unternehmung normalerweise so vergeben werden sollte, dass synergiebringende Bankgeschäfte gemeinsam vergeben werden und Leistungen an solche Banken zugeteilt werden, die im jeweiligen Bereich führend sind. Es kann bspw. ergänzend eine Separierung in Basisgeschäft und Spezialgeschäft vorgenommen werden. Zu dem Basisgeschäft zählen laut Herold (1994) im Wesentlichen Zahlungsverkehr, Kreditlinien, Cash-Management-Dienstleistungen, wie Pooling und Informationsversorgung. Das Spezialgeschäft hingegen umfasst spezielle Beratungs-, Investitions- und Finanzierungsleistungen.[1015]

Nicht alle Arten von Bankgeschäften sind gleich gut steuerbar. Der Devisenhandel ist beispielsweise im Vergleich zum Exportgeschäft besser steuerbar, da dieser einen geringeren Beratungsbedarf aufweist. Andere Geschäftsarten – wie Beratungsdienstleistungen – sind sogar im Normalfall einzelfallspezifisch zu vergeben.[1016] Bei der Vergabe ist darüber hinaus immer darauf zu achten, wie regelmäßig eine Vergabe stattfindet oder stattfinden kann/sollte. Eine Cash Pooling-Ausschreibung ist längerfristig angelegt als bspw. die Vergabe von Handelsgeschäften zur Fremdwährungsabsicherung. Je längerfristiger eine Vergabe erfolgt, desto genauer sollte diese geprüft werden und in keinem Fall eine vertragliche

---

[1011] Vgl. Jeffery (2009), S. 33 ff.; vgl. Holland (1994), S. 376. und vgl. Lind (2008), S. 227.
[1012] *Für die den Ausführungen dahinterstehenden Grundideen vgl. Jeffery (2009), S. 33 ff. und vgl. Holland (1994), S. 376.*
[1013] Vgl. Jeffery (2009), S. 33 ff.
[1014] *Der Verband Deutscher Treasurer e.V. schlägt alternativ folgende Strukturierung zur Vergabe des Bankgeschäfts vor: Cash-Management, Risikomanagement, dokumentärer Zahlungsverkehr (Avalgeschäft), Asset Management, Liability Management (mit Structured Finance), Eigenkapital (Beratungsleistungen), M&A-Beratung und Immobilien & Versicherungen. Vgl. Verband Deutscher Treasurer e.V. (2007), S. 15.*
[1015] *Vgl. Herold (1994), S. 156.*
[1016] Vgl. Verband Deutscher Treasurer e.V. (2007), S. 15.

Bindung zur festen Zuteilung von (weiteren) Geschäftsvolumina dabei eingegangen werden.[1017]

Es ist davon auszugehen, dass bei der Geschäftszuweisung die Geschäfte der unterschiedlichen Treasury-Bereiche des Treasury-Management-Modells (Kapitel 3.1) an unterschiedliche Bankinstitute zu vergeben sind, denn es sollten jeweils die führenden Banken („Best in Class Bankingpartner") in dem zu vergebenden Bereich Berücksichtigung finden.[1018] Es sollte ergänzend (wenn möglich) angestrebt werden, dass bei der Geschäftsvergabe ein Gleichgewicht zwischen dem für Banken risikolosen Provisionsgeschäft und dem risikobehafteten Kreditgeschäft je Bank erreicht wird, so dass das Unternehmen als guter Kunde angesehen wird (speziell bei den Tier-I-Banken wichtig).[1019]

Bei der Vergabe von Bankgeschäften ist des Weiteren auf die (im Zuge des unternehmensinternen Bankenrating-Prozesses festgelegten) Kontrahentenlimite der Banken zu achten. Solche Kontrahentenlimite werden zur Begrenzung des Kontrahentenrisikos verwendet und führen zu einer Diversifikation des Risikos auf verschiedene Banken.[1020] Für weiterführende Informationen zu einer solchen Diversifikation von Kontrahentenrisiken sowie des zu berücksichtigenden Limitwesens bei der Geschäftszuweisung siehe das sich anschließende Kapitel 3.5 und dort speziell das Kapitel 3.5.4.

3.5 Bankensteuerungsbezogenes Risikomanagement im Treasury-Management

Unternehmerische Aktivität ist untrennbar und permanent mit Risiken verbunden. Unternehmerischer Erfolg kann nur dann erreicht werden, wenn Risiken eingegangen und bewältigt werden. Die Fähigkeit, mit Risiken umzugehen und diese zu steuern ist somit eine zentrale und unerlässliche Fähigkeit, um das Weiterbestehen eines Unternehmens zu sichern.[1021] Das Risikomanagement bei (Industrie-) Unternehmen fällt klar in den Aufgabenbereich des Treasury-Managements (siehe hierzu auch Kapitel 2.2.3. und speziell 2.2.3.1). Im Kontext des in dieser Arbeit Anwendung findenden Treasury-Management-Modells (siehe hierzu auch Kapitel 3.1) stellt es einen wesentlichen Aufgabenbereich dar und steht in starker Interaktion mit den anderen Bereichen.

Im Analysekontext der Arbeit (siehe hierzu auch Kapitel 3.2) mit der Fokussierung auf das „Bank-Relationship-Management (Bankensteuerung)" (Kapitel 3.4) stellt der Bereich Risikomanagement jedoch „nur" einen ergänzenden Part dar. Es

---

[1017] Vgl. Verband Deutscher Treasurer e.V. (2011), S. 22 ff.
[1018] Vgl. Verband Deutscher Treasurer e.V. (2011), S. 31.
[1019] Vgl. Verband Deutscher Treasurer e.V. (2011), S. 24.
[1020] Vgl. Braun/Lange (2011), S. 205.; vgl. Kühne (2010), S. 110.; vgl. Verband Deutscher Treasurer (2007), S. 21 f. und vgl. Verband Deutscher Treasurer (2011), S. 31.
[1021] Vgl. Hofmann/Bühler (2004), S. 161.

wird daher im Folgenden eine stark fokussierte Betrachtung durchgeführt. Im Speziellen wird das Kontrahentenrisiko in Bezug auf unternehmensexterne Bankbeziehungen diskutiert. Hier wird eine Brücke zur Globalen Finanzkrise und somit der Aktualität des Themas geschlagen, als auch im Hinblick auf eine Bankensteuerung die Determinierung sowie die daraus resultierende Steuerung von Ausfallwahrscheinlichkeiten bei Bankbeziehungen analysiert. Im Kontext des unternehmensinternen Bankenrating stellt das Kontrahentenrisiko das wichtigste quantitative Kriterium dar (Kapitel 3.4.3.3), da es zu einem sofortigen Ausschluss einer Bank führen kann.

Für eine Grundlagenbildung als Basis für die weiterführenden Erörterungen wird im nächsten Kapitel 3.5.1 das Risikomanagement (Definition, Teilbereiche etc.) im Unternehmenskontext einleitend erörtert.

3.5.1 Risikomanagement im Unternehmen – Allgemeine Einführung

Die Begriffe „Risiko" und „Risikomanagement" sind in der (Fach-)Literatur beide nicht einheitlich definiert.[1022] Aus diesem Grund bedarf es, bevor eine detailliertere Grundlagenbildung in Bezug auf das Risikomanagement in Nicht-Finanzunternehmen stattfinden kann, zunächst einer Definition beider Begriffe.

Im Kontext dieser Arbeit wird als Risiko die Möglichkeit eines für das Unternehmen negativen Abweichens von einem erwarteten Ergebnis verstanden. Risiko[1023] wird daher als eine Wahrscheinlichkeitsverteilung zukünftiger Umweltzustände aufgefasst. Im Unternehmenskontext können Risiken ergänzend auch als ein möglicherweise eintretender finanzieller Schaden oder Verlust aufgefasst werden, der die Vermögenswerte des Unternehmens tangiert.[1024] Das Risikomanagement stellt in diesem Zusammenhang einen kontinuierlichen Prozess dar. Innerhalb dieses Prozesses werden Risiken analysiert und gesteuert (optimiert) sowie Kontrollmechanismen bereitgestellt. Hierdurch wird es ermöglicht, Risiken beherrschbar zu machen und Chancen, die sich dem Unternehmen bieten, zu nutzen.[1025] Somit ist Risikomanagement die zielgerichtete Identifikation, Analyse, Beeinflussung und

---

[1022] Vgl. Rapp (2010a), S. 237.
[1023] *Hierbei kann zwischen statischem und dynamischem Risiko unterschieden werden: Ein statisches Risiko umfasst Schadensgefahren, die ausschließlich negative Folgen für das Unternehmen haben (Chancen werden nicht erfasst), dynamische Risiken hingegen können sowohl zu einer positiven als auch zu einer negativen Abweichungen führen. Sie beinhalten somit eng betrachtet eine Verlustgefahr, aber auch eine Chance. Das Risiko schwankt in diesem Fall um einen Planwert und kann mittels einer Wahrscheinlichkeitsverteilungen beschrieben werden. Vgl. Hofmann/Bühler (2004), S. 162 f.*
[1024] Vgl. Hofmann/Bühler (2004), S. 162.; vgl. Guserl/Pernsteiner (2011), S. 423 ff. und vgl. Rapp (2010a), S. 236.
[1025] Vgl. Hofmann/Bühler (2004), S. 165.

Steuerung (Risiko vermeiden, transferieren, akzeptieren oder reduzieren)[1026] sowie Überwachung von Risiken (und Chancen) im Unternehmenskontext.

Der Kern des Risikomanagements ist der Risikomanagement-Prozess, der als integraler Bestandteil aller Geschäftsprozesse im Unternehmen aufzufassen ist.[1027] Überwiegend wird der Risikomanagement-Prozess in der relevanten (Fach-) Literatur in vier Schritte eingeteilt, wobei die Einteilung der Teilschritte leicht variiert. Eine mögliche Strukturierung der Teilschritte des Risikomanagementprozesses ist wie folgt: (1) Risikoidentifikation, (2) Risikoanalyse und -bewertung (sowie -aggregation), (3) Risikobewältigung (-steuerung) und (4) Risikoüberwachung (-monitoring).[1028] Die genannten und in Abbildung 43 dargestellten Teilschritte des Risikomanagementprozesses lassen sich wie folgt charakterisieren (Fokus auf Risiken; nicht Chancen):

(1) **Risikoidentifikation**: Im Zuge der Risikoidentifikation findet eine möglichst vollständige Inventarisierung aller wesentlichen Risiken, die ein Unternehmen betreffen könnten, statt. Ziel ist ein frühzeitiges Erkennen von potenziellen riskanten Entwicklungen. Als Informationsgrundlage können hier sowohl unternehmensexterne (Rating-Agenturen, Presse, Fachanalysen etc.) als auch unternehmensinterne (Finanzbuchhaltung, Controlling, F&E-Daten etc.) Quellen verwendet werden.[1029]

(2) **Risikoanalyse und -bewertung (sowie -aggregation)**: In diesem Teilschritt des Risikomanagement-Prozesses werden die zuvor identifizierten Risiken einer quantitativen und qualitativen Bewertung (Bemessung des möglichen negativen Risikos – Eintrittswahrscheinlichkeiten und Höhe) unterzogen. Bei der in diesem Zusammenhang ebenfalls stattfindenden Risikoanalyse geht es um eine Verbesserung des Verständnisses dieser Risiken (Ursachen etc.). Es wird analysiert, in welchem Zusammenhang diese mit anderen Fak-

---

[1026] *Prinzipiell gibt es vier Möglichkeiten (in Abhängigkeit von Eintrittswahrscheinlichkeit und zu erwartenden Schaden), um mit Risiko umzugehen: Vermeiden, transferieren, akzeptieren oder reduzieren. Hierbei ist anzumerken, dass Risiken nicht immer vermieden werden können, denn ohne Risiko gäbe es keine unternehmerische Aktivität. Ist jedoch die Eintrittswahrscheinlichkeit als auch der zu erwartende Schaden hoch, ist eine Risikovermeidung als sinnvoll anzusehen. Ist die Eintrittswahrscheinlichkeit eines Risikos jedoch eher gering, die negativen Auswirkungen aber hoch, sollte versucht werden, dieses Risiko zu transferieren und bspw. Hedging betrieben werden. Bei einer geringen Wahrscheinlichkeit eines Eintritts als auch geringen Auswirkungen ist ein Akzeptieren des Risikos ohne Maßnahmen oft sinnvoll. Bei geringer Auswirkung eines eintretenden Schadens, der jedoch eine hohe Eintrittswahrscheinlichkeit aufweist, ist eine Risikoreduktion mittels geeigneter Maßnahmen anzustreben. Vgl. de Freitas (2010), S. 225.*
[1027] Vgl. Wiederkehr/Züger (2010), S. 17.
[1028] Vgl. Gunkel (2010), S. 54 ff.; vgl. Guserl/Pernsteiner (2011), S. 137, vgl. Hofmann/Bühler (2004), S. 165 f.; vgl. Wiederkehr/Züger (2010), S. 17 f.; vgl. Schmitz/Wehrheim (2006), S. 34 ff. und vgl. Martin/Bär (2002), S. 88 ff.
[1029] Vgl. Wiederkehr/Züger (2010), S. 24.; vgl. Horváth (2011), S. 723.; vgl. Hofmann/Bühler (2004), S. 165. und vgl. Schmitz/Wehrheim (2006), S. 34.
Für eine Beschreibung des möglichen Instrumentariums zur Risikoidentifikation, vgl. Schmitz/Wehrheim (2006), S. 52 ff. und vgl. Wiederkehr/Züger (2010), S. 27 ff.

toren stehen und wie Risiken und Chancen zusammenhängen.[1030] Im Idealfall findet nach der Risikoanalyse und -bewertung eine Aggregation der Einzelrisiken statt, um so die Gesamtrisikoposition des Unternehmens („Risk Exposure") zu ermitteln. Hierbei wird die Wechselwirkung der Einzelrisiken berücksichtigt und entsprechende Prognosen (Szenarien mit Wahrscheinlichkeitsverteilung – „Monte-Carlo-Simulationen" etc.) erarbeitet.[1031]

(3) **Risikobewältigung (-steuerung)**: Bei der Risikobewältigung bzw. -steuerung geht es mittels gezieltem Einsatz von Maßnahmen (risikopolitisches Instrumentarium) darum, das Chancen-Risiko-Verhältnis so zu beeinflussen, dass es ausgewogen ist.[1032]

(4) **Risikoüberwachung (-monitoring)**: Im Zuge der Risikoüberwachung wird permanent die Entwicklung der identifizierten Risiken überwacht und die Wirkung der eingeleiteten Maßnahmen überprüft. Hierbei werden Soll-Ist-Vergleiche durchgeführt sowie eventuell auftretende Abweichungen auf ihre Ursache hin analysiert. Die Ergebnisse dieser Analysen gehen dann wiederum als Input in die permanent durchzuführende Risikoidentifizierung neu ein.[1033]

Der Risikomanagement-Prozess stellt somit einen revolvierenden und sich permanent erneuernden Analyse- und Maßnahmen-Prozess dar.

Abbildung 43: *Risikomanagementprozess*

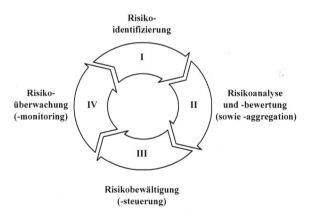

Quelle: *Eigene Darstellung.*

[1030] Vgl. Wiederkehr/Züger (2010), S. 32 ff.; vgl. Schmitz/Wehrheim (2006), S. 80. und vgl. Horváth (2011), S. 724. Für eine Beschreibung von Verfahren zur Risikobewertung vgl. Schmitz/Wehrheim (2006), S. 32 ff.; vgl. Wiederkehr/Züger (2010), S. 81 ff. und vgl. Gunkel (2010), S. 67 ff.
[1031] Vgl. Gunkel (2010), S. 76 ff. und vgl. Hofmann/Bühler (2004), S. 165.
[1032] Vgl. Horváth (2011), S. 724.; vgl. Hofmann/Bühler (2004), S. 166.und vgl. Gunkel (2010), S. 78.
[1033] Vgl. Gunkel (2010), S. 84.

Bevor jedoch eine Identifikation von (Einzel-)Risiken (Schritt eins im Risikomanagement-Prozess) erfolgen kann, bedarf es einer (unternehmensindividuellen) Festlegung von Risikofeldern. Zur Festlegung solcher Risikofelder muss untersucht werden, aus welchen Bereichen Risiken resultieren können, um diese klar voneinander abgrenzen und systematisieren zu können. Es geht bei der Festlegung von Risikofeldern nicht um die Identifikation von Einzelrisiken, sondern vielmehr um eine (abstraktere) Erfassung von Risikoarten. Die resultierende Kategorisierung von Risiken muss für das gesamte Unternehmen klar und einheitlich festgelegt und kommuniziert werden. Eine derartige Kategorisierung dient später – im Kontext des Risikomanagement-Prozesses – zur regelmäßigen und systematisierten Erfassung von Einzelrisiken.[1034] Ein mögliches Beispiel einer solchen Kategorisierung von Risiken findet sich in Abbildung 44.

Die Ergebnisse des Risikomanagement-Prozesses sollten selbstverständlich neben der in Schritt vier stattfindenden Überwachung auch regelmäßig berichtet werden. Hierfür bedarf es einer permanenten Risikoberichterstattung, um eine zeitnahe Weitergabe von Ergebnissen an die Verantwortlichen (Geschäftsführung etc.) sicherzustellen.[1035]

Abbildung 44: *Beispiel zur Kategorisierung von Risiken*

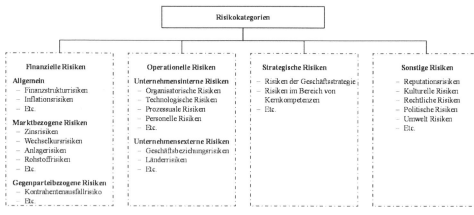

Quelle: *Eigene Darstellung, basierend auf Wiederkehr/Züger (2010), S. 25.*

Abschließend sind noch die existierenden gesetzlichen Vorschriften im Bereich des Risikomanagements, zu nennen und kurz zu erörtern. Hierbei wird sich im Wesentlichen auf die in Deutschland herrschende Gesetzgebung konzentriert. In diesem Zusammenhang ist das „Gesetz zur Kontrolle und Transparenz im Unter-

---

[1034] Vgl. Gunkel (2010), S. 56.
[1035] Vgl. Horváth (2011), S. 724.

nehmensbereich" (KonTraG), das am 1. Mai. 1998 in Kraft getreten ist, zu nennen. Das KonTraG regelt bspw. in § 91 Abs. 2 AktG Folgendes: *„Der Vorstand hat geeignete Maßnahmen zu treffen, insbesondere ein Überwachungssystem einzurichten, damit den Fortbestand der Gesellschaft gefährdende Entwicklungen früh erkannt werden."*[1036] Dies ist in der Praxis so zu interpretieren, dass eine Aktiengesellschaft ein entsprechendes Risikomanagement inklusive einem Risikomanagement-System (Früherkennung) zu implementieren hat. Darüber hinaus enthält das KonTraG Regelungen zur Risikoberichterstattung im Lagebericht (§ 315 HGB) sowie zur Erweiterung der Abschlussprüfung (Prüfung der Risikodarstellung im Lagebericht nach § 317 Abs. 2 HGB sowie Prüfung des Risikomanagement-Systems nach § 317 Abs. 4 HGB).[1037]

Darüber hinaus ist international vor allem der Sarbanes-Oxly-Act für Internationale Unternehmen, die unter der Aufsicht der SEC stehen, relevant. Das 2002 in den USA in Kraft getretene Gesetz war eine Reaktion auf Bilanzskandale und wurde mit dem Ziel verfasst, das Vertrauen in die Tätigkeit von Wirtschaftsprüfern und Abschlussberichte wieder zu erhöhen. Unternehmen müssen daher u.a. ein konzerninternes Kontrollsystem (SOA 404) zur Überprüfung der Ordnungsmäßigkeit der Finanzberichterstattung aufbauen.[1038]

Im Folgenden findet eine Fokussierung des Risikomanagements auf das Kontrahentenrisiko statt und hier im Speziellen auf Bankbeziehungen, daher auch zunächst im Anschluss die definitorische Abgrenzung von Kontrahentenrisiko (Kapitel 3.5.2.1) und seine aktuelle Relevanz (Kapitel 3.5.2.2)

3.5.2 Bankenbezogenes Kontrahentenrisiko – Definition und Einordnung

Nimmt man Bezug auf die in Kapitel 3.4.3 vorgestellte Bankensteuerung, so ist das Kontrahentenrisiko bei Bankbeziehungen[1039] in diesem Zusammenhang im Hinblick auf ein konzerninternes Bankenrating als ein klar quantitatives Kriterium einzuordnen. Daher sind die hier im Anschluss folgenden Ausführungen den beschriebenen quantitativen Kriterien eines konzerninternen Bankenratings in Kapitel 3.4.3.3.2 dieser Arbeit ergänzend zuzurechnen.

[1036] § 91 Abs. 2 AktG.
[1037] Vgl. Martin/Bär (2002), S. 38 ff. und vgl. Schneck (2011), S. 88 ff. sowie § 315 HGB und § 317 HGB. *Eine Präzisierung der Vorschriften des KonTraG findet durch die Inhalte des deutschen „Rechnungslegungsstandards 5" (DRS 5) statt. Vgl. Schneck (2011), S. 90 ff.*
[1038] Vgl. Guserl/Pernsteiner (2011), S. 22 f. und vgl. Schneck (2011), S. 92.
[1039] Bei den sich anschließenden Ausführungen werden eventuell existierende Einlagensicherungssysteme der Banken ausgeblendet, zumal nicht klar ist, inwieweit diese auch bei Firmenkunden greifen. Vgl. Verband Deutscher Treasurer e.V. (2011), S. 48.

Bevor jedoch in weiterführenden Kapiteln (speziell Kapitel 3.5.3.1 und 3.5.3.2) eine Analyse möglicher Varianten zur Ermittlung dieses Ausfallrisikos bei Banken durchgeführt sowie Maßnahmen zur Steuerung dieser Ausfallwahrscheinlichkeit diskutiert werden können (Kapitel 3.5.4), bedarf es zunächst einer klaren Definition des Begriffes „Kontrahentenrisiko" für diese Arbeit. Siehe hierzu das sich anschließende Kapitel 3.5.2.1.

3.5.2.1 Definition Kontrahentenrisiko

Kontrahentenrisiken stehen in einer engen Verbindung mit anderen Risikoarten (Liquiditätsrisiken, Marktrisiken, Kreditrisiken etc.)[1040]. In diesem Zusammenhang sind speziell das Kreditrisiko sowie das Marktrisiko herauszuheben. Bei der Entscheidung, zu welchen dieser beiden Risikoarten das Kontrahentenrisiko eher und ob überhaupt zuordenbar ist, kommt es stark auf die eingenommene Perspektive an. Zu Kontrahentenrisiken zählen bspw. der als ein Kreditereignis bezeichenbare Ausfall einer Vertragspartei und somit das Nichterfüllen von vertraglichen Verpflichtungen (eher Kreditrisiken). Jedoch haben hier auch Marktrisikofaktoren zur Determinierung des Vertragswertes bei Ausfall wesentliche Bedeutung (eher Marktrisiken). Es kann somit keine eindeutige Zuordnung getroffen werden, wodurch eine eigenständige[1041] Behandlung gerechtfertigt wird (wie im Folgenden).[1042]

Allgemein kann der Begriff „Kontrahentenrisiko"– vereinfacht ausgedrückt – als die Gefahr beschrieben werden, dass aus einer wirtschaftlichen Beziehung zu Personen oder Unternehmen (in dieser Arbeit zu Banken) Verluste entstehen können.[1043] Hier ist speziell das nicht oder nur teilweise Erfüllen von vertraglichen Pflichten zu nennen.[1044] Insofern wird im Zuge dieser Arbeit das Kontrahentenrisiko als ein potenzieller Verlust definiert, der auf Grund einer Nichterfüllung (oder verspäteten Erfüllung) von vertraglichen Verpflichtungen durch (mindestens) einer der Vertragsparteien entsteht.[1045] Oft entsteht bspw. ein Kontrahentenrisiko, wenn die Bonität des Kontrahenten (vertragliche Gegenpartei) sich verschlechtert und so als Folge ein ganzer oder teilweiser Ausfall wahrscheinlich wird.[1046] Das Kontrahentenrisiko lässt sich somit durch Ausfallwahrscheinlichkeiten beschreiben und vergleichbar machen.

[1040] Für weiterführende Erläuterungen der genannten sowie weiterer Risikoarten, vgl. Martin/Bär (2002), S. 73 ff. und vgl. Wolke (2008), S. 103 ff.
[1041] Kühne (2010) sieht hingegen das Kontrahentenrisiko als den Kreditrisiken zurechenbar, da es mit einem Ausfall (Kreditereignis) des Kontrahenten einhergeht. Vgl. Kühne (2010), S. 110.
[1042] Vgl. Talkenberger/Wehn (2012), S. 3 f.
[1043] Vgl. Holst (2001), S. 135.
[1044] Vgl. Offermann (2000), S. 199.
[1045] Vgl. Talkenberger/Wehn (2012), S. 2. und vgl. Verband Deutscher Treasurer e.V. (2011), S. 44.
[1046] Vgl. Kühne (2010), S. 110.

Kontrahentenrisiko wird in der betriebswirtschaftlichen Fachliteratur im Allgemeinen (überwiegend) im Zusammenhang mit Derivaten verwendet. In dieser Arbeit wird jedoch das Kontrahentenrisiko in Bezug auf Bankbeziehungen von Internationalen Unternehmen und somit die Gefahr eines Ausfalls einer Bank betrachtet. Die aktuelle Relevanz dieses speziellen Anwendungsgebietes ist im folgenden Kapitel dargestellt.

3.5.2.2 Aktuelle Relevanz des Kontrahentenrisikos von Banken

Vor der Globalen Finanzkrise war an ein vertragliches Nichterfüllen von Seiten einer Großbank so gut wie nicht zu denken. Kontrahentenrisiken wurden eher im Bereich von bilateralen Verträgen zwischen Industrieunternehmen gesehen als gegenüber Großbanken. Großbanken profitierten hier klar von der als gültig erscheinenden „too big to fail" sowie „lender of last resort"-These[1047]. Nach der Insolvenz der Investmentbank Lehman Brother sowie einiger weiterer De-facto-Insolvenzen im Finanzbereich (Stichwort: Hypo Real Estate und AIG) gelten diese Thesen jedoch (scheinbar) nicht mehr (siehe hierzu auch Kapitel 2.1.3.2.4 und 2.1.3.2.5) und die Relevanz des Kontrahentenrisiko in Bezug auf Bankbeziehungen rückt immer mehr in den Vordergrund.[1048] Aus diesem Grund prüfen viele Unternehmen seit der Globalen Finanzkrise ihre Bankbeziehungen verstärkt, um sicherzustellen, dass die Banken ihre aktuellen und zukünftigen Anforderungen und Verpflichtungen erfüllen können. Der zunehmende Fokus auf Kontrahentenrisiken bei Banken führt sogar so weit, dass Banken teilweise immer mehr als nur ein weiterer Schuldner aus Unternehmenssicht wahr-genommen werden; zumal manche Banken aktuell ein schlechteres Rating als ihre Kunden haben.[1049]

Die Wichtigkeit einer Einschätzung bezüglich der Stabilität von Banken wird ergänzend dadurch bestätigt, dass die European Banking Authority seit dem Jahr 2009 jährlich sogenannte Stresstests durchführt, um zu prüfen, wie verlustanfällig und somit stabil europäische Banken sind.[1050] Dies zeigt nochmals, dass seit der Globalen Finanzkrise die finanzielle Stabilität von Banken immer stärker in den Vordergrund gerückt ist.[1051] Aus diesem Grund werden auch in den nächsten Kapiteln auf mögliche Varianten für Unternehmen zur Ermittlung des Ausfallrisikos bei Banken eingegangen (Kapitel 3.5.3) sowie Maßnahmen zur Steuerung der Ausfallwahrscheinlichkeit für Unternehmen diskutiert (Kapitel 3.5.4).

[1047] *Für weiterführende Informationen vgl. Hartmann-Wendels/Pfingsten/Weber (2007), S. 358.*
[1048] Vgl. Talkenberger/Wehn (2012), S. 2.; vgl. Verband Deutscher Treasurer e.V. (2011), S. 44.; vgl. PWC (2010), S. 18. und vgl. Mitter/Wohlschlager/Kobler (2011), S. 99.
[1049] Vgl. Manson (2012), online.; vgl. Camerinelli (2010), S. 143 f. und vgl. Verband Deutscher Treasurer e.V. (2011), S. 7.
[1050] Vgl. European Banking Authority (2012), online.
Für eine kritische Auseinandersetzung mit dem EU-Bankenstresstest (2011) sowie für weiterführende Hintergründe und Informationen zu Bankenstresstest, vgl. Hummel/Uhlig (2012), S. 269 ff.
[1051] Vgl. Mitter/Wohlschlager/Kobler (2011), S. 99.

3.5.3 Möglichkeiten der Ermittlung des Kontrahentenrisikos von Banken

In Kapitel 3.4.3.4 wurde bereits aufgezeigt, dass das Kontrahentenrisiko das wichtigste quantitative Kriterium zur Bankensteuerung (und -bewertung) ist. Es stellt das alleinige Kriterium dar, das bereits zu Beginn des unternehmensinternen Bankenrating-Prozesses zu einem direkten Ausschluss einer Bank führen kann. Ziel ist es, eine Beschränkung des Ausfallrisikos im Hinblick auf Banken für das Unternehmen in der Form zu erreichen, dass nur mit solchen Banken Geschäfte durchgeführt werden, bei denen das Kontrahentenrisiko und somit die Ausfallwahrscheinlichkeit der Bank für das Unternehmen akzeptabel und handhabbar hoch ist.[1052] Das verbleibende Risiko der nicht ausgeschlossenen Banken sollte durch weitere Maßnahmen reduziert werden. Eine Darstellung findet sich in Kapitel 3.5.4.

Die Ermittlung des Kontrahentenrisikos von Banken kann wahlweise auf unterschiedlicher Komplexitätsebene durchgeführt werden. Zum einen ist eine Verwendung bereits existierender externer Bewertungen und Informationen denkbar, zum anderen ist eine unternehmensinterne eigenständige Berechnung des Kontrahentenrisikos theoretisch ebenfalls möglich.[1053] An dieser Stelle wird sich jedoch klar für die Verwendung bereits existierender externer Bewertungen und Informationen zur Bewertung des Kontrahentenrisikos ausgesprochen, da eine konzerninterne eigenständige Ermittlung hohen administrativen Aufwand bedeuten würde und sowohl ein hohes fachliches Spezialwissen der eingesetzten Mitarbeiter als auch erhebliche freie Kapazitäten voraussetzt, die in anderen strategischen Bereichen des Treasury-Managements eher eingesetzt werden sollten. Aus diesem Grund wird im Folgenden auch rein die Verwendung bereits existierender externer Bewertungen und Informationen zur Einschätzung des Kontrahentenrisikos von Banken im Zuge der Bankensteuerung (unternehmensinternes Bankenrating) im Treasury-Management von Internationalen Unternehmen erläutert. Bei der Verwendung solcher externer Daten kann das Unternehmen bspw. auf folgende drei Informationsquellen zurückgreifen: (1) Ratings führender Ratingagenturen (Kapitel 3.5.3.1), (2) Ergebnisse von Stresstests(Kapitel 3.5.3.2) und (3) Credit Default SWAP-Spreads (CDS-Spreads) (Kapitel 3.5.3.3).[1054] Im Folgenden werden alle drei Alternativen kurz besprochen und im Anschluss bewertet.

[1052] Für die vertretene Grundidee vgl. Verband Deutscher Treasurer e.V. (2007), S. 21 f. und vgl. Verband Deutscher Treasurer e.V. (2011), S. 44 ff.
[1053] Vgl. Verband Deutscher Treasurer e.V. (2007), S. 21.
[1054] Vgl. Kühne (2010), S. 110.
Der Verband Deutscher Treasurer e.V. gibt in seinem Guide zur Bankensteuerung darüber hinaus noch folgende Möglichkeiten zur Determinierung des Kontrahentenrisikos von Banken an: Credit Spreads von Anleihen und den Aktienkurs der Bank im Vergleich zu dem Index des Finanzsektors. Vgl. Verband Deutscher Treasurer e.V. (2011), S. 47 f.

3.5.3.1 Verwendung von Ratings

Verwendet das Unternehmen Ratings der etablierten Ratingagenturen Standard & Poor's, Moody's und FITCH, so kann aus den dort vergebenen Ratingnoten die Ausfallwahrscheinlichkeit und somit das Kontrahentenrisiko abgeleitet werden. Des Weiteren liefern die Ratingberichte teilweise interessante Einblicke in die aktuelle Situation der Bank.

Abbildung 45: *Ratingbeispiel*

Kategorie	Moody's Rating
Outlook	Stable
Bank Deposits	A2/P-1
Bank Financial Strength	C-
Baseline Credit Assessment	(baa2)
Adjusted Baseline Credit Assessment	(baa2)
Issuer Rating	A2
Seniaor Unsecured	A2
Subordinated	Baa3
Commercial Paper -Dom Curr	P-1
Other Short Term -Dom Curr	(P)P-1

Quelle: *Eigene Darstellung, basierend auf Moody's (2012a), online.*

Betrachtet man exemplarisch das Deutsche Bank AG-Rating (ohne Deutsche Postbank AG) vom 22. September 2012 der Ratingagentur Moody's, so wird schon beim Ratingüberblick auf der ersten Seite deutlich, wie detailliert ein solches Rating ist; es werden zehn Ratingeinschätzungen zu verschiedensten Bereichen der Bank gegeben (siehe Abbildung 45). Aus dieser Vielzahl von Angaben erscheinen folgende zwei Ratingeinstufungen im Hinblick auf die Bestimmung des Kontrahentenrisikos für die Bankensteuerung als sinnvoll: (1) „Bank Financial Strength (Finanzkraftrating)" und (2) „Bank Deposits (Bankdepositenrating)". Moody's gibt (laut eigener Darstellung) mit dem Finanzkraftrating die einer Bank innewohnende Sicherheit und Solidität an. Das Rating liefert allerdings keinerlei Aussage über eine fristgerechte Zahlung (Wahrscheinlichkeit des Ausfallrisikos) oder Ausfallschwere. Stattdessen ist es ein Maß für die Bedarfswahrscheinlichkeit der Unterstützung durch Dritte (Eigentümer, Finanzverbund etc.).[1055] Das Bankdepositenrating bildet ergänzend die Wahrscheinlichkeit (ohne Berücksichtigung von Einlagensicherungssystemen) der Erfüllung von Zahlungsverpflichtungen aus Depositen ab und umfasst alle Kreditrisikoaspekte.[1056] Durch eine Kombination beider Ratings – mit primärem Fokus auf das Bankdepositenrating – erscheint eine

---

[1055] Vgl. Moody's (2012b), S. 4, online.
[1056] Vgl. Moody's (2012c), S. 14, online.

Ableitung des Kontrahentenrisikos gut möglich. Es sollte somit das Bankdepositenrating als Hauptkriterium verwendet werden und durch das Finanzkraftrating sowie den allgemeinen Outlook als Zukunftsindikator ergänzt werden, da es einem Unternehmen im Normalfall primär um die Sicherung seiner Einlagen geht.

Der große Vorteil der Verwendung solcher externer Ratings ist ihre Standardisiertheit und somit die Vergleichbarkeit untereinander. Es kann sehr leicht anhand der Ratingeinstufung ein Ranking der in Frage kommenden Banken erstellt werden und so jede Bank in Abhängigkeit ihrer Ausfallwahrscheinlichkeit gegenüber den anderen Banken beurteilt werden. Hier sollte darauf geachtet werden, dass Kreditratings verwendet werden und keine Equity-Ratings, denn nur Kreditratings beurteilen die Fähigkeit des Ratingobjekts – aus Sicht von Fremdkapitalgebern – seinen Zahlungsverpflichtungen nachzukommen. Equity-Ratings hingegen beurteilen mehr die Steigerung des Marktwertes des Ratingobjekts aus Eigentümersicht und sind somit nicht geeignet.[1057] Im Idealfall finden Ratings verschiedener Ratingagenturen Anwendung. Hier kann bspw. stehst auf das schlechteste Rating je Bank der drei führenden Ratingagenturen (Standard & Poor's, Moody's und FITCH) zurückgegriffen werden, wodurch eine konservative und sichere Bewertung entstehen würde. Das Unternehmen kann somit ein Minimum-Rating (z. B. Investmentgrade oder höher) definieren. Banken, die dies nicht erfüllen, scheiden demzufolge als Geschäftspartner aus und spielen für das Unternehmen bei Bankgeschäften keine Rolle.

3.5.3.2 Verwendung von Stresstestergebnissen

Eine weitere Möglichkeit zur Determinierung des Kontrahentenrisikos von Banken ist die Verwendung von Stresstestergebnissen. Mittels Bankenstresstests wird überprüft, wie verlustanfällig und somit stabil eine Bank in Krisensituationen ist. Hierbei ist allerdings darauf hinzuweisen, dass bspw. die European Banking Authority ein EU-weites Stresstesting nur einmal im Jahr durchführt.[1058] Die Ergebnisse solcher Stresstests sind somit reine Momentaufnahmen und unterliegen keiner permanenten Überwachung, wie es bspw. bei Ratings der Fall ist. Darüber hinaus sind die Ergebnisse verschiedener Stresstests aus unterschiedlichen Ländern nur schwer miteinander vergleichbar (unterschiedliche Szenario innerhalb der Tests etc.). Es lassen sich selbst die Ergebnisse von Stresstests in einem Land bzw. Region in unterschiedlichen Jahren teilweise nicht vergleichen, da diese unterschiedliche Szenarien verwenden (bspw. EU-weiter Stresstest der EBA in 2010 und 2011).[1059] Es liegt somit keine Vergleichbarkeit der verschiedenen Stresstests vor. Darüber hinaus existiert keine einheitliche international gültige Kategorisierung der Ergebnisse, wie beispielsweise bei Ratings. Des Weiteren

---
[1057] Vgl. Guserl/Pernsteiner (2011), S. 324.
[1058] Vgl. European Banking Authority (2012), online.
[1059] Vgl. Hummerl/Uhlig (2012), S. 277.

werden Stresstests bis heute nicht innerhalb standardisierter Zeitintervalle wiederholt. Sie beziehen sich auch nicht auf die Situation einzelner Banken, sondern sind für die Messung der Krisenresistenz des Finanzsystems gedacht. Sie können daher nicht als Frühindikator für Probleme von einzelnen Banken angesehen werden, da ihnen kein permanentes Monitoring der Banken zugrunde liegt.

Zusammenfassend fehlt für die Anwendung in der Bankensteuerung somit die Frühwarnindikatorfunktion bei den Stresstests. Hinzu kommt die mangelhafte Vergleichbarkeit, wodurch eine Verwendung innerhalb der Bankensteuerung stark erschwert wird. Hier bedarf es erheblichem Arbeitsaufwand, um die Ergebnisse der Stresstests von verschiedenen Ländern (zumindest annähernd) vergleichbar zu machen. Aus diesen Gründen wird die Verwendung der Ergebnisse von Stresstests als alleinige Informationsgrundlage für die Kontrahentenrisiko-Determinierung im Rahmen von konzerninternen Bankenratings als nicht ratsam angesehen, vielmehr sollten solche Stresstestergebnisse (maximal) als zusätzlicher Inputfaktor bspw. neben Ratings Verwendung finden. In dem Fall, dass ein Bankinstitut einen Stresstest nicht besteht, sollte dies dazu führen, dass das Unternehmen sein Bankgeschäft von dieser Bank abzieht und somit Risikovermeidung betreibt oder zumindest eine Detailanalyse der Bankbeziehung mit der entsprechenden Bank eingeleitet wird.

3.5.3.3 Verwendung von Credit Default Swap-Spreads

Ein Credit Default SWAP ist ein sehr nützliches Instrument zur Determinierung von Ausfallwahrscheinlichkeiten.[1060] In seiner Urform dient ein solcher Credit Default Swap (CDS) zur Absicherung von Ausfallrisiken. Ein einfaches Beispiel hierfür ist die Absicherung einer Anleihe. Der Käufer eines Credit Default Swaps sichert durch den Erwerb eines CDS gegen den Zahlungsausfall (Kreditereignis) des anleihebegebenden Referenzunternehmens ab. Der CDS-Käufer leistet dann einen meist vierteljährlich und nachschüssig zu zahlenden CDS-Spread (Prozentsatz in Basispunkten des abgesicherten fiktiven Nominalbetrags) an den CDS-Verkäufer. Der Verkäufer erhält diesen CDS-Spread und zahlt im Falle des Eintretens eines (im Voraus definierten) Kreditereignisses eine Ausgleichszahlung an den CDS-Käufer. Alternativ ist eine Lieferung von Referenzanleihen denkbar. Die Zahlungen des CDS-Käufers an den CDS-Verkäufer werden nach dem Eintritt eines Kreditereignisses eingestellt. Verbleibende noch offene Teilzahlungen auf Grund der Nachschüssigkeit der Zahlung des CDS-Spreads sind jedoch noch anteilig bis zum Tag des Kreditereignisses zu leisten.[1061]

[1060] Vgl. Hull (2012), S. 352 ff.
[1061] Vgl. Hull (2009), S. 645 ff.; vgl. Albrecht/Maurer (2009), S. 982 f. und vgl. Hull (2012), S. 352 ff.

Im Hinblick auf die Determinierung der dem CDS zugrundeliegenden Ausfallwahrscheinlichkeit im Folgenden ein kurzes Beispiel: Zur Vereinfachung wird ein einjähriger CDS angenommen, bei dem der CDS-Spread (S) im Voraus gezahlt wird. Die Ausfallwahrscheinlichkeit wird mit p bezeichnet und R steht für die Recovery Rate, die dem CDS zugrunde liegt. Die erwartete Auszahlung des CDS ist somit als *(1-R)p* definiert. Am Anfang des CDS-Kontrakts wird S so gewählt, dass der Wert der SWAP-Transaktion gleich Null ist, wodurch folgende Formel sich ergibt: $S = (1-R)p$. Hieraus lässt sich dann bei Annahme einer Recovery Rate von bspw. 40% und einem aktuellen CDS-Spread von 80 Basispunkten eine Ausfallwahrscheinlichkeit von 1,33% errechnen.[1062]

In der Praxis stellt sich jedoch das Problem, dass ohne Bekanntheit der exogen gegebenen Recovery Rate sich keine Ausfallwahrscheinlichkeit aus CDS-Spreads ableiten lässt. Hier kann sich bspw. durch die Verwendung eines Standardwertes von 40% für die Recovery Rate geholfen werden. Eine solche Wahl ist weitestgehend unproblematisch, da sich die berechneten Preise bis hin zu einem Wert von 70% als empirisch relativ unsensibel in Bezug auf die Recovery Rate zeigen.[1063] Somit ist es im Zuge eines unternehmensinternen Bankenratings denkbar, dass standardgemäß eine Recovery Rate von 40% angenommen wird, um die Ausfallwahrscheinlichkeit aus CDS-Spreads (näherungsweise) abzuleiten. Alternativ können auch direkt die Basispunktwerte der CDS-Spreads Verwendung finden; dies würde eine als einheitlich angenommene Recovery Rate für alle bewerteten Banken implizieren. Diese Annahme erscheint für die Praxis als rechtfertigbar. Das Unternehmen kann somit ein Ranking der Banken anhand ihrer CDS-Spreads durchführen und einen maximal akzeptablen CDS-Spread definieren. Die Höhe des maximalen CDS-Spreads ist unternehmensindividuell je nach Risikofreudigkeit des Unternehmens zu definieren. Banken, die einen höheren als den akzeptierten CDS-Spread aufweisen, würden nicht als Geschäftspartner in Frage kommen.

3.5.3.4 Bewertung der Alternativen

Nach der Vorstellung der drei Alternativen zur Ermittlung des Kontrahentenrisikos bei Banken anhand externer Bewertungen und frei verfügbarer Informationen kann die Verwendung von Stresstestergebnissen als alleiniges Kriterium ausgeschlossen werden. Zum einen bilden sie eine reine Momentaufnahme, die meist nur jährlich ermittelt wird, und zum anderen ist nicht davon auszugehen, dass es für alle weltweit relevanten Banken eines Internationalen Unternehmens solche Ergebnisse gibt. Sollte dies doch der Fall sein, so variiert die Methodik der durchgeführten Stresstests je Land (Bsp. USA vs. Europa) und ist somit nur

---

[1062] Vgl. Hull (2009), S. 645 ff.
Für eine Berechnung von Ausfallwahrscheinlichkeiten bei mehrjährigen CDS-Spreads, vgl. Hull (2009), S. 645 ff.
[1063] Vgl. DVFA (2007), S. 15 f., online.

schwer vergleichbar. Stresstest-Ergebnisse sollten daher maximal ergänzend Anwendung finden, jedoch auf keinen Fall das alleinige Hauptkriterium bilden. Es verbleiben somit noch externe Ratings und CDS-Spreads. An dieser Stelle wird sich für eine kombinierte Verwendung beider Bewertungsmöglichkeiten ausgesprochen. Der Vorteil von Ratings ist, dass sie standardisiert, vergleichbar sowie langfristig orientiert sind und sie betrachten das (finanz-)wirtschaftliche Umfeld des Ratingobjekts. Es kann daher davon ausgegangen werden, dass sie nicht stark subjektiv oder emotional getrieben sind, da ihnen ein standardisierter Bewertungsprozess zugrunde liegt. Allerdings bedürfen Ratinganpassungen durch Ratingagenturen Zeit, wodurch Ratings einen teilweise nachläufigen Charakter aufweisen können. Aktuell sehen daher einige Marktteilnehmer Ratings als zu langsam reagierend an.[1064] Aus diesem Grund wird auch der kombinierte Einsatz von Ratings und CDS-Spreads befürwortet. Durch die zusätzliche Verwendung von CDS-Spreads kann eine tagesaktuelle Ermittlung von Ausfallrisiken durchgeführt und somit auftretende Tendenzen früh erkannt werden. Allerdings werden CDS-Spreads durch Marktkräfte bestimmt und können auf Grund von Spekulationen und psychologischen Geschehnissen an den Finanzmärkten beeinflusst sein. Eine alleinige Verwendung von CDS-Spreads ist somit auch nicht sinnvoll, da hier theoretisch das Problem des Herdenverhaltens auftreten kann und so evtl. übereilte Entscheidungen getroffen werden.

Zusammenfassend kann keine der drei vorgestellten Methoden für einen alleinigen Einsatz zur Bewertung von Kontrahentenausfallrisiken von Banken im Rahmen des Bank-Relationship-Managements als ideal geeignet angesehen werden. Eine Kombination von mehreren Methoden erscheint sinnvoll. Die Kombination von Ratings und CDS-Spreads weist den Vorteil auf, dass sich beide Bewertungsansätze ergänzen. Bei kombinierter Anwendung finden sowohl marktbezogene Bewertungskriterien über die CDS-Spreads als auch eine objektive, standardisierte Gesamteinschätzung (über marktbezogene Aspekte hinausgehend) der zu bewertenden Bank über das Rating in die Steuerung der Ausfallrisiken Eingang. Darüber hinaus wird durch eine solche Kombination eine eher kurzfristig orientierte Komponente (CDS-Spreads) mit einer mittelfristig bis langfristig orientierten Komponente (Rating) gemeinsam betrachtet.

[1064] Für den Grundgedanken vgl. PWC (2010), S. 6.

3.5.4 Steuerung von bankbezogenen Kontrahentenausfallrisiken für Unternehmen

Für die Steuerung von Kontrahentenrisiken gibt es verschiedenste Ansätze; die verbreitetsten sind Risikobegrenzung, Risikodiversifikation und Risikoabsicherung. Die Abbildung 46 stellt vorab die im Folgenden besprochenen Möglichkeiten im Hinblick auf die Steuerung von Kontrahentenrisiken im Rahmen der Bankensteuerung im Treasury-Management überblicksartig dar.

Risikobegrenzung

Eine Möglichkeit der Reduzierung von Kontrahentenrisiken ist die Vermeidung von Geschäften mit Kontrahenten, die eine für das jeweilige Unternehmen als zu gering festgelegte Bonität haben.[1065] Hier handelt es sich um den Steuerungsansatz „Risikobegrenzung". Diese Steuerungsmaßnahme sollte, wie bereits in Kapitel 3.4.3.3.4 dargestellt, den ersten Schritt eines konzerninternen Bankenratings bilden. Das Unternehmen legt entweder ein Mindestrating für Banken fest (z. B. Investment-Grade)[1066] oder aber arbeitet mit einer maximalen Ausfallwahrscheinlichkeit (bspw. CDS) bzw. einer Kombination beider.

Abbildung 46: *Steuerung von Kontrahentenrisiko*

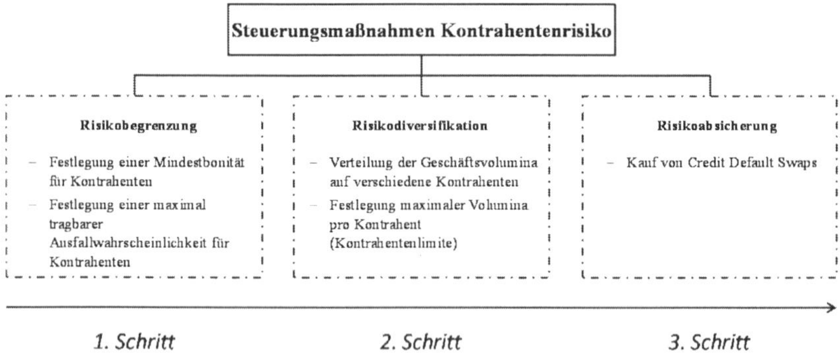

```
                    Steuerungsmaßnahmen Kontrahentenrisiko
        ┌───────────────────────┬───────────────────────┬───────────────────────┐
        │   Risikobegrenzung    │  Risikodiversifikation│   Risikoabsicherung   │
        │                       │                       │                       │
        │ - Festlegung einer    │ - Verteilung des      │ - Kauf von Credit     │
        │   Mindestbonität      │   Geschäftsvolumina   │   Default Swaps       │
        │   für Kontrahenten    │   auf verschiedene    │                       │
        │ - Festlegung einer    │   Kontrahenten        │                       │
        │   maximal             │ - Festlegung maximaler│                       │
        │   tragbarer           │   Volumina            │                       │
        │   Ausfallwahrschein-  │   pro Kontrahent      │                       │
        │   lichkeit für        │   (Kontrahentenlimite)│                       │
        │   Kontrahenten        │                       │                       │
        └───────────────────────┴───────────────────────┴───────────────────────┘
              1. Schritt              2. Schritt              3. Schritt
```

Quelle: *Eigene Darstellung.*

Risikodiversifikation

Die Steuerung des Kontrahentenrisikos der verbleibenden Banken kann durch Kontrahentenlimite erreicht werden. Hier besteht die Möglichkeit, das Volumen pro Kontrahent zu begrenzen und so das Gesamtrisiko – mittels einer Diversifikation (Streuung) des Kontrahentenrisikos über verschiedene Vertragspartner – zu reduzieren. Es ist entweder ein pauschales für alle Kontrahenten gleiches Limit

---
[1065] Vgl. Kühne (2010), S. 110. und vgl. Braun/Lange (2011), S. 205.
[1066] Vgl. Verband Deutscher Treasurer (2007), S. 21 f.

denkbar oder aber die Kontrahentenlimite werden in Abhängigkeit der Ratingeinstufung (oder des CDS-Spreads) der Banken festgelegt. Hier würde sich das maximal vergebbare Volumen je Kontrahent proportional zur Güte des Ratings verhalten.[1067] Darüber hinaus sollte immer gelten, kein Geschäftsabschluss ohne zuvor festgelegtes Kontrahentenlimit sowie Kontrahentenlimite dürfen nicht auf Dauer bestehen, sondern sind regelmäßig sowie nach Bedarf zu überprüfen und gegebenenfalls zu adjustieren. Es ist eine laufende Überwachung durchzuführen. Limitüberschreitungen bedürfen einer vorherigen schriftlichen Einzelfall-Genehmigung.[1068] Sie sollten jedoch nur sehr selten vorkommen und möglichst vermieden werden. Das Hauptziel von Limitsystemen ist die Vermeidung von Klumpenrisiken bei einzelnen Banken. Aus diesem Grund sollten die Anwendung findenden Kriterien entsprechend gewählt und im Voraus Folgemaßnahmen bei einer Limitverletzung klar definiert werden.[1069] Eine solche Folgemaßnahme kann bspw. ein Kontraktionsstopp (kein Abschluss von neuen Verträgen) sein oder es wird das gesamte Geschäft der Bank entzogen (inklusive Altverträge).

Des Weiteren ist eine Diversifikation ohne Kontrahentenlimite in der Form denkbar, dass das zu vergebende Geschäftsvolumen auf möglichst viele Banken verteilt wird, um so mittels klassischer Diversifikation die Kontrahentenrisiken zu minimieren.

Risikoabsicherung

Ergänzend zu der gerade beschriebenen Risikodiversifikation ist auch eine Risikoabsicherung des Kontrahentenrisikos mit Hilfe von Credit Default Swaps denkbar. Hier ist allerdings darauf hinzuweisen, dass durch den Abschluss eines solchen CDS wiederum Kontrahentenrisiken entstehen können. Diese sind jedoch weitestgehend zu vernachlässigen, da bei Finanzderivaten üblicherweise ein Netting von Zahlungen stattfindet sowie bei einem OTC-Clearing das eingesetzte Clearinghouse die Lieferungen- und Zahlungen beider Parteien garantiert (weitestgehend Eliminierung des Kontrahentenrisikos). Ein Unternehmen sollte daher stets auf Clearingstellen bei dem Abschluss von Finanzkontrakten zurückgreifen.[1070] Der Einsatz von CDS für das Management von Kontrahentenrisiken im Zuge der Bankensteuerung sollte bspw. im Falle einer akuten Ratingverschlechterung einer Bank Anwendung finden. Fällt eine Bank auf Grund einer Ratingherabstufung aus dem Kreis der in Frage kommenden Banken für ein Unternehmen heraus, so sollte für die Zeitdauer bis alle Geschäfte von dieser Bank abgezogen wurden, eine Sicherung über CDS erfolgen.

[1067] Vgl. Braun/Lange (2011), S. 205; vgl. Kühne (2010), S. 110.; vgl. Verband Deutscher Treasurer (2007), S. 21 f. und vgl. Verband Deutscher Treasurer (2011), S. 44 ff.
[1068] Vgl. Verband Deutscher Treasurer (2011), S. 45 f.
[1069] Vgl. Waidacher/Dönges (2011), S. 424 f.
[1070] Vgl. Braun/Lange (2011), S. 205.; vgl. Beinker/Föhl (2012), S. 36 f. und vgl. Albrecht/Maurer (2008), S. 17.

Schrittfolge des Einsatzes der kontrahentenrisikobezogenen Steuerungsmaßnahmen

Abschließend kann eine Schrittfolge der beschriebenen Steuerungsmaßnahmen für das Kontrahentenrisikomanagement im Zuge der Bankensteuerung im Treasury-Management von Internationalen Unternehmen abgeleitet werden. Es sollte nach Meinung des Autors zunächst eine Risikobegrenzung durch die Einführung einer Mindestratingnote (z. B. Investment-Grad) für Banken, mit denen ein Unternehmen Geschäftsbeziehungen unterhält festgelegt werden (Schritt eins des unternehmensinternen Bankenratings – siehe auch Kapitel 3.4.3.3.4). Danach sollten bei der Geschäftszuweisung (siehe hierzu auch Kapitel 3.4.3.4) die Ergebnisse (Tier-Bank-Kategorisierung) des unternehmensinternen Bankenratings sowie die Ratingnote bzw. der CDS-Spread der einzelnen Banken berücksichtigt werden. Es sollte eine möglichst große Risikodiversifikation mit einem Limitsystem angestrebt werden; allerdings ist hier immer darauf zu achten, dass der vergebende Anteil an Geschäftsvolumina jeder Bank (speziell der Tier-1-Banken) so groß ist, dass die Bank das Unternehmen als wichtigen Kunden ansieht. Die Verwendung von CDS zur Absicherung wird als letzter Schritt angesehen und sollte nur in Extremsituationen Anwendung finden. Die beschriebene Abfolge findet sich in Abbildung 22 am Anfang des Kapitels wieder.

3.6 Exkurs: Organisation des Treasury-Managements

Der Bereich „Treasury-Organisation" des Treasury-Management-Modells umfasst alle organisationalen Aspekte der Treasury. Dieser Bereich kann als eine Art Fundament (Ordnungsrahmen) für die anderen Bereiche verstanden werden. Auf Grund dieses Blickwinkels wird im Anschluss zunächst eine Einordnung der Treasury-Management-Organisation in den Gesamtkonzern vorgenommen. Hierbei geht es nicht primär um die Abgrenzung zu anderen Funktionsbereichen, sondern vielmehr um die Stellung der Treasury im Unternehmen. In Bezug auf die Einordnung des Treasury-Managements in die organisationale Hierarchie der Gesamt-Unternehmung ist Folgendes festzuhalten: Die Treasury-Management-Abteilung berichtet prinzipiell[1071] an den CFO[1072] (bzw. oder den Finanzvorstand) sowie bei Bedarf an spezielle Komitees.[1073] Somit ist die Treasury mit dem Senior-

---

[1071] *Teilweise gibt es auch innerhalb der Berichts- und Führungslinie einen Vice President of Finance oder einen Director/Manager of Treasury, an die die Treasury-Abteilung zusätzlich berichtet. Vgl. Horcher (2006), S. 8.*

[1072] *Die Abkürzung CFO (Chief Financial Officer) hat sich in der letzten Zeit als gängige Praxis für die Bezeichnung des Finanzchefs von börsennotierten Aktiengesellschaften sowie Groß-Unternehmen etabliert. Vgl. Guserl/Pernsteiner (2004), S. 9.*

Aus diesem Grund wird auch in dieser Arbeit im Folgenden die Abkürzung CFO als die Bezeichnung für den übergeordneten Chef/Leiter des gesamten Finanzbereichs verwendet. Es findet somit keine Unterscheidung der Bezeichnung der übergeordneten Leitung des Finanzbereichs nach dem kontinentaleuropäischen Modell (Finanzvorstand) oder dem angelsächsischen Modell (Chief Financial Officer) statt.

[1073] Vgl. Bragg (2010a), S. 7. und vgl. Horcher (2006), S. 6.

Management der Unternehmung über klare Berichts- und Führungslinien verbunden. Hierdurch wird eine schnelle Informationsweitergabe und eine Förderung von zeitnahen Entscheidungen sichergestellt.[1074] Das Treasury-Management bildet organisatorisch nur einen Teil der gesamten Finanzfunktion. Hierbei wird unter Finanzfunktion die organisatorische Einheit eines Unternehmens verstanden, die für das Management aller finanzwirtschaftlichen Aktivitäten verantwortlich ist. Dieser Organisationsbereich umfasst somit die klassischen Bereiche Rechnungswesen, Controlling und Finanzmanagement (Treasury) sowie alle angrenzenden Themenbereiche (wie z. B. Investor-Relations), die im Verantwortungsbereich des CFOs liegen.[1075]

Dem CFO als obersten Finanzchef einer Unternehmung obliegt eine Vielzahl an Aufgaben. Hinzu kommt, dass sich die Rolle des CFO auf Grund von fundamentalen Änderungen in der Unternehmensumwelt in den letzten Jahren stark verändert hat.[1076] Vor allem hat sowohl die interne als auch die externe Präsenz deutlich zugenommen. Der damit einhergehende „Paarlauf" von CFO und CEO[1077] (Chief Executive Officer) erfordert ein koordiniertes Vorgehen.[1078] Das lange Zeit dem CFO anhaftende Image des Buchhalters und Abschlusserstellers gehört der Vergangenheit an (siehe auch Kapitel 2.2.1).[1079] Es kann daher davon gesprochen werden, dass der CFO enger an den CEO herangerückt ist.[1080] Er muss nicht nur die Erstellung der Abschlüsse überwachen, sondern auch dafür Sorge tragen, dass eine ausreichende Liquidität zur Verfügung steht und Chancen und Risiken managen. Er hat die Hauptverantwortung für das unternehmenseigene Planungs- und Kontrollsystem, gestaltet die Beziehung zu unternehmensexternen Kapitalgebern und verantwortet darüber hinaus die komplette Finanzkommunikation. Ergänzend muss er für eine hohe Effizienz sorgen und ständig nach Optimierungspotenzialen suchen.[1081]

Das bereits angesprochene enge Zusammenrücken des CFO und CEO – vor allem im Strategiebereich – führte des Weiteren dazu, dass die Treasury näher an den CFO gerückt ist und somit ein genereller Aufwertungstrend des gesamten Finanzmanagements in Richtung Strategieverantwortung zu verzeichnen ist.[1082] Die Treasury steht heute an der Seite der obersten Führungsriege und agiert im Sinne der dritten Stufe des Treasury-Partner-Modells.

[1074] Vgl. de Freitas (2010), S. 223.
[1075] Vgl. Häfner/Hiendlmeier (2008), S. 150.
[1076] Vgl. Masquelier (2011), S. 39. und vgl. Rapp/Wullenkord (2011), S. 17.
[1077] *Die Personalberatung Spencer Stuart hat in ihrer 2009 veröffentlichten Studie mit dem Namen „From CFO to CEO" gezeigt, dass es einen Trend gibt, dass Vorstandsvorsitzende (CEOs) vermehrt aus dem Finanzbereich rekrutiert werden. Vgl. Spencer Stuart (2009), S. 1 ff., online.*
[1078] Vgl. Guserl/Pernsteiner (2004), S. 7.
[1079] Vgl. Rapp/Wullenkord (2011), S. 17.
[1080] Vgl. Masquelier (2011), S. 41.
[1081] Vgl. Rapp/Wullenkord (2011), S. 17 f. und vgl. Guserl/Pernsteiner (2004), S. 13.
[1082] Vgl. Masquelier (2011), S. 41. und Kapitel 2.2.1, 2.2.3.2. sowie 2.2.4.

Diese Aufwertung des Treasury-Managements, einhergehend mit der massiven Einflusszunahme des CFO auf die Unternehmensstrategie und Unternehmenspolitik,[1083] ist selbstverständlich nur möglich, wenn die nötigen Ressourcen für die Finanzfunktion vorhanden sind. Da es in kleinen Unternehmen meist keine Treasury-Abteilung oder auch nur einen Treasurer gibt, trifft die beschriebene Stellung der Treasury-Abteilung und des CFOs nur auf große Unternehmen (meist börsennotierte, international tätige Aktiengesellschaften) zu. In kleineren Unternehmen (KMUs) werden die klassischen Aufgaben der Treasury oftmals durch das Rechnungswesen mit wahrgenommen und durch das Controlling beaufsichtigt. Je größer ein Unternehmen wird, desto wichtiger wird eine eigenständige Treasury.[1084] Für eine grafische Darstellung des Erörterten siehe Abbildung 47.

Abbildung 47: *Stellung des CFOs und der Treasury im Unternehmen*

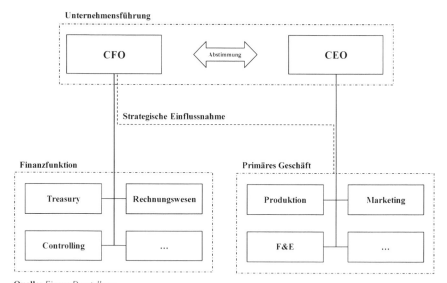

Quelle: *Eigene Darstellung.*

[1083] Vgl. Guserl/Pernsteiner (2004), S. 26.
[1084] Vgl. Bragg (2010a), S. 7 f. und vgl. Horcher (2006), S. 8.

3.6.1 Treasury-Management – Office-Organisation

Eine Treasury-Organisation wächst im Normalfall mit der Größe eines Unternehmens mit. Es entsteht so die Möglichkeit der Spezialisierung und es können Mitarbeiter explizit für bestimmte Themenbereiche eingestellt[1085] werden.[1086] In diesem Zusammenhang ist zu klären, wie die Aufgaben und Verantwortlichkeiten zu verteilen sind.

Bei der Gestaltung der Aufbau- und Ablauforganisation im Treasury-Management ist eine Trennung von miteinander unvereinbaren Aufgaben zu beachten. Hier sind je nach Unternehmen und vorliegendem primärem Geschäft (Komplexität und Risikogehalt) entsprechende Regelungen für die Aufbauorganisation[1087] zu schaffen.[1088] Aus diesem Grund ist eine funktionale und organisatorische Trennung des Treasury-Managements und seiner Aufgaben in Front-Office, Middle-Office und Back-Office (Office-Organisation[1089]) anzuraten. Um eine solche Trennung zu erreichen, bedarf es klar abgegrenzter und definierter Prozesse, Aufgaben, Kommunikationswege sowie Verantwortlichkeiten und Kompetenzen – auch im Fall einer Vertretung.[1090] Die konkrete Ausgestaltung einer solchen Office-Organisation des Treasury-Managements kann wie folgt beschrieben werden.

Front-Office

Das Front-Office umfasst die originären Treasury-Management-Aufgaben (siehe auch Kapitel 2.2.3.1)[1091] Es ist handelsberechtigt und agiert im Namen des Unternehmens bei der Durchführung von Finanztransaktionen. Mitarbeiter in diesem Bereich verfügen über eine Handelsberechtigung. Sie müssen sich jedoch an das vorgegebene Limit je Finanzinstrument halten. Eine Ernennung von autorisierten Händlern erfolgt zumeist schriftlich von der Treasury-Leitung und ist extern an Geschäftspartner zu kommunizieren.[1092] Handelsgeschäfte sollten grundsätzlich nur zu marktkonformen Konditionen abgeschlossen werden. Ausnahmen bedürfen

---

[1085] Laut der Studie „Global Corporate Treasury Research Programme" in 2008, in der 970 Unternehmen aus Nord-Amerika, West-Europa und der Asien-Pazifik-Region untersucht wurden, stellte sich heraus, dass gerade auch im Bereich Treasury-Management in dieser Zeit (um das Jahr 2008) neue Mitarbeiter eingestellt wurden. Dieses Wachstum in unsicheren und turbulenten Zeiten (speziell an den Finanzmärkten) belegt nochmals die Wichtigkeit des Treasury-Managements für Unternehmen. Vgl. Treasury Strategies (2008), S. 34.
[1086] Vgl. Treasury Strategies (2008), S. 35.
[1087] Die gewählte Aufbauorganisation der Treasury-Abteilung beeinflusst direkt die dazugehörige (resultierende) Ablauforganisation. Vgl. Gilg (2008), S. 298.
[1088] Vgl. Verband Deutscher Treasurer e.V. (2008), S. 23.
[1089] Rapp (2011) stellt neben der Office-Organisation auch noch eine funktionale Organisation des Treasury-Managements vor. Im Fall der funktionalen Organisation erfolgt die Aufgabenverteilung nach Schwerpunktgebieten. Hierbei kann zusätzlich eine Trennung zwischen standardisierten, reportingbezogenen Aufgaben sowie Aufgabenbereichen mit erforderlichem Spezialwissen oder speziellen Risiken vorgenommen werden. Vgl. Rapp (2011), S. 76 f. sowie für ein Beispiel (Volkswagen AG), vgl. Reisch (2009), S. 17 ff.
[1090] Vgl. Guserl/Pernsteiner (2011), S. 543:
[1091] Vgl. Rapp (2011), S. 76.
[1092] Vgl. Gilg (2008), S. 299; vgl. Guserl/Pernsteiner (2011), S. 543 und vgl. Verband Deutscher Treasurer e.V. (2008), S. 25 f.

einer Genehmigung der Geschäftsführung. Die Höhe der Abweichung zur Marktkonformität ist zu begründen und zu dokumentieren.[1093] Der Handel sollte grundsätzlich innerhalb der hierfür vorgesehenen Räume und Zeiten im Unternehmen stattfinden und über jedes Geschäft eine umfangreiche Dokumentation angelegt werden. In der Regel findet eine automatische IT-gestützte Dokumentation des Händlerzettels (Dealer Slip) statt. Eventuelle Ausnahmen sind vorab zu regeln und bei Eintreten direkt an das Back-Office zu kommunizieren.[1094]

Middle-Office

Die Kernaufgaben des Middle-Office liegen in der fachlichen Festsetzung von anzuwendenden Methoden sowie der Bereitstellung der hierfür notwendigen Ressourcen. Des Weiteren zählt die Überwachung der (operativen) Risikopolitik zu den Aufgaben des Middle-Office. Es muss gewährleistet sein, dass einheitliche Messmethoden zur Risikoidentifizierung zu Verfügung stehen und eingesetzt werden. Die Vergleichbarkeit und Aggregation von Risikopositionen muss möglich sein.[1095] In diesem Bereich werden auch die Grundpfeiler für die Etablierung eines Systems zur Steuerung der Treasury-Management-Aufgaben gelegt. Hierbei geht es speziell um Erfassung, Steuerung und Führung im Bereich des Treasury-Managements.[1096] Auf der Grundlage der Risikopolitik des Konzerns sowie weiteren treasuryrelevanten Richtlinien[1097] überwacht das Middle-Office die existierenden Limits und andere Vorschriften. Hieraus wird die Risikolage ermittelt und (gegebenenfalls) regelwerkskonform an die Geschäftsleitung berichtet. Es bedarf somit eines klar definierten Empfängerkreises für diese Risikoberichte.[1098] Das Middel-Office steht typischerweise in einer direkten Verbindung zu der Geschäftsführung (meist dem CFO) und berichtet dort über die existierenden Risiken im Konzern (Risikoberichterstattung).[1099] Für besondere Vorkommnisse bedarf es einer Eskalationsrichtlinie zur Ad-hoc-Berichterstattung. Das Middle-Office kann somit unter anderem als eine Art „eigenständige, dem Treasury-Management zugehörige Risiko-Controlling-Abteilung" betrachtet werden.[1100]

[1093] Vgl. Verband Deutscher Treasurer e.V. (2008), S. 27.
[1094] Vgl. Gilg (2008), S. 299; vgl. Guserl/Pernsteiner (2011), S. 543. und vgl. Verband Deutscher Treasurer e.V. (2008), S. 27.
[1095] Vgl. Gilg (2008), S. 299 und vgl. Verband Deutscher Treasurer e.V. (2008), S. 31.
[1096] Vgl. Gilg (2008), S. 299.
[1097] Für eine Übersicht möglicher Richtlinien im Treasury-Management vgl. Rapp (2011), S. 79 und vgl. Pelzer (2008), S. 10.
[1098] Vgl. Gilg (2008), S. 299.
[1099] Vgl. Horcher (2006), S. 245 und vgl. Gilg (2008), S. 301.
[1100] Vgl. Guserl/Pernsteiner (2011), S. 544.

Back-Office

Das Back-Office führt die erforderliche Kontrolle sowie die fachgerechte Abwicklung der im Front-Office abgeschlossenen Geschäfte durch (Kontrolle des Handelsgeschäfts). Hierunter fallen bspw. die Freigabe von Handelsaufträgen im Rahmen des Vier-Augen-Prinzips oder der Abgleich von Geschäftsbestätigungen. Somit sind abgeschlossene Finanztransaktionen von Seiten des Back-Office grundsätzlich gegenüber den Vertragskontrahenten des jeweiligen Geschäfts zu bestätigen, um dann Zahlungsvorgänge auslösen zu können. Die für die Zahlvorgänge gewählten und vertraglich vereinbarten Zahlungswege sind zu prüfen, zu kommunizieren (bei Änderungen gegenüber den Vertragspartnern) und entsprechend in die TMS einzupflegen.[1101] Für die Verhinderung von Missbrauch sind (externe) Handelsbestätigungen direkt an das Back-Office (nicht über das Front-Office) zu leiten.[1102]

Das Back-Office ist darüber hinaus teilweise in die Erstellung des Treasury-Reporting (z. B. Meldung von Abweichungen) involviert und für die Schnittstelle zur Finanzbuchhaltung[1103] verantwortlich.[1104] Es wird somit die erforderliche (Daten-)Erfassung für Kontrollaktivitäten durchgeführt und eine revisionssichere Dokumentation sichergestellt.[1105]

Zusammenfassend kann in Anlehnung an Rapp (2011) die Office-Struktur des Treasury-Managements wie folgt beschrieben werden:

- Das **„Front-Office"** umfasst die originären Treasury-Management-Aufgaben; hierzu zählen bspw. Schwerpunkte in den Bereichen Liquiditätssteuerung, Bonitätssicherung sowie Währungs- und Zinsmanagement.

- Das **„Middle-Office"** umfasst schwerpunktmäßig das Risikomanagement und ist für die Bestimmung der Risikoposition sowie deren Management verantwortlich; darüber hinaus werden hier Grundlagen zur Steuerung des Treasury-Managements erarbeitet.

- Das **„Back-Office"** umfasst den Schwerpunkt Zahlungsverkehr und dessen Abwicklung; hierunter fallen alle Aufgaben der Dokumentation und Verwaltung.[1106]

[1101] Vgl. Gilg (2008), S. 299 f. und vgl. Verband Deutscher Treasurer e.V. (2008), S. 29.
[1102] Vgl. Gilg (2008), S. 300.
[1103] Für weiterführende Informationen zur gegenseitigen Abgrenzung siehe Kapitel 2.2.4.1 dieser Arbeit oder vgl. Verband Deutscher Treasurer e.V. (2008), S. 33.
[1104] Vgl. Gilg (2008), S. 300.
[1105] Vgl. Guserl/Pernsteiner (2011), S. 544.
[1106] Vgl. Rapp (2011), S. 76 und vgl. Gilg (2008), S. 299.

Ergänzend kann die Einrichtung eines Treasury-Komitees zur Steuerung und Überwachung der Treasury-Management-Aktivitäten erwogen werden. Wird sich für die Einrichtung eines solchen Komitees entschieden, so ist in Form eines Regelwerks die Sitzungsfrequenz und Zusammensetzung des Komitees festzuhalten.[1107] Die Aufgaben des Treasury-Komitees umfassen im Normalfall Beschlüsse zu Maßnahmen und Strategien im Hinblick auf die allgemeinen Anforderungen an das Treasury-Management sowie das Aufgabenspektrum des Funktionsbereiches. Gefasste Beschlüsse bedürfen ergänzend einer Genehmigung der Ressortleitung.[1108]

Zusammenfassend kann unter Berücksichtigung der vorstehenden Ausführungen ein exemplarischer Abwicklungsprozess (Geschäftsabschluss) im Treasury-Management – wie in Abbildung 48 – dargestellt werden.

Abbildung 48: *Exemplarischer Handelsprozess im Treasury-Management*

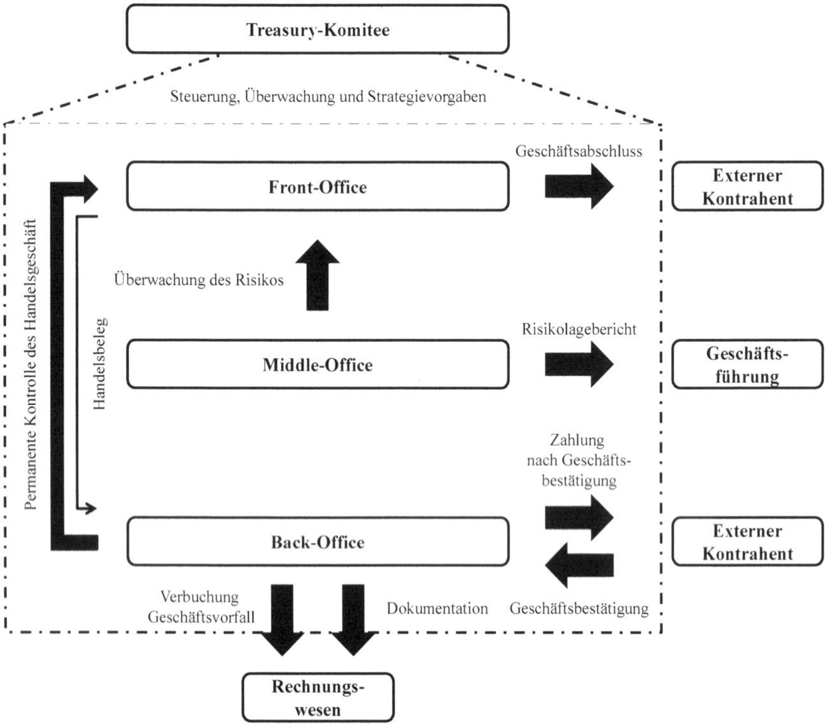

Quelle: *Eigene Darstellung in Abwandlung von Gilg (2008); S. 301.*

[1107] Vgl. Verband Deutscher Treasurer e.V. (2008), S. 31 und vgl. Guserl/Pernsteiner (2011), 544.
[1108] Vgl. Verband Deutscher Treasurer e.V. (2008), S. 31 und vgl. Guserl/Pernsteiner (2011), 544.

3.6.2 Treasury-Management – Zentralisierung vs. Dezentralisierung

Bei der Diskussion der Organisationsstruktur des Treasury-Managements steht die Frage nach dem Grad der Zentralisierung im Vordergrund.[1109] Eine „typische" Organisation gibt es jedoch nicht, vielmehr bildet sich eine Organisationsstruktur auf Grund der Größe der Unternehmung und dem Primärgeschäft heraus.[1110] Aktuell gibt es im Finanzbereich von international tätigen Unternehmen scheinbar den Trend hin zur Zentralisierung. Die Treasury-Aktivitäten werden entweder komplett oder teilweise zentralisiert oder alternativ findet eine SSC-Organisation Anwendung.[1111] Bevor jedoch die Aspekte einer Zentralisierung des Treasury-Managements diskutiert werden können, sei hier vorab auf die Punkte, die es bei einer Entscheidung[1112] über den Zentralisierungsgrad und -zeitpunkt zu berücksichtigen gilt, hingewiesen:

- Transaktionscharakteristika – wie Volumen, Art und Anzahl
- Geografische Ausrichtung (Anzahl der involvierten Länder und Zeitzonen)
- Unternehmensstruktur
- Kontrollmechanismen und -vorschriften[1113] (existierende und evtl. neu benötigte)
- Bank-Beziehungen
- Treasury-Management-System und Stand der Integration mit dem ERP-System
- Standortwahl der Treasury-Abteilung
- Zuordnung der Mitarbeiter (zu Aufgaben und Unternehmensbereichen)
- Entwicklungen an den internationalen Finanzmärkten sowie neue Standards (SEPA)[1114]

[1109] Vgl. Häfner/Hiendelmeier (2008), S. 159.
[1110] Vgl. Allman-Wand/Sagner (2003), S. 11.
[1111] Vgl. Horcher (2006), S. 232.; vgl. Kohnhorst (2001), S. 113. und vgl. Allman-Wand/Sagner (2003), S. 11.
[1112] *Sanders (2012a) benennt als Ergebnis einer Erhebung mit 93 Antworten (63% von Unternehmen mit einem Umsatz von mehr als 1 Milliarde Euro) folgende Top 5-Herausforderungen bei Zentralisierungsprojekten im Treasury-Management: (1) Interner Widerstand (über 50%), (2) steuerliche und regulatorische Unterschiede zwischen Ländern (über 40%), (3) ungeeignete interne Prozesse (über 35 %), (4) fehlende Unterstützung des (Senior-)Managements (über 30%) und (5) fehlende Unterstützung der internen IT (über 25%), Vgl. Sanders (2012a), S. 12.*
[1113] *Für zusätzliche Informationen zu Treasury-Richtlinien vgl. Pelzer (2008), S. 10. und vgl. Rapp (2011), S. 79.*
[1114] Vgl. Polak (2010a), S. 89 ff.

Wie bereits eingangs erwähnt, erkennen heutzutage immer mehr Internationale Unternehmen die Vorteile[1115] einer Zentralisierung des Treasury-Managements, denn diese bietet die Möglichkeit, eine höhere Effizienz und Transparenz mit einem Echtzeitzugang zu Informationen über ein weitgefächertes geografisches Gebiet und unterschiedliche Unternehmenseinheiten zu realisieren. Ein Hauptvorteil zentralisierter Treasury-Einheiten ist die Bereitstellung von messbaren, einheitlichen, automatisierten, transparenten und effektiven Prozessen. Darüber hinaus bündelt ein zentrales Treasury-Management Experten, Skills und Wissen und ermöglicht so eine kontrollierte und effiziente Entwicklung des Treasury-Managements. Allerdings hängt der Weg hin zu einer zentralisierten Treasury-Einheit von der herrschenden Unternehmenskultur und der geografischen Stellung der Unternehmung (globale Verteilung der Aktivitäten) ab. Organisatorisch ist eine Zentralisierung der Treasury-Management-Aktivitäten an einem Ort denkbar oder aber ein zentralisiertes Agieren aus verschiedenen Standorten[1116] heraus, wobei eine Spezialisierung auf lokale Cash-Management-Aufgaben bspw. denkbar ist oder aber ein 24stündiger Zugang zu den Finanzmärkten gewährleistet werden soll.[1117] Somit kann eine „Global-Local-Treasury" als eine Managementeinheit und Knotenpunkt zwischen Unternehmensteilen verstanden werden;[1118] sozusagen ein Treasury, das vor Ort lenkt und in der Zentrale agiert.[1119]

Optimal kann das Treasury-Management nur agieren, wenn es die nötigen Informationen von den Geschäftsvorfällen vor Ort zeitnah (idealerweise just in time) bekommt, denn nur die jeweiligen Einheiten, die das Grundgeschäft abwickeln, kennen alle Charakteristika der abgeschlossenen Transaktionen. Somit bedarf es hier einem Informationstransfer zur Treasury.[1120] Wurde ein in allen Unternehmensteilen verwendetes ERP-System implementiert, so kann das Treasury-Management ohne großen Aufwand auf alle dezentral erfassten Daten und Vor-

---

[1115] *Sanders (2012a) benennt als Ergebnis einer Erhebung mit 93 Antworten (63% von Unternehmen mit einem Umsatz von mehr als 1 Milliarde Euro) folgende Top 5-Gründe für eine Zentralisierung im Treasury-Management: (1) Kontrolle über Geldbestände und Risiko (über 80%), (2) Erhöhung der operativen Effektivität (über 60%), (3) Working Capital-Optimierung (über 30%), (4) besserer Liquiditätszugang (ca. 30%) und (5) Kosteneinsparung bei Bankgebühren (ca. 30%). Vgl. Sanders (2012a), S. 10.*

[1116] *In diesem Zusammenhang ist eine modellhafte Aufteilung in vier Typen denkbar: (1) „Full Service Global" – hier werden alle Treasury-Management-Aktivitäten von einer zentralen Einheit aus global für die gesamte Unternehmung und in allen Märkten bereitgestellt, (2) „Full Service Local" – hier gibt es je lokaler Unternehmenseinheit eine eigenständige Treasury, welche sich nur mit den Anforderungen dieser lokalen Einheit beschäftigt, (3) „Limited Service Global" – hier werden im Vergleich zu Typ eins nicht alle Treasury-Serviceleistungen global angeboten, einige Aufgaben verbleiben bei den lokalen Einheiten, (4) „Limited Service Local" – hier werden nur sehr wenige treasuryspezifische Serviceleistungen bereitgehalten (benötigt) (z. B. Cash- und Liquiditätsmanagement) und diese lokal erbracht. Vgl. Infosys (2009), online und vgl. Polak/Roslan (2009), S. 333.*
Die Typen eins bis drei sind auf international tätige Großkonzerne prinzipiell anwendbar, der Typ vier auf Grund der begrenzt angebotenen Serviceleistungen im Bereich Treasury eher nicht.

[1117] Vgl. Polak (2010a), S. 88 f.
[1118] Vgl. Bellin (2008), S. 16.
[1119] Bellin (2008), S. 16.
[1120] Vgl. Bellin (2008), S. 16.

gänge problemlos und direkt zugreifen. Verwendet jedoch jede Unternehmenseinheit ihr eigenes ERP- und Accounting-System, so wird es extrem kompliziert. Hier macht es dann unter Umständen Sinn, für jede dieser Einheiten spezielle Treasury-Management-Mitarbeiter abzustellen, um die benötigten Informationen vor Ort zu extrahieren.[1121] Somit können durch ein integriertes System mit einer einheitlichen Datenbasis Zentralisierungsvorteile erreicht und gleichzeitig der Kontakt zu lokalen Einheiten und Märkten aufrechtgehalten werden.[1122]

Eine Zentralisierung des Treasury-Managements bietet die Möglichkeit, Prozesse effizient zu reengenieren und so die angestrebte Effizienz zu erreichen.[1123] Im Idealfall sollten keine Strukturen mehrfach vorgehalten werden. Allerdings ist hierbei auf eine hohe Flexibilität und die Motivation der dezentralen Einheiten zu achten.[1124] Durch eine Zentralisierung der Treasury können Economics of Scale sowie eine Rationalisierung von Kosten erreicht werden. Darüber hinaus besteht die Möglichkeit der Senkung der Kapitalkosten, einer Erhöhung des ROI sowie eines verbesserten Services für andere Unternehmensbereiche bei einer Risikoreduzierung und Sicherung der Liquidität über das Gesamtunternehmen hinweg.[1125] Eine zentralisierte Treasury-Funktion kann durch ein gepooltes Auftreten am Markt bessere Preise erzielen (Stichwort: konzentrierte Verhandlungsmacht) und somit in geografisch stark ausgedehnten Unternehmen auch kleine Einheiten an diesem Vorteil teilhaben lassen. Diese Einheiten können in einem solchen Fall mit hochqualitativen Service-Leistungen versorgt werden. Bei einer für jede Unternehmenseinheit dezentralen Treasury-Abteilung wäre dies fraglich.[1126] Im Hinblick auf Korruption und Geldwäschebekämpfung ist eine zentrale Ausrichtung des Treasury-Managements am effektivsten, da es beispielsweise eine zentrale Überwachung aller Bankverbindungen und Zahlungsvorgänge gibt.[1127]

Grenzen für den Zentralisierungsgrad im Treasury-Management ergeben sich durch (lokale) regulatorische und legale Anforderungen, unterschiedliche Rechnungslegungsvorschriften, verschiedene Zeitzonen bei global operierenden Unternehmen sowie die Akzeptanzproblematik in den dezentralen Einheiten.[1128] Häufig kommt es zu einer Zentralisierung von regionalen Treasury-Einheiten[1129] (Regio-

---

[1121] Vgl. Bragg (2010), S. 8.
[1122] Vgl. Polak (2010a), S. 89.
[1123] Vgl. Polak (2010b), S. 110.
[1124] Vgl. Häfner/Hiendelmeier (2008), S. 159.
[1125] Vgl. Polak (2010a), S. 89 und vgl. Polak (2010b), S. 109.
[1126] Vgl. Horcher (2006), S. 236.
[1127] Vgl. Jourdan/Hesler/Calapa (2008), S. 242.
[1128] Vgl. Häfner/Hiendelmeier (2008), S. 160.
[1129] *Bei der Standortwahl eines (regional oder global) Treasury Centers spielt das steuerliche Umfeld eine wesentliche Bedeutung. Für weiterführende Informationen, vgl. Polak (2010a), S. 91 ff. Der Autor geht des Weiteren auch auf Kriterien für die Wahl zwischen einem globalen oder regionalen Treasury-Center ein. Vgl. Polak (2010a), S. 92 ff. sowie vgl. Giegerich (2002), online.*

nal Treasury-Centers)[1130] auf Grund von Sprachunterschieden und Zeitzonen. Die Zentralisierung in einem Global Treasury-Center[1131] ist noch eher selten.[1132] Unter Umständen kann es durch eine Zentralisierung zu einer reduzierten Entscheidungsgeschwindigkeit (bspw. durch Rückspracheanforderungen mit der Zentrale) sowie einer verschlechterten Wahrnehmung von Veränderungsanforderungen kommen. Dies könnte zu einer Nichtausnutzung von Optimierungsmöglichkeiten im lokalen Bereich führen.[1133] Weitere Nachteile einer Zentralisierung sind die hohen Kosten, die erst durch Kosteneinsparungen amortisiert werden müssen, der Verlust der Verfügungsmacht von dezentralen Einheiten über ihre finanziellen Belange – dies kann mit Demotivation und Widerstand einhergehen – und der Verlust von Marktnähe; hiervon können bspw. Bankbeziehungen nachteilig betroffen sein oder aber es kann benötigtes Wissen über die Geschäftsaktivitäten vor Ort fehlen.[1134] Eine Zusammenfassung der Vorteile findet sich in Tabelle 14.

Im Gegensatz zu einer zentralen Ausrichtung des Treasury-Managements bietet eine lokale oder regionale Organisation der (Unternehmens-)Treasury folgende Vorteile:

- Bessere Möglichkeit, auf lokale Bedürfnisse der Unternehmenseinheiten einzugehen
- Verbesserung des Forecasting im Bereich „Cash" und „Foreign Exchange Exposures"
- Erleichterter Zugang zu Marktinformationen vor Ort
- Vereinfachter Informationsaustausch zwischen dem lokalen Geschäft und der Treasury.

Außerdem ist im Normalfall eine lokale Treasury-Abteilung am besten dazu geeignet, sich mit legalen und steuerlichen Regelungen zu befassen und diese gegebenenfalls in die lokalen Prozesse einzupflegen.[1135]

[1130] Giegerich (2010) definiert ein Treasury Center wie folgt: „A Treasury-Center ("TC") is a centralized treasury management function which is legally structured as a separate group entity or as a branch and is normally located in a tax efficient environment." Giegerich (2010), online.
[1131] Eine (globale) Treasury-Abteilung ist in der Regel zentral oder aber in einer speziell hierfür geschaffenen Finanzgesellschaft angesiedelt. Vgl. Bellin (2008), S. 16. Für eine Darstellung wichtiger Kriterien bei der Standortwahl von Treasury-Centern vgl. Polak (2010b), S. 111.; vgl. Giegerich (2002), online. und vgl. Polak/ Roslan (2009), S. 334 f.
[1132] Vgl. Polak (2010a), S. 91.; vgl. Polak (2010b), S. 110. und vgl. Horcher (2006), S. 237.
[1133] Vgl. Häfner/Hiendelmeier (2008), S. 160.
[1134] Vgl. Horcher (2006), S. 236 f.
[1135] Vgl. Jourdan/Hesler/Calapa (2008), S. 242 f.

Tabelle 14: *Vorteile der Zentralisierung im Treasury-Management*

Vorteile einer Zentralisierung des Treasury-Managements
- Economics of Scale sowie eine Rationalisierung
- Verbesserte Datenqualität und Reporting
- Höhere Effizienz und Transparenz mit einem Echtzeitzugang zu Informationen
- Erhöhung des ROI
- Senkung der Kapitalkosten
- Vermeidung von doppelten Strukturen im Unternehmen
- Bereitstellung von messbaren, einheitlichen, automatisierten, transparenten und effektiven Prozessen
- Möglichkeit, Prozesse effizient zu reengenieren
- Einheitliche Richtlinien und Vorschriften
- Verbesserter Workflow
- Reduzierung der jährlichen Compliance- und (internen) Überwachungskosten
- Vorteile bei der Generierung von Verhandlungsmacht (daraus wiederum Preisvorteile etc.) gegenüber Externen durch zentralisierte Kontakte
- Verbesserte Verwaltung der Cash-Flows bei einer Reduzierung von Float- und Transaktionskosten
- Verbesserung der Kontrolle und Sicherheit über Cash-Bestände
- Verbesserte Kontrolle über Bankverbindungen und geringeres Risiko von Korruption und Geldwäsche
- Das Poolen von Experten, Skills und Wissen und somit eine kontrollierte und effiziente Entwicklung
- Verbesserter Service für andere Unternehmensbereiche

Quelle: *Eigene Darstellung – basierend auf Jourdan/Hesler/Calapa (2008), S. 243.; Horcher (2006), S. 234 f.; Polak (2010a), S. 88 ff.; Polak (2010b), S. 109 ff. und Häfner/Hiendelmeier (2008), S. 159.*

Zusammenfassend kann auf Grund der erörterten Vorteile klar für eine Zentralisierung der Treasury bei Internationalen Unternehmen plädiert werden. Wie diese Zentralisierung abläuft, ist jedoch unternehmensindividuell zu diskutieren. Bragg (2010) stellt bspw. in seinem Beitrag vier Phasen (Phase 1: „Complete Dezentralization", Phase 2: „Centralized netting and hedging", Phase 3: „Centralized investments" und Phase 4: "Centralized Working Capital-Management") hin zu einer Zentralisierung der Treasury vor.[1136]

[1136] Vgl. Bragg (2010a), S. 8 ff.
Polak (2010) schlägt alternativ eine dreistufigen Weg zur Treasury-Management-Zentralisierung vor: Phase (1) – Zentralisierung des Wechselkurs- und Zinsrisikomanagements, Phase (2) – Zentralisierung des Cash- und Liquiditätsmanagements und Phase (3) – vollständige Zentralisierung des Treasury-Managements inklusive transaktionaler Prozesse (AP, AR etc.). Für weiterführende Informationen hierzu vgl. Polak (2010a), S. 89 ff.

3.6.3 Treasury-Management und die Center-Frage

Unstrittig ist, dass die Existenz einer Treasury-Abteilung in Internationalen Unternehmen vorteilhaft ist. Jedoch stellt sich die Frage, wie die Beziehung zwischen der Treasury und anderen Unternehmensbereichen strukturiert sein sollte. Sollte hier ein Gewinnerzielungsgedanke oder doch eher die Service-Leistung im Vordergrund stehen? Aus diesem Grund gilt es die möglichen Center-Konzepte näher zu beleuchten. Die Frage: „Sollte die Treasury als Profit-Center[1137] oder doch eher als Cost oder Service Center[1138] organisiert sein?" gilt es zu beantworten.

Treasury-Management als Profit Center

Profit Center[1139] sind im Allgemeinen wie folgt zu charakterisieren: Sie haben eine volle Gewinnverantwortung und können daher als eine Art von „Unternehmen im Unternehmen" beschrieben werden. Für ihre Führung bedarf es einer weitgehenden unternehmerischen Autonomie sowie aller relevanten Entscheidungskompetenzen, die für die Steuerung der Kosten- und Erlösseite des jeweiligen Bereiches notwendig sind.[1140] Profit Center ermöglichen die Motivation der Mitarbeiter in diesen Bereichen mittels flacherer Hierarchien und einer erleichterten Wertbeitragsmessung innerhalb des Konzerns.[1141]

Eine Begründung für die Entscheidung, das Treasury-Management als Profit Center zu organisieren, lässt sich scheinbar aus dem Aufgabenbereich Risikomanagement ableiten. Die Treasury hat die Aufgabe, die finanziellen Risiken, die durch andere Bereiche im Primärgeschäft des Konzerns generiert werden, zu kontrollieren und im Idealfall zu neutralisieren. Die Treasury erhält somit zu einem Preis „X" diese riskanten Assets (z. B. in Form von zukünftigen Zahlungsverpflichtungen in Fremdwährung) und kann diese (bei Annahme einer fairen Bewertung bei Übertragung) zu einem identischen Wert „X" am Markt absichern oder veräußern. Falls die Treasury jedoch diese Assets mit einem Profit am Markt veräußern kann und somit bspw. erfolgreich Währungskursentwicklungen prognostiziert, scheint es, als sei die Voraussetzung (Gewinngenerierung) für ein Profit Center gegeben.[1142]

[1137] *Die Frage, ob ein Treasury-Center besser als Cost, Service oder Profit Center organsiert sein sollte, hat direkten Einfluss auf die Wahl des Standortes. Ein Treasury-Center organisiert als Profit-Center hat einen klaren Vorteil, wenn es in einer Jurisdiktion mit geringen Steuern (Tax-Haven, etc.) angesiedelt ist. Vgl. Giegerich (2002), online*

[1138] *Neben den genannten Center-Konzepten gibt es auch noch bspw. Revenue-Center (Verantwortung für Umsatz und teilweise Deckungsbeiträge) und Investment-Center (haben neben der Ergebnisverantwortung hinaus auch Verfügungsrechte über die erwirtschafteten Gewinne). Für weiterführende Informationen sowie eine Übersicht über verschiedene Center-Konzepte, vgl. Klimmer (2009), S. 51 f. Diese sind jedoch eher untypisch für das Treasury-Management und werden daher hier auch nicht weiter diskutiert.*

[1139] *Für eine Übersicht von Vor- und Nachteilen von Profit Center-Strukturen, vgl. Preißler (2007), S. 197 f.*
[1140] Vgl. Klimmer (2009), S. 52.
[1141] Vgl. Thiry (1991), S. 40.
[1142] Vgl. Thiry (1991), S. 42 f.

Des Weiteren kann für eine solche Profit Center-Idee nicht nur der obige Aspekt des internen Kaufens und externen profitablen Verkaufens von (fair bewerteten) Exposures (bei Übergang an das Treasury) angeführt werden, sondern auch bspw. die Möglichkeit des unternehmensinternen Ankaufs dieser riskanten Assets zu profitablen Preisen – zumal die Treasury wohl innerhalb des Unternehmens am besten zur Bewertung solcher Aspekte qualifiziert ist. Solche, für das Treasury-Management mit einer positiven Net Present Value behafteten Geschäfte führen zu keinem Gewinn für die Gesamtunternehmung, sondern transferieren nur Gewinne von anderen Bereichen hin zur Treasury. Der Treasurer kann somit seinen Wissens- und Erfahrungsvorsprung sowie seine monopolistische Position innerhalb des Unternehmens – als Käufer auf dem „unternehmensinternen Finanzmarkt" – ausnutzen, um (sichere) Gewinne (für ihn) zu realisieren. Eine andere Möglichkeit zur Gewinngenerierung im Treasury-Management wäre eine Einpreisung von möglichen Schwankungen an den Finanzmärkten sowie ein Risikoaufschlag beim unternehmensinternen Ankauf. Hier käme es aber auch „nur" zu einer unternehmensinternen Gewinnverschiebung und zu keiner Mehrwertgenerierung für die Gesamtunternehmung.[1143]

Es kann nichtsdestotrotz auch bei Verneinung der internen Gewinngenerierung durch die Treasury für ein Profit Center plädiert werden. Die Treasury kann als unabhängiger Spieler an den Finanzmärkten externe Klienten bedienen und so Gewinne erwirtschaften. Hier kann für ein besseres Verständnis eine Parallele zu einer unternehmensinternen Kantine gezogen werden. Die Kantine sollte nicht auf Kosten der Mitarbeiter Gewinne erwirtschaften. Sie kann aber z. B. als externer Catering-Anbieter durchaus Gewinne erwirtschaften und somit den Unternehmenserfolg unterstützen. Das Gleiche gilt im Prinzip auch für das Treasury-Management, wenn es unternehmensexterne Finanzdienstleistungen[1144] anbietet und hierdurch Gewinne erwirtschaftet. Für eine solche Betätigung des Treasury-Managements sprechen folgende Aspekte im Vergleich zum spezialisierten Finanzsektor (Banken etc.): Hohe Ratings, eine kleine und autonome Finanzstruktur, relative Freiheit im Bereich von Regulierungen und ein teilweiser Informationsvorsprung durch internationale Netzwerke etc.; allerdings müssen auch hier immer Wechselwirkungen berücksichtigt werden. So können zwar Internationale Unternehmen teilweise sehr günstig Gelder aufnehmen und diese theoretisch auch weiterverleihen, jedoch muss hierbei beachtet werden, dass durch solche Aktivitäten die Finanzierungsflexibilität (und Kapazität) des Unternehmens eingeschränkt wird, das Rating sich auf Grund von neuen Risiken verschlechtern kann und eventuell keine kritische Größe für Economics of Scale in diesem Bereich – im Vergleich zu (klassischen) Banken – erreicht werden kann. Als letzte Möglichkeit ist noch die reine Spekulation – zum Beispiel mit Währungen oder Aktien – als Ge-

---

[1143] Vgl. Thiry (1991), S. 43 ff.
[1144] *Für weiterführende Informationen zu dem Substitutionsgedanken, dass Internationale Unternehmen klassische Bankleistungen anstelle von (klassischen) Kreditinstituten anbieten, vgl. Dahlhausen (1996), S. 1 ff.*

winnerzielungsmöglichkeit für das Treasury-Management anzuführen. Hierbei ist jedoch das hieraus entstehende zusätzliche Risiko zu beachten (Stichwort: Porsche und die gescheiterte Volkswagen-Übernahme[1145]).[1146]

Zusammenfassend kann somit festgehalten werden, dass die Idee, das Treasury-Management als Profit Center zu organisieren, nicht in die Tat umgesetzt werden sollte – weder basierend auf internen noch externen Transaktionen, denn eine organisatorische Ausrichtung des Treasury-Managements als Profit Center passt im Normalfall nicht zu dem eigentlichen Unternehmensziel eines Industrieunternehmens. Die Treasury-Abteilung müsste durch finanzielle Transaktionen Gewinne erwirtschaften. Dies ist jedoch der Geschäftszweck von Finanzinstituten.[1147] Es würden zusätzlich erhebliche Risikopositionen entstehen, die nicht im Sinne des Ongoing Concern Zieles sind. Darüber hinaus bedürfte es bei einer Durchführung von eigenständigen Geld- oder Devisengeschäften zusätzlich wesentlich umfangreicheren Kontrollmechanismen. Es müssten hier spezielle Tagesumsatz- und Positionslimite sowie Gewinnziele je Händler vorgegeben und permanent überwacht werden. Dies ist bei anderen Organisationsformen, z. B. als Service Center, nicht der Fall.[1148] Das Treasury-Management sollte sich daher besser auf seine originären Zielen und Aufgaben (siehe Kapitel 2.2.3.1 und 2.2.3.2) konzentrieren und eine andere Center-Struktur wählen.[1149]

Treasury als Cost oder Service Center

Das Treasury-Management sollte ein Zero Profit Target haben und intern Preise ansetzen, die seine Durchschnittskosten reflektieren.[1150] Somit käme die Organisation als ein Cost Center in Betracht. In der Regel werden solche Unternehmensbereiche, die keinen direkten Zugang zum Absatzmarkt des Unternehmens (die Treasury hat nur einen Finanzmarktzugang) aufweisen, als Cost Center organisiert. Cost Center erbringen vordefinierte Leistungen unter Einhaltung eines vorgegebenen Kostenbudgets.[1151] Sie haben somit entweder in einem vorgegeben Budget zu operieren oder aber ein bestimmtes Leistungsvolumen mit vordefinierter Qualität kostenminimal bereitzustellen.[1152]

[1145] *Für weiterführende Informationen zu der geplanten Übernahme des Volkswagenkonzerns durch Porsche vgl. Hertle (2011), S. 1 ff. und vgl. Becker (2010), S. 107 ff.*
[1146] Vgl. Thiry (1991), S. 45 ff.
[1147] Vgl. o.V. (2008), online.
[1148] Vgl. Reisch (2009), S. 16.
[1149] *Im Gegensatz zu der hier vertretenen Position, dass von einer Organisation der Treasury als Profit-Center abzuraten ist, argumentiert Kohnhorst (2001), dass nur durch eine Profit-Center-Organisation eine Neuausrichtung des Finanzbereichs stattfinden und dieser nur so einen Erfolgsbeitrag leisten könne. Nur in einem Profit-Center würde eine (Finanzierungs-)Kostenminimierung sowie eine Maximierung von Investitionserträgen zur Erzielung von Erträgen im Vordergrund stehen. Vgl. Kohnhorst (2001), S. 115.*
[1150] Vgl. Thiry (1991), S. 47.
[1151] Vgl. Klimmer (2009), S. 51.
[1152] Vgl. Bea/Göbel (2006), S. 384.

Oft wird auf Grund des fehlenden (direkten) EBITDA-Einflusses des Treasury-Managements die Treasury-Organisation als Cost Center angesehen. In diesem Fall herrscht ein erheblicher Kostensenkungs- und Ressourceneinsparungsdruck auf die Treasury. Es müssen bestimmte Budgetvorgaben eingehalten oder aber die Leistungen kostenminimal erstellt werden. Es kann daher rein theoretisch auf Grund von Sparvorgaben zu einer nicht optimalen Serviceerbringung kommen, wodurch Risiken entstehen können.[1153] Aus diesem Grund wird an dieser Stelle von einer Organisation des Treasury-Managements als (klassisches) Cost Center abgeraten. Die Aufgaben und Ziele der Treasury sollten eine so hohe Priorität haben, dass es keinen primären Kostensenkungsfokus gibt.

Durch ein Service Center werden (internen oder externen) Kunden spezielle hochqualitative Service-Leistungen erbracht. Diese werden normalerweise mittels SLAs klar definiert und gesteuert. Somit ist das Hauptziel eines Service Centers die Erbringung von Service-Leistungen.[1154] Die Treasury – organisiert als Service Center[1155] – weist konkret einen speziellen Servicegedanken zur Erreichung einer optimalen Unterstützung der operativen Einheiten des Unternehmens auf.[1156] Ein solcher Service Center-Ansatz kann entweder auf einem Cost Center- oder Profit Center-Grundgedanken basieren.[1157] Hierbei geht es um den sekundären Fokus der Organisationseinheit; dieser ist entweder kosten- oder gewinnbasiert.

Die Organisationsalternative „Treasury-Management als Service Center" führt dazu, dass das Treasury-Management sich rein auf die Steuerung von Finanzströmen – resultierend aus dem originären Waren- und Dienstleistungsgeschäft des Konzerns konzentriert. Hierzu zählt auch die Risikoeingrenzung und Kostenminimierung. Eine solche Beschränkung auf kommerziell begründete Finanzströme hat jedoch nicht zur Folge, dass das Treasury-Management keinerlei Gewinne erzielen darf. Es besteht weiterhin die Möglichkeit von Gewinnmitnahmen im Zuge von für das originäre Unternehmensgeschäft notwendigen finanziellen Transaktionen.[1158] Die Treasury berechnet – wie bei einem Profit oder Cost Center – auch bei einem Service Center Entgelte für erbrachte Leistungen an andere Konzernbereiche. Diese Gelder sind aber nicht zur Gewinnmaximierung innerhalb der Treasury-Funktion gedacht, sie sollten vielmehr die entstehenden Kosten decken und Investitionen in Treasury-Ressourcen finanzieren. So kann die Service-Qualität

---

[1153] Vgl. o.V. (2008), online.
[1154] Vgl. Walker (2001), S. 3 ff. und vgl. Ulrich (2005), S. 96 ff.
[1155] *Eine Studie von PWC Deutsche Revision AG in Zusammenarbeit mit dem Verband Deutscher Treasurer e.V. von 10/2003 ergab, dass die Mehrheit der untersuchten Unternehmen ihre Treasury-Abteilung als Service Center organsiert haben (52%). Eine Organisation als Profit Center haben nur 2% der Erhebungsteilnehmer. Als Cost Center sind immerhin 225 organisiert und keine formale Definition liegt bei 24% vor. Vgl. PWC Deutsche Revision AG/Verband Deutscher Treasurer e.V. (2003), S. 16.*
[1156] Vgl. PWC Deutsche Revision AG/Verband Deutscher Treasurer e.V. (2003), S. 15.
[1157] Vgl. Walker (2001), S. 3 ff. und vgl. Ulrich (2005), S. 96 ff.
[1158] Vgl. Reisch (2009), S. 17.

verbessert und der Wert der erbrachten Serviceleistungen gesteigert werden, wodurch eine Bereitschaft für die Zahlung von Entgelten entsteht.[1159]

In Ausnahmefällen – wie bspw. bei der Intercompany-Kreditvergabe – kann es auch in einer Service Center-Organisation unternehmensintern zu Gewinnmargen mit primärer Gewinnerzielungsabsicht kommen, nämlich in dem Fall, wenn diese steuerlich[1160] vorgeschrieben sind; andernfalls erfolgt die Kreditvergabe zu Selbstkosten. Im Fall einer Service Center-Organisation werden daher im Normalfall keine unternehmensinternen Gewinnverschiebungen durch Treasury-Management-Leistungen ausgelöst.[1161]

Zusammenfassend wird somit an dieser Stelle für eine Organisation des Treasury-Managements als Service Center plädiert.[1162] Vereinfacht kann man auch von einem (erweiterten) Cost Center-Ansatz mit primärem Fokus auf die Mehrwertgenerierung durch erbrachte Service-Leistungen (keine reine Kostenminimierung) bei einer gleichzeitigen (klaren) Kostenverantwortung sprechen. Speziell ist der Business Partner-Gedanke des Treasury-Partner-Modells auch organisational zu implementieren.

[1159] Vgl. o.V. (2008), online.
[1160] Für weiterführende Informationen zu Verrechnungspreisen vgl. Schreiber/Nientim (2011), S. 1 ff.
[1161] Vgl. Reisch (2009), S. 16.
[1162] Hierbei ist anzumerken, dass heutzutage bereits in den meisten Fällen eine solche Organisation des Treasury-Managements als Service Center (auch bezeichenbar als Support-Center) bereits existiert. Vgl. Schmude/Svatopluk (2008), S. 279.

4 Empirische Untersuchung

Nach der Schaffung eines holistischen Verständnisses des Treasury-Managements von Internationalen Unternehmen und somit die theoriebasierte Erklärung bzw. Charakterisierung dieses Untersuchungsobjektes in Kapitel 2. sowie die vorwiegend theoriebasierte Diskussion der Treasury-Management-Teilbereiche „Cash-Management" und „Bankensteuerung" und die hierfür notwendigen Risikomanagementaspekte in Kapitel 3.3, 3.4 und 3.5 wird nun in diesem Kapitel diese theoriebasierte Analyse empirisch untermauert und abgerundet.

Darüber hinaus wird zum empirischen Erkenntnisgewinn über aktuell wichtige und wenig untersuchte Teilbereiche des Treasury-Managements beigetragen und somit das zweite Ziel der vorliegenden Arbeit (siehe hierzu auch Kapitel 1.) in Angriff genommen.

4.1. Empirische Untersuchung – Thesen, Methodik und Stichprobe

Die in dieser Arbeit durchgeführte empirische Untersuchung der Einflüsse der Globalen Finanzkrise auf das Treasury-Management von Internationalen Unternehmen fokussiert in Übereinstimmung mit den theoretischen Ausführungen des Kapitel 3. auf das Cash-Management mit speziellem Fokus auf das Working Capital-Management (siehe auch Kapitel 3.3) und die Bankensteuerung (Querschnittsbereich zwischen Risikomanagement und Cash-Management – siehe auch Kapitel 3.4) als zwei Teilbereichen des Treasury-Managements von Internationalen Unternehmen. Ziel der durchgeführten Untersuchungen ist es, die Einflüsse der Globalen Finanzkrise auf Teilbereiche des Treasury-Managements von Internationalen Unternehmen zu analysieren und krisenbedingte Entwicklungen aufzuzeigen (Kapitel 4.2.1 und 4.2.2). Ergänzend wird in Kapitel 4.2.3 der Zusammenhang zwischen beiden Bereiche vor dem Hintergrund der Ergebnisse der durchgeführten Einzeluntersuchungen analysiert.

Der zu untersuchende Einfluss der Auswirkungen der Globalen Finanzkrise auf das Cash-Management (Fokus WCM) sowie auf die Bankensteuerung von Internationalen Unternehmen wurde deshalb als Analysekontext gewählt (siehe auch Kapitel 3.2), da davon auszugehen ist, dass sich die seit den 80er Jahren einsetzende historische Entwicklung des Treasury-Management von einer (rein) administrativen Aufgaben hin zu einer strategischen Ausrichtung auf Grund der Globalen Finanzkrise – gerade auch wegen ihrer Intensität – weiter fortgesetzt hat und es zu (strategischen) Anpassungen im Bereich Treasury-Management gekommen ist. Speziell um auf die krisenbedingten veränderten Umweltbedingungen zu reagieren – bspw. Banken wurden riskanter – und so eine notwendig gewordene Neuausrichtung einzuleiten, sind in beiden zu untersuchenden Bereichen Veränderungsprozesse zu erwarten. Gerade bei Fragestellungen im Zusammenhang mit Kapital (Management, Beschaffung, Anlage etc.) sollte das Kontrahentenrisiko – speziell seit der Pleite der Investmentbank Lehman Brothers – heutzutage eine entscheidende Rolle spielen. Dies müsste sich dann auch in einem veränderten Bankensteuerungsansatz widerspiegeln. Darüber hinaus ist davon auszugehen, dass als Reaktion auf solche Krisensituationen die Unternehmen ihr Working Capital-Management zusätzlich optimieren, um so eine (gewisse) „Unabhängigkeit" von externen Finanzierungsquellen (Banken und Finanzmarkt) zu erreichen. Soweit einführend die Begründung des gewählten Untersuchungskontextes, weitere Details finden sich in den Folgekapiteln.

Zunächst werden in den Kapitel 4.1.1 und 4.1.2 bereits existierende Forschungsarbeiten und daraus abgeleitet, die Thesen für die in dieser Arbeit durchgeführte empirische Untersuchung erläutert. Danach findet eine Vorstellung der verwendeten Methodik (Kapitel 4.1.3) sowie des Untersuchungszeitraums (Kapitel 4.1.4.1) und der verwendeten Stichprobe (Kapitel 4.1.4.2) statt. Es werden so die Grundlagen für die empirische Analyse des Kapitels 4.2 gebildet.

4.1.1 Empirische Untersuchung zum Cash-Management

Einleitend für die isolierte Untersuchung der Einflüsse der Globalen Finanzkrise auf die Bankensteuerung im Treasury-Management sowie für die Untersuchung des Zusammenhangs zwischen Cash-Management und Bankensteuerung in diesem Kontext wird eine Analyse des Cash-Management (Fokus: WCM und Liquidität) während der Globalen Finanzkrise durchgeführt. Hierbei soll zum einen geprüft werden, wie sich das Working Capital-Managements während des Untersuchungszeitraums entwickelt hat und zum anderen, ob möglicherweise eine Entwicklung, die die Bankensteuerung beeinflussen könnte, festzustellen ist. Es wird sich bei der Analyse auf das Konzept des Cash Conversion Cycles gestützt und ergänzend eine (statische) Liquiditätsbetrachtung sowie eine Untersuchung der Effizienz des Cash-Managements durchgeführt.

Die Grundidee der durchgeführten Untersuchung im Bereich Working Capital basiert auf dem zu prüfenden Zusammenhang, dass Internationale Unternehmen während der Globalen Finanzkrise verstärkt Working Capital-Management betrieben haben, um in diesem Bereich gebundenes Kapital freizusetzen und somit eine gewisse Unabhängigkeit gegenüber externen Finanzierungsquellen zu erlangen. Die Unternehmen sahen sich einer immer unsicherer werdenden finanziellen Umwelt gegenüber und mussten mit einer Kreditrationierung von Seiten der krisengeplagten Banken rechnen. Die Finanzierung über den Kapitalmarkt war auf Grund der Turbulenzen an den internationalen Finanzmärkten ebenfalls stark mit Unsicherheit belastet. Somit erscheint eine Konzentration auf interne Kapitalfreisetzung als nur logisch. Zusätzlich wird eine erhöhte Kapitalhaltung als Risikopuffer erwartet.

Für die gemeinsame Betrachtung der Bankensteuerung und des Working Capital-Managements kann somit folgender, sich ergänzender Verlauf vermutet werden: Die Intensivierung des Working Capital-Managements führte zu Kapitalfreisetzung. Das freigesetzte Kapital wurde in Form von Liquidität als Risikopuffer gehalten. Damit einhergehend wurde die Bankensteuerung auf Grund der stark gestiegenen Kontrahentenrisiken von Banken intensiviert und somit die erhöhte Kapitalhaltung – im Hinblick auf die kurzfristige Anlage bei Banken – stärker gesteuert und Risiken minimiert.

Im Folgenden wird zunächst das wissenschaftliche Umfeld des Forschungsbereiches Working Capital-Management kurz überblickartig charakterisiert und eine für die Untersuchung in dieser Arbeit als Referenzpunkt dienende Analyse vorgestellt (Kapitel 4.1.1.1). Im Anschluss findet dann in Kapitel 4.1.1.2 die WCM-spezifische Thesenformulierung statt.

4.1.1.1 Wissenschaftliches Umfeld – bereits existierende Forschungsarbeiten

Working Capital-Management wird sowohl in der Praxis als auch in der Wissenschaft stark diskutiert. Es existiert eine Fülle an theoretischen und empirischen Arbeiten. Um die Breite dieses Forschungsbereiches deutlich zu machen, werden im Folgenden beispielhaft einige Literaturstränge benannt (Aufzählung bei weitem nicht vollständig): Neben theoretischen Arbeiten (wie Fachbücher) können Arbeiten, die mit der Analyse der Working Capital-Einflüsse auf die Profitabilität von Unternehmen (bspw. Deloff (2003), Ioannis/Dimitrios (2006), Raheman/Nasr (2007) und Mathuva (2010)) [1163] angeführt werden. Ergänzend hierzu existieren Arbeiten, die sich mit Einflussgrößen, die das Working Capital-Level einer Unternehmung determinieren, befassen (Lamberson (1995))[1164]. Andere Studien beschäftigen sich bspw. mit Working Capital-bezogenen Länder- oder Industrievergleichen (bspw. Khoury/Smith/Mackay (1999) und Filbeck/Krueger (2005))[1165]. Darüber hinaus finden sich viele Arbeiten mit Unternehmensgrößenbezug – speziell über SME (bspw. Moss/Stine (1993), Howorth/Westhead (2003), Ebben/Johnson (2011) und García-Teruel/Martínez-Solano (2007))[1166]. Im Hinblick auf die Forschungsfrage dieser Arbeit konnten jedoch nur sehr wenige Arbeiten identifiziert werden, die sich explizit mit den Auswirkungen der Globalen Finanzkrise auf das WCM beschäftigen. Es wird im Folgenden daher beispielhaft auf die

---

[1163] Vgl. Deloff (2003), S. 573 ff.; vgl. Ioannis/Dimitrios (2006), o.S.; vgl. Mathuva (2010), S. 1 ff.; vgl. Lazaridis/Tryfonidis (2006), S. 26 ff. und Raheman/Nasr (2007), S. 279 ff.
[1164] Vgl. Lamberson (1995), S. 45 ff.
[1165] Vgl. Khoury/Smith/Mackay (1999), S. 53 ff. und vgl. Filbeck/Kruger (2005), S. 11 ff.
[1166] Vgl. Moss/Stine (1993), S. 25 ff.; vgl. Howorth/Westhead (2003), S. 97 ff.; vgl. Ebben/Johnson (2011), S. 381 ff. und García-Teruel/Martínez-Solano (2007), S. 164 ff.

Studie von Aydeniz (2012) eingegangen. Diese Analyse wird als Referenzpunkt für die in dieser Arbeit stattfindende Untersuchung herangezogen. Aydeniz (2012) untersucht die Auswirkungen von Finanzkrisen an Hand von börsennotierten Automobilunternehmen in der Türkei. Der Untersuchungszeitraum ist von 1998 bis 2010 und deckt somit zwei (Finanz-)Krisen (2000/2001 und 2008) ab. Der Analysefokus der Arbeit liegt auf dem Cash Conversion Cycle, der Cash-Struktur und dem Netto-Umlaufvermögen. Es wurden folgende Ergebnisse ermittelt: Die untersuchten Unternehmen konnten während den analysierten Krisenzeiten kein erfolgreiches Cash-Management etablieren. Die größten Problemfelder waren hierbei die Lagerhaltung und das Forderungsmanagement sowie das kurzfristige Fremdkapital. In der Nachkrisenzeit zeigte sich schnell eine Verbesserung der Cash Struktur (bei hoher Volatilität). Bei der zweiten untersuchten Krise (die Globale Finanzkrise – Höhepunkt 2008) waren die untersuchten Unternehmen besser vorbereitet als bei der ersten Krise in 2000/2001 und konnten ihre Liquidität besser steuern. Sie hatten scheinbar Lehren aus der (Finanz-)Krise in 2000/2001 gezogen und wussten um die Wichtigkeit der Liquidität in solchen Situationen. Es wurde ein konservatives Cash-Management praktiziert und viel Kapital vorgehalten und somit jedoch auch hohe Opportunitätskosten verursacht.[1167] Als Analysemethode wurde in der Studie von Aydeniz (2012) eine Kennzahlenanalyse durchgeführt und die Veränderungen im Zeitverlauf analysiert. Die Kennzahlen basierten zum einen auf dem Konzept des Cash Conversion Cycle und zum anderen wurden Liquiditätsgrade und Umschlaghäufigkeiten verwendet.[1168]

In dieser Arbeit wird ein ähnlicher Analyseansatz wie bei Aydeniz (2012) gewählt (siehe hierzu auch Kapitel 4.1.3.1.1). Es findet eine Fokussierung auf das Konzept des Cash Converison Cycle statt und ergänzend wird die Liquiditätssituation der untersuchten Unternehmen analysiert. Ziel ist es, das WCM im Kontext der Globalen Finanzkrise zu analysieren und später die Ergebnisse in Verbindung mit den Erkenntnissen aus der banken-steuerungsbezogenen Analyse auszuwerten. Es soll so ein möglichst umfassendes Bild der eng miteinander verknüpften Bereiche „Cash-Management" (hier WCM) und „Bank-Relationship-Management" im Treasury –Management von Internationalen Unternehmen vor dem Hintergrund der Globalen Finanzkrise erarbeitet werden (siehe Kapitel 4.2).

[1167] Vgl. Aydeniz (2012), S. 529 ff.
[1168] Vgl. Aydeniz (2012), S. 531 f.

4.1.1.2 Thesenentwicklung

Die im Folgenden stattfindende Thesenentwicklung für die in Kapitel 4.2.1 durchgeführte empirische Untersuchung zum Working Capital-Management basiert auf der zuvor durchgeführten Literaturreview (Kapitel 4.1.1.1) sowie auf den theoretischen Ausführungen des Kapitels 3.3.4. Die so formulierten Thesen zielen darauf ab, mögliche Entwicklungen auf Grund der Globalen Finanzkrise im WCM von Internationalen Unternehmen zu beschreiben und zu thematisieren, um so die Überprüfung der eingangs beschriebenen Vermutungen zu ermöglichen.

These I_{CM}: „Zur Cash Conversion Cycle-Time"

In Krisensituationen gewinnt die Optimierung im Bereich des Working Capital-Managements zusätzlich an Bedeutung, in solchen (wirtschaftlich) angespannten Zeiten ist die Beschaffung von neuem Eigen- und Fremdkapital erschwert und die Freisetzung von Liquidität durch ein optimiertes WCM rückt verstärkt in den Fokus.[1169] Die Globale Finanzkrise der Jahre 2007 bis 2009 stellte ein einschneidendes Ereignis sowohl für Banken als auch Unternehmen dar (siehe auch Kapitel 2.1.3.2.4). Es ist anzunehmen, dass viele Internationale Unternehmen auf Grund der damaligen Unsicherheiten an den globalen Finanz- und Bankenmärkten mit einer zunehmenden Verknappung externer Finanzierungsquellen rechneten (z. B. Stichwort: Kreditrationierung). Es ist somit davon auszugehen, dass während der Globalen Finanzkrise viele Internationale Unternehmen eine zunehmende Konzentration auf konzerninterne Cash-Generierung einleiteten. Im Hinblick auf das Working Capital-Management – und im speziellen im Kontext des Cash Conversion Cycle – kann daher eine zunehmende Verkürzung (Optimierung) der CCC-Time vermutet werden.[1170] Aus diesem Gedankengang lässt sich folgende These für die empirische Untersuchung im Bereich des WCM ableiten:

T. I_{CM}: *„Die Cash Conversion Cycle-Time hat sich im Verlaufe der Globalen Finanzkrise verkürzt."*

Hierbei ist davon auszugehen, dass Maßnahmen zur Cash Conversion Cycle-Optimierung (Working Capital-Optimierung) normalerweise nicht sofort greifen, sondern Zeit bedürfen. Hierdurch ist zu vermuten, dass die wesentliche Verkürzung der CCCT erst zum Ende der Globalen Finanzkrise zu registrieren ist.

[1169] Vgl. Klepzig (2008), S. 34. und vgl. Buchmann (2009), S. 350.
[1170] *Prinzipiell sind bei der vergleichenden Betrachtung der CCCT von verschiedenen Unternehmen Supply Chain-Effekte zu erwarten. Es ist anzunehmen, dass einige Unternehmen ihre Cash Conversion Cycle Time zu Lasten anderer Unternehmen verkürzen. Vgl. Losbichler/Rothböck (2008), S. 52 f.
Dieser Aspekt der gegenseitigen Beeinflussung innerhalb einer Supply Chain kann bei der in dieser Arbeit verwendeten Stichprobe jedoch weitestgehend vernachlässigt werden, da Internationale Unternehmen untersucht werden, die gegenseitig in keinem Abhängigkeitsverhältnis stehen sollten und ihrerseits erhebliche Macht auf ihre Zulieferer ausüben können, um eine für sie möglichst optimale CCCT zu erreichen.*

Betrachtet man zur weiterführenden Thesenerläuterung die Teilkomponenten des Cash Conversion Cycle, so lassen sich für alle drei Komponenten weiterführende Vermutungen zu deren Entwicklung während der Globalen Finanzkrise aufstellen. Inventory (DSI) und Accounts Payables (DPO) stellen die Bereiche des CCC dar, die von einem Unternehmen am stärksten beeinflusst werden können.[1171] Hier sollten gerade Internationale Unternehmen u.a. ihre Marktmacht bei (kleineren) Zulieferern ausüben können. Es ist somit in diesen Bereichen mit der stärksten (Kennzahlen-)Verbesserung zu rechnen. Die Kennzahl DSO ist im Vergleich weniger beeinflussbar, da diese stark von der Zahlungsmoral der Kunden etc. abhängt. Eine Beeinflussung ist zwar durch intensivierte Mahn-prozesse denkbar, lässt sich jedoch im Vergleich zu den Kennzahlen DSI und DPO schwieriger gestalten. Aus diesem Grund ist bei der Kennzahl DSO im Vergleich eine geringere Verbesserung zu erwarten.

These II$_{CM}$: „Zur Liquidität"

Die bereits zuvor beschriebene angespannte Situation an den Finanz- und Bankenmärkten während der Globalen Finanzkrise sowie die damalige Unsicherheit bezüglich der weiteren Krisenentwicklung (siehe hierzu auch Kapitel 2.1.3.2.4 und 2.1.3.2.5) lässt die Vermutung zu, dass viele Internationale Unternehmen im Verlauf der Globalen Finanzkrise zusätzliche Liquiditätspuffer aufgebaut haben. Eine mögliche Kreditrationierung sowie eine eventuelle erschwerte externe Kapitalbeschaffung an den internationalen Finanzmärkten auf Grund der Globalen Finanzkrise sollte im Zusammenhang mit dem Ziel der Sicherung des Ongoing Concerns dazu geführt haben, dass Kapitalpuffer aufgebaut wurden, um gegen finanzielle Engpässe gewappnet zu sein. Zu diesem eventuell eintretenden Problem auf der Finanzierungseite (externe Liquiditätsbeschaffung) kamen mit zunehmender Intensität der Globalen Finanzkrise und deren Auswirkungen auf die Realwirtschaft wohl auch Cash-Flow-Unsicherheiten hinzu. Die Unternehmen konnten nicht mehr von einer stabilen („leicht prognostizierbaren") Absatzsituation ausgehen. Vielmehr war mit Absatzeinbrüchen und somit mit Cash-Flow-Rückgängen aus dem operativen Geschäft zu rechnen. Um solche negativen Cash-Flow-Entwicklungen kompensieren zu können, ist wiederum zu vermuten, dass es zur Schaffung von Liquiditätspuffern kam (Opler u.a. (2001)[1172] und Powell/Baker (2010)[1173]). Es ist somit davon auszugehen, dass die Globale Finanzkrise das Cash-Management in Bezug auf die vorgehaltene Liquidität (liquide Mittel) beein-

---

[1171] Vgl. Farris/Hutchison (2003), S. 85 ff.
[1172] *Opler u.a. (2001) zählten in ihrem Paper eine Vielzahl von Aspekten auf, die die Höhe von Cash Holdings (bspw. Länge des CCC, Steuern und Agency Costs) beeinflussen. Sie führen auch wie in dieser Arbeit, Cash Flow-Unsicherheiten an. Sie gehen dabei davon aus, je höher die Cash Flow-Unsicherheiten sind, desto höher sind tendenziell auch die Cash Holdings. Vgl. Opler u.a. (2001) S. 57 f.*
[1173] *Powell/Baker (2010) bestätigen die Aussagen von Opler u.a. (2001) in ihrer Arbeit diese Vermutung. Vgl. Powell/Baker (2010), S. 15., online.*

flusst hat (Song/Lee 2012).[1174] Zusammenfassend lässt sich daher folgende liquiditätsbezogene These für die empirische Untersuchung ableiten:

T. II$_{CM}$: *„Im Verlauf der Globalen Finanzkrise kam es zu einer vermehrten Vorhaltung von liquiden Mitteln im Vor- und Nachkrisenvergleich."*

Diese These wird bei Bestätigung der Zunahme der Aktivitäten im Bereich der Bankensteuerung (siehe hierzu auch Kapitel 4.1.2.2) nochmals untermauert. Ferreira/Vilela (2004) berichten in ihrer Arbeit von einem negativen Zusammenhang zwischen Bankschulden und Cash Holdings. Sie interpretieren dies so: Je enger eine Geschäftsbeziehung zwischen einem Unternehmen und einer Bank ist, desto eher können sich Unternehmen es leisten, weniger Cash zur (Krisen-)Vorsorge vorzuhalten.[1175] Im Bereich der Bankensteuerung wird in dieser Arbeit jedoch eine zunehmende Konzentration auf Kontrahentenrisiken und somit eine eher geringe Bindung an einzelne Kreditinstitute im Verlauf der Globalen Finanzkrise unterstellt. Es müsste in Anlehnung an Ferreira/Vilela (2004) somit zu einer höheren Liquiditätsvorsorge (Bereithaltung von liquiden Mitteln) kommen. Siehe auch Folgekapitel.

4.1.2 Empirische Untersuchung zur Bankensteuerung

Das Ziel der empirischen Untersuchung im Bereich der Bankensteuerung ist es, den Einfluss der Globalen Finanzkrise auf diesen Teilbereich des Treasury-Managements von Internationalen Unternehmen zu untersuchen. Allgemein basiert die Grundidee der angestrebten empirischen Untersuchung auf dem zu prüfenden Zusammenhang, dass das Treasury-Management von Internationalen Unternehmen durch die Globale Finanzkrise der Jahre 2007 bis 2009 – mit dem Höhepunkt der Insolvenz der Investmentbank Lehman Brothers im Jahr 2008 – dazu gezwungen war, auf die veränderten Umweltbedingungen zu reagieren und somit ein Entwicklungsprozess eingeleitet wurde (siehe hierzu auch Kapitel 2.1.3.2.4 und 2.1.3.2.5). Speziell im Bereich der Bankensteuerung ist das durch die Globale Finanzkrise ans Tageslicht getretene zunehmende Kontrahentenrisiko der Banken als Grund für strategische Anpassungen in diesem Bereich zu nennen. Unter anderem verloren Thesen wie „too big to fail" oder „lender of last resort" scheinbar an Gültigkeit (Stichwort: Insolvenz der Investmentbank Lehman Brothers).[1176] Basierend auf diesem beschriebenen Zusammenhang und den theoretischen Vorüberlegungen der Kapitel 3.4 und 3.5 sollen die Steuerungskriterien und Methoden der Bankensteuerung von Internationalen Unternehmen im Speziellen untersucht werden.

[1174] *Song/Lee (2010) weisen am Beispiel der Asien-Krise eine solche beeinflussende Wirkung von Finanzkrisen auf den Umfang an vorgehaltener Liquidität (Cash Holding Policy) nach. Vgl. Song/Lee (2012), S. 617 ff.*
[1175] Vgl. Ferreira/Vilela (2004), S. 295 ff.
[1176] Vgl. Talkenberger/Wehn (2012), S. 2.; vgl. Verband Deutscher Treasurer e.V. (2011), S. 44.; vgl. PWC (2010), S. 18. und vgl. Mitter/Wohlschlager/Kobler (2011), S. 99.

Es sollen Entwicklungstendenzen aufgezeigt und so der Entwicklungsverlauf der Bankensteuerung in den letzten Jahren beschrieben werden. Eine konkrete Formulierung von Forschungsfragen (Thesen) findet in Kapitel 4.1.2.2 statt. Im Anschluss wird jedoch zunächst das wissenschaftliche Umfeld des Forschungsbereiches „Bankensteuerung auf Unternehmensseite" charakterisiert und bereits existierende relevante Forschungsarbeiten vorgestellt. Es wird so – neben den theoretischen Ausführungen der Kapitel 3.4 und 3.5 – eine zusätzliche Informationsbasis für die Präzisierung der Forschungsabsichten in Kapitels 4.1.2.2 (Thesenentwicklung) geschaffen.

4.1.2.1 Wissenschaftliches Umfeld – bereits existierende Forschungsarbeiten

Zu der Beziehung zwischen Bank und Unternehmen existieren eine Vielzahl von Arbeiten und Theorien. Diese Breite der existierenden Veröffentlichungen spiegelt die Komplexität der Fragestellungen in diesem Bereich wider. Der Fokus einer jeden Arbeit ist hier entscheidend. Es bedarf somit zunächst eines Grobüberblickes an existierenden Arbeiten bzw. Untersuchungsschwerpunkten, um dann auf relevante Arbeiten eingehen zu können.

Grobstrukturierung existierender Arbeiten zu Bankbeziehungen von Unternehmen

Waldeck (2005) entwickelt ein dreigliedriges Schema zur Kategorisierung von existierenden Forschungsarbeiten im Bereich „".[1177] Seine Systematik der Untersuchungsbereiche ist wie folgt:

(1) „Empirische Befunde zur Steuerung und Gestaltung von Bankbeziehungen (Deskription),

(2) empirische Befunde zu Bankbeziehungen als bedingte, abhängige Variablen sowie

(3) empirische Befunde zu Bankbeziehungen als bedingende, unabhängige Variablen."[1178]

Unter Untersuchungsbereich (1) sind alle Forschungsarbeiten zusammenzufassen, die sich Bankbeziehungen von Unternehmen empirisch mit Fragestellungen im Hinblick auf die Steuerung und Gestaltung von Bankbeziehungen aus Sicht einer Unternehmung befassen und rein deskriptiver Natur sind. Der Untersuchungsbereich (2) umfasst Forschungsarbeiten, die Faktoren untersuchen, die Einfluss auf die Bankbeziehungen haben und somit Bankbeziehungen von Unternehmen als abhängige, bedingte Variable auffassen. Der Untersuchungsbereich (3) beinhaltet

---
[1177] Vgl. Waldeck (2005), S. 1 ff.
[1178] Waldeck (2005), S. 4.

Forschungsarbeiten, die der Fragestellung nachgehen, welche Effekte Bankbeziehungen haben. Diese Arbeiten erfassen Bankbeziehungen als bedingende, unabhängige Variable.[1179]

In die vorliegende Arbeit sind Ergebnisse aus allen drei Untersuchungsbereichen eingeflossen, sie sind hauptsächlich in Kapitel 3. an den relevanten Stellen im Text sowie als angeführte Quellen oder als weiterführende Literaturempfehlungen in den Fußnoten enthalten.

An dieser Stelle werden in Anlehnung an Mitter (2012) ergänzend beispielhaft einige Arbeiten – sortiert nach ihrem Untersuchungsfokus – zusammengestellt. So existieren u.a. Untersuchungen zu den Determinanten einer Bankbeziehung (bspw. Ongena/Smith (2000) und Neuberger/Pedergnana/Rathke-Doppner (2008))[1180], der optimalen Bankenzahl (bspw. Detragiache/Garella/Guiso (2000) und von Rheinbaben/Ruckes (2004))[1181], den Einflüssen von Bankeigentümerstrukturen (Berger u.a. (2008))[1182], zu Bankenfusionen (bspw. Degryse et al. (2009))[1183] und dem institutionellen Umfeld (bspw. Hernandez-Canovas/Koetter-Kant (2010))[1184]. Ein anderer Literaturstrang im Bereich der Bankbeziehung von Unternehmen fokussiert auf die Ergebnisse dieser Beziehungen – speziell dem „Relationship Lending" (bspw. Elsas/Krahnen (1998), Boot (2000) und Elsas (2005))[1185], Beziehungskonzentrationen (bspw. Guiso/Minetti (2010) und Ongena/Tumer-Alkan/von Westernhagen (2012))[1186], der Wahrscheinlichkeit eines Bankenwechsels (bspw. Ongena/Smith (2001) und Farinha/Santos (2002))[1187] bzw. von neuen Bankbeziehungen (bspw. Ioannidou/Ongena (2010) und Gopalan/Udell/Yerramilli (2011))[1188]. Jedoch weiß man noch relativ wenig über die Bankensteuerung auf Unternehmensseite.[1189]

Im Folgenden wird detaillierter auf solche (empirische) Arbeiten eingegangen, die für die Untersuchung der Bankensteuerung in Kapitel 4.2 relevant sind. Ziel ist es, das existierende Forschungsumfeld dieses Literaturstrangs genauer zu charakterisieren und Forschungslücken aufzuzeigen, die dann mit der vorliegenden Arbeit geschlossen werden sollen.

[1179] Vgl. Waldeck (2005), S. 4.
[1180] Vgl. Ongena/Smith (2000), S. 56 ff. und vgl. Neuberger/Pedergnana/Rathke-Doppner (2008), S. 101 ff.
[1181] Vgl. Detragiache/Garella/Guiso (2000), S. 1133 ff. und vgl. von Rheinbaben/Ruckes (2004), S. 1597 ff.
[1182] Vgl. Berger u.a. (2008), S. 37 ff.
[1183] Vgl. Degryse/Masschelein/Mitchel (2009), S. 1 ff.
[1184] Vgl. Hernandez-Canovas/Koetter-Kant (2010), S. 375 ff.
[1185] Vgl. Elsas/Krahnen (1998), S. 1283 ff.; vgl. Boot (2000), S. 7 ff. und vgl. Elsas (2005), S. 32 ff.
[1186] Vgl. Guiso/Minetti (2010), S. 1037 ff. und vgl. Ongena/Tumer-Alkan/von Westernhagen (2012), S. 830 ff.
[1187] Vgl. Ongena/Smith, S. 499 ff. und vgl. Farinha/Santos (2002), S. 124 ff.
[1188] Vgl. Ioannidou/Ongena (2010), S. 1847 ff. und vgl. Gopalan/Udell/Yerramilli (2011), S. 1335 ff.
[1189] Vgl. Mitter (2012), online.

Relevante Arbeiten zur Bankensteuerung von Unternehmen

Im für diese Arbeit relevanten Bereich der Bankensteuerung von Unternehmen gibt es bisher nur sehr wenige Untersuchungen.[1190] Dies kann u.a. damit erklärt werden, dass die Thematik der Bankensteuerung auf Unternehmensseite und somit das Management der Kontrahentenrisiken – ausgehend von Banken – erst seit der Globalen Finanzkrise und speziell durch die Pleite der Investmentbanker Lehman Brothers wirklich realisiert wurde und somit in den Vordergrund gerückt ist.[1191] Diese steigende Wichtigkeit zeigt sich auch an einer Zunahme an Publizität in den letzten Jahren. Es existieren u.a. folgende Studien:

Verband Deutscher Treasurer e.V. (2007 und 2011)

Der Verband Deutscher Treasurer e.V. (VDT e.V.) befasste sich gleich zweimal (2007 und 2011) mit der empirischen Erhebung zur Ausgestaltung der Bankensteuerung auf Unternehmensseite. Beide Erhebungen wurden im Zuge der Entwicklung von Leitfäden zur unternehmensseitigen Bankensteuerung durchgeführt (siehe hierzu auch Kapitel 3.4).[1192] Die 2007er Erhebung umfasst 64 Mitgliedsunternehmen des VDT e.V. und fokussiert sehr stark auf die Methoden und Kriterien bei der Bankenwahl/-bewertung sowie auf die Bankenanzahl und deren Steuerungsaktivitäten inkl. dazugehöriger Informationsquellen. Als wesentliche Kriterien für die Bankenwahl zeigten sich u.a. die langfristige Verlässlichkeit, günstige Konditionen, fachliche und soziale Kompetenz der Firmenkundenbetreuer sowie die Bonität der Bank. Darüber hinaus wurde herausgefunden, dass nur 10% der teilnehmenden Unternehmen keine qualitative und 25% keine quantitativen Kriterien zur Bankenbewertung verwenden. 2/3 der Befragten steuern ihre Bankbeziehungen zentral. Die Bankenüberwachung erfolgt vorwiegend durch Beobachtung der Bankenaktivität, von Konditionen und der Geschäftszuweisung (mittels Berichten). Als Datenquelle zur Bankensteuerung dienen dabei laut der Studie überwiegend manuelle Aufzeichnungen (bei ca. 2/3 der Befragten). Im Hinblick auf die Wichtigkeit einzelner Bankentypen bei verschiedenen Bankengeschäftsarten sind Großbanken in allen untersuchten Geschäftsbereichen am wichtigsten.[1193]

Die Erhebung in 2011 im Rahmen der Neuauflage des Leitfadens „Bankensteuerung" – auf Grund der Finanzkrise und somit wegen eines stark veränderten Finanzmarktumfeldes – umfasste ebenfalls die Mitglieder des VDT e.V. Der inhaltliche Fokus ist vergleichbar mit der 2007er Erhebung. Es wurden insgesamt 182 Unternehmen befragt, wovon 110 antworteten. Die teilnehmenden Unternehmen standen im Durchschnitt mit 26 Banken (Median: 16) in einer Geschäfts-

---

[1190] Vgl. Mitter (2012), online. und vgl. Mitter/Wohlschlager/Kobler (2012), S. 14.
[1191] Vgl. Häberle/Meves (2012), S. 41 f.; vgl. Talkenberger/Wehn (2012), S. 2. und vgl. Mitter/Wohlschlager/Kobler (2011), S. 99.
[1192] Vgl. Verband Deutscher Treasurer e.V. (2011), S. 1 ff. und vgl. Verband Deutscher Treasurer e.V. (2007), S. 1 ff.
[1193] Vgl. Verband Deutscher Treasurer e.V. (2011), S. 8 ff.

beziehung. Hiervon entfielen jedoch im Durchschnitt nur sieben (Median: fünf) auf die Kategorie „Kernbank". Im Hinblick auf die Auswahlkriterien für Banken wurde wie in 2007 die „Langfristige Verlässlichkeit" an erster Stelle gerankt, danach jedoch in Abweichung zu 2007 an zweiter Stelle „Service-Qualität" und an dritter und vierter Stelle „Schnelligkeit" bzw. „Günstige Konditionen" angegeben. Insgesamt wurden sowohl qualitative als auch quantitative Kriterien genannt. Im Bereich der Informationsgenerierung zur Bankensteuerung änderte sich das Bild von einer überwiegend manuellen Datenerfassung (2007) zu einer verstärkten Verwendung von Software-Lösungen (2010) im Rahmen eines Treasury-Systems (bei 64%), SAP (bei 43%) und Handelssysteme (bei 22%). Auf manuelle Datenerfassung griffen noch 47% der Befragten in 2010 zurück, in 2007 waren es noch fast 2/3 (65%). Insgesamt nahm jedoch in 2010 die Verfügbarkeit von Daten mit der Entfernung zur Kronzernmutter ab; so liegen im Inland meist viele Daten vor, jedoch weltweit meist nur wenige oder keine. Wie in 2007 spielten auch in 2010 in allen Geschäftsbereichen (deutsche) Großbanken die wichtigste Rolle als Geschäftspartner.[1194]

Beide Untersuchungen erwecken den Anschein, dass sie lediglich zur Erhebung des Ist-Zustandes im Bereich der Bankensteuerung verwendet wurden. Es wurden keine konkreten Forschungsfragen oder das zugrundeliegende Forschungsdesign bzw. -methodik erklärt, vielmehr wurde ein Gesamtbild erfasst. Die stattfindende Auswertung ist uneinheitlich und basiert auf deskriptiven Auswertungen (Kreuztabellen etc.). Beide Untersuchungen können jedoch als Grundlage dafür verwendet werden, welche Aspekte für Unternehmen allgemein im Bereich der Bankensteuerung in der Praxis relevant sind und somit in das Forschungsdesign dieser Arbeit integriert werden sollten. Speziell sollte hier auf die Bedeutung der Bankensteuerung und deren Steuerungskriterien sowie -methoden eingegangen werden. Die Frage nach der Anzahl von Bankverbindungen und Kernbanken ist darüber hinaus interessant. Fraglich erscheint hier jedoch die Datenverfügbarkeit, bei der in dieser Arbeit verwendeten Datenerhebungsmethodik (siehe Kapitel 4.1.3.2).

Mitter/Wohlschlager/Kobler (2011 & 2012)

Mitter/Wohlschlager/Kobler veröffentlichten 2011 (2012[1195]) eine Untersuchung zum Management von Bankbeziehungen in der Unternehmens-Treasury. Sie führten eine Online-Befragung von 355 Unternehmen (alle Mitglieder des VDT e.V.) durch. Die Rücklaufquote lag bei ca. 16% (56 Unternehmen). Die Auswertungsmethodik war auch hier deskriptiv mit Kreuztabellen sowie ergänzend teilweise mit Signifikanzen und Korrelationen.[1196] Der zugrundeliegende Fragebogen um-

---

[1194] Vgl. Verband Deutscher Treasurer e.V. (2011), S. 7 ff. und vgl. Verband Deutscher Treasurer e.V. (2007), S. 7 ff.

[1195] *Die Studie wurde von denselben Autoren nochmals im Juli 2012 in der Reihe „Salzburger Managementstudien" etwas ausführlicher veröffentlicht. Vgl. Mitter/Wohlschlager/Kobler (2012), S. 11 ff. Im Folgenden werden beide Veröffentlichungen gemeinsam abgehandelt.*

[1196] Vgl. Mitter/Wohlschlager/Kobler (2011), S. 97 ff. und vgl. Mitter/Wohlschlager/Kobler (2012), S. 11 ff.

fasste vier Themenbereiche: (1) Fragen zu Bankverbindungen, (2) Fragen zur Bankleistungsnutzung, (3) Fragen zu Bankensteuerungsinstrumenten und (4) Fragen bezüglich des Unternehmens. Das Forschungsziel der Untersuchung war sehr breit und umfasste u.a. beeinflussende Faktoren der Bankbeziehung, Argumente über eine Erhöhung oder Reduktion von Bankbeziehungen, Charakteristika der Kern- bzw. Hausbankenbeziehung sowie Ausprägung und Implementierungsgrad der Bankensteuerung in der Praxis inkl. Methoden und Instrumenten der selbigen. Im Folgenden wird sich bei der Studienbeschreibung nur auf den für diese Arbeit relevanten letztgenannten Bereich der Bankensteuerung bezogen.[1197]

Im Bereich der Bankensteuerung fanden Mitter/Wohlschlager/Kobler (2011/ (2012)) heraus, dass 89% der teilnehmenden Unternehmen eine Bankensteuerung gemäß der Definition des VDT e.V. – wie sie auch in dieser Arbeit Anwendung findet – betreiben. Hierbei finden sich Unternehmen ohne eine Bankensteuerung meist im Bereich der Klein-Unternehmen (nach Umsatz) wieder. Als Argumente für eine Bankensteuerung geben Unternehmen, die bereits über eine solche verfügen, zu 80% Risikostreuung sowie zu jeweils 74% Bankenportfoliooptimierung und Geschäftszuweisung an. Bei den Unternehmen ohne Bankensteuerung führt die Mehrheit als Grund zu hohe Personalkosten an. Alle befragten Unternehmen führen eine Verhandlung über Bankgebühren durch und 91% prüfen Bankgebührenrechnungen. Bei der Überprüfungshäufigkeit zeigt sich kein Zusammenhang mit der Umsatzhöhe (Unternehmensgröße). 86% der Unternehmen nutzen Entscheidungshilfen – wie das Rating der Bank – für Bankbeziehungsentscheidungen. Regelmäßige Bewertungen der Bankbeziehungen führen 59% der Unternehmen durch. Bei den Steuerungskriterien sind die „langfristige Verlässlichkeit" und die „Bonität der Bank" am wichtigsten. Als nächstwichtige Kriterien folgen das „Engagement der Bank", die „Übernahme von Risiken" und die „Schnelligkeit der Abwicklung". „Angebotspalette" und „Image" der Bank wurden allgemein als weniger wichtig eingestuft. Die Existenz einer Bankenpolitik ist desto wahrscheinlicher, je mehr Mitarbeiter eine Treasury-Abteilung umfasst und ist stark mit der Anzahl an Bankverbindungen und Kernbanken korreliert.[1198] Insgesamt ist auch die Untersuchung von Mitter/Wohlschlager/Kobler (2011/(2012)) wie die beiden VDT e.V.-Erhebungen sehr breit und basiert auf keiner klar festgelegten Stichprobe. Sie kann daher ebenfalls als eine (reine) Ist-Aufnahme eingestuft werden. Bezüglich des Forschungsdesigns für diese Arbeit wird auf die Ausführungen bei den VDT e.V.-Erhebungen verwiesen.

[1197] Vgl. Mitter/Wohlschlager/Kobler (2012), S. 14 f.
[1198] Vgl. Mitter/Wohlschlager/Kobler (2012), S. 49 ff. und vgl. Mitter/Wohlschlager/Kobler (2011), S. 105 f.

Mitter (2012)

Die Untersuchung von Mitter (2012) baut auf einer identischen Datenbasis (wie Mitter/Wohlschlager/Kobler (2011/(2012)) auf. Mitter (2012) fokussiert jedoch nur auf Unternehmen mit Firmensitz in einem deutschsprachigen Land. Die verwendete Stichprobe umfasst somit nur 52 Unternehmen und nicht, wie bei Mitter/Wohlschlager/Kobler (2011/(2012)), 56 Unternehmen. Die Methodologie ist ebenfalls deskriptiver Natur. Mitter (2012) untersucht im Anschluss an eine ausführliche Literaturreview drei Bereiche: (1) Die Anzahl an Bankbeziehungen, (2) Hausbankbeziehungen und Kernbanken sowie (3) Selektionskriterien bei der Bankenwahl.[1199] Der dritte Bereich erscheint für die vorliegende Arbeit am interessantesten.

Die Ergebnisse der Studie weisen auf einen Unterschied bei den Selektionskriterien für Banken bei Klein- und Groß-Unternehmen hin (Definition nach der European Comission – 2003/361/EG). Klein-Unternehmen schauen verstärkt auf vertrauensbezogene Aspekte, wie persönliche Beziehungen zu oder die Qualität von Bankberatern, wogegen die globale Präsenz (Reichweite) einer Bank für Groß-Unternehmen wichtiger ist. Beide Unternehmensgruppen schauen an erster Stelle auf die Kreditwürdigkeit der Bank. Die Bankkonditionen sind sowohl für Klein- als auch für Groß-Unternehmen gleich bedeutsam und ihre Wichtigkeit wird auch nicht von der Anzahl an Bankbeziehungen beeinflusst (die Unternehmen sind preissensibel).[1200]

Die Unterschiede in der Bankensteuerung zwischen Klein- und Groß-Unternehmen erscheinen interessant und sollten in zukünftigen Untersuchungen weiter erforscht werden. Für die vorliegende Arbeit werden sie jedoch ausgeschlossen, da sich die angestrebte Erhebung zur Bankensteuerung auf Internationale Unternehmen fokussiert und diese als Groß-Unternehmen anzusehen sind. Ein Listungsbezug (in welchen Index) wird jedoch bei der Auswertung mit berücksichtigt.

J.P. Morgan Global Cash Management Survey (2006-2011)

Der J.P. Morgan Global Cash Management Survey stellt eine seit 1999 ununterbrochene globale Benchmark für das Treasury-Management dar. Er verzeichnet im Laufe der Zeit steigende Teilnehmerzahlen und umfasste 2011 487 Antworten (206 in 2006) von Treasurer aus der ganzen Welt. Die Umfrage umfasst jedes Jahr neun bis zehn Bereiche, wobei einer davon „Banking Relationships" ist. In diesem Bereich werden vier Fragenkomplexe erfasst: (1) Anzahl der Bankbeziehungen, (2) Dienstleistungsbeanspruchung der primären und sekundären Bank, (3) Kriterien der Bankenwahl und (4) Verwendung von Online-Portalen und -Plattformen

---

[1199] Vgl. Mitter (2012), online.; vgl. Mitter/Wohlschlager/Kobler (2012), S. 11 ff. und vgl. Mitter/Wohlschlager/ Kobler (2011), S. 97 ff.
[1200] Vgl. Mitter (2012), online.

in Bezug auf Bankdienstleistungen.[1201] Letzter Fragenbereich ist für die vorliegende Arbeit nicht interessant und wird daher auch nicht weiter besprochen. Basierend auf die J.P. Morgan Surveys der Jahre 2006 bis 2011 können folgende Entwicklungen im Bankbeziehungsbereich festgehalten werden: Bis zum Jahr 2008 kam es vorwiegend zu Bankverbindungsreduzierungen. Ab dem Jahr 2008 (schwach auch schon in 2007) hingegen kann von einem Trend zu mehr Bankbeziehungen gesprochen werden. Dies kann bspw. durch Risikodiversifikation begründet werden (Stichwort: Kontrahentenrisiko). Im Bereich der in Anspruch genommenen Dienstleistungen von Banken wurden über die Jahre hinweg konstant Cash-Management, Kreditfazilitäten und Wechselkursdienstleistungen am häufigsten genannt. Nichtsdestotrotz wurde allgemein ein sehr breites Spektrum an Bankleistungen in allen Jahren nachgefragt. Bei den „Kriterien der Bankenwahl" nahm das Kriterium „Finanzielle Stärke der Bank" ab dem Jahr 2009 permanent zu und wurde 2011 erstmals an erster Stelle gelistet. 2006 war das Hauptkriterium die Bereitstellung von Krediten. Dieses Kriterium hat im Laufe der Zeit an Bedeutung verloren (2011 nur noch auf Platz vier und 2010 auf Platz drei). Die Entwicklung hin zu einer Risikoorientierung bei der Bankenwahl, kann ebenfalls durch die Folgen der Globalen Finanzkrise und dem steigenden Ausfallrisiko von Banken begründet werden.[1202]

Das Interessante an dem J.P. Morgan Global Cash Management Survey ist, dass er jährlich erhoben wird und somit Zeitvergleiche und die Identifikation von Trends ermöglicht. Allerdings umfasst er nur sehr wenige bankensteuerungsrelevante Fragestellungen. Im Idealfall sollte die Untersuchung in dieser Arbeit daher auch mehrere Jahre umfassen und so zeitraumbezogene Analysen ermöglichen.

PWC Global Treasury Survey (2010)

PriceWaterhouseCoopers (PWC) analysiert in seinem Global Treasury Survey 2010 wie sich die Globale Finanzkrise auf das Treasury-Management ausgewirkt hat. Die Studie umfasst insgesamt 330 Unternehmen aus 26 Ländern. Ein Hauptfokus der Studie liegt u.a. auf dem Bankbeziehungsmanagement und ist somit für die vorliegende Arbeit relevant. Die Studie erfasst als einzige Einzelstudie im Rahmen ihrer Erhebung sowohl die Situation vor, während als auch nach der Globalen Finanzkrise im Bereich der Bankensteuerung von Unternehmen.[1203]

Als wesentliche Ergebnisse der Studie können folgende Punkte festgehalten werden: Die Bankensteuerung hat auf Grund der Globalen Finanzkrise stark an Bedeutung gewonnen. Vor der Krise sahen 56% der Befragten Bankensteuerung als sehr wichtig an, während der Krise 84% und nach der Krise noch nahezu 80%.

[1201] Vgl. J.P. Morgan (2011), S. 1 ff.; vgl. J.P. Morgan (2010), S. 1 ff.; vgl. J.P. Morgan (2009), S. 1 ff.; vgl. J.P. Morgan (2008), S. 1 ff.; vgl. J.P. Morgan (2007), S. 1 ff. und vgl. J.P. Morgan (2006), S. 1 ff.
[1202] Vgl. J.P. Morgan (2011), S. 8 ff.; vgl. J.P. Morgan (2010), S. 8 ff.; vgl. J.P. Morgan (2009), S. 7 ff.; vgl. J.P. Morgan (2008), S. 8 ff.; vgl. J.P. Morgan (2007), S. 7 ff. und vgl. J.P. Morgan (2006), S. 6 ff.
[1203] Vgl. PWC (2010), S. 1 ff.

Es stellte sich im Zuge der Krise darüber hinaus ein starker Fokus auf das Kontrahenten-Risikomanagement heraus, der auch nach der Krise anzudauern scheint. Vor der Krise sahen knapp 20%, während der Krise ca. 60% und nach der Krise um die 50% der Befragten Kontrahenten-Risikomanagement als sehr wichtig an. Die Überwachung des Kontrahentenrisikos entwickelte sich dabei im Laufe der Zeit von einer vorwiegenden Betrachtung von Kredit-Ratings hin zu mehr sensitiven Frühwarnindikatoren, wie Bond Yields, Aktienkurse und Credit Default Spreads. Die Berechnung von Kreditlimiten entwickelte sich im Zuge der Krise ebenfalls weiter und kann nun als zunehmend ausgereift bezeichnet werden. Es werden vermehrt zusätzlich bspw. Fair Value-Ansätze ergänzend zu einer nominalen Kalkulation verwendet. Allerdings überwachen auch nach der Krise immer noch 16% der Befragten ihr Kontrahentenrisiko nicht. Im Hinblick auf die eingesetzten Methoden zur Steuerung des Kontrahentenrisikos kann aus der Studie festgehalten werden, dass die Diversifikation über viele Bankenpartner zugenommen hat sowie Kreditlimite angepasst wurden. Das Hedging mit CDS hat jedoch im Vergleich zu vor der Krise nur wenig zugenommen. Dies ist wohl über die existierenden Probleme in diesem Bereich zu erklären.[1204]

In Bezug auf die Anzahl an Bankbeziehungen kam die Studie zu dem Ergebniss, dass im Durchschnitt Unternehmen mit mehr als zehn Bankbeziehungen vor der Krise durchschnittlich 25 Bankziehungen hatten, während der Krise 24 und nach der Krise um die 20. Allerdings hat auch ca. ein Viertel der Befragten ihre Bankbeziehung im Verlauf der Globalen Finanzkrise erhöht. Ein eindeutiger Trend ist somit nicht erkennbar. Die Krisenreaktion in diesem Bereich hängt wohl stark von den unternehmensspezifischen Bankbeziehungen ab.[1205] Die Studie weist abschließend darauf hin, dass das Bank-Relationship-Management wohl auch in Zukunft eine der wichtigsten Aufgaben der Treasury sein wird, denn über 50% der Befragten sehen das Bank-Relationship-Management an zweiter Stelle bei den zukünftigen "wertschöpfenden Aktivitäten" im Treasury-Management. Wichtiger erscheint ihnen nur das Cash-Flow-Forecasting mit über 55%. An Dritter Stelle liegt das Working Capital-Management.[1206]

Im Vergleich zu den zuvor vorgestellten Studien hat die PWC-Studie (2010) den Vorteil, dass sie den Krisenverlauf analysiert und keine reine Ist-Aufnahme darstellt. Dies sollte auch im Zuge dieser Arbeit als Herangehensweise gewählt werden. Eine Berücksichtigung sollte auch bei der Thesenformulierung stattfinden.

[1204] Vgl. PWC (2010), S. 6 ff.
[1205] Vgl. PWC (2010), S. 19.
[1206] Vgl. PWC (2010), S. 8.

Offene Forschungsfragen

Die zuvor ausführlich beschriebenen Untersuchungen zur Bankensteuerung auf Unternehmensseite sind in Tabelle 15 noch einmal überblickartig zusammengefasst. Insgesamt können zwei Arten von Studien unterschieden werden: Zum einen Studien, die eine reine Ist-Aufnahme der Bankensteuerung zu einem bestimmten Zeitpunkt darstellen (VDT e.v. (2007 & 2010), Mitter/Wohl-schlager/Kobler (2011 & 2012) und Mitter (2012))[1207] und zum anderen Studien, die Zeitvergleiche beinhalten/ermöglichen (J.P. Morgen (2006 bis 2011) und PWC (2010))[1208]. Bei der zweiten Gruppe ist jedoch klar zu unterscheiden, dass es sich bei den J.P. Morgen-Erhebungen streng genommen um eine wiederholte Einmal-Betrachtung handelt, wogegen die PWC-Studie als einzige eine konkrete Fragestellung über einen Zeitraum[1209] hinweg analysiert.[1210] Es zeigt sich somit ein klarer Bedarf an zeitraumbezogenen (Verlaufs-)Analysen im Bereich der Bankensteuerung.

Die untersuchten Fragestellungen der einzelnen Studien sind überwiegend breit gewählt. Alle Untersuchungen befassen sich mit der Anzahl an Bankbeziehungen und den Kriterien der Bankenwahl.[1211] Eine Analyse der eingesetzten Methoden (zu den Steuerungskriterien) im Rahmen der Bankensteuerung (speziell von Kontrahentenrisiken) findet sich jedoch ausführlicher nur bei PWC (2010).[1212] Zukünftige Untersuchungen sollten sich daher neben den Steuerungskriterien auch den Einsatz von Steuerungsmethoden in der Bankensteuerung ansehen und im Idealfall eine zeitliche Entwicklung desselbigen analysieren. Die Anzahl an Bankbeziehungen und die damit einhergehende Thematik „Hausbanken- vs. Konkurrenzbankenprinzip" sollte weiterhin Thema sein, jedoch bedarf es hier einer klaren Fokussierung auf die Steuerung im Rahmen der Banken-steuerung von Unternehmen.

[1207] Vgl. Verband Deutscher Treasurer e.V. (2007), S. 1 ff.; vgl. Verband Deutscher Treasurer e.V. (2011), S. 1 ff.; vgl. Mitter/Wohlschlager/Kobler (2012), S. 1 ff.; vgl. Mitter/Wohlschlager/Kobler (2011), S. 97 f. und vgl. Mitter (2012), online.

[1208] Vgl. J.P. Morgan (2011), S. 1 ff.; vgl. J.P. Morgan (2010), S. 1 ff.; vgl. J.P. Morgan (2009), S. 1 ff.; vgl. J.P. Morgan (2008), S. 1 ff.; vgl. J.P. Morgan (2007), S. 1 ff.; vgl. J.P. Morgan (2006), S. 1 ff. und vgl. PWC (2010), S. 1 ff.

[1209] *Bei der Zeitraumbetrachtung innerhalb der PWC-Studie ist kritisch anzumerken, dass es sich hier um eine einzelne Befragung handelt, in der die Befragten im Nachhinein nach drei Zeitpunkten gefragt wurden. Es muss hier davon ausgegangen werden, dass es zu Ungenauigkeiten im Antwortverhalten kommt, da persönlichen Empfindungen bezüglich der abgefragten Zeitpunkte einfließen und somit Wertungen und Verzerrungen stattfinden können (Stichwort: Retrospektionseffekt, Rezenzeffekt und Rückschaufehler).*

[1210] Vgl. J.P. Morgan (2011), S. 1 ff.; vgl. J.P. Morgan (2010), S. 1 ff.; vgl. J.P. Morgan (2009), S. 1 ff.; vgl. J.P. Morgan (2008), S. 1 ff.; vgl. J.P. Morgan (2007), S. 1 ff.; vgl. J.P. Morgan (2006), S. 1 ff. und vgl. PWC (2010), S. 1 ff.

[1211] Vgl. Verband Deutscher Treasurer e.V. (2007), S. 1 ff.; vgl. Verband Deutscher Treasurer e.V. (2011), S. 1 ff.; vgl. Mitter/Wohlschlager/Kobler (2012), S. 1 ff.; vgl. Mitter/Wohlschlager/Kobler (2011), S. 97 f.; vgl. Mitter (2012), online.; vgl. J.P. Morgan (2011), S. 1 ff.; vgl. J.P. Morgan (2010), S. 1 ff.; vgl. J.P. Morgan (2009), S. 1 ff.; vgl. J.P. Morgan (2008), S. 1 ff.; vgl. J.P. Morgan (2007), S. 1 ff. und vgl. J.P. Morgan (2006), S. 1 ff.

[1212] Vgl. PWC (2010), S. 6 ff.

Im Hinblick auf das jeweilige verwendete Sample fehlt bei allen vorgestellten Untersuchungen eine Stichprobenbegründung. Zukünftige Studien sollten daher im Vorfeld eine geeignete Stichprobenselektion (inkl. Begründung) durchführen. Bei allen Studien – bis auf Mitter (2012)[1213] ist darüber hinaus eine mangelnde theoretische Fundierung und Thesenbildung zu beklagen. Alle Studien weisen zudem eine mangelnde Darstellung der Auswertungsmethodik auf. Dies alles zeigt, dass die Forschung im Bereich der Bankensteuerung noch recht am Anfang steht und es hier weiterer wissenschaftlicher Forschung bedarf.

Zusammenfassend besteht vor allem Forschungsbedarf im Hinblick auf zeitraumbezogene Untersuchungen zur Bankensteuerung, die sich sowohl mit Steuerungskriterien für die Bankensteuerung als auch mit deren methodischen Umsetzung beschäftigen. Eine Analyse der Bankbeziehungen aus einer reinen Bankensteuerungsperspektive erscheint ebenfalls als fehlend.

4.1.2.2 Thesenentwicklung für die empirische Untersuchung

Die in diesem Kapitel durchgeführte Thesenentwicklung für die in Kapitel 4.2.2 durchgeführte empirische Untersuchung zur Bankensteuerung leitet sich zum einen aus den im vorherigen Kapitel vorgestellten bereits existierenden Untersuchungen und zum anderen aus der in Kapitel 3.4 und 3.5 durchgeführten theoretischen Erläuterung ab. Die so formulierten Thesen zielen darauf ab, mögliche ausgelöste Entwicklungen auf Grund der Globalen Finanzkrise im Bereich der Bankensteuerung von Internationalen Unternehmen zu beschreiben und zu thematisieren, um so eine Überprüfung dieser Vermutungen zu ermöglichen.

These I_{BS} & II_{BS}: „Zur Bankensteuerung im Allgemeinen"

Vor der Globalen Finanzkrise war es für viele Treasurer einfach undenkbar, dass sie sich intensiv Gedanken darüber machen müssten, dass (Groß-)Banken insolvent werden. Es wurde sich so gut wie keine Sorge darüber gemacht, ob eine Bank insolvent werden könnte oder nicht. Selbst bei der Anlage von großen Kapitalsummen spielten solche Überlegungen maximal eine Nebenrolle.[1214] Thesen wie „too big to fail" und „lender of last resort" erschienen nach der Lehman Brothers-Pleite jedoch plötzlich als nicht mehr haltbar und das Kontrahentenrisiko-Management gegenüber Banken gewann zunehmend an Wichtigkeit für das Treasury-Management von Internationalen Unternehmen.[1215] Auf Grund dieser Entwicklung werden folgende zwei Aussagen als Thesen für die empirische Untersuchung der Bankensteuerung formuliert:

[1213] Vgl. Mitter (2012), online.
[1214] Vgl. PWC (2010), S. 18.; vgl. Häberle/Meves (2012), S. 41 f.; vgl. Talkenberger/Wehn (2012), S. 2. und vgl. Mitter/Wohlschlager/Kobler (2011), S. 99.
[1215] Vgl. Talkenberger/Wehn (2012), S. 2.; vgl. Verband Deutscher Treasurer e.V. (2011), S. 44.; vgl. PWC (2010), S. 18. und vgl. Mitter/Wohlschlager/Kobler (2011), S. 99.

T. I_{BS}: *„Die Bankensteuerung hat auf Grund der Globalen Finanzkrise für Internationale Unternehmen stark an Bedeutung gewonnen und wurde intensiviert."*

und

T. II_{BS}: *„Das Hauptaugenmerk der Bankensteuerung im Unternehmensbereich liegt aktuell auf dem Kontrahentenrisiko von Bankbeziehungen"*

Diese beiden Thesen (T. I_{BS} und T. II_{BS}) werden neben der obigen theoretischen Begründung auch durch die Studienergebnisse gestützt. 82% der Studienteilnehmer des Global Treasury Survey 2010 von PWC maßen bspw. dem Kontrahenten-Risikomanagement während und nach der Krise eine mittlere oder hohe Bedeutung zu. Vor der Krise waren es noch unter 60%. Darüber hinaus geben über 50% an, dass der Bereich „Bank-Relationship-Management" in Zukunft einer der Bereiche sein wird, in dem die meisten Entwicklungen zu erwarten sind und somit als ein sehr wichtiger Treasury-Management-Aufgabenbereich einzustufen ist.[1216] Der J.P. Morgen Surveys der Jahre 2006 bis 2011 zeigt ergänzend, dass das Kriterium „Finanzielle Stärke der Bank" ab dem Jahr 2009 permanent an Bedeutung gewonnen hat und 2011 erstmals an erster Stelle bei den Kriterien für die Bankenwahl stand.[1217]

[1216] Vgl. PWC (2010), S. 6 ff.
[1217] Vgl. J.P. Morgan (2011), S. 8 ff.; vgl. J.P. Morgan (2010), S. 8 ff.; vgl. J.P. Morgan (2009), S. 7 ff.; vgl. J.P. Morgan (2008), S. 8 ff.; vgl. J.P. Morgan (2007), S. 7 ff. und vgl. J.P. Morgan (2006), S. 6 ff.

Tabelle 15: *Relevante Arbeiten zur Bankensteuerung*

Autor (Jahr)	Stichprobenumfang	Methodik	Untersuchte Aspekte im Bereich Bankensteuerung
VDT e.V. (2007)	64 (n.a.) Unternehmen	– (Mitglieder-)Befragung – Deskriptive Auswertung überwiegend mit Kreuztabellen und Diagrammen	– Kriterien für die Auswahl von Banken – Methoden der Bankbewertung – Anzahl Bankbeziehungen – Instrumente der Bankenüberwachung – Datenquellen für die Bankensteuerung – Bedeutung von Banken und Geschäftsarten
VDT e.V. (2011)	110 (182) Unternehmen	– (Mitglieder-)Befragung – Deskriptive Auswertung überwiegend mit Kreuztabellen und Diagrammen	– Anzahl Bankbeziehungen und Kernbanken – Verteilung Treasury-Management-Aufgabenbereiche – Kriterien zur Bankenauswahl und Geschäftszuweisung – Datenquellen für Bankensteuerung – Konzernweite Verfügbarkeit bankrelevanter Informationen
Mitter/ Wohlschlager/ Kobler (2011 & 2012) (1) (2)	56 (355) Unternehmen	– Fragebogen – Deskriptive Auswertung mit Kreuztabellen und Diagrammen – Signifikanzen und Korrelationen	– Existenz einer Treasury-Abteilung – Anzahl Mitarbeiter in der Treasury-Abteilung – In Anspruch genommene Bankdienstleistungen durch Unternehmen – Anzahl Bankverbindungen (inkl. Gründe Erhöhung / Reduzierung) – Existenz von Haus- bzw. Kernbanken – Dauer Bankbeziehungen – Bedeutung der Bankensteuerung – Instrumente der Bankensteuerung – Qualitative Kriterien für Bankenauswahl – Existenz einer Bankenpolitik
Mitter (2012) (1)	54 (355) Unternehmen	– Fragebogen – Deskriptive Auswertung überwiegend mit Kreuztabellen und Diagrammen – Signifikanzen und Korrelationen	– Anzahl an Bankbeziehungen – Hausbankbeziehungen und Kernbanken – Selektionskriterien bei der Bankenwahl

Tabelle 15: *Relevante Arbeiten zur Bankensteuerung (Fortsetzung)*

Autor (Jahr)	Stichprobenumfang	Methodik	Untersuchte Aspekte im Bereich Bankensteuerung
J.P. Morgan (2006-2011)	206 Treasurer in 2006 339 Treasurer in 2007 314 Treasurer in 2008 334 Treasurer in 2009 427 Treasurer in 2010 487 Treasurer in 2011	– Fragebogen – Deskriptive Auswertung überwiegend mit Kreuz-tabellen und Diagrammen	– Anzahl der Bankbeziehungen – Dienstleistungsbeanspruchung der primären und sekundären Bank – Kriterien der Bankenwahl – Verwendung von online-Portalen und -Plattformen in Bezug auf Bankdienstleistungen
PWC (2010)	330 Unternehmen	– Fragebogen – Deskriptive Auswertung überwiegend mit Kreuz-tabellen und Diagrammen	– Management von Kontrahentenrisiken – Wichtigkeit von Bank-Relationship-Management – Beziehungsposition der Unternehmen gegenüber Banken – Anzahl von Bankbeziehungen – Pricing von Banken – Wichtigkeit des Kontrahenten-Risikomanagements – Ansätze und Änderungen im Bereich des Kontrahenten-Risikomanagements (Indikatoren und Tools) – Allokation freier Geldbestände – Wichtige zukünftige wertschöpfende Aktivitäten

Hinweise:

(1) Sowohl Mitter/Wohlschlager/Kobler (2011 & 2012) als auch Mitter (2012) greifen auf die gleiche Datenbasis (Erhebung) zurück.

(2) Diese Studie wurde von den gleichen Autoren zum einen in CORPORATE FINANZE biz 2/2011 publiziert und zum anderen als eigenständige Schrift mit dem Titel „Bankensteuerung in Unternehmen: Einflussfaktoren, Determinanten und Gestaltungsparameter von Bankbeziehungen" in den Salzburger Managementstudien im Jahr 2012 (etwas ausführlicher) veröffentlicht.

Quelle: *Eigene Darstellung, basierend auf den Inhalten der enthaltenen Untersuchungen.*

These III$_{BS}$ & IV$_{BS}$: „Zu den Methoden und Steuerungskriterien der Bankensteuerung"

Auf Grund der zuvor beschriebenen Vermutung einer Bedeutungszunahme und Intensivierung der Bankensteuerung – speziell des Kontrahenten-Risikomanagements – stellt sich als Nächstes die Frage, wie sich eine solche Bedeutungszunahme im Hinblick auf die eingesetzten Methoden sowie auf die Steuerungskriterien auswirkt.

Aus den Ausführungen des Kapitels 3.5.4 ist bereits bekannt, dass es aus theoretischer Sicht folgende drei wesentliche Ansätze im Bereich des Kontrahentenrisiko-Managements von Bankbeziehungen gibt: (1) Risikobegrenzung (z. B. Mindestbonität), (2) Risikodiversifikation (z. B. Limitsystem und klassische Diversifikation) und (3) Risikoabsicherung (z. B. Hedging mit CDS).[1218] Geht man nun davon aus, dass Unternehmen im Bereich der Bankensteuerung nun auf Grund der veränderten Risikosituation im Bankenbereich das Kontrahentenrisiko-Managements intensivieren („T. II$_{BS}$"), sollte sich dies u.a. durch eine Zunahme an eingesetzten Steuerungsmethoden zur Risikovermeidung in diesem Bereich zeigen. Dies lässt sich wie folgt als These formulieren:

T. III$_{BS}$: *„Auf Grund der Globalen Finanzkrise setzen Internationale Unternehmen zunehmend mehr Methoden zur Kontrahenten-Risikosteuerung bei Banken ein."*

Die Studie von PWC (2010) zeigte bspw., dass sich im Bereich der Kontrahenten-Risikomanagement-Methoden in Bezug auf Banken die Methodik der Risiko-Diversifikation über viele Bankenpartner im Zuge der Globalen Finanzkrise stärker verbreitet hat.[1219]

Der angesprochene verstärkte Fokus auf Kontrahentenausfallrisiken bei Bankbeziehungen („T. II$_{BS}$") sollte sich ebenfalls bei den Steuerungs-/Selektionskriterien der Bankensteuerung zeigen. Hier ist von einer zunehmenden Fokussierung auf Ausfallwahrscheinlichkeiten auszugehen. Die in der Praxis Anwendung findenden Steuerungskriterien sollten daher klar auf die Kreditwürdigkeit (die Ausfallwahrscheinlichkeit) der Banken abzielen und auf Grund der zunehmenden Schnelllebigkeit des Finanzumfeldes („Real-Time"-) Indikatoren umfassen, die Marktereignisse schnell abbilden – Stichwort: CDS. Es ist somit von einer Spezifizierung und Erweiterung der Anwendung findenden Steuerungskriterien auszugehen. Erste Indikationen für einen solchen Trend lieferte der PWC Global Treasury Survey 2010. Dort wurde festgestellt, dass die Überwachung des Kontrahentenrisikos sich von einer (reinen) Überwachung von Kreditratings hin zu einer Überwachung von

---

[1218] Vgl. Kühne (2010), S. 110.; vgl. Kühne (2010), S. 110.; vgl. Verband Deutscher Treasurer (2007), S. 21 f.; vgl. Verband Deutscher Treasurer (2011), S. 44 ff.; vgl. Braun/Lange (2011), S. 205. und vgl. Beinker/Föhl (2012), S. 36 f.

[1219] Vgl. PWC (2010), S. 32.

Real-Time-Indikatoren, wie CDS oder Bond Yields, entwickelt hat.[1220] Somit kann folgende Thesen für den Bereich der Steuerungskriterien festgehalten werden:

T. IV$_{BS}$: *„Im Zuge der Globalen Finanzkrise nahm die Verbreitung von marktbezogenen Steuerungskriterien („Real-Time-Indikatoren") bei der Bankensteuerung zu."*

These V$_{BS}$: „Zur Geschäftsbeziehung zwischen Bank-Unternehmen"

Die Thesen „T. I$_{BS}$" bis „T. IV$_{BS}$" zusammenfassend betrachtet lassen die Vermutung zu, dass Internationale Unternehmen Banken nach der Globalen Finanzkrise nur noch rein als Kontrahenten sehen, deren Risiko es zu minimieren gilt. Die theoretischen Ausführungen zu Bankbeziehungsarten in Kapitel 3.4.1 (und 3.4.2) zeigen bereits, dass das klassische Hausbankprinzip bei Internationalen Unternehmen als nicht existent einzustufen ist. Bei Bankbeziehungen von Internationalen Unternehmen geht es vielmehr um das Konkurrenzbankenprinzip oder um Kern- bzw. Tier-Bank-Systeme.[1221] Das vermutete Streben nach einer Kontrahentenrisikominimierung im Rahmen der Bankensteuerung sollte zusätzlich dazu beitragen, dass Internationale Unternehmen eher harte Bewertungsmaßstäbe bei ihrer Bankenwahl anlegen als auf eine langfristige Partnerschaft zu spekulieren. Als fünfte schlussfolgernde These lässt sich somit folgende Aussage festhalten:

T. V$_{BS}$: *„Unternehmen sehen Banken seit der Globalen Finanzkrise nur noch rein als Kontrahenten – deren Risiko es zu minimieren gilt – und nicht mehr als langfristige Geschäftspartner."*

Die in diesem Kapitel formulierten Thesen stellen die zu klärenden Forschungsfragen für die empirische bankensteuerungbezogene Auswertung in Kapitel 4.2.2 dar. Sie tragen zum einen durch ihre Zeitraumbezogenheit und zum anderen durch ihren Fokus u.a. auf Steuerungsmethoden im Bereich der Bankensteuerung zur teilweisen Schließung der Forschungslücken im Bereich der Bankensteuerung auf Unternehmensseite bei (siehe hierzu auch Kapitel 4.1.2.1). Im Speziellen sollen sie die noch wenig untersuchte Frage des Methodeneinsatzes bei der Bankensteuerung in der Praxis klären und darüber hinaus die allgemeine Entwicklung der Bankensteuerung in der jüngeren Vergangenheit im Kontext der Globalen Finanzkrise untersuchen (Vor- und Nachkrisenvergleich). Hier geht es nicht zuletzt darum, aktuelle Entwicklungstendenzen zu ermitteln.

[1220] Vgl. PWC (2010), S. 6.
[1221] Vgl. Zantow/Dinauer (2011), S. 500 und vgl. Reisch (2009), S. 89 f. sowie teilweise vgl. Jeffery (2009), S. 33 ff.; vgl. Lind (2008), S. 227.; vgl. Holland (1994), S. 376. und vgl. Wittman (2006), S. 50.

4.1.3 Eingesetzte Methodik – Auswertung und Datenerhebung

Aufbauend auf die formulierten Forschungsfragen (Thesen) der vorherigen Kapitel 4.1.1.2 und 4.1.2.2 wird in diesem Kapitel die in der Arbeit verwendete Auswertungs- (Kapitel 4.1.3.1) und Datenerhebungsmethodik (Kapitel 4.1.3.2) beschrieben. Die verwendete Analysemethodik der beiden Untersuchungsbereiche (Cash-Management und Bankensteuerung) ist auf die jeweiligen Forschungsfragen (und vorliegenden Daten) abgestimmt und aus diesem Grund unterschiedlich. Es findet daher auch eine getrennte Methodenerörterung in Kapitel 4.1.3.1.1 und 4.1.3.1.2 statt. Die Datenerhebungsmethodik spielt vor allem im Bereich der Bankensteuerung eine wesentliche Rolle. Hier wird auf keine Datenbank – wie im Bereich Working Capital-Management – zurückgegriffen, sondern eine eigenständige Datenerhebung durchgeführt.

4.1.3.1 Verwendete Analysemethodik

Die in dieser Arbeit Anwendung findenden Analysemethoden wurden passend zu den zu untersuchenden Forschungsfragen (Thesen) gewählt. Für die zu analysierenden Bereiche „Cash-Management (WCM)" und „Bankensteuerung" sind auf Grund der unterschiedlich zu untersuchenden Fragestellungen und basierend auf den vorliegenden Daten (verschiedene Datenerhebungsansätze – siehe Kapitel 4.1.3.2) verschiedene Analysemethoden zu wählen. Der Bereich WCM wird mittels einer quantitativen kennzahlenbasierten Jahresabschlussanalyse (Kapitel 4.1.3.1.1) untersucht und im Bereich der Bankensteuerung findet einen Kontingenzanalyse (Kapitel 4.1.3.1.2) Anwendung. Der Zusammenhang beider Bereiche wird dann mit Hilfe eines linearen Regressionmodells weiterführend analysiert (Kapitel 4.1.3.1.3).

4.1.3.1.1 Quantitative kennzahlenbasierte Jahresabschlussanalyse

Der verwendete Analyseansatz zur Auswertung der Worldscope-Daten für den Untersuchungsbereich Cash-Management bildet die externe quantitative Jahresabschlussanalyse. Hier steht die Auswertung berichteter Zahlen aus den Abschlüssen der Stichproben-Unternehmen mit Hilfe von Kennzahlen im Vordergrund. Anhand dieser Kennzahlen wird die (wirtschaftliche) Situation des untersuchten Unternehmens beurteilt. Es wird keine Gesamtanalyse – die als Ziel ein Gesamturteil über ein Unternehmen hat – durchgeführt, sondern eine Partialanalyse, die sich auf das Working Capital-Management konzentriert.[1222] Im Folgenden werden die hierfür verwendeten Kennzahlen eingeführt.

[1222] Vgl. Bieg/Kußmaul/Waschbusch (2012), S. 349 ff.

Zur Analyse des Bereiches Working Capital-Management wird sich vorwiegend auf das Konzept des Cash Conversion Cycle bezogen. Der CCC stellt eine Möglichkeit zur dynamischen und ganzheitlichen Analyse der (Net) Working Capital-Performance dar. Er umfasst die gesamte konzerninterne Wertschöpfungskette sowie die Schnittstellen zu Kunden und Lieferanten.[1223] Für eine ausführliche Beschreibung des Konzeptes des Cash Conversion Cycle im Rahmen des Working Capital-Managements siehe Kapitel 3.3.4.3 bis 3.3.4.6. Bei der Analyse wird der gesamte CCC sowie dessen Teilkomponenten (DSI, DSO, DPO) untersucht. Hierdurch können detaillierte Aussagen getroffen werden. Im Folgenden werden die verwendeten Kennzahlen überblicksartig in Tabelle 16 vorgestellt. Für weiterführende Informationen wird ergänzend auf Kapitel 3.3.4.5 verwiesen.

Tabelle 16: *Formelüberblick „Cash Conversion Cycle"*

Formel	Bezeichnung	Berechnung
Formel 4	Cash Conversion Cycle Time (CCCT)	$CCCT = DSI + DSO - DPO$
Formel 6	Days Sales in Inventory (DSI)	$DSI = \dfrac{Inventories}{COGS} * 365\ days$
Formel 8	Days Sales Outstanding (DSO)	$DSO = \dfrac{Accounts\ Receivables}{Net\ Sales} * 365\ days$
Formel 10	Days Payables Outstanding (DPO)	$DPO = \dfrac{Accounts\ Payables}{COGS} * 365\ days$

Quelle: *Eigene Darstellung, basierend auf den Ausführungen des Kapitels 3.3.4.5.*

[1223] Vgl. Eitelwein/Wohlthat (2005), S. 417.

Neben obigen Kennzahlen werden zur Analyse von liquiditätsbezogenen Fragestellungen statische Liquiditätskennzahlen eingesetzt.[1224] Hier werden Kennzahlen verwendet, die vordergründig die Fähigkeiten eines Unternehmens analysieren, seinen finanziellen Verpflichtungen nachzukommen. Eine dynamische Liquiditätsanalyse wird nicht durchgeführt. Eine derartige weiterführende Analyse wäre nur notwendig, wenn untersucht werden sollte, aus welchem Bereich die Liquidität stammt oder die Fähigkeit des Unternehmens, Einzahlungsüberschüsse zu generieren, bewertet werden sollte. Dies sind jedoch keine Fragestellungen in dieser Arbeit. Es wird vielmehr die Veränderung der finanziellen Situation der Unternehmen im Hinblick auf die Höhe an vorgehaltener Liquidität analysiert.[1225] Die verwendeten Kennzahlen sind in Tabelle 17 dargestellt.

Tabelle 17: *Überblick Formeln Liquiditätsgrade*

Formel	Bezeichnung	Berechnung
Formel 12	Liquidität 1. Grades. (L.1.G.)	$L.1.G. = \dfrac{Cash\ and\ cash\ Equivalent}{Current\ liabilities} \times 100\%$
Formel 13	Liquidität 2. Grades (L.2.G.)	$L.2.G. = \dfrac{Current\ Assets - Inventory}{Current\ liabilities} \times 100\%$
Formel. 14	Liquidität 3. Grades (L.3.G.)[1226]	$L.3.G. = \dfrac{Current\ Assets}{Current\ liabilities} \times 100\%$

Quelle: *Eigene Darstellung, in Anlehnung an Schierenbeck/Wöhle (2008), S. 786 und Auer (2000), S. 509.*

Zur Analyse der Effektivität der Verwendung der vorgehaltenen Liquidität wird die Kennzahl „Cash-Umschlagsdauer" verwendet. Ihre Berechnung ist wie folgt:

[1224] *Die Kritikpunkte der verwendeten Liquiditätsgrade sind wie folgt: (1) es werden keine genauen Liquiditations- bzw. Fälligkeitszeitpunkte berücksichtigt, (2) es werden bestimmte Zahlungsverpflichtungen nicht berücksichtigt (z. B: Löhne) und (3) ist sie für eine aktuelle Liquiditätsbetrachtung ungeeignet, da der Zeitpunkt der Bilanzveröffentlichung im Normalfall zeitlich stark vom Erfassen der Daten, die in die Bilanz eingehen, abweicht (z.B: 31.12 eines jeden Jahres). Vgl. Schierenbeck/Wöhle (2008), S. 786.*

[1225] Vgl. Auer (2000), S. 503 ff.

[1226] *Die Liquidität 3. Grades wird in der englischsprachigen Literatur auch als Current Ration bezeichnet. Vgl. Auer (2000), S. 510. und für ein Beispiel vgl. Moles/Parrino/Kidwell (2011), S. 122.*

Formel 11:   *Cash-Umschlagsdauer*

$$Cash - Umschlagsdauer = \frac{365}{\frac{Nettoerlöse}{\emptyset \text{ liquide Mittel}}}$$

Quelle: *Aydeniz (2012), S. 532.*

Zusammenfassend zeigt die Tabelle 18 alle Anwendung findenden Kennzahlen und liefert eine Kurzbeschreibung sowie Interpretationsansätze für jede Kennzahl.

4.1.3.1.2 Kontingenzanalyse

Die überwiegende Anzahl der erhobenen Daten im Bereich der Bankensteuerung weisen ein nominales Skalenniveau (qualitative Eigenschaftsausprägungen) auf (siehe hierzu auch Kapitel 4.1.3.2). Aus diesem Grund wird bei deren Analyse auf Verfahren im Bereich der Kontingenzanalyse[1227] zurückgegriffen.[1228]

Kreuztabellen

Die Kontingenzanalyse dient zur Analyse der Beziehung zwischen rein nominal skalierten Variablen. Kontingenztabellen (Kreuztabellen) bilden hierfür die Grundlage.[1229] Eine (zweidimensionale) Kontingenztabelle bildet die Merkmalkombinationen von zwei Variablen ab.[1230] Es wird in jedem Feld der Tabelle die Anzahl an Beobachtungen (n_{ij}) einer bestimmten Merkmalausprägung (*i-te*) aus der ersten Variablen ($i = 1, ..., I$) und der der zweiten Variablen ($j = 1, ..., J$) dargestellt. Hierbei bilden die Merkmalausprägungen der Variablen eins die Zeilen der Tabelle und die Merkmalausprägungen der Variablen zwei die Spalten. Die Bezeichnung einer solchen Kontingenztabelle ergibt sich dann aus den möglichen Merkmalkombinationen („*IxJ-Kontingenztabelle*");[1231] siehe für ein formales Beispiel Tabelle 19. Kontingenztabellen können innerhalb ihrer Zellen sowohl absolute als auch prozentuale Häufigkeiten enthalten. Für eine spätere Interpretation von prozentualen Häufigkeiten ist es wichtig zu wissen, ob die dargestellten Werte eine Zeilen- oder Spaltenorientierung aufweisen. Man spricht hier auch von einer Zeilen- bzw. Spalten-Konditionalverteilung. Die Werte der Randverteilungen einer Kontingenztabelle stellen die univariate Verteilung der zugehörigen Variablen dar.[1232]

[1227] *Bei nominal skalierter abhängiger und bedingter Variable käme aus theoretischer Sicht auch eine (auswahlbaserte) Conjoint-Analyse in Frage. Diese findet hier jedoch keine Anwendung, da sie nicht zur Auswertung der zu untersuchten Fragestellung geeignet ist. Es werden nämlich keine Präferenzen oder Auswahlentscheidungen untersucht. Vgl. Backhaus u.a. (2011), S. 14 ff.*

[1228] Vgl. Backhaus u.a. (2011), S. 10 ff.
[1229] Vgl. Eckstein (2012), S. 152.
[1230] Vgl. Backhaus u.a. (2011), S. 308.
[1231] Vgl. Backhaus u.a. (2011), S. 308.
[1232] Vgl. Kähler (2011), S. 94 ff.

Tabelle 18: *Übersicht und Interpretation verwendeter Kennzahlen*

Nr.	Kennzahl	Berechnung	Beschreibung
1	Cash Conversion Cycle Time (CCCT)	$CCCT = DSI + DSO - DPO$	– Die CCT misst den Zeitraum, in dem liquide Mittel im Working Capital gebunden sind („Geldumschlag") – Zeit: Die ein Euro, der in Rohmaterialen investiert worden ist, benötigt, um als Rückfluss wieder verbucht werden zu können – Je geringer die Kennzahl ist, desto besser
2	Days Sales in Inventory (DSI)	$DSI = \dfrac{Inventories}{COGS} * 365\ days$	– DSI misst den Zeitraum zwischen Lagereingang und Verkauf von (Fertig-)Produkten an die Kunden („Lagerumschlagsdauer") – Je geringer die Kennzahl ist, desto besser
3	Days Sales Outstanding (DSO)	$DSO = \dfrac{Accounts\ Receivables}{Net\ Sales} * 365\ days$	– DSO misst die Zeitspanne zwischen Umsatzrealisierung und Zahlungseingang der Kundenforderung („Kundenziel") – Je geringer die Kennzahl ist, desto besser
4	Days Payables Outstanding (DPO)	$DPO = \dfrac{Accounts\ Payables}{COGS} * 365\ days$	– DPO misst das Zeitintervall zwischen Wareneingang bis zum Zahlungsausgang zur Begleichung der Rechnung („Lieferantenziel") – Je höher die Kennzahl ist, desto besser

Tabelle 18: *Übersicht und Interpretation verwendeter Kennzahlen (Fortsetzung)*

Nr.	Kennzahl	Berechnung	Beschreibung
5	Liquidität 1. Grades (L. 1. G.)	$L.1.G. = \dfrac{Cash\ and\ cash\ Equivalent}{Current\ liabilities} \times 100\%$	– „Barliquidität" – Aussagekraft durch unterschiedliche Fälligkeiten der verglichenen Komponenten eingeschränkt (Fristigkeitsproblem) – Optimale Höhe ist sehr branchen- (Baubranche vs. Einzelhandel) und zeitpunktabhängig (Saisongeschäft etc.)
6	Liquidität 2. Grades (L. 2. G.)	$L.2.G. = \dfrac{Current\ Assets - Inventory}{Current\ liabilities} \times 100$	– „Liquidität aus kurzer Sicht" – Im Wesentlichen kein Fristigkeitsproblem – Auch als quick, liquid oder acid-test ratio bekannt
7	Liquidität 3. Grades (L. 3. G.)	$L.1.G. = \dfrac{Current\ Assets}{Current\ liabilities} \times 100\%$	– „Liquidität aus mittlerer Sicht" – Je mehr Kennzahlen über eins liegen, desto höher ist die Zahlungssicherheit des Unternehmens innerhalb eines Jahres (Zusammensetzung der Einzelpositionen liefert noch mehr Aufschluss)
8	Cash-Umschlagsdauer (C.-U.)	$C.-U. = \dfrac{365}{\frac{Nettoerlöse}{\varnothing\ liquide\ Mittel}}$	– Gibt an, wie lange liquide Mittel in einer Periode verwendet werden – Je geringer die Kennzahl, desto besser war der Einsatz der liquiden Mittel (eine Art Effizienzmaß)

Quelle: *Eigene Darstellung, basierend auf Eitelwein/Wohlthat (2005), S. 418 f.; Hofmann u.a. (2011), S. 19; Aydeniz (2012), S. 532; Wöltje u.a. (2011), S. 305 ff.; Losbichler/Rothböck (2008), S 48; Guserl/ Pernsteiner (2011), S. 513; Buchmann (2009), S. 351; Zantow Dinaurer (2011), S. 37 ff.; Schierenbeck/ Wöhle (2008), S. 786; Born (2008), S. 301 ff.*

Tabelle 19: Formales Beispiel Kontingenztabelle

IxJ-Kreuztabelle	Variable 2		Zeilen- oder Randsumme (Randverteilung)
Variable 1	Ausprägung 1	... Ausprägung J	
Ausprägung 1	n_{11}	n_{1J}	Summe (n_1.)
Ausprägung 1	n_{12}		Summe (n_2.)
Ausprägung 1	n_{13}		Summe (n_3.)
...		...	...
Ausprägung I	n_{I1}	n_{IJ}	Summe (n_I.)
Spalten- oder Randsumme (Randverteilung)	Summe ($n_{.1}$)	... Summe ($n_{.J}$)	n_{IJ}

Quelle: Eigene Darstellung in Anlehnung an Backhaus u.a. (2011), S. 308.

Prüfung der statistischen Unabhängigkeit

Für die Überprüfung der statistischen Unabhängigkeit von zwei Variablen bei Verwendung von Kontingenztabellen kann als Grundidee der errechenbare Wert der erwarteten Häufigkeiten einer jeden Merkmalkombination mit den beobachteten Häufigkeiten verglichen werden. Die Annahme hierbei ist, dass die Randverteilung der Kontingenztabelle die tatsächliche Verteilung widerspiegelt. Folgende Formel dient hierbei zur Berechnung der erwarteten Häufigkeiten:[1233]

Formel 15: Erwartete Häufigkeit

$$erwartete\ Häufigkeit = \frac{Zeilensumme * Spaltensumme}{Gesamtsumme}$$

Quelle: Backhaus u.a. (2011), S. 312.

Bei dem Vergleich der erwarteten mit den beobachteten Häufigkeiten ergeben sich mehr oder minder große Abweichungen. Je größer die ermittelten Abweichungen sind, desto eher kann davon gesprochen werden, dass beide Variablen möglicherweise nicht voneinander unabhängig verteilt sind.[1234]

[1233] Vgl. Backhaus u.a. (2011), S. 312. und vgl. Kähler (2011), S. 105 f.
[1234] Vgl. Brosius (2011), S. 421. und vgl. Backhaus u.a. (2011), S. 312.

Chi-Quadrat-Koeffizient nach Pearson

Der englische Statistiker Pearson entwickelte mit dem Chi-Quadrat (x^2) eine Maßzahl für die oben beschriebene Differenz zwischen tatsächlichen und erwarteten Häufigkeiten.[1235] Das Prüfmaß x^2 wird hierbei wie folgt berechnet (wobei e_{ij} die erwartete Häufigkeit der Zelle i und Spalte j darstellt):[1236]

Formel 16: *Chi-Quadrat (x^2)*

$$x^2 = \sum_{i=1}^{I}\sum_{j=1}^{J} \frac{(n_{ij} - e_{ij})^2}{e_{ij}} \quad \text{1237}$$

Quelle: *Backhaus u.a. (2011), S. 313.*

Chi-Quadrat (x^2) wird umso größer, je größer die Abweichung in einem Tabellenfeld ist. Ein hoher x^2-Wert deutet hierbei auf einen Zusammenhang der beiden untersuchten Variablen hin.[1238] Die dazugehörige Nullhypothese lautet: Variable 1 und Variable 2 sind voneinander unabhängig.[1239] Es gilt für unabhängige Merkmale ein x^2-Wert von null ($x^2=0$).[1240]

Bezieht man bei der Interpretation des Chi-Quadrat-Tests nach Pearson die Überlegung mit ein, dass sich die gemessene Abweichung auch nur rein zufällig innerhalb der vorliegenden Stichprobe ergeben könnte, so lässt sich an Hand einer aus wahrscheinlichkeitstheoretischer Sicht hergeleiteten Verteilung des Prüfmaßes x^2 die Wahrscheinlichkeit ermitteln, mit der die untersuchten Variablen innerhalb der Grundgesamtheit unabhängig voneinander verteilt sind. Diese Wahrscheinlichkeit hängt nicht nur von der Höhe des x^2-Wertes alleine ab, sondern auch vom Freiheitsgrad (*df*) der Kontingenztabelle (*df = [I-1][J-1]*). Der Freiheitsgrad gibt an, in wie viele Zellen der Kontingenztabelle die Häufigkeit bei einer gegebenen Randverteilung „frei" wählbar ist. Durch kombinierte Betrachtung des x^2-Wertes und des Freiheitsgrades lässt sich die Wahrscheinlichkeit bestimmen, mit der die zuvor ermittelte Abweichung zwischen erwarteten und beobachteten Häufigkeiten auch dann auftreten kann, wenn zwischen den untersuchten Variablen in der Grundgesamtheit kein statistischer Zusammenhang besteht.[1241]

[1235] Vgl. Kähler (20011), S. 106 f.
[1236] Vgl. Backhaus u.a. (2011), S. 313.
[1237] *Das Quadrat der Differenz zwischen tatsächlicher und erwarteter Häufigkeit verhindert, dass Abweichungen sich gegenseitig aufheben. Die Division durch e_{ij} führt dazu, dass gleich hohe Abweichungen in Abhängigkeit der absoluten Größe der erwarteten Werte unterschiedlich normiert werden. Vgl. Backhaus u.a. (2011), S. 313.*
[1238] Vgl. Brosius (2011), S. 423.
[1239] Vgl. Backhaus u.a. (2011), S. 313.
[1240] Vgl. Schwarze (2009), S. 152.
[1241] Vgl. Brosius (2011), S. 422 ff.

Der Chi-Quadrat-Test sagt jedoch nichts über die Stärke des Zusammenhangs zwischen den Variablen aus. Er weist lediglich auf einen Zusammenhang hin. Für eine Intensitätsbestimmung des Zusammenhangs bedarf es sogenannter Zusammenhangmaße, wie das Cramer V[1242].[1243]

Der Kontingenzkoeffizient Cramer V

Das Cramer V stellt ein Zusammenhangsmaß für nominal skalierte Variablen dar. Es kann unabhängig von der Anzahl an Dimensionen (Zeilen und Spalten) der Kontingenztabelle Werte zwischen 0 und 1 annehmen und wird wie folgt berechnet:[1244]

Formel 17:   *Cramer V*

$$Cramer\ V = \sqrt{\frac{x^2}{n_{IJ}(R-1)}}\ mit\ R = \min\{I,J\}$$

Quelle: *Backhaus u.a. (2011), S. 316.*

Ein Cramer V-Wert von 0 besagt, dass kein statistischer Zusammenhang zwischen den Variablen besteht. Ein Wert von 1 hingegen weist auf eine absolute Abhängigkeit hin.[1245] Bei der Interpretation ist darauf zu achten, dass ein Cramer V-Wert von 1 oder in dessen Nähe nur sehr selten erreicht wird. Die jeweilige Fragestellung spielt hier ebenfalls eine Rolle.[1246] Eine möglichen Einteilung für die numerischen Werte von Zusammenhangsmaßen und ihrer so beschriebenen Intensität ist folgende (r als Variable für den Wert des Zusammenhangmaßes):

- r = 0   kein Zusammenhang
- 0 < |r| ≤ 0,4   geringer Zusammenhang
- 0,4 < |r| ≤ 0,7   mittlerer Zusammenhang
- 0,7 ≤ |r| < 1   hoher Zusammenhang
- |r| = 1   vollständiger (linearer) Zusammenhang.[1247]

In der vorliegenden Arbeit wird diese Einteilung als Interpretationsgrundlage verwendet.

[1242] *Neben dem Cramer V gibt es als Zusammenhangsmaß für nominal skalierte Variable auch noch das Phi nach Pearson. Dieses kann Werte über eins annehmen, wodurch eine Interpretation schwer möglich ist. Eine Beschränkung auf 2x2-Kreuztabellen erscheint daher als sinnvoll. Der Kontingenzkoeffizient stellt ein weiteres mögliches Zusammenhangsmaß dar. Er kann zwar nur Werte zwischen 0 und 1 annehmen, die maximale Höhe ist jedoch abhängig von der Anzahl der Zeilen und Spalten. Hierdurch sind Vergleiche zwischen mehreren Koeffizienten nur schwer möglich. Aus diesen Gründen findet in der vorliegenden Arbeit nur das Cramer V Anwendung. Vgl. Backhaus u.a. (2011), S. 315 f.; vgl. Borsius (2011), S. 433 und vgl. Kähler (2011), S. 111 f.*
[1243] Vgl. Eckstein (2012), S. 159 und vgl. Brosius (2011), S. 431.
[1244] Vgl. Backhaus u.a. (2011), S. 316.und vgl. Kähler (2011), S. 111.
[1245] Vgl. Backhaus u.a. (2011), S. 316.
[1246] Vgl. Brosius (2011), S. 434.
[1247] Schwarze (2009), S. 157.

4.1.3.1.3 Lineare Einfach- und Mehrfachregression

Das statistische Analyseverfahren „Regression" gehört zu den struktur-prüfenden Verfahren und ist für metrische Daten anwendbar.[1248] Eine Regressionsanalyse dient zur Untersuchung der Wirkbeziehung zwischen einer abhängigen Variablen (endogen) und einer bzw. mehreren unabhängigen Variablen (exogen). Hierbei dienen die unabhängigen Variablen zur Erklärung (Schätzung bzw. Prognose) der abhängigen Variablen.[1249] Diese statistische Methode erscheint daher als Ideal für die Untersuchung des Zusammenhangs zwischen Cash-Management und Bankensteuerung in dieser Arbeit.

Lineare Einfachregression

Eine „Lineare Einfachregression" untersucht die lineare Beziehung zwischen zwei Variablen (einer abhängigen (Y) und genau einer unabhängigen (X) Variablen) mit Hilfe einer linearen Modellgleichung – diese ist wie folgt definiert:[1250]

Formel 18: *Modellgleichung „Lineare Einfachregression"*

$$\hat{Y} = a + \beta * X + E$$

Quelle: *Eigene Darstellung, in Anlehnung an Backhaus u.a. (2011), S. 63.*

Die in der so beschriebenen Regressionsgeraden enthaltenen Variablen sind folgendermaßen definiert:

- $\hat{Y}$ = Schätzung der abhängigen (endogenen) Variablen
- a = konstantes Glied
- β = Regressionskoeffizient
- X = unabhängige (exogene) Variable
- E = Residuen[1251]

Das konstante Glied (Niveaukonstante) a bestimmt hierbei den Schnittpunkt der Regressionsgeraden mit der Ordinate (Y-Achse), und der Regressionskoeffizient (Steigungskoeffizient) β definiert, wie sich der Wert von $\hat{Y}$ durchschnittlich ändert, wenn der Wert von X um eine Einheit erhöht wird.[1252] Die Residuen beschreiben die von der Regressionsfunktion nicht erfasste Abweichung der prognostizierten Y-Werte von den real gemessenen Y-Werten (Beobachtungswerten). Es gilt:[1253]

[1248] Vgl. Backhaus u.a. (2011), S. 14.
[1249] Vgl. Backhaus u.a. (2011), S. 56 ff. und vgl. Kähler (2011), S. 189 ff.
[1250] Vgl. Kähler (2011), S. 189. und vgl. Eckstein (2012), S. 186.
[1251] Vgl. Backhaus u.a. (2011), S. 63 ff.
[1252] Vgl. Kähler (2011), S. 190.
[1253] Vgl. Backhaus u.a. (2011), S. 65 f. und vgl. Kähler (2011), S. 189 f.

Formel 19: *Formel „Residuen"*

$$e_k = y_k - \hat{y}_k \quad mit\ (k = 1, ... K)$$

Quelle: *Backhaus u.a. (2011), S. 66.*

Wobei y_k für den Beobachtungswert der abhängigen Variablen Y für x_k (Beobachtung k der Variablen X) und $\hat{y}_k$ für den errechneten Schätzwert der Variablen Y für x_k steht. e_k beschreibt die Abweichung des Schätzwertes von dem Beobachtungswert und K steht für die Anzahl an Beobachtungen. Jeder beobachtete Wert y_k wird somit durch die Regressionsfunktion additiv durch eine systematische Komponente, die sich linear durch den Wert der Variablen x_k ändert, und der Residualgröße e_k geschätzt.[1254]

Das Ziel einer linearen Einfachregression ist es, die lineare Funktion (Regressionsgerade) zu finden, die die nicht erklärte Abweichung (die Residuen[1255]) möglichst gering werden lässt. Mathematisch kann dies wie folgt formuliert werden:[1256]

Formel 20: *Zielfunktion „Lineare Einfachregression"*

$$\sum_{k=1}^{K} e_k^2 = \sum_{k=1}^{K} [y_k - (a + \beta x_k)]^2 \rightarrow min!$$

Quelle: *Eigene Darstellung, in Anlehnung an Backhaus u.a. (2011), S. 66.*

Rechnerisch werden die unbekannten Parameter a und b der Regressionsgleichung so ermittelt, dass die Summe der quadrierten Residuen minimal ist. Für ein solches Vorgehen (Schätzung) wird das Lösungsverfahren „Methode der kleinsten Quadrate"[1257] verwendet.[1258]

[1254] Vgl. Backhaus u.a. (2011), S. 66.
[1255] *Für eine sachlogische Interpretation der Residuen vgl. Eckstein (2012), S. 186.*
[1256] Vgl. Backhaus u.a. (2011), S. 67. und vgl. Kähler (2011), S. 190.
[1257] *Für weiterführende Methoden zu der Methode der kleinsten Quadrate vgl. Auer/Rottmann (2011), S 331 und S. 420 ff.*
[1258] Vgl. Eckstein (2012), S. 186.; vgl. Kähler (2011), S. 190. und vgl. Backhaus u.a. (2011), S. 67.

Lineare Mehrfachregression

Der Unterschied zwischen einer linearen Einfachregression und einer linearen Mehrfachregression liegt darin begründet, dass bei einer linearen Mehrfachregression nicht nur eine unabhängige intervallskalierte Variable zur Prognose der abhängigen intervallskalierten Variablen verwendet wird, sondern mehrere unabhängige Variable Eingang in das Modell finden.[1259] Der Modellansatz lässt sich in einem solchen Fall wie folgt festhalten:

Formel 21: *Modellgleichung „Lineare Mehrfachregression"*

$$\hat{Y} = a + \beta_1 * x_1 + \beta_2 * x_2 + \cdots + \beta_J * x_J + E$$

Quelle: *Eigene Darstellung, in Anlehnung an Kähler (2011), S. 190 und Backhaus u.a. (2011), S. 69.*

Die Zielfunktion einer linearen Mehrfachregression ergibt sich daraus wie folgt als:[1260]

Formel 22: *Zielfunktion „Lineare Mehrfachregression"*

$$\sum_{k=1}^{K} e_k^2 = \sum_{k=1}^{K} [y_k - (a + \beta_1 x_{1k} + \beta_2 x_{2k} + \cdots + \beta_J x_{Jk})]^2 \to min!$$

Quelle: *Eigene Darstellung, in Anlehnung an Backhaus u.a. (2011), S. 69.*

mit

- e_k = Wert Residualgröße (k = 1, ... , K)
- y_k = Wert der abhängigen Variablen
- a = konstantes Glied
- β_j = Regressionskoeffizient (j = 1, ... , J)
- x_{ij} = Wert unabhängige Variable (j = 1, ... , J und k = 1, ... , K)
- J = Anzahl an unabhängigen Variablen
- K = Anzahl an Beobachtungen.[1261]

Durch das Modell einer linearen Mehrfachregression wird bei J = 2 eine Ebene im dreidimensionalen Raum beschrieben und bei J > 2 eine sogenannte Regressionshyperebene ermittelt. Wie bei der linearen Einfachregression sind auch bei der linearen Mehrfachregression die Modell-Parameter so zu bestimmen, dass die Summe der Residuenquadrate minimal ist. Hier findet ebenfalls die Methode der kleinsten Quadrate Anwendung.[1262]

[1259] Vgl. Kähler (2011), S. 190.
[1260] Vgl. Backhaus u.a. (2011), S. 69. und vgl. Kähler (2011), S. 190 f.
[1261] Vgl. Backhaus u.a. (2011), S. 69.
[1262] Vgl. Kähler (2011), S. 192.

Bewertung von Regressionsmodellen

Für die Bewertung eines Regressionsmodells sind zwei Bereiche zu betrachten: (1) die globalen Gütemaße der Regressionsfunktion und (2) Maße zur Prüfung der Regressionskoeffizienten. Zu den globalen Gütemaßen der Regressionsfunktion zählen:

- Das Bestimmtheitsmaß (R^2),
- die F-Statistik und
- der Standardfehler.

Zu den Maßen zur Prüfung der Regressionskoeffizienten zählen:

- der t-Wert und
- der Beta-Wert.[1263]

Tabelle 20 stellt die angeführten Bewertungsmethoden inklusive Berechnung und Interpretation überblicksartig dar.

Annahmen linearer Regressionsmodelle

Bei linearen Regressionsmodellen werden im Wesentlichen folgende Annahmen getroffen:

- Es liegt eine richtige Spezifizierung des Modells vor; es ist linear in den Parametern; es umfasst alle relevanten erklärenden Variablen; die Anzahl der zu schätzenden Parameter (J+1) ist geringer als die Anzahl der existierenden Beobachtungen (K)
- Der Erwartungswert der Störgrößen ist Null
- Die erklärenden Variablen und die Störgrößen sind nicht korreliert (Homoskedastizität)
- Die Varianz der Störgrößen ist konstant (keine Autokorrelation)
- Die erklärenden Variablen weisen keinen linearen Zusammenhang auf (keine perfekte Multikollinearität)
- Es liegt eine Normalverteilung der Störgrößen vor.[1264]

[1263] Vgl. Backhaus u.a. (2011), S. 72.
[1264] Vgl. Backhaus u.a. (2011), S. 85 f.

4.1.3.2 Verwendete Methodik der Datenerhebung

Die in diesem Kapitel vorgestellte Methodik der Datenerhebung unterteilt sich nach den beiden empirischen Untersuchungsbereichen Cash-Management und Bankensteuerung. Es werden in beiden Bereichen unterschiedliche Daten aus verschiedenen Quellen verwendet. Eine einheitliche Datenerhebung ist somit nicht möglich. Im Bereich der Bankensteuerung ist eine manuelle Datenerhebung notwendig, wogegen die benötigten Daten zum Working Capital-Management aus einer Datenbank entnommen werden können. Details finden sich im Anschluss. Hier wird zunächst die komplexere Datenerhebungsmethodik des Bereiches Bankensteuerung besprochen.

Als mögliche Datenquellen für eine solche Analyse sind zum einen Daten von bereits existierenden Studien sowie aus Datenbanken denkbar und zum anderen besteht generell die Möglichkeit einer eigenen Datenerhebung. Die Verwendung von Daten aus anderen Studien wird ausgeschlossen, da diese nicht verfügbar sind und jede Studie einen eigenen Analysefokus hat. Es ist daher nicht davon auszugehen, dass die in anderen Studien erhobenen Daten zur Analyse der in dieser Arbeit bearbeiteten Forschungsfragen geeignet sind. Auf eine Datenbank mit Informationen zur Bankensteuerung von Unternehmen kann ebenfalls nicht zurückgegriffen werden, da solche speziellen Datenbanken nicht existieren. Es verbleibt somit nur die Alternative der eigenständigen Datenerhebung.

Für eine eigenständige Datenerhebung kommen ebenfalls verschiedenste Möglichkeiten in Frage (Interviews, Fragebögen etc.). Alle die in Kapitel 4.1.2.1 vorgestellten Arbeiten verwendeten Fragebögen. Eine Fragebogenerhebung im Rahmen dieser Arbeit erscheint jedoch als nicht sinnvoll. Es müssten Daten zu verschiedenen Zeitpunkten abgefragt werden, die in der Vergangenheit liegen. Bei solchen im Nachhinein durchgeführten Erhebungen mittels Befragung muss aber davon ausgegangen werden, dass das Antwortverhalten der Befragten Ungenauigkeiten durch verschiedenste Einflüsse aufweist. Hier ist u.a. auf die Retrospektive und den damit einhergehenden Effekten sowie bspw. auf folgende Biasses hinzuweisen: Negativitäts-Bias, Self-Serving Bias der Rückschaufehler (Hindsight Bias).[1265] Solche Ungenauigkeiten sind jedoch möglichst zu vermeiden, da sie das Analyseergebnis stark beeinflussen und verfälschen könnten. Die gleiche Problematik besteht bei Interviews. Bei der Verwendung von Fragebögen stellt sich darüber hinaus die Problematik einer evtl. nur sehr geringen Rücklaufquote. Es bedarf somit einer anderen Vorgehensweise.

[1265] *Für weiterführende Informationen vgl. Pohl (2004), S. 1 ff. und vgl. Bortz/Döring (2005), S. 1 ff.*

Tabelle 20: *Prüfungsmethoden „Regression"*

Globale Gütemaße der Regressionsfunktion

Methode	Formel 23 bis 28	Interpretation
Bestimmtheitsmaß (R^2)	$R^2 = \dfrac{\sum_{k=1}^{K}(\hat{y}_k - \breve{y})^2}{\sum_{k=1}^{K}(y_k - \breve{y})^2} = \dfrac{erklärte\ Streuung}{Gesamtstreuung}$	– Wertebereich ist normiert, liegt zwischen 0 und 1 – R^2 ist je größer, je höher der Anteil der erklärten Streuung ist
Korrigiertes Bestimmtheitsmaß (R^2_{korr})	$R^2_{korr} = R^2 - \dfrac{J*(1-R^2)}{K-J-1}$	– Anzahl der Regressoren beeinflusst die Höhe des Bestimmtheitsmaßes (auch von irrelevanten Regressoren) – Das korrigierte Bestimmtheitsmaß (R^2_{korr}) berücksichtigt diesen Sachverhalt und sollte daher stehts verwendet werden
F-Statistik (F-Test)	$F_{emp} = \dfrac{\dfrac{\sum_{k=1}^{K}(\hat{y}_k - \breve{y})^2}{J}}{\dfrac{\sum_{k=1}^{K}(y_k - \hat{y})^2}{K-J-1}} = \dfrac{erklärte\ Streuung/J}{Gesamtstreuung/(K-J-1)}$	Vorgehen F-Test: – Berechnung des empirischen F-Wertes – Vorgabe Signifikanzniveau (α = Signifikanzniveau) – Ermittlung des theoretischen F-Wertes aus passender F-Verteilung zum Signifikanzniveau – Vergleich empirischer F-Wert mit theoretischem F-Wert – → Ist empirischer F-Wert größer als theoretischer F-Wert, so ist der postulierte Zusammenhang der Regression als signifikant zu werten

Tabelle 20: *Prüfungsmethoden „Regression" (Fortsetzung)*

Maße zur Prüfung der Regressionskoeffizienten

Methode	Formel 23 bis 28	Interpretation
Standardfehler der Schätzung (s)	$$s = \sqrt{\frac{\sum_k e_k^2}{K - J - 1}}$$	– Der Standardfehler der Schätzung (s) gibt an, wie hoch der mittlere Fehler der Regressionsfunktion bei der Schätzung der abhängigen Variablen ist – Je geringer s ist, desto besser
t-Statistik	$$t_{emp} = \frac{b_j - \beta_j}{s_{bj}}$$ mit t_{emp} = Empirischer t-Wert für j-ten Regressor β_j = Wahrer Regressionskoeffizient (unbekannt) b_j = Regressionskoeffizient des j-ten Regressor s_{bj} = Standardfehler von b_j	– Nullhypothese (H_0): $\beta_j = 0$ – Prüfung, ob sich die unbekannten wahren Regressionskoeffizienten von Null unterscheiden – Unterscheidet sich der empirische t-Wert stark von Null, so ist die Nullhypothese zu verwerfen und als Schlussfolgerung anzunehmen, dass ein Einfluss von X_j auf Y existiert – Das Vorgehen beim t-Test verläuft analog zu dem des F-Tests
Beta-Wert bzw. Konfidenzintervall	$$b_j - t * s_{bj} \leq \beta_j \leq b_j + t * s_{bj}$$ mit β_j = Wahrer Regressionskoeffizient (unbekannt) b_j = Regressionskoeffizient des j-ten Regressor t = t-Wert s_{bj} = Standardfehler von b_j	– Es wird geprüft, welchen mutmaßlichen Wert die unbekannten wahren Regressionskoeffizienten haben – Ergebnis der Prüfung zeigt an, zwischen welchem Wert der wahre Regressionskoeffizient liegt – Je höher das Konfidenzintervall, desto unsicherer die Schätzungsergebnisse der Steigung der Regressionsgeraden

Quelle: *Eigene Darstellung, basierend auf Backhaus u.a. (2011), S. 72 ff.; Kähler (2011), S. 192 f. und Eckstein (2012), S. 191 f.*

In der vorliegenden Arbeit wird auf die Möglichkeit der Gewinnung von Informationen aus Jahresabschlüssen zurückgegriffen. Es wird im Zuge einer Art von qualitativer Jahresabschlussanalyse[1266], durch die Auswertung der verbalen Berichterstattung, eine eigenständige und durch handverlesene Informationen gebildete Datenbasis aufgebaut.[1267] Durch dieses Verfahren werden die oben angeführten Probleme bezüglich einer rückwirkenden Erhebung über verschiedene Zeitpunkte weitestgehend umgangen, denn die Jahresabschlussberichte wurden jeweils am Ende des in ihnen beinhalteten Berichtszeitraumes verfasst und somit zeitnah erstellt. Ein weiterer Vorteil ist, dass von einer Dreipunkteerhebung zu einer jährlichen Erhebung übergegangen werden kann, wodurch die Datenqualität erheblich verbessert wird.

Es wird wie bei einem semiotischen Jahresabschlussanalyseansatz[1268] (Teilbereich der qualitativen Bilanzanalyse) aus der verbalen Berichterstattung im Jahresabschlussbericht versucht, zusätzliche Informationen – die über die Bilanz und GuV-Daten hinausgehen – zu generieren. Im vorliegenden Fall wird speziell auf die im Jahresabschluss beschriebenen Risiken im Zusammenhang mit Banken und dem Management derselben geschaut, um so Rückschlüsse auf die Bankensteuerung zu ermöglichen. Speziell im Lagebericht sowie im Anhang berichten Kapitalgesellschaften über die Risikosituation des Unternehmens sowie über eingesetzte Maßnahmen zur Risikosteuerung. In Deutschland sind sie hierzu bspw. per Gesetz in Form eines Risikoberichts verpflichtet (§ 289 Abs. 1 HGB und § 315 Abs. 2 HGB sowie zur weiteren Auslegung DSR 5).[1269] Darüber hinaus ist eine freiwillige Berichterstattung in diesem Bereich anzunehmen. Es ist davon auszugehen, je wichtiger das Kontrahentenrisiko-Management gegenüber Banken für Unternehmen ist/wird, desto mehr Berichterstattung in diesem Bereich existiert. Alle Kapitalgesellschaften sollten sich somit im Verlauf der Globalen Finanzkrise in ihrer Risikoberichterstattung mit dem Management der Ausfallrisiken von Banken beschäftigen und somit ihre Bankensteuerung beschreiben. Für den Zeitraum vor

---

[1266] *Die qualitative Jahresabschlussanalyse („Saarbrücker Modell") stellt eine Ergänzung zu der quantitativen Jahresabschlussanalyse dar (siehe hierzu Kapitel 4.1.3.2). Sie befasst sich vorwiegend mit der Auswertung von Anhang und Lagebericht. Hierbei wird im klassischen Sinne untersucht, ob das berichtende Unternehmen seine wirtschaftliche Situation schlechter (konservative Bilanzpolitik) oder besser (progressive Bilanzpolitik) als in Wirklichkeit darstellt oder eher um Verschleierung bemüht ist. Als Instrumente finden sowohl die Auswertung des bilanzpolitischen Instrumentariums Anwendung als auch die Analyse der verbalen Berichterstattung im Kontext einer semiotischen Bilanzanalyse. Vgl. Groll (2004), S. 6 f.*

[1267] Vgl. Bieg/Kußmaul (2009b), S. 352.

[1268] *Eine semiotische Bilanzanalyse lässt sich in drei Bereiche gliedern: (1) Syntaktische Ebene (Präzisionsgrad der Aussagen), (2) Semantische Ebene (Grad freiwillige Berichterstattung) und (3) Pragmatische Ebene (präferierte Wortwahl). Bei der syntaktischen Ebene wird versucht, zusätzliche Informationen basierend auf der Bestimmtheit (Präzisionsgrad) von Angaben zu generieren. Die semantische Ebene schaut hingegen, ob durch die Wortwahl der Berichterstattung (im Zeitverlauf) zusätzliche Informationen abgeleitet werden können. Auf der pragmatischen Ebene wird die Intensität der freiwilligen Berichtselemente untersucht, um so bspw. Relativierungen im Hinblick auf bzw. Rückschlüsse auf die gesetzlichen Pflichtinformationen zu ermitteln. Vgl. Steinmeyer (2008), S. 94.; vgl. Groll (2004), S. 7. und vgl. Bieg/Kußmaul (2009b), S. 351 ff.*

[1269] Vgl. Filipiuk (2008), S. 149 ff.

der Globalen Finanzkrise ist ebenfalls mit einer Berichterstattung in diesem Bereich zu rechnen, da davon auszugehen ist, dass alle Internationalen Unternehmen derivative Sicherungsgeschäfte abschließen und hier ebenfalls Kontrahentenrisiken gegenüber Banken entstehen. Durch diesen Ansatz der Datenerhebung wird ein einmaliger Datensatz bezüglich der Bankensteuerung von Unternehmen generiert, wodurch eine zeitraumbezogene Analyse im Zuge der Globalen Finanzkrise ermöglicht wird.

Die Gewinnung dieser handverlesenen Informationen aus Jahresabschlussberichten[1270] erfolgte folgendermaßen – Abbildung 49 zeigt eine grafische Zusammenfassung: Im Vorfeld der Datenerhebung wurde ein Erhebungsschema (im Stil eines Fragebogens) aus der Theorie zur Bankensteuerung der Kapitel 3.4 und 3.5 sowie deren Unterkapitel ausgearbeitet. Ergänzend fanden Informationen aus den bereits existierenden Untersuchungen zur Bankensteuerung Eingang (siehe hierzu Kapitel 4.1.2.1). Das verwendete Erhebungsschema umfasst sechs (große) Bereiche: (1) Bankensteuerung und Bankenpolitik allgemein, (2) Steuerungskriterien, (3) Methoden für das Management von Kontrahenten-risiken, (4) Limitsystem, (5) Bankbeziehungen und (6) Sonstiges.

Abbildung 49: Grobablauf der Datenerhebung

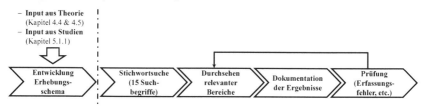

Quelle: *Eigene Darstellung.*

Die Bereiche (1) bis (5) dienen hierbei zur Erfassung von themengebunden Informationen. Der Bereich (6) „Sonstiges" hingegen bietet die Möglichkeit, Informationen zu erfassen, die nicht in die anderen fünf Bereiche einordenbar sind. Es existiert somit keine Beschränkung der Datenerhebung und jegliche Form von relevanten Informationen kann erfasst werden.

[1270] *Im Bereich der Bankensteuerung wurde sich „nur" auf die Jahresabschlussberichte gestützt, da eine Probeauswertung der Quartalsberichterstattung und der Unternehmenswebseiten von zehn Unternehmen keine wesentlichen ergänzend verwendbare Informationen ergab. Für diese Probeauswertung wurden die jeweils ersten fünf Unternehmen (nach dem Alphabet) der finalen Stichprobe des DAX und MDAX verwendet. Diese sind wie folgt: (1) Adidas, (2) BASF, (3) BAYER, (4) Beiersdorf und (5) BMW aus dem DAX sowie (1) Aurubis, (2) Bilfinger, (3) Demag Cranes, (4) DEUTZ und (5) EADS aus dem MDAX. Siehe zur Stichprobenselektion Kapitel 4.1.3.*

Die Datenerhebung wurde wie folgt durchgeführt: Zunächst wurde mit Hilfe der Suchfunktion und 15 Suchbegriffen (Bank, Kreditinstitut, Finanzinstitut, Bonität, Rating, Limit, Kontrahent, Geschäftspartner, Derivat, Ausfall, Kreditrisiko, CDS, Credit, Finanzmanagement und Treasury) nach relevanten Informationen innerhalb der Jahresabschlussberichte gesucht (Schritt eins). In einem zweiten Schritt wurden die relevanten Bereiche des jeweiligen Jahresabschlussberichtes noch einmal vollständig durchgesehen und nach noch nicht erfassten Informationen durchsucht. Textstellen mit relevanten Informationen wurden wörtlich in eine Excel-Datei mit Jahres- und Seitenzahlangaben erfasst sowie in das Erhebungsschema – ebenfalls inkl. Seitenzahl und Jahr – aufgenommen. Hierdurch wird eine permanente Überprüfbarkeit der Erhebung sichergestellt.

Bei dieser Form der Datenerhebung sind folgende zwei Schwachstellen zu erwähnen: Zum einen kann es auf Grund der manuellen Erfassung zu Übertragungsfehlern kommen und zum anderen können rein theoretisch Teile der relevanten Informationen nicht erfasst werden. Um Übertragungsfehler zu vermeiden, wurden am Ende der Datenerhebung nochmals die erfassten Textstellen mit den im Erhebungsschema erfassten Daten abgeglichen. Im Hinblick auf das Nichterfassen von relevanten Daten wurde durch die Kombination von Stichwortsuche und vollständigem Durchsehen der relevanten Abschnitte der Jahresberichterstattung eine sehr starke Risikoreduktion erreicht. Das Nichterfassungsrisiko wird daher als vernachlässigbar gering angesehen, zumal die Stichwortsuche zumeist bereits 100% (oder nahezu 100%) der relevanten Daten erfasste, so dass es beim zweiten Erfassungsschritt (in nahezu allen Fällen) zu keinen neuen Erkenntnissen kam, sondern maximal bereits erfasste Informationen durch neue Textstellen belegt wurden. Darüber hinaus wurde später bei der Übertragung der erfassten Daten von Excel in SPSS bei Brüchen in der Berichterstattung[1271] die Datenerhebung für den jeweiligen Fall erneut überprüft, um so eventuelle Erfassungsfehler (durch unvollständige Übertragung oder Nicht-erfassung) auszuschließen.

In Bezug auf die verwendeten Jahresabschlussberichte ist darauf hinzuweisen, dass bei einem der Berichterstattung zugrundeliegenden Geschäftsjahr, das nicht dem Kalenderjahr entspricht, der Jahresabschluss verwendet wurde, der im Hinblick auf das jeweilige zu untersuchende Jahr am meisten Zeit umfasste: So wurde bspw. bei Wincore Nixdorf der Jahresabschlussbericht 2005/2006 dem Untersuchungsjahr 2006 zugeordnet, da er die Berichterstattung vom 01. Oktober

---

[1271] *Unter „Brüchen in der Berichterstattung" wird das Phänomen verstanden, dass ein Unternehmen bspw. in jedem Jahr des Untersuchungszeitraums über ein Limitsystem zur Bankensteuerung berichtet – nur nicht in 2008 (genau in der Mitte des Untersuchungszeitraums).*
Bei kritischer Betrachtung stellt sich hier die Frage, ob dieser Bruch evtl. auf Grund einer fehlerhaften Datenerhebung entstanden ist oder aber, ob das Unternehmen in 2008 wirklich nicht über sein Limitsystem berichtet. In einem solchen Fall ist davon auszugehen, dass dieses Limitsystem sehr wahrscheinlich auch in 2008 im Einsatz war, wenn zuvor (2006 bis 2007) und danach (2009 bis 2010) darüber berichtet wird. Konnte kein Erhebungsfehler ermittelt werden, wurden die Daten so belassen und keine Anpassung auf Grund einer begründeten Vermutung durchgeführt.

2005 bis zum 30. September 2006 umfasst und sich somit der überwiegende Zeitraum der Berichterstattung auf das Jahr 2006 bezieht.

Datenerhebung zum Cash-Management

Wie bei der Bankensteuerung sollte auch bei der Analyse der Auswirkungen der Globalen Finanzkrise auf das Cash-Management – mit speziellem Fokus auf das Working Capital-Management (CCC) – ein Einbezug von Daten vor, nach und während der Globalen Finanzkrise stattfinden, um Verlaufsanalysen zu ermöglichen.

Die Beschaffung der benötigten Daten für die empirische Analyse gestaltet sich bei dieser Untersuchung im Vergleich zur bankensteuerungsbezogenen Untersuchung (siehe weiter oben) jedoch wesentlich einfacher. Es werden Bilanz- und GuV-Daten benötigt. Diese Daten sind in mehreren Datenbanken verfügbar und können somit bei entsprechendem Datenbank-Zugang abgerufen werden. In dieser Arbeit wird die Worldscope Database von Thomson Reuters verwendet. Der Zugang zu dieser Datenbank war über den Sonderforschungsbereich 649 Ökonomisches Risiko der Humbold-Universität zu Berlin möglich. An dieser Stelle wird sich hierfür herzlich bedankt.

Die Worldscope Database umfasst über 95% der globalen Marktkapitalisierung einschließlich aller wichtigen Indizes und über 1.500 Datenelemente. Die jährlichen Aufzeichnungen reichen bis in die 1980er zurück, Interim-Daten liegen für US-Unternehmen ab 1998 und für Nicht-US-Unternehmen ab 2001 vor. Standardisierte Anpassungen sorgen für eine verbesserte Vergleichbarkeit zwischen Unternehmen, in dem sie Unterschiede in der Bilanzierungs-Terminologie, Präsentation und Sprache normalisieren. Darüber hinaus gibt es vier wesentliche Templates (Industrie, Versicherungen, Banken und andere finanzielle Vorlagen), die zur Verfügung stehen und Vergleiche zwischen Unternehmen, innerhalb von Branchen und über nationale Grenzen hinweg erleichtern.[1272] Die Datenbank bietet somit optimale Voraussetzungen für die in dieser Arbeit angestrebte empirische Untersuchung.

4.1.4   Stichprobenselektion

Für die in Kapitel 4.2 durchgeführte empirische Untersuchung wird an dieser Stelle eine ausführliche Begründung der gewählten Stichprobe (Sample) durchgeführt. Die Wahl der Stichprobe wird alleine schon durch die verwendete Analysemethodik eingeschränkt, da die Anwendung findenden Analyseverfahren auf die externe Berichterstattung von Unternehmen aufbauen (siehe Kapitel 4.1.3.1). Aus diesem Grund bedarf es Unternehmen, die eine möglichst detaillierte externe Berichterstattung durchführen. Die umfassendste externe Berichterstattung ist bei

---

[1272] Vgl. Thomson Reuters (2013a), online. und vgl. Thomson Reuters (2013b), online.

börsennotierten[1273] Kapitalgesellschaften anzutreffen, wodurch eine Fokussierung auf solche Unternehmen stattfindet. Ergänzend sollte die Berichterstattung im Idealfall durch regulatorische Vorschriften möglichst homogen erfolgen, um so etwaige Verzerrungen auf Grund von unterschiedlichen Berichterstattungspflichten auszuschließen. Aus diesem Grund scheidet eine internationale Untersuchungskonstruktion aus, da es hier alleine auf Grund der unterschiedlichen Rechnungslegungsstandards an Vergleichbarkeit mangelt.

Um die beschriebene Rechnungslegungsproblematik zu umgehen, werden nur börsennotierte europäische Unternehmen, die nach IFRS berichten, in die Untersuchung aufgenommen. Darüber hinaus wird eine weitere Fokussierung der untersuchten Unternehmen in der Form durchgeführt, dass nur solche Unternehmen Eingang finden, die in einem gleichen Börsenumfeld gelistet sind. Es wird sich somit auf ein Land konzentriert und Samplezusammensetzungen, die bspw. auf europaweite Blue-Chip-Indices (wie dem Euro Stoxx 50) beruhen, ausgeschlossen. Gerade bei der angestrebten qualitativen Analyse von Jahresabschlussberichten kann nicht davon ausgegangen werden, dass bspw. ein finnisches Unternehmen – wie Nokia eine vergleichbare ergänzende (teilweise freiwillige) Berichterstattung aufweist wie Siemens, obwohl beide Unternehmen im Euro Stoxx 50 gelistet sind. Es ist vielmehr davon auszugehen, dass sie auf Grund ihres unterschiedlichen Listings (Siemens an der Deutschen Börse und Nokia an der NASDAQ OMX Helsinki)[1274] anderen regulatorischen Rahmenbedingungen unterliegen und daher eine unterschiedliche Berichterstattung (im qualitativen Bereich) praktizieren (siehe Grüning 2010).[1275] Zwar kann auf eine gewisse Konvergenz auf Grund von Internationalisierung sowie auf eine anzunehmende möglichst umfangreiche Berichterstattung auf Grund des Wettbewerbs um Kapital und aus Corporate Governance-Gesichtspunkten verwiesen werden, jedoch wird durch die Anwendung findende Fokussierung (einheitliches nationales Börsenlisting) im Vorhinein versucht, Unterschiede in der Berichterstattung möglichst gering zu halten. Des Weiteren werden Interpretationsunterschiede auf Grund von sprachlichen Divergenzen durch eine solche nationale Fokussierung vermieden. Eventuell existierende kulturelle Unterschiede in der Berichterstattung entfallen darüber hinaus.

[1273] *Eine mögliche Erweiterung des Stichprobenumfangs durch nicht börsennotierte Unternehmen erscheint nicht praktikabel, da solche Unternehmen meist nur geringen Publikationspflichten (im Vergleich zu börsennotierten Gesellschaften) unterliegen. Eine externe Datenbeschaffung basierend auf Jahresabschluss- und Quartalsberichten ist somit, wenn überhaupt, nur sehr eingeschränkt möglich und wird daher als nicht aussagekräftig eingeschätzt. Nicht börsennotierte Unternehmen werden daher von der Untersuchung ausgeschlossen.*

[1274] Vgl Siemens (2013), online. und vgl. Nokia (2013), online.

[1275] *Grüning (2010) weist beispielsweise explizit auf den Einfluss von Länderspezifika auf die Publizität von Unternehmen hin. Er sieht ein Unternehmen und seine Publizität als soziales System, das u.a. durch das kulturelle Umfeld sowie das nationale System (politisches, juristisches und ökonomisches System) beeinflusst wird. Vgl. Grüning (2010), S. 187 f. Der Autor führt in seiner Arbeit darüber hinaus verschiedenste Studien an, die diese Einschätzung untermauern. Für weiterführende Informationen vgl. Grüning (2010), S. 1 ff. und für eine etwas ältere Beschreibung der Publizität (speziell der Zwischenberichtspublizität) in Deutschland, Großbritannien und Frankreich, vgl. Federspieler (1998), S. 27 ff.*

Unter Beachtung aller dieser Kriterien zur Festlegung des Untersuchungssamples wird sich für deutsche Unternehmen entschieden. Eine weiterführende Erläuterung dieser Fokussierung sowie die Festlegung der zu untersuchenden Einzelunternehmen findet in Unterkapitel 4.1.4.2 statt. Kapitel 4.1.4.1 legt im Anschluss zunächst den Untersuchungszeitraum fest.

Datenerhebung zur Bankensteuerung

Die zu analysierende Fragestellung der Auswirkungen der Globalen Finanzkrise auf die Bankensteuerung von Unternehmen bedarf einer Analyse, die auf mehrere Zeitpunkte eingeht. Es muss sowohl die Situation vor, während, als auch nach der Globalen Finanzkrise erfasst werden. Nur durch eine solche Verlaufsbetrachtung mit mehreren Erfassungszeitpunkten besteht die Möglichkeit einer Untersuchung von zeitlichen Entwicklungen und somit von Krisenreaktionen. Der Erfassung von Daten vor der Globalen Finanzkrise bedarf es als Ausgangspunkt für den späteren Verlaufsvergleich. Die wirkliche Krisenreaktion sollte durch die Erfassung von Daten zu einem Zeitpunkt während der Globalen Finanzkrise (idealerweise zu ihrem Höhepunkt) Eingang in die Untersuchung finden. Eine Erfassung von Nachkrisendaten ermöglicht dann den Vergleich mit Vor- und Krisendaten und stellt den Endpunkt der Verlaufsanalyse dar.

4.1.4.1 Begründung des Untersuchungszeitraums

Ziel der empirischen Untersuchung ist es, mögliche Entwicklungen im Treasury-Management von Internationalen Unternehmen auf Grund der Globalen Finanzkrise zu analysieren. Aus diesem Grund ist ein Untersuchungszeitraum zu wählen, der sowohl die Zeit vor der Globalen Finanzkrise als auch die Nachkrisenzeit erfasst. Wie bereits in Kapitel 2.1.3.2 dargestellt, können als wesentliche Krisenjahre der Globen Finanzkrise die Jahre 2007 bis 2009 definiert werden, wobei das Hauptkrisenjahr in 2008 mit der Insolvenz der Investmentbank Lehman Brothers liegt. Diese Jahre sollten somit auf jeden Fall Teil des Untersuchungszeitraums sein, um Entwicklungen während der Krise untersuchen zu können. Zusätzlich ist es sinnvoll, jeweils mindestens ein Jahr vor und nach der Krise zu betrachten, um so zum einen die Ausgangssituation vor der Krise mit zu erfassen und zum anderen die Nachkrisenentwicklungen mit aufzugreifen. Hieraus ergibt sich ein Untersuchungszeitraum von (mindestens) fünf Jahren, startend mit dem Jahr 2006 und endend mit dem Jahr 2010.

Eine Erweiterung des Untersuchungszeitraums auf die Jahre vor 2006 erscheint als ungeeignet, da es auf Grund der europaweiten IAS-Verordnung aus dem Jahre 2002 zu einer verpflichtenden Aufstellung der konsolidierten Abschlüsse nach IFRS ab dem Jahr 2005 für alle kapitalmarktorientierten Unternehmen in Europa kam, es jedoch aber gleichzeitig eine Übergangsfrist für einige dieser Unternehmen[1276] bis zum Jahr 2007 gab. Hierdurch waren diese Unternehmen erstmals ab 2007 verpflichtet, nach IFRS zu bilanzieren. Von dieser Ausnahme sind beispielsweise Unternehmen betroffen, die auf Basis der Öffnungsklausel des § 292a HGB auf Grund ihres Börsenlistings in den USA nach US-GAAP berichten mussten (z. B. Daimler[1277] etc.).[1278] Der hierdurch entstehende Zeitreihenbruch (bei einigen Unternehmen) zwischen einer Berichterstattung nach US-GAAP vor 2005 (bzw. 2007) und einer IFRS-Rechnungslegung danach, beschränkt den Untersuchungszeitraum auf das Jahr 2006 sowie Folgejahre. Spätestens ab 2006 ist davon auszugehen, dass auf Grund von Restatements (z. B. um Vorjahresvergleiche in Jahresabschlüssen zu ermöglichen) für alle Unternehmen der Stichprobe IFRS-Daten vorliegen. Die Überprüfung der vorliegenden Daten bestätigte dies. Eine Erweiterung des Untersuchungszeitraums über das Jahr 2010 hinaus wird ebenfalls nicht durchgeführt, da hier die Einflüsse der Europäischen Staatsschuldenkrise als wesentlich anzunehmen sind.

Abschließend wird daher der Untersuchungszeitraum dieser Arbeit auf die Jahre 2006 bis 2010 festgelegt. Im sich anschließenden Kapitel 4.1.4.2 wird die finale Stichprobengestaltung ausführlich und basierend auf den bereits getätigten Ausführungen in Kapitel 4.1.4 dargelegt.

4.1.4.2 Begründung der Stichprobenauswahl

Wie bereits in Kapitel 4.1.3 ausführlich beschrieben, wird sich auf börsengelistete deutsche Unternehmen im Zuge der empirischen Untersuchung in dieser Arbeit fokussiert. Eine Analyse aller in Deutschland gelisteten Unternehmen ist jedoch nicht möglich und erscheint auch als nicht sinnvoll, denn auf Grund der Anwendung findenden Analysetechnik (siehe hierzu Kapitel 4.1.3.1.1 und 4.1.3.1.3) bedarf es im Idealfall Unternehmen, die dem Höchstmaß an verpflichtender Publizität unterliegen. In Deutschland kommen somit alle im Prime Standard[1279] gelisteten Unternehmen in Frage. Unternehmen im General und Entry Standard werden auf Grund eines geringeren Transparenzniveaus (Mindest-standard) dieser Marktsegmente ausgeschlossen.[1280]

[1276] *Folgende Unternehmen konnten von der Übergangsfrist bis in das Jahr 2007 Gebrauch machen: (1) Unternehmen, die nur Schuldtitel an einem geregelten Markt eines europäischen Mitgliedstaates emittiert hatten und (2) Unternehmen, die zu einem öffentlichen Handel eines nicht EU-Mitgliedstaates zugelassen waren und im Geschäftsjahr vor Verordnungsbekanntgabe andere international anerkannte Standards (verpflichtend) angewendet haben. Vgl. Zwirner (2007) , S. 212 f.*

[1277] Vgl. Daimler (2012), online.

[1278] Vgl. Zwirner (2007), 211 ff. und vgl. Krummet (2010), S. 8.

[1279] Zitat: „*Der Prime Standard stellt damit an der Frankfurter Wertpapierbörse und sogar europaweit den Transparenzstandard mit den höchsten Anforderungen dar.*" *Deutsche Börse (2013a), online.*

[1280] Vgl. Deutsche Börse (2013a), online. und vgl. Deutsche Börse (2013b), online.

Vor dem Hintergrund des Analysekontextes Internationaler Unternehmen in dieser Arbeit wird sich darüber hinaus auf Blue Chips konzentriert, um so die Definitionsanforderungen für Internationale Unternehmen sicherzustellen. Es kommen somit alle Unternehmen, die innerhalb der Blue-Chip-Indices (DAX, MDAX, SDAX, TECDAX) der Deutschen Börse gelistet sind, infrage. Der SDAX wird allerdings ausgeschlossen, da hier nur kleine Unternehmen (Smallcaps) gelistet und diese meist doch eher (schwerpunktmäßig) als national aufgestellt anzunehmen sind. Ebenso findet der TECDAX keinen Eingang in die Stichprobe, da durch die Indexwahl keine Unternehmenstypselektion angestrebt wird und der TECDAX nur Technologieunternehmen enthält.[1281] Es verbleiben somit zunächst die im DAX und MDAX gelisteten Unternehmen. Es stellt sich jedoch die weiterführende Frage, ob alle gelisteten Unternehmen des DAX und MDAX zu untersuchen sind oder aber, ob es auf Grund der Fragestellung einer weiteren Fokussierung bedarf.

Weitere Eingrenzungen erscheinen – wie im Folgenden dargelegt – als sinnvoll. Zunächst wird daher eine Fokussierung auf Unternehmen, die materielle Realgüter produzieren, durchgeführt. Diese Eingrenzung ist notwendig, da das Treasury-Management in Banken, Versicherungen etc. unterschiedlich ist zu Industrieunternehmen (siehe hierzu Kapitel 2.2). Hier wäre ein analytischer Vergleich irreführend und daher nicht zweckmäßig. Des Weiteren gibt es erhebliche Unterschiede im Treasury-Management zwischen Dienstleistungsunternehmen (immaterielle Realgüter) und solchen Unternehmen, die in ihrem Hauptgeschäftsfeld materielle Realgüter anbieten. Hier sei beispielsweise auf das Working Capital-Management oder das Risikomanagement (das jedoch in dieser Arbeit nur im Kontext der Bankensteuerung relevant ist) verwiesen. Aus demselben Grund werden auch Handelsunternehmen sowie Unternehmen im Immobilienbereich (z. B.: Wohnungsunternehmen, wie die Deutsche Wohnen im MDAX) und im Mediensektor (z. B.: Axel Springer im MDAX) ausgeschlossen.

In die Stichprobe werden alle Unternehmen, die während des Untersuchungszeitraums (2006 bis 2010) im DAX oder MDAX gelistet waren, aufgenommen. Durch eine solche umfassende Stichprobenselektion werden verschiedenste Biase vermieden. Es käme beispielsweise bei der Verwendung eines Anforderungskriteriums mit Mindestlistungsdauerbezug (z. B. mindestens 50% des Untersuchungszeitraumes) (höchstwahrscheinlich) zu einem Selection-Bias oder bei einer reinen stichtagsbezogenen Stichprobenauswahl zum Ende des Untersuchungszeitraumes bestünde die Gefahr eines Survivership-Bias. Solche Verzerrungen werden durch die Aufnahme aller im Untersuchungszeitraum jemals im DAX oder MDAX gelisteten Unternehmen ausgeschlossen, wodurch eine Stichprobe ohne jegliche Biase entsteht.

[1281] Vgl. Deutsche Börse (2013c), online.

Abbildung 50: *Stichprobenselektion*

```
┌─────────────────────────────────────────────────────────────────────────┐
│ Alle Unternehmen                                                        │
└─────────────────────────────────────────────────────────────────────────┘
      ⇩   Umfassende externe Berichterstattung für Analyseverfahren notwendig
┌─────────────────────────────────────────────────────────────────────────┐
│ Börsennotierte Kapitalgesellschaften                                    │
└─────────────────────────────────────────────────────────────────────────┘
      ⇩   Einheitliche Rechnungslegungsstandards (Fokus auf IFRS-Abschlüsse)
┌─────────────────────────────────────────────────────────────────────────┐
│ Europäische börsennotierte Kapitalgesellschaften mit IFRS Abschluss     │
└─────────────────────────────────────────────────────────────────────────┘
      ⇩   ▪ Einheitliches regulatives Umfeld
          ▪ Ausschluss sprachlicher Interpretationsunterschiede
┌─────────────────────────────────────────────────────────────────────────┐
│ Deutsche börsennotierte Kapitalgesellschaften mit IFRS Abschluss        │
└─────────────────────────────────────────────────────────────────────────┘
      ⇩   Höchstmögliche börsenspezifische Transparenzanforderungen
┌─────────────────────────────────────────────────────────────────────────┐
│ Deutsche börsennotierte Kapitalgesellschaften mit IFRS Abschluss im Prime Standard │
└─────────────────────────────────────────────────────────────────────────┘
      ⇩   ▪ Focus auf Blue-Chips
          ▪ Ausschluss von Kleinunternehmen (SDAX) und Spezialindices (TECDAX)
┌─────────────────────────────────────────────────────────────────────────┐
│ Im DAX und MDAX gelistete Unternehmen                                   │
└─────────────────────────────────────────────────────────────────────────┘
      ⇩   ▪ Aufnahme aller während des Untersuchungszeitraums gelisteten Unternehmen
          ▪ Focus auf materielle Realgüter produzierende Unternehmen
┌─────────────────────────────────────────────────────────────────────────┐
│ Anwendung findende Stichprobe                                           │
└─────────────────────────────────────────────────────────────────────────┘
```

Quelle: *Eigene Darstellung.*

Eine Zusammenfassung der beschriebenen Selektionskriterien (aus diesem Kapitel und Kapitel 4.1.4) findet sich in Abbildung 50. Im Folgenden wird für den DAX und den MDAX separat die Anwendung dieser Selektionskriterien beschrieben und so die finale Stichprobe für die empirische Untersuchung in Kapitel 4.2 definiert.

Überprüfung Ausschlusskriterien DAX

Nach der Anwendung der beschriebenen Ausschlusskriterien verbleiben für den Untersuchungszeitraum der Arbeit 23 DAX-Unternehmen für die Stichprobe. Diese sind wie folgt (Tabelle 21):

Tabelle 21: *DAX-Unternehmen in der Stichprobe*

(1)	adidas		(13)	Infineon Technologies
(2)	BASF		(14)	K + S
(3)	BAYER		(15)	Linde
(4)	Beiersdorf		(16)	MAN
(5)	BMW		(17)	Merck
(6)	Continental		(18)	RWE.
(7)	Daimler		(19)	Salzgitter
(8)	E.ON		(20)	SAP
(9)	Fresenius		(21)	Siemens
(10)	Fresenius Medical Care		(22)	ThyssenKrupp
(11)	HeidelbergCement		(23)	Volkswagen
(12)	Henkel			

Quelle: *Eigene Darstellung.*

Von den ursprünglich dreißig DAX-Unternehmen, die Ende 2010 im DAX gelistet waren, wurden auf Grund ihrer Klassifizierung als Unternehmen des Finanzsektors fünf Unternehmen ausgeschlossen (Allianz, Commerzbank, Deutsche Bank, Deutsche Börse und Münchner Rück). Darüber hinaus wurden drei Unternehmen aus dem Dienstleistungssektor ausgeschlossen (Deutsche Lufthansa, Deutsche Post und Deutsche Telekom) sowie ein Handelsunternehmen – die Metro. Unternehmen im Immobilienbereich oder Mediensektor wurden nicht identifiziert. Es kam daher auf Grund dieser Kriterien zu keinerlei Ausschlüssen von DAX-Unternehmen für die Stichprobe.

Im Hinblick auf die Listung weiterer Unternehmen im Untersuchungszeitraum im DAX konnten acht Unternehmen (Altana, Continental, Deutsche Postbank, Hannover Rückversicherung, Hypo Real Estate, Salzgitter, Schering und TUI) identifiziert werden, die für die Stichprobe in Betracht kommen;[1282] jedoch erfüllen nur zwei Unternehmen (Continental und Salzgitter) keines der Ausschlusskriterien und werden somit in die Stichprobe aufgenommen. Für weiterführende Informationen siehe Anhang [8].

Zusammenfassend werden die Ausschlussgründe für die dreizehn DAX-Unternehmen aus der Stichprobe in Tabelle 22 überblicksartig dargestellt.

[1282] Vgl. Deutsche Börse (2012), S. 3 ff., online.

Tabelle 22: *Gründe für Ausschluss DAX-Unternehmen aus Stichprobe*

Ausschlusskriterium	Anzahl	Unternehmen
Unternehmen im Finanzsektor	-5	(1) Allianz, (2) Commerzbank, (3) Deutsche Bank, (4) Deutsche Börse und (5) Münchner Rück
Dienstleistungsunternehmen	-3	(1) Deutsche Lufthansa, (2) Deutsche Post und (3) Deutsche Telekom
Handelsunternehmen	-1	(1) Metro
Unternehmen im Immobiliensektor	0	n.a.
Unternehmen im Mediensektor	0	n.a.
Total:	-9	

Quelle: *Eigene Darstellung, basierend auf den jeweiligen Firmenwebseiten.*

Überprüfung Ausschlusskriterien MDAX

Nach Anwendung der Ausschlusskriterien verbleiben für den Untersuchungszeitraum der Arbeit aus dem MDAX 31 Unternehmen. Für eine Auflistung dieser Unternehmen siehe Tabelle 23.

Von den ursprünglich fünfzig MDAX-Unternehmen, die Ende 2010 im MDAX gelistet waren, wurden auf Grund ihrer Klassifizierung als Unternehmen des Finanzsektors lediglich zwei Unternehmen ausgeschlossen (Aareal Bank und Hannover Rückversicherung). Des Weiteren wurden neun im Dienstleistungssektor tätige Unternehmen ausgeschlossen (Baywa, Brenntag, Celesio, Fielmann, Fraport, Hamburger Hafen und Logistik, Kabel Deutschland, Klöckner & Co., Rhön-Klinikum und TUI). Auf Grund ihrer Geschäftstätigkeit sind fünf Unternehmen als Handelsunternehmen zu deklarieren und somit auszuschließen: Baywa, Celesio, Douglas Holding, Fielmann und Praktiker. Hierbei ist festzuhalten, dass Baywa und Celesio auch schon auf Grund ihres Geschäftsmodells als Dienstleistungsunternehmen ausgeschlossen wurden. Somit fallen unter das Ausschlusskriterium „Dienstleistungsunternehmen" insgesamt fünf Unternehmen, wovon aber nur drei noch kein anderes Ausschlusskriterium zuvor erfüllt haben und somit neu aus der Stichprobe ausgeschlossen werden. Unter das Ausschlusskriterium „Unternehmen im Immobilienbereich" (keine Bauunternehmen) fallen beim MDAX vier Konzerne (Deutsche Euroshop, Deutsche Wohnen, Gagfah und IVG Immobilien) und werden demzufolge ebenfalls nicht in die Stichprobe aufgenommen. Des Weiteren sind Ende 2010 drei Unternehmen (Axel Springer, ProSieben, SAT.1 und Sky Deutschland) aus dem Mediensektor im MDAX gelistet und werden daher ebenfalls ausgeschlossen.

Tabelle 23: *MDAX-Unternehmen in der Stichprobe*

(1)	Aurubis	(17)	Leoni
(2)	Bilfinger	(18)	MEDION
(3)	Demag Cranes	(19)	MTU Aero Engines
(4)	DEUTZ	(20)	Pfleiderer
(5)	EADS	(21)	Puma
(6)	ErlingerKlingel	(22)	Rational
(7)	Fuchs Petrolub	(23)	Rheinmetall
(8)	GEA Group	(24)	SGL Carbon
(9)	Gerresheimer	(25)	Stada Arzneimittel
(10)	Gildemeister	(26)	Südzucker
(11)	Heidelberger Druck	(27)	Symrise
(12)	Hochtief	(28)	Tognum
(13)	Hugo Boss	(29)	Vossloh
(14)	Krones	(30)	Wacker Chemie
(15)	KUKA	(31)	Wincor Nixdorf
(16)	Lanxess		

Quelle: *Eigene Darstellung.*

Im Hinblick auf die Listung weiterer Unternehmen im Untersuchungszeitraum im MDAX konnten über 30 Unternehmen (Aareal Bank, Altana, AMB Generali, Arcandor, ARQUES Industries, AWD Holding, Bauer, Bayrische Hypo- und Vereinsbank, BayWa, Beiersdorf, Continental, Degussa, Deutsche Postbank, DEPFA dt. Pfandbriefbank, DEUTZ, Fresenius, HeidelbergCement, Hypo Real Estate, IKB Deutsche Industriebank, KUKA, K + S, MEDION, Merck, MLP, MPC, PATRIZIA Immobilien, Postbank, Pfleiderer, Schwarz Pharma, Techem und Vivacon) ermittelt werden, die für die Stichprobe in Betracht kommen.[1283] Jedoch erfüllen nur vier Unternehmen keines der Ausschlusskriterien und sind noch nicht im DAX-bezogenen Teil der Stichprobe enthalten. Es werden somit vier weitere Unternehmen in die Stichprobe (DEUTZ, KUKA, MEDION und Pfleiderer) aufgenommen. Für weiterführende Informationen siehe Anhang [8].

Tabelle 24 zeigt zusammenfassend noch einmal alle ausgeschlossenen Unternehmen sowie das jeweils zugehörige Ausschlusskriterium für den MDAX.

[1283] Vgl. Deutsche Börse (2012), S. 3 ff., online.

Tabelle 24: *Gründe für Ausschluss MDAX-Unternehmen aus Stichprobe*

Ausschlusskriterium	Anzahl	Unternehmen
Unternehmen im Finanzsektor	-2	(1) Aareal Bank und (2) Hannover Rückversicherung
Dienstleistungsunternehmen	-9	(1) Baywa, (2) Brenntag, (3) Celesio, (4) Fraport, (5) Hamburger Hafen und Logistik, (6) Kabel Deutschland, (7) Klöckner & Co., (8) Rhön-Klinikum und (9) TUI
Handelsunternehmen	-3 | (-5)	[(1) Baywa], (2) Celesio, (3) Douglas Holding, [(4) Fielmann] und (5) Praktiker
Unternehmen im Immobiliensektor	-4	(1) Deutsche Euroshop, (2) Deutsche Wohnen, (3) Gagfah und (4) IVG Immobilien
Unternehmen im Mediensektor	-3	(1) Axel Springer, (2) ProSieben SAT.1 und (3) Sky Deutschland
Total:	-21 | (-23)	

Quelle: *Eigene Darstellung, basierend auf den jeweiligen Firmenwebseiten.*

Finale Zusammensetzung der Stichprobe

Die für die empirische Untersuchung in dieser Arbeit verwendete Stichprobe umfasst somit insgesamt 54 Unternehmen, davon 23 Unternehmen aus dem DAX und 31 Unternehmen aus dem MDAX. Anhang [8] enthält einen zusammenfassenden tabellarischen Überblick über die Ausschlusskriterien der Stichprobe für alle DAX- und MDAX-Unternehmen.

4.2 Empirische Untersuchung – Ergebnisse und Interpretation

Die in diesem Kapitel durchgeführte empirische Untersuchung der Cash-Management-Aktivitäten und der Bankensteuerung von Internationalen Unternehmen im Kontext der Globalen Finanzkrise sowie die zusammenführende Analyse beider Bereiche zielen alle im Wesentlichen darauf ab, einen Beitrag zur Forschung im Bereich Bankbeziehung und deren Management aus Unternehmenssicht zu leisten.

Im Bereich „Bankbeziehungen" existiert zwar bereits eine Vielzahl von empirischen und theoretischen Arbeiten, die sich in den meisten Fällen jedoch nicht mit der Unternehmensperspektive auseinandersetzen. Speziell ist bis heute recht wenig darüber bekannt, wie genau Unternehmen ihre Bankbeziehungen managen und steuern.[1284] Siehe hierzu auch Kapitel 4.1.2.1. Der Zusammenhang von Cash-Management-Aktivitäten und Bankensteuerung wurde bis dato sogar noch nie ausführlich empirisch untersucht.

[1284] Vgl. Mitter (2012), online. und vgl. Mitter/Wohlschlager/Kobler (2012), S. 14.

Ziel ist es daher, sich dieser „Forschungslücke" im Bereich des Bank-Relationship-Managements auf Unternehmensseite anzunehmen und zu einer Erweiterung der noch relativ geringen Literaturdichte in diesem Forschungsbereich sowohl theoretisch (siehe hierzu Kapitel 3.4 und 3.5) als auch empirisch (Kapitel 4.2.2 bis 4.2.3) beizutragen. Im empirischen Bereich sollen speziell-folgende drei Aspekte untersucht werden:

(1) Einflüsse der Globalen Finanzkrise auf die Bankensteuerung
(Kapitel 4.2.2.1 bis 4.2.2.5)

(2) Eingesetzte Steuerungskriterien sowie die damit einhergehenden Steuerungsmethoden in der Bankensteuerung (Kapitel 4.2.2.2 bis 4.2.2.4)

(3) Zusammenhang zwischen Bankensteuerung und Cash-Management
(Kapitel 4.2.3)

Es wird bewusst eine zeitraumbezogene Analyse durchgeführt, um so erstmals eine umfassende Analyse von Entwicklungstendenzen im Kontext der Bankensteuerung von Unternehmen zu ermöglichen. Als Untersuchungs-zeitraum werden die Jahre 2006 bis 2010 gewählt (siehe hierzu auch Kapitel 4.1.4.1). Es entsteht so die Möglichkeit der Analyse der Einflüsse der Globalen Finanzkrise (2007 bis 2009) auf die Bankensteuerung im Zuge eines Vor- und Nachkrisenvergleiches (Kapitel 4.2.2.1 bis 4.2.2.6). Um den Zusammenhang zwischen Cash-Management und Bankensteuerung analysieren zu können, wird einleitend eine Untersuchung des Cash-Managements mit Fokus auf den Cash Conversion Cycle und die Liquiditätsvorhaltung im Kontext der Globalen Finanzkrise durchgeführt (Kapitel 4.2.1). Hier werden wichtige Ergebnisse für die zusammenführende Analyse des Kapitels 4.2.3 generiert. Somit schaffen die Kapitel 4.2.1 (Cash-Management) und 4.2.2 (Bankensteuerung) die notwendigen empirischen Ergebnisse (Grundlagen) für die Untersuchung des Zusammenhangs zwischen Cash-Management und Bankensteuerung in Kapitel 4.2.3. Abbildung 51 zeigt die Struktur der empirischen Untersuchung.

Als Stichprobe werden insgesamt 54 deutsche börsennotierte realgüterproduzierende Internationale Unternehmen – die nach IFRS berichten – aus dem DAX und MDAX verwendet (siehe Kapitel 4.1.4.2). Die verwendete Analysemethodik ist aus den Bereichen der Kontingenzanalyse (siehe Kapitel 4.1.3.1.2), der Regressionsanalyse (siehe Kapitel 4.1.3.1.3) sowie aus dem Bereich der quantitativen Jahresabschlussanalyse (siehe Kapitel 4.1.3.1.1).

Das sich anschließende Kapitel 4.2.1 befasst sich zunächst mit der Analyse des Cash-Managements im Kontext der Globalen Finanzkrise; das Kapitel 4.2.2 geht dann explizit auf die Analyse der Bankensteuerung – ebenfalls im Kontext der Globalen Finanzkrise – ein und das Kapitel 4.2.3 setzt die Ergebnisse der beiden vorherigen Kapitel abschließend nochmals in Zusammenhang und untersucht die

Beziehung zwischen Cash-Management und Bankensteuerung. Zunächst jedoch zur isolierten Analyse des Cash-Managements.

Abbildung 51: *Struktur empirische Untersuchung*

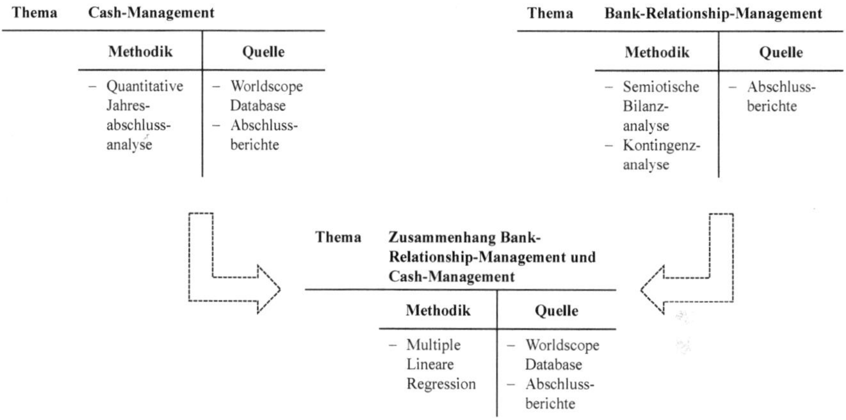

Thema	Cash-Management		Thema	Bank-Relationship-Management	
	Methodik	Quelle		Methodik	Quelle
	– Quantitative Jahresabschlussanalyse	– Worldscope Database – Abschlussberichte		– Semiotische Bilanzanalyse – Kontingenzanalyse	– Abschlussberichte

	Thema	Zusammenhang Bank-Relationship-Management und Cash-Management	
		Methodik	Quelle
		– Multiple Lineare Regression	– Worldscope Database – Abschlussberichte

Quelle: *Eigene Darstellung.*

4.2.1 Globale Finanzkrise und Cash-Management

Die in den Unterkapiteln 4.2.1.1 bis 4.2.1.2 folgende empirische Auswertung zum Cash-Management (Schwerpunkt: WCM) der Stichprobenunternehmen im Kontext der Globalen Finanzkrise gliedert sich nach den in Kapitel 4.1.1.2 hergeleiteten Thesen. Die Unterkapitel haben als Hauptziel jeweils eine These zu prüfen. Tabelle 25 stellt alle zu prüfenden Thesen nochmals überblicksartig dar und ordnet diese dem jeweiligen Kapitel zu.

Das Kapitel 4.2.1.3 fasst die Ergebnisse der vorherigen Kapitel abschließend zusammen, um so ein umfassendes Bild des WCM während der Globalen Finanzkrise zu schaffen.

Tabelle 25: *Überblick „Thesen zum Cash-Management"*

Nr.	These	Kapitel
T. I_{CM}	„Die Cash Conversion Cycle-Time hat sich im Verlaufe der Globalen Finanzkrise verkürzt."	4.2.1.1
T. II_{CM}	„Im Verlauf der Globalen Finanzkrise kam es zu einer vermehrten Vorhaltung von liquiden Mitteln im Vor- und Nachkrisenvergleich."	4.2.1.2

Quelle: *Eigene Darstellung.*

Die für die empirische Analyse verwendeten Daten stammen aus der Worldscope-Database von Thomson Reuters (siehe auch Kapitel 4.1.3.2). In den Fällen, in denen nur US-GAAP-Daten zu den Unternehmen vorlagen, wurden diese nicht verwendet, sondern eine eigenständige Datenerhebung auf Basis der Jahresabschlüsse der betreffenden Gesellschaft durchgeführt. Fehlende Daten in der Datenbank wurden ebenfalls – basierend auf den Jahresabschlüssen der Unternehmen – ergänzt.

Als Analysemethodik findet eine quantitative kennzahlenbasierte Jahresabschlussanalyse Anwendung. Für Methodendetails siehe Kapitel 4.1.3.1.1. Bei der Kennzahlenberechnung DSI und DPO wurde mit Umsatz statt Kosten des Umsatzes (COGS) gerechnet. Dieses Vorgehen liegt darin begründet, dass nicht für alle Unternehmen der Stichprobe die Kosten des Umsatzes auf Grund der Verwendung des Gesamtkostenverfahrens vorlagen.

4.2.1.1 Entwicklung des Cash Conversion Cycles

Betrachtet man sich – auf einer aggregierten Ebene – die Entwicklung der Cash Conversion Cycle-Time aller Unternehmen der Stichprobe, so zeigt sich, dass sich diese im Untersuchungszeitraum verlängert hat. Der Median erhöht sich von 2006 auf 2007 (+2,6%) und von 2007 auf 2008 (+1,3%) im Untersuchungszeitraum am stärksten. Ab 2008 bleibt er bis zum Ende des Untersuchungszeitraums weitestgehend konstant. Die Entwicklung des Mittelwerts der CCCT verläuft ähnlich; dieser nimmt ebenfalls von 2006 auf 2007 am stärksten zu (+2,2%), entwickelt sich jedoch schon ab 2007 weitestgehend konstant. Bei einer indexbezogenen Betrachtung zeigt sich hingegen ein anderes Bild.

Bei den untersuchten DAX-Unternehmen ist während des Untersuchungszeitraumes zum Höhepunkt der Globalen Finanzkrise in 2008 ein eindeutiges Maximum mit einem starken Anstieg von 2007 auf 2008 (+23,3%) bei der CCCT (Medianwerte) zu erkennen. Zuvor – von 2006 auf 2007 – reduzierte sich die CCCT (-3,8%). Nach dem Höhepunkt in 2008 („unimodal") zeigt sich ein Rückgang in 2009 (-7,8%), gefolgt von einer konstanten Entwicklung von 2009 auf 2010. Der Mittelwert der CCCT der untersuchten DAX-Unternehmen weist ebenfalls in 2008 zum Höhepunkt der Globalen Finanzkrise ein klares Maximum („unimodal") auf. Allerdings fällt er zum Ende des Untersuchungszeitraums in 2010 (100,6 Tage) unter den Anfangswert des Jahres 2006 (102,8 Tage). Dies ist ein Minus von -2,2%. Von 2006 bis 2008 ist ein stetiger Anstieg (gesamt +10,0%) des Mittelwertes der CCCT zu verzeichnen und von 2008 bis 2010 ein permanenter Rückgang (gesamt -11,1%).

Bei den MDAX-Unternehmen der Stichprobe zeigt sich ebenfalls von 2007 auf 2008 beim Median ein Anstieg um 5,2% auf 174,3 Tage. Anders als bei den untersuchten DAX-Unternehmen ist jedoch auch von 2009 auf 2010 ein Anstieg (+8,5% auf 177,0 Tage) zu verzeichnen („bimodal"). Lediglich von 2008 auf 2009 zeigt sich ein Rückgang (-6,4% auf 163,2 Tage). Die Entwicklung des Mittelwertes der CCCT verläuft ebenfalls unterschiedlich. Es zeigt sich hier im Gegensatz zu den untersuchten DAX-Unternehmen kein Maximum zum Höhepunkt der Globalen Finanzkrise in 2008, sondern ein Minimum (174,7 Tage), das leicht unter (-0,7%) dem Anfangswert des Jahres 2006 (176,0 Tage) liegt. Im Zeitraum von 2008 bis 2010 nimmt der Mittelwert der CCCT zu. Von 2008 auf 2009 erhöht er sich um +2,0% und von 2009 auf 2010 um 3,5%, so dass er am Ende des Untersuchungszeitraums (184,3 Tage) um 4,7% höher als am Anfang (176,0 Tage) ist. Der einzige Rückgang des Mittelwertes der CCCT im Untersuchungszeitraum ist bei den untersuchten MDAX-Unternehmen von 2007 auf 2008 (-2,3%) festzustellen.

In allen drei Fällen (Gesamt, DAX und MDAX) liegt der Median der Cash Conversion Cycle-Time am Ende des Untersuchungszeitraums höher als am Anfang und von 2007 auf 2008 ist ein starker Anstieg zum Höhepunkt der Globalen Finanzkrise zu verzeichnen. Die restliche Entwicklung ist jedoch unterschiedlich. Die Mittelwertbetrachtung zeigt hingegen nur bei den untersuchten MDAX-Unternehmen einen Anstieg über den Untersuchungszeitraum. Die Entwicklung bei den DAX-Unternehmen ist negativ. Hier nimmt der Mittelwert der CCCT um ca. 2% während des Untersuchungszeitraums ab. Zum Höhepunkt der Globalen Finanzkrise in 2008 zeigt sich ebenfalls ein klar unterschiedliches Bild bei einer indexbezogenen Betrachtung. Die untersuchten MDAX-Unternehmen weisen ein Minimum des Mittelwertes der CCCT auf, die DAX-Unternehmen hingegen ein Maximum. Für eine grafische Darstellung der Entwicklung für die DAX-Unternehmen siehe Abbildung 52, für die MDAX-Unternehmen Abbildung 53 und für eine Gesamtbetrachtung Abbildung 54.

Auf Grund dieser Entwicklungen ist davon auszugehen, dass die Globale Finanzkrise die Optimierung des Cash Conversion Cycle bei der Mehrzahl der untersuchten Unternehmen erschwert hat und die untersuchten Unternehmen in diesem Bereich vor Herausforderungen standen. Mittelwerte als auch Medianwerte der CCCT während des Untersuchungszeitraums bei einer Gesamtbetrachtung der untersuchten Unternehmen im Jahresvergleich ansteigend.

Es kann zu diesem Zeitpunkt der Analyse jedoch noch nichts zu den Gründen dieser Entwicklung gesagt werden. Auffällig ist jedoch die weitestgehend unterschiedliche Entwicklung der DAX- bzw. MDAX-Unternehmen. Auf Grund dieser divergierenden Entwicklung wird im Folgenden keine Analyse auf aggregierten Niveau – mit allen Unternehmen der Stichprobe – durchgeführt, sondern vielmehr indexbezogen analysiert.

Detailanalyse des Cash Conversion Cycle der DAX-Unternehmen der Stichprobe

Um die Entwicklungen der Cash Conversion Cycle-Time besser analysieren zu können, wird im Folgenden eine Analyse der Komponenten des CCCT durchgeführt. Ziel hierbei ist es herauszufinden, wie welche Teilkomponenten des Cash Conversion Cycles (DSI, DSO und DPO) die Cash Conversion Cycle-Time während des Untersuchungszeitraums beeinflusst hat.

Betrachtet man jedoch zunächst den gesamten Cash Conversion Cycle der untersuchten DAX-Unternehmen und berechnet die Änderung der CCCT über den gesamten Untersuchungszeitraum hinweg, so zeigt sich hier eine sehr breite Spanne an Änderungen. Siehe hierzu auch Tabelle 26. Der Maximalwert bei einer Erhöhung der CCCT liegt bei 62,7 Tagen (+124,2%) und bei einer Reduzierung bei -49,6 Tagen (-61,7%). Dies ergibt eine Spannweite der Verteilung von 112,3 Tagen. Der Median aller einbeziehbaren 22 (von 23)[1285] Unternehmen liegt bei 2,8 Tagen. Dies lässt noch keine interpretierbaren Aussagen zu, zeigt jedoch die Breite der Entwicklung.

Bei einer Betrachtung der Anzahl an untersuchten DAX-Unternehmen, deren CCCT sich im Untersuchungszeitraum verkürzt bzw. verlängert hat, zeigt sich eine Gleichverteilung beider Kategorien (jeweils elf Unternehmen pro Kategorie). Siehe hierzu auch Tabelle 27. Dieses zweigeteilte Bild widerlegt die These I_{CM} des Kapitels 4.1.1.2. Es kann nicht davon gesprochen werden, dass die (Mehrheit der) untersuchten DAX-Unternehmen ihre Cash Conversion Cycle-Time im Verlauf der Globalen Finanzkrise verkürzt haben. Dies wird zusätzlich dadurch untermauert, dass bei einer Analyse der reinen Krisenjahre der Globalen Finanzkrise (2007 bis 2009) sich ein weitestgehend ähnliches Bild zeigt. Hier sind elf Unternehmen in die Kategorie „verkürzt" und zehn Unternehmen in die Kategorie „verlängert" einzuordnen sowie eine Entwicklung mit „konstant" zu werten (Änderung geringer als ein Tag). Dies bedeutet zwar, dass mehr Unternehmen ihre CCCT verkürzt als verlängert bzw. konstant gehalten haben, der Anteil ist jedoch nicht wesentlich höher, wodurch die These I_{CM} – wenn überhaupt – nur als sehr schwach bestätigt angesehen werden kann. Insgesamt wird jedoch auf Grund der Ergebnisse beider untersuchter Zeiträume die These I_{CM} als nicht bestätigt gewertet.

Durch eine weiterführende Analyse der Teilkomponenten DSI und DPO (durch das Unternehmen stark beeinflussbar) kann ergänzend überprüft werden, ob die Unternehmen mit einer erhöhten CCCT im Untersuchungszeitraum eventuell eine CCCT-Reduzierung ebenfalls anstrebten, jedoch auf Grund unternehmensexterner schwer beeinflussbarer Faktoren (z. B. DSO) keine Reduzierung erreichen konnten. Eventuell haben die Kunden dieser Unternehmen ihre Zahlungsziel stark

---

[1285] *Infineon kann bei einer solchen Betrachtung nicht mit einbezogen werden. Es stehen für 2006 nur US-GAAP-Daten zur Verfügung. Ein aussagefähiger Vergleich ist somit auf Grund der unterschiedlichen Rechnungslegungsstandards nicht möglich (2006 (US-GAAP) und 2010 (IFRS)).*

ausgereizt bzw. überzogen und somit eine Verschlechterung der CCCT bewirkt, die nicht durch Verbesserungen in den Komponenten DSI und DPO aufgefangen werden konnte.

Als Ergebnis einer derartigen Analyse zeigt sich, dass bei hundert Prozent der untersuchten DAX-Unternehmen, bei denen sich die CCCT im Untersuchungszeitraum verschlechtert hat, sich ebenfalls bei ca. 90% (zehn Unternehmen mit Verschlechterung und eines konstant) die DSO-Komponente des Cash Conversion Cycle verschlechtert hat; teilweise sogar extrem (z. B. +24,1 Tage (+29,0%), +28,6 Tage (+33,8%) oder +49,2 Tage (+48,7%)). Bei den DAX-Unternehmen mit einer verkürzten CCCT hat sich hingegen die DSO-Komponente bei 80% verkürzt (acht Unternehmen mit Verkürzung der DSO-Komponente, jeweils eins mit Verschlechterung und konstant).

Bei den Komponenten DSI und DPO konnten maximal die Hälfte dieser Unternehmen eine Verbesserung erreichen (DSI: 4 verkürzt, 6 verlängert, 1 konstant und DPO: 6 verkürzt, 5 verlängert, 0 konstant). Die verlängerte CCCT lässt sich daher zumindest teilweise über die Verschlechterung der DSO-Komponente des Cash Conversion Cycle der betroffenen Unternehmen und somit über unternehmensexterne (evtl. krisenbedingte) Faktoren (z. B. Zahlungsmoral der Kunden) erklären. Allerdings müssen ergänzend bei mindestens der Hälfte der Unternehmen auch unternehmensinterne (optimierbare) Faktoren angeführt werden.

Überprüft man abschließend die in Kapitel 4.1.1.2 ergänzenden weiterführenden Thesenerläuterungen zu den Teilkomponenten des CCC über alle untersuchten DAX-Unternehmen hinweg, so zeigt sich, dass zwei von drei weiterführenden Vermutungen zu den CCC-Teilkomponenten – wie die (Haupt-)These ICM – nicht bestätigt werden können (nur DPO schwach bestätigt). Die Teilkomponente DSI konnte nicht einmal bei der Hälfte (45,5%) der untersuchten DAX-Unternehmen während des Untersuchungszeitraums verkürzt werden. Bei der DSO-Komponente ist in den überwiegenden Fällen ebenfalls keine Verbesserung festzustellen. In diesem Bereich kam es nur bei 36,4% der Unternehmen zu einer Verbesserung. Nur bei der DPO-Komponente des Cash Conversion Cycle ist eine Verbesserung bei 50% der untersuchten DAX-Unternehmen festzustellen. Dies deutet darauf hin, dass die untersuchten DAX-Unternehmen während des Untersuchungszeitraumes scheinbar sehr darauf bedacht waren, Kapital so lange wie möglich im Unternehmen zu halten und somit offene Rechnungen so spät wie möglich zu begleichen.

Abbildung 52: *Entwicklung der Cash Conversion Cycle Time – DAX-Unternehmen*

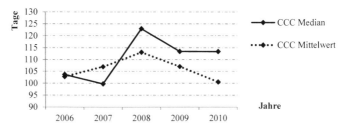

Quelle: *Eigene Darstellung.*

Abbildung 53: *Entwicklung der Cash Conversion Cycle Time – MDAX-Unternehmen*

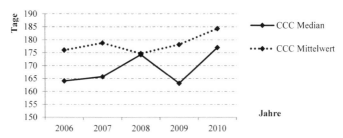

Quelle: *Eigene Darstellung.*

Abbildung 54: *Entwicklung der Cash Conversion Cycle Time – Gesamt*

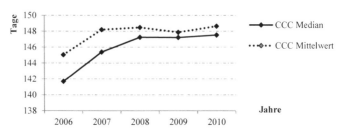

Quelle: *Eigene Darstellung.*

Detailanalyse des Cash Conversion Cycle der MDAX-Unternehmen der Stichprobe

Bei den MDAX-Unternehmen der Stichprobe wird ebenfalls im Anschluss – wie zuvor bei den DAX-Unternehmen – eine Detailanalyse der Komponenten des Cash Conversion Cycle durchgeführt, um auch hier die Einflüsse der Teilkomponenten (DSI, DSO und DPO) auf die CCCT bestimmen zu können.

Bei einer ersten Betrachtung der Gesamtlänge der Cash Conversion Cycle-Time zeigt sich bei einer Berechnung der Änderung der Cash Conversion Cycle-Time während des Untersuchungszeitraums, dass sich diese verlängert hat. Siehe hierzu auch Tabelle 28 und 29.

Der Median aller einbeziehbaren 30 (von 31)[1286] Unternehmen liegt bei 2,1 Tagen. Hinzu kommt, dass die Änderungen auf Ebene der Einzelunternehmen sich sehr stark voneinander unterscheiden. Der Maximalwert bei einer Erhöhung der CCCT liegt bei 83,0 Tagen (+42,1%) und bei einer Reduzierung bei -45,2 Tagen (-17,2%), woraus sich eine Spannweite von 128,3 Tagen für die Verteilung ergibt. Dies lässt noch keine interpretierbaren Aussagen zu, zeigt jedoch auch bei den untersuchten MDAX-Unternehmen die Breite der Entwicklung. Es bedarf somit auch hier einer Betrachtung der Einzelunternehmensebene.

Bei einer weiterführenden Analyse der Anzahl an untersuchten MDAX-Unternehmen, deren CCCT sich im Untersuchungszeitraum verkürzt bzw. verlängert hat, zeigt sich, dass 40,0% der Unternehmen ihre CCCT verkürzen konnten, jedoch aber 50,0% eine verlängerte CCCT aufweisen (10,0% der Unternehmen sind als konstant, mit einer Änderung von unter einem Tag zu werten). Siehe auch Tabelle 29. Es kann somit – wie bei den DAX-Unternehmen – auch bei den MDAX-Unternehmen der Stichprobe die These I_{CM} (Verkürzung des CCC im Kontext der Globalen Finanzkrise) nicht bestätigt werden.

[1286] *Tognum kann bei einer solchen Betrachtung nicht miteinbezogen werden, da das Unternehmen ist erst seit 2007 börsengelistet ist und für 2006 keine geeigneten Bilanz- und GuV-Daten zur Verfügung stehen.*

Tabelle 26: *Analyse der Komponenten des Cash Conversion Cycle der untersuchten DAX-Unternehmen*

Unternehmen	2006				2010				Änderung (2010 zu 2006)			
	DSI	DSO	DPO	CCC	DSI	DSO	DPO	CCC	DSI	DSO	DPO	CCC
adidas	58,2	56,9	27,2	87,9	64,5	56,6	51,6	69,6	6,3	-0,3	24,3	-18,3
BASF	46,3	65,1	33	78,4	49,6	66,6	27,5	88,8	3,4	1,6	-5,5	10,4
BAYER	76,6	94,4	29,6	141,4	63,5	89,3	36,4	116,4	-13,1	-5,1	6,8	-25
Beiersdorf	39,1	56,2	34,6	129,9	37,2	62,7	50,9	150,8	-1,8	6,5	16,3	20,9
BMW	50,6	133	27,8	155,8	46,9	145,5	26,3	166,1	-3,7	12,5	-1,6	10,3
Continental	39,3	64,2	35,9	67,6	37,4	71,5	49,2	59,7	-1,9	7,3	13,3	-7,9
Daimler	67,6	83,1	50,4	100,3	54,3	107,2	28,6	132,9	-13,2	24,1	-21,8	32,6
E.ON	23,9	114,4	111,5	26,8	15,9	108,4	103	21,3	-8	-6	-8,5	-5,5
Fresenius	25,8	81,9	15,7	123,4	33,4	71,5	15,8	123,7	7,7	-10,4	0,1	-2,7
Fresenius Medical Care	21,5	81,6	22,6	80,4	24,3	19,1	12,6	30,8	2,9	-62,5	-10	-49,6
HeidelbergCement	35,4	58,2	26	119,6	46,1	60,3	33,7	140	10,7	2	7,7	20,4
Henkel	38,5	62,1	42,8	57,9	36,4	53,2	55,8	35,8	-2,1	-9	13	-24,1
Infineon Technologies	US-GAAP	US-GAAP	US-GAAP	US-GAAP	45,5	65,3	58,3	52,4	n.a.	n.a.	n.a.	n.a.
K + S	45,7	93,7	44,5	183,9	54,1	75	37,4	165,5	8,4	-18,7	-7,2	-17,4
Salzgitter	71,4	54,3	26	151,8	76	63,2	32,6	171,9	4,6	8,9	6,6	20,1
SAP	0	94,7	23,7	71	0,6	99,2	20,5	75,3	0,6	4,4	-3,2	8,2
Linde	29,1	63,3	34,2	58,2	27,1	70,7	72,7	25	-2	7,3	38,5	-33,2
MAN	84,8	102	44,8	142	70,9	64	21,5	113,4	-13,9	-38	-23,3	-28,6
Merck	71,1	84,8	35,5	120,4	65,7	113,4	47,1	152	-5,3	28,6	11,7	11,6
RWE	19	101	69,4	50,5	23,7	150,1	60,6	113,3	4,7	49,2	-8,8	62,7
Siemens	70,2	83,2	46,4	107	71,8	82,6	37,9	116,5	1,6	-0,6	-8,5	9,5
ThyssenKrupp	57,4	61,2	35,4	83,2	75,5	49,8	46,3	79	18,1	-11,4	10,9	-4,2
Volkswagen	43,4	109	28,5	123,9	50,7	117,8	36,1	132,5	7,3	8,8	7,6	8,6

Quelle: *Eigene Darstellung, basierend auf Worldscope- und Jahresabschluss-Daten der jeweiligen Unternehmen.*

Tabelle 27: Auswertung der Analyse der Komponenten des Cash Conversion Cycle der untersuchten DAX-Unternehmen

Unternehmen	Änderung DSI	verkürzt	verlängert	Änderung DSO	verkürzt	verlängert
Adidas	6,3		x	-0,3	konstant	konstant
BASF	3,4		x	1,6		x
BAYER	-13,1	x		-5,1	x	
Beiersdorf	-1,8	x		6,5		x
BMW	-3,7	x		12,5		x
Continental	-1,9	x		7,3		x
Daimler	-13,2	x		24,1		x
E.ON	-8	x		-6		
Fresenius	7,7		x	-10,4	x	
Fresenius Medical Care	2,9		x	-62,5	x	
HeidelbergCement	10,7		x	2	x	
Henkel	-2,1	x		-9		x
Infineon Technologies	n.a.	n.a.	n.a.	n.a.	n.a.	n.a.
K + S	8,4		x	-18,7	x	
Salzgitter	4,6		x	8,9	x	
SAP	0,6	konstant	konstant	4,4		
Linde	-2	x		7,3		
MAN	-13,9	x		-38		x
Merck	-5,3	x		28,6		x
RWE	4,7		x	49,2		
Siemens	1,6		x	-0,6		x
ThyssenKrupp	18,1		x	-11,4	konstant	konstant
Volkswagen	7,3		x	8,8	x	x
Anzahl		10	11		8	12

Tabelle 27: *Auswertung der Analyse der Komponenten des Cash Conversion Cycle der untersuchten DAX-Unternehmen (Fortsetzung)*

Unternehmen	Änderung DPO	verkürzt	verlängert	Änderung CCC	verkürzt	verlängert
Adidas	24,3		x	-18,3	x	
BASF	-5,5	x		10,4		x
BAYER	6,8			-25	x	
Beiersdorf	16,3		x	20,9		x
BMW	-1,6	x		10,3		x
Continental	13,3			-7,9	x	
Daimler	-21,8	x	x	32,6		
E.ON	-8,5	x		-5,5	x	
Fresenius	0,1	konstant	konstant	-2,7	x	
Fresenius Medical Care	-10	x		-49,6	x	
HeidelbergCement	7,7		x	20,4		x
Henkel	13		x	-24,1	x	
Infineon Technologies	n.a.	n.a.	n.a.	n.a.	n.a.	n.a.
K + S	-7,2	x		-17,4	x	
Salzgitter	6,6		x	20,1		x
SAP	-3,2	x		8,2		x
Linde	38,5		x	-33,2	x	
MAN	-23,3	x		-28,6	x	
Merck	11,7		x	11,6		x
RWE	-8,8			62,7		x
Siemens	-8,5	x		9,5		x
ThyssenKrupp	10,9		x	-4,2	x	
Volkswagen	7,6		x	8,6		x
Anzahl		10	11		11	11

Quelle: *Eigene Darstellung, Berechnungen basierend auf Worldscope- und Jahresabschluss-Daten des jeweiligen Unternehmens.*

Bei einer Analyse der reinen Krisenjahre der Globalen Finanzkrise (2007 bis 2009) zeigt sich hingegen ein leicht gegenteiliges Bild. Bei diesem Analysezeitraum sind 14 Unternehmen (46,7%) in der Kategorie „verkürzt" und zwölf Unternehmen (40,0%) in der Kategorie „verlängert" einzuordnen sowie vier mit konstant zu werten (Änderung geringer als ein Tag). Ein wesentlicher Teil der untersuchten MDAX-Unternehmen konnte somit zwar ihre CCCT während der reinen Krisenjahre der Globalen Finanzkrise verkürzen, jedoch kann auch in diesem Fall die These I_{CM} nicht als bestätigt angesehen werden, da über 50% ihre CCCT nicht verkürzt haben, sondern diese entweder konstant blieb oder sich erhöhte. These I_{CM} wird daher, wie bei den analysierten DAX-Unternehmen, auch bei den MDAX-Unternehmen als widerlegt eingestuft.

Überprüft man auch hier mittels einer Analyse der Teilkomponenten DSI und DPO (durch das Unternehmen stark beeinflussbar), ob die MDAX-Unternehmen mit einer verlängerten CCCT wie die DAX-Unternehmen mit einer verlängerten CCCT versucht haben, ihre CCCT während des Untersuchungszeitraums zu reduzieren, jedoch externe Faktoren dies verhinderten, so zeigt sich, dass bei nur einem Drittel der Unternehmen sich die Teilkomponente DPO negativ auf die CCCT auswirkte. Über 60% der Unternehmen konnten ihre DSO-Komponente optimieren (verkürzen). Es kann somit im Bereich der DPO-Komponente im Gegensatz zu den untersuchten DAX-Unternehmen nicht davon gesprochen werden, dass externe Faktoren zu einer Verlängerung der CCCT (wesentlich) beigetragen haben. Es verlängerte sich jedoch bei 80% der Unternehmen mit einer verlängerten CCCT die Lagerhaltungsdauer (DSI-Komponente). Dies kann u.a. auf ein schlechtes Lagerhaltungs- oder Produktionsmanagement (evtl. Anpassungsproblem bei Produktionsvolumen) bzw. einen wegbrechenden Absatz hinweisen.

Eine genaue Aussage über die Gründe dieser Verlängerung kann nicht getroffen werden; es ist jedoch zu vermuten, dass die einbrechende Weltkonjunktur auf Grund der Globalen Finanzkrise hierzu beigetragen hat und es so zu Absatzvolumenänderungen bei den Unternehmen kam. Dies führte dann wohl zu einer erhöhten Lagerhaltung bzw. Überproduktion. Somit können zumindest teilweise auch bei den MDAX-Unternehmen, mit einer verlängerten CCCT im Untersuchungszeitraum, unternehmensexterne Faktoren – die wohl durch die Globale Finanzkrise ausgelöst wurden – als Grund für eine Verlängerung der CCCT angeführt werden. Die DPO-Komponente konnte bei über 50% der Unternehmen (53,3%) verlängert werden, jedoch reichte dies meist nicht aus, um eine Verlängerung der CCCT zu verhindern.

Tabelle 28: *Analyse der Komponenten des Cash Conversion Cycle der untersuchten MDAX-Unternehmen*

Unternehmen	2006 DSI	2006 DSO	2006 DPO	2006 CCC	2010 DSI	2010 DSO	2010 DPO	2010 CCC	Änderung (2010 zu 2006) DSI	DSO	DPO	CCC
Aurubis	50,4	30,2	34,7	115,3	56,1	20,4	29,3	105,9	5,7	-9,8	-5,3	-9,4
Bilfinger	19,1	72,4	47,1	138,6	23,4	55,6	39,4	118,4	4,3	-16,8	-7,7	-20,3
Demag Cranes	69,6	70	36,8	176,3	71	75,1	30,9	177	1,4	5,1	-5,8	0,7
DEUTZ	63,3	72,2	57,9	193,5	49,3	61,8	63	174	-14	-10,5	5	-19,4
EADS	156,4	83,4	69,1	308,8	166,4	67,9	68,2	302,5	10,1	-15,5	-0,9	-6,3
ErlingerKlingel	62,1	55,9	19,5	137,6	63,6	66,4	21,3	151,3	1,5	10,5	1,8	13,8
Fuchs Petrolub	43	61,6	32,4	137	46,8	56,6	28,5	132	3,8	-5	-3,9	-5,1
GEA Group	40	97	53,2	190,3	48,7	91,7	82,7	223,2	8,7	-5,3	29,5	32,9
Gerresheimer	53,1	54	40,6	147,6	49,3	55,1	39,6	143,9	-3,8	1,1	-1	-3,7
Gildemeister	80,5	80,9	35,8	197,1	111,7	98,3	70,1	280,1	31,2	17,4	34,3	83
Heidelberger Druck	86	89,2	23,2	198,4	130,9	86,7	20,9	238,5	44,9	-2,5	-2,3	40
Hochtief	1,7	81,6	85,7	168,9	23	78,2	97	198,2	21,3	-3,3	11,4	29,3
Hugo Boss	70,8	52,5	25,2	148,5	79,6	32,7	39,7	152	8,8	-19,7	14,5	3,6
KRONES	73,9	106,8	24,7	205,4	102,2	91,6	29,2	223	28,2	-15,2	4,5	17,6
KUKA	53,1	93,5	48,1	194,7	53,5	101,3	50,3	205	0,4	7,8	2,2	10,4
Lanxess	55	63,6	31,6	150,3	56,1	60,3	34	150,5	1	-3,3	2,4	0,2
Leoni	57,7	63,5	37	158,1	50,2	55,4	62,8	168,4	-7,5	-8,1	25,8	10,3
MEDION	36,6	38,4	34,4	109,4	49,1	64,6	31	144,7	12,5	26,2	-3,4	35,3
MTU Aero Engines	79,9	108	57,1	245	94,5	93,4	57,2	245,1	14,6	-14,6	0,1	0,1
Pfleiderer	40,4	28	32,5	100,9	50,3	21,2	27,2	98,7	9,9	-6,8	-5,3	-2,2
Puma	56,1	71	32,2	159,2	59,3	77,5	46,4	183,3	3,2	6,6	14,3	24,1
Rational	19,9	73,1	8,7	101,8	20,2	66,1	9,6	95,9	0,2	-7	0,9	-5,9
Rheinmetall	63,1	76,2	51,3	190,6	64,8	93,5	54,3	212,6	1,7	17,3	3	22

Tabelle 28: *Analyse der Komponenten des Cash Conversion Cycle der untersuchten MDAX-Unternehmen (Fortsetzung)*

Unternehmen	2006				2010				Änderung (2010 zu 2006)			
	DSI	DSO	DPO	CCC	DSI	DSO	DPO	CCC	DSI	DSO	DPO	CCC
SGL Carbon	97	80	35	212	117	69,6	35,4	222	19,9	-10,4	0,4	10
Stada Arzneimittel	86,7	123,3	39	249	86,6	111,7	44	242,3	0	-11,7	5	-6,7
Südzucker	136,6	57,5	68,3	262,5	111,8	54	51,5	217,3	-24,8	-3,6	-16,8	-45,2
Symrise	63,7	71,5	20	155,2	70,8	69,3	23,6	163,7	7,1	-2,2	3,6	8,5
Tognum (1)	n.a.	n.a.	n.a.	n.a.	106,9	74,4	45,1	226,4	n.a.	n.a.	n.a.	n.a.
Vossloh	57,3	126,3	72,3	255,9	81,2	105	55,3	241,6	23,9	-21,3	-16,9	-14,3
Wacker Chemie	44,6	52	22,5	119,2	40,8	59,2	25,8	125,8	-3,8	7,2	3,2	6,6
Wincor Nixdorf	58,6	55,3	40	153,9	47	58,7	44,7	150,4	-11,7	3,5	4,7	-3,5

Hinweis zur Tabelle:

(1) Für Tognum kann keine Entwicklung berechnet werden, da auf Grund des Börsengangs der Gesellschaft in 2007 für 2006 keine entsprechenden Daten vorliegen.

Quelle: *Eigene Darstellung, Berechnungen basierend auf Worldscope- und Jahresabschluss-Daten des jeweiligen Unternehmens.*

Tabelle 29: Auswertung der Analyse der Komponenten des Cash Conversion Cycle der untersuchten MDAX-Unternehmen

Unternehmen	Änderung DSI	verkürzt	verlängert	Änderung DSO	verkürzt	verlängert
Aurubis	5,7		x	-9,8	x	
Bilfinger	4,3		x	-16,8	x	
Demag Cranes	1,4		x	5,1		x
DEUTZ	-14	x		-10,5	x	
EADS	10,1		x	-15,5	x	
ErlingerKlingel	1,5		x	10,5		x
Fuchs Petrolub	3,8		x	-5	x	
GEA Group	8,7		x	-5,3	x	
Gerresheimer	-3,8	x		1,1		x
Gildemeister	31,2		x	17,4		x
Heidelberger Druck	44,9		x	-2,5	x	
Hochtief	21,3		x	-3,3	x	
Hugo Boss	8,8		x	-19,7	x	
KRONES	28,2		x	-15,2	x	
KUKA	0,4	konstant		7,3		x
Lanxess	1		x	-3,3	x	
Leoni	-7,5	x		-8,1	x	
MEDION	12,5		x	26,2		x
MTU Aero Engines	14,6		x	-14,6	x	
Pfleiderer	9,9		x	-6,8	x	
Puma	3,2		x	6,6		x
Rational	0,2	konstant		-7	x	
Rheinmetall	1,7		x	17,3		x

Tabelle 29: *Auswertung der Analyse der Komponenten des Cash Conversion Cycle der untersuchten MDAX-Unternehmen (Fortsetzung)*

Unternehmen	Änderung DSI	verkürzt	verlängert	Änderung DSO	verkürzt	verlängert
SGL Carbon	19,9		x	-10,4	x	
Stada Arzneimittel	0	konstant	konstant	-11,7	x	
Südzucker	-24,8	x		-3,6	x	
Symrise	7,1		x	-2,2	x	
Tognum (1)	n.a.	n.a.	n.a.	n.a.	n.a.	n.a.
Vossloh	23,9		x	-21,3	x	
Wacker Chemie	-3,8	x		7,2		x
Wincor Nixdorf	-11,7	x		3,5		x
Anzahl		**6**	**21**		**20**	**10**

Tabelle 29: Auswertung der Analyse der Komponenten des Cash Conversion Cycle der untersuchten MDAX-Unternehmen (Fortsetzung)

Unternehmen	Änderung DPO	verkürzt	verlängert	Änderung CCC	verkürzt	verlängert
Aurubis	-5,3	x		-9,4	x	
Bilfinger	-7,7	x		-20,3	x	
Demag Cranes	-5,8	x		0,7	konstant	konstant
DEUTZ	5		x	-19,4	x	
EADS	-0,9	konstant	konstant	-6,3	x	
ErlingerKlingel	1,8		x	13,8		x
Fuchs Petrolub	-3,9	x		-5,1	x	
GEA Group	29,5		x	32,9		x
Gerresheimer	-1	x		-3,7	x	
Gildemeister	34,3		x	83		x
Heidelberger Druck	-2,3	x		40		x
Hochtief	11,4		x	29,3		x
Hugo Boss	14,5		x	3,6		x
KRONES	4,5		x	17,6		x
KUKA	2,2		x	10,4		x
Lanxess	2,4		x	0,2	konstant	konstant
Leoni	25,8		x	10,3		x
MEDION	-3,4	x		35,3		x
MTU Aero Engines	0,1	konstant	konstant	0,1	konstant	konstant
Pfleiderer	-5,3	x		-2,2	x	
Puma	14,3		x	24,1		x
Rational	0,9	konstant	konstant	-5,9	x	
Rheinmetall	3		x	22		x

Tabelle 29: *Auswertung der Analyse der Komponenten des Cash Conversion Cycle der untersuchten MDAX-Unternehmen (Fortsetzung)*

Unternehmen	Änderung DPO	verkürzt	verlängert	Änderung CCC	verkürzt	verlängert
SGL Carbon	0,4	konstant	konstant	10		
Stada Arzneimittel	5		x	-6,7	x	
Südzucker	-16,8	x		-45,2	x	
Symrise	3,6		x	8,5		x
Tognum (1)	n.a.	n.a.	n.a.	n.a.	n.a.	n.a.
Vossloh	-16,9	x		-14,3	x	
Wacker Chemie	3,2		x	6,6		x
Wincor Nixdorf	4,7		x	-3,5	x	
Anzahl		**10**	**16**		**12**	**15**

Hinweis zur Tabelle:

(1) Für Tognum kann keine Entwicklung berechnet werden, da auf Grund des Börsengangs der Gesellschaft in 2007 für 2006 keine entsprechenden Daten vorliegen.

Quelle: *Eigene Darstellung, Berechnungen basierend auf Worldscope- und Jahresabschluss-Daten des jeweiligen Unternehmen*

Überprüft man abschließend die in Kapitel 4.1.1.2 ergänzenden weiterführenden Theseneräuterung zu den Teilkomponenten des CCC über alle untersuchten MDAX-Unternehmen hinweg, so zeigt sich, dass zwei von drei weiterführende Vermutungen bezüglich der Teilkomponenten bestätigt werden können (DSO und DPO). Die Teilkomponente DSI konnte nur bei 20% der untersuchten DAX-Unternehmen während des Untersuchungszeitraums verkürzt werden. Bei der DSO-Komponente ist hingegen in den überwiegenden Fällen eine Verbesserung festzustellen. In diesem Bereich kam es bei 66,7% zu einer Verbesserung. Bei der DPO-Komponente des CCC wurde bei ca. 50% (53,3%) der untersuchten MDAX-Unternehmen eine Verbesserung festgestellt. Dies deutet – wie bei den DAX-Unternehmen – darauf hin, dass die untersuchten MDAX-Unternehmen scheinbar ebenfalls versucht haben, Kapital im Unternehmen zu halten. Ergänzend wurde wohl durch eine Optimierung der DSO-Komponente versucht, schneller Kapital zu bekommen.

Abschließende Betrachtung

Zusammenfassend kann auf Grund der Ergebnisse der indexbezogenen Analysen des Cash Conversion Cycles die These I_{CM} im Bereich Cash-Management (Schwerpunkt: Working Capital-Management) nicht bestätigt werden. Die Mehrzahl der Stichprobenunternehmen konnte ihre Cash Conversion Cycle im Zuge der Globalen Finanzkrise nicht verkürzen.

Die tiefergreifende Analyse der Cash Conversion Cycle-Komponenten weist darauf hin, dass diese Entwicklung scheinbar durch externe Faktoren ausgelöst und durch die Globale Finanzkrise mit beeinflusst wurde. Es kann somit stark verallgemeinert davon gesprochen werden, dass die Unternehmen der Stichprobe meist Optimierungsprobleme im Zuge der Globalen Finanzkrise während des Untersuchungszeitraums im Bereich des Cash Conversion Cycles hatten und diese nur schwer optimieren konnten. Hier spielen scheinbar externe, durch die Globale Finanzkrise ausgelöste Faktoren (wie die Zahlungsmoral der Kunden) eine wesentliche Rolle. Darüber hinaus deutet die Teilkomponentenanalyse darauf hin, dass die Unternehmen versucht haben, zum einen Kapital so lange wie möglich im Unternehmen zu halten (Verlängerung DPO – speziell bei den DAX-Unternehmen) bzw. schneller Kapital durch das operative Geschäft zu bekommen (Verkürzung DSO – speziell bei den MDAX-Unternehmen). Dies alles deutet auf eine erhöhte Liquiditätsvorhaltung der untersuchten Unternehmen im Zuge der Globalen Finanzkrise hin. Es wurden somit bereits bei der Überprüfung der These I_{CM} Hinweise auf die Gültigkeit der These II_{CM} gefunden.

Eine weiterführende Analyse zur Liquiditätssituation der Unternehmen und Prüfung der These II_{CM} findet sich im nächsten Kapitel.

4.2.1.2 Vorhaltung von liquiden Mitteln

Die Auswertung im vorherigen Kapitel 4.2.1.1 lieferte bereits erste Hinweise darauf, dass die Unternehmen der Stichprobe im Kontext der Globalen Finanzkrise ihre Liquiditätsvorhaltung erhöht haben. In diesem Kapitel wird nun analysiert, ob dies wirklich zutrifft und wenn ja, wie sich die Liquiditätssituation der Unternehmen entwickelt hat (Überprüfung These II_{CM}).

Betrachtet man die Veränderung des Medians der Liquidität 1., 2. und 3. Grades während des Untersuchungszeitraums, so zeigt sich bei einer Gesamt-betrachtung, dass alle drei Median-Werte zum Höhepunkt der Globalen Finanzkrise von 2007 auf 2008 gesunken sind. Bei der Liquidität 1. Grades sank der Wert um -1,0%, bei der 2. Grades um -9,6% und bei der 3. Grades um -12,9%. Eine indexbezogene Analyse bestätigt dies für beide Indices. Siehe hierzu auch Abbildungen 55 bis 57. Hierbei ist jedoch darauf hinzuweisen, dass die Median der Liquiditätskennzahlen der untersuchten DAX-Unternehmen prozentual stärker gesunken sind als die der MDAX-Unternehmen (DAX: Liquidität 1. Grades -3,9%, 2. Grades -16,0% und 3. Grades -14,2% und MDAX: Liquidität 1. Grades -0,2%, 2. Grades -2,0% und 3. Grades -2,5%).

Die Änderung des Mittelwertes der Liquidität 1., 2. und 3. Grades ist von 2007 auf 2008 ähnlich wie die des Medians. Es ist ebenfalls ein Rückgang indexübergreifend – als auch in der Einzelbetrachtung – festzustellen. Siehe Abbildungen 58 bis 60. Die DAX-Unternehmen verschlechterten sich auch hier stärker als die MDAX-Unternehmen der Stichprobe (DAX: Liquidität 1. Grades -30,8%%, 2. Grades -13,4% und 3. Grades -9,7% und MDAX: Liquidität 1. Grades -6,6%, 2. Grades -7,0% und 3. Grades -2,3%).

Ebenfalls zeigt sich, dass sich alle drei Liquiditätsgrade über den gesamten Untersuchungszeitraum und alle Unternehmen hinweg positiv entwickelt haben. Der Medianwert der Liquidität 1. Grades stieg um +61,5%, die 2. Grades um +5,2% und die 3. Grades um +0,9%. Der Mittelwert der Liquidität 1. Grades stieg ebenfalls um +35,9%, des 2. Grades um +3,5% und des 3. Grades um +1,5%. Betrachtet man auch hier die DAX- und MDAX-Unternehmen einzeln, so zeigt sich eine teilweise unterschiedliche Entwicklung. Die Liquidität 1. Grades nahm in beiden Fällen zu. Die Anzahl der Unternehmen, die die Liquidität 1. Grades während des Untersuchungszeitraums verbessern konnten, liegt jeweils über 2/3 der untersuchten Unternehmen (DAX 77,3%[1287] und MDAX 71,0%).

[1287] *Betrachtung ohne Infineon. Infineon kann bei einer solchen Betrachtung nicht miteinbezogen werden. Es stehen für 2006 nur US-GAAP-Daten zur Verfügung. Ein aussagefähiger Vergleich ist somit auf Grund der unterschiedlichen Rechnungslegungsstandards nicht möglich (2006 (US-GAAP) und 2010 (IFRS)).*

Bei der Liquidität 2. und 3. Grades liegt eine andere Entwicklung vor. Der Medianwert der DAX-Unternehmen erhöhte sich bei der Liquidität 2. Grades um 4,9% auf 96,3%; bei den MDAX-Unternehmen sank er um -3,6% auf 85,9%. Bei dem Mittelwert ist es genau umgekehrt; hier weisen die DAX-Unternehmen ein Minus von 0,5% auf und die MDAX-Unternehmen hingegen ein Plus von 6,6%. Auf Einzelunternehmensebene zeigt sich jedoch auch hier ein einheitliches Bild, in beiden Fällen konnten nur weniger als 50% der Unternehmen ihre Liquidität 2. Grades im Untersuchungszeitraum verbessern (DAX 45,5% und MDAX 38,7%). Die Median- bzw. Mittelwert-Betrachtung lieferte somit zunächst ein falsches Bild und ist hier zu vernachlässigen. Die Einzelunternehmensebene bestätigt bei der Liquidität 2. Grades eine ähnliche Entwicklung der untersuchten DAX- und MDAX-Unternehmen. In beiden Fällen kam es zu einem Liquiditätsrückgang bei mehr als 50%.

Bei der Liquidität 3. Grades sind die Analyseergebnisse ähnlich. Hier weist die Median-Analyse zunächst auch auf eine unterschiedliche Entwicklung hin (DAX-Medianveränderung -4,4% auf 124,1 und MDAX- Medianveränderung +0,6% auf 154,5 von 2006 auf 2010).

Eine solche unterschiedliche Entwicklung zeigt sich auch bei der Betrachtung der Entwicklung des Mittelwertes der Liquidität 3. Grades (DAX- Mittelwertverschlechterung um -0,8% und MDAX-Mittelwertverbesserung um 3,2%). Die Einzelunternehmensebene zeigt jedoch, sowohl bei den DAX- als auch MDAX-Unternehmen, dass sich in beiden Fällen die Liquidität 3. Grades bei der Mehrheit verschlechtert hat (DAX 54,5% und MDAX 58,1%).

Für weiterführende Informationen und Einzelwerte sowie eine grafische Darstellung der Analyseergebnisse siehe Abbildung 55 bis 60 und Anhang [9].

Die bisherigen Analyse-Ergebnisse bestätigen für die Liquidität 1. Grades somit die These II_{CM} sowie die Vermutung des Vorkapitels, dass die Unternehmen verstärkt Liquiditätsvorhaltung im Zuge der Globalen Finanzkrise betrieben haben. Bei der Liquidität 2. und 3. Grades zeigt sich hingegen ein gegenteiliges Bild. Hier geht es jedoch nicht primär um liquide Mittel, sondern um weitere (liquidierbare) Teile des Umlaufvermögens, wie Vorräte oder kurzfristige Forderungen, wodurch These II_{CM} weiterhin aufrechtgehalten werden kann. Im Folgenden wird die Liquidität 1. Grades weiterführend analysiert und die erhöhte Vorhaltung von liquiden Mitteln im Kontext der Ergebnisse der Analyse der Bankensteuerung ergänzend eingeordnet.

Abbildung 55: *Entwicklung der Mediane der Liquiditätsgrade – DAX-Unternehmen*

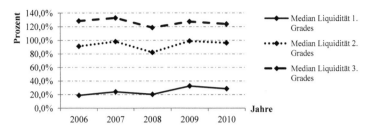

Quelle: *Eigene Darstellung.*

Abbildung 56: *Entwicklung der Mediane der Liquiditätsgrade – MDAX-Unternehmen*

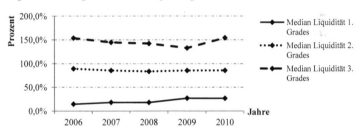

Quelle: *Eigene Darstellung.*

Abbildung 57: *Entwicklung der Mediane der Liquiditätsgrade – Gesamt*

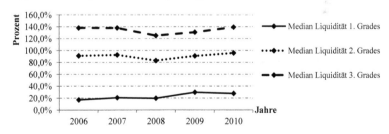

Quelle: *Eigene Darstellung.*

Abbildung 58: *Entwicklung der Mittelwerte der Liquiditätsgrade – DAX-Unternehmen*

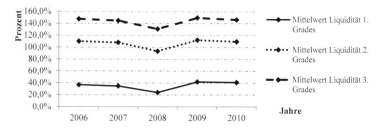

Quelle: *Eigene Darstellung.*

Abbildung 59: *Entwicklung der Mittelwerte der Liquiditätsgrade – MDAX-Unternehmen*

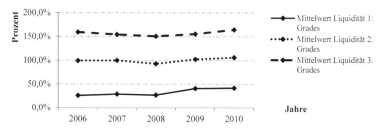

Quelle: *Eigene Darstellung*

Abbildung 60: *Entwicklung der Mittelwerte der Liquiditätsgrade – Gesamt*

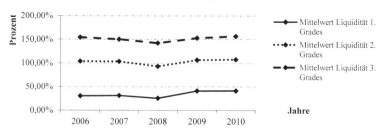

Quelle: *Eigene Darstellung.*

Detailanalyse Liquidität 1. Grades und deren Bankensteuerungsbezug

Es zeigt sich sowohl bei den untersuchten DAX- als auch MDAX-Unternehmen, dass die Unternehmen ihre Liquidität 1. Grades und somit die vorgehaltenen liquiden Mittel im Verhältnis zu den kurzfristigen Verbindlichkeiten – während des Untersuchungszeitraums – erhöht haben. Bei 17 (77,3%)[1288] der untersuchten DAX-Unternehmen erhöhte sich die Liquidität 1. Grades. Von diesen 17 Unternehmen erhöhten 82,4% ihre Liquidität 1. Grades über 20% und 35,3% über 90%. Bei den MDAX-Unternehmen der Stichprobe erhöhten 22 Unternehmen (71,0%) die Liquidität 1. Grades, wovon 86,4% eine Steigerung von über 20% aufweisen und 54,5% eine über 90%. Siehe hierzu Tabelle 30 und 31.

Bei der ausschließlichen Betrachtung der Krisenjahre der Globalen Finanzkrise zeigt sich ein indexbezogenes unterschiedliches Bild. In den Jahren 2007 bis 2009 erhöhten 65,2% der untersuchten DAX-Unternehmen ihre Liquidität 1. Grades, davon 86,7 über 20% und ca. über ein Viertel (26,7%) über 90%. Zwei Unternehmen hielten ihre Liquidität 1. Grades konstant (Änderung von weniger als +/- 1%). Bei den untersuchten MDAX-Unternehmen erhöhten bzw. verringerten ungefähr gleichviele Unternehmen ihre Liquidität 1. Grades (Erhöhung 15 Unternehmen, Verringerung 14 Unternehmen und 1 Unternehmen konstant). Von den Unternehmen, die ihre Liquidität 1. Grades erhöhten, erhöhten 86,7% diese über 20% und 33,3% über 90%. Bei den MDAX-Unternehmen mit einem Rückgang der Liquidität 1. Grades verringerte sich diese bei 78,6% um über 20%.

Bei den MDAX-Unternehmen zeigt sich somit eine teilweise Verschlechterung der Liquidität 1. Grades während der Krisenjahre. Insgesamt kann jedoch bei der Mehrheit der Unternehmen der Stichprobe eine Erhöhung der Liquidität 1. Grades festgehalten werden.

[1288] *Betrachtung ohne Infineon. Infineon kann bei einer solchen Betrachtung nicht miteinbezogen werden. Es stehen für 2006 nur US-GAAP-Daten zur Verfügung. Ein aussagefähiger Vergleich ist somit auf Grund der unterschiedlichen Rechnungslegungsstandards nicht möglich (2006 (US-GAAP) und 2010 (IFRS)).*

Tabelle 30: *Entwicklung der Liquidität 1. Grades – DAX-Unternehmen*

Unternehmen	Liquidität 1. Grades				
	2006	2010	Änderung	Zunahme	Rückgang
adidas	0,16	0,39	145,20%	x	
BASF	0,15	0,19	25,70%	x	
BAYER	0,2	0,32	56,30%	x	
Beiersdorf	1,06	1,3	22,00%	x	
BMW	0,12	0,27	124,90%	x	
Continental	0,16	0,18	9,50%	x	
Daimler	0,17	0,25	43,80%	x	
E.ON	0,21	0,22	0,04	x	
Fresenius	0,09	0,14	0,6	x	
Fresenius Medical Care	0,07	0,13	0,98	x	
HeidelbergCement	0,08	0,29	2,58	x	
Henkel	0,26	0,46	0,78	x	
Infineon Technologies	US-GAAP	1	n.a. (1)	n.a.	n.a.
K + S	0,09	0,75	7,04	x	
Linde	0,11	0,21	92,10%	x	
MAN	0,18	0,15	-13,70%		x
Merck	0,25	0,3	20,90%	x	
RWE	0,95	0,19	-80,40%		x
Salzgitter	1,78	1,08	-39,30%		x
SAP	1,1	0,71	-0,36		x
Siemens	0,32	0,4	23,90%	x	
ThyssenKrupp	0,32	0,21	-35,80%		x
Volkswagen	0,29	0,33	10,90%	x	
				17	5

Quelle: *Eigene Darstellung.*

Tabelle 31: *Entwicklung der Liquidität 1. Grades – MDAX-Unternehmen*

Unternehmen	Liquidität 1. Grades 2006	2010	Änderung	Zunahme	Rückgang
Aurubis	0,41	0,18	-57,10%		x
Bilfinger	0,3	0,19	-38,20%		x
Demag Cranes	0,19	0,3	59,20%	x	
DEUTZ	0,12	0,2	66,60%	x	
EADS	0,27	0,27	-2,30%		x
ErlingerKlingel	0,06	0,5	722,80%	x	
Fuchs Petrolub	0,16	0,37	130,80%	x	
GEA Group	0,15	0,26	77,40%	x	
Gerresheimer	0,13	0,18	36,70%	x	
Gildemeister	0,11	0,22	90,40%	x	
Heidelberger Druck	0,09	0,11	15,90%	x	
Hochtief	0,47	0,46	-2,30%		x
Hugo Boss	0,14	0,79	472,90%	x	
KRONES	0,08	0,15	77,70%	x	
KUKA	0,11	0,45	320,00%	x	
Lanxess	0,18	0,37	110,30%	x	
Leoni	0,3	0,27	-9,50%		
MEDION	0,86	0,44	-49,30%		x
MTU Aero Engines	0,1	0,13	30,10%	x	
Pfleiderer	0,09	0,05	-41,60%		x
Puma	0,89	0,63	-28,50%		x

Tabelle 31: *Entwicklung der Liquidität 1. Grades – MDAX-Unternehmen (Fortsetzung)*

Unternehmen	Liquidität 1. Grades				
	2006	2010	Änderung	Zunahme	Rückgang
Rational	1,09	3,1	183,30%	x	
Rheinmetall	0,15	0,44	199,90%	x	
SGL Carbon	0,37	0,95	153,4%	x	
Stada Arzneimittel	0,26	0,29	11,4%	x	
Südzucker	0,27	0,31	14,20%	x	
Symrise	0,15	0,25	70,30%	x	
Tognum	0,08	0,27	254,50%	x	
Vossloh	0,33	0,16	-53,20%		x
Wacker Chemie	0,08	0,61	672,50%	x	
Wincor Nixdorf	0,02	0,03	113,70%	x	
				22	9

Hinweis zur Tabelle:

(1) Infineon kann bei einer solchen Betrachtung nicht miteinbezogen werden. Es stehen für 2006 nur US-GAAP-Daten zur Verfügung. Ein aussagefähiger Vergleich ist somit auf Grund der unterschiedlichen Rechnungslegungsstandards nicht möglich (2006 (US-GAAP) und 2010 (IFRS)).

Quelle: *Eigene Darstellung.*

Analysiert man als nächstes die Höhe der Liquidität 1. Grades und geht dabei von einem Idealwert von 20% als Referenzgröße[1289] aus,[1290] so zeigt sich, dass die Anzahl der Unternehmen, die diese Referenzgröße erfüllen, während des Untersuchungszeitraums zunimmt. Bei den analysierten MDAX-Unternehmen erfüllten 2006 38,7% der Unternehmen die Referenzgröße von 20%. 2010 waren es fast doppelt so viele (71,0%). Über alle Jahre des Untersuchungszeitraums hinweg nahm der Anteil der quotenerfüllenden MDAX-Unternehmen der Stichprobe zu. Bei den DAX-Unternehmen entwickelte sich der Anteil von 50,0% in 2006 auf 72,7% in 2010. Lediglich zum Höhepunkt der Globalen Finanzkrise in 2008 verringerte sich der Anteil im Vergleich zum Vorjahr während des Untersuchungszeitraums. Siehe hierzu auch nachstehende Abbildung 61.

Alle Analyseergebnisse im Kontext der Liquidität 1. Grades belegen somit eine verbesserte Liquiditätssituation. Hier stellt sich jedoch die Frage, ob die erhöhte Liquidität durch zusätzliche Cash-Bestände generiert wurde oder evtl. durch eine Reduktion der kurzfristigen Verbindlichkeiten. Um dies zu überprüfen, wird nun eine Analyse der Entwicklung der Cash-Bestände im Untersuchungszeitraum durchgeführt.

Abbildung 61: *Erfüllung der Referenzgröße für die Liquidität 1. Grades von 20%*

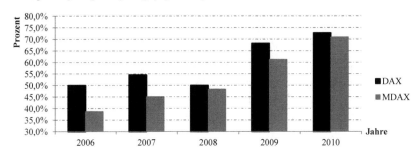

Quelle: *Eigene Darstellung.*

[1289] *Ein solcher Idealwert ist nur als sehr grober Anhaltspunkt anzusehen, da gerade bei der optimalen Höhe der Liquidität 1. Grades es sehr auf die Branche des Unternehmens ankommt und somit kein generell optimaler Wert bestimmt werden kann. Hier wird der Wert von 20% als optimaler Vergleichswert für die Liquidität 1. Grades verwendet, um eine branchenübergreifende Analyse zu ermöglichen. Für weiterführende Informationen vgl. Aydeniz (2012), S. 533. und vgl. Wöltje (2012), S. 192.*
[1290] Vgl. Aydeniz (2012), S. 533.

Bei der Analyse der Entwicklung der von den Unternehmen der Stichprobe vorgehaltenen Cash-Bestände zeigt sich, dass sowohl bei den DAX- als auch MDAX-Unternehmen jeweils mehr als 2/3 der Unternehmen ihre Kapitalvorhaltung während des Untersuchungszeitraums erhöht haben. Bei den untersuchten DAX-Unternehmen waren es 73,9%[1291] und bei den MDAX-Unternehmen an die 90% (87,1%). Siehe hierzu auch Tabelle 32 und 33. Analysiert man die Höhe der Zuwächse, so zeigt sich bei den analysierten DAX-Unternehmen bei den Erhöhung ein Median von 68,2% bzw. ein Mittelwert von 120,3% und bei den MDAX-Unternehmen ein Median über 100% (118,1%) bzw. ein Mittelwert von über 200% (205,3%) während des Untersuchungszeitraums. Die Ausmaße dieser Vorhaltung von Kapital in Form von liquiden Mitteln zur Liquiditätssicherung werden nochmals deutlicher, wenn man sich vor Augen führt, dass über ein Drittel (36,4%) der untersuchten DAX-Unternehmen und mehr als die Hälfte (51,6%) der MDAX-Unternehmen der Stichprobe ihre Cash-Bestände im Vor- und Nachkrisenvergleich (jeweils ein Jahr) mehr als verdoppelt haben. Diese Ergebnisse belegen klar, dass die Unternehmen der Stichprobe ihre Vorhaltung liquider Mittel im Zuge der Globalen Finanzkrise stark erhöht haben. Scheinbar sahen sie sich gezwungen, auf Grund der Unsicherheiten im globalen Finanzsystem (u.a. drohende Kreditrationierung und evtl. negative Auswirkungen auf die Realwirtschaft) zur Sicherung des Ongoing Concern-Ziels große Kapitalpuffer aufzubauen – siehe hierzu auch in Kapitel 4.1.1.2. die Argumentation zu These II_{CM}.

Die Unternehmen der Stichprobe nahmen somit im Zuge eines stark konservativen Cash-Managements bewusst hohe Opportunitätskosten auf Grund ihrer hohen Kapitalvorhaltung in Kauf. Die Analyse der Entwicklung der vorgehaltenen Liquidität belegt somit – genauso wie die Analyse der Liquidität 1. Grades – klar die These II_{CM} des Kapitels 4.1.1.2 und bestätigt eine vermehrte Vorhaltung von liquiden Mitteln im Vor- und Nachkrisenvergleich.

Effektivität des Cash-Managements

Analysiert man die „Cash-Umschlagsdauer" als einen Indikator für die Effektivität des Cash-Managements (hohe Umschlagszeiten weisen auf Ineffizienz hin) so zeigt sich, dass sich die Cash-Umschlagsdauer sowohl bei den untersuchten DAX- als auch MDAX-Unternehmen erhöht hat. Dies deutet klar auf eine Effizienzverschlechterung des Cash-Managements hin.

[1291] *Betrachtung ohne Infineon. Infineon kann bei einer solchen Betrachtung nicht miteinbezogen werden. Es stehen für 2006 nur US-GAAP-Daten zur Verfügung. Ein aussagefähiger Vergleich ist somit auf Grund der unterschiedlichen Rechnungslegungsstandards nicht möglich (2006 (US-GAAP) und 2010 (IFRS)).*

Tabelle 32: *Wachstum der Cash-Bestände der untersuchten DAX-Unternehmen*

Unternehmen	2006	2010	Änderung	Zunahme	Rückgang
adidas	347.000	1.517.000	337,20%	x	
BASF	2.191.100	3.012.000	37,50%	x	
BAYER	3.138.000	3.425.000	9,10%	x	
Beiersdorf	1.230.000	2.177.000	77,00%	x	
BMW	3.370.000	10.694.000	217,30%	x	
Continental	651.100	1.515.600	132,80%	x	
Daimler	15.452.000	13.143.000	-14,90%		x
E.ON	6.189.000	8.273.000	33,70%	x	
Fresenius	261.000	787.000	201,50%	x	
Fresenius Medical Care	120.737	391.311	224,10%	x	
HeidelbergCement	234.200	905.700	286,70%	x	
Henkel	984.000	2.021.000	105,40%	x	
Infineon Technologies	US-GAAP	1.799.000	n.a. (1)	n.a.	n.a.
K + S	79.643	748.400	839,70%	x	
Linde	663.000	1.176.000	77,40%	x	
MAN	1.162.000	1.071.000	-7,80%		x
Merck	512.500	999.300	95,00%	x	
RWE	25.622.000	5.672.000	-77,90%		x
Salzgitter	2.372.680	1.951.800	-17,70%		x
SAP	3.030.000	3.634.000	19,90%	x	
Siemens	12.574.000	16.224.000	29,00%	x	
ThyssenKrupp	4.551.000	3.715.000	-18,40%		x
Volkswagen	15.736.000	25.092.000	59,50%	x	
				17	5

Quelle: *Eigene Darstellung.*

Tabelle 33: *Wachstum der Cash-Bestände der untersuchten MDAX-Unternehmen*

Unternehmen	2006	2010	Änderung	Zunahme	Rückgang
Aurubis	467.077	241.310	-48,30%		x
Bilfinger	782.700	671.100	-14,30%		x
Demag Cranes	51.971	114.934	121,20%	x	
DEUTZ	49.400	67.900	37,40%	x	
EADS	8.692.000	11.706.000	34,70%	x	
ErlingerKlingel	5.453	101.190	1755,70%	x	
Fuchs Petrolub	40.200	92.100	129,10%	x	
GEA Group	274.728	599.276	118,10%	x	
Gerresheimer	24.918	60.574	143,10%	x	
Gildemeister	42.181	141.077	234,50%	x	
Heidelberger Druck	95.551	120.696	26,30%	x	
Hochtief	2.328.046	3.394.652	45,80%	x	
Hugo Boss	39.967	305.505	664,40%	x	
KRONES	57.727	147.757	156,00%	x	
KUKA	74.900	218.900	192,30%	x	
Lanxess	218.000	544.000	149,50%	x	
Leoni	135.738	212.180	56,30%	x	
MEDION	271.239	136.926	-49,50%		x
MTU Aero Engines	102.200	189.800	85,70%	x	
Pfleiderer	35.405	55.992	58,10%	x	
Puma	459.200	505.500	10,10%	x	
Rational	40.583	163.232	302,20%	x	
Rheinmetall	200.000	683.000	241,50%	x	

Tabelle 33: *Wachstum der Cash-Bestände der untersuchten MDAX-Unternehmen (Fortsetzung)*

Unternehmen	2006	2010	Änderung	Zunahme	Rückgang
SGL Carbon	103.000	291.400	182,90%	x	
Stada Arzneimittel	129.462	213.495	64,90%	x	
Südzucker	506.100	617.200	22,00%	x	
Symrise	65.280	112.215	71,90%	x	
Tognum	101.550	272.800	168,60%	x	
Vossloh	168.200	75.900	-54,90%		x
Wacker Chemie	42.900	609.200	1320,00%	x	
Wincor Nixdorf	9.630	22.914	137,90%	x	
				27	4

Hinweis zur Tabelle:

(1) Infineon kann bei einer solchen Betrachtung nicht miteinbezogen werden. Es stehen für 2006 nur US-GAAP-Daten zur Verfügung. Ein aussagefähiger Vergleich ist somit auf Grund der unterschiedlichen Rechnungslegungsstandards nicht möglich (2006 (US-GAAP) und 2010 (IFRS)).

Quelle: *Eigene Darstellung.*

Bei den DAX-Unternehmen der Stichprobe liegt der Medianwert der Veränderungen bei 31,6% bzw. der Mittelwert bei 67,2% während des Untersuchungszeitraums. Bei den MDAX-Unternehmen hingegen liegt der Medianwert der Änderungen bei 84,3% bzw. der Mittelwert bei 157,5% von 2006 auf 2010. Zusammen stellt dies eindeutig einen klaren Hinweis auf eine Verschlechterung der Effektivität des Cash-Managements dar.

Betrachtet man ergänzend die Einzelunternehmensebene, so werden die Ergebnisse der Median- bzw. Mittelwert-Analyse bestätigt. Bei den untersuchten DAX-Unternehmen kam es bei ca. 2/3 (63,6%)[1292] zu einer Erhöhung der Cash-Umschlagsdauer. Bei einer reinen Betrachtung der Krisenjahre der Globalen Finanzkrise bestätigt sich dies ebenfalls mit einem Anteil von 60,9% (und zwei Unternehmen konstant, mit Änderung bis max. +/- 1%) für die Unternehmen mit einer erhöhten Cash-Umschlagsdauer bei den analysierten DAX-Unternehmen. Bei den MDAX-Unternehmen der Stichprobe ist der Anteil der Unternehmen mit einer erhöhten Cash-Umschlagsdauer während des Untersuchungszeitraums (80,6%)[1293] und während der Krisenjahre der Globalen Finanzkrise (81,3%) nochmals höher.

Zusammenfassend kann somit von einer Verschlechterung der Effektivität des Cash Managements im Zuge der Globalen Finanzkrise gesprochen werden. Siehe hierzu auch Tabelle 34 und 35. Bezieht man hier die Bestätigung der These II_{CM} und somit eine erhöhte Vorhaltung von liquiden Mitteln im Vor- und Nachkrisenvergleich mit ein, so ist dies auch erklärbar. Auf Grund der scheinbar gezielten Vorhaltung von zusätzlichen liquiden Mittel zur Sicherung des Weiterbestehens der Unternehmung wurden zum einen hohe Opportunitätskosten akzeptiert und zum anderen eine damit einhergehende Verschlechterung der Effektivitätskennzahlen des Cash-Managements in Kauf genommen.

4.2.1.3 Abschließende Betrachtung und erster Bezug zur Bankensteuerung

Die Analyseergebnisse der vorherigen Kapitel widerlegen die These I_{CM} und belegen die These II_{CM} des Kapitels 4.1.1.2. Im Speziellen weist die Erhöhung der Cash Conversion Cycle Time bei der Mehrzahl der Unternehmen der Stichprobe auf ein erschwertes Cash-Management im Kontext der Globalen Finanzkrise hin. Dies wird dadurch untermauert, dass die Teilkomponenten mit starkem unternehmensexternem Einfluss sich im Wesentlichen verschlechtert haben, wodurch These I_{CM} (Verkürzung CCCT im Kontext der Globalen Finanzkrise) widerlegt wurde

---

[1292] Betrachtung ohne Infineon. Infineon kann bei einer solchen Betrachtung nicht miteinbezogen werden. Es stehen für 2006 nur US-GAAP-Daten zur Verfügung. Ein aussagefähiger Vergleich ist somit auf Grund der unterschiedlichen Rechnungslegungsstandards nicht möglich (2006 (US-GAAP) und 2010 (IFRS)).

[1293] Für Tognum kann keine Entwicklung berechnet werden, da auf Grund des Börsengangs der Gesellschaft in 2007 für 2006 keine entsprechenden Daten vorliegen.

und die Globale Finanzkrise zumindest mit als wesentlicher Faktor für diese Entwicklung zu werten ist. Die im Kontext dieser Analyse vermutete erhöhte Liquiditätsvorhaltung wurde im Rahmen der Prüfung der These II_{CM} wie die These selbst belegt. Bei der Analyse der Liquidität 1. Grades zeigte sich überwiegend eine zumeist stetige Erhöhung der Kennzahlenwerte und somit eine verstärkte Liquiditätsvorhaltung. Dies wurde zusätzlich durch eine weiterführende Untersuchung der Höhe an vorgehaltenen liquiden Mitteln untermauert. Im Rahmen dieser Analyse zeigte sich eine verstärkte Vorhaltung von liquiden Mittel im Vor- und Nachkrisenvergleich. These II_{CM} wurde somit durch die angeführten Untersuchungen bestätigt. Die Stichprobenunternehmen nahmen im Zuge der Globalen Finanzkrise scheinbar bewusst hohe Opportunitätskosten auf Grund einer erhöhten Vorhaltung von liquiden Mitteln in Kauf, um so die Liquidität der Unternehmung sicherzustellen. Ergänzend wurde bei der Analyse der Cash-Umschlagsdauer eine Verschlechterung der Effizienz des Cash-Managements beobachtet.

Eine gemeinsame Betrachtung der Ergebnisse zeigt, dass die Unternehmen der Stichprobe ihr Cash-Management im Kontext der Globalen Finanzkrise im Bereich der Vorhaltung liquider Mittel anpassten (Erhöhung der Liquiditätsvorhaltung). Es wurde so scheinbar auf die erhöhte Gefahr einer Kreditrationalisierung bzw. einer erschwerten externen Finanzierung und evtl. Cash-Flow-Rückgängen auf Grund der Globalen Finanzkrise reagiert. Gleichzeitig wurde die Optimierung der Cash Conversion Cycle-Time durch unternehmensexterne Einflüsse erschwert und die Unternehmen konnten hier aus theoretischer Sicht nicht optimal reagieren. Es fand keine Verkürzung der CCCT zur Freisetzung von liquiden Mitteln statt. Hierdurch erscheint die Verschlechterung der Effizienz des Cash-Managements begründet.

Verbindet man dieses Analyseergebnisse nun mit der in dieser Arbeit vermuteten Intensivierung der Bankensteuerung (siehe für die Überprüfung Kapitel 4.2.2 sowie dessen Unterkapiteln), so kann eine aufeinander abgestimmte Cash-Management- und Bankensteuerungsstrategie im Kontext der Globalen Finanzkrise vorab vermutet werden.

Eine solche Vermutung wird wie folgt begründet: Die erhöhte Unsicherheit der Banken (Ausfallrisiken) sowie die allgemein als unsicher einzustufende Situation an den internationalen Finanzmärkten – ausgelöst durch die Globale Finanzkrise – führte zu einer erhöhten Vorhaltung von liquiden Mitteln zu Sicherung der Liquidität der Unternehmung (siehe Vorkapitel). Gleichzeitig wurde die Bankensteuerung intensiviert, um so zum einen die Risiken resultierend aus der hohen Kapitalvorhaltung (Bankeinlagen etc.) zu minimieren und gleichzeitig die erhöhten Kontrahentenrisiken auf Grund der Globalen Finanzkrise im Bereich der Bankbeziehungen besser steuern zu können.

Tabelle 34: Cash Umschlagsdauer der untersuchten DAX-Unternehmen

Unternehmen	2006	2007	2008	2009	2010	Änderung 06 auf 10	erhöht	verringert	Änderung 07 auf 09	erhöht	verringert
adidas	12,6	16,5	22,7	35,5	46,2	267,70%	x		115,50%	x	
BASF	15,2	10,4	26,5	21,1	17,2	13,20%	x		103,60%	x	
BAYER	39	30,4	28,7	35,1	35,6	-8,80%			15,30%	x	
Beiersdorf	87,7	74	100,1	115,1	128,3	46,30%	x		55,50%	x	x
BMW	25,1	28,4	73,8	79,1	64,5	157,10%	x		178,90%	x	
Continental	16	49,4	24,4	31,6	21,2	33,00%	x		-36,10%		x
Daimler	56,7	72,8	37,9	73,5	49,1	-13,50%		x	1,00%	konstant	konstant
E.ON	35,2	37,6	26,7	27,9	32,3	-8,30%		x	-25,90%		x
Fresenius	8,8	11,6	13,1	11,6	18	103,40%	x		0,00%	konstant	konstant
Fresenius Medical Care	6,5	8,5	8	9,5	15,7	141,20%	x		11,10%	x	
Heidelberg-Cement	9,3	29,3	26,2	32,2	28,1	203,60%	x		9,90%	x	
Henkel	28,2	42,4	17,7	33	48,9	73,40%	x		-22,20%		x
Infineon Technologies	n.a. (1)	199,4	74,6	167,9	159,1	n.a. (1)	n.a.	n.a.	-15,80%		x
K + S	9,8	5,8	12,8	54	54,7	456,60%	x		832,20%	x	
Linde	19,5	26,8	29,5	27,6	33,4	71,50%	x		3,10%	x	
MAN	32,5	35,8	2,6	19,3	26,6	-18,00%		x	-46,10%		x
Merck	29,9	51,3	42	96,3	39,3	31,40%	x		87,80%	x	
RWE	218,1	113,6	69	50,3	40,8	-81,30%		x	-55,70%		x
Salzgitter	102,5	77,3	18,2	91,2	85,8	-16,30%		x	17,90%	x	
SAP	117,6	101	58,9	81,1	106,4	-9,50%		x	-19,70%		x
Siemens	69	29,2	44,2	56,9	77,9	12,90%	x		94,70%	x	

Tabelle 34: *Cash Umschlagsdauer der untersuchten DAX-Unternehmen (Fortsetzung)*

Unternehmen	2006	2007	2008	2009	2010	Änderung 06 auf 10	erhöht	verringert	Änderung 07 auf 09	erhöht	verringert
ThyssenKrupp	35,2	27,2	22,9	52,8	31,8	-9,70%		x	94,0%	x	
Volkswagen	54,8	56,1	42,5	87,5	72,2	31,80%	x		56,1%	x	
							14	8		14	7

Hinweis zur Tabelle:

(1) Infineon kann bei einer solchen Betrachtung nicht miteinbezogen werden. Es stehen für 2006 nur US-GAAP-Daten zur Verfügung. Ein aussagefähiger Vergleich ist somit auf Grund der unterschiedlichen Rechnungslegungsstandards nicht möglich (2006 (US-GAAP) und 2010 (IFRS)).

Quelle: *Eigene Darstellung.*

Tabelle 35: Cash Umschlagsdauer der untersuchten MDAX-Unternehmen

Unternehmen	2006	2007	2008	2009	2010	Änderung 06 auf 10	erhöht	verringert	Änderung 07 auf 09	erhört	verringert
Aurubis	29,6	1,2	8,2	20,1	8,9	-69,90%		x	1644,80%	x	
Bilfinger	38	33,6	26,9	36,1	30,6	-19,60%		x	7,40%	x	
Demag Cranes	19,2	18,8	26,8	36,3	45	134,40%	x		93,00%	x	
DEUTZ	12,1	69	50,7	90,8	20,8	72,20%	x		31,60%	x	
EADS	80,5	85,3	107,4	107,6	93,4	16,10%	x		26,10%	x	
ErtingerKlingel	3,8	4,4	11	16,1	46,4	1132,30%	x		262,40%	x	
Fuchs Petrolub	11,1	17,2	5,1	27,9	23	107,90%	x		62,30%	x	
GEA Group	20,7	20,6	32,9	43,8	49,5	139,30%	x		112,40%	x	
Gerresheimer	14,1	13	32,5	20,5	21,6	53,40%	x		57,80%	x	
Gildemeister	11,6	24,8	52,6	31,5	37,4	222,80%	x		26,60%	x	
Heidelberger Druck	9,7	7,6	14,3	9,7	19,1	96,40%	x		28,00%	x	
Hochtief	54,8	48,1	49,6	51,8	61,5	12,20%	x		7,60%	x	
Hugo Boss	9,8	7	8,2	28	64,5	561,00%	x		301,40%	x	
KRONES	11	9,1	16,6	17,7	24,8	125,10%	x		94,90%	x	
KUKA	17,2	63,3	11,9	24,8	74,1	330,60%	x		-60,90%		x
Lanxess	11,5	14,4	19,3	64,2	27,9	143,40%	x		345,60%	x	
Leoni	23,5	7,5	18,1	26	26,2	11,50%	x		245,70%	x	
MEDION	61,7	53,9	41,9	59,2	30,5	-50,60%		x	9,70%	x	
MTU Aero Engines	15,4	9,5	9,4	18,2	25,6	65,70%	x		91,00%	x	
Pfleiderer	9,1	3,5	9,7	15,7	13,7	50,10%	x		351,50%	x	

Tabelle 35: Cash Umschlagsdauer der untersuchten MDAX-Unternehmen (Fortsetzung)

Unternehmen	2006	2007	2008	2009	2010	Änderung 06 auf 10	erhöht	verringert	Änderung 07 auf 09	erhöht	verringert
Puma	70,7	80,4	54,2	72	68,2	-3,60%		x	-10,40%		x
Rational	52,2	67,6	60,8	152,9	170,2	225,90%	x		126,30%	x	
Rheinmetall	20,1	17	20,6	64,2	62,5	210,70%	x		279,00%	x	
SGL Carbon	31,6	34,6	27,9	90	77	143,80%	x		160,50%	x	
Stada Arzneimittel	38	19,5	24,5	36,6	47,9	26,20%	x		87,90%	x	
Südzucker	34,6	59,4	23,6	19,1	39,4	14,00%	x		-67,80%		x
Symrise	19,4	22,7	19	21,6	26,1	34,40%	x		-4,90%		x
Tognum	n.a.	9,7	7,3	21,7	38,8	n.a. (1)	n.a.	n.a.	123,70%	x	
Vossloh	59,6	30,4	74,6	48,9	20,5	-65,60%		x	61,10%	x	
Wacker Chemie	4,7	35,4	25,9	37	46,8	897,90%	x		4,60%	x	
Wincor Nixdorf	1,8	4,2	2,5	3,9	3,7	107,00%	x		-7,50%		x
							25	5		26	5

Quelle: Eigene Darstellung.

Hinweis zur Tabelle:

(1) Für Tognum kann keine Änderung berechnet werden, da auf Grund des Börsengangs der Gesellschaft in 2007 für 2006 keine entsprechenden Daten vorliegen.

Dies würde auch zu den Ausführungen von Ferreira/Vilela (2004) passen. Ferreira/Vilela (2004) sprechen in ihrer Arbeit von einem negativen Zusammenhang zwischen Cash Holdings und Bankschulden und interpretieren dies so: Je enger eine Geschäftsbeziehung zwischen einem Unternehmen und einer Bank ist, desto eher können sich Unternehmen es leisten, weniger Cash zur (Krisen-)Vorsorge vorzuhalten.[1309] Im Zuge dieser Arbeit wird jedoch von einer zunehmenden Konzentration auf Kontrahentenrisiken und somit einer eher geringen Bindung an einzelne Kreditinstitute auf Grund der Globalen Finanzkrise ausgegangen. Daher ist es in Anlehnung an Ferreira/Vilela (2004) schlüssig, dass die analysiertenUnternehmen eine erhöhte Liquiditätsvorsorge betreiben. Sie konnten sich scheinbar nicht mehr so stark auf die Finanzierung aus ihren Bankverbindungen (bzw. allgemein unternehmensexterne Finanzierung) im Vergleich zu der Zeit vor der Globalen Finanzkrise verlassen und bildeten daher Sicherheiten (erhöhte Liquiditätsvorhaltung). Dies belegt zusätzlich die in den Kapiteln 3.1 und 3.2 postulierte enge Verbindung der Bankensteuerung mit dem Cash- und Risikomanagement.

Eine ausführliche Diskussion des Zusammenhangs zwischen Cash-Management und Bankensteuerung findet sich in Kapitel 4.2.3. Dort wird der Einfluss des Cash-Managements auf die Bankensteuerung mittels eines Regressionsmodells untersucht. Zunächst wird jedoch eine detaillierte Analyse der Bankensteuerung im sich anschließenden Kapitel durchgeführt.

4.2.2 Globale Finanzkrise und Bankensteuerung im Treasury-Management

Die sich in den Kapiteln 4.2.2.1 bis 4.2.2.5 anschließende empirische Untersuchung zur Bankensteuerung der Unternehmen der Stichprobe im Kontext der Globalen Finanzkrise gliedert sich nach den in Kapitel 4.1.2.2 hergeleiteten bankensteuerungsbezogenen Thesen. Jedes Unterkapitel hat als Hauptziel jeweils eine These zu prüfen. Tabelle 36 stellt alle fünf Thesen nochmals im Überblick dar und ordnet diese dem jeweiligen Kapitel zu.

[1309] Vgl. Ferreira/Vilela (2004), S. 295 ff.

Tabelle 36: *Überblick „Thesen zur Bankensteuerung"*

Nr.	These	Kapitel
T. I$_{BS}$	„Die Bankensteuerung hat auf Grund der Globalen Finanzkrise für Internationale Unternehmen stark an Bedeutung gewonnen und wurde intensiviert."	4.2.2.1
T. II$_{BS}$	„Das Hauptaugenmerk der Bankensteuerung im Unternehmensbereich liegt aktuell auf dem Kontrahentenrisiko von Bankbeziehungen."	4.2.2.2
T. III$_{BS}$	„Auf Grund der Globalen Finanzkrise setzen Internationale Unternehmen zunehmend mehr Methoden zur Kontrahenten-Risikosteuerung bei Banken ein."	4.2.2.3
T. IV$_{BS}$	„Im Zuge der Globalen Finanzkrise nahm die Verbreitung von marktbezogenen Steuerungskriterien („Real-Time-Indikatoren") bei der Bankensteuerung zu."	4.2.2.4
T. V$_{BS}$	„Unternehmen sehen Banken seit der Globalen Finanzkrise nur noch rein als Kontrahenten – dessen Risiko es zu minimieren gilt – und nicht mehr als langfristige Geschäftspartner."	4.2.2.5

Quelle: *Eigene Darstellung.*

In Kapitel 4.2.2.6 werden die Ergebnisse dieser Thesenprüfung noch einmal zusammengefasst dargestellt und es wird ein übergreifendes Bild der Einflüsse der Globalen Finanzkrise auf die Bankensteuerung von Internationalen Unternehmen abgeleitet. Darüber hinaus wird eine Prognose möglicher zukünftiger Entwicklung im Bereich der Bankensteuerung von Internationalen Unternehmen abgegeben.

Die verwendeten Daten stammen aus den Jahresabschlussberichten der untersuchten DAX- und MDAX-Unternehmen. Sie wurden eigenhändig im Zuge einer semiotischen Jahresabschlussanalyse (Teilbereich der qualitativen Bilanzanalyse) erhoben. Siehe hierzu auch Kapitel 4.1.3.2. Als statistische Analysemethode wird eine Kontingenzanalyse (Kapitel 4.1.3.1.2) gewählt.

4.2.2.1 Wichtigkeit der Bankensteuerung

Betrachtet man die bankensteuerungsbezogene Berichterstattung der Unternehmen in der Stichprobe so zeigt sich, dass die überwiegende Anzahl (84,6%) dieser Unternehmen bereits vor der Globalen Finanzkrise in 2006 eine diesbezügliche Berichterstattung durchführten. Konkret wiesen 91,3% der erfassten DAX-Unternehmen und 79,3% der MDAX-Unternehmen eine bankensteuerungsbezogene Berichterstattung in 2006 auf. Dieses hohe Niveau steigerte sich im Verlauf der Globalen Finanzkrise und danach bis ins Jahr 2010 auf 100% bei den DAX-Unternehmen und auf 83,9% der MDAX-Unternehmen. Siehe hierzu auch Tabelle 37.[1310] Dieser Anstieg der Berichterstattung weist auf eine zunehmende

---

[1310] *Ähnlich gelagerte Werte bezüglich des prozentualen Anteils der Unternehmen, die eine Bankensteuerung durchführen, findet sich auch bei Mitter/Wohlschlager/Kobler (2012 und 2011). 89% der Studienteilnehmer in diesen beiden Veröffentlichungen betrieben eine Bankensteuerung. Vgl. Mitter/Wohlschlager/Kobler (2012), S. 51. und vgl. Mitter/Wohlschlager/Kobler (2011), S. 105.*

Wichtigkeit der Bankensteuerung im Untersuchungszeitraum hin. Nach dem Jahr 2008 – und somit zum Ende der Globalen Finanzkrise – blieb bei den erfassten DAX-Unternehmen der Anteil an über Bankensteuerung berichtenden Unternehmen konstant (100%). Bei den MDAX-Unternehmen kann ebenfalls von einer weitestgehenden Konstanz ab 2008 (min. 83,9%; max. 87,1%; Spannweite: 3,2%) gesprochen werden. Dies deutet darauf hin, dass die Zunahme der Berichterstattung im Bereich der Bankensteuerung durch die Globale Finanzkrise ausgelöst wurde und kein Einmaleffekt ist, sondern eher einen langfristigen Trend beschreibt. Es kann somit davon gesprochen werden, dass Bankensteuerung relevanter wurde bzw. wohl auch weiterhin zunehmend bedeutender wird.

Ein weiterführender Schritt zur Begründung obiger Erkenntnisse ist, sich die Berichterstattungsintensität anzusehen. Im Zuge der Datenerhebung wurde hierfür unter der Variablen „Berichterstattungsintensivität" die Ausprägung der Berichterstattung im Vergleich zum Vorjahr erfasst. Es wurden fünf Kategorien definiert: (1) „keine" – falls keinerlei Berichterstattung zur Bankensteuerung stattfand, (2) „Beginn" – wenn erstmals über Bankensteuerung im Untersuchungszeitraum berichtet wurde, (3) „mehr" – falls mehr als im Vorjahr berichtet wurde, (4) „weniger" – falls weniger als im Vorjahr berichtet wurde und (5) „gleich" – falls die Berichterstattung mit dem Vorjahr vergleichbar war.

Die Einordnung in die verschiedenen Kategorien „mehr", „weniger" oder „gleich" wurde wie folgt durchgeführt: Wenn mehr Information in das Erfassungsschema aufgenommen werden konnte als im Vorjahr, so wurde die Kategorie „mehr" gewählt und bei weniger Informationen entsprechend die Kategorie „weniger". Wenn in beiden Vergleichsjahren gleich viele Informationen im Erhebungsschema aufgenommen werden konnten, so wurde die Kategorie „gleich" gewählt. Es kam bei dem Zuordnungskriterium somit rein auf die veröffentlichte Informationsmenge an und nicht, wie (Art) oder wie oft (Häufigkeit) über diese berichtet wurde. Siehe hierzu auch Tabelle 38.

Betrachtet man nun die Ergebnisse dieser Erhebung, so kann festgehalten werden, dass hauptsächlich in den Jahren 2007 (37,0% in Kategorie „mehr") und 2008 (48,1% in Kategorie „mehr") eine verstärkte Berichterstattung im Bereich der Bankensteuerung zu registrieren war. In den Folgejahren 2009 (20,4% in Kategorie „mehr") und 2010 (18,5% in Kategorie „mehr") ist eine schwächere Berichterstattungszunahme zu verzeichnen. Es berichten jedoch in beiden Jahren (2009 und 2010) immer noch mind. 18,5% (fast 1/5) der Unternehmen mehr als im jeweiligen Vorjahr. Ein konstantes Niveau der bankenspezifischen Berichterstattung wiesen in 2009 59,3% und in 2010 66,7% aller untersuchten Unternehmen auf. Durch diese Ergebnisse kann von einer starken Zunahme der bankensteuerungsspezifischen Berichterstattung am Anfang und in der Mitte der Finanzkrise gesprochen werden, gefolgt von einer moderat steigenden Berichterstattung am Ende der Krise bzw. danach.

Sieht man sich die untersuchten DAX- und MDAX-Unternehmen bezüglich ihrer Berichterstattungsintensität separat an, so zeigt sich, dass von 2007 bis 2010 prozentual immer mehr DAX- als MDAX-Unternehmen ihre Berichterstattung über Bankensteuerung ausgeweitet haben. In den Jahren 2007 (60,9%) und 2008 (73,9%) wiesen die DAX-Unternehmen sogar einen mehr als doppelt so hohen prozentualen Anteil in der Kategorie „mehr" auf wie die untersuchten MDAX-Unternehmen (2007: 19,4%; 2008: 29,0%). Dies lässt folgende Tendenz vermuten: Je größer ein Unternehmen ist, desto mehr berichtet es über seine Bankensteuerung (bzw. desto stärker ist die Bankensteuerung ausgeprägt).

Zusammenfassend lässt sich somit von einer Zunahme der Intensität der Bankensteuerung im Verlauf des Untersuchungszeitraums sprechen. Es lässt sich ein Zusammenhang zwischen Globaler Finanzkrise und der Intensität der Bankensteuerung (gemessen durch die Berichterstattungsintensität) vermuten. Bankbeziehungen wurden im Zuge der Globalen Finanzkrise zunehmend unsicher (Erhöhung des Kontrahentenrisikos), wodurch die Unternehmen begannen, stärker auf die Risiken – entstehend aus ihren Bankbeziehungen – zu fokussieren und ihre Bankensteuerung zu intensivieren.[1311]

Untersucht man nun diesen Zusammenhang zwischen der Globalen Finanzkrise und der Intensität der Berichterstattung (Gesamtbetrachtung DAX- und MDAX-Unternehmen der Stichprobe) mit dem Chi-Quadrat-Test nach Pearson, so ergibt sich auf Grund des x^2-Wertes von 70,091 und der hohen Signifikanz von 0,000, dass mit einer Irrtumswahrscheinlichkeit von weniger als 1% Prozent die implizierte Nullhypothese, dass kein Zusammenhang zwischen den Variablen besteht, abgelehnt werden kann. Es kann somit von einem Zusammenhang zwischen Berichterstattungsintensität und Globaler Finanzkrise ausgegangen werden. Siehe hierzu auch Tabelle 39.

Tabelle 39: *Chi-Quadrat-Test: Globale Finanzkrise und Berichterstattungsintensität*

	Wert	df	Asymptotische e Signifikanz (2-seitig)
Chi-Quadrat nach Pearson	70,091 (1)	4	,000

Hinweis zur Tabelle:
(1) Null Zellen haben eine erwartete Häufigkeit kleiner 5,0. Die minimal erwartete Häufigkeit beträgt 5,54.

Quelle: *Eigene Darstellung.*

[1311] *PWC (2010) berichten ebenfalls als ein Ergebnis ihrer Erhebung, dass die Wichtigkeit des Bank-Relationship-Managements (Bankensteuerung) im Vor- und Nachkrisenvergleich zugenommen hat. Vor der Krise sahen 56% der Befragten Bankensteuerung als sehr wichtig an, während der Krise 84% und nach der Krise noch nahezu 80%. Vgl. PWC (2010), S. 18.*

Tabelle 37: *Berichterstattung über Bankensteuerung – ja oder nein*

Index	Jahr		Berichterstattung Nein	Berichterstattung Ja	Gesamt
DAX	2006	Anzahl	2	21	23
		%	8,7%	91,3%	100,0%
	2007	Anzahl	1	22	23
		%	4,3%	95,7%	100,0%
	2008	Anzahl	0	23	23
		%	0,0%	100,0%	100,0%
	2009	Anzahl	0	23	23
		%	0,0%	100,0%	100,0%
	2010	Anzahl	0	23	23
		%	0,0%	100,0%	100,0%
MDAX	2006	Anzahl	6	23	29 (1)
		%	20,7%	79,3%	100,0%
	2007	Anzahl	6	25	31
		%	19,4%	80,6%	100,0%
	2008	Anzahl	5	26	31
		%	16,1%	83,9%	100,0%
	2009	Anzahl	4	27	31
		%	12,9%	87,1%	100,0%
	2010	Anzahl	5	26	31
		%	16,1%	83,9%	100,0%
Gesamt	2006	Anzahl	8	44	52 (1)
		%	15,4%	84,6%	100,0%
	2007	Anzahl	7	47	54
		%	13,0%	87,0%	100,0%
	2008	Anzahl	5	49	54
		%	9,3%	90,7%	100,0%
	2009	Anzahl	4	50	54
		%	7,4%	92,6%	100,0%
	2010	Anzahl	5	49	54
		%	9,3%	90,7%	100,0%

Hinweis zur Tabelle:

(1) Im Untersuchungsjahr 2006 sind nur 52 (bzw. 29 im MDAX) Unternehmen in der Stichprobe enthalten, da Gerresheimer und Tognum erst ab dem Jahr 2007 an der Börse gelistet sind.

Quelle: *Eigene Darstellung.*

Tabelle 38: *Berichterstattungsintensität*

Index	Jahr		Intensität der Berichterstattung					Gesamt
			keine	Beginn	mehr	weniger	gleich	
DAX	2006	Anzahl	2	21	0	0	0	23
		%	8,7%	91,3%	0,0%	0,0%	0,0%	100,0%
	2007	Anzahl	1	1	14	1	6	23
		%	4,3%	4,3%	60,9%	4,3%	26,1%	100,0%
	2008	Anzahl	0	1	17	0	5	23
		%	0,0%	4,3%	73,9%	0,0%	21,7%	100,0%
	2009	Anzahl	0	0	6	4	13	23
		%	0,0%	0,0%	26,1%	17,4%	56,5%	100,0%
	2010	Anzahl	0	0	7	1	15	23
		%	0,0%	0,0%	30,4%	4,3%	65,2%	100,0%
MDAX	2006	Anzahl	6	23	0	0	0	29 (1)
		%	20,7%	79,3%	0,0%	0,0%	0,0%	100,0%
	2007	Anzahl	6	2	6	0	17	31
		%	19,4%	6,5%	19,4%	0,0%	54,8%	100,0%
	2008	Anzahl	5	1	9	4	12	31
		%	16,1%	3,2%	29,0%	12,9%	38,7%	100,0%
	2009	Anzahl	4	1	5	2	19	31
		%	12,9%	3,2%	16,1%	6,5%	61,3%	100,0%
	2010	Anzahl	5	0	3	2	21	31
		%	16,1%	0,0%	9,7%	6,5%	67,7%	100,0%
Gesamt	2006	Anzahl	8	44	0	0	0	52 (1)
		%	15,4%	84,6%	0,0%	0,0%	0,0%	100,0%
	2007	Anzahl	7	3	20	1	23	54
		%	13,0%	5,6%	37,0%	1,9%	42,6%	100,0%
	2008	Anzahl	5	2	26	4	17	54
		%	9,3%	3,7%	48,1%	7,4%	31,5%	100,0%
	2009	Anzahl	4	1	11	6	32	54
		%	7,4%	1,9%	20,4%	11,1%	59,3%	100,0%
	2010	Anzahl	5	0	10	3	36	54
		%	9,3%	0,0%	18,5%	5,6%	66,7%	100,0%

Hinweis zur Tabelle:

(1) Im Untersuchungsjahr 2006 sind nur 52 (bzw. 29 im MDAX) Unternehmen in der Stichprobe enthalten, da Gerresheimer und Tognum erst ab dem Jahr 2007 an der Börse gelistet sind.

Quelle: *Eigene Darstellung.*

Dieses Ergebnis besagt jedoch noch nichts über die Stärke des Zusammenhangs. Ermittelt man daher als weiterführende Analyse das Zusammenhangsmaß „Cramer V", so liefert dies folgende Ergebnisse (ebenfalls Gesamtbetrachtung): Bei einem Signifikanzniveau von 0,000 beträgt der Wert für Cramer V 0,511 (siehe Tabelle 40). Beachtet man bei der Interpretation dieses Wertes, dass das Cramer V zwischen 0 (kein Zusammenhang) und 1 (perfekter Zusammenhang) definiert ist, so kann im vorliegenden Fall von einem hoch signifikanten mittelstarken Zusammenhang zwischen Berichterstattungsintensität und Globaler Finanzkrise gesprochen werden (siehe hierzu auch Kapitel 4.1.3.1.2).

Tabelle 40: *Cramer V: Globale Finanzkrise und Berichterstattungsintensität*

	Wert	Näherungsweise Signifikanz
Cramer V	,511	,000

Quelle: *Eigene Darstellung.*

Im Hinblick auf die These „T. I_{BS}" kann somit zusammenfassend festgehalten werden, dass diese als begründet anzunehmen ist, da zum einen immer mehr Unternehmen über Bankensteuerung – im Zuge der Globalen Finanzkrise – berichteten und zum anderen, dass sich die Berichterstattungsintensität im Zeitverlauf und speziell in den Krisenjahren 2007 und 2008 erhöht hat und danach weitestgehend konstant geblieben ist. Darüber hinaus weisen der durchgeführte Chi-Quadrat-Test sowie die Berechnung des Zusammenhangmaßes „Cramer V" auf einen statistisch hoch signifikanten (mittelstarken) Zusammenhang zwischen der Berichterstattungsintensität und der Globalen Finanzkrise hin.

4.2.2.2 Relevanz des Kontrahentenrisikos in der Bankensteuerung

In 84,3% der untersuchten Fälle (Betrachtung über alle Jahre) wird über Steuerungskriterien der Bankensteuerung berichtet. Bei den untersuchten DAX-Unternehmen sogar in nahezu hundert Prozent (DAX 97,4% und MDAX 74,5%).

Betrachtet man die von den Unternehmen der Stichprobe im Detail berichteten Steuerungskriterien, so zeigt sich bei einer aggregierten Betrachtung, dass die Verwendung von Steuerungskriterien mit Kontrahentenrisikobezug zunimmt.[1312] 2006 verwendeten insgesamt 80,8% und in 2009 und 2010 jeweils 85,2% der untersuchten Unternehmen solche Steuerungskriterien. Eine reine Betrachtung der analysierten DAX-Unternehmen zeigt eine Steigerung dieser Kriterienverwendung von 87,0% in 2006 auf 100,0% ab dem Jahr 2008. Der prozentuale Anteil bei den

---

[1312] *Der J.P. Morgen Global Cash Management Survey (2006-2011) zeigt ebenfalls, dass kontrahentenrisikobezogene Steuerungskriterien zunehmend an Bedeutung bei der Bankenwahl gewinnen. 2011 stand erstmals mit 58% die finanzielle Stärke der Bank an erster Stelle bei den wichtigsten Kriterien für die Bankenwahl. Vgl. J.P. Morgan (2011), S. 9.*

betrachteten MDAX-Unternehmen sank hingegen leicht von 75,9% in 2006 auf 74,2% in 2010. Auf einer aggregierten Ebene zeigt sich jedoch eine eindeutige Zunahme der Bedeutung von Kontrahentenrisiken als Steuerungskriterien in der Bankensteuerung von Internationalen Unternehmen in der Stichprobe. Es ist ein Anstieg von 80,8% in 2006 auf 85,2% in 2007, 2009 und 2010 über alle Unternehmen der Stichprobe hinweg zu verzeichnen. Spätestens nach der Globalen Finanzkrise erscheinen Steuerungskriterien mit Kontrahentenrisikobezug und somit das Kontrahentenrisiko-Management für die Bankensteuerung als unerlässlich – siehe hierzu auch Tabelle 41.[1313] Es ist jedoch nicht so, dass Steuerungskriterien mit Kontrahentenrisikobezug erst seit der Globalen Finanzkrise für die Bankensteuerung auf Unternehmensebene relevant wurden; vielmehr wurde bereits vor der Globalen Finanzkrise stark auf Kontrahentenrisiken von Banken im Rahmen der Bankensteuerung geschaut (jedoch Intensivierung belegt).

Wie es mit der Relevanz anderer Steuerungskriterien (z. B. von qualitativen Steuerungskriterien) aussieht, kann auf Grund der zur Verfügung stehenden Daten nur vermutet werden. In diesem Bereich existiert bei den untersuchten DAX- als auch MDAX-Unternehmen keine oder nur eine sehr geringe Berichterstattung. Es lässt sich daher vermuten, dass nicht-kontrahentenrisikobezogene Steuerungskriterien weniger relevant sind und über diese daher weniger (fast nicht) berichtet wird. Hierdurch wird die Wichtigkeit der Steuerungskriterien mit Kontrahentenrisikobezug nochmals hervorgehoben.

Tabelle 42: *Bonität als Steuerungskriterium mit Kontrahentenrisikobezug*

			Steuerungskriterium Bonität		
			nein	ja	Gesamt
Steuerkriterium mit Kontrahentenrisikobezug	nein	Anzahl	43	0	43
		%	100,0%	0,0%	100,0%
	ja	Anzahl	32	193	225
		%	14,2%	85,8%	100,0%
	Gesamt	Anzahl	75	193	268
		%	28,0%	72,0%	100,0%

Quelle: *Eigene Darstellung.*

[1313] *Die Zunahme der Wichtigkeit von Kontrahentenrisikomanagement in Bezug auf Bankbeziehungen wird durch die Ergebnisse der Studie PWC (2010) bestätigt. Dort berichteten die befragten Unternehmen von einer steigenden Wichtigkeit des Kontrahentenrisikomanagementes (gegenüber Banken) im Vor- und Nachkrisenvergleich. Vor der Krise sahen etwas über 20% der Befragten Kontrahentenrisikomanagement als sehr wichtig an, während der Globalen Finanzkrise ca. 60% und danach ca.50%. Vgl. PWC (2010), S. 31.*

Untersucht man die berichteten Steuerungskriterien mit Kontrahentenrisikobezug genauer, so zeigt sich, dass ein Großteil (85,8%) der untersuchten Unternehmen, die auf Kontrahentenrisiken von Banken schauen, als Steuerungskriterien „Bonität" angeben. Siehe hierzu auch Tabelle 42. Es findet bei über der Hälfte dieser Fälle (59,6% über alle Jahre und Unternehmen der Stichprobe) jedoch keine weitere Spezifizierung statt. Es kann für diese Fälle dadurch nicht geprüft werden, welche Größen zur Bonitätsbeurteilung herangezogen werden. Siehe hierzu auch Tabelle 43.

Bei den verbleibenden 40,4% zeigt sich, dass bei 98,7% dieser Fälle als Spezifizierung für die Bonität „Ratings" angegeben werden. Im Fall der untersuchten MDAX-Unternehmen sind es sogar 100% (DAX 97,8%). Es führen im Vergleich jedoch nur 11,5% als Bonitätskriterium CDS-Spreads an. Wenn man die Fälle der untersuchten MDAX-Unternehmen alleine betrachtet, sind es noch einmal ca. acht Prozent weniger (3,1%). Bei den analysierten DAX-Unternehmen hingegen werden CDS-Spreads in 17,4% der Fälle angegeben. Siehe hierzu Tabelle 43 und 44.

Tabelle 43: *Spezifizierung des Steuerungskriteriums Bonität*

			Spezifizierung Steuerungskriterium Bonität		
			nein	ja	Gesamt
Steuerkriterium Bonität	ja	Anzahl	115	78	193
		%	*59,6%*	*40,4%*	*100,0%*
	Gesamt	Anzahl	115	78	193
		%	*59,6%*	*40,4%*	*100,0%*

Quelle: *Eigene Darstellung.*

Eine übergreifende Betrachtung dieser Werte lässt den Schluss zu, dass als Bonitätsbeurteilung in der Praxis die Betrachtung von Ratings sehr weit verbreitet ist und CDS-Spreads noch eher selten Verwendung finden. Ob trotz ihrer geringen Verbreitung eine Zunahme der Verwendung von CDS-Spreads oder anderen stark marktbezogenen Bonitätsindikatoren auf Grund der Globalen Finanzkrise zu verzeichnen ist, wird im Kapitel 4.2.2.4 weiterführend analysiert.

Tabelle 44: *Ausprägungen der Spezifizierung des Steuerungskriteriums Bonität*

			Rating			CDS		
			nein	ja	Gesamt	nein	ja	Gesamt
Spezifizierung	DAX	Anzahl	1	45	46	38	8	46
Steuerungs-		%	2,2%	97,8%	100,0%	82,6%	17,4%	100,0%
kriterium	MDAX	Anzahl	0	32	32	31	1	32
Bonität		%	0,0%	100,0%	100,0%	96,9%	3,1%	100,0%
	Gesamt	Anzahl	1	77	78	69	9	78
		%	1,3%	98,7%	100,0%	88,5%	11,5%	100,0%

Quelle: *Eigene Darstellung.*

Betrachtet man als nächsten weiterführenden Analyseschritt die Spezifizierung der gewünschten Mindestbonität bei den Steuerungskriterien mit Kontrahentenrisikobezug, so lassen sich für das Steuerungskriterium „Bonität" sechs Kategorien bilden, in die alle berichteten Bonitätsanforderungen eingeordnet werden können: (1) Sehr gut, (2) Gut, (3) Erstklassige/Erste, (4) Einwandfreie/Zweifelsfreie, (5) Höchste/Beste und (6) Sonstige. In die Kategorie „Sonstige" wurden Mindestanforderungen, wie: ausgezeichnete Bonität (dreimalige Nennung) oder hohe Bonität (viermalige Nennung) eingeordnet. Die am häufigsten genannten drei Kategorien sind: An erster Stelle mit 39,4% aller Fälle die Kategorie (3), gefolgt von der in 21,2% der Fälle genannten Kategorie (4) und an dritter Stelle mit 17,0% liegt die Kategorie (2). Dieses Ergebnis zeigt, dass die untersuchten Unternehmen hohe bis sehr hohe Bonitätsanforderungen an ihre Bankenpartner stellen – siehe Tabelle 45.

Tabelle 45: *Mindestanforderung Bonität*

		Mindestanforderung Bonität						
		Sehr gut	Gut	Erstklassige/ Erste	Einwandfreie/ Zweifelsfreie	Höchste/ Beste	Sonstige	Gesamt
DAX	Anzahl	7	15	27	12	4	8	73
	%	9,6%	20,5%	37,0%	16,4%	5,5%	11,0%	100,0%
MDAX	Anzahl	7	13	38	23	10	1	92
	%	7,6%	14,1%	41,3%	25,0%	10,9%	1,1%	100,0%
Gesamt	Anzahl	14	28	65	35	14	9	165
	%	8,5%	17,0%	39,4%	21,2%	8,9%	5,5%	100,0%

Quelle: *Eigene Darstellung.*

Tabelle 41: Steuerungskriterien mit Kontrahentenrisikobezug

Index	Jahr		Kontrahentenrisiko als Steuerungskriterium		Gesamt
			nein	ja	
DAX	2006	Anzahl	3	20	23
		%	13,0%	87,0%	100,0%
	2007	Anzahl	1	22	23
		%	4,3%	95,7%	100,0%
	2008	Anzahl	0	23	23
		%	0,0%	100,0%	100,0%
	2009	Anzahl	0	23	23
		%	0,0%	100,0%	100,0%
	2010	Anzahl	0	23	23
		%	0,0%	100,0%	100,0%
MDAX	2006	Anzahl	7	22	29 (1)
		%	24,1%	75,9%	100,0%
	2007	Anzahl	7	24	31
		%	22,6%	77,4%	100,0%
	2008	Anzahl	9	22	31
		%	29,0%	71,0%	100,0%
	2009	Anzahl	8	23	31
		%	25,8%	74,2%	100,0%
	2010	Anzahl	8	23	31
		%	25,8%	74,2%	100,0%
Gesamt	2006	Anzahl	10	42	52 (1)
		%	19,2%	80,8%	100,0%
	2007	Anzahl	8	46	54
		%	14,8%	85,2%	100,0%
	2008	Anzahl	9	45	54
		%	16,7%	83,3%	100,0%
	2009	Anzahl	8	46	54
		%	14,8%	85,2%	100,0%
	2010	Anzahl	8	46	54
		%	14,8%	85,2%	100,0%

Hinweis zur Tabelle:

(1) Im Untersuchungsjahr 2006 sind nur 52 (bzw. 29 im MDAX) Unternehmen in der Stichprobe enthalten, da Gerresheimer und Tognum erst ab dem Jahr 2007 an der Börse gelistet sind.

Quelle: *Eigene Darstellung.*

In Zusammenhang mit dem Steuerungskriterium „Rating" findet sich eine ähnlich hohe Anforderung an die Bonität der Banken bei den untersuchten Unternehmen. In allen erfassten Fällen wird entweder ein Rating im Investment Grade-Bereich (73,1%) direkt gefordert oder die Mindestanforderung so umschrieben, dass diese als investmentgradeähnlich[1314] einzustufen ist (26,9%). Siehe hierzu auch Tabelle 46.

Tabelle 46: *Mindestanforderung Rating*

		Mindestanforderung Rating					
		Investment Grade	mind. A	mind. A-	mind. A+	investment-grade-ähnlich	Gesamt
DAX	Anzahl	14	13	6	0	12	45
	%	31,1%	28,9%	13,3%	0,0%	26,7%	100,0%
MDAX	Anzahl	12	3	10	2	10	37
	%	32,4%	8,1%	27,0%	5,4%	27,1%	100,0%
Gesamt	Anzahl	26	16	16	2	22	82
	%	31,7%	19,5%	19,5%	2,4%	26,9%	100,0%

Quelle: *Eigene Darstellung.*

In den Fällen, in denen CDS-Spreads als Bonitätsindikatoren angegeben wurden, kann eine solche weiterführende Analyse nicht durchgeführt werden, da in keinem der Fälle etwas über die maximale Höhe des CDS-Spreads berichtet wird.

Alle Ergebnisse in diesem Kapitel belegten die vermutete hohe Relevanz von und den primären Fokus auf Kontrahentenausfallrisiken im Rahmen der Bankensteuerung von Internationalen Unternehmen. These „T. II$_{BS}$" wurde somit bestätigt. Des Weiteren kann festgehalten werden, dass (die untersuchten) Internationalen Unternehmen zur Messung der Kontrahentenrisiken vorwiegend Ratings verwenden und CDS-Spreads aktuell noch wenig verbreitet sind. Es wird als Kriterium für eine Geschäftsbeziehung mit einer Bank eine (mindestens) hohe Bonität gefordert. Bei Verwendung von Ratings als Bonitätsindikator ist ein Rating im Investment Grade-Bereich als Geschäftsvoraussetzung weit verbreitet.

[1314] *Unter „investmentgradeähnlich" werden solche umschreibenden Mindestanforderungen, wie: gut, sehr gut, erstklassig, einwandfrei oder ausgezeichnet verstanden. Diese deuten alle auf ein sehr hohes Rating hin und können daher mit einem Investment Grade gleichgesetzt werden.*

4.2.2.3 Steuerungsmethoden der Bankensteuerung und ihre Verbreitung

Untersucht man die zur Anwendung kommenden Methoden zur Steuerung des Kontrahentenausfallrisikos im Kontext der Bankensteuerung, so zeigt sich bei den Unternehmen der Stichprobe, dass vorwiegend folgende drei Methoden eingesetzt werden: (1) Risikobegrenzung durch den Ausschluss riskanter Geschäftspartner, (2) Diversifikation und (3) Limitsysteme. Die Verbreitung der einzelnen Methoden nimmt darüber hinaus zu.

Im Hinblick auf die Risikobegrenzung durch den Ausschluss von riskanten Geschäftspartnern zeigt sich bei einer näheren Analyse, dass diese Methode zur Steuerung von Kontrahentenrisiko bereits vor der Globalen Finanzkrise weit verbreitet gewesen ist. Schon in 2006 wählte ein Großteil der Unternehmen der Stichprobe (84,6%) ihre Banken unter der Berücksichtigung von Risikoausschlusskriterien aus. Es berichteten in 2006 91,3% der untersuchten DAX-Unternehmen und 79,3% der untersuchten MDAX-Unternehmen von solchen Ausschlusskriterien bei der Bankenwahl. Bei den untersuchten DAX-Unternehmen wendeten ab dem Jahr 2008 (Höhepunkt der Globalen Finanzkrise) 100% solche Mindestanforderungen an. Bei den untersuchten MDAX-Unternehmen steigerte sich der Wert im Untersuchungszeitraum bis auf 80,6% in 2010 (83,9% in 2009). Auf Grund dieser starken Verbreitung kann der „Ausschluss von riskanten Geschäftspartnern" als eine Art von Standardverfahren zur Reduzierung von Kontrahentenrisiken in der Bankensteuerung von Unternehmen interpretiert werden. Für Details zu den angeführten Werten siehe Tabelle 47. Für eine Analyse der konkreten Mindestanforderungen sei auf das vorherige Kapitel 4.2.2.2 verwiesen.

Diversifikation als Steuerungskriterium für das Kontrahentenrisiko von Bankbeziehungen wendeten hingegen lediglich 9,6% der untersuchten Unternehmen bereits vor der Globalen Finanzkrise in 2006 an. Dieser Wert vervierfachte sich ca. im Untersuchungszeitraum und erreichte in 2010 einen Wert von 35,2%. Dieser Trend einer stark zunehmenden Verbreitung der Diversifikation über mehrerer Kontrahenten (Banken) als Risikosteuerungsmethode zeigt sich auch bei einer indexbezogenen Analyse. Die prozentuale Anwendungshäufigkeit erhöhte sich bei den untersuchten DAX-Unternehmen von 17,4% in 2006 auf 43,5% in 2010. Bei den untersuchten MDAX-Unternehmen ist eine Verneunfachung im Untersuchungszeitraum zu verzeichnen (2006 3,4% und 2010 29,0%).

Hierbei ist speziell auf die mehr als verdoppelte Verbreitungshäufigkeit bei den MDAX-Unternehmen der Stichprobe von 2007 (9,7%) auf 2008 (22,6%) hinzuweisen sowie auf eine über acht-prozentige Erhöhung bei den DAX-Unternehmen. Diese starken Anstiege ereigneten sich zum Höhepunkt der Globalen Finanzkrise (2008), wodurch ein diesbezüglicher Zusammenhang zu vermuten ist. Es ist bspw. denkbar, dass viele Unternehmen auf Grund der Insolvenz der Investmentbank Lehman Brothers in 2008 und den damals vorherrschenden kaum einschätzbaren Marktunsicherheiten nur schwer in der Lage waren, die Risiken ihrer Banken einzuschätzen und somit auf Diversifikation setzen, um die Einzelrisiken je Bank zu begrenzen. Die genauen Kriterien der Durchführung einer Diversifikation werden von keinem der Unternehmen der Stichprobe näher beschrieben. Siehe für die angegebenen Werte sowie weiterführende Details Tabelle 48.[1315]

Die Verbreitung von Limitsystemen nahm im Verlauf des Untersuchungszeitraums ebenfalls zu. In 2006 berichteten 30,8% der Unternehmen der Stichprobe von einem Limitsystem und in 2010 38,9%. Bei einer indexbezogenen näheren Betrachtung zeigt sich, dass sowohl bei den untersuchten MDAX- als auch bei den DAX-Unternehmen ab 2008 die Anzahl der Unternehmen, die ein Limitsystem anwenden, konstant bzw. nahezu konstant bleibt. Die prozentuale Verbreitung in allen Jahren ist bei den untersuchten MDAX-Unternehmen geringer als bei den untersuchten DAX-Unternehmen. Sie beträgt meist weniger als ein Fünftel. Es zeigen sich somit auch hier erhebliche Unterschiede zwischen den untersuchten DAX- und MDAX-Unternehmen der Stichprobe (Tabelle 49).

Prüft man einen solchen Zusammenhang mit dem Chi-Quadrat-Test nach Pearson, so ergibt sich auf Grund des x^2-Wertes 99,501 und der hohen Signifikanz von 0,000, dass mit einer Irrtumswahrscheinlichkeit von weniger als 1% Prozent die implizierte Nullhypothese, dass kein Zusammenhang zwischen den Variablen besteht, abgelehnt werden kann. Siehe hierzu auch Tabelle 50. Ein Zusammenhang zwischen Indexzugehörigkeit und der Anwendung von Limitsystemen in der Bankensteuerung ist somit anzunehmen. Die Stärke des Zusammenhangs ist noch nicht geklärt.

Tabelle 50: *Chi-Quadrat-Test: Indexzugehörigkeit und Anwendung Limitsystem*

	Wert	df	Asymptotische e Signifikanz (2-seitig)	Exakte Signifikanz (2-seitig)	Exakte Signifikanz (1-seitig)
Chi-Quadrat nach Pearson	99,501 (1)	1	,000		
Exakter Test nach Fischer				,000	,000

Hinweis zur Tabelle:

(1) Null Zellen haben eine erwartete Häufigkeit kleiner 5,0. Die minimal erwartete Häufigkeit beträgt 42,91.

Quelle: *Eigene Darstellung.*

[1315] *Die Ergebnisse der Studie PWC (2010) bestätigen die zunehmende Verbreitung der Diversifikation im Rahmen des Kontrahentenrisikomanagements. Vgl. PWC (2010), S. 32.*

Die weiterführende Berechnung des Zusammenhangmaßes „Cramer V" (Wert 0,609) ergibt einen mittleren Zusammenhang zwischen Indexzugehörigkeit und der Verwendung von Limitsystemen in der Bankensteuerung. Siehe nachfolgende Tabelle 51.

Tabelle 51: *Cramer V: Indexzugehörigkeit und Verwendung von Limitsystemen*

	Wert	Näherungsweise Signifikanz
Cramer V	,609	,000

Quelle: *Eigene Darstellung.*

In 50% der Fälle, in denen über ein Limitsystem berichtet wird, findet darüber hinaus auch eine weiterführende Berichterstattung zu Details dieser Systeme statt. Als Ergebnis einer Analyse dieser weiterführenden Informationen kann festgehalten werden, dass lediglich drei Unternehmen eine Berichterstattung zu den Folgen einer Limitüberschreitung durchführen. Circa ein Viertel der Unternehmen (23,0%), die ein Limitsystem verwenden, erwähnt die Frequenz der Limitüberprüfung, wovon wiederum nur 13,0% die genaue Frequenz angeben und diese mit „wöchentlich" beziffern. Der Rest spricht von einer regelmäßigen (in 60,9% der Fälle) oder einer fortlaufenden bzw. laufenden (in 26,1% der Fälle) Überprüfung.

Bei den Anwendung findenden Limitarten werden Laufzeit- und Volumenlimit erwähnt. In 10,0% der Fälle, in denen ein Unternehmen der Stichprobe ein Limitsystem anwendet, wird als Limitart eine Kombination aus Laufzeit- und Volumenlimit genannt. Laufzeitlimite werden nie alleine erwähnt und nur in 1,0% der Fälle findet eine alleinige Nennung von Volumenlimiten statt. 89% berichten nicht über die verwendeten Limitarten. Eine Kombination beider Limitarten erscheint daher als „normal". Als Steuerungskriterien werden, wie bei der Bankensteuerung im Allgemeinen: Bonität, Ratings und CDS-Spreads sowie interne Kriterien (nicht weiter spezifiziert) angegeben. Verschiedenartige Kombinationen dieser Steuerkriterien finden sich darüber hinaus.

Zusammenfassend kann auf Grund der Breite der berichteten Ausgestaltungsoptionen und deren Kombinationsmöglichkeiten festgehalten werden, dass die Ausgestaltung der Limitsysteme in der Praxis wohl sehr unternehmensspezifisch ist und die vorliegenden Daten es nicht ermöglichen, eine Art von Ausgestaltungsstandard zu identifizieren. Die verwendeten Limitsysteme werden scheinbar unternehmensindividuell sowohl auf die vorliegenden Geschäftsbeziehungen als auch auf das akzeptierte Kontrahentenrisiko in der Bankensteuerung unternehmensindividuell gestaltet.

Analysiert man, ob die verschiedenen Methoden in Kombination eingesetzt werden oder eher einzeln, so zeigt sich, dass generell eher eine Kombination von Methoden Anwendung findet. Darüber hinaus setzen die untersuchten DAX-Unternehmen tendenziell mehr Methoden gemeinsam ein als die MDAX-Unternehmen der Stichprobe. Bei einer aggregierten Betrachtung (alle Fälle ohne Jahresbezug) zeigt sich bspw., dass die untersuchten DAX-Unternehmen in 86,1% der erfassten Fälle zwei (69,6%) oder mehr (16,5%) Methoden zur Kontrahentenrisikosteuerung einsetzen, bei den MDAX-Unternehmen hingegen sind es nur 24,2% (zwei 19,6%, drei 4,6%). Dies deutet auf einen Zusammenhang zwischen Indexzugehörigkeit und Anzahl der eingesetzten Steuerungsmethoden in der Bankensteuerung hin.

Wird dieser vermutete Zusammenhang mit dem Chi-Quadrat-Test nach Pearson untersucht, so ergibt sich auf Grund des x^2-Wertes von 100,707 und der hohen Signifikanz von 0,000, dass mit einer Irrtumswahrscheinlichkeit von weniger als 1% Prozent die implizierte Nullhypothese, dass kein Zusammenhang zwischen den Variablen besteht, abgelehnt werden kann. Ein Zusammenhang zwischen Indexzugehörigkeit und Anzahl der verwendeten Steuerungsmethoden in der Bankensteuerung ist somit anzunehmen. Die Stärke des Zusammenhangs ist jedoch noch nicht geklärt. Siehe auch Tabelle 52.

Tabelle 52: *Chi-Quadrat-Test: Indexzugehörigkeit und Anzahl an Steuerungsmethoden*

	Wert	df	Asymptotische e Signifikanz (2-seitig)
Chi-Quadrat nach Pearson	100,707 (1)	3	,000

Hinweis zur Tabelle:

(1) Null Zellen haben eine erwartete Häufigkeit kleiner fünf. Die minimal erwartete Häufigkeit beträgt 11,16.

Quelle: *Eigene Darstellung.*

Berechnet man das Zusammenhangmaß Cramer V bezüglich der Zusammenhangsstärke von Indexzugehörigkeit und Anzahl der verwendeten Methoden in der Bankensteuerung, so zeigt sich hier ein mittelstarker hoch-signifikanter Zusammenhang. Der Cramer V-Wert liegt bei 0,613 bei einer näherungsweisen Signifikanz von 0,000. Siehe hierzu auch Tabelle 53.

Tabelle 53: *Cramer V: Indexzugehörigkeit und Anzahl verwendeter Methoden zur Kontrahentenrisikosteuerung*

	Wert	Näherungsweise Signifikanz
Cramer V	,613	,000

Quelle: *Eigene Darstellung.*

Bezieht man ergänzend den Zeitverlauf in die Untersuchung mit ein, so zeigt sich, dass im Untersuchungszeitraum die Anzahl an Methodenkombinationen zunimmt. Der größte Anstieg findet sich bei der kombinierten Verwendung von drei Methoden zur Kontrahentenrisikosteuerung. Dieser Wert erhöht sich von 1,9% in 2006 auf 14,8% in 2010. Die Anwendung von zwei Steuerungsmethoden nimmt ebenfalls zu (36,5% in 2006 auf 42,6% in 2010). Der Fall der Verwendung von keiner oder lediglich einer einzelnen Methode zur Steuerung des Kontrahentenausfallrisikos von Banken nimmt hingegen ab. Diese Tendenz findet sich ebenfalls in einer indexbezogenen Analyse bei den untersuchten DAX- und MDAX-Unternehmen. Siehe hierzu für Wertedetails Tabelle54.

Betrachtet man alle bisherigen Analyseergebnisse dieses Kapitels zusammengefasst und nimmt man Bezug auf die These „T. III$_{BS}$", so kann diese als bestätigt angesehen werden, da die Verbreitung aller berichteten Methoden zur Kontrahentenrisikosteuerung im Untersuchungszeitraum und speziell während der Globalen Finanzkrise zugenommen hat. Selbst bei der bereits vor der Globalen Finanzkrise weit verbreiteten Kontrahentenrisikovermeidungsmethodik „Ausschluss riskanter Geschäftspartner" ist eine Anwendungszunahme während der Globalen Finanzkrise und über den gesamten Untersuchungszeitraum hinweg zu registrieren. Beispielsweise verwendeten erstmals ab 2008 – zum Höhepunkt der Globalen Finanzkrise – alle untersuchten DAX-Unternehmen diesen methodischen Ansatz. Der Einsatz von gezielter Diversifikation im Kontext der Bankensteuerung nahm ebenfalls im Verlauf der Globalen Finanzkrise zu. Hier ist u.a. auf die nahezu Verdoppelung des Anwendungsprozentsatzes von 2007 (16,7%) auf 2009 (31,5%) hinzuweisen.

Der Einsatz von Limitsystemen hat sich ebenfalls in den Jahren der Globalen Finanzkrise erhöht. Er wuchs um ca. acht Prozent bei den Unternehmen der Stichprobe. Zusammenfassend ist somit eine zunehmende Verbreitung aller drei berichteten Kontrahentenrisikosteuerungsmethoden festzuhalten. Es ist anzunehmen, dass auf Grund der Zunahme des Kontrahentenrisikos von Banken im Zuge der Globalen Finanzkrise sich die untersuchten Unternehmen dazu gezwungen sahen, dem steigenden Risiko mit entsprechenden Steuerungsmethoden zu begegnen. Die festgestellte Zunahme der Kombination von mehreren Steuerungsmethoden untermauert dies zusätzlich.

Tabelle 47: *Verbreitung der Methodik des Ausschlusses von riskanten Geschäftspartnern*

Index	Jahr		Ausschluss riskanter Geschäftspartner		Gesamt
			nein	ja	
DAX	2006	Anzahl	2	21	23
		%	8,7%	91,3%	100,0%
	2007	Anzahl	1	22	23
		%	4,3%	95,7%	100,0%
	2008	Anzahl	0	23	23
		%	0,0%	100,0%	100,0%
	2009	Anzahl	0	23	23
		%	0,0%	100,0%	100,0%
	2010	Anzahl	0	23	23
		%	0,0%	100,0%	100,0%
MDAX	2006	Anzahl	6	23	29 (1)
		%	20,7%	79,3%	100,0%
	2007	Anzahl	6	25	31
		%	19,4%	80,6%	100,0%
	2008	Anzahl	6	25	31
		%	19,4%	80,6%	100,0%
	2009	Anzahl	5	26	31
		%	16,1%	83,9%	100,0%
	2010	Anzahl	6	25	31
		%	19,4%	80,6%	100,0%
Gesamt	2006	Anzahl	8	44	52 (1)
		%	15,4%	84,6%	100,0%
	2007	Anzahl	7	47	54
		%	13,0%	87,0%	100,0%
	2008	Anzahl	6	48	54
		%	11,1%	88,9%	100,0%
	2009	Anzahl	5	49	54
		%	9,3%	90,7%	100,0%
	2010	Anzahl	6	48	54
		%	11,1%	88,9%	100,0%

Hinweis zur Tabelle:

(1) Im Untersuchungsjahr 2006 sind nur 52 (bzw. 29 im MDAX) Unternehmen in der Stichprobe enthalten, da Gerresheimer und Tognum erst ab dem Jahr 2007 an der Börse gelistet sind.

Quelle: *Eigene Darstellung.*

Tabelle 48: *Diversifikation als Methodik zur Kontrahentenrisikoreduzierung*

Index	Jahr		Diversifikation		Gesamt
			nein	ja	
DAX	2006	Anzahl	19	4	23
		%	82,6%	17,4%	100,0%
	2007	Anzahl	17	6	23
		%	73,9%	26,1%	100,0%
	2008	Anzahl	15	8	23
		%	65,2%	34,8%	100,0%
	2009	Anzahl	15	8	23
		%	65,2%	34,8%	100,0%
	2010	Anzahl	13	10	23
		%	56,5%	43,5%	100,0%
MDAX	2006	Anzahl	28	1	29 (1)
		%	96,6%	3,4%	100,0%
	2007	Anzahl	28	3	31
		%	90,3%	9,7%	100,0%
	2008	Anzahl	24	7	31
		%	77,4%	22,6%	100,0%
	2009	Anzahl	22	9	31
		%	71,0%	29,0%	100,0%
	2010	Anzahl	22	9	31
		%	71,0%	29,0%	100,0%
Gesamt	2006	Anzahl	47	5	52 (1)
		%	90,4%	9,6%	100,0%
	2007	Anzahl	45	9	54
		%	83,3%	16,7%	100,0%
	2008	Anzahl	39	15	54
		%	72,2%	27,8%	100,0%
	2009	Anzahl	37	17	54
		%	68,5%	31,5%	100,0%
	2010	Anzahl	35	19	54
		%	64,8%	35,2%	100,0%

Hinweis zur Tabelle:

(1) Im Untersuchungsjahr 2006 sind nur 52 (bzw. 29 im MDAX) Unternehmen in der Stichprobe enthalten, da Gerresheimer und Tognum erst ab dem Jahr 2007 an der Börse gelistet sind.

Quelle: *Eigene Darstellung.*

Tabelle 49: *Verwendung von Limitsystem als Methodik der Kontrahentenrisikosteuerung*

Index	Jahr		Limitsystem		Gesamt
			nein	ja	
DAX	2006	Anzahl	10	13	23
		%	*43,5%*	*56,5%*	*100,0%*
	2007	Anzahl	7	16	23
		%	*30,4%*	*69,6%*	*100,0%*
	2008	Anzahl	5	18	23
		%	*21,7%*	*78,3%*	*100,0%*
	2009	Anzahl	5	18	23
		%	*21,7%*	*78,3%*	*100,0%*
	2010	Anzahl	6	17	23
		%	*26,1%*	*73,9%*	*100,0%*
MDAX	2006	Anzahl	26	3	29 (1)
		%	*89,7%*	*10,3%*	*100,0%*
	2007	Anzahl	28	3	31
		%	*90,3%*	*9,7%*	*100,0%*
	2008	Anzahl	27	4	31
		%	*87,1%*	*12,9%*	*100,0%*
	2009	Anzahl	27	4	31
		%	*87,1%*	*12,9%*	*100,0%*
	2010	Anzahl	27	4	31
		%	*87,1%*	*12,9%*	*100,0%*
Gesamt	2006	Anzahl	36	16	52 (1)
		%	*69,2%*	*30,8%*	*100,0%*
	2007	Anzahl	35	19	54
		%	*64,8%*	*35,2%*	*100,0%*
	2008	Anzahl	32	22	54
		%	*59,3%*	*40,7%*	*100,0%*
	2009	Anzahl	32	22	54
		%	*59,3%*	*40,7%*	*100,0%*
	2010	Anzahl	33	21	54
		%	*61,1%*	*38,9%*	*100,0%*

Hinweis zur Tabelle:

(1) Im Untersuchungsjahr 2006 sind nur 52 (bzw. 29 im MDAX) Unternehmen in der Stichprobe enthalten, da Gerresheimer und Tognum erst ab dem Jahr 2007 an der Börse gelistet sind.

Quelle: *Eigene Darstellung.*

Tabelle 54: *Anzahl verwendeter Steuerungsmethoden zur Kontrahentenrisikosteuerung*

Index	Jahr		Anzahl verwendeter Steuerungsmethoden				Gesamt
			0	1	2	3	
DAX	2006	Anzahl	2	5	15	1	23
		%	8,7%	21,7%	65,2%	4,3%	100,0%
	2007	Anzahl	1	2	18	2	23
		%	4,3%	8,7%	78,3%	8,7%	100,0%
	2008	Anzahl	0	2	16	5	23
		%	0,0%	8,7%	69,6%	21,7%	100,0%
	2009	Anzahl	0	2	16	5	23
		%	0,0%	8,7%	69,6%	21,7%	100,0%
	2010	Anzahl	0	2	15	6	23
		%	0,0%	8,7%	65,2%	26,1%	100,0%
MDAX	2006	Anzahl	6	19	4	0	29 (1)
		%	20,7%	65,5%	13,8%	0,0%	100,0%
	2007	Anzahl	6	20	4	1	31
		%	19,4%	64,5%	12,9%	3,2%	100,0%
	2008	Anzahl	5	18	6	2	31
		%	16,1%	58,1%	19,4%	6,5%	100,0%
	2009	Anzahl	4	17	8	2	31
		%	12,9%	54,8%	25,8%	6,5%	100,0%
	2010	Anzahl	5	16	8	2	31
		%	16,1%	51,6%	25,8%	6,5%	100,0%
Gesamt	2006	Anzahl	8	24	19	1	52 (1)
		%	15,4%	46,2%	36,5%	1,9%	100,0%
	2007	Anzahl	7	22	22	3	54
		%	13,0%	40,7%	40,7%	5,6%	100,0%
	2008	Anzahl	5	20	22	7	54
		%	9,3%	37,0%	40,7%	13,0%	100,0%
	2009	Anzahl	4	19	24	7	54
		%	7,4%	35,2%	44,4%	13,0%	100,0%
	2010	Anzahl	5	18	23	8	54
		%	9,3%	33,3%	42,6%	14,8%	100,0%

Hinweis zur Tabelle:

(1) Im Untersuchungsjahr 2006 sind nur 52 (bzw. 29 im MDAX) Unternehmen in der Stichprobe enthalten, da Gerresheimer und Tognum erst ab dem Jahr 2007 an der Börse gelistet sind.

Quelle: *Eigene Darstellung.*

Tabelle 55: *Häufigkeitsranking verbreiteter Methoden zur Kontrahentenrisikosteuerung*

Vor der Globalen Finanzkrise (DAX 2006)		Nach der Globalen Finanzkrise (DAX 2010)	
Rang	Methodik	Rang	Methodik
1	A.r.G. (91,3%)	1	A.r.G. (100,0%)
2	L.S. (56,5%)	2	L.S. (73,9%)
3	Div. (17,4%)	3	Div. (43,5%)

Vor der Globalen Finanzkrise (MDAX 2006)		Nach der Globalen Finanzkrise (MDAX 2010)	
Rang	Methodik	Rang	Methodik
1	A.r.G. (79,3%)	1	A.r.G. (80,6%)
2	L.S. (10,3%)	2	Div. (29,0%)
3	Div. (3,4%)	3	L.S. (12,9%)

Vor der Globalen Finanzkrise (Gesamt 2006)		Nach der Globalen Finanzkrise (Gesamt 2010)	
Rang	Methodik	Rang	Methodik
1	A.r.G. (84,6%)	1	A.r.G. (88,9%)
2	L.S. (30,8%)	2	L.S. (38,9%)
3	Div. (9,6%)	3	Div. (35,2%)

Hinweis zur Tabelle:

(1) A.r.G. = Ausschluss riskanter Partner

(2) Div. = Diversifikation

(3) L.S. = Limitsystem

Quelle: *Eigene Darstellung.*

Betrachtet man als Erweiterung die Verbreitung der drei untersuchten Methoden, so lässt sich vor und nach der Globalen Finanzkrise bei einer Gesamtbetrachtung aller Unternehmen der Stichprobe folgendes Ranking aufstellen: (1) Ausschluss riskanter Geschäftspartner (84,6% vor der Krise und 88,9% nach der Krise)), (2) Limitsysteme (30,8% vor und 38,9% nach) und (3) Diversifikation (9,6% vor und 35,2% nach). Eine Rangingveränderung beim Vor- und Nachkrisenvergleich zeigt sich nur bei einer Einzelbetrachtung der untersuchten MDAX-Unternehmen. Hier ist ein Rangfolgenwechsel zwischen Limitsystem und Diversifikation zu beobachten. War das Limitsystem bei den untersuchten MDAX-Werten mit 10,3%

(Diversifikation 3,4%) noch vor der Globalen Finanzkrise (2006) die zweithäufig berichtete Methodik, so ist 2010 mit 29,0% die Diversifikation häufiger als das Limitsystem mit 12,9% und an zweiter Stelle.

Sowohl vor als auch nach der Krise ist auch bei den untersuchten MDAX-Unternehmen der „Ausschluss riskanter Partner" die am häufigsten verbreitete Methode zur Steuerung des Kontrahentenrisikos im Rahmen der Bankensteuerung. Siehe hierzu auch untenstehende Tabelle 55.

Abschließend lässt sich somit eine Zunahme der Verbreitung der Methoden zur Kontrahentenrisikosteuerung im Rahmen der Bankensteuerung auf Unternehmensseite – einhergehend mit einem zunehmenden kombinierten Einsatz dieser Methoden – festhalten. Die verbreitetste Methode in diesem Zusammenhang ist der Ausschluss von riskanten Geschäftspartnern – sowohl vor als auch noch nach der Globalen Finanzkrise, gefolgt von Limitsystemen und Diversifikation.

4.2.2.4 Relevanz marktbezogener Steuerungskriterien

Analysiert man die berichteten Steuerungskriterien der Unternehmen der Stichprobe, so zeigt sich, dass als Steuerungskriterium im Bereich der Bankensteuerung in den überwiegenden Fällen (85,8%) „Bonität" angegeben wird. Findet eine Spezifizierung des Steuerungskriteriums „Bonität" statt, so wird in 98,7% der Fälle als Beurteilungskriterium „Rating" und in 11,5% der Fälle „CDS-Spreads" angegeben. Siehe für eine diesbezügliche ausführliche Analyse das Kapitel 4.2.2.2.

Bezieht man als weiterführenden Schritt die zeitliche Entwicklung der Berichterstattung mit ein, so zeigt sich, dass im Falle der Verwendung von Ratings diese auch schon vor der Globalen Finanzkrise im Jahr 2006 von 21,2 % der untersuchten Unternehmen verwendet wurden. Die Verwendung steigerte sich im Zuge der Finanzkrise und danach auf genau 50,0% im Jahr 2010. Von 2006 (21,2%) auf 2007 (38,9%) ist ein über 17%iger Sprung über alle untersuchten Unternehmen hinweg zu verzeichnen. Bei den analysierten MDAX-Unternehmen erfolgte eine ca. zwölfprozentige Erhöhung von 17,2% in 2006 auf 29,0% in 2007. Bei den untersuchten DAX-Unternehmen erhöhte sich der Anteil von 26,1% in 2006 auf 52,2% in 2007 – eine Verdoppelung. Dieser sprunghafte Anstieg kann durch den Beginn der Globalen Finanzkrise in 2007 erklärt (Banken wurden unsicherer, Bonität wurde in allen Kontrahentenbeziehungen wichtiger) und das zunehmende Interesse der Unternehmen an der Bonität (über Ratings gemessen) ihrer bankenseitigen Geschäftspartner begründet werden. Den Unternehmen wurde scheinbar das Kontrahentenrisiko von Banken zunehmend bewusster und sie fingen an, diese bspw. über Steuerungskriterien – wie „Ratings" – in ihre Bankensteuerung stärker zu integrieren und somit zu überwachen. Dieser einsetzende Trend hielt auch in den Folgejahren (ab 2008) während des Untersuchungszeitraums an. Die Verbreitung von Rating als Steuerungskriterium in der Bankensteuerung wuchs im

Durchschnitt bei den untersuchten DAX-Unternehmen um ca. fünf Prozent jährlich bis 2009. Bei den untersuchten MDAX-Unternehmen um ca. drei Prozent. Diese stetige Zunahme der Verbreitung sowie der einmalige große Sprung von 2006 auf 2007 zeugen von einer zunehmenden Wichtigkeit des Bonitätsbeurteilungsindikators „Rating" in der Bankensteuerung auf Unternehmensseite. Dies erscheint durch die Globale Finanzkrise begründet und ausgelöst. Für weiterführende Details siehe auch Tabelle 56.

Bei der Verbreitung des Steuerungskriteriums „CDS-Spreads" zeigt sich hingegen im Vergleich zum „Rating" ein komplett anderes Bild. Keines der untersuchten Unternehmen berichtete vor der Globalen Finanzkrise sowie in deren Anfangsjahr 2007 über CDS-Spreads als Steuerungskriterium in der Bankensteuerung. Marktbezogene Steuerungskriterien – wie CDS – spielten damals scheinbar noch keine oder maximal eine nur untergeordnete Rolle.

Im Jahr 2008 berichtete erstmals ein geringer Prozentsatz (5,6%) der analysierten Unternehmen von der Verwendung von CDS-Spreads zur Kontrahentenrisikobeurteilung bzw. -steuerung und somit zum Höhepunkt der Globalen Finanzkrise (Stichwort: Insolvenz Lehman Brothers). Die sich anschließende zeitliche Entwicklung ab dem Jahr 2008 weist ein moderates Wachstum der Verbreitung von ca. zwei Prozent pro Jahr auf.[1316] Am Ende des Untersuchungszeitraums im Jahr 2010 berichtete immerhin fast jedes zehnte untersuchte Unternehmen (9,3%) von der Verwendung von CDS-Spreads im Rahmen der Bankensteuerung. Es kann somit davon gesprochen werden, dass CDS-Spreads erst im Zuge der Globalen Finanzkrise an Relevanz für die Bankensteuerung von Unternehmen gewonnen haben. Zuvor schienen sie nicht beachtet worden zu sein.

Auffällig ist, dass bei einer separaten Betrachtung der untersuchten DAX- und MDAX-Unternehmen sich zeigt, dass überwiegend nur DAX-Unternehmen CDS-Spreads verwenden. Bei den MDAX-Unternehmen wurden CDS-Spreads nur ein einziges Mal in 2008 in der Berichterstattung zur Bankensteuerung erwähnt. Trotz dieser unterschiedlichen Verbreitung lässt sich von einer durch die Finanzkrise ausgelösten Zunahme der Verwendung von CDS-Spreads im Rahmen der Bankensteuerung sprechen. Hier scheint jedoch die Indexzugehörigkeit (DAX oder MDAX) bzw. die damit einhergehende Unternehmensgröße eine gewisse Rolle zu spielen. Für weitere Details siehe Tabelle 57.

Verwendet man den Chi-Quadrat-Test nach Pearson zur Überprüfung eines solchen vermuteten Zusammenhangs, so ergibt sich auf Grund des x^2-Wertes 12,190 und einer asymptotischen e Signifikanz (2-seitig) von 0,000, dass mit einer Irrtumswahrscheinlichkeit von weniger als 1% Prozent die implizierte Nullhypo-

---

[1316] *PWC (2010) weist in ihrer Studie darauf hin, dass die geringe Verbreitung von CDS-Spreads und das moderate/geringe Wachstum der selbigen auf Grund von Marktschwierigkeiten, wie systematisches Risiko oder die fragliche Liquidität von CDS-Märkten, einhergehend mit den Problemen von AIG (als einer der Hauptkontrahenten) erklärbar sind. Vgl. PWC (2010), S. 31.*

these, dass kein Zusammenhang zwischen den Variablen besteht, abgelehnt werden kann. Siehe hierzu auch Tabelle 58.

Ein Zusammenhang zwischen Indexzugehörigkeit und der Verwendung von CDS-Spreads in der Bankensteuerung ist somit anzunehmen. Die Stärke des Zusammenhangs ist jedoch noch nicht geklärt und wird als nächstes untersucht.

Tabelle 58: *Chi-Quadrat-Test: Indexzugehörigkeit und Verwendung von CDS-Spreads*

	Wert	df	Asymptotische e Signifikanz (2-seitig)	Exakte Signifikanz (2-seitig)	Exakte Signifikanz (1-seitig)
Chi-Quadrat nach Pearson	12,190 (1)	1	,000		
Exakter Test nach Fischer				,001	,001

Hinweis zur Tabelle:

(1) Null Zellen haben eine erwartete Häufigkeit kleiner fünf. Die minimal erwartete Häufigkeit beträgt 5,15.

Quelle: *Eigene Darstellung.*

Die ergänzende Berechnung des Zusammenhangmaßes „Cramer V" (Wert 0,213) ergibt allerdings nur einen geringen, jedoch hoch signifikanten Zusammenhang zwischen Indexzugehörigkeit und der Verwendung von CDS-Spreads in der Bankensteuerung. Siehe für Details nachfolgende Tabelle 59.

Tabelle 59: *Cramer V: Indexzugehörigkeit und Verwendung von CDS-Spreads*

	Wert	Näherungsweise Signifikanz
Cramer V	,213	,000

Quelle: *Eigene Darstellung.*

Zusammenfassend kann auf Grund der auf niedrigem Niveau zunehmenden Verbreitung von CDS-Spreads im Rahmen der Bankensteuerung von Internationalen Unternehmen ab dem Höhepunkt der Globalen Finanzkrise die These „T. IV_{BS}" als bestätigt angesehen werden. Es kann zwar von keiner dominierenden Rolle von marktbezogenen Steuerungskriterien („Real-Time-Indikatoren") bei der Bankensteuerung gesprochen werden – da Ratings hier immer noch dominieren –, jedoch scheinen schnell reagierende marktbezogene Indikatoren, wie CDS-Spreads, wichtiger zu werden (zunehmende Verbreitung).

Tabelle 56: *Verbreitung des Steuerungskriteriums „Rating" im Zeitverlauf*

Index	Jahr		Verwendung Steuerungskriterium „Rating"		Gesamt
			nein	ja	
DAX	2006	Anzahl	17	6	23
		%	73,9%	26,1%	100,0%
	2007	Anzahl	11	12	23
		%	47,8%	52,2%	100,0%
	2008	Anzahl	9	14	23
		%	39,1%	60,9%	100,0%
	2009	Anzahl	8	15	23
		%	34,8%	65,2%	100,0%
	2010	Anzahl	8	15	23
		%	34,8%	65,2%	100,0%
MDAX	2006	Anzahl	24	5	29 (1)
		%	82,8%	17,2%	100,0%
	2007	Anzahl	22	9	31
		%	71,0%	29,0%	100,0%
	2008	Anzahl	21	10	31
		%	67,7%	32,3%	100,0%
	2009	Anzahl	20	11	31
		%	64,5%	35,5%	100,0%
	2010	Anzahl	19	12	31
		%	61,3%	38,7%	100,0%
Gesamt	2006	Anzahl	41	11	52 (1)
		%	78,8%	21,2%	100,0%
	2007	Anzahl	33	21	54
		%	61,1%	38,9%	100,0%
	2008	Anzahl	30	24	54
		%	55,6%	44,4%	100,0%
	2009	Anzahl	28	26	54
		%	51,9%	48,1%	100,0%
	2010	Anzahl	27	27	54
		%	50,0%	50,0%	100,0%

Hinweis zur Tabelle:

(1) Im Untersuchungsjahr 2006 sind nur 52 (bzw. 29 im MDAX) Unternehmen in der Stichprobe enthalten, da Gerresheimer und Tognum erst ab dem Jahr 2007 an der Börse gelistet sind.

Quelle: *Eigene Darstellung.*

Tabelle 57: *Verbreitung des Steuerungskriteriums „CDS" im Zeitverlauf*

Index	Jahr		Verwendung Steuerungskriterium „CDS"		Gesamt
			nein	ja	
DAX	2006	Anzahl	23	0	23
		%	100,0%	0,0%	100,0%
	2007	Anzahl	23	0	23
		%	100,0%	0,0%	100,0%
	2008	Anzahl	21	2	23
		%	91,3%	8,7%	100,0%
	2009	Anzahl	19	4	23
		%	82,6%	17,4%	100,0%
	2010	Anzahl	18	5	23
		%	78,3%	21,7%	100,0%
MDAX	2006	Anzahl	29	0	29 (1)
		%	100,0%	0,0%	100,0%
	2007	Anzahl	31	0	31
		%	100,0%	0,0%	100,0%
	2008	Anzahl	30	1	31
		%	96,8%	3,2%	100,0%
	2009	Anzahl	31	0	31
		%	100,0%	0,0%	100,0%
	2010	Anzahl	31	0	31
		%	100,0%	0,0%	100,0%
Gesamt	2006	Anzahl	52	0	52 (1)
		%	100,0%	0,0%	100,0%
	2007	Anzahl	54	0	54
		%	100,0%	0,0%	100,0%
	2008	Anzahl	51	3	54
		%	94,4%	5,6%	100,0%
	2009	Anzahl	50	4	54
		%	92,6%	7,4%	100,0%
	2010	Anzahl	49	5	54
		%	90,7%	9,3%	100,0%

Hinweis zur Tabelle:

(1) Im Untersuchungsjahr 2006 sind nur 52 (bzw. 29 im MDAX) Unternehmen in der Stichprobe enthalten, da Gerresheimer und Tognum erst ab dem Jahr 2007 an der Börse gelistet sind.

Quelle: *Eigene Darstellung.*

Analysiert man weiterführend die neben der allgemeinen Bonität, Ratings und CDS-Spreads berichteten Steuerungskriterien in der Stichprobe, so zeigt sich hier ein uneinheitliches Bild. Keines der untersuchten MDAX-Unternehmen berichtet über solche anderen Steuerungskriterien, wogegen bei den analysierten DAX-Unternehmen bis zu 34,8% Unternehmen in 2009 und 2010 darüber berichten. Diese Berichterstattung ist jedoch teilweise sehr unspezifisch. Es werden beispielsweise ohne weitere Spezifizierung Frühwarnindikatoren, die auf Grund der Finanzkrise entwickelt wurden, angeführt. Hierdurch wird eine Analyse erschwert bzw. ist teilweise unmöglich. Es kann jedoch festgehalten werden, dass in 25,9% der Fälle Kapitalmarktparameter, wie bspw. Börsenwert des Kontrahenten, als Steuerungskriterien angeführt werden. Diese können als marktbezogene Indikatoren eingestuft werden, wodurch die Validität der These „T. IV_{BS}" nochmals untermauert wird. Bei den unspezifizierten Kriterien ist darüber hinaus ein zumindest teilweiser Marktbezug vermutbar.

4.2.2.5 Banken als (Geschäfts-)Partner oder doch nur weitere Kontrahenten

Bezieht man sich auf die Analyseergebnisse der vorherigen Kapitel, so lässt sich zusammenfassend davon sprechen, dass die Unternehmen der Stichprobe sich zunehmend auf Kontrahentenrisiken ihrer Banken im Rahmen der Bankensteuerung konzentrieren und verstärkt mehrere kontrahentenrisikobezogene Steuerungsmethoden einsetzen. Die Globale Finanzkrise ist hierbei als auslösende Kraft zu vermuten.

Diese Kombination von Kontrahentenrisikobezug sowie der Einsatz von Steuerungsmethoden, wie der Ausschluss riskanter Partner, Diversifikation oder Limitsysteme, die alle eine stärkere Unabhängigkeit gegenüber dem Kontrahentenrisiko von Banken als Ziel verfolgen, kann als eine Art von „kontrahentenrisikobezogene Unabhängigkeitsstrategie" in der Bankensteuerung interpretiert werden. Bankbeziehungen scheinen vorwiegend auf Basis ihres Kontrahentenrisikos bewertet und gesteuert zu werden. Unter ausschließlicher Berücksichtigung dieser Ergebnisse könnte die These „T. V_{BS}" als weitestgehend bestätigt angesehen werden. Banken werden auf Unternehmensseite zunehmend als Geschäftspartner mit Kontrahentenrisiko betrachtet, das es zu minimieren gilt.

Bezieht man jedoch die Berichterstattung über die Existenz von Partnerbanken mit ein, so zeigt sich hier ein anderes Bild. Im Untersuchungszeitraum ist eine indexunabhängige Zunahme der Fälle, in denen über Partnerbanken berichtet wird, zu verzeichnen. Berichteten noch 2006 weniger als zehn Prozent (7,7%) der untersuchten Unternehmen von Partnerbanken, so waren es ab 2009 ca. ein Fünftel (20,4%). Die stärkste Zunahme ist bei den analysierten MDAX-Unternehmen zu verzeichnen. Hier berichteten 2006 6,9% von Bankbeziehungen mit einem Partnerbanken-Charakter, 2010 waren es 19,4%. Dies stellt fast eine Verdreifachung während des Untersuchungszeitraums dar. Der stärkste Anstieg ist von (2006 (6,9%) bzw.) 2007 (6,5%) auf 2008 (16,1%) mit einer Erhöhung von ca. zehn Prozent zu verzeichnen. Bei den untersuchten DAX-Unternehmen zeigt sich ein einmaliger starker Anstieg von 8,7% auf 17,4% von 2006 auf 2007. In den Folgejahren ab 2008 bleibt der Wert mit 21,7% konstant. Siehe hierzu auch Tabelle 60. Diese starke Zunahme von Partnerbankbeziehungen kann als eine Art „alternative Strategie" zu der zuvor festgestellten „kontrahentenrisikobezogenen Unabhängigkeitsstrategie" in der Bankensteuerung interpretiert werden. Ein Teil der untersuchten Unternehmen (ca. 1/5) versucht scheinbar durch den Aufbau von Partnerschaften mit (ausgewählten) Banken eine gewisse Stabilität und somit auch Sicherheit (z. B. gegenseitige Verlässlichkeit) in ihre Bankbeziehungen zu integrieren. Auffällig hierbei ist, dass keines der Unternehmen von einer Hausbank im Sinne des Hausbankenprinzips (siehe Kapitel 3.4.1.1) berichtet, sondern vielmehr von Partnerbanken (immer Plural!) oder einem Kreis von Kernbanken etc. Dies weist klar darauf hin, dass diese Unternehmen, die auf enge Geschäftsbeziehungen zu Banken setzen, eine Art von Kernbankenprinzip (Kapitel 3.4.1.3) verfolgen. Das Hausbankprinzip scheint (für größere Unternehmen) nicht relevant zu sein.

Der Anstieg an Partnerbanken im Zuge der Globalen Finanzkrise und speziell zu ihrem Höhepunkt lässt nicht zu, dass die These „T. V_{BS}" als belegt angesehen werden kann. Der vermutete Wegfall des langfristigen Partnerschaftgedankens in Bezug auf Banken und eine somit einsetzende vordergründige Fokussierung auf die Minimierung von Kontrahentenrisiken muss als nicht uneingeschränkt belegt angesehen werden. Es ist zwar davon auszugehen, dass auch die Unternehmen mit Partnerbanken diese bei einer hohen Insolvenzgefahr der Bank wechseln würden, jedoch kann hier nicht von einer vordergründigen Kontrahentenrisikoorientierung und dem Wegfall eines langfristigen Geschäftspartnergedankens gesprochen werden. Es zeigt sich somit ein uneinheitliches Bild, wodurch die unternehmensspezifische Individualität der Bankensteuerung nochmals klar wird. Die These „T. V_{BS}" konnte somit nicht bestätigt werden.[1317]

[1317] *PWC (2010) weisen ebenfalls darauf hin, dass für viele Treasurer es aktuell immer wichtiger wird, langfristige Bankbeziehungen einzugehen. Vgl. PWC (2010), S. 6.*

Tabelle 60: *Existenz von Partnerbanken*

Index	Jahr		Existenz von Partnerbanken		Gesamt
			nein	ja	
DAX	2006	Anzahl	21	2	23
		%	91,3%	8,7%	100,0%
	2007	Anzahl	19	4	23
		%	82,6%	17,4%	100,0%
	2008	Anzahl	18	5	23
		%	78,3%	21,7%	100,0%
	2009	Anzahl	18	5	23
		%	78,3%	21,7%	100,0%
	2010	Anzahl	18	5	23
		%	78,3%	21,7%	100,0%
MDAX	2006	Anzahl	27	2	29 (1)
		%	93,1%	6,9%	100,0%
	2007	Anzahl	29	2	31
		%	93,5%	6,5%	100,0%
	2008	Anzahl	26	5	31
		%	83,9%	16,1%	100,0%
	2009	Anzahl	25	6	31
		%	80,6%	19,4%	100,0%
	2010	Anzahl	25	6	31
		%	80,6%	19,4%	100,0%
Gesamt	2006	Anzahl	48	4	52 (1)
		%	92,3%	7,7%	100,0%
	2007	Anzahl	48	6	54
		%	88,9%	11,1%	100,0%
	2008	Anzahl	44	10	54
		%	81,5%	18,5%	100,0%
	2009	Anzahl	43	11	54
		%	79,6%	20,4%	100,0%
	2010	Anzahl	43	11	54
		%	79,6%	20,4%	100,0%

Hinweis zur Tabelle:

(1) Im Untersuchungsjahr 2006 sind nur 52 (bzw. 29 im MDAX) Unternehmen in der Stichprobe enthalten, da Gerresheimer und Tognum erst ab dem Jahr 2007 an der Börse gelistet sind.

Quelle: *Eigene Darstellung.*

4.2.2.6 Abschließende Betrachtung und Prognose

Die Ergebnisse der deskriptiven Auswertung sowie der weiterführenden Kontingenzanalyse der vorherigen Kapitel 4.2.2.1 bis 4.2.2.5 weisen auf einen Einfluss der Globalen Finanzkrise auf die Bankensteuerung hin. Hierbei ist eine zunehmende Kontrahentenrisikoorientierung sowohl bei den Steuerungskriterien als auch bei den eingesetzten Methoden zu registrieren.

Die Thesen I_{BS} bis IV_{BS} konnten im Zuge der Untersuchung bestätigt werden. Bei der These V_{BS} hingegen zeigten sich zwei gegenläufige Trends, wodurch diese nicht bestätigt werden konnte. Eine Zusammenfassung der wichtigsten Analyseergebnisse findet sich im Anschluss.

Zusammenfassung der Analyseergebnisse

Die bankensteuerungsbezogene Berichterstattung der Stichprobenunternehmen nahm während des Untersuchungszeitraums zu, wobei in den Jahren 2007 und 2008 hauptsächlich eine Zunahme der Berichterstattung zu verzeichnen war. Im Allgemeinen kann davon gesprochen werden, dass am Anfang und in der Mitte der Globalen Finanzkrise die Berichterstattungsintensität stark zunahm und am Ende sowie ein Jahr nach der Globalen Finanzkrise ein weiterer moderaterer Anstieg zu verzeichnen ist. Statistisch kann hier von einem mittelstarken hoch signifikanten Zusammenhang zwischen Berichterstattungsintensität und Globaler Finanzkrise gesprochen werden (Cramer V 0,511; näherungsweise Signifikanz 0,000). These I_{BS} wird auf Grund dieser Ergebnisse als bestätigt angesehen.

Im Hinblick auf die eingesetzten Steuerungskriterien im Bereich der Bankensteuerung zeigt sich, dass die überwiegende Anzahl der Unternehmen über Steuerungskriterien berichten und hier Steuerungskriterien mit Kontrahentenrisikobezug dominieren. Als Hauptkriterium wird Bonität angegeben, wobei diese bei nur ca. 40% der untersuchten Unternehmen näher spezifiziert wird und Indikatoren angegeben werden. Falls eine weiterführende Detaillierung stattfindet, werden am häufigsten – bei nahezu 100% der Fälle – Ratings als Bonitätsindikator angegeben. Am Zweithäufigsten wird in 11,5% der Fälle von CDS-Spreads berichtet. Es wird meist eine hohe bis sehr hohe Mindestbonität gefordert. Bei der Verwendung von Rating wird eine Ratingeinstufung im Investment Grade-Bereich verlangt. Bei den CDS-Spreads findet hingegen keine Angabe von Mindestanforderungen statt. These II_{BS} wurde auf Grund dieser Ergebnisse ebenfalls als bestätigt angenommen.

Marktbezogene Steuerungskriterien (wie CDS-Spreads) tauchen in der analysierten Berichterstattung erstmals ab dem Jahr 2008 auf. Es kann somit davon gesprochen werden, dass diese erst im Verlauf der Globalen Finanzkrise für die Bankensteuerung der untersuchten Unternehmen wichtig geworden sind. Es kann in diesem Zusammenhang zwar von einer zunehmenden Verbreitung gesprochen werden, die dominierende Rolle haben jedoch weiterhin Ratings (als Bonitätsindikator) inne. These IV_{BS} wurde somit auch bestätigt.

Bei der Verbreitung der eingesetzten Steuerungsmethoden in der Bankensteuerung liegt sowohl vor als auch nach der Globalen Finanzkrise der Ausschluss von riskanten Geschäftspartnern an erster Stelle bei den untersuchten Unternehmen. An zweiter und dritter Stelle folgen Limitsysteme und Diversifikation. Alle drei dieser Methoden weisen eine zunehmende Verbreitung auf, wobei bei der Diversifikation der Hauptanstieg von 2007 auf 2008 stattfand und Limitsysteme ab 2008 einen prozentual nahezu konstanten Verbreitungsanteil aufweisen. Die Verbreitung von Methodenkombinationen nimmt im Untersuchungszeitraum zu. Generell setzen die Unternehmen der Stichprobe (ab 2009) eher eine Kombination von Steuerungsmethoden als Einzelmethoden ein. These III_{BS} wurde auf Grund dieser Ergebnisse ebenfalls als bestätigt eingestuft.

Bei der Frage nach der Wahrnehmung von Banken durch die untersuchten Unternehmen wurden zwei gegenläufige Trends erkannt: (1) eine Art von „kontrahentenrisikobezogene Unabhängigkeitstrategie", die den zunehmenden Fokus auf Kontrahentenrisiken beschreibt und somit Banken rein als Kontrahenten sieht, deren Kontrahentenrisiko begrenzt werden sollte (ohne vordergründigen langfristigen Partnergedanken) und (2) eine Zunahme der Berichterstattung über Partnerbanken, die auf eine Anwendung des Kernbankenprinzips und somit einen langfristigen Partnergedanken in der Bankensteuerung hinweist. Auf Grund dieser uneinheitlichen Tendenzen kann die These V_{BS} nicht als bestätigt angesehen werden. Es wurden somit die zuvor in Kapitel 4.1.2.2 formulierten Thesen I_{BS} bis IV_{BS} bestätigt, nur These V_{BS} konnte nicht eindeutig belegt werden.

Prognose zukünftiger Entwicklungen

Nimmt man die oben beschriebenen Analyseergebnisse als Ausgangspunkt für eine hypothetische Prognose der zukünftigen Entwicklung der Bankensteuerung von Internationalen Unternehmen, so ist folgendes Szenario denkbar: Der Kontrahentenrisikofokus wird sich weiter manifestieren, so dass Banken zunächst anhand ihres Kontrahentenrisikos bewertet werden. Hierdurch sollen riskante Banken von vornherein für Geschäftsbeziehungen ausgeschlossen werden. Für eine solche Bewertung werden zunehmend marktbezogene Bonitätsindikatoren (wie CDS-Spreads) eingesetzt werden. Diese sind schnellreagierender als die bis dato stark verbreiteten Ratings und somit in Krisensituationen aussagekräftiger. Die Unternehmen werden weiterhin eine hohe Mindestbonität im Sinne eines Investment Grade-Ratings von ihren Banken verlangen. Im Hinblick auf die Art von Bankbeziehungen wird sich am ehesten eine Art von Tier-Banken-System (siehe hierzu auch Kapitel 3.4.1.4) herausbilden. Für die in jeder Tier-Bank-Kategorie top gerankten Banken, werden die Unternehmen jedoch stets potenzielle Nachfolger bereits im Auge behalten, so dass bei einer Bonitätsverschlechterung der aktuellen Top-Tier-Banken diese schnell ersetzt werden können. Es wird zwar versucht werden, langfristige Partnerschaften mit Banken einzugehen, jedoch nur, solange die Banken eine entsprechende Bonität vorweisen können. Der Hausbank- sowie der klassische Kernbankengedanke gehören somit bei Internationalen Unternehmen in Zukunft wohl der Vergangenheit an. Im Hinblick auf die eingesetzten Methoden im Rahmen der Bankensteuerung wird sich der Trend eines kombinierten Einsatzes von mehreren Methoden weiter durchsetzen. Hier wird eine wesentliche Bedeutung der Verwendung von Limitsystemen zukommen. Diese bieten die Möglichkeit einer fallspezifischen Steuerung von Kontrahentenrisiken, z. B. über Volumen- oder Zeitlimite und ermöglichen so gleichzeitig eine Diversifikation über mehrere Kontrahenten. Im Großen und Ganzen werden Internationale Unternehmen Banken zunehmend als Servicedienstleister ansehen, die bestimmte Voraussetzungen erfüllen müssen, damit mit ihnen eine Geschäftsbeziehung eingegangen wird.

Im sich anschließenden Kapitel 4.2.3 findet eine Untersuchung der Einflüsse des Cash-Managements auf die Bankensteuerung statt. Hier gehen sowohl die Ergebnisse der Untersuchung zum Cash-Management (Kapitel 4.2.1) als auch die Ergebnisse des Kapitels 4.2.2 zur Bankensteuerung ein. Speziell sei hier nochmal auf Kapitel 4.2.1.3 verwiesen. Dort wurde eine abgestimmte Strategie zwischen Cash-Management und Bankensteuerung vermutet.

4.2.3 Zusammenhang Bankensteuerung und Cash-Management

Wie in Kapitel 4.2.1.3 bereits vermutet, weisen die Ergebnisse der Einzelanalysen zum Cash-Management (Kapitel 4.2.1) und zur Bankensteuerung (Kapitel 4.2.2) im Kontext der Globalen Finanzkrise auf ein weitestgehend aufeinander abgestimmtes Vorgehen (Strategie) beider Bereiche hin.

Beide Treasury-Management-Bereiche reagierten scheinbar auf die erhöhten Kontrahentenrisiken der Banken sowie auf die allgemein als unsicher einzustufende Situation an den internationalen Finanzmärkten sowie der Weltwirtschaft in der Weise, dass entsprechende Risikosicherungsmaßnahmen durchgeführt wurden. Im Bereich der Bankensteuerung wurde die kontrahentenrisikobezogene Steuerung erhöht und im Cash-Management wurde entsprechend die Liquiditätsvorhaltung intensiviert. Beides kann als ein aufeinander abgestimmtes Vorgehen zur Sicherung des Ongoing Concern-Zieles der Unternehmung interpretiert werden. Durch Intensivierung der Liquiditätshaltung mit einer gleichzeitig verstärkten Bankensteuerung wird die kurzfristige Finanzierung des Unternehmens sowie die Sicherung seiner hierfür vorgehaltenen liquiden Mittel – meist wohl in Form von Sichteinlagen bei Banken – gesichert.

Diese Ergebnisse passen zu Ferreira/Vilela (2004), da sie eine erhöhte Liquiditätsvorhaltung kombiniert mit einer intensivierten Bankensteuerung zeigen. Die in Bezug auf das Paper von Ferreira/Vilela (2004) festhaltbare Aussage: „Je enger eine Geschäftsbeziehung zwischen einem Unternehmen und einer Bank ist, desto eher können sich Unternehmen es leisten, weniger Cash zur (Krisen-)Vorsorge vorzuhalten." wurde somit untermauert. Die empirischen Ergebnisse der Vorkapitel zeigten, dass die Unternehmen der Stichprobe bei einer sich verkomplizierenden Bankbeziehung (erhöhte Ausfallrisiken im Zuge der Globalen Finanzkrise) vermehrt Cash zur Liquiditätssicherung vorhielten. Die von Ferreira/Vilela (2004) postulierte negative Funktion zwischen der Güte der Bankbeziehung einer Unternehmung und dem Vorhalten von liquiden Mittel (*„Bank debt and cash holdings are negatively related, which supports that a close relationship with banks allows the firm to hold less cash for precautionary reasons."*)[1318] wurde somit bestätigt.[1319] Wie groß der Zusammenhang zwischen Cash-Management und Bankensteuerung hierbei ist, wurde in den Voruntersuchungen jedoch noch nicht untersucht. Aus diesem Grund wird nun weiterführend analysiert, inwieweit die Bankensteuerung durch das Cash-Management beeinflusst wird.

In den nachfolgenden Unterkapiteln wird zur Untersuchung dieses Zusammenhangs eine (lineare) Regressionsanalyse durchgeführt. Hierbei findet zunächst eine Fokussierung auf die Einflüsse einzelner Aspekte des Cash-Managements statt (Kapitel 4.2.3.1). Im Speziellen werden die in Kapitel 4.2.1 analysierten Aspekte des Cash-Managements (Cash Conversion Cycle, Liquiditätsvorhaltung und Effizienz des Cash-Managements) untersucht.

4.2.3.1 Vorgehen und Konstruktion der Regressionsanalyse

Zur Analyse des Zusammenhangs zwischen Cash-Management-Aktivitäten und der Intensität der Bankensteuerung wird ein zweiteiliges Vorgehen gewählt. Im ersten Schritt werden die Einflüsse von Einzelbereichen des Cash-Managements auf die Bankensteuerung mit Hilfe linearer Regressionsmodelle untersucht. Es werden insgesamt drei Modelle zu folgenden Aspekten des Cash-Managements ausgewertet: (1) Working Capital-Management, (2) Liquidität im Kontext des Cash-Managements und (3) Effizienz des Cash-Managements. Ziel dieser Regressionsmodelle ist es, Variable (Aspekte) zu identifizieren, die aus dem jeweiligen Bereich des Cash-Managements am stärksten auf die Bankensteuerung wirken. Diese werden dann später (im 2. Schritt) in ein weiterführendes Modell integriert. Im Zuge des ersten Analyseschrittes findet noch keine Berücksichtigung von weiteren Effekten statt, die die Bankensteuerung neben den oben genannten drei isoliert betrachteten Cash-Management-Aspekten beeinflussen könnten.

Im zweiten Schritt finden die Analyseergebnisse des ersten Schrittes Eingang. Es wird ein übergreifendes Regressionsmodell erstellt, welches sowohl die Einflüsse der zuvor analysierten Cash-Managements-Aspekte abbilden soll, als auch weitere Effekte, die die Bankensteuerung der untersuchten Unternehmen sehr wahrscheinlich mit beeinflussen. Durch eine solche umfassende Betrachtung wird es

---

[1318] Ferreira/Vilela (2004), S. 295.
[1319] Vgl. Ferreira/Vilela (2004), S. 295 ff.

ermöglicht, denn Effekt des Cash-Managements auf die Bankensteuerung realitätsgetreuer zu schätzen und den Einfluss anderer Effekte dabei ergänzend zu überprüfen.

4.2.3.2 Regressionsmodelle zu Einzelbereichen des Cash-Managements

Die Untersuchung der Einflüsse einzelner Cash-Management-Bereiche (bzw. -Aspekte oder -Aufgaben) auf die Bankensteuerung wird mit Hilfe von drei linearen Regressionsmodellen zunächst isoliert von weiteren Einflussfaktoren untersucht. Die Auswahl der analysierten Aspekte ist u.a. wie folgt begründet: (1) Working Capital-Management – eine verschlechterte Cash Conversion Cycle-Time weist auf eine erschwerte unternehmensinterne Finanzierung hin und somit auf einen erhöhten externen Finanzierungsbedarf über Banken (oder den Kapitalmarkt); dies rechtfertigt eine Intensivierung der Bankensteuerung, (2) Liquidität im Kontexte des Cash-Managements – eine Verschlechterung der Liquidität führt zu einem erhöhten Bedarf an Liquiditätssicherung bspw. durch zusätzliche Kreditlinien und somit zu einer erhöhten Bankensteuerung und (3) Effizienz des Cash-Managements – ein ineffizientes Cash-Management kann als Indikator für einen erhöhten Kapitalbedarf angesehen werden und kann zu einer zunehmenden externen Kapitalaufnahme über Banken (bzw. den Kapitalmarkt) führen und rechtfertigt somit eine intensivierte Bankensteuerung. Alle drei ausgewählten Bereiche des Cash-Managements haben rein theoretisch daher einen Einfluss auf die Intensität der Bankensteuerung. Darüber hinaus sind weitere, neben den bereits erwähnten Wirkbeziehungen zu vermuten. Aus diesem Grund findet sich in Anhang [10] für jede Variable – die in den sich anschließenden drei Regressionsmodellen verwendet wird – eine Beschreibung, der vermuteten Wirkbeziehung zwischen Cash-Management und Bankensteuerung. Die Modelle umfassen die wesentlichen Aspekte des Cash-Managements.

In allen Regressionsmodellen in dieser Arbeit (auch in Kapitel 4.2.3.3) wird die Variable „Anzahl an Steuerungsmethoden" (Anzahl_St.M.) als Maß für die Intensität der Bankensteuerung verwendet. Sie bildet die Anzahl der im Zuge der Bankensteuerung des jeweiligen Unternehmens Anwendung findenden Steuerungsmethoden ab. Die Idee hinter der Verwendung dieser Variablen ist: Je mehr Steuerungsmethoden in der Bankensteuerung eingesetzt werden, desto intensiver wird diese betrieben.[1320]

[1320] *Alternativ wäre die Verwendung der Variablen „Anzahl an Steuerungskriterien" denkbar gewesen. Es wurde sich jedoch für die Anzahl an Steuerungsmethoden entschieden, da die Implementierung einer weiteren Steuerungsmethode im Regelfall mit mehr Aufwand verbunden ist als der Einsatz eines zusätzlichen Steuerungskriteriums und somit scheinbar die Intensität (und gleichzeitig Stellenwert/Wichtigkeit) der Bankensteuerung besser abbildet.*

Erstes Regressionsmodell – Working Capital Management

Das Regressionsmodell zu dem Einfluss des Working Capital Managements auf die Bankensteuerung basiert auf dem Konzept des Cash Conversion Cycle und umfasst als unabhängigen Variablen dessen Teilkomponenten.[1321] Folgende drei Variable gehen daher als unabhängige Variable in das Modell ein: (1) Days Payables Outstanding (DPO), (2) Days Sales Outstanding (DSO) und (3) Days Sales in Inventory (DSO). Zur vermuteten Wirkbeziehungsbeschreibung und Berechnung der einzelnen Variablen siehe Anhang [10]. Als abhängige Variable wird die Anzahl der Steuerungsmethoden (Anzahl_St.M.) in der Bankensteuerung verwendet.

Die Modellgleichung lautet somit wie folgt.

Formel 29: *Modellgleichung Regressionsmodell „Working Capital-Management"*

$$\hat{Y}_{Anzahl\_St.M.} = a + \beta_{DPO} * x_{DPO} + \beta_{DSO} * x_{DSO} + \beta_{DSI} * x_{DSI} + E$$

Quelle: *Eigene Darstellung.*

Schätzt man das Modell mit dem üblichen Standardverfahren einer multiplen linearen Regression mit Hilfe von SPSS, so weisen die Ergebnisse der Modellprüfung auf Heteroskedastizität hin. Siehe hierzu auch Abbildung 62. Weitere Modellannahmen sind nicht verletzt.[1322] Aus diesem Grund wurde zur Berechnung mittels SPSS auf das von Hayes/Cai (2007) entwickelte Makro für eine (lineare) Regression mit heteroskedastizitäts-konsistenten Schätzern zurückgegriffen.[1323]

Das Regressionsmodell mit heteroskedastizitäts-konsistenten Schätzern hat ein Bestimmtheitsmaß von $R^2=0{,}232$ bzw. $R^2_{korr}=0{,}223$ bei gegebener Signifikanz auf dem 1%-Niveau. Tabelle 61 fasst die Ergebnisse des Regressionsmodells überblicksartig zusammen.

[1321] *Die gesamte Cash Conversion Cycle Time wird auf Grund von Multikollinearität mit Teilbereichen des Cash Conversion Cycles (DPO, DSO und DSI) speziell DSI nicht als eigenständige Variable in das Modell mit aufgenommen.*

[1322] *Es liegt keine Autokorrelation vor. Die Durbin Watson-Statistik bei über 260 Fällen und α=5% im zweiseitigen Test mit $d^-_u=1{,}773$ und $d^-_o=1{,}820$ ergibt einen Wert von 2,173. Dieser errechnete Wert liegt somit zwischen $d^-_o=1{,}820$ und $4- d^-_o=2{,}180$ woraus keine Anhaltspunkte für Autokorrelation ableitbar sind. Die Variance Inflation Factors (VIF) liegen für alle nahe eins und weisen somit auf keine Multikollinearität hin. Die Gültigkeit der durchgeführten Signifikanztests ist unstrittig, da die Anzahl an Beobachtungen größer vierzig ist (über 260) und somit der Signifikanztest unabhängig von der Verteilung der Störgrößen anwendbar ist. Für weiterführende Informationen (aus theoretischer Sicht) zu dem Erfüllen der notwendigen Prämissen, vgl. Backhaus u.a. (2011), S. 72 ff.*

[1323] *Für weiterführende Informationen zu dem verwendeten Makro, vgl. Hayes (2013), online. und vgl. Hayes/Cai (2007), S. 709 ff.*

Abbildung 62: *Heteroskedastizität im Regressionsmodell „Working Capital Management"*

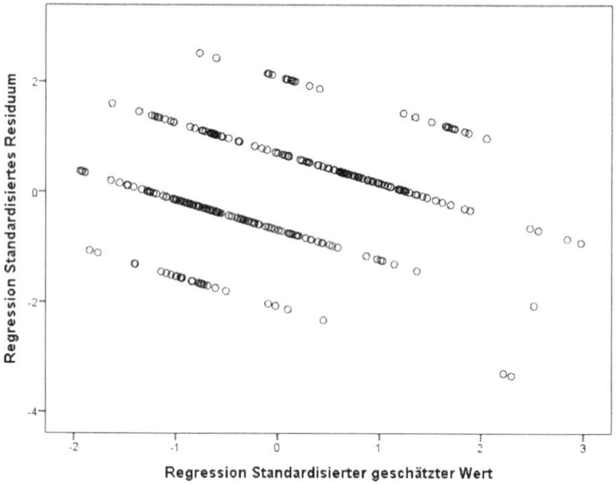

Quelle: *Eigene Darstellung.*

Die Ergebnisse für die Variablen DPO und DSO sowie für die Konstante sind ebenfalls auf einem 1%-Niveau signifikant. Für die Variable DSI hingegen liegt keine statistische Signifikanz vor. Die Komponente „Days Sales in Inventory" hat somit scheinbar keinen signifikanten Einfluss auf die Bankensteuerung, wogegen die anderen beiden Komponenten des CCC (zunächst) scheinbar sehr wohl einen signifikanten Einfluss aufweisen.

Betrachtet man nun – zur weiterführenden Interpretation – die Regressionskoeffizienten der beiden signifikanten Variablen (DPO und DSO), so weisen diese auf eine andere Wirkbeziehung als in Anhang [10] vermutet hin. Der Aspekt „Days Sales Outstanding" hat scheinbar einen negativen und gegen Null tendierenden Einfluss (β_{DSO}=-0,009). Theoretisch wurde jedoch eine positive Wirkbeziehung erwartet (siehe Anhang [10]). Die durch die Regression ermittelte Wirkbeziehung der Variablen „Days Payables Outstanding", weist darauf hin, dass eine Intensivierung der Bankensteuerung stattfindet, wenn das Unternehmen seine Zahlungsziele verlängern kann (β_{DPO}=0,008). Dies ist aus der Theorie ebenfalls nicht schlüssig erklärbar. Vielmehr sollte aus theoretischer Sicht die Bankensteuerung intensiviert werden, wenn ein Unternehmen zu einer sofortigen Zahlung seiner Verbindlichkeiten (z. B. aus LuL) verpflichtet ist, da hier zur Insolvenzvermeidung im Notfall Kreditlinien von Banken bereitstehen sollten. Ein hoher Wert für die DSO-Komponente sollte ebenfalls zu einer intensivierten Bankensteuerung auf Grund von sehr wahrscheinlich erhöhtem Zwischenfinanzierungsbedarf führen. Siehe hierzu auch Anhang [10].

Tabelle 61: *Ergebnisse Regressionsmodell „Working Capital Management"*

Modellzusammenfassung: Globale Gütemaße

R^2	R^2_{korr}	F-Wert	df	Signifikanz	Durbin Watson-Statistik
0,232	0,223	21,668	3	0,000	2,173

Regressionsergebnisse: Koeffizienten

Variable	Beta	Standardfehler	t	Signifikanz	Variance Inflation Factors
Konstante	1,516	0,191	7,936	0,000	
DPO	0,008	0,002	5,069	0,000	1,062
DSO	-0,009	0,002	-5,842	0,000	1,096
DSI	0,000	0,002	-0,011	0,992	1,110

Hinweis zur Tabelle:

(1) Die Werte für R^2, F-Wert, df und der Signifikanz sowie die Regressionsergebnisse der Variablen (Beta, Standardfehler, t und deren Signifikanz) wurden mit Hilfe des Hayes/Cai (2007) Makro mit heteroskedastizitäts-konsistenten Schätzern berechnet.

Quelle: *Eigene Darstellung.*

Die Ergebnisse für die Variablen DPO und DSO sowie für die Konstante sind ebenfalls auf einem 1%-Niveau signifikant. Für die Variable DSI hingegen liegt keine statistische Signifikanz vor. Die Komponente „Days Sales in Inventory" hat somit scheinbar keinen signifikanten Einfluss auf die Bankensteuerung, wogegen die anderen beiden Komponenten des CCC (zunächst) scheinbar sehr wohl einen signifikanten Einfluss aufweisen.

Betrachtet man nun – zur weiterführenden Interpretation – die Regressionskoeffizienten der beiden signifikanten Variablen (DPO und DSO), so weisen diese auf eine andere Wirkbeziehung als in Anhang [10] vermutet hin. Der Aspekt „Days Sales Outstanding" hat scheinbar einen negativen und gegen Null tendierenden Einfluss (β_{DSO}=-0,009). Theoretisch wurde jedoch eine positive Wirkbeziehung erwartet (siehe Anhang [10]). Die durch die Regression ermittelte Wirkbeziehung der Variablen „Days Payables Outstanding", weist darauf hin, dass eine Intensivierung der Bankensteuerung stattfindet, wenn das Unternehmen seine Zahlungsziele verlängern kann (β_{DPO}=0,008). Dies ist aus der Theorie ebenfalls nicht schlüssig erklärbar. Vielmehr sollte aus theoretischer Sicht die Bankensteuerung intensiviert werden, wenn ein Unternehmen zu einer sofortigen Zahlung seiner

Verbindlichkeiten (z. B. aus LuL) verpflichtet ist, da hier zur Insolvenzvermeidung im Notfall Kreditlinien von Banken bereitstehen sollten. Ein hoher Wert für die DSO-Komponente sollte ebenfalls zu einer intensivierten Bankensteuerung auf Grund von sehr wahrscheinlich erhöhtem Zwischenfinanzierungsbedarf führen. Siehe hierzu auch Anhang [10].

Die Ergebnisse des Regressionsmodells bestätigen somit die vermutete Wirkbeziehung des Cash Conversion Cycles auf die Bankensteuerung nicht. Die festgestellten Wirkbeziehungen sind aus theoretischer Sicht nicht schlüssig erklärbar. Es ist daher zu vermuten, dass keine direkte Wirkbeziehung zwischen dem Cash Conversion Cycle und der Bankensteuerung existiert, sondern vielmehr die Wirkbeziehung indirekt verläuft. So kann beispielsweise vermutet werden, dass Einflussfaktoren, wie das Kreditvolumen oder die verfügbaren Kreditlinien (leider durch verfügbare Daten nicht abbildbar) direkt durch den Cash Conversion Cycle beeinflusst werden und diese wiederum dann direkt auf die Bankensteuerung wirken; die Komponenten des Cash Conversion Cycles jedoch selbst keinen direkten Einfluss auf die Bankensteuerung haben und somit das Working Capital Management die Bankensteuerung scheinbar nicht direkt beeinflusst. Es können somit keine Variablen für das übergreifende Regressionsmodell des Kapitels 4.2.3.3 abgeleitet werden.

Zweites Regressionsmodell – Liquidität und Cash-Management

Das Regressionsmodell zu dem Einfluss der Liquidität auf die Bankensteuerung umfasst Variable (Kennzahlen), die die Liquiditätssituation eines Unternehmens abbilden. Zum einen finden die vorgehaltenen liquiden Mittel sowie leicht liquidierbare Vermögenswerte über die Variable „Cash" Eingang und zum anderen wird auf das Konzept der Liquiditätsgrade als Indikatoren für die Liquiditätslage einer Unternehmung zurückgegriffen. Bei den Liquiditätsgraden wird nur die Liquidität 1. Grades in das Modell mitaufgenommen, da eine Verwendung aller drei Liquiditätsgrade auf Grund von Multikollinearität zwischen den Liquiditätsgraden nicht möglich ist. Das Modell umfasst somit als unabhängige Variable „Cash" (Cash) und die „Liquidität 1. Grades" (L.1.G.). Zu der vermuteten Wirkbeziehungsbeschreibung und Berechnung der einzelnen Variablen wird auf Anhang [10] verwiesen. Als abhängige Variable wird auch hier die Anzahl der Steuerungsmethoden (Anzahl_St.M.) verwendet. Die zu schätzende Modellgleichung lautet somit wie folgt.

Formel 30: *Modellgleichung Regressionsmodell „Liquidität Cash-Management"*

$$\hat{Y}_{Anzahl\_St.M.} = a + \beta_{Cash} * x_{Cash} + \beta_{L.1.G.} * x_{L.1.G.} + E$$

Quelle: *Eigene Darstellung.*

Schätzt man das Modell mit dem üblichen Standardverfahren einer linearen Regression mit Hilfe von SPSS, so weisen auch diesmal die Ergebnisse der Modellprüfung auf Heteroskedastizität hin. Siehe hierzu Abbildung 63. Weitere Modellannahmen sind nicht verletzt.[1324] Aus diesem Grund wurde auch bei dem zweiten Regressionsmodell zur Berechnung mittels SPSS auf das von Hayes/Cai (2007) Makro für eine (lineare) Regression mit heteroskedastizitätskonsistenten Schätzern zurückgegriffen.[1325]

Abbildung 63: *Heteroskedastizität im Regressionsmodell „Liquidität Cash-Management"*

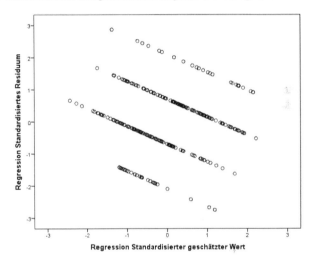

Quelle: *Eigene Darstellung.*

Das Regressionsmodell mit heteroskedastizitäts-konsistenten Schätzern hat ein Bestimmtheitsmaß von $R^2=0,237$ bzw. $R^2_{korr}=0,231$ bei gegebener Signifikanz auf dem 1%-Niveau. Tabelle 62 stellt die Ergebnisse des Regressionsmodells überblicksartig dar.

[1324] *Es liegt keine Autokorrelation vor. Die Durbin Watson-Statistik bei über 260 Fällen und α=5% im zweiseitigen Test mit $d^-_u=1,773$ und $d^-_o=1,820$ ergibt einen Wert von 2,173. Dieser errechnete Wert liegt somit zwischen $d^+_o=1,820$ und 4- $d^+_o=2,180$, woraus keine Anhaltspunkte für Autokorrelation ableitbar sind. Die Variance Inflation Factors (VIF) liegen für alle nahe eins und weisen somit auf keine Multikollinearität hin. Die Gültigkeit der durchgeführten Signifikanztests ist unstrittig, da die Anzahl an Beobachtung größer vierzig ist (über 260) und somit der Signifikanztest unabhängig von der Verteilung der Störgrößen anwendbar ist. Für weiterführende Informationen (aus theoretischer Sicht) zu dem Erfüllen der notwendigen Prämissen, vgl. Backhaus u.a. (2011), S. 72 ff.*

[1325] *Für weiterführende Informationen zu dem verwendeten Makro, vgl. Hayes (2013), online. und vgl. Hayes/Cai (2007), S. 709 ff.*

Das Ergebnis für die Variable „Cash" ist hoch signifikant (1%-Niveau). Für die Variable „L.1.G." liegen hingegen keine statistisch signifikanten Ergebnisse vor. Es ist daher davon auszugehen, dass die Höhe an vorgehaltenem Cash aus Liquiditätsgesichtspunkten den stärksten Einfluss auf die Intensität der Bankensteuerung hat. Die durch Regression ermittelte Wirkbeziehung zwischen der Höhe an vorgehaltenem Cash und der Intensität der Bankensteuerung bestätigt die zuvor vermutete Wirkbeziehung. Siehe hierzu auch Anhang [10]. Es ist somit davon auszugehen, dass je mehr Cash eine Unternehmung vorhält desto intensiver seine Bankensteuerung sein wird.

Im Hinblick auf das übergreifende Regressionsmodell im nächsten Kapitel kann somit die Variable „Cash" als eine bankensteuerungsbeeinflussende Variable aus dem Bereich des Cash-Managements identifiziert werden.

Tabelle 62: *Ergebnisse Regressionsmodell „Liquidität Cash-Management"*

Modellzusammenfassung: Globale Gütemaße

R^2	R^2_{korr}	F-Wert	df	Signifikanz	Durbin Watson-Statistik
0,237	0,231	47,806	2	0,000	2,090

Regressionsergebnisse: Koeffizienten

Variable	Beta	Standardfehler	t	Signifikanz	Variance Inflation Factors
Konstante	-1,317	0,296	-4,453	0,000	
Cash	0,214	0,022	9,564	0,000	1,032
L1G	0,038	0,119	0,316	0,753	1,032

Hinweis zur Tabelle:

(1) Die Werte für R^2, F-Wert, df und der Signifikanz sowie die Regressionsergebnisse der Variablen (Beta, Standardfehler, t und deren Signifikanz) wurden mit Hilfe des Hayes/Cai (2007) Makro mit heteroskedastizitäts-konsistenten Schätzern berechnet.

Quelle: *Eigene Darstellung.*

Drittes Regressionsmodell – Effizienz Cash-Management

Das Regressionsmodell zu den Einflüssen der Effizienz des Cash-Managements auf die Bankensteuerung basiert auf der Überprüfung des effizienten Einsatzes von Kapital im Kontext des Cash-Managements. Es werden folgende zwei Variable, die Rückschlüsse auf die Effizienz des Cash-Managements zulassen, verwendet: (1) die Cash-Umschlagshäufigkeit (C.-U.) und (2) die vorgehaltenen liquiden Mittel sowie leicht liquidierbare Vermögenswerte (Cash). Diese beiden Variablen stellen die unabhängigen Variablen des Regressionsmodells dar. Für die Darstellung der vermuteten Wirkbeziehung und Berechnung der einzelnen Variablen wird auf Anhang [10] verwiesen. Als abhängige Variable wird auch hier die Anzahl der Steuerungsmethoden (Anzahl_St.M.) in der Bankensteuerung verwendet. Die Gleichung für die Modellschätzung ist somit wie folgt:

Formel 31: *Modellgleichung Regressionsmodell „Effizienz Cash-Management"*

$$\hat{Y}_{Anzahl\_St.M.} = a + \beta_{Cash} * x_{Cash} + \beta_{C.-U.} * x_{C.-U.} + E$$

Quelle: *Eigene Darstellung.*

Schätzt man das Modell mit dem üblichen Standardverfahren einer linearen Regression mit Hilfe von SPSS, so weisen in diesem Fall die Ergebnisse der Modellprüfung auf Heteroskedastizität hin. Siehe hierzu auch Abbildung 64. Weitere Modellannahmen sind nicht verletzt.[1326] Aus diesem Grund wurde auch bei dem dritten Modell zur Berechnung mittels SPSS auf das von Hayes/Cai (2007) Makro für eine (lineare) Regression mit heteroskedastizitäts-konsistenten Schätzern zurückgegriffen.[1327]

[1326] *Es liegt keine Autokorrelation vor. Die Durbin Watson-Statistik bei über 260 Fällen und α=5% im zweiseitigen Test mit $d_u=1,773$ und $d_o=1,820$ ergibt einen Wert von 2,084. Dieser errechnete Wert liegt somit zwischen $d_o=1,820$ und 4- $d_o=2,180$, woraus keine Anhaltspunkte für Autokorrelation ableitbar sind. Die Variance Inflation Factors (VIF) liegen für alle nahe eins und weisen somit auf keine Multikollinearität hin. Die Gültigkeit der durchgeführten Signifikanztests ist unstrittig, da die Anzahl an Beobachtung größer vierzig ist (über 260) und somit der Signifikanztest unabhängig von der Verteilung der Störgrößen anwendbar ist. Für weiterführende Informationen (aus theoretischer Sicht) zu dem Erfüllen der notwendigen Prämissen, vgl. Backhaus u.a. (2011), S. 72 ff.*

[1327] *Für weiterführende Informationen zu dem verwendeten Makro, vgl. Hayes (2013), online. und vgl. Hayes/Cai (2007), S. 709 ff.*

Abbildung 64: *Heteroskedastizität im Regressionsmodell „Effizienz des Cash-Managements"*

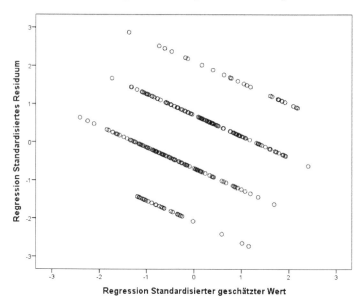

Quelle: *Eigene Darstellung.*

Das Regressionsmodell mit heteroskedastizitäts-konsistenten Schätzern hat ein Bestimmtheitsmaß von $R^2=0{,}237$ bzw. $R^2_{korr}=0{,}232$ bei einer gegebenen Signifikanz auf dem 1%-Niveau. Tabelle 62 fasst die Ergebnisse des Regressionsmodells überblicksartig zusammen.

Das Ergebnis für die Variable „Cash" ist auf dem 1%-Niveau signifikant. Die Variable „C.-U." hat hingegen keine statistisch signifikanten Ergebnisse. Es ist daher davon auszugehen, dass die Höhe an vorgehaltenem „Cash" aus Effizienzgesichtspunkten den stärksten Einfluss auf die Intensität der Bankensteuerung hat. Die durch die Regression ermittelte Wirkbeziehung zwischen der Höhe an vorgehaltenen liquiden Mitteln und der Intensität der Bankensteuerung bestätigt die in Anhang [10] vermutete Wirkbeziehung. Es ist somit davon auszugehen, dass je mehr liquide Mittel sowie leicht liquidierbare Vermögenswerte eine Unternehmung hält, desto intensiver wird die Bankensteuerung der Unternehmung sein. Der Grund hierfür wird in der Sicherung der vorgehaltenen Liquidität durch Risikosteuerung im Zuge der Bankensteuerung vermutet.

Tabelle 63: *Ergebnisse Regressionsmodell „Effizienz Cash-Management"*

Modellzusammenfassung: Globale Gütemaße

R^2	R^2_{korr}	F-Wert	df	Signifikanz	Durbin Watson-Statistik
0,237	0,232	47,925	2	0,000	2,084

Regressionsergebnisse: Koeffizienten

Variable	Beta	Standardfehler	t	Signifikanz	Variance Inflation Factors
Konstante	-1,266	0,312	-4,064	0,000	
Cash	0,209	0,025	8,377	0,000	1,366
C.-U.	0,001	0,001	0,508	0,612	1,366

Hinweis zur Tabelle:

(1) Die Werte für R^2, F-Wert, df und der Signifikanz sowie die Regressionsergebnisse der Variablen (Beta, Standardfehler, t und deren Signifikanz) wurden mit Hilfe des Hayes/Cai (2007) Makro mit heteroskedastizitäts-konsistenten Schätzern berechnet.

Quelle: *Eigene Darstellung.*

Im Hinblick auf verwendbare Variablen für das übergreifende Regressionsmodell im sich anschließenden Kapitel 4.2.3.3. kann wie zuvor (bei dem zweiten Regressionsmodell) nur die Variable „Cash" abgeleitet werden. Die Höhe der vorgehaltenen Liquidität scheint auf Grund der bisherigen Ergebnisse den stärksten Einfluss auf die Bankensteuerung einer Unternehmung zu haben.

Zusammenfassung – Variable für das übergreifende Regressionsmodell

Aus den drei obigen Regressionsmodellen konnte nur die Variable „Cash" als ein wesentlicher Einflussfaktor auf die Bankensteuerung – für das im nächsten Kapitel Anwendung findende übergreifende Regressionsmodell zu den Einflussfaktoren auf die Bankensteuerung – identifiziert werden. Die Ergebnisse für die anderen Variablen wiesen entweder keine statistische Signifikanz auf oder machten aus theoretischer Sicht keinen Sinn (wahrscheinlich auf Grund einer fehlenden direkter Wirkbeziehung).

Die Höhe der vorgehaltenen liquiden Mittel (Variable „Cash") ist hierbei aus zwei Blickwinkeln zu betrachten. Zum einen als Liquiditätskriterium (Indikator) und zum andere als Maß für die Effizienz des Cash-Managements. Des Weiteren ist festzuhalten, dass das Working Capital-Management scheinbar keinen direkten

Einfluss auf die Bankensteuerung hat. Hier werden jedoch indirekte Wirkbeziehungen vermutet.

Im sich anschließenden Kapitel 4.2.3.3 wird nun überprüft, ob der sich in den Untersuchungen dieses Kapitels zeigende Einfluss der Höhe der vorgehaltenen liquiden Mittel sowie leicht liquidierbare Vermögenswerte (die vorgehaltene Liquidität) auf die Intensität der Bankensteuerung bei Einbezug weiterer (nicht Cash-Management-bezogener) Einflussfaktoren bestätigt wird oder nicht.

4.2.3.3 Übergreifendes Regressionsmodell – Einflüsse auf die Bankensteuerung

Aus dem Vorkapitel 4.2.3.2 konnte mit Hilfe von drei linearen Regressionsmodellen zu verschiedenen Aspekten des Cash-Managements die Höhe an vorgehaltenen liquiden Mitteln sowie leicht liquidierbare Vermögenswerten (Variable „Cash"), als wesentliche Einflussgröße – aus dem „Cash-Management" –, die auf die Intensität der Bankensteuerung wirkt, identifiziert werden. In diesem Kapitel wird nun weiterführend überprüft, inwieweit dieser Einfluss sich auch bei Berücksichtigung weiterer Einflussfaktoren zeigt.

Regressionsmodell – Einflüsse auf die Bankensteuerung

Das in diesem Kapitel Anwendung findende Regressionsmodell soll verschiedene Einflussfaktoren, die auf die Bankensteuerung einer Unternehmung einwirken, abbilden. Ziel des Modells ist es, solche Einflussgrößen, die auf die Bankensteuerung einer Unternehmung wirken, zu identifizieren und speziell die Wirkung des Cash-Managements auf die Bankensteuerung in Verbindung mit anderen Einflüssen zu untersuchen. Aus diesem Grund wird auch die zuvor identifizierte Variable „Cash" als Einfluss des Cash-Managements auf die Bankensteuerung in das Modell als eine unabhängige Variable integriert. Als weitere mögliche Einflussfaktoren im Rahmen des Modells kommen u.a. folgende Aspekte in Betracht: die Unternehmensgröße, die Globale Finanzkrise, die Länge der Geschäftsbeziehungen zu den Banken des Unternehmens, die Höhe an zur Verfügung stehenden Kreditlinien, die Anzahl an Bankbeziehungen und die Art der Bankbeziehung der Unternehmung etc. (Aufzählung bei weitem nicht vollständig). Auf Grund mangelnder Datenverfügbarkeit können leider nicht alle diese Aspekte in das Regressionsmodell aufgenommen werden. Es finden daher lediglich folgende drei unabhängige Variable – neben der unabhängigen Variablen „Cash" – in das Modell Eingang: (1) die Existenz von Partnerbanken (Dummy_P.banken) – als Beschreibung der Art der vorliegenden Bankbeziehung der Unternehmung, (2) die Globale Finanzkrise (Dummy_Krise) – als unternehmensexterner nicht beeinflussbarer Faktor und (3) der Umsatz des Unternehmens (Umsatz) – als Indikator für die Größe des Unternehmens. Für die Beschreibung der vermuteten Wirkbeziehung und der Berechnung der einzelnen Variablen wird auf Anhang [10] verwiesen. Als abhängige

Variable wird auch in diesem Modell die Anzahl an Steuerungsmethoden im Rahmen der Bankensteuerung (Anzahl_St.M.) – zur Abbildung der Intensität der Bankensteuerung – verwendet. Die sich so ergebende zu schätzende Modellgleichung ist wie folgt:

Formel 32: *Modellgleichung Regressionsmodell „Einflüsse auf die Bankensteuerung"*

$$\hat{Y}_{Anzahl_{St.M.}} = a + \beta_{Cash} * x_{Cash} + \beta_{Umsatz} * x_{Umsatz} + \beta_{Dummy\_P.banken} * x_{Dummy\_P.banken} + \beta_{Dummy\_Krise} * x_{Dummy\_Krise} + E$$

Quelle: *Eigene Darstellung.*

Schätzt man das Modell mit dem üblichen Standardverfahren einer linearen Regression mit Hilfe von SPSS, so weisen die Ergebnisse der Modellprüfung auf Heteroskedastizität hin. Siehe hierzu auch Abbildung 65. Aus diesem Grund wurde zur Berechnung mittels SPSS auf das von Hayes/Cai (2007) entwickelte Makro für eine (lineare) Regression mit heteroskedastizitäts-konsistenten Schätzern zurückgegriffen.[1328]

Abbildung 65: *Heteroskedastizität im Regressionsmodell „Einflüsse auf die Bankensteuerung"*

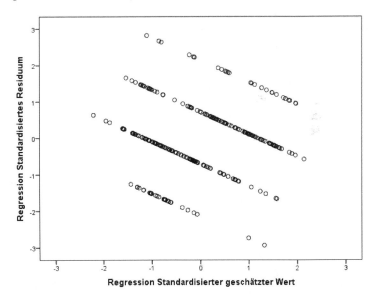

Quelle: *Eigene Darstellung.*

[1328] Für weiterführende Informationen zu dem verwendeten SPSS-Makro, vgl. Hayes (2013), online. und vgl. Hayes/Cai (2007), S. 709 ff.

Prüfung der Regressionsergebnisse

Die Schätzung des obigen Modells (Formel 32) – mit heteroskedastizitäts-konsistenten Schätzern – ergibt ein R^2 von 0,272 bzw. ein R^2_{korr} von 0,261 bei gegebener Signifikanz auf dem 1%-Niveau. Für Autokorrelation gibt es keine Anzeichen. Die Durbin Watson-Statistik über 260 Fällen und α=5% im zweiseitigen Test mit d+u=1,773 und d+o=1,820 ergibt einen Wert von 2,113. Dieser errechnete Wert liegt somit zwischen d+o=1,820 und 4- d+o=2,180, woraus keine Anhaltspunkte für Autokorrelation ableitbar sind.

Tabelle 64: *Ergebnisse Regressionsmodell „Einflüsse auf die Bankensteuerung"*

Modellzusammenfassung: Globale Gütemaße

R^2	R^2_{korr}	F-Wert	df	Signifikanz	Durbin Watson-Statistik
0,272	0,261	27,640	4	0,000	2,113

Regressionsergebnisse: Koeffizienten

Variable	Beta	Standardfehler	t	Signifikanz	Variance Inflation Factors
Konstante	-2,369	0,544	-4,353	0,000	
Cash	0,103	0,050	2,059	0,041	4,769
Umsatz	0,154	0,067	2,321	0,021	4,769
Dummy_P.banken	0,329	0,097	3,383	0,001	1,005
Dummy_Krise	0,092	0,089	1,029	0,305	1,039

Hinweis zur Tabelle:

(1) Die Werte für R^2, F-Wert, df und der Signifikanz sowie die Regressionsergebnisse der Variablen (Beta, Standardfehler, t und deren Signifikanz) wurden mit Hilfe des Hayes/Cai (2007) Makro mit heteroskedastizitäts-konsistenten Schätzern berechnet.

Quelle: *Eigene Darstellung.*

Bei den Variablen „Cash" und „Umsatz" liegt scheinbar ein erhöhter Wert an Multikollinearität in Vergleich zu den anderen unabhängigen Variablen des Modells vor (VIF von Cash ist 4,769 und VIF von Umsatz ist ebenfalls 4,769). Hierdurch könnte es theoretisch zu einer verminderten Präzision in der Schätzung im Rahmen dieses Modelles kommen. Beide VIF-Werte liegen jedoch unter den in der Literatur üblichen Grenzen von VIF=10 bzw. VIF=5, die auf eine hohe Multikollinearität hinweist.[1329] Ein Variablenausschluss auf Grund von Multikollinearität ist somit nicht notwendig.

Des Weiteren ist bei dem Modell die Gültigkeit der durchgeführten Signifikanztests unstrittig, da die Anzahl an Beobachtung größer vierzig ist (über 260) und somit der Signifikanztest unabhängig von der Verteilung der Störgrößen signifikant ist.[1330] Es sind somit alle Prämissen eines linearen Regressionsmodells erfüllt und die Ergebnisse können verwendet werden. Siehe hierzu auch Abbildung 64.

Detailbetrachtung und Interpretation der Regressionsergebnisse

Betrachtet man nun die Ergebnisse des Regressionsmodells vor dem Hintergrund der ihm zugrundeliegenden Fragestellung, so zeigt sich, dass die Höhe an vorgehaltener Liquidität („Cash"), die Größe eines Unternehmens („Umsatz") und die Art der Geschäftsbeziehung des jeweiligen Unternehmens zu seinen Banken („Dummy-P.banken") einen signifikanten Einfluss auf die Intensität der Bankensteuerung einer Unternehmung hat. Die Globale Finanzkrise hingegen beeinflusste scheinbar die Bankensteuerung nicht.

Die Detailbetrachtung der Regressionsergebnisse liefert folgende Erkenntnisse über die Wirkbeziehung der einzelnen Modellvariablen: Aus dem auf einem 5%-Niveau signifikanten Regressionskoeffizienten $\beta_{Cash}=0,103$ ist ableitbar, dass eine Erhöhung der vorgehaltenen Liquidität zu einer Intensivierung der Bankensteuerung führt. Aus betriebswirtschaftlicher Sicht kann dies wie folgt interpretiert und erklärt werden: Vorgehaltene liquide Mittel werden im Normalfall als Sichtguthaben bei Banken gehalten und unterliegen somit den Kontrahentenrisiken der kontoführenden Banken. Je höher die vorgehaltenen liquiden Mittel sind, desto stärker sollte ein Unternehmen daran interessiert sein, dass diese Gelder sicher und zu profitablen Konditionen angelegt sind. Es bedarf somit einem aktiven Management bzw. Steuerung der Bankbeziehung. Eine Intensivierung der Bankensteuerung erscheint daher bei einer Erhöhung der vorgehaltenen liquiden Mittel als sinnvoll und ratsam. Interpretiert man hohe vorgehaltene liquide Mittel als einen Indikator für ein ineffizientes Cash-Management, so kann ergänzend vermutet werden, dass solche Unternehmen mit einem tendenziell ineffizienteren Cash-Management ein intensivere Bankensteuerung betreiben sollten, um jeder Zeit genügend Kreditlinien zur Verfügung zu haben, um eventuelle Liquiditätsengpässe durch eine externe Bankenfinanzierung zu überbrücken. Die Steuerung der Bankenbeziehungen rückt somit in den Vordergrund und sollte intensiviert werden.

[1329] Vgl. Chatterjee/Hadi (2006), S. 236. und vgl. Studenmund (2001), S. 256 ff. sowie für weiterführende Informationen vgl. Hair/Black/Babib/Anderson (2010), S. 201 ff.
Prinzipiell ist das Maß an akzeptabler Multikollinearität Interpretationssache und variiert stark.
[1330] Vgl. Backhaus u.a. (2011), S. 96 f.

Der ebenfalls auf einem 5%-Niveau signifikant positive Regressionskoeffizient $\beta_{Umsatz}=0,154$ deutet darauf hin, dass größere Unternehmen (am Umsatz gemessene) tendenziell eine intensivere Bankensteuerung betreiben als umsatzschwächere Unternehmen. Aus betriebswirtschaftlicher Sicht ist ein solcher positiver Zusammenhang zwischen Unternehmensgröße und Intensität der Bankensteuerung nachvollziehbar. Umsatzstärkere Unternehmen sollten rein theoretisch über mehr (finanzielle) Mittel verfügen, um Kompetenzen im Bereich Bankensteuerung innerhalb ihrer Treasury-Abteilung aufzubauen und somit auch eine intensivere Bankensteuerung betreiben. Ein hoher Umsatz geht im Normalfall auch mit einem hohen Finanzierungsbedarf, der gerade im kurzfristigen Bereich wohl oft durch Kreditlinien zwischenfinanziert wird, einher. Es bedarf somit einer intensiven Bankensteuerung zu Sicherstellung und Optimierung der notwendigen Bankbeziehungen.

Der auf einem 1%-Niveau signifikant positive Regressionskoeffizient $\beta_{Dummy-P.banken}=0,329$ deutet darauf hin, dass die Art der Bankbeziehung eines Unternehmen (wesentlichen) Einfluss auf die Intensität der Bankensteuerung hat. Die ermittelte Wirkbeziehung besagt, dass Unternehmen, die Partnerbanken haben, eine intensivere Bankensteuerung betreiben als solche ohne Partnerbanken. Hierbei ist zu beachten, dass die Existenz von Partnerbanken die engste Bindungsmöglichkeit bei den vorliegenden Daten im Kontext der Bankensteuerung der Stichprobenunternehmen war. Unter Berücksichtigung dieser Tatsache ist davon auszugehen, dass die Unternehmen der Stichprobe bei einer starken Fokussierung auf einzelne Banken (ihre Partnerbanken) eine intensivere Bankensteuerung betreiben, um jederzeit über die Entwicklungen bei diesen Banken informiert zu sein und bei Bedarf schnell reagieren zu können. Die hinter diesem Verhalten vermutbare Intension – einer Sicherstellung der jederzeitigen Verfügbarkeit von Bankdienstleitungen – ist über den Charakter einer Partnerbankbeziehung begründbar. Ein Unternehmen mit Partnerbanken geht bewusst eine engere Bindung mit nur wenigen Banken im Vergleich zu einem transaktionalen Ansatz ein, muss aber so einen gewissen Grad an Abhängigkeit in Kauf nehmen. Ein Wegfall einer solchen Partnerbank kann somit schnell zu einem einschneidenden Ereignis für ein Unternehmen werden. Um auf solche Extrem-Situationen vorbereitet zu sein und um optimal reagieren zu können, betreiben die Unternehmen mit Partnerbanken aus Präventionssicht scheinbar eine intensivere Bankensteuerung als Unternehmen ohne Partnerbanken. Hierzu kommt ergänzend hinzu, dass bei Partnerbanken der Wettbewerbsdruck für die Banken im Vergleich zu einem transaktionalen Bankbeziehungsansatz geringer ist und somit das Unternehmen dies durch eine intensivierte Bankensteuerung scheinbar kompensiert.

In Verbindung mit den Ergebnissen des Kapitels 4.2.2 ist es unerwartet, dass der ermittelte Zusammenhang ($\beta_{Dummy\text{-}Krise}=0{,}092$) zwischen Globaler Finanzkrise und Intensität der Bankensteuerung im Regressionsmodell als nicht signifikant (Signifikanz = 0,305) zu werten ist, wies doch die Kontingenzanalyse des Kapitels 4.2.2 auf einen mittelstarken Zusammenhang zwischen einzelnen Aspekten der Bankensteuerung und der Globalen Finanzkrise hin. Die ermittelte Art der Wirkbeziehung bestätigt jedoch die vermutete Wirkung der Globalen Finanzkrise auf die Bankensteuerung. Das positive Vorzeichen des Regressionskoeffizienten deutet darauf hin, dass die Globale Finanzkrise zu einer Intensivierung der Bankensteuerung geführt hat. Allerdings ist dieses Ergebnis statistisch nicht signifikant. Somit konnte im Rahmen des Regressionsansatzes die Bankensteuerungsintensivierung auf Grund der Globalen Finanzkrise nicht bestätigt werden. Es ist jedoch zu vermuten, dass die Krisenauswirkungen indirekt über andere Einflussgrößen auf die Bankensteuerung wirken.

Zusammenfassung der Ergebnisse des Regressionsmodells

Zusammenfassend kann somit davon gesprochen werden, dass größere Unternehmen (gemessen am Umsatz) und Unternehmen mit hohen liquiden Mitteln sowie engen Bankbeziehungen (mit Partnerbanken) tendenziell eine intensivere Bankensteuerung betreiben als solche, die diese Charakteristika nicht aufweisen. Es konnte auch der vermutete Zusammenhang zwischen Cash-Management und Bankensteuerung bestätigt werden. Inwieweit eine abgestimmte Strategie zwischen beiden Bereichen vorliegt, kann jedoch weiterhin nur vermutet werden. Die Regressionsergebnisse können als Indiz hierfür gewertet werden, liefern jedoch keinen Beweis. Das Cash-Management erscheint nicht als alleinige Einflusskraft, sondern vielmehr spielen zumindest auch die Bankbeziehungsart sowie die Größe des Unternehmens eine gewisse Rolle bei der Gestaltung der Bankensteuerung. Die vermuteten Einflüsse der Globalen Finanzkrise auf die Bankensteuerung wurden nicht belegt.

5 Zusammenfassung und Fazit

Die dieser Arbeit zugrundeliegende zweigeteilte Zielstellung, die zum einen eine theoretische Basierung sowie Schaffung eines holistischen Verständnisses über das Treasury-Management von Internationalen Unternehmen beinhaltet und zum anderen einen empirischen Erkenntnisgewinn über aktuell wichtige, jedoch bis heute wenig untersuchte Teilbereiche des Treasury-Managements umfasst, wurde im Zuge der Arbeit wie folgt bearbeitet: Im theoretischen Bereich wurden zwei theoriebasierte Modelle zur Strategie des Treasury-Managements sowie zu dessen Systematisierung entwickelt. Darüber hinaus wurden relevante theoretische Erkenntnisse sowie Konzepte im Zuge einer ausführlichen Theoriediskussion erarbeitet. Hierbei wurde sowohl auf den übergeordneten Bezugsrahmen (Internationale Unternehmen) als auch auf das Forschungsobjekt der Arbeit – dem Treasury-Management Internationaler Unternehmen – eingegangen. Bei der Empirie wurden zwei Einzelanalysen zum einen zum Cash-Management (kennzahlenbasierte Jahresabschlussanalyse) und zum anderen zur Bankensteuerung (Kontingenzanalyse) durchgeführt. Es wurden schwerpunktmäßig aktuelle Entwicklungen aufgezeigt. Darüber hinaus wurde eine dritte zusammenführende Analyse über den Zusammenhang der beiden zuvor einzeln analysierten Bereiche mittels mehrerer Regressionsmodelle durchgeführt.

Die wesentlichen aus diesem Vorgehen resultierenden Ergebnisse können wie folgt komprimiert sowie verallgemeinert zusammengefasst werden:

Ergebnisse theoriebasierte Analyse

- Das Treasury-Management Internationaler Unternehmen weist eine zunehmend strategische Ausrichtung auf. Diese wurde durch die Globale Finanzkrise nochmals verstärkt und positioniert das heutige Treasury-Management von Internationalen Unternehmen als gleichwertigen Businesspartner innerhalb der gesamten globalen Konzernorganisation. Das Treasury-Management hat sich somit innerhalb der obersten Führungsebene etabliert und entwickelte sich von einer ursprünglich rein administrativen Aufgabenstellung hin zu einer mitlenkenden strategischen Funktion. Die Treasury beansprucht somit heutzutage eine starke strategische und steuerungsbezogene Position in der Managementlehre und sollte daher in Zukunft auch als wesentliche Steuerungsfunktion bei Internationalen Unternehmen aufgefasst werden.

- Die zwei entwickelten theoriebasierten Treasury-Modelle (Treasury-Partner-Modell und Treasury-Management-Modell) bilden eine Diskussionsbasis sowie einen Rahmen zur Systematisierung strategischer und konzeptioneller Fragestellungen im Bereich des Treasury-Managements Internationaler Unternehmen und können als erste Basis für die Diskussion des neuartigen Treasury-Verständnisses gesehen werden.

- Insgesamt wurde ein holistisches Verständnis des Treasury-Managements von Internationalen Unternehmen geschaffen und eine Fortentwicklung hin zu einer strategischen Ausrichtung der Treasury nachgewiesen. Es wurde die Position zu anderen Funktionsbereich im Unternehmen abgegrenzt und ein umfassendes Verständnis auch im Gesamtunternehmenskontext etabliert.

Ergebnisse empirische Analyse

- Bei der Analyse des Cash-Managements zeigte sich im Zuge der Globalen Finanzkrise eine stark konservative Strategie einhergehend mit hohen Opportunitätskosten und einer zunehmend schlechten Effizienz (Cash-Umschlagsdauer erhöht) auf Grund einer verstärkten Vorhaltung von Kapitalpuffern im Vor- und Nachkrisenvergleich. Die Cash Conversion Cycle-Time konnte in den meisten der untersuchten Fällen nicht verkürzt werden, was auf erschwerte Bedingungen für das Cash-Management während des Untersuchungszeitraums hindeutet. Als ein scheinbar wesentlicher Faktor konnte hier die Globale Finanzkrise identifiziert werden.

- Bei der Analyse der Bankensteuerung wurde eine starke Intensivierung derselben während des Untersuchungszeitraums festgestellt. Es kam zu einem verstärkten Einsatz von Methoden und Steuerungskriterien mit Kontrahentenrisikobezug. Darüber hinaus wurde eine Zunahme an Partnerbanken beobachtet. Insgesamt konnten somit folgende zwei Trends ermittelt werden: (1) eine Art von „kontrahentenrisikobezogener Unabhängigkeitsstrategie", die den zunehmenden Fokus auf Kontrahentenrisiken beschreibt und (2) eine Zunahme der Berichterstattung über Partnerbanken, die auf eine Anwendung des Kernbankenprinzips und somit einen langfristigen Partnergedanken in der Bankensteuerung hinweist.

- Die zusammenführende Analyse der Einflüsse des Cash-Managements auf die Bankensteuerung lieferte Hinweise für ein abgestimmtes Vorgehen beider Bereiche. Darüber hinaus konnte belegt werden, dass die Höhe an vorgehaltenen liquiden Mitteln die Intensität der Bankensteuerung beeinflusst. Diese wird des Weiteren durch die Unternehmensgröße und die Art der Bankbeziehung tangiert. Die Existenz von Partnerbanken führt hier zu einer Intensivierung. Das oft zitierte Vertrauen innerhalb einer Bankbeziehung scheint somit aktuell zumindest bei den Groß-Unternehmen nicht gegeben zu sein. Der Einfluss der Globalen Finanzkrise auf die Intensität der Bankensteuerung zeigt sich hingegen bei der Regression als statistisch nicht signifikant.

Zusammenfassend kann somit in der heutigen Zeit von einem strategischen Treasury-Management Internationaler Unternehmen gesprochen werden, dass die Unternehmensentwicklung mitsteuert und als strategischer Partner des Business aufzufassen ist. Im Bereich der Bankensteuerung wählt die Treasury ihre Bankenpartner gezielt aus und bewertet diese unter Risikogesichtspunkten. Es kann daher von harten (unumstößlichen) Bedingungen bei der Bankenwahl gesprochen werden, wobei Partnerbanken prinzipiell bei entsprechender Erfüllung der Voraussetzungen als gewünscht erscheinen. Als Reaktion auf die Globale Finanzkrise reagierten die Bereiche „Cash-Management" und „Bankensteuerung" scheinbar mit einer abgestimmten Strategie und trugen so zur Risikobegrenzung bei. Im Bereich der Bankensteuerung wurde die kontrahentenrisikobezogene Steuerung erhöht und im Cash-Management wurde entsprechend die Liquiditätsvorhaltung intensiviert.

Diese Entwicklungen im Bereich des Treasury-Managements von Internationalen Unternehmen werden positiv bewertet und vor allem die strategische Ausrichtung der Treasury und somit der stärkere finanzielle Fokus in der heutigen Unternehmenssteuerung gewürdigt. Allerdings wird auch klar auf die bis heute fehlende Reflektion dieser Entwicklung in der allgemeinen Managementlehre hingewiesen. Es scheint eine Neupositionierung vonnöten. Dies kann jedoch nicht alleine durch diese Art geschehen, obgleich Entwicklungen aufgezeigt und erste Strukturierungs- und Verständnisansätze erarbeitet wurden.

Das sich anschließende Kapitel 5.1 geht nochmals ausführlich auf die Erkenntnisse aus dieser Arbeit im Detail ein. Es werden sowohl die wichtigen theoriebasierten Fortschritte (Modellentwicklungen etc.) als auch die empirischen Ergebnisse der vorliegenden Arbeit erläutert. Es findet darüber hinaus eine kritische Diskussion statt. In Kapitel 5.2 findet dann abschließend – basierend auf der zuvor erfolgten kritischen Betrachtung – eine Besprechung von möglichen weiteren Ansätze für die weiterführende Erforschung der spezifischen Fragestellungen dieser Arbeit sowie des Gesamtkontextes Treasury-Management Internationalen Unternehmen als eigenständigen Forschungsbereich statt.

5.1 Erkenntnisse aus der Arbeit

Die kritische Auseinandersetzung mit den Ergebnissen der vorliegenden Arbeit erfolgt gegliedert nach ihrer zweigeteilten Zielstellung. Zunächst wird die angestrebte theoretische Fundierung des Bereiches „Treasury-Management Internationaler Unternehmen" beleuchtet, um dann die empirischen Ergebnisse zum Cash-Management und der Bankensteuerung sowie deren Zusammenhänge kritisch zu hinterfragen.

Erkenntnisse aus der theoretischen Grunddiskussion

Die angestrebte Schaffung eines holistischen Verständnisses begann mit der Diskussion des übergeordneten Bezugsrahmens (Internationaler Unternehmen) und somit mit der Rahmenbedingungsdefinition. Anschließend würde die historische Entwicklung des Treasury-Managements Internationaler Unternehmen behandelt. Im Zuge dieser Abhandlung wurde eine Entwicklung von einer rein administrativen (zuarbeitenden) Finanzfunktion hin zu einem heute strategisch agierenden

Treasury-Management aufgezeigt. Hier hat speziell die Globale Finanzkrise nochmals zu einer Intensivierung und somit zur heutigen Positionierung des Treasury-Managements als gleichwertigen Partner innerhalb der Konzernorganisation geführt. Diese identifizierte Entwicklung wurde durch die Auswertung der IBM-Studie über mehrere Jahre praxisorientiert gespiegelt und bestätigt.

Inwieweit eine solche strategische Ausrichtung bereits dem dritten Level des Treasury-Partner-Modells (einem „Steering-Partner") entspricht oder eventuell doch eher dem zweiten Level „Business-Partner" mit einer zunehmenden strategischen Tendenz zuzuordnen ist, konnte nicht geklärt werden – war aber auch nicht Ziel der Arbeit. Dies bedarf vielmehr einer unternehmensindividuellen Prüfung. Essenziell ist jedoch die Erkenntnis, dass sich allgemein ein zunehmend strategisches Verständnis der Treasury sowohl in der Praxis als auch teilweise in der Theorie etabliert hat. Neben dieser wachsenden strategischen Ausrichtung des Treasury-Managements Internationaler Unternehmen konnte ergänzend eine umfassende Zieldiskussion geführt werden und hier folgende wesentliche Ziele, die mit der Grundidee des Shareholder Values nach Rappaport einhergehen, identifiziert werden: Liquiditätssicherung bzw. Zahlungsfähigkeit, Rentabilitätsstreben, Risikominimierung bzw. -steuerung und Unabhängigkeit (Art Nebenbedingung).

Das in diesem Kontext entwickelte Treasury-Partner-Modell ergänzt diese grundlegende Zieldiskussion durch ein übergreifendes Strategiemodell für das Treasury-Management Internationaler Unternehmen. Im Zuge dieses Modells wurde ein möglicher Entwicklungspfad einer Treasury-Management-Strategie über vier Stufen bzw. drei Level („Execution Partner", „Business Partner" und „Steering Partner") herausgearbeitet. Durch das Treasury-Partner-Modell wurde eine Basis für Strategiediskussionen des Treasury-Managements innerhalb von Unternehmen geschaffen und gleichzeitig ein Referenzpunkt für die „Reifegradbestimmung" (Level-Einordnung) gebildet. Im Rahmen dieser Arbeit konnte keine empirische Überprüfung des Modells durchgeführt werden, wodurch es einen rein theoriebasierten Charakter besitzt. Im Zuge der Modellentwicklung wurde darauf hingewiesen, dass der im Modell beschriebene Entwicklungspfad keinesfalls zwingend so verlaufen muss, sondern unternehmensindividuelle Abweichungen wahrscheinlich sind.

Weiterführend wurden drei Auswertungen zu dem Treasury-Management-Aufgabenspektrum durchgeführt, darunter auch eine eigenhändige Auswertung der Thematiken von insgesamt 131 Artikeln des Journal of Corporate Treasury Management (Volume 1 bis 4 mit 16 Heften). Aus den Ergebnissen (ähnlich bei allen Auswertungen) konnte auf einer Metaebene ein umfassendes Aufgabenspektrum für das Treasury-Management abgeleitet werden. Dieses umfasst im Wesentlichen folgende Aufgabenbereiche: Cash-Management, Risikomanagement, Bank-Relationship-Management, Finanzierungsentscheidungen, Investitionsentscheidungen und Finanzsteuerung.

Eine diesen Aufgaben sowie dem zuvor definierten Zielspektrum entsprechende Definition wurde hierauf basierend erarbeitet, wodurch der wesentliche Grundstein für ein umfängliches Verständnis des Treasury-Managements Internationaler Unternehmen gelegt wurde. Ergänzend wurde eine Abgrenzungsanalyse zu anderen Funktionsbereichen durchgeführt. Hierdurch wurde das holistische Verständnis komplementiert und in einen Gesamtunternehmenskontext eingeordnet. Die entwickelte Definition sowie die Ergebnisse der Ziel- bzw. Aufgabenspektrumsanalyse sowie der Abgrenzungsanalyse konnten dann als Grundlage für die Entwicklung des Treasury-Management-Modells verwendet werden. Das Modell dient zur Systematisierung des Treasury-Managements Internationaler Unternehmen. Es umfasst sechs Bereiche, wobei der Bereich „Finanzielle Steuerung" als koordinierender Zentralbereich fungiert und die „Treasury-Organisation" als Fundament für die anderen Bereiche dient. Als wesentliche Aufgabenbereiche sind des Weiteren in dem Modell die Bereiche „Finanzierungsentscheidungen", „Anlageentscheidungen", „Cash-Management" und „Risikomanagement" enthalten. Das „Bank-Relationship-Management" wird im Modell als ein Querschnittsbereich, dessen Aufgaben auch anderen Bereichen zuordenbar sind (Cash-Management und Risikomanagement), aufgefasst. Alle Teilbereiche des Modells stehen untereinander in einer engen Verbindung. Sie sind nicht autark, sondern stehen in (reger) Interaktion, wodurch die Komplexität nochmals deutlich wird. Insgesamt kann das Treasury-Management-Modell zur Systematisierung verschiedener treasury-spezifischer Fragestellung herangezogen werden. Es bildet die Grundlage für die durchgeführte Fokussierung sowie weiterführende Erörterung theoretischer Details.

Es wurde somit ein holistisches Verständnis der Treasury von Internationalen Unternehmen geschaffen. Durch die Entwicklung des Treasury-Partner-Modells und des Treasury-Management-Modells wurde ein theoriebasierter Rahmen sowohl für die strategische Diskussion als auch für die fachspezifische Falldiskussion erarbeitet und so ein essenzieller Beitrag zur wissenschaftlichen Diskussion über das Treasury-Management geleistet. Die so beschriebene strategische Neupositionierung des Treasury-Managements Internationaler Unternehmen verdeutlicht die heutzutage von der Treasury beanspruchte stark steuerungsbezogene Position in der Managementlehre. Ein entsprechendes Verständnis sollte auch in der Wissenschaft zukünftig weiterführend diskutiert und analysiert werden.

Erkenntnisse aus der theoretischen Detail-Diskussion

Die nach der Schaffung eines holistischen Verständnisses geführte theoretische Detaildiskussion im Rahmen der Schwerpunktsetzung der Arbeit (Cash-Management und Bankensteuerung) führte neben der umfassenden Darstellung relevanter Aspekte zu den folgenden wesentlichen Erkenntnissen:

Im Zuge der Methodendiskussion des Cash-Managements und einer abschließenden Betrachtung der Unterschiede zwischen Inhouse-Banking und bankbezogenem Cash-Management wurde deutlich, dass Unternehmen in keinem Fall auf Banken verzichten können. Darüber hinaus wurde klar, dass der Begriff „Inhouse-Bank" keine Bank im klassischen Sinne (des KWGs) darstellt, sondern vielmehr lediglich eine Reihe von Funktionen des Treasury-Managements umfasst. Hierdurch wurde auch deutlich, dass ein eventueller Ruf nach starker Regulierung dieser Bereiche nicht notwendig ist, da sich die Aktivitäten rein auf das jeweilige Unternehmen und nicht auf die Konzernaußenwelt beziehen. Für unternehmensexterne Finanzierungstätigkeiten werden z. B. für die Absatzfinanzierung konzerneigene Banken gegründet, die jedoch bereits reguliert werden.

Bei der theoretischen Detaildiskussion des Schwerpunktes „Bankensteuerung" konnte neben der ausführlichen Diskussion von Beziehungsarten zwischen Unternehmen und Bank – inklusive der Vorstellung eines praxisnahen Ansatzes (dem Tier-Bank-System – sowie der grundlegenden Aspekte der Bankensteuerung ein schematischer Bankensteuerungsprozess hergleitet werden. Dieser schematische Prozessablauf stellt auf einer stark aggregierten Ebene eine Möglichkeit für weiterführende Detaildiskussionen sowie der Erörterung von Ausgestaltungsvarianten der Bankensteuerung dar. Es konnte somit durch diese Prozessschemaentwicklung und der Sammlung von Steuerungskriterien/-aspekten (quantitative und qualitative) im Kontext der bankensteuerungsbezogenen Ausführungen eine Basis für weiterführende Diskussionen – auch auf der operativen Detailebene – geschaffen werden.

Bei den auf das Risikomanagement bezogenen Aspekten der Bankensteuerung lag der Schwerpunkt auf dem durch die Globale Finanzkrise stark in den Fokus getretenen Thema des Kontrahentenrisikos von Banken. Hier wurde nach einer grundsätzlichen Einführung in die Thematik „Risikomanagement" zunächst eine prinzipielle Einordnung durchgeführt sowie die Wichtigkeit und Aktualität des Themas herausgearbeitet. Bei der Detailanalyse wurden alle relevanten Aspekte einer Risikoermittlung im Zuge eines Bankensteuerungsprozesses sowie mögliche Steuerungsmaßnahmen erörtert. Bei der Bewertung der Risikoermittlungsmethoden wurde sich für einen kombinierten Methodeneinsatz – auf Grund von Schwachstellen bei einer Einzelverwendung – ausgesprochen. Hier erscheint gerade der kombinierte Einsatz von Ratings und CDS-Spreads als sinnvoll. Bei der Diskussion der Steuerungsmethoden wurde eine Schrittfolge für den Einsatz verschiedener Methoden aufgezeigt und für folgende Abfolge plädiert: (1) Risikobegrenzung, (2) Risikodiversifikation und (3) Risikoabsicherung. Durch diese Anwendungsreihenfolge wird das Risiko auf Unternehmensseite stetig reduziert. Darüber hinaus ist sie mit dem entwickelten Bankensteuerungsprozess kompatibel.

Insgesamt wurde so eine umfassende theoretische Basis für die empirische Analyse des Cash-Managements und der Bankensteuerung geschaffen und gleichzeitig Position zu wesentlichen Teilbereichen – speziell im Bereich der Bankensteuerung – bezogen. Es wurde keine reine Theorieaufarbeitung betrieben, sondern vielmehr auch in der theoretischen Detailanalyse ein Beitrag zur wissenschaftlichen Diskussion geleistet.

Erkenntnisse aus der durchgeführten Empirie

Im Folgenden werden die Ergebnisse der drei durchgeführten empirischen Analysen der Arbeit abschließend besprochen. Es werden die westlichen Ergebnisse komprimiert dargelegt und kritisch diskutiert. Zunächst wird jedoch auf die verwendete Datenbasis kritisch eingegangen.

Kritische Diskussion der verwendeten Datenbasis

Im Bereich „Cash-Management" wurde auf die Worldscope-Datenbank von Thomson Reuters zurückgegriffen und Lücken innerhalb der Datenbank eigenhändig geschlossen. In diesem Bereich liegt somit eine absolut verlässliche Datenbasis vor.[1331]

Im Bereich der Bankensteuerung wurde auf Grund der Nichtverfügbarkeit von Datenbanken etc. ein anderes Vorgehen gewählt. Es wurde auf die Möglichkeit der Informationsgewinnung aus Jahresabschlüssen zurückgegriffen und eine Art von qualitativer Jahresabschlussanalyse durchgeführt. Durch diese Auswertung der verbalen Berichterstattung wurde eine eigenständige und durch handverlesene Informationen gebildete Datenbasis aufgebaut. Eine Schwachstelle dieses Vorgehens liegt jedoch darin, dass Unternehmen, die nach IFRS berichten, keine verpflichtende Berichterstattung über Bankensteuerung durchführen müssen. Eine implizierte Berichterstattungspflicht auf Grund der verpflichtenden Offenlegung der Risikosituation der Unternehmung im Anhang (Risikobericht) besteht allerdings schon. Gerade vor dem Hintergrund der Globalen Finanzkrise und speziell auf Grund der hohen Kontrahentenrisiken der Banken, ist eine Berichterstattung über die Bankensteuerung anzunehmen. Dies belegen auch die Zahlen der späteren Auswertung. So berichten in 2006 84,6% und in 2010 90,7% der Unternehmen der Stichprobe über Bankensteuerung. Die Repräsentativität für das gewählte Sample erscheint somit als gegeben. Ein erheblicher und nicht vernachlässigbarer Vorteil dieser Form der Datengewinnung – im Vergleich zu einer Fragebogenerhebung – ist der Wegfall von Ungenauigkeiten im Antwortverhalten der Befragten, gerade bei einer retrospektiven Erhebung (Stichwort: Negativitäts-Bias, Self-Serving Bias der Rückschaufehler). Insgesamt wurde bei der Bankensteuerung somit der bestmögliche Weg der Datengewinnung beschritten. Die oben ausgeführte Schwach-

---

[1331] *Der Zugang zu dieser Datenbank war über den Sonderforschungsbereich 649 Ökonomisches Risiko der Humbold-Universität zu Berlin möglich. An dieser Stelle wird sich nochmals hierfür herzlich bedankt.*

stelle ist jedoch existent und muss auf Grund der Gegebenheiten (Datenverfügbarkeit) akzeptiert werden.

Ergebnisse der Analyse des Cash-Managements im Kontext der Globalen Finanzkrise

Die Überprüfung der formulierten Thesen zum Cash-Management wurde mittels einer quantitativen Kennzahlenanalyse durchgeführt. Die These I_{CM} konnte hierbei nicht bestätigt werden. Die Mehrzahl der Stichprobenunternehmen konnte ihre CCCT im Zuge der Globalen Finanzkrise (bzw. während des Untersuchungszeitraums) nicht verkürzen. Es zeigte sich bspw. bei der Betrachtung des kompletten Untersuchungszeitraums, dass eine Gleichverteilung an Unternehmen vorliegt, bei denen sich die CCCT verkürzt bzw. verlängert hat. Bei einer ausschließlichen Betrachtung der Krisenjahre der Globalen Finanzkrise ergab sich ein ähnliches Bild, welches die These I_{CM} ebenfalls widerlegte (elf Mal CCCT „verkürzt", neun Mal „verlängert" und einmal „ konstant"). Die weiterführende vertiefende Analyse der Komponenten des Cash Conversion Cycles ergab, dass diese Verlängerung der CCCT wohl durch unternehmensexterne Faktoren ausgelöst wurde und scheinbar durch die Globale Finanzkrise beeinflusst war.

Verallgemeinert kann daher davon gesprochen werden, dass die untersuchten Unternehmen mit Optimierungsproblemen im Zuge der Globalen Finanzkrise im Bereich des CCC kämpften. Hierbei ist die Globale Finanzkrise als zumindest ein auslösender Faktor zu benennen. Es ist bspw. von einer zunehmenden Verschlechterung der Zahlungsmoral von Kunden auszugehen; so deutet die Teilkomponentenanalyse des CCC darauf hin, dass auch die analysierten Unternehmen versucht haben, zum einen Kapital so lange wie möglich im Unternehmen zu halten (Verlängerung DPO – speziell bei den DAX-Unternehmen) bzw. schneller Kapital durch das operative Geschäft zu bekommen (Verkürzung DSO – speziell bei den MDAX-Unternehmen). Dies alles deutet letztendlich auf eine erhöhte Liquiditätsvorhaltung im Zuge der Globalen Finanzkrise hin. Es wurden somit bereits bei der Überprüfung der These I_{CM} Hinweise für die Gültigkeit der These II_{CM} gefunden.

Die Ergebnisse der Überprüfung der These II_{CM} bestätigten dann diese Vermutung. Es konnte klar nachgewiesen werden, dass die Stichprobenunternehmen ihre Liquiditätsvorhaltung im Zuge der Globalen Finanzkrise stark erhöht haben. Die Ausmaße dieser Erhöhung werden sehr schnell deutlich, wenn man sieht, dass über ein Drittel (36,4%) der untersuchten DAX-Unternehmen und mehr als die Hälfte (51,6%) der MDAX-Unternehmen ihre Cash-Bestände im Vor- und Nachkrisenvergleich (jeweils ein Jahr) mehr als verdoppelt haben. Es ist hierbei davon auszugehen, dass die Unternehmen sich auf Grund der Unsicherheiten im globalen Finanzsystem (u.a. drohende Kreditrationierung und evtl. negative Auswirkungen auf die Realwirtschaft) zur Liquiditätssicherung Kapitalpuffer aufbauten. Sie nahmen hohe Opportunitätskosten in Kauf. Es kann somit von einem konservativen Cash-Management im Kontext der Globalen Finanzkrise gesprochen werden.

Die weiterführende Analyse der Cash-Management-Effizienz zeigte eine eindeutige Effizienzverschlechterung. Sowohl bei den untersuchten DAX- als auch MDAX-Unternehmen erhöhte sich die Cash-Umschlagsdauer. Bei den untersuchten DAX-Unternehmen kam es bei über 60,0% zu einer Erhöhung (Ergebnisse bei Betrachtung des gesamten Untersuchungszeitraums und der reinen Krisenjahre). Bei den MDAX-Unternehmen liegt der Prozentsatz bei ca. 80,0% während des Untersuchungszeitraums und ist mit ca. 81% nochmals leicht höher während den Krisenjahren.

Bezieht man die Bestätigung der These II_{CM} und somit die festgestellte erhöhte Vorhaltung liquider Mittel im Vor- und Nachkrisenvergleich bei der Betrachtung der Effizienz des Cash-Managements mit ein, so ist der identifizierte Effizienzrückgang nachvollziehbar. Auf Grund der wohl durch die Globale Finanzkrise ausgelösten und scheinbar gezielten Vorhaltung von hohen liquiden Mittel zur Onging Concern-Sicherung wurden einerseits hohe Opportunitätskosten akzeptiert und andererseits eine damit einhergehende Verschlechterung der Effektivitätskennzahlen des Cash-Managements in Kauf genommen. Allgemein ist eine solche Entwicklung zunächst als nicht besonders beunruhigend und als typisches Vorgehen in Krisensituationen zu werten. Gerade vor dem Hintergrund der Globalen Finanzkrise erscheint eine hohe Kapitalvorhaltung und somit die Inkaufnahme hoher Opportunitätskosten weniger beunruhigend, als eine aggressive Cash-Management-Strategie, die bei einem Wegbrechen externer Finanzierungsquellen zur akuten Insolvenzgefahr führen würde. Nimmt man jedoch an, dass sich diese Entwicklung langfristig manifestiert, so ändert sich das Bild und es rücken potenzielle Gefahren in den Vordergrund. Durch ein permanentes hohes Niveau an Kapitalpuffern kann es theoretisch zu einer zu geringen Investitionsneigung kommen, da nicht genügend Geld für Investitionen bereitsteht. Dies könnte dann wiederum zu konjunkturellen Problemen führen und somit eine Beibehaltung der hohen Kapitalpuffer rechtfertigen, wodurch sich theoretisch ein Teufelskreis ergeben kann (allerdings nur, wenn viele Unternehmen diesen Weg beschreiten). Insgesamt sind die Ergebnisse vor dem Hintergrund der Ausmaße der Globalen Finanzkrise nicht verwunderlich und bestätigen die übliche Vermutung einer erhöhten Kapitalvorhaltung in Krisenzeiten. Es kann daher davon gesprochen werden, dass die Globale Finanzkrise die Cash-Management-Aktivitäten der untersuchten Unternehmen negativ beeinflusst hat und zu einer stark konservativen Cash-Management-Strategie führte.

Ergebnisse der Analyse der Bankensteuerung im Kontext der Globalen Finanzkrise

Die Ergebnisse der durchgeführten deskriptiven Auswertung sowie der weiterführenden Kontingenzanalyse zur Bankensteuerung im Kontext der Globalen Finanzkrise bestätigten vier der fünf formulierten Thesen.

These I_{BS} wurde bestätigt, da die bankensteuerungsbezogene Berichterstattung der Stichprobenunternehmen während des Untersuchungszeitraums und speziell in 2007 und 2008 zunahm. Allgemein ist die Entwicklung der Berichterstattungszunahme in zwei Phasen einzuteilen: 1. Phase mit starker Zunahme der Berichterstattungsintensität am Anfang und in der Mitte der Globalen Finanzkrise und die 2. Phase am Ende sowie ein Jahr nach der Globalen Finanzkrise mit einem eher moderateren Anstieg. Statistisch zeigte sich ein mittelstarker hoch signifikanter Zusammenhang zwischen Berichterstattungsintensität und Globaler Finanzkrise (Cramer V 0,511; näherungsweise Signifikanz 0,000). Diese zweigeteilte Entwicklung ist auf Grund der zunehmenden Kontrahentenrisiken von Banken und vor dem Hintergrund der Berichterstattungspflicht über die Risikosituation der Unternehmung im Anhang (Risikobericht) nachvollziehbar. Als die diesbezügliche Risikolage am gefährlichsten erschien und am schwersten abschätzbar war, wurde über resultierende Risiken verstärkt berichtet, so auch im Falle der Bankensteuerung. Dass die Berichterstattung auch noch nach den Hauptkrisenjahren intensiviert wurde, deutet darauf hin, dass sich scheinbar aus der zunehmenden Kontrahentenrisikoorientierung der Bankensteuerung ein Trend etabliert. Inwieweit dies positiv ist, wird später noch ausführlich diskutiert.

In Bezug auf die eingesetzten Steuerungskriterien zeigen die Ergebnisse der diesbezüglichen Auswertung eine eindeutige Dominanz von Steuerungskriterien mit Kontrahentenrisikobezug. Als Hauptkriterium wurde Bonität identifiziert. Eine Spezifizierung fand jedoch bei nur ca. 40% der untersuchten Unternehmen statt. Im Falle einer Detaillierung wurden bei nahezu 100% der Fälle Ratings angegeben. Am zweithäufigsten mit 11,5% der Fälle wurden CDS-Spreads genannt. Prinzipiell wird in den meisten Fällen eine hohe bis sehr hohe Mindestbonität gefordert (Rating im Investment Grade-Bereich etc.). Marktbezogene Steuerungskriterien tauchen in der analysierten Berichterstattung erstmals ab dem Jahr 2008 auf. Sie spielten vor der Globalen Finanzkrise somit keine Rolle, gewannen jedoch in deren Verlauf zunehmend an Bedeutung. Es kann daher zwar von einer zunehmenden Verbreitung gesprochen werden, die dominierende Rolle haben jedoch weiterhin Ratings inne. Auf Grund dieser Ergebnisse wurde These II_{BS} und IV_{BS} bestätigt. Die empirischen Ergebnisse passen darüber hinaus zu dem geforderten kombinierten Methodeneinsatz von Ratings und CDS-Spreads. Die sich zeigende zunehmende Marktorientierung ist als positiv zu werten, da so schneller auf krisenhafte Entwicklungen reagiert werden kann. Allerdings darf es zu keiner ausschließlichen Verwendung marktbezogener Kriterien kommen, da ansonsten die

Gefahr einer Überreaktion auf Grund von emotionalen Reaktionen an den Märkten bestehen würde.

Bei der Analyse des Steuerungsmethodeneinsatzes zeigte sich, dass an erster Stelle der Ausschluss von riskanten Geschäftspartnern steht. An zweiter und dritter Stelle folgen Limitsysteme und Diversifikation. Alle drei dieser Methoden weisen einen Verbreitungsanstieg auf, wobei bspw. bei der Diversifikation der Hauptanstieg von 2007 auf 2008 stattfand und Limitsysteme ab 2008 einen prozentual nahezu konstanten Verbreitungsanteil aufweisen. Der kombinierte Einsatz mehrerer Methoden nimmt ebenfalls zu. Die untersuchten Unternehmen setzen ab 2009 eher eine Kombination als eine Einzelmethode ein. These III_{BS} wurde somit bestätigt. Diese Art des Methodeneinsatzes passt weitestgehend zu dem auf Grund der theoretischen Ausführungen vorgeschlagenen Ansatz zur Kontrahentenrisikosteuerung. Auffällig ist jedoch, dass keine Berichterstattung über die Risikoabsicherung existiert und somit wohl auch keine Risikoabsicherung erfolgt. Aus theoretischer Sicht wäre dies jedoch unter gewissen Umständen sinnvoll. Insgesamt kann jedoch davon gesprochen werden, dass der empirisch ermittelte Einsatz von Steuerungskriterien und -methoden in der Praxis mit dem in dieser Arbeit erarbeiteten theoretischen Ansatz sich weitestgehend deckt und somit von einer theoriekonformen Bankensteuerung in der Unternehmenspraxis gesprochen werden kann.

Die bisherigen Ergebnisse deuten auf eine zunehmende Kontrahentenrisikoorientierung hin. Bei der Untersuchung der vorliegenden Art von Bankbeziehungen zeigte sich jedoch ein zweiter Trend. Es konnte eine Zunahme der Berichterstattung über die Existenz von Partnerbanken und somit eine Zunahme des Bestrebens der Etablierung von langfristigen Bankbeziehungen mit einem gewissen Grad an Vertrauen und Konstanz festgestellt werden. Ungefähr ein Fünftel der untersuchten Unternehmen versucht, scheinbar durch den Aufbau von Bankpartnerschaften eine gewisse Stabilität und somit auch Sicherheit in ihre Bankbeziehungen zu integrieren. Auffällig hierbei ist, dass keines der Unternehmen von einer Hausbank im Sinne des Hausbankenprinzips berichtet, sondern vielmehr von Partnerbanken (im Plural!) bzw. einem Kreis von Kernbanken. Es ist somit zu vermuten, dass die Unternehmen, die scheinbar auf enge Geschäftsbeziehungen zu ihren Banken setzen, eine Art von Kernbankenprinzip (bzw. evtl. Tier-Bank-System) verfolgen.

Insgesamt existieren somit zwei gegenläufige Trends: (1) eine Art von „kontrahentenrisikobezogene Unabhängigkeitstrategie", die den zunehmenden Fokus auf Kontrahentenrisiken beschreibt und somit Banken rein als Kontrahenten sieht, deren Kontrahentenrisiko begrenzt werden sollte (ohne vordergründigen langfristigen Partnergedanken) und (2) eine Zunahme der Berichterstattung über Partnerbanken, die auf eine Anwendung des Kernbankenprinzips (bzw. Tier-Bank-Prinzips) und somit auf einen langfristigen Partnergedanken in der Bankensteuerung hinweist. Auf Grund dieser uneinheitlichen Tendenzen kann die These V_{BS} nicht als bestätigt angesehen werden.

Ordnet man diese Entwicklungen vor dem Hintergrund der Globalen Finanzkrise ein, so ist die zunehmende Orientierung an Kontrahentenrisiken im Zuge der Bankensteuerung als positiv zu werten. Es bedurfte und bedarf wohl auch weiterhin einer verstärkten Überwachung von Banken vor dem Hintergrund der zunehmenden krisenhaften Entwicklungen in diesem Bereich. So mussten in der jüngeren Vergangenheit immer wieder Banken gerettet bzw. gestützt werden (Stichwort: Globale Finanzkrise und europäische Staatsschuldenkrise). Dies sollte als Indikator dafür gesehen werden, dass Banken zunehmend als unsichere Kontrahenten einzustufen sind. Inwieweit bei Krisen die Prinzipien „lender of last resort „ oder „to-big-to-fail" noch greifen, ist nach der Insolvenz der Investmentbank Lehman Brother fraglich. Eine intensive und professionelle Bankensteuerung mit festen Kriterien für die Risikovermeidung und Unabhängigkeitsbewahrung gegenüber Banken ist somit essenziell und kann mit zur Vermeidung einer Risikoübertragung auf Unternehmen beitragen. Eine weiterführende Etablierung von spezifischen bankenrisikobezogenen Steuerungskriterien und Methoden im Zuge der Bankensteuerung auf Unternehmensseite ist daher zu begrüßen. Hierbei sollte jedoch eine ausschließliche Marktorientierung vermieden werden. Vielmehr sollte eine Methodenkombination mit fundamentalen Kriterien stattfinden.

Insgesamt wird sich prinzipiell für die Etablierung eines Tier-Bank-Systems mit dem Ziel einer langfristigen Bankbeziehungspflege einhergehend mit einer permanent kontrahentenrisikobezogenen Überwachung und somit einem sofortigen Ausschluss von Tier-Banken mit hohem Risiko ausgesprochen. Ein solches Szenario wird durch die Identifizierung der zwei gegenläufigen Trends in Bezug auf die existierende Art der Bankbeziehung gestützt. Scheinbar verfolgen schon heute einige Unternehmen einen solchen oder zumindest ähnlichen Ansatz. Schlussfolgernd wird somit in Zukunft wohl aus Unternehmenssicht zwar versucht werden, langfristige Partnerschaften mit Banken einzugehen, jedoch nur, solange die Banken eine entsprechende Bonität vorweisen.

Ergebnisse der zusammenführenden Analyse des Cash-Managements und der Bankensteuerung

Die Ergebnisse der beiden Einzelanalysen (Cash-Management und Bankensteuerung) im Kontext der Globalen Finanzkrise deuten auf ein weitestgehend aufeinander abgestimmtes Vorgehen (Strategie) hin. Beide Bereiche reagierten scheinbar auf die erhöhten Kontrahentenrisiken der Banken sowie auf die allgemein als unsicher einzustufende Situation an den internationalen Finanzmärkten sowie der Weltwirtschaft in der Weise, dass entsprechende Risikosicherungsmaßnahmen durchgeführt wurden. Im Bereich der Bankensteuerung wurde die kontrahentenrisikobezogene Steuerung erhöht und im Cash-Management wurde entsprechend die Liquiditätsvorhaltung intensiviert. Beides kann als ein aufeinander abgestimmtes Vorgehen zur Sicherung des Ongoing Concern-Zieles der Unternehmung interpretiert werden. Durch Intensivierung der Liquiditätshaltung mit einer gleichzeitig verstärkten Bankensteuerung wird die kurzfristige Finanzierung des Unternehmens sowie die hierfür vorgehaltenen liquiden Mittel gesichert.

Die Überprüfung dieser Vermutung – mittels eines multiplen linearen Regressionsmodells mit heteroskedastizität-konsistenten Schätzern – sowie die Analyse weiterer Einflussfaktoren, die auf die Intensität der Bankensteuerung von Internationalen Unternehmen wirken, ergab, dass die Intensität der Bankensteuerung durch die Höhe der vorgehaltenen liquiden Mittel beeinflusst wird und somit ein statistisch signifikanter Zusammenhang zwischen Cash-Management und Bankensteuerung existiert. Der ermittelte Regressionskoeffizient (β_{Cash}=0,103) zeigt eine positive Wirkbeziehung zwischen der Höhe der vorgehaltenen liquiden Mittel und der Intensität der Bankensteuerung. Dies kann betriebswirtschaftlich wie folgt interpretiert werden: Hohe Sichtguthaben als Kapitalpuffer unterliegen den Kontrahentenrisiken der kontoführenden Banken. Je höher diese Sichtguthaben sind, desto intensiver sollte ein Monitoring von Konditionen und Risiken im Kontext der Geldanlage existieren. Eine Bankensteuerungsintensivierung erscheint daher bei einer Erhöhung der vorgehaltenen Liquidität als sinnvoll und ratsam. Fasst man die Höhe der Kapitalpuffer als Indikator für die Effizienz des Cash-Managements auf, so ist zu vermuten, dass Unternehmen mit einem tendenziell ineffizienteren Cash-Management eine intensivere Bankensteuerung betreiben sollten. Hierbei ist sicherzustellen, dass jederzeit Kreditlinien für eine eventuell notwendige Überbrückung von Liquiditätsengpässen existieren. Es existiert somit ein starkes Indiz für eine abgestimmte Strategie zwischen Cash-Management und Bankensteuerung.

Darüber hinaus ist als Ergebnis der Regressionsanalyse festzuhalten, dass umsatzstärkere (größere) Unternehmen eine intensivere Bankensteuerung betreiben als umsatzschwächere. Dieses kann bspw. über die oft mit einem Umsatzwachstum einhergehende bessere Kapitalverfügbarkeit erklärt werden. Es steht daher wohl auch für die Bankensteuerung und somit auch für die Überwachung von Kreditlinien, die u.a. zur Working Capital-Finanzierung und somit zur Umsatzfinanzierung benötigt werden, bereit.

Die interessantesten und so nicht erwarteten Ergebnisse der Regressionsanalyse sind jedoch, dass zum einen die Globale Finanzkrise keinen statistisch signifikanten Einfluss auf die Intensität der Bankensteuerung hat und zum anderen Unternehmen mit Partnerbanken eine intensivere Bankensteuerung betreiben als solche ohne Partnerbanken. Der nichtsignifikante Einfluss der Globalen Finanzkrise auf die Bankensteuerung ist vor den Ergebnissen der Kontingenzanalyse nur schwer nachvollziehbar. Dort wurden Hinweise für Zusammenhänge identifiziert. Es ist jedoch denkbar, dass andere Einflüsse, die auf die Bankensteuerung einwirken, so stark sind, dass der Effekt der Hauptkrisenjahre der Globalen Finanzkrise bei einer gemeinsamen Betrachtung vergleichsweise keinen signifikanten Einfluss hat oder aber über die anderen Effekte indirekt übertragen wird und somit bei einer gemeinsamen Betrachtung im Vergleich zu einer Einzelbetrachtung nicht mehr signifikant ist; zumal es nur schwer möglich ist, einen konkreten Zeitraum für das Anhalten der Globalen Finanzkrise zu definieren. Die Feststellung, dass Unternehmen mit Partnerbanken eine intensivere Bankensteuerung betreiben als solche ohne Partnerbanken, liefert ein weiteres Indiz für die vermutete Entwicklung hin zu einem Tier-Bank-System mit intensivem Kontrahentenrisikobezug (siehe weiter oben). Es ist davon auszugehen, dass trotz einer partnerschaftlichen Grundidee auch bei Partnerbanken aktuell sehr stark auf die Rahmenbedingungen der Bankbeziehung (Risiko und Konditionen) geschaut wird. Die Unternehmen scheinen nicht mehr bereit zu sein, sich auf Grund langjähriger Erfahrung mit einer Bank auf diese festzulegen, sondern es werden vielmehr aktiv die Rahmenbedingungen und dort speziell die Risikosituation der Bank geprüft. Darüber hinaus ist denkbar, dass durch eine solche intensive Bankensteuerung der Wettbewerbsdruck auf die Partnerbanken hochgehalten werden soll.

Abschließende und stark verallgemeinerte Zusammenfassung der Ergebnisse der Arbeit

Die Untersuchungen der Arbeit haben gezeigt, dass das Treasury-Management von Internationalen Unternehmen eine zunehmend strategische Rolle im Kontext der Unternehmenssteuerung einnimmt. Es etabliert sich neben dem originären Primärgeschäft der Unternehmung als ausschlaggebende und mitbestimmende Instanz. Die empirische Untersuchung des Cash-Managements und der Bankensteuerung lieferten darüber hinaus das Ergebnis, dass die Internationalen Unternehmen der untersuchten Stichprobe eine weitestgehend aufeinander abgestimmte Strategie im Bereich „Cash-Management" und „Bankensteuerung" im Kontext der Globalen Finanzkrise verfolgten. Beide Bereiche reagierten auf die erhöhten Kontrahentenrisiken der Banken und ergriffen entsprechende Risikosicherungsmaßnahmen. Im Bereich der Bankensteuerung wurde die kontrahentenrisikobezogene Steuerung erhöht und im Cash-Management wurde entsprechend die Liquiditätsvorhaltung intensiviert. Beides trug zur Ongoing Concern-Sicherung bei.

Im Bereich der Bankensteuerung auf Unternehmensseite kann davon gesprochen werden, dass die Bedingungen der Bankenwahl hart sind. Es werden zwar Partnerbanken gewünscht, aber nur unter der Voraussetzung, dass sie die vom Unternehmen festgelegten Voraussetzungen erfüllen; ansonsten wird die Bankbeziehung schnellstmöglich wieder beendet und eine andere „sichere" Bank rückt nach.

5.2 Weiterführende Forschungsmöglichkeiten

Die Ergebnisse dieser Arbeit haben einige wesentliche Erkenntnisse im Bereich „Treasury-Management Internationaler Unternehmen" geliefert, sie stellen jedoch für die umfassende Erforschung des Treasury-Managements von Internationalen Unternehmen nur einen ersten – wenn auch essenziellen – Schritt dar. Es wäre jedoch wünschenswert, dass in weiterführenden Arbeiten bspw. das in dieser Arbeit entwickelte Treasury-Management-Modell – zur Systematisierung des Treasury-Managements von Internationalen Unternehmen – um weitere Sub-Modelle erweitert werden würde. Diese Sub-Modelle zu den in dem Modell enthaltenen treasury-spezifischen Aufgabenbereichen könnten dann neben der strategischen Dimension auch die operationelle Dimension (das Tagesgeschäft) des Treasury-Managements abbilden und so zur weiteren theoretischen Fundierung beitragen. Im Hinblick auf das Treasury-Partner-Modell wäre eine ergänzende empirische Untersuchung bezüglich tatsächlicher Entwicklungspfade von Treasury-Management-Abteilungen in Internationalen Unternehmen mittels einer Fallbeispielanalyse wünschenswert. Im Rahmen einer solchen Untersuchung könnten dann bspw. alternative Entwicklungswege aufgezeigt und deren Vorteile bzw. Nachteile zu dem im Modell postulierten idealtypischen Entwicklungspfad herausgearbeitet werden. Prinzipiell sind weiterführende Untersuchungen, die auch die operative Dimension des Treasury-Managements (das Tagesgeschäft) mit einbeziehen zu begrüßen. Hier ist jedoch mit einer sehr starken unternehmensindividuellen Ausprägung und einer höchst komplizierten Datenlage (Verfügbarkeit) zu rechnen, wodurch das Ableiten allgemeingültiger Erkenntnisse nur schwer möglich sein wird.

Im Hinblick auf den empirischen Teil dieser Arbeit erscheint eine Überprüfung der Ergebnisse vor dem Hintergrund der europäischen Staatsschuldenkrise hoch interessant. Hier kann die beschriebene Entwicklung des Cash-Managements bzw. der Bankensteuerung weiterführend untersucht werden. Darüber hinaus sind Studien im Kontext der Globalen Finanzkrise mit anderem Länderschwerpunkt (z. B. ein US-amerikanisches Sample) erstrebenswert. Die dortigen Ergebnisse sowie die Ergebnisse dieser Arbeit können dann für einen weiterführenden internationalen Vergleich verwendet werden. Das in dieser Arbeit verwendete übergreifende Regressionsmodell zu den Einflussfaktoren auf die Bankensteuerung (inkl. Zusammenhang Cash-Management) könnte um weitere Variablen erweitert werden, um so eine Spezifizierung der Ergebnisse zu erreichen. Hier erscheinen u.a. folgende Aspekte als Modellerweiterung sinnvoll: Höhe der gewährten Kreditlinien (ausgeschöpfte und offene), Bankbeziehungsdauer und Anzahl an Bankbeziehungen etc.

Im Hinblick auf die schlechte Datenverfügbarkeit im Kontext des Treasury-Managements wäre der Aufbau einer Datenbank wünschenswert. Diese könnte bspw. für ein festgelegtes Sample durch eine regelmäßige Fragenbogenerhebung aufgebaut werden. Mit Hilfe einer solchen Datenbank könnten zukünftige Arbeiten auf eine stabilere Datenbasis zurückgreifen als es in dieser Arbeit möglich war. In diesem Kontext wäre eine möglichst umfassende Erhebung zu den verschiedenen Treasury-Management-Bereichen erstrebenswert.

Die Ergebnisse der vorliegenden Arbeit bilden somit einen Anfang und vielleicht sogar einen Grundstein für eine umfassende Erforschung der Facetten des Treasury-Managements Internationaler Unternehmen. Speziell das geschaffene holistische Verständnis kann als Diskussionsgrundlage für weitere Forschungen fungieren. Es wäre wünschenswert, wenn die Ausführungen im Rahmen dieser Arbeit andere Wissenschaftler dazu ermutigen würden, sich der Thematik anzunehmen und ein eigenständiger Forschungsstrang etabliert werden würde.

Anhang

Anhang 1: *Auswertung Artikelthemen Journal of Corporate Treasury Management*

Themen im Bereich "Sonstiges"	[Bd. 1 | Nr. 1] – Juli 2007 (1) Insurance (2) Treasury-Management in Africa (3) Treasury-Management Best Practice (Organization)	[Bd. 1 | Nr. 2] – Okt. 2007 (1) Credit Ratings for Seniority Level (2) SEPA (3) Surplus-Focused Pension Solution	[Bd. 1 | Nr. 3] – Feb. 2008 (1) Treasury-Organisation	[Bd. 1 | Nr. 4] – Juni 2008 (1) Share Buybacks (2) Outsourcing (SSC) (3) Business-to-Treasury Bridge (4) Organization (5) Foreign Exchange Market (6) Treasury Function Consolidation (7) Over-the-Counter Derivatives Market
Sonstiges	4	3	1	7
Investor Relation	-	-	-	-
Merquers & Acquisitions	-	-	-	1
Finanzreporting	-	-	-	-
Performance-Management	-	-	-	-
Finanzsteuerung	-	1	-	-
Investitionsentscheidungen	-	1	1	1
Finanzierungsentscheidungen	2	1	1	-
Bank-Relationship-Management	-	1	1	-
Risiko-Management	2	1	-	-
Cash-Management	-	1	-	2

Anhang 1: *Auswertung Artikelthemen Journal of Corporate Treasury Management (Fortsetzung)*

Themen im Bereich "Sonstiges"	Heft	[Bd. 2 | Nr. 1] – Sep. 2008					[Bd. 2 | Nr. 2] – Dez. 2008			
		(1) Anti-Corruption	(2) Effects of Issuing Warrants & Corporate Bonds on Traded Options	(3) Treasury Change Management	(4) Credit Rating Agencis	(5) Treasury in Asia	(1) Treasury Best Practice	(2) Impact of Climate Change Regulation on Businesses	(3) Capital Expenditures	(4) Outsourcing
Sonstiges						5			4	
Investor Relation					1				1	
Merquers & Acquisitions					1				1	
Finanz-reporting			1						1	
Performance-Management					1				1	
Finanz-steuerung					1				1	
Investitions-entschei-dungen			1						1	
Finanzier-ungsent-scheidungen					1				1	
Bank-Relationship-Management					1				1	
Risiko-Management			1						2	
Cash-Management			1						3	

Anhang 1: *Auswertung Artikelthemen Journal of Corporate Treasury Management (Fortsetzung)*

Themen im Bereich "Sonstiges"	Heft	[Bd. 2 | Nr. 3] – Mai 2009 (1) Fair Valuing Credit (Accounting) (2) Outsourcing (3) Role of Treasury in Corporates (4) Credit Claims (5) Unclaimed Property (6) Financial Supply Chain Management (7) SEPA	[Bd. 2 | Nr. 4] – Aug. 2009 (1) Intellectual Property (2) SEPA (3) Location Criteria for Treasury Centres (4) Corporate Scramble for Africa	[Bd. 3 | Nr. 1] – Nov. 2009 (1) Role of Treasury in Troubled Times (2) Informal Money Transfer Businesses
Sonstiges		7	4	2
Investor Relation		-	-	-
Merquers & Acquisitions		-	-	-
Finanz-reporting		-	-	-
Performance-Management		-	-	-
Finanz-steuerung		-	-	-
Investitions-entscheidungen		-	1	2
Finanzierungsent-scheidungen		-	-	-
Bank-Relationship-Management		-	-	-
Risiko-Management		-	2	4
Cash-Management		2	1	2

Anhang 1: *Auswertung Artikelthemen Journal of Corporate Treasury Management (Fortsetzung)*

Themen im Bereich "Sonstiges"	Heft [Bd. 3 | Nr. 2] – Feb. 2010 (1) Fraud (2) Treasury Current Recruitment Market	[Bd. 3 | Nr. 3] – Mai 2010 (1) Derivatives (2) World Currency Unit (3) SWIFT (4) Liquidity Transmission from Central Banks to Corporations	[Bd. 3 | Nr. 4] – Juli 2010 (1) Treasury Security and Control (2) Treasury Job Skill (3) Treasury Technology
Sonstiges	2	4	3
Investor Relation	-	-	-
Merquers & Acquisitions	-	-	-
Finanzreporting	-	-	-
Performance-Management	-	-	-
Finanzsteuerung	-	-	-
Investitionsentscheidungen	-	1	-
Finanzierungsentscheidungen	-	-	1
Bank-Relationship-Management	-	-	1
Risiko-Management	-	1	3
Cash-Management	3	2	1

Anhang 1: *Auswertung Artikelthemen Journal of Corporate Treasury Management (Fortsetzung)*

Themen im Bereich "Sonstiges"	Heft [Bd. 4 | Nr. 1] – Dez. 2010 (1) Credit Ratings (2) Treasury Technology (3) Mobil Communications and Treasury (4) Role of Treasury in Corporates (5) SEPA (6) Corporate Real Estate Finance (7) Regional Treasury Centres in Asia (8) Regulation Q Repeal	Heft [Bd. 4 | Nr. 2] – Mai 2011 (1) Role of Treasury in Corporates (2) Islamic Derivatives (3) SWIFT (4) Debt Dynamics Across Countries (5) Supply Chain Finance (6) Derivatives
Sonstiges	8	6
Investor Relation	-	-
Merquers & Acquisitions	-	-
Finanzreporting	-	-
Performance-Management	-	-
Finanzsteuerung	-	-
Investitionsentscheidungen	-	-
Finanzierungsentscheidungen	-	-
Bank-Relationship-Management	-	1
Risiko-Management	1	-
Cash-Management	-	1

Anhang 1: *Auswertung Artikelthemen Journal of Corporate Treasury Management (Fortsetzung)*

Themen im Bereich "Sonstiges"	Heft [Bd. 4 | Nr. 3] – Aug. 2011	[Bd. 4 | Nr. 4] – Feb. 2011
	(1) Sub-Prime Crisis (2) ABS (3) IMF and Greece (4) Treasury Organization (5) Commercial Purchasing Card Growth	(1) Pension (2) Venture Capital (3) Treasury Centralization (4) Government Finance (5) Treasury Technology
Sonstiges	5	5
Investor Relation	-	-
Merquers & Acquisitions	-	-
Finanzreporting	-	-
Performance-Management	-	-
Finanzsteuerung	-	-
Investitionsentscheidungen	-	-
Finanzierungsentscheidungen	-	2
Bank-Relationship-Management	-	-
Risiko-Management	1	-
Cash-Management	1	-

Hinweise zur Tabelle:

- In den Bereich "Finanzierungsentscheidungen" sind auch Artikel über "Kapitalstruktur(-politik)" eingeordnet worden
- In den Bereich "Merquers & Acquisitions" sind auch Artikel über "Corporate Finance" (die z. B. einen IPO-Bezug oder ähnliches haben) eingeordnet worden
- In den Bereich "Bank-Relationship-Management" sind auch Artikel über "treasuryspezifische Bankserviceleistungen" eingeordnet worden
- Eine Zuordnung zu dem Bereich „Sonstiges" wurde vorgenommen, wenn keine eindeutige Zuordnung zu den vorherigen Bereichen möglich war

Quelle: *Eigene Darstellung – basierend auf dem jeweiligen Heft des Journals of Corporate Treasury Management.*

ANHANG 445

Anhang 2: *Auswertung Artikelthemen Journal of Corporate Treasury Management – Sonderbereiche*

\multicolumn{4}{c}{Sonderbereiche je Heft}				Heft
Technologie	Steuer	Regulierung	Sonstiges	Heft
1	1	1	-	[Bd. 1 | Nr. 1] - Juli 2007
1	1	1	-	[Bd. 1 | Nr. 2] - Oktober 2007
2	1	1	-	[Bd. 1 | Nr. 3] - Februar 2008
0	1	0	-	[Bd. 1 | Nr. 4] - Juni 2008
0	2	0	-	[Bd. 2 | Nr. 1] - September 2008
1	1	0	-	[Bd. 2 | Nr. 2] - Dezember 2008
1	1	1	Panel Discussion	[Bd. 2 | Nr. 3] - Mai 2009
0	1	0	Interview	[Bd. 2 | Nr. 4] - August 2009
0	1	0	-	[Bd. 3 | Nr. 1] - November 2009
0	2	0	Panel Discussion, Book Review	[Bd. 3 | Nr. 2] - Februar 2010
0	2	0	-	[Bd. 3 | Nr. 3] - Mai 2010
1	0	0	Book Review	[Bd. 3 | Nr. 4] - Juli 2010
0	0	0	Economics Review	[Bd. 4 | Nr. 1] - Dezember 2010
0	0	0	-	[Bd. 4 | Nr. 2] - Mai 2011
0	0	0	-	[Bd. 4 | Nr. 3] - August 2011
0	0	0	-	[Bd. 4 | Nr. 4] - Februar 2011
7	14	4		

Quelle: *Eigene Darstellung – basierend auf dem jeweiligen Heft des Journals of Corporate Treasury Management.*

Anhang 3: *Auswertung Definitionen Treasury-Management*

Quelle	Vgl. Horcher (2006), S. 3 und 7 f.	Vgl. Horváth (2011), S. 24.	Vgl. Bragg (2010a), S. 3 ff.	Vgl. Guserl/ Pernsteiner (2011), S. 540 ff.	Vgl. Sperber (1999), S. 17 f.	Vgl. Verband Deutscher Treasurer e.V. (2008), S. 7 ff.	Vgl. Giegerich (2002), online.
Beschreibung "Sonstiges"	– Technologie	– Versicherungen, Überwachung der Kreditvergabe an Kunden	– Cash Forecasting, Kreditvergabe an Kunden			– Cash Forecasting, Kreditvergabe an Kunden	– Corporate Finance, Asset-Management
Sonstiges	ja	ja	ja	nein	nein	nein	nein
Investor Relation	nein	ja	nein	nein	nein	nein	nein
Merquers & Acquisitions	nein	nein	ja	nein	nein	nein	nein
Finanzreporting	ja	nein	nein	nein	nein	nein	nein
Performance-Management	nein	nein	nein	nein	nein	nein	nein
Finanzsteuerung	ja	nein	nein	nein	nein	nein	nein
Investitionsentscheidungen	ja	ja	ja	ja	ja	nein	nein
Finanzierungsentscheidungen	ja	ja	ja	ja	ja	ja	nein
Bank-Relationship-Management	ja	ja	ja	ja	nein	ja	ja
Risiko-Management	ja	nein	ja	ja	ja	ja	ja
Cash-Management	ja	nein	ja	ja	ja	ja	ja

Anhang 3: *Auswertung Definitionen Treasury-Management einfügen (Fortsetzung)*

Quelle	Vgl. Degenhart (2009), S. 3 ff.	Vgl. Brealey/Myers/Allen (2011), S. 34.	Vgl. Butler (2008), S. 193.	Vgl. Kaiser (2011), S. 359.	Vgl. Reisch (2009), S. 2.	Vgl. Hommels (1995), S. 23.	Vgl. Melicher/Norton (2001), S. 374 f.	Vgl. Moles/Parriono/Kidwell (2011), S. 14.	Vgl. Nitsch/Niebel (1997), S. 19.
Beschreibung "Sonstiges"	—	Corporate Finance		Export Finanzierung		Steuern	Capital Budgeting, Current Asset-Management	Pension Fund Management	
Sonstiges	nein	nein	nein	nein	ja	nein	ja	ja	nein
Investor Relations	nein	nein	nein	nein	nein	nein	nein	nein	nein
Merquers & Acquisitions	nein	nein	nein	nein	nein	nein	nein	nein	nein
Finanzreporting	nein	nein	nein	nein	nein	nein	nein	nein	nein
Performance-Management	nein	nein	nein	nein	nein	nein	nein	nein	nein
Finanzsteuerung	ja	nein	ja	ja	nein	ja	ja	nein	nein
Investitionsentscheidungen	nein	nein	nein	nein	ja	nein	nein	nein	ja
Finanzierungsentscheidungen	ja	ja	ja	ja	nein	ja	ja	ja	ja
Bank-Relationship-Management	ja	ja	nein	nein	nein	nein	ja	nein	nein
Risiko-Management	ja	ja	ja	nein	ja	nein	nein	ja	ja
Cash-Management	ja	ja	ja	ja	ja	ja	ja	ja	ja

Anhang 3: *Auswertung Definitionen Treasury-Management einfügen (Fortsetzung)*

Cash-Management	Risiko-Management	Bank-Relationship-Management	Finanzierungsentscheidungen	Investitionsentscheidungen	Finanzsteuerung	Performance-Management	Finanzreporting	Merquers & Acquisitions	Investor Relations	Sonstiges	Beschreibung "Sonstiges"	Quelle
ja	nein	ja	ja	ja	nein	nein	nein	nein	ja	nein		Vgl. Eilenberg (2003), S. 357.
ja	ja	ja	ja	ja	nein	nein	nein	nein	nein	nein	Finanzplanung	Vgl. Mitter/Wohlschlager/Kobler (2012), S. 54.
17	**13**	**11**	**16**	**9**	**6**	**0**	**1**	**1**	**2**	**6**	**Summe der Nennungen**	

Hinweise zur Tabelle:

- Der Bereich "Cash-Management" umfasst auch das "Working Capital-Management"
- Der Bereich "Finanzierungsentscheidungen" umfasst auch die "Kapitalstruktur(-politik)"
- Eine Zuordnung zu dem Bereich „Sonstiges" wurde vorgenommen, wenn keine eindeutige Zuordnung zu den vorherigen Bereichen möglich war

Quelle: *Eigene Darstellung.*

Anhang 4: *Rechenbeispiel Zinsgewinne durch Cash Pooling*

Konto	ohne Cash Pooling			mit Cash Pooling (Master Account)		
	Saldo in €	Zinssatz in %	Zinsen in €	Saldo in €	Zinssatz in %	Zinsen in €
A	1,0 Mio.	0,5	5.000			
B	-2,5 Mio.	6,0	-150.000	1,5 Mio.	1,5	22.500
C	3,0 Mio.	2,0	60.000			
Summe	-85.000			+22,500		

Konto	ohne Cash Pooling			mit Cash Pooling (Master Account)		
	Saldo in €	Zinssatz in %	Zinsen in €	Saldo in €	Zinssatz in %	Zinsen in €
A	2,0 Mio.	0,5	10.000			
B	-2,5 Mio.	6,0	-150.000	-2,0 Mio.	4,0	-80.000
C	-1,5 Mio.	2,0	30.000			
Summe	-110.000			-80,000		

Quelle: *Eigene Darstellung in enger Anlehnung an Zahrte (2010), S. 56.*

Anhang 5: *Kollokation Vor- und Nachteile Cash Pooling*

	Finanzielle Vorteile	Administratorische und organisationale Vorteile	Sonstige Vorteile	Fokus Unternehmens- intern	Fokus Unternehmens- extern
Vorteile	(1) (4) (5) (6) (8) (9)	10) (11) (12)	(1) *Autonomie* (2) *Bilanz* (3) *Planung* (7) *Verhandlung*	(2) (3) (4) (5) (10) (11) (12)	(1) (6) (7) (8) (9) (10)

	Finanzielle Nachteile	Administratorische und organisationale Nachteile	Sonstige Nachteile	Fokus Unternehmens- intern	Fokus Unternehmens- extern
Nachteile	(1) (4) (5)	(6) (7) (8) (9)	(2) *Doppelhaftung* (3) *Klumpenrisiko*	(1) (3) (4) (5) (6) (7) (8) (9)	(2)

Quelle: *Eigene Darstellung.*

ANHANG 451

Anhang 6: *High-level Accounts Receivables Prozess als Teil des Order-to-Cash-Prozesses*

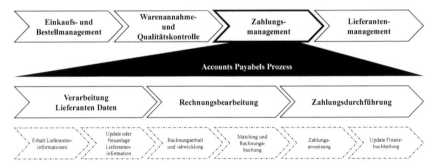

Hinweis zur Abbildung:

- Der abgebildete Prozess ist nur schematisch und auf einer High-Level-Prozess-Ebene dargestellt, er kann je nach Unternehmen stark variieren.

Quelle: *Eigene Darstellung.*

Anhang 7: *High-level Accounts Payables Prozess als Teil des Purchase-to-Pay-Prozesses*

Hinweis zur Abbildung:

- Der abgebildete Prozess ist nur schematisch und auf einer High-Level-Prozess-Ebene dargestellt, er kann je nach Unternehmen stark variieren.

Quelle: *Eigene Darstellung.*

Anhang 8 (1/4): *Finale Stichprobe DAX-Unternehmen*

Unternehmen (nach letzter Indexanpassung 2010)	Index	Ausschlusskriterien					Zugehörigkeit zur Stichprobe
		Unternehmen im Finanzsektor	Unternehmen im Dienstleistungsbereich	Unternehmen im Handelssektor	Unternehmen im Medienbereich	Unternehmen im Immobilienbereich	
adidas	DAX	nein	nein	nein	nein	nein	ja
Allianz	DAX	ja	nein	nein	nein	nein	nein
BASF	DAX	nein	nein	nein	nein	nein	ja
BAYER	DAX	nein	nein	nein	nein	nein	ja
Beiersdorf	DAX	nein	nein	nein	nein	nein	ja
BMW	DAX	nein	nein	nein	nein	nein	ja
Commerzbank	DAX	ja	nein	nein	nein	nein	nein
Daimler	DAX	nein	nein	nein	nein	nein	ja
Deutsche Bank	DAX	ja	nein	nein	nein	nein	nein
Deutsche Börse	DAX	ja	nein	nein	nein	nein	nein
Deutsche Lufthansa	DAX	nein	ja	nein	nein	nein	nein
Deutsche Post	DAX	nein	ja	nein	nein	nein	nein
Deutsche Telekom	DAX	nein	ja	nein	nein	nein	nein
E.ON	DAX	nein	nein	nein	nein	nein	ja
Fresenius	DAX	nein	nein	nein	nein	nein	ja
Fresenius Medical Care	DAX	nein	nein	nein	nein	nein	ja
HeidelbergCement	DAX	nein	nein	nein	nein	nein	ja
Henkel	DAX	nein	nein	nein	nein	nein	ja
Infineon Technologies	DAX	nein	nein	nein	nein	nein	ja
K+S	DAX	nein	nein	nein	nein	nein	ja

ANHANG 453

Anhang 8 (1/4): *Finale Stichprobe DAX-Unternehmen (Fortsetzung)*

Unternehmen (nach letzter Indexanpassung 2010)	Index	Ausschlusskriterien						Zugehörigkeit zur Stichprobe
		Unternehmen im Finanzsektor	Unternehmen im Dienstleistungsbereich	Unternehmen im Handelssektor	Unternehmen im Medienbereich	Unternehmen im Immobilienbereich		
MAN	DAX	nein	nein	nein	nein	nein		ja
Merck	DAX	nein	nein	nein	nein	nein		ja
Metro	DAX	nein	nein	ja	nein	nein		nein
Münchener Rück	DAX	ja	nein	nein	nein	nein		nein
RWE	DAX	nein	nein	nein	nein	nein		ja
SAP	DAX	nein	nein	nein	nein	nein		ja
Siemens	DAX	nein	nein	nein	nein	nein		ja
ThyssenKrupp	DAX	nein	nein	nein	nein	nein		ja
Volkswagen	DAX	nein	nein	nein	nein	nein		ja

Quelle: *Eigene Darstellung, basierend auf Deutsche Börse (2012), S. 3 ff., online und den Firmenwebseiten.*

Anhang 8 (2/4): *Finale Stichprobe MDAX-Unternehmen*

Unternehmen (nach letzter Indexanpassung 2010)	Index	Ausschlusskriterien					Zugehörigkeit zur Stichprobe
		Unternehmen im Finanz-sektor	Unternehmen im Dienstleist-ungsbereich	Unternehmen im Handels-sektor	Unternehmen im Medien-bereich	Unternehmen im Immo-bilienbereich	
Aareal Bank	MDAX	ja	nein	nein	nein	nein	nein
Aurubis	MDAX	nein	nein	nein	nein	nein	ja
Axel Springer	MDAX	nein	nein	nein	ja	nein	nein
Baywa	MDAX	nein	ja	ja	nein	nein	nein
Bilfinger	MDAX	nein	nein	nein	nein	nein	ja
Brenntag	MDAX	nein	ja	nein	nein	nein	nein
Celesio	MDAX	nein	ja	ja	nein	nein	ja
Demag Cranes	MDAX	nein	nein	nein	nein	nein	nein
Deutsche Euroshop	MDAX	nein	nein	nein	nein	ja	nein
Deutsche Wohnen	MDAX	nein	nein	ja	nein	ja	nein
Douglas Holding	MDAX	nein	nein	nein	nein	nein	nein
Continental	MDAX	nein	nein	nein	nein	nein	nein (1)
EADS	MDAX	nein	nein	nein	nein	nein	ja
ElringKlinger	MDAX	nein	nein	nein	nein	nein	ja
Fielmann	MDAX	nein	nein	ja	nein	nein	nein
Fraport	MDAX	nein	ja	nein	nein	nein	nein
Fuchs Petrolub	MDAX	nein	nein	nein	nein	nein	ja
Gagfah	MDAX	nein	nein	nein	nein	ja	nein
GEA Group	MDAX	nein	nein	nein	nein	nein	ja
Gerresheimer	MDAX	nein	nein	nein	nein	nein	ja

Anhang 8 (2/4): *Finale Stichprobe MDAX-Unternehmen (Fortsetzung)*

Unternehmen (nach letzter Indexanpassung 2010)	Index	Ausschlusskriterien							Zugehörigkeit zur Stichprobe
		Unternehmen im Finanzsektor	Unternehmen im Dienstleistungsbereich	Unternehmen im Handelssektor	Unternehmen im Medienbereich	Unternehmen im Immobilienbereich		
Gildemeister	MDAX	nein	nein	nein	nein	nein		ja
Hannover Rückvers.	MDAX	ja	nein	nein	nein	nein		nein
Heidelberger Druck	MDAX	nein	nein	nein	nein	nein		ja
Hamburger. Hafen u. Log.	MDAX	nein	ja	nein	nein	nein		nein
Hochtief	MDAX	nein	nein	nein	nein	nein		ja
Hugo Boss	MDAX	nein	nein	nein	nein	nein		ja
IVG Immobilien	MDAX	nein	nein	nein	nein	ja		nein
Kabel Deutschland	MDAX	nein	ja	nein	nein	nein		nein
Kloeckner & Co	MDAX	nein	ja	nein	nein	nein		nein
KRONES	MDAX	nein	nein	nein	nein	nein		ja
Lanxess	MDAX	nein	nein	nein	nein	nein		ja
Leoni	MDAX	nein	nein	nein	nein	nein		ja
MTU Aero Engines	MDAX	nein	nein	nein	nein	nein		ja
Praktiker	MDAX	nein	nein	ja	nein	nein		nein
ProSieben SAT.1	MDAX	nein	nein	nein	ja	nein		nein
Puma	MDAX	nein	nein	nein	nein	nein		ja
Rational	MDAX	nein	nein	nein	nein	nein		ja
Rheinmetall	MDAX	nein	nein	nein	nein	nein		ja
Rhön-Klinikum	MDAX	nein	ja	nein	nein	nein		nein
Salzgitter	MDAX	nein	nein	nein	nein	nein		nein (2)

Anhang 8 (2/4): *Finale Stichprobe MDAX-Unternehmen (Fortsetzung)*

Unternehmen (nach letzter Indexanpassung 2010)	Index	Ausschlusskriterien					Zugehörigkeit zur Stichprobe
		Unternehmen im Finanzsektor	Unternehmen im Dienstleistungsbereich	Unternehmen im Handelssektor	Unternehmen im Medienbereich	Unternehmen im Immobilienbereich	
SGL Carbon	MDAX	nein	nein	nein	nein	nein	ja
Sky Deutschland	MDAX	nein	nein	nein	ja	nein	nein
Stada Arzneimittel	MDAX	nein	nein	nein	nein	nein	ja
Südzucker	MDAX	nein	nein	nein	nein	nein	ja
Symrise	MDAX	nein	nein	nein	nein	nein	ja
Tognum	MDAX	nein	nein	nein	nein	nein	ja
TUI	MDAX	nein	ja	nein	nein	nein	nein
Vossloh	MDAX	nein	nein	nein	nein	nein	ja
Wacker Chemie	MDAX	nein	nein	nein	nein	nein	ja
Wincore Nixdorf	MDAX	nein	nein	nein	nein	nein	ja

Hinweise zur Tabelle:

(1) Continental ist bereits im DAX innerhalb der Stichprobe enthalten und wird daher beim MDAX für die Stichprobe ausgeschlossen.

(2) Salzgitter ist bereits im DAX innerhalb der Stichprobe enthalten und wird daher beim MDAX für die Stichprobe ausgeschlossen.

Quelle: *Eigene Darstellung, basierend auf Deutsche Börse (2012), S. 7 ff., online und den Firmenwebseiten.*

Anhang 8 (3/4): *Finale Stichprobe DAX weitere gelistete Unternehmen im Untersuchungszeitraum*

Unternehmen (nach letzter Indexanpassung 2010)	Index	Ausschlusskriterien						Zugehörigkeit zur Stichprobe
		Unternehmen im Finanzsektor	Unternehmen im Dienstleistungsbereich	Unternehmen im Handelssektor	Unternehmen im Medienbereich	Unternehmen im Immobilienbereich		
Altana	DAX	nein	nein	nein	nein	nein		nein (1)
Continental	DAX	nein	nein	nein	nein	nein		ja
Deutsche Postbank	DAX	ja	nein	nein	nein	nein		nein
Hannover Rückvers.	DAX	ja	nein	nein	nein	nein		nein
Hypo Real Estate	DAX	ja	nein	nein	nein	nein		nein
Salzgitter	DAX	nein	nein	nein	nein	nein		ja
Schering	DAX	nein	nein	nein	nein	nein		nein (2)
TUI	DAX	nein	ja	nein	nein	nein		nein

Hinweise zur Tabelle:

(1) Altana ging 2008 in Privatbesitz über (Delisting von der Börse) und wird daher von der Stichprobe ausgeschlossen (fehlende Berichterstattung nach 2008)

(2) Schering wurde 2006 durch Bayer übernommen und wird daher von der Stichprobe ausgeschlossen (fehlende Berichterstattung nach 2006)

Quelle: *Eigene Darstellung, basierend auf Deutsche Börse (2012), S. 3 ff., online und den Firmenwebseiten.*

Anhang 8 (4/4): *Finale Stichprobe MDAX weitere gelistete Unternehmen im Untersuchungszeitraum*

Unternehmen (nach letzter Indexanpassung 2010)	Index	Ausschlusskriterien					Zugehörigkeit zur Stichprobe
		Unternehmen im Finanzsektor	Unternehmen im Dienstleistungsbereich	Unternehmen im Handelssektor	Unternehmen im Medienbereich	Unternehmen im Immobilienbereich	
Aareal Bank	MDAX	ja	nein	nein	nein	nein	nein
Altana	MDAX	nein	nein	nein	nein	nein	nein (1)
AMB Generali	MDAX	ja	nein	nein	nein	nein	nein
Arcandor	MDAX	nein	nein	ja	nein	nein	nein
ARQUES Industrie	MDAX	ja	nein	nein	nein	nein	nein (2)
AWD Holding	MDAX	ja	nein	nein	nein	nein	nein
Bauer	MDAX	nein	nein	nein	nein	ja	nein
Bayrische Hypo- und	MDAX	ja	nein	nein	nein	nein	nein
BayWa	MDAX	nein	nein	ja	nein	nein	nein
Beiersdorf	MDAX	nein	nein	nein	nein	nein	nein (3)
Continental	MDAX	nein	nein	nein	nein	nein	nein (4)
Degussa	MDAX	nein	nein	nein	nein	nein	nein (5)
Deutsche Postbank	MDAX	ja	nein	nein	nein	nein	nein
DEPFA dt. Pfandbriefbank	MDAX	ja	nein	nein	nein	nein	nein
DEUTZ	MDAX	nein	nein	nein	nein	nein	ja
Fresenius	MDAX	nein	nein	nein	nein	nein	nein (6)
HeidelbergCement	MDAX	ja	nein	nein	nein	nein	nein (7)
Hypo Real Estate	MDAX	ja	nein	nein	nein	nein	nein
IKB Deutsche	MDAX	nein	nein	nein	nein	nein	ja
KUKA	MDAX	ja	nein	nein	nein	nein	nein

Anhang 8: *Finale Stichprobe MDAX weitere gelistete Unternehmen im Untersuchungszeitraum (Fortsetzung)*

Unternehmen (nach letzter Indexanpassung 2010)	Index	Ausschlusskriterien						Zugehörigkeit zur Stichprobe
		Unternehmen im Finanzsektor	Unternehmen im Dienstleistungsbereich	Unternehmen im Handelssektor	Unternehmen im Medienbereich	Unternehmen im Immobilienbereich		
K+S	MDAX	nein	nein	nein	nein	nein		nein (8)
MEDION	MDAX	nein	nein	nein	nein	nein		ja
Merck	MDAX	nein	nein	nein	nein	nein		nein (9)
MLP	MDAX	ja	nein	nein	nein	nein		nein
MPC	MDAX	ja	nein	nein	nein	nein		nein
PATRIZIA Immobilien	MDAX	nein	ja	nein	nein	ja		nein
Postbank	MDAX	ja	nein	nein	nein	nein		nein
Pfleiderer	MDAX	nein	nein	nein	nein	nein		ja
Schwarz Pharma	MDAX	nein	nein	nein	nein	nein		nein (10)
Techem	MDAX	nein	ja	nein	nein	nein		nein
Vivacon	MDAX	nein	nein	nein	nein	nein		nein

Hinweise zur Tabelle:

(1) Altana ging 2008 in Privatbesitz über (Delisting) und wird daher von der Stichprobe ausgeschlossen (fehlende Berichterstattung nach 2008).

(2) 2010 beschloss die heutige Gigaset AG, das Beteiligungsgeschäft aufzugeben und als neuen Unternehmenszweck die Herstellung und den Vertrieb von Telekommunikationseinrichtungen festzusetzen. Zuvor war ARQUES Industrie eine Beteiligungsholding (Sanierung und Verkauf) und wird daher aus der Stichprobe ausgeschlossen.

(3) Beiersdorf ist bereits im DAX innerhalb der Stichprobe enthalten und wird daher beim MDAX für die Stichprobe ausgeschlossen.

(4) Continental ist bereits im DAX innerhalb der Stichprobe enthalten und wird daher beim MDAX für die Stichprobe ausgeschlossen.

(5) Degussa wurde 2006 von Evonik Industries übernommen und wird daher von der Stichprobe ausgeschlossen (fehlende Berichterstattung nach 2006).

(6) Fresenius ist bereits im DAX innerhalb der Stichprobe enthalten und wird daher beim MDAX für die Stichprobe ausgeschlossen.

(7) HeidelbergCement ist bereits im DAX innerhalb der Stichprobe enthalten und wird daher beim MDAX für die Stichprobe ausgeschlossen.

(8) K + S ist bereits im DAX innerhalb der Stichprobe enthalten und wird daher beim MDAX für die Stichprobe ausgeschlossen.

(9) Merck ist bereits im DAX innerhalb der Stichprobe enthalten und wird daher beim MDAX für die Stichprobe ausgeschlossen.

(10) Schwarz Pharma wurde 2006 von UCB übernommen und wird daher von der Stichprobe ausgeschlossen (fehlende Berichterstattung nach 2006).

Quelle: *Eigene Darstellung, basierend auf Deutsche Börse (2012), S. 3 ff., online und den Firmenwebseiten.*

Anhang 9 (1/4): *Entwicklung der Liquidität 2. Grades – DAX-Unternehmen*

Unternehmen	Liquidität 2. Grades 2006	2010	Änderung	Zunahme	Rückgang
adidas	1,06	0,96	-9,00%		x
BASF	0,84	1,07	27,10%	x	
BAYER	0,89	1,13	26,80%	x	
Beiersdorf	1,84	1,99	8,30%	x	
BMW	0,76	0,88	15,20%	x	
Continental	0,85	0,81	-4,40%		x
Daimler	0,69	0,8	15,60%	x	
E.ON	0,92	1,12	22,20%	x	
Fresenius	1,01	0,78	-23,30%		x
Fresenius Medical Care	1,09	1,03	-5,40%		x
HeidelbergCement	0,59	0,9	54,30%	x	
Henkel	0,87	1	14,70%	x	
Infineon Technologies	US-GAAP	1,7	n.a.	n.a.	n.a.
K + S	1,08	1,89	74,80%	x	
Linde	0,91	0,65	-28,30%		x
MAN	0,77	0,64	-16,70%		x
Merck	1,01	1,2	18,00%	x	
RWE	1,46	0,96	-34,00%		x
Salzgitter	2,76	1,94	-29,70%		x
SAP	2,09	1,38	-33,80%		x
Siemens	0,96	0,85	-10,50%		x
ThyssenKrupp	0,88	0,63	-27,90%		x
Volkswagen	0,91	0,89	-2,60%		x
				10	12

Quelle: *Eigene Darstellung.*

Anhang 9 (2/4): *Entwicklung der Liquidität 3. Grades – DAX-Unternehmen*

Unternehmen	Liquidität 3. Grades			Zunahme	Rückgang
	2006	2010	Änderung		
adidas	1,79	1,5	-16,00%		x
BASF	1,31	1,63	24,20%	x	
BAYER	1,29	1,69	31,50%	x	
Beiersdorf	2,31	2,37	2,40%	x	
BMW	1	1,07	7,00%	x	
Continental	1,25	1,12	-10,00%		x
Daimler	0,9	1,07	19,80%	x	
E.ON	1,06	1,23	15,80%	x	
Fresenius	1,26	1,03	-18,40%		x
Fresenius Medical Care	1,32	1,24	-5,70%		x
HeidelbergCement	0,89	1,38	53,90%	x	
Henkel	1,22	1,34	9,70%	x	
Infineon Technologies	US-GAAP	1,99	n.a.	n.a.	n.a.
K + S	1,51	2,63	73,70%	x	
Linde	1,07	0,82	-23,40%		x
MAN	1,24	1,05	-14,90%		x
Merck	1,6	1,7	5,90%	x	
RWE	1,54	1,07	-30,50%		x
Salzgitter	4	2,9	-27,50%		x
SAP	2,09	1,39	-33,60%		x
Siemens	1,28	1,22	-4,70%		x
ThyssenKrupp	1,4	1,12	-19,90%		x
Volkswagen	1,14	1,12	-2,40%		x
				10	12

Quelle: *Eigene Darstellung.*

Anhang 9 (3/4): *Entwicklung der Liquidität 2. Grades – MDAX-Unternehmen*

Unternehmen	Liquidität 2. Grades			Zunahme	Rückgang
	2006	2010	Änderung		
Aurubis	0,84	0,58	-31,00%		x
Bilfinger	0,88	0,82	-6,60%		x
Demag Cranes	0,89	0,82	-8,70%		x
DEUTZ	0,85	0,81	-5,30%		x
EADS	0,58	0,48	-17,10%		x
ErlingerKlingel	1,08	1,25	16,00%	x	
Fuchs Petrolub	1,05	1,4	33,10%	x	
GEA Group	0,86	0,8	-7,10%		x
Gerresheimer	0,74	0,67	-9,10%		x
Gildemeister	0,94	0,8	-14,70%		x
Heidelberger Druck	1,04	0,73	-29,80%		x
Hochtief	1,19	1,07	-10,40%		x
Hugo Boss	0,87	1,31	50,20%	x	
KRONES	0,94	0,71	-25,00%		x
KUKA	0,68	1,08	58,00%	x	
Lanxess	1,17	1,26	8,30%	x	
Leoni	1,12	0,86	-23,00%		x
MEDION	1,41	1,36	-3,50%		x
MTU Aero Engines	0,79	0,59	-24,80%		x
Pfleiderer	0,46	0,28	-39,50%		x
Puma	1,81	1,39	-23,40%		x

Anhang 9 (3/4): *Entwicklung der Liquidität 2. Grades – MDAX-Unternehmen (Fortsetzung)*

Unternehmen	Liquidität 2. Grades			Zunahme	Rückgang
	2006	2010	Änderung		
Rational	2,66	4,31	62,20%	x	
Rheinmetall	0,77	1,1	43,80%	x	
SGL Carbon	1,34	1,85	38,20%	x	
Stada Arzneimittel	1,14	1,01	-10,80%		x
Südzucker	0,78	0,78	-0,70%		x
Symrise	0,7	0,96	37,00%	x	
Tognum	0,4	0,81	101,50%	x	
Vossloh	1,06	0,98	-7,60%		x
Wacker Chemie	1,3	1,43	9,90%	x	
Wincor Nixdorf	0,51	0,6	16,80%	x	
				12	19

Quelle: *Eigene Darstellung.*

Anhang 9 (4/4): *Entwicklung der Liquidität 3. Grades – MDAX-Unternehmen*

Unternehmen	Liquidität 3. Grades			Zunahme	Rückgang
	2006	2010	Änderung		
Aurubis	1,54	1,69	9,70%	x	
Bilfinger	1,03	0,96	-6,50%		x
Demag Cranes	1,57	1,28	-18,10%		x
DEUTZ	1,49	1,29	-13,60%		x
EADS	1,11	0,96	-13,90%		x
ErlingerKlingel	2,09	1,94	-7,10%		x
Fuchs Petrolub	1,68	2,15	28,50%	x	
GEA Group	1,14	1,05	-7,80%		x
Gerresheimer	1,24	1,08	-12,40%		x
Gildemeister	1,73	1,45	-16,30%		x
Heidelberger Druck	1,87	1,48	-21,00%		x
Hochtief	1,21	1,24	2,80%	x	
Hugo Boss	1,87	2,28	22,10%	x	
KRONES	1,5	1,31	-12,30%		x
KUKA	1,01	1,4	38,60%	x	
Lanxess	2,02	2,02	-0,30%		x
Leoni	1,84	1,37	-25,50%		x
MEDION	1,92	2,07	7,40%	x	
MTU Aero Engines	1,29	1,05	-17,90%		x
Pfleiderer	0,87	0,48	-45,20%		x
Puma	2,51	1,94	-22,90%		x

Anhang 9 (4/4): *Entwicklung der Liquidität 3. Grades – MDAX-Unternehmen (Fortsetzung)*

Unternehmen	Liquidität 3. Grades			Zunahme	Rückgang
	2006	2010	Änderung		
Rational	3,07	4,67	52,10%	x	
Rheinmetall	1,22	1,56	27,10%	x	
SGL Carbon	2,49	3,29	32,2%	x	
Stada Arzneimittel	1,74	1,54	-11,2%		x
Südzucker	1,86	1,66	-10,70%		x
Symrise	1,18	1,63	38,60%	x	
Tognum	0,87	1,55	77,00%	x	
Vossloh	1,38	1,6	15,60%	x	
Wacker Chemie	2,06	1,97	-4,40%		x
Wincor Nixdorf	1,01	1,01	0,10%	konstant	konstant
				12	18

Quelle: *Eigene Darstellung.*

Anhang 10: *Beschreibung vermutete Wirkbeziehungen verwendeter Variablen der Regressionsmodelle*

Var.-Nr.	Variablenbezeichnung	Berechnung	Vermutete Wirkbeziehung
Erstes Regressionsmodell – Working Capital Management			
1	Days Sales in Inventory (DSI)	$DSI = \dfrac{Inventories}{COGS} * 365\,days$	– Je mehr bereits produzierte Endprodukte die zum Verkauf bestimmt sind auf Lager gehalten werden, desto höher ist der Zwischenfinanzierungsbedarf für die Produktionskosten dieser Erzeugnisse → es bedarf eher externer Finanzierung durch Banken etc. → die Bankensteuerung sollte intensiviert werden → **DSI erhöht → Bankensteuerung intensiviert**
2	Days Sales Outstanding (DSO)	$DSO = \dfrac{Accounts\ Receivabels}{Net\ Sales} * 365\,days$	– Je länger die Liquidierung offener Rechnungen dauert, desto höher ist der Zwischenfinanzierungsbedarf für die Produktionskosten der verkauften Ware → es bedarf eher externer Finanzierung durch Banken, etc. → die Bankensteuerung sollte intensiviert werden – Je länger die Liquidierung offener Rechnungen dauert, desto schwieriger ist es, aus dem operativen Unternehmens-geschäft Cash zur Selbstfinanzierung zu generieren → es bedarf eher externer Finanzierung durch Banken etc. → desto intensiver sollte die Bankensteuerung sein → **DSO erhöht → Bankensteuerung intensiviert**

Anhang 10: *Beschreibung vermutete Wirkbeziehungen verwendeter Variablen der Regressionsmodelle (Fortsetzung)*

Var.-Nr.	Variablenbezeichnung	Berechnung	Vermutete Wirkbeziehung
Erstes Regressionsmodell – Working Capital Management (Fortsetzung)			
3	Days Payables Outstanding (*DPO*)	$DPO = \dfrac{Accounts\ Payabels}{COGS} * 365\ days$	– Je länge ein Unternehmen die Bezahlung offener Rechnungen (z. B. aus LuL) hinauszögern kann, desto weniger Zwischenfinanzierungsbedarf entsteht, da Liquiditätsabflüsse besser gesteuert werden können → es bedarf eher weniger externer Finanzierung durch Banken etc. → desto schwächer sollte die Bankensteuerung sein → **DPO erhöht → Bankensteuerung verringert**
Zweites Regressionsmodell – Liquidität und Cash-Management			
4	Liquide Mittel (*Cash*)	Logarithmierung der Zahlenwerte (*Cash Generic*) aus der Woldscope-Datenbank	– Annahme: Liquide Mittel werden überwiegend als Sichtguthaben bei Banken gehalten – Je höher die vorgehaltenen liquiden Mittel sind, desto gefährlicher sind Anlageverluste (z. B. durch Bankinsolvenzen) → desto intensiver sollte die Bankensteuerung sein → **Cash erhöht → Bankensteuerung intensiviert** – Je höher die vorgehaltenen liquiden Mittel sind, desto besser können Cash-Flow-Schwankungen ausgeglichen werden → es bedarf eher weniger externer Finanzierung durch Banken, etc. → desto schwächer sollte die Bankensteuerung sein → **Cash erhöht → Bankensteuerung verringert** → **Welche Wirkbeziehung überwiegt, ist aus theoretischer Sicht unbekannt.**

Anhang 10: Beschreibung vermutete Wirkbeziehungen verwendeter Variablen der Regressionsmodelle (Fortsetzung)

Var.-Nr.	Variablenbezeichnung	Berechnung	Vermutete Wirkbeziehung
Zweites Regressionsmodell – Liquidität und Cash-Management (Fortsetzung)			
5	Liquidität 1. Grades ($L.1.G.$)	$L1G = \dfrac{Cash\ and\ cash\ Equivalent}{Current\ liabilities} \times 100\%$	– Je höher Liquidität 1. Grades ist, desto gefährlicher sind Anlageverluste (Annahme: Es wird hauptsächlich Cash oder Wertpapiere bei Banken gehalten) → desto intensiver sollte die Bankensteuerung sein → **L1G erhöht → Bankensteuerung intensiviert** – Je höher die Liquidität 1. Grades ist, desto besser kann ein Unternehmen auf Cash-Flow-Schwankungen → es bedarf eher weniger externer Finanzierung durch Banken etc. →desto schwächer sollte die Bankensteuerung sein • **L1G erhöht → Bankensteuerung verringert** • Welche Wirkbeziehung überwiegt ,ist aus theoretischer Sicht unbekannt.
Drittes Regressionsmodell – Effizienz Cash-Management			
6	Cash-Umschlagsdauer ($C.$-$U.$)	$C - U = \dfrac{365}{\frac{Nettoerlöse}{\varnothing\ liquide\ Mittel}}$	– Je geringer die Cash-Umschlagsdauer ist, desto effizienter werden die liquiden Mittel eingesetzt → es bedarf weniger liquider Mittel, da diese optimal eingesetzt werden → eher weniger externe Finanzierung durch Banken, etc. → desto schwächer sollte die Bankensteuerung sein • **C-U erhöht → Bankensteuerung intensiviert**

Anhang 10: *Beschreibung vermutete Wirkbeziehungen verwendeter Variablen der Regressionsmodelle (Fortsetzung)*

Var.-Nr.	Variablenbezeichnung	Berechnung	Vermutete Wirkbeziehung
Drittes Regressionsmodell – Liquidität und Cash-Management (Fortsetzung)			
7	Liquide Mittel (*Cash*)	*Logarithmierung der Zahlenwerte (Cash Generic) aus der Woldscope-Datenbank*	– Je höher die vorgehaltenen liquiden Mittel sind, desto ineffizienter arbeitet das Cash-Management → es entstehen hohe Opportunitätskosten → es sollten Sicherungsmaßnahmen für die vorgehaltenen liquiden Mittel eingeleitet werden → die Bankensteuerung sollte intensiviert werden · **Cash erhöht → Bankensteuerung intensiviert**
Übergreifendes Regressionsmodell – Einflüsse auf die Bankensteuerung			
8	Liquide Mittel (*Cash*)	*Logarithmierung der Zahlenwerte (Cash Generic) aus der Woldscope-Datenbank*	– Es wird auf die Erklärungsansätze im Rahmen des ersten und dritten Regressionsmodelles verwiesen und dort speziell auf die vermuteten Wirkbeziehungen der Variablen vier und acht – Die Variable Cash ist somit in diesem Modell aus Liquiditäts- sowie Effizienzgesichtspunkten zu betrachten · **Welche Wirkbeziehung überwiegt, ist aus theoretischer Sicht unbekannt.**

Anhang 10: Beschreibung vermutete Wirkbeziehungen verwendeter Variablen der Regressionsmodelle *(Fortsetzung)*

Var.-Nr.	Variablenbezeichnung	Berechnung	Vermutete Wirkbeziehung
\multicolumn{4}{l}{Übergreifendes Regressionsmodell – Einflüsse auf die Bankensteuerung (Fortsetzung)}			
9	Umsatz (*Umsatz*)	Logarithmierung der Zahlenwerte *(Net Sales or Revenues) aus der Woldscope-Datenbank*	– Je höher der Umsatz eines Unternehmens ist, desto mehr Finanzierungsbedarf besteht (Stichwort: Working Capital-Finanzierung) → die Finanzierung des Umsatzes (über Working Capital) erfolgt meist kurzfristig und wenn extern dann wohl meist durch Bankkredite → die Bankensteuerung sollte mit steigendem Umsatz intensiviert werden → **Umsatz erhöht → Bankensteuerung intensiviert** – Das Umsatzvolumen kann als Indikator für die Größe eines Unternehmens verwendet werden → je größer ein Unternehmen ist, desto mehr Mittel sollte es tendenziell für die Treasury und somit auch für seine Bankensteuerung zur Verfügung haben → die Bankensteuerung sollte sich somit tendenziell mit steigendem Umsatz intensivieren → **Umsatz erhöht → Bankensteuerung intensiviert**

Anhang 10: *Beschreibung vermutete Wirkbeziehungen verwendeter Variablen der Regressionsmodelle (Fortsetzung)*

Var.-Nr.	Variablenbezeichnung	Berechnung	Vermutete Wirkbeziehung
Übergreifendes Regressionsmodell – Einflüsse auf die Bankensteuerung (Fortsetzung)			
10	Existenz Partnerbanken (*Dummy_P.Banken*)	*Die Dummy-Variable nimmt in den Fällen, wenn ein Unternehmen Partnerbanken hat, den Wert 1 an und für alle anderen einen Wert von Null. Ein Wert von 1 bedeutet hierbei, dass im entsprechenden Fall Partnerbanken existieren.*	– Die Existenz von Partnerbanken weist auf eine Vertrauensverhältnis zwischen Unternehmen und Banken hin → es ist tendenziell davon auszugehen, dass auf Grund der Intensität der Bankbeziehung (insbesondere auf Grund von Vertrauensaspekten) eine weniger intensive Bankensteuerung betrieben wird als bei transaktionalen Bank-beziehungen ohne Partnerbankcharakter → **Existieren Partnerbanken → Bankensteuerung weniger intensiv als im Fall von transaktionaler Bankbeziehungen**
11	Vorherrschen Globaler Finanzkrise (*Dummy_Krise*)	*Die Dummy-Variable nimmt für die Jahre 2007, 2008 und 2009 den Wert 1 an und für alle anderen Jahres weist sie einen Wert von Null auf. Ein Wert von 1 bedeutet hierbei, dass in dem entsprechenden Jahr ein Krisenjahr der Globalen Finanzkrise war.*	– In den Krisenjahren der Globalen Finanzkrise (2007 bis 2009) sollten Internationale Unternehmen eine intensivere Bankensteuerung betrieben haben als vor (bzw. nach) der Globalen Finanzkrise. Dies ist durch das erhöhte Kontrahentenrisiko im Bankbereich zu dieser Zeit begründbar. → **Krisenjahr der Globalen Finanzkrise → Bankensteuerung intensiviert**

Quelle: *Eigene Darstellung.*

Quellenverzeichnis

Abdel Shahid, Shahira (2004): Impact of Globalization on Capital Markets: The Egyptian Case, in: Ghosh, Dilip K./Ariff, Mohamed (Hrsg.) (2004): Global Financial Markets, Westport, Connecticut, London 2004, S. 45-65.

Abel, Klaus (1998): Globalisierung der internationalen Finanzmärkte unter besonderer Berücksichtigung des Börsenwesen, Göttingen 1998.

Abresch, Michael J. (1994): Finanzinnovationen vor dem Hintergrund des modernen Finanzmanagements, Diss. St. Gallen 1994.

Aggarwal, Ray/Berrill, Jenny/Hutson, Elaine/Kearney, Colm (2010): What is a multinational corporation? Classifying the degree of firm-level multinationality; in: International Business Review, Bd. 10 Nr. 5, S. 557-577.

Aharoni, Y. (1971): On the definition of a multinational corporation, in: Quarterly Review of Economics and Business, Autumn 1971, S. 27-37.

Albrecht, Peter/Maurer, Raimond (2008): Investment- und Risikomanagement, 3. Auflg., Stuttgart 2008.

Allman-Ward, Michéle/Sagner, James (2003): Essentials of Managing Corporate Cash, Hoboken 2003.

Anvari, M. (1986): Efficient Scheduling of Cross-Border Cash Transfers, in: Financial Management, Bd. 15 Nr. 2, S. 40-49.

Arestis, Philip/Basu, Santonu (2004): Financial globalization and regulation, in: Research in International Business and Finance, Bd. 18 No. 2, S. 129 - 140.

Arestis, Philip/Basu, Santonu/Mallick, Sushanta (2005): Financial globalization: The need for a singel currency and a global central bank, in: Journal of Post Keynesian Economics, Bd. 27 No. 3, S. 507-531.

Artus, Patrick/Cartapanis, André/Legros, Florence (2005): Regional currency areas and international financial architecture in financial globalization: An introduction, in: Artus, Patrick/Cartapanis, André/Legros, Florence (Hrsg.) (2005): Regional Currency Areas in Financial Globalization: A Survey of Current Issues, Northampton 2005, S. 1-14.

Aschinger, Gerhard (2001): Währungs- und Finanzkrisen: Entstehung, Analyse und Beurteilung aktueller Krisen, München 2001.

Association of Corporate Treasurer (2012): Treasury Associations, http://www.treasurers.org/favulty/associations, 16.05.2012, online.

Audretsch, David/Lehman, Erik E. (2008): The Neuer Markt as an institution of creation and destruction, in: International Entrepreneurship and Management Journal, Bd. 4, Nr. 4, S. 419-429.

Auer, Kurt V. (2000): Externe Rechnungslegung: Eine fallstudienorientierte Einführung in den Einzel- und Konzernabschluss sowie die Analyse auf Basis von US-GAAP, IAS und HGB, Berlin/Heidelberg/New York 2000.

Auer, Michael (2008): Operationelles Risikomanagement bei Finanzinstituten: Risiken identifizieren, analysieren und steuern, Weinheim 2008.

Auer, Benjamin/Rottmann, Horst (2011): Statistik und Ökonometrie für Wirtschaftswissenschaftler: Eine anwendungsorientierte Einführung, 2. Auflg., Wiesbaden 2011.

Aydeniz, Sule E. (2012): Die Auswirkungen von Finanzkrisen auf das Finanzmanagement von Automobilunternehmen in der Türkei: Eine Analyse von an der Istanbuler Börse gelisteten Automobilunternehmen von 1998 bis 2010; in: ÖBA – Zeitschrift für das Gesamte Bank- und Börsenwesen (Österreichisches Bank Archiv), Bd. 60 – August 2012, S. 529-536.

Backhaus, Klaus/Erichson, Bernd/Plinke, Wulff/Weiber, Rolf (2011): Multivariate Analysemethoden: Eine anwendungsorientierte Einführung, 13 Aufl., Heidelberg u.a. 2011.

Ball, Eric (2007): The treasurer's role: Mixing strategy and tactics, in: Journal of Corporate Treasury Management, Bd. 1 Nr. 2, S. 153-159.

Bank for International Sattelments (2009): 79th Annual Report: 1 April 2008– 31 March 2009, http://www.bis.org/publ/arpdf/ar2009e.pdf, 21.04.2010.

Barth, Thomas/Barth, Daniela (2008): Controlling, 2. Auflg., München 2008.

Bartlett, Christopher A./Ghoshal, Sumantra (1998): Managing Across Borders: The Transnational Solution, 2. Aufl., Boston 1998.

Baumann, H.G. (1975): Merger Theory, property Rights and the Pattern of US Direct Investment in Canada, in: Review of World Economics, Bd. 111 Nr. 4, S. 676-698.

Bäurle, Iris (1996): Internationalisierung als Prozeßphänomen: Konzepte – Besonderheiten – Handhabungen, Diss. Katholische Universität Eichstätt 1996.

Bea, Franz Xaver/Haas, Jürgen (2005): Strategisches Management, 4. Auflg., Stuttgart 2005.

Bea, Franz Xaver/Göbel, Elisabeth (2006): Organisation: Theorie und Gestaltung, 3. Auflg., Stuttgart 2006.

Becker, Andreas (2009): Corporate Governance, Internationalisierung und Erfolg: Eine Analyse der internationalen und interkulturellen Zusammensetzung von Boards aus dem angloamerikanischen, germanischen und nordischen Kulturkreis, Diss. Universität Mannheim 2009.

Becker, Helmut (2010): Darwins Gesetz in der Automobilindustrie: Warum deutsche Hersteller zu den Gewinnern zählen, Heidelberg u.a. 2010.

Becker, Hans Paul (2012): Investition und Finanzierung: Grundlagen der betrieblichen Finanzwirtschaft, 5. Auflg., Wiesbaden 2012.

Behringer, Stefan (2011): Konzerncontrolling, Heidelberg u.a. 2011.

Beinker, Mark/Föhl, Matthias (2012): Praxisorientierte Steuerung von Kontrahentenrisiken, in: Ludwig, Sven/Martin, Marcus R. W./Wehn, Carsten S. (Hrsg.) (2012): Kontrahentenrisiko: Bewertung, Steuerung, Unterlegung nach Basel III und IFRS, 2012, S. 21-38.

Bellin, Martin (2008): Your Global Local Treasury, FINANCE-Sonderbeilage März 2008, S. 16.

Berg, Nicola (2002): Public Affairs Management: Ergebnisse einer empirischen Untersuchung in Multinationalen Unternehmen, Diss. Universität Dortmund 2002.

Berger, Allen N. u.a. (2008): Bank ownership type and banking relationships; in: Journal of Financial Intermediation, Bd. 17 Nr. 1, S. 37-62.

Beville, Matthew (2008): Financial Pollution: Systemic Risk and Market Stability, in: Florida State University Law Review, Bd. 36, S. 245-274.

Bieg, Hartmut/Kußmaul, Heinz (2009a): Finanzierung, 2. Auflg., München 2009.

Bieg, Hartmut/Kußmaul, Heinz (2009b): Externes Rechnungswesen, 5. Auflg., München 2009.

Bieg, Hartmut/Kußmaul, Heinz/Waschbuch, Gerd (2012): Externes Rechnungswesen, 6. Auflg., München 2012.

Billings, Mark (2007): Corporate Treasury in International Business History, in: Business and Economic History On-Line, Bd. 5, http://www.thebhc.org/publications/BEHonline/2007/billings.pdf, 30.04.2012, online.

Bleicher, Knut (1999): Das Konzept integriertes Management: Visionen – Missionen – Programme, 5. Auflg. Frankfurt am Main/New York 1999.

Bleicher, Knut (2011): Das Konzept integriertes Management: Visionen – Missionen - Programme, 8. Auflg., Frankfurt am Main 2011.

Blijdenstein, Hendrik Blenken/Westerman, Wim (2008): Optimising a global cash management structure; in: Journal of Corporate Treasury Management, Bd. 1 Nr. 4, S. 317-325.

Bloss, Michael/Ernst, Dietmar/Häcker, Joachim/Eil, Nadine (2009): Von der Subprime-Krise zur Finanzkrise: Immobilienblase Ursachen, Auswirkungen, Handlungsempfehlungen, München 2009.

Born, Karl (2008): Bilanzanalyse international: Deutsche und ausländische Jahresabschlüsse lesen und beurteilen, 3. Auflg., Stuttgart 2008.

Bortz, Jürgen/Döring, Nicola (2005): Forschungsmethoden und Evaluation für Human- und Sozialwissenschaftler, Heidelberg 2005.

Bragg, Steven M. (2010a): Treasury Management: The practitioner's Guide, Hoboken 2010.

Bragg, Steven M. (2010b): Running an effective Investor Relation Department: A Comprehensive Guide, Hoboken 2010.

Braham, Asma (2012): Islamic Banking: Moralische und ökonomische Grundsätze. Erfolgsaussichten in Deutschland, Hamburg 2012.

Brandt, Werner/Knopf, Andreas (2011): SEPA – Der neue europäische Zahlungsverkehr; in: Seethaler, Peter/Steitz, Markus (Hrsg.) (2011): Praxishandbuch Treasury-Management: Leitfaden für die Praxis des Finanzmanagements, Wiesbaden 2011 (Nachdruck von 2007), S. 55-76.

Braun, Christoph/Lange, Michael (2011): Optimierung des Rohstoffeinkaufs mit Derivaten; in: Gabath, Christoph (Hrsg.) (2011): Innovatives Beschaffungsmanagement: Trends, Herausforderungen, Handlungsansätze, Wiesbaden 2011.

Brealey, Richard A./Myers, Steward C./Allen, Franklin (2011): Principles of Corporate Finance, 10 Auflg., New York 2011.

Brescia, Raymond H. (2008): Capital in Chaos: The Subprime Mortgage Crisis and the Social Capital Response, in: Cleveland State Law Review, Bd. 56, S. 271-318.

Bretton Woods Commission (Hrsg.) (1994): Bretton Woods: Looking to the Future; Commission Report, Staff Review, Background Papers, Washington 1994.

Breuer, Wolfgang/Gürtler, Marc (2003): Internationales Management: Betriebswirtschaftslehre der internationalen Unternehmung, Wiesbaden 2003.

Britton, Andrew (2001): Monetary Regimes of the Twentieth Century, Cambridge 2001.

Brosius, Felix (2011): SPSS 19, Heidelberg u.a 2011.

Brouthers, Lance Eliot/Brouthers, Keith D./Werner, Steve (1999): Is Dunning's Electric Framework Descriptive or Normative?, in: Journal of International Business Studies, Bd. 30 Nr. 4, S. 831-844.

Bode, Alexander (2009): Wettbewerbsvorteile durch internationale Wertschöpfung: Eine Untersuchung deutscher Unternehmen in China, Diss. Technische Universität Darmstadt 2009.

Bodie, Zvi/Kane, Alex/Marcus, Alan J. (2010): Essentials of Investments, 8. Auflg., New York 2010.

Boettger, Ulrich (1994): Cash-Management internationaler Konzerne: Strategien – Organisation – Umsetzung, Diss. Hochschule St. Gallen 1994.

Bogner, Thomas/Brunner, Nicole (2007): Internationalisierung im deutschen Lebensmittelhandel: Möglichkeiten und Grenzen der Globalisierung, Wiesbaden 2007.

Bohn, Michael (2009): Logistik im Kontext des ausländischen Markteintritts, Diss. Technische Universität Berlin 2009.

Bonn, Rainer (2006): Finanzplanbasierte Messung und Steuerung des Liquiditätsrisikos; in: Hölscher, Reinhold (Hrsg.) (2006): Schriftenreihe Finanzmanagement, Band 10, Sternenfels 2006.

Boot, Arnaud W. A. (2000): Relationship Banking: What Do We Know?, in: Journal of Financial Intermediation, Bd. 9 Nr. 1, S. 7-25

Borghoff, Thomas (2004): Evolutionary Theory of the Globalisation of Firms, Diss. Universität Dortmund 2004.

Borsodi, Ralph (1976): The definition of definition: A new linguistic approach to the integration of knowledge, Boston 1976.

Börner, Christoph J. (2000): Strategisches Bankmanagement, München/Wien 2000.

Bösch, Martin (2009): Finanzwirtschaft: Investition, Finanzierung, Finanzmärkte und Steuerung, München 2009.

Bubeck, Christian/Wriedt, Birger (2008): Aufbruch ins Unbekannte – Die interne Revision im Treasury, in: der Treasurer, FINANCE-Sonderbeilage März 2008, S. 12-13.

Buchmann, Patrick (2009): Return of the King: Working Capital Management zur Vermeidung von Liquiditätsengpässen in der Krise; in: Controlling & Management, Bd. 53 Nr. 6, S. 350-355.

Buckley, Peter J./Casson M. (2003): The Future of the Multinational Enterprise in retrospect and in Prospect, in: Journal of International Business Studies, Bd. 34 Nr. 2, S. 219-222.

Buckley, Peter J./Ghauri, Pervez N. (2004): Globalisation, economic geography and the strategy of multinational enterprises, in: Journal of International Business Studies, Nr. 35, S. 81-98.

Buckley, Adrian (1992): Multinational finance, 2. Auflg., New York u.a. 1992.

Bundeszentrale für politische Bildung (2012): Globalisierung: Transportkosten und Kommunikation, http://www.bpb.de/files/YFCXFT.pdf, 28.02.2012.

Butler, Kurt C. (2008): Multinational Finance, 4. Auflg., Chichester 2008.

Büschgen, Hans E. (1998): Bankbetriebslehre: Bankgeschäfte und Bankmanagement, 5. Auflg., Wiesbaden 1998.

Camerinelli, Enrico (2010): Trends in cash, liquidity and working capital management automation: The role of technology; in: Journal of Corporate Treasury Management, Bd. 3 Nr.2, S. 141-148.

Carter, Mia/Harlow, Barbara (2003): Archives of Empire Volume I – From the East india Company to the Suez Canal, o.O 2003.

Cassis, Youssef (2006): Capitals of Capital: A History of International Financial Centres, 1780 - 2005, Cambridge u.a. 2006.

Caspers, Rolf (2002): Zahlungsbilanz und Wechselkurse, München/ Wien/Oldenburg 2002.

Ceballos, David/Cantarero, David (2006): Financial System Regulation Stability versus Instability: Some Strategic Consideration, in: Arestis, Philip/Ferreiro, Jesus/Serrano, Felipe (Hrsg.) (2006): Financial Developments in National and International Markets, Basingstoke u.a. 2006, S. 40-55.

Chatterjee, S./Hadi, A. S (2006): Regression analysis by example, 4. Auflg., New York 2006.

Claessens, Stijn/Forbes, Kristin J. (2001): International financial contagion, Boston/Dordrecht/London (2001).

Clavin, Patricia (2000): The Great Depression in Europe – 1929-1939, New York 2000.

Coase, Ronald H. (1937): The Nature of the Firm, in: Economica, Vol 4, S. 386-405.

Corsten, Hans/Reiß, Michael (2008): Betriebswirtschaftslehre (Band 2), 4. Auflg., München 2008.

Craig, Jeffery (2007): Working capital: measurements and techniques for the treasurer; in: Journal of Corporate Treasury Management, Bd. 1 Nr. 2, S. 115-119.

Cullen, Sarah (2010): Service Level Agreements – Module 10 of the outsourcingtoolset, o.O. 2010.

Czinkota, Michael u.a. (2009): International Business, Chichester 2009.

Dahlhausen, Volker (1996): Corporate Banking multinationaler Unternehmen als Substitutionskonkurrenz auf dem Bankleistungsmarkt, Diss. Freie Universität Berlin 1996.

Daimler (2012): IFRS Konzernabschluss 2006 und Global Conference Call, http://www.daimler.com/dccom/0-5-843579-49-843665-0-0-0-0-0-0-8-7164-0-0-0-0-0-0-0.html, 21.11.2012, online.

Danko, Dori/Godwin, Joseph H./Goldberg, Stephen R. (2002): How to Profit from New Trends in Treasury Management; in: Journal of Corporate Accounting & Finance, Bd. 14 Nr. 1, S. 3-10.

Das, Dilip K. (2004): Financial Globalization and the Emerging Market Economies, London/New York 2004.

Das, Dilip K. (2006): Globalization in the World of Finance: An Analytical History, in: Global Economy Journal, Band 6/2006, S. 1-22.

Daum, Jürgen H. (2005): Die Evolution der Finanzfunktion in Europäischen Unternehmen und die Perspektiven für die Zukunft, in: ControllerNews, 06/2005, S. 207-209.

Däumler, Klaus-Dieter/Grabe, Jürgen (2008): Betriebliche Finanzwirtschaft, 9. Auflg., Hamm 2008.

Deckart, Christian (2005): Kapitalerhaltung als Grenze des Cash Pooling, Diss. Universität Augsburg 2005.

de Freitas, Thomas (2010): Risk management in 2010: The role of the corporate treasurer, in: Journal of Corporate Treasury Management, Bd. 3 Nr. 3, S. 223-227.

Degenhart, Heinrich (2003): Vielschichtige Aufgaben – Corporate Treasury: gestern, heute und morgen, in: FINANCE-Sonderbeilage, November 2003, S. 6-7.

Degenhart, Heinrich/Freiherr von Haller, Wilhelm (2006): Vom Verwalter zum Strategen – die neue Rolle des Corporate Treasurers; in: Financial Gates GmbH/ConVent Gesellschaft für Kongresse und Veranstaltungsmanagement mbH (Hrsg.) (2006): Unternehmensfinanzierung: Jahrbuch, Band 6, S. 6-7.

Degenhart, Heinrich (2007): Das Treasury lenkt mit; in: Arons, Steven (Hrsg.) (2007): Managementkompass: Working Capital Management. Frankfurt am Main: 2007, S. 10-11.

Degenhart, Heinrich (2009): The Functions of a Corporate Treasury, in: Treasury Management International (TMI Magazine), TMI Special Report: Corporate Treasury in Germany 2009, S. 3-10.

Degryse, Hans/Masschelein, Nancy/Mitchell, Janet (2009): Staying, dropping, or switching: the impacts of bank mergers on small firms, in: National Bank of Belgium, Working Paper, Nr. 179, Brüssel 2009.

de la Motte, Laura/Czernomoriez, Janna/Clemens, Marius (2010): Zur Vertrauensökonomik: Der Interbankenmarkt in der Krise von 2007 - 2009; in: Forschungsberichte/Institut für Makroökonomik der Universität Potsdam, Nr. 0110, Potsdam 2010.

De Luna-Martínez, José (2002): Globalisierung und Finanzkrisen: Lehren aus Mexiko und Südkorea, Diss. Freie Universität Berlin 2002.

Dell'Ariccia, Giovanni/Igan, Deniz/Laeven, Luc (2008): Credit Booms and Lending Standards: Evidence from the Subprime Mortgage Market (IMF Working Paper: WP/08/106), http://www.imf.org/external/pubs/ft/wp/2008/wp08106.pdf, 13.04.2011.

Deloff, Marc (2003): Does Working Capital Management Affect Profitability of Belgian Firms?; in: Journal of Business Finance & Accounting, Bd. 30 Nr.3-4, S. 573-588.

Dorsman, André/Gounopoulos, Dimitrios (2008): Controlling working capital in multinational enterprises; in: Journal of Corporate Treasury Management, Bd. 2 Nr. 2, S. 152-159.

Doz, Yves L./Prahalad, Coimbatore K. (1981): Headquarters Influence Control within Multinational Corporations, in: Journal of International Business Studies, Bd. 15 Nr. 1, S. 15-29.

Doz, Yves L./Prahalad, Coimbatore K. (1991): Managing DMNCs: a search for a new paradigm, in: Strategic Management Journal, Bd. 12, S. 145-164.

Desai, Jimmy (2010): Service Level Agreements: A legal and practical guide, Cambridgeshire 2010.

Detragiache, Enrica/Garella, Paolo/Guiso, Luigi (2000): Multiple versus Single Banking Relationships: Theory and Evidence; in: The Journal of Finance, Bd. 55 Nr. 3, S. 1133-1161.

Deutsche Bank AG (2012): Geschäftsbericht 2011, https://www.db.com/ir/de/download/Deutsche_Bank_Geschaeftsbericht_2011_gesamt.pdf?dbi query=2%3Atreasury, 07.06.2012, online.

Deutsche Börse (2012): Historical Index Compositions of the Equity- and Strategy Indices of Deutsche Börse (Version 3.6/November 2012), http://www.dax-indices.com/DE/MediaLibrary/Document/Historical_ Index_Compositions_3_6.pdf, 28.12.2012, online.

Deutsche Börse (2013a): Prime Standard, http://xetra.com/xetra/dispatch/ de/listcontent/navigation/xetra/200_listing/100_your_listing/100_your_listi ng/90_bp_line/Content_Files/Being_Public_Line_pages/Prime_Standard/ Prime_Standard.htm, 21.01.2013, online.

Deutsche Börse (2013b): Transparenzstandards, http://xetra.com/xetra/dispatch/ de/listcontent/navigation/xetra/100_market_structure_instruments/200_ transparency_standards/page.htm, 21.01.2013, online.

Deutsche Börse (2013c): Die DAX Indexwelt, http://www.dax-indices.com/ DE/MediaLibrary/Document/120611_DeutscheBoerse_D_WEB.pdf, 21.01.2013, online.

Deutsche Vereinigung für Finanzanalyse und Asset Management (2012): DVFA-Grundsätze für Effektive Finanzkommunikation (Version 3.0 vom Mai 2008), http://www.dvfa.de/files/die_dvfa/standards/effektive_ finanz- kommunikation/application/pdf/grundsaetze_effektive_finanzkommuni- kation. pdf, 06.06.2012, online.

Doenecke, Julian (2007): Multinationale Unternehmen: Staatliche Beeinflussung internationaler Belieferungskanäle, Diss. Universität Regensburg 2007.

Dulworth, Michael (2005): Creating a Learning Organization That is Linked to Business Strategy and Drives Business Outcomes, in: Dulworth Mi- chael/Bordonardo, Frank (Hrsg.) (2005): Corporate Learning. Proven and Critical Guidelines for Building a sustainable Learning Strategy, San Franzisco 2005, S. 3-21.

Dunning, John H./Lundan, Sarianna M. (2008): Multinational enterprises and the global economy, 2. Auflg., Cheltenham/Northampton 2008.

Duwendag, Dieter (2006): Globalisierung im Kreuzfeuer der Kritik: Gewinner und Verlierer – Globale Finanzmärkte – Supranationale Organisationen – Job Exporte, Baden-Baden 2006.

DVFA (2007): Standards zur Bewertung von Kreditderivaten, http://www. dvfa.de/files/die_dvfa/kommissionen/bewertung_und_methoden/applicatio n/pdf/standards_bewertung_kreditderivate.pdf, 23.10.2012, online.

Ebben, Jay J./Johnson, Alec C. (2011): Cash conversion cycle management in small firms : relationships with liquidity, invested capital, and firm performance; in: Journal of small business and entrepreneurship, Bd. 24 Nr. 3, S. 381-396.

Eberlein, Jana (2010): Betriebliches Rechnungswesen und Controlling, 2. Auflg., München 2010.

Eckstein, Peter P. (2012): Angewandte Statistik mit SPSS: praktische Einführung für Wirtschaftswissenschaftler, 7. Auflg., Wiesbaden 2012.

Ehrlich, Michael/Anandarajan, Asokan/Fossaceca, Michael (2009): Solving Treasury Problems in an Age of Global Trade, in: The Journal of Corporate Accounting & Finance, September/October 2009, S. 55-64.

Eichengreen, Barry (1996): Globalizing Capital: A History of the International Monetary System, New Jersey 1996.

Eilenberger, Guido (1987): Betriebliche Finanzwirtschaft: Einführung in die Finanzpolitik und das Finanzmanagement von Unternehmungen, 2. Auflg., München 1987.

Eilenberger, Guido (2003): Betriebliche Finanzwirtshaft: Einführung in Investition und Finanzierung, Finanzpolitik und Finanzmanagement von Unternehmen, 7. Auflg., München/Wien 2003.

Eilenberger, Guido (2012): Bankbetriebswirtschaftslehre: Grundlagen – Internationale Bankleistungen – Bank-Management, 8. Auflg., München 2003.

Eisele, Wolfgang (2002): Technik des betrieblichen Rechnungswesens, 7. Auflg., München 2002.

Eitemann, David K./Stonehill, Arthur ./Moffett, Michael H. (2010): Multinational Business Finance, 12. Aufl., Boston u.a. 2010.

Eitelwein, Oliver/Wohltat, Andreas (2005): Steuerung des Working Capital im Supply Chain Management über die Cash-to-Cash Cycle Time; in: Controlling & Management, Bd. 49 Nr. 6, S. 416-425.

Ek, Ron/Guerin, Stephen (2011): Is there a right level of working capital?; in: Journal of Corporate Treasury Management, Bd. 4 Nr. 2, S. 137-149.

Ekeledo, Ikechi/Sivakuamr, K. (2004): International market entry mode strategies of manufacturing firms and service firms: A resource-based perspective, in: International Marketing Review, Bd. 21 Nr. 4, S. 68-101.

Eller, Roland/Gruber, Walter/Reif, Markus (Hrsg.) (2001): Handbuch Gesamtbanksteuerung: Integration von Markt-, Kredit und operationalen Risiken, Stuttgart 2001.

Elmar, Lukas (2003): Multinationale Unternehmen und sequenzielle Direktinvestitionen: Eine Realoptionstheoretische Modellierung, Diss. Universität Paderborn 2003.

Elms, Steven/Mousseau, John (2012): Rational Choice for Working Capital; in: GTNEWS, http://www.gtnews.com/articel/8693.cfm, 20.04.2012, online.

Eng, Maximo V./Lees, Francis A./Mauer, Laurence J. (1998): Global Finance, 2 Auflg., Reading u.a. 1998.

Elsas, Ralf (2005): Empirical determinants of relationship lending; in: Journal of Financial Intermediation, Bd. 14 Nr. 1, S. 32-57.

Elsas, Ralf/Krahnen, Jan Pieter (1998): Is relationship lending special? Evidence from credit-file data in Germany; in: Journal of Banking & Finance, Bd. 22, Nr. 10-11, S. 1283-1316.

Engelhardt, Werner H./Raffée, Hans/Wischerman, Barbara (2010): Grundzüge der doppelten Buchhaltung: Mit Aufgaben und Lösungen, 8. Auflg., Wiesbaden 2010.

Enthofer, Hannes/Haas, Patrick (Hrsg.) (2011): Handbuch Treasury: praxiswissen für den Geld- und Kapitalmarkt, Wien 2011.

Eun, Cheol S./Resnick, Bruce G./Sabherwal, Sanjiv (2012): International Finance, 6 Auflg., New York 2012.

European Banking Authority (2012): EU-wide stress testing, http://www.eba.europa.eu/EU-wide-stress-testing.aspx, 17.10.2012, online.

Everett, Steve (2012): Netting: The Key to Stronger Liquidity Management, in: GTNEWS, http://www.gtnews.com/article/8682.cfm, 17.04.2012, online

Falke, Roland (2011): Zentral steuern in: Finance Magazine, November 2011, S. 46.

Farinha, Luisa A./Santos, Joao A. C. (2002): Switching from Single to Multiple Bank Lending Relationships: Determinants and Implications; in: Journal of Financial Intermediation, Bd. 11 Nr. 2, S. 124-151.

Farrel, John (2011): The Strategic Value of a Payment Factory; in: GTNEWS, http://www.gtnews.com/article/8489.cfm, 14.08.2012, online.

Farris, Theodore M./Hutchison, Paul D. (2003): Measuring Cash-to-Cash Performance; in: The International Journal of Logistics Management, Bd. 14 Nr. 2, S. 83-92.

Fastrich, Hendrick/Hepp, Stefan (1991): Währungsmanagement internationaltätiger Unternehmen, Stuttgart 1991.

Fähnrich, Christian/Manns, Denise (2008): Konzeptionsentwicklung im Treasury-Management für Banken: Unter besonderer Berücksichtigung der Zinsbuchsteuerung, Hamburg 2008.

Federspieler, Christian (1998): Zwischenberichtspublizität in Europa, Diss. Universität Augsburg 1998.

Ferreira, Miguel A./Vilela, Antonio S. (2004): Why Do Firms Hold Cash? Evidence from EMU Countries; in: European Financial Management, Bd. 10 Nr. 2, 2004, S. 295-319.

Fiege, Stefanie (2006): Risikomanagement- und Überwachungssysteme nach KonTraG: Prozesse, Instrumente, Träger, Wiesbaden 2006.

Filbeck, Greg/Krueger, Thomas M. (2005): An Analysis of Working Capital Management Results Across Industries; in: American Journal of Business, Bd. 20 Nr. 2, S. 11-20.

Filipiuk, Bogna (2008): Transparenz der Risikoberichterstattung: Anforderungen und Umsetzung in der Unternehmenspraxis, Diss. Universität Frankfurt an der Oder 2008.

Forsgren, M. (2002): The concept of learning in the Uppsala internationalization process model: a critical review, in: International Business Review, Bd. 11 Nr. 3, S. 257-277.

Frick, Bernd/Kluge, Norbert/Streeck, Wolfgang (Hrsg.) (1999): Die wirtschaftlichen Folgen der Mitbestimmung, Frankfurt am Main/New York 1999.

Furter, Jean (2012): From Operational Efficiencies to Strategic Value: Realising Treasury's Potential, in: Treasury Management International (TMI Magazine), Issue 203, S. S. 27-28.

Furubotn, E. G. (1989): Property Rights in Information and the Multinational Firm, in: Vosgerau, Hans-Jürgen (Hrsg.) (1989): New Institutional Arrangements for the World Economy, Berlin 1989, S. 401-408.

Gabler, Alfred (2004): Liquiditäts- und Zinssicherungsmanagement in einem international operierenden Konzern; in Guserl; Richard/Pernsteiner, Helmut (Hrsg.) (2004): Handbuch Finanzmanagement in der Praxis, Wiesbaden 2004.

García-Teruel, Pedro Juan/Martínez-Solano, Pedro (2007): Effects of working capital management on SME profitability; in: International Journal of Managerial Finance, Bd. 3 Nr. 2, S. 164-177.

Gérard, Francois-Xavier/Foltin, Alexander (2011): Bankprofitabilität aus Firmenkundensicht – Einsatz zur Steuerung von Bankbeziehungen, in: Seethaler, Peter/Steitz, Markus (Hrsg.) (2011): Praxishandbuch Treasury-Management: Leitfaden für die Praxis des Finanzmanagements, Wiesbaden 2011 (Nachdruck von 2007), S. 276-289.

Giegerich, Udo (2002): Implementing a Treasury Center in Switzerland, in GTNEWS, Juni 2002, http://www.gtnews.com/article/4536.cfm, 23.03.2011, online.

Gilg, Thorsten (2008): Corporate Governance im Konzern-Treasury, in: Keuper, Frank/Neumann, Fritz (Hrsg.) (2008): Finance Transformation: Strategien, Konzepte und Instrumente, Wiesbaden 2008, S. 292-304.

Glaum, Martin (1996): Internationalisierung und Unternehmenserfolg, Wiesbaden 1996.

Gomm, Moritz (2008): Supply Chain Finanzierung: Optimierung der Finanzflüsse in Wertschöpfungsketten, Diss. Technische Universität Darmstadt 2008.

Gopalan, Radhakrishnan/Udell, Gregory F./Yerramilli, Vijay (2011): Why Do Firms Form New Banking Relationships?; in: Journal of Financial and Quantitative Analysis, Bd. 46 Nr. 5, S. 1335-1365.

Gordon, Philip H. (2006): Europe's cautious Globalization, in: Laible, Janet/ Barkey, Henri J. (Hrsg.) (2006): European response to Globalization: Resistance, Adaptation and Alternatives, Amsterdam u.a. 2006, S. 1-18.

Grilli, Vittorio/Roubini, Nouriel (1993): Financial liberalisation and exchange rate volatility, in: Conti, Vittorio/Hamaui, Rony (Hrsg.) (1993): Financial markets' liberalisation and the role of banks, Cambridge/Melbourne/New York 1993, S. 89-108.

Groll, Karl-Heinz (2004): Das Kennzahlensystem zur Bilanzanalyse: Ergebniskennzahlen, Aktienkennzahlen, Risikokennzahlen, 2. Auflg., München/ Wien 2004.

Guiso, Luigi/Minetti, Raoul (2010): The Structure of Multiple Credit Relationships: Evidence from U.S. Firms; in: Journal of Money, Credit and Banking, Bd. 42, Nr. 6, S. 1037-1071.

Gunkel, Marcus A. (2010): Effiziente Gestaltung des Risikomanagements in deutschen Nicht-Finanzunternehmen: Eine empirische Untersuchung, Diss. Heinrich-Heine-Universität Düsseldorf 2010.

Guserl, Richard/Pernsteiner, Helmut (2004): Die Rolle des Finanzmanagements in der Unternehmensführung, in Guserl, Richard/Pernsteiner, Helmut (Hrsg.) (2004): Handbuch Finanzmanagement in der Praxis, Wiesbaden 2004. S. 1-31.

Guserl, Richard/Pernsteiner, Helmut (2011): Finanzmanagement: Grundlagen - Konzepte - Umsetzung, Wiesbaden 2011.

Grüning, Michael (2010): Publizität börsennotierter Unternehmen, Habil. Europa-Universität Viadrina Frankfurt an der Oder 2010.

Haas, Hans-Dieter/Neumair, Simon (2006): Internationale Wirtschaft: Rahmenbedingungen, Akteure, räumliche Prozesse, München/Wien, 2006.

Hair, Joseph F./Black, William C./Babin, Barry J./Anderson, Rolph E. (2010): Multivariate Data Analysis, 7. Auflg., Pentice Hall 2010.

Hamilton, Leslie/Webster, Philip (2012): The International Business Environment, 2. Auflg., Oxford u.a. 2012.

Handke, Michael (2009): Die Hausbankbeziehung: Institutionalisierte Finanzierungslösungen für kleine und mittlere Unternehmen in räumlicher Perspektive, Diss. Universität Frankfurt 2009.

Hangebrack, Ralf (2007): Kapitalaufbringung, Kapitalerhaltung und Existenzschutz bei konzernweiten Cash-Pooling-Systemen, Diss. Universität Hamburg 2007.

Hartmann-Wendels, Thomas/Pfingsten, Andreas/Weber, Martin (2007): Bankbetriebslehre, 4 Auflg., Berlin/Heidelberg/New York 2007.

Hartmann-Wendels, Thomas/Pfingsten, Andreas/Weber, Martin (2010): Bankbetriebslehre, 5 Auflg., Berlin/Heidelberg/New York 2010.

Hasanbegovic, Jasmina (2010): Bringing Life Long Learning (LLL) into the Business- die Rolle des Business Partners im betrieblichen Bildungsmanagement, in: Breitner, Michael H./Voigtländer, Christine/Sohns, Karsten (Hrsg.) (2010): Perspektiven des Lebenslangen Lernens – dynamische Bildungsnetzwerke, Geschäftsmodelle, Trends, Berlin 2010, S. 135-141.

Haux, Jörg F. (2001): Handbuch: Beteiligungsmanagement, München 2001.

Hayes, Andrew F./Cai, Li (2007): Using heteroscedasticity-consistent standard error estimators in OLS regression: An introduction and software implementation., in: Behavior Research Methods, Bd. 39 Nr., S. 709-722.

Hayes, Andrew F. (2013): My Macros and Code for SPSS and SAS – HCREG, http://www.afhayes.com/spss-sas-and-mplus-macros-and-code.html, 10.07.2013, online.

Häberle, Armin/Meves, Anne-Kathrin (2012): „Die Rolle des CFO ist strategischer geworden", in: Finance Magazine, Dezember 2011/Januar 2012, S. 40-41.

Häberlein, Mark (2006): Die Fugger: Geschichte einer Augsburger Familie (1367-1650), Stuttgart 2006.

Häfner, Michael/Hiendelmeier, Alexandra (2008): Strategien im Finanzbereich; in: Keuper, Frank/Vocelka, Alexander/Häfner, Michael (Hrsg.) (2008): Die Moderne Finanzfunktion: Strategien, Organisation, Prozesse, Wiesbaden 2008, S. 146-175.

Hedlund, G./Kverneland, A. (1985): Are Strategies for Foreign Markets Changing? The Case of Swedish Investment in Japan, in: International Studies of Management and organization, Bd. 15 Nr. 2, 1985, S. 41-59.

Heenan, David A./Perlmutter, Howard V. (1979): Multinational Organization Development, Reading 1979.

Heinrichs, Werner (2010): Hochschulmanagement, München 2010.

Hellerforth, Michaela (2009): Die globale Finanzmarktkrise: Ursachen und Auswirkungen auf die Immobilien- und die Realwirtschaft, Hamburg 2009.

Hemsley, Colin (2012): Best Practice in Managing Credit Risk: Relationships and Transparency Complement the Fundamentals; in GTNEWS, www.gtnews.com/articel/8632cfm?Site=gtnews&token=2a7e077f-9feb-4a39-8fb5-57e6f15fb734&rememberMe=yes, 17.04.2012, online.

Her Majesty's Treasury (2012): About us, http://www.hm-treasury.gov.uk/about_index.htm, 08.06.2012, online.

Hernandez-Canovas, Gines/Koeter-Kant, Johanna (2010): The institutional environment and the number of bank relationships: an empirical analysis of European SMEs, in: Small Business Economics, Bd. 34 Nr. 4, S. 375-390.

Herold, Kai O. (1994): Zentrales Cash-Management internationaler Konzerne – Strukturen, Technologieunterstützung und Performancebeurteilung, Diss. Hochschule St. Gallen 1994.

Hertle, Michael (2011): Die geplante VW-Übernahme durch Porsche, Ebersdorf 2011.

Heyke, Bianca/Stahl, Michael (2010): Bedeutung des Debitorenratings für das Working Capital Management; in Becker, Grit S./Everling, Oliver (Hrsg.) (2010): Debitorenrating, Wiesbaden 2010.

Hirsch, Bernhard (2008): CFO und Controller als Business-Partner – nicht nur im Strategiebereich, in: Controlling & Management, Jg. 52 H.2, S. 75-76.

Hofmann, Erik/Maucher, Daniel/Piesker, Sabrina/Richter, Philip (2011): Wege aus der Working Capital-Falle, Berlin/Heidelberg 2011.

Holland, John (1994): Bank lending relationships and the complex nature of bank-corporate relations; in: Journal of Business Finance & Accounting, Bd. 21 Nr. 3, S. 367-393.

Hollein, Marie (2010): The treasurer as chief liquidity officer, in: Journal of Corporate Treasury Management, Bd. 4 Nr. 1, S. 28 - 34.

Holst, Jonny (2001): Management finanzieller Risiken – Risikomanagement im Finanzbereich; in: Götze, Uwe/Henselmann, Klaus/Mikus, Barbara (Hrsg) (2001): Risikomanagement, Heidelberg 2001, S. 129-158.

Hommels, Klaus (1995): In-house banking: Aktivitäten, Organisationsstrukturen sowie Effizienzkriterien zur Ergebnisgenerierung, Diss. Universität Freiburg 1995.

Horcher, Karen A. (2006): Essentials of Managing Treasury, Hoboken 2006.

Hormuth, Mark W. (1998): Recht und Praxis des konzernweiten Cash Managements: ein Beitrag zur Konzernfinanzierung, Berlin 1998.

Horn, Gustav/Joebges, Heike/Zwiener, Rudolf (2009): Von der Finanzkrise zur Weltwirtschaftskrise (II) – Globale Ungleichgewichte: Ursache der Krise und Auswegstrategien für Deutschland; in: Institut für Makroökonomie und Konjunkturvorschung, Report Nr. 40 | August 2009, http://www.boeckler.de/pdf/p_imk_report_40.pdf, 12.08.2013, online.

Horváth, Péter (2011): Controlling, 12. Auflg., München 2011.

Howorth Carole/Westhead Paul (2003): The focus of working capital management in UK small firms; in: Management Accounting Research, 14, S. 97-111.

Hull, John C. (2009): Optionen, Futures und andere Derivate, 7. Auflg., München u.a. 2009.

Hull, John C. (2012): Risk Management and Financial Institutions, 3. Auflg., Hoboken 2012.

Hummel, Detlev/Uhlig, Alexander (2012): Zur Aussagekraft der EU-Bankenstresstests; in: Bankarchiv, Bd. 62 Nr. 5, S. 269-278.

Hungenberg, Harald (2011): Strategisches Management im Unternehmen: Ziele – Prozesse – Verfahren, 6. Auflg., Wiesbaden 2011.

IBM (2003): CFO Survey: Current state and future direction, New York 2003.

IBM (2005): The agile CFO: Acting on business insights, New York 2005.

IBM (2007): The Global CFO Study 2008: Die richtige Balance zwischen Risiko und Performance durch eine Integrierte Finanzorganisation, New York 2007.

IBM (2010): Die Finanzorganisation: Der neue Value Integrator – Einsichten aus der globalen Chief Financial Officer Studie, Ehningen/Wien/Zürich 2010.

Infosys Technologies Limited (2009): Treasury Organisation: Picking the Right Model, http://www.infosys.com/finacle/pdf/thoughtpapers/treasuryorganisation. pdf, 29.06.2012, online.

Ioannidou, Vasso/Ongena, Steven (2010): Time for a Change: Loan Conditions and Bank Behavior when Firms Switch Banks; in: Journal of Finance, Bd. 65, Nr. 5, S. 1847-1877.

Ioannis, Lazaridis/Dimitrios Tryfonidis (2006): Relationship Between Working Capital Management and Profitability of Listed Companies in the Athens Stock Exchange; in: Journal of Financial Management and Analysis, Bd. 19 Nr. 1, o. S.

Ishii, Shogo/Ötker-Robe, İnci/Cui, Li (2001): Measure to Limit the Offshore Use of Currencies: Pros and Cons (IMF Working Paper), http://www.imf.org/external/pubs/ft/wp/2001/wp0143.pdf, 08.04.2010.

Jäeger, Sahra (2012): Kapitalstrukturpolitik deutscher börsennotierter Aktiengesellschaften: Eine empirische Analyse von Kapitalstrukturdeterminanten, Wiesbaden 2012.

Jeffery, Craig A. (2009): The Strategic Treasurer: A Partnership for Corporate Growth, Hoboken 2009.

Johanson, Jan/Wiedersheim-Paul, Finn (1975): The Internationalization of the Firm – Four Swedish Cases, in: The Journal of Management Studies, Bd. 12 Nr. 3, S. 305-322.

Johanson, Jan/Vahlne, Jan-Erik (1977): The internationalization process of the firm – a model of knowledge development and increasing foreign market commitments, in: Journal of International Business Studies, Bd. 8 Nr. 1, S. 23-32.

Johanson, Jan/Mattson Lars-Göran (1986): International Marketing and Internationalization Process – A Network Approach, in: Turnbull, Peter W./ Paliwoda Stanley J. (Hrsg.) (1986): Research in International Marketing, London, 1986, S. 234-265.

Johanson, Jan/Mattson Lars-Göran (1988): Internationalization in Industrial Systems – A Network Approach, in: Hood, Neil/Vahlne, Jan-Erik (Hrsg) (1988): Strategies in Global Competition, London/New York/Sydney, 1988, S. 287-314.

Johanson, Jan/Vahlne, Jan-Erik (1990): The Mechanism of Internationalisation, in: International Marketing Review, Bd. 7 Nr. 4, S. 11-24.

Johanson, Jan/Vahlne, Jan-Erik (2009): The Uppsala internationalization process model revisited: from liability of foreignness to liability of outsidership, in: Journal of International Business Studies, Bd. 40 Nr. 9, S. 1411-1431.

Jonas, Rainer/Minte, Horst (1975): Petrodollar: Chance für die kooperative Weltwirtschaft, Bonn u.a. 1975.

Jones, Geoffrey/Khanna, Tarun (2006): Bringing History (Back) into International Business, in: Journal of International Business Studies, Bd. 37 Nr. 4, S. 453-468.

Jourdan, Catherine/Hesler, Timothy/Calapa, Angela (2008): Treasury functions driving compliance effectiveness: A focus on anti-money laundering and the Foreign Corrupt Practices Act, in: Journal of Corporate Treasury Management, Bd. 1 Nr. 3, S. 238-248.

J.P. Morgan (2006): Global Cash Survey 2006, London/Newmark 2006.

J.P. Morgan (2007): Global Cash Management Survey 2007, London u.a. 2007.

J.P. Morgan (2008): Global Cash Management Survey 2008, London u.a. 2008.

J.P. Morgan (2009): Global Cash Management Survey 2009, London/New York/Hong Kong 2009.

J.P. Morgan (2010): Global Cash Management Survey 2010, London/New York/Hong Kong 2010.

J.P. Morgan (2011): Global Liquidity Investment Survey 2011, London/New York/Hong Kong 2011.

Jung, Hans (2007): Controlling, 2. Auflg., München 2007.

Kaiser, Dirk (2011): Treasury Management: Betriebswirtschaftliche Grundlagen der Finanzierung und Investition, 2. Auflg., Wiesbaden 2011.

Kähler, Wolf-Michael (2011): Statistische Datenanalyse: Verfahren verstehen und mit SPSS gekonnt einsetzen, 7. Auflg. Wiesbaden 2011.

Keller, Thomas (1993): Unternehmensführung mit Holdingkonzepten, 2. Auflg., Köln 1993.

Kenen, Peter B. (2007): The Benefits and Risks of Financial Globalization, in: Cato Journal, Bd. 27 No. 2, S. 179-183.

Khoury, Nabil T./Smith, Keith V./Mackay, Peter I. (1999): Comparing Working Capital Practices in Canada, the United States, and Australia: A Note; in: Canadian Journal of Administrative Sciences, Bd. 16 Nr.1 , S. 53-57.

Kindleberger, Charles Poor (2010): Die Weltwirtschaftskrise 1929-1939, München 2010.

Kißler, Leo/Greifenstein, Ralf/Schneider, Karsten (2011): Die Mitbestimmung in der Bundesrepublik Deutschland: Eine Einführung, Wiesbaden 2011.

Klepzig, Heinz-Jürgen (2008): Working-Capital und Cash Flow: Finanzströme durch Prozessmanagement optimieren, Wiesbaden 2008.

Klimmer, Matthias (2009): Unternehmensorganisation: Eine kompakte und praxisnahe Einführung, 2. Aufl., Herne 2009.

Knapp, Eckhard (2009): Interne Revision und Corporate Governance: Aufgaben und Entwicklungen für die Überwachung, 2. Auflg., Berlin 2009.

Kodres, Laura (2008): A Crisis of Confidence ... and a Lot More, in: Finance and Development (IMF quarterly Magazine), Bd. 45 Nr. 2, S. 8-13.

Kohnhorst, Kai-Uwe (2001): Konzerninterne Finanzdienstleistungsgesellschaften vor der Hinzurechnungsbesteuerung, Diss. Universität Erlangen-Nürnberg 2001.

Korts, Sebastian (2012): Cash Pooling (Heidelberger Musterverträge 122), 3. Auflg., Frankfurt am Main 2012.

Kotz, Hans-Helmut (2001): Globalisierung – auf dem Weg zur „Single World"? (Bundesbank Arbeitspapier Nr. 6), http://www.bundesbank.de/down load/hv/hannover/arbeitspapiere/papier_06.pdf, 20.02.2012.

Königsmeier, Heinz (2003): Währungsumrechnung im Konzern, Habil. Universität Graz 2003.

KPMG (2011): A New Role for New Times: Opportunities and Obstacles for the Expanding Finance Function, Boston 2011.

Krugman, Paul R./Obstfeld, Maurice (2003): International Economics: Theory and Policy, 6 Auflg., Bosten u.a. 2003.

Krummet, Fredericke (2010): Der Informationsgehalt von latenten Steuern nach IAS 12: Eine empirische Untersuchung zur Extrapolierbarkeit des IFRS-Ergebnisses in deutschen Konzernabschlüssen, Diss. WHU – Otto Beisheim School of Management 2010.

Kruschwitz, Lutz (2011): Investitionsrechnung, 13. Auflg., München 2011.

Krysteck, Ulrich/Zur, Eberhard (2002): Internationalisierung als Herausforderung für die Unternehmensführung: Eine Einführung, in: Krysteck, Ulrich/Zur, Eberhard (2002): Handbuch Internationalisierung: Globalisierung – eine Herausforderung für die Unternehmensführung, 2. Aufl., Berlin u.a. 2002.

Kubelec, Chris/Orskaug, Bjorn-Erik/Tanaka, Misa (2007): Financial globalization, external balance sheets and economic adjustment, in: Quarterly Bulletin 2007 Q2 der Bank of England, S. 244-257.

Kußmaul, Heinz (2008): Betriebswirtschaftslehre für Existenzgründer: Grundlagen mit Fallbeispielen und Fragen der Existenzgründungspraxis, 6. Aufl., München 2008.

Kutschker, Michael/Schmid, Stefan (2008): Internationales Management, 6. Aufl. München 2008.

Kutschker, Michael/Schmid, Stefan (2011): Internationales Management, 7. Auflg., München 2011.

Kühne, Jan (2010): Anforderungen an das Risikomanagement und Risikocontrolling; in: Eller, Roland u.a. (Hrsg.) (2010): Management von Rohstoffrisiken: Strategien, Märkte und Produkte, Wiesbaden 2010.

Lamberson, Morris (1995): Changes in Working Capital of Small Firms in Relation to Changes in Economic Activity; in: American Journal of Business, Bd. 10 Nr. 2, S.45-50.

Lamfalussy, Alexandre (2001): Die finanzielle Globalisierung und Fragilitätsprobleme, in: Randzio-Plath, Christa (Hrsg.) (2001): Zur Globalisierung der Finanzmärkte und Finanzmarktstabilität: Herausforderung für Europa, Baden-Baden 2001, S. 11-17.

Lane, Philip R./Milesi-Ferretti, Gian Maria (2008): New Perspectives on Financial Globalization: The Drivers of Financial Globalization; in: American Economic Review (Papers and Proceedings of the One Hundred Twentieth Annual Meeting of the American Economic Association), Bd. 98 Nr. 2, S. 327 - 332.

Lange, Klaus (2006): Die Mitbestimmung bei der Europäischen Aktiengesellschaft (Band 2 der Reihe: Die Europäische Aktiengesellschaft), Bremen/Hamburg 2006.

Lazaridis, Ioannis/Tryfonidis, Dimitrios (2006): Relationship between working capital management and profitability of listed companies in the Athens Stock Exchange; in: Journal of Financial Management and Analysis, Bd. 19 Nr. 1, S. 26-35.

Lies, Erich (2011): Erfolgsfaktoren des Working Capital Managements: Optimierungsansätze der Financial Supply Chain, Hamburg 2011.

Lind, Magnus (2008): Bank relationship strategy and management; in: Journal of Corporate Treasury Management, Bd. 1 Nr. 3, S. 226-228.

Lingnau, Volker (2009): Shareholder Value als Kern des Controlling?, in: Wall, Friederike/Schröder, Regina W. (Hrsg.) (2009): Controlling zwischen Shareholder Value und Stakeholder Value: Neue Anforderungen, Konzepte und Instrumente, München 2009.

Losbichler, Heimo/Rothböck, Markus (2008): Der Cash-to-cash Cycle als Werttreiber im SCM – Ergebnisse einer europäischen Studie; in: Controlling & Management, Bd. 52 Nr. 1, S. 47-57.

Luna Martínez, Jose de (2002): Globalisierung und Finanzkrisen: Lehren aus Mexiko und Südkorea, Berlin 2002.

Lux, Wilfried (2010): Performance Management: Effiziente Strategieentwicklung und -umsetzung, Stuttgart 2010.

Lütz, Susanne (2002): Der Staat und die Globalisierung von Finanzmärkten: Regulative Politik in Deutschland, Großbritannien und den USA, Frankfurt/New York 2002.

Makowski, Valeri Julia (2000): Cash-Management in Unternehmensgruppen: Zulässigkeitsvoraussetzung und Grenzen der zentralen Konzernfinanzierung; in: Berliner Juristische Universitätsschriften Zivilrecht, Band 25, Berlin 2000.

Malchow, Aleksandra (2011): Strafrechtliche Korruptionsbekämpfung: Analyse präventiver und gesetzgeberischer Maßnahmen in Deutschland und Polen unter Berücksichtigung ihrer europarechtlichen Rahmenbedingungen und ihrer ethnischen Grundlagen, Diss. Universität Frankfurt an der Oder 2011.

Mallya, Anuradha/Jayanty, Sai Kumar (2011): Cash Management: The Fundamentals, in GTNEWS, http://www.gtnews.com/article/8261.cfm, 30.06.2012, online.

Markham, Jerry W. (2006): Financial History of Modern U.S, Corporate Scandales from Enron to Reform, New York 2006.

Manson, David (2012): Why Cash is king at the Moment; in: GTNEWS, http.//www.gtnews.com/article/8706.cfm, 07.08.2012, online.

Martin, Thomas A./Bär, Thomas (2002): Grundzüge des Risikomanagements nach KonTraG: Das Risikomanagementsystem zur Krisenfrüherkennung nach § 91 Abs. 2 AktG., München/Wien 2002.

Masquelier, Francois (2011): Modernising the Finance Departments´s Role, in: Treasury Management International (TMI Magazine), Issue 196, S. 39-41.

Mathuva, David M. (2010): The Influence of Working Capital Management Components on Corporate Profitability: A Survey on Kenyan Listed Firms; in: Research Journal of Business Management, Vil. 4 Nr. 1, S. 1-11.

McCann, Hilton (2009): Offshore Finance, Cambridge u.a. 2009.

Mead, Richard/Andrews, Tim G. (2009): International Management, 4. Auflg. Chichester 2009.

Meckl, Reinhard (2010): Internationales Management, 2. Auflg., München 2010.

Meffert, Heribert (1990): Implementierungsprobleme globaler Strategien, in: Welge, Martin K. (Hrsg.) (1990): Globales Management: Erfolgreiche Strategien für den Weltmarkt, Stuttgart 1990, S. 93-115.

Meffert, Jürgen/Klein, Holger (2007): DNS der Weltmarktführer: Erfolgsformeln aus dem Mittelstand, Heidelberg 2007.

Melicher, Roland W./Norton, Edgar A. (2011): Introduction to Finance: Markets, Investments, and Financial Management, 14. Auflg., Hoboken 2011.

Melin, Leif (1992): Internationalization as a Strategy Process, in: Strategic Management Journal, Bd. 13 Special Issue: Fundamentals Themes in Strategy Process Research, S. 99-118.

Meyer, Rudolf (1994): Bona fides und lex mercatoria in der europäischen Rechtstradition, Diss. Universität Göttingen 1994.

Mirow, M. (2002): Globalisierung der Wertschöpfung, in: Krystek, Ulrich/Zur, Eberhard (2002): Handbuch Internationalisierung: Globalisierung – eine Herausforderung für die Unternehmensführung, 2. Auflg., Berlin u.a. 2002.

Mißler, Peter (2007): Einführung eines Working Capital Managements; in: Seethaler, Peter/Steitz, Markus (Hrsg.) (2007): Praxishandbuch Treasury-Management: Leitfaden für die Praxis des Finanzmanagements, Wiesbaden 2007, S. 147-164.

Mitter, Christine/Wohlschlager, Thomas/Kobler, Harald (2011): Management von Bankbeziehungen. Ergebnisse einer empirischen Befragung von Treasurern und Finanzverantwortlichen; in: CORPORATE FINANCE biz, 2/2011, S. 97-107.

Mitter, Christine (2012): Firm-bank relationships and bank selection criteria: empirical evidence from Austrian and German companies; in: European journal of Management, Bd. 12 Nr. 3, http://www.freepatentsonline.com/article/European-Journal-Management/312171927.html, 01.02.2013, online.

Mitter, Christine/Wohlschlager, Thomas/Kobler, Harald (2012): Bankensteuerung in Unternehmen: Einflussfaktoren, Determinanten und Gestaltungsparameter von Bankbeziehungen; in: Salzburger Management Studien – Studiengang Betriebswirtschaft 01, Puch/Salzburg 2012.

Moles, Peter/Parrino, Robert/Kidwell, David (2011): Corporate Finance, Chichester 2011.

Monks, Robert A.G./Minow, Nell (2011): Corporate Governance, 5. Auflg., Chichester 2011.

Moody´s (2012a): Credit Opinion Deutsche Bank AG (26 Sep 2012), https://www.deutsche-bank.de/ir/de/download/Moody_s_on_DB_26_Sep_2012.pdf, 22.10.2012, online.

Moody´s (2012b): Globale Methodik für Bank-Finanzkraftratings, http://www.moodys.com/researchdocumentcontentpage.aspx?docid=PBC_102978, 22.10.2012, online.

Moody´s (2012c): Ratingsymbole and -definitionen, http://www.moodys.com/researchdocumentcontentpage.aspx?docid=PBC_79004, 22.10.2012, online.

Moore, Karl/Lewis, David (1998): The First Multinational: Assyria circa 2000 B.C., in: Management International Review, Bd. 38 Nr. 2, S. 95-107.

Moosa, Imad A. (2010): International finance an analytical approach, 3 Auflg., Bosten u.a. 2010.

Morrison, Janet (2011): The Global Business Environment: Meeting the Challenges, 3. Auflg., New York 2011.

Morschett, Dirk (2006): Institutionalisierung und Koordinierung von Auslandseinheiten: Analyse von Industrie- und Dienstleistungsunternehmen, Habil. Universität des Saarlandes 2006.

Moss, Jimmy D./Stine, Bert (1993): Cash Conversion Cycle and Firm Size: A Study of Retail Firms; in: Managerial Finance, Bd. 19 Nr. 8, S. 25-34.

Mumm, Mirja (2008): Kosten- und Leistungsrechnung: Internes Rechnungswesen für Industrie- und Handelsbetriebe, Heidelberg 2008.

Müller-Steinfahrt, Ulrich (2006): Diffusion logistischen Wissens, Denkens und Verhaltens in Großunternehmen, Köln 2006.

Nastansky, Andreas/Strohe, Hans Gerhard (2009): Die Ursachen der Finanz- und Bankenkrise im Lichte der Statistik (Statistische Diskussionsbeiträge, Universität Potsdam, Nr. 35), http://opus.kobv.de/ubp/volltexte/2009/3791, 19.04.2011, online.

Navaretti, Giorgio Barba/Venables, Anthony J. (2004): Multinational Forms in the World Economy, Princeton/Oxford 2004.

Neuberger, Doris/Pedergnana, Maurice/Rathke-Doppner, Solvig: Concentration of Banking Relationships in Switzerland: The Result of Firm Structure or Banking Market Structure?; in: Journal of Financial Services Research, Bd. 33 Nr. 2, S. 101-126.

Niedenhoff, Horst-Udo (2005): Mitbestimmung in der Bundesrepublik Deutschland, 14. Auflg., Köln 2005.

Nitsch, Rolf/Niebel, Franz (1997): Praxis des Cash Managements: mehr Rendite durch optimale gesteuerte Liquidität, Wiesbaden 1997.

Nimwegen, Sebastian (2009): Vermeidung und Aufdeckung von Fraud, Diss. Westfälische Wilhelms-Universität Münster 2009.

Niskanen, William A. (Hrsg.) (2007): After Enron: Lessons for Public Policy, Plymouth 2007.

Nokia (2013): Stock information, http://www.nokia.com/global/about-nokia/investors/stock-information/stock-information/, 18.01.2013, online.

Nordström, Kjell A. (1991): The Internationalization Process of the Firm – Searching for New patterns and Explanations, Stockholm, 1991.

Obstfeld, Maurice/Taylor, Alan M. (2004): Global Capital Markets: Integration, Crisis and Growth, Cambridge u.a. 2004.

Offermann, Carsten (2000): Kreditderivate: Implikation für das Kreditportfoliomanagement von Banken, Diss. Universität Köln 2000.

Olesch, Gunther (2011): Vom Business Partner zum Steering Partner, in: Personalwirtschaft (www.personalwirtschaft.de), 10/2011, S. 59-61.

Ongena, Steven/Smith, David C. (2000): What Determines the Number of Bank Relationships? Cross-Country Evidence; in: Journal of Financial Intermediation, Bd. 9, Nr, 1, S. 26-56.

Ongena, Steven/Smith, David C. (2001): The duration of bank relationships; in: Journal of Financial Economics, Bd. 61 Nr 3, S. 449-475.

Ongena, Steven/Tumer-Alkan, Gunseli/von Westernhagen, Natalja (2012): Creditor concentration: an empirical investigation; in: European Economic Review, Bd. 56 Nr. 4, S. 830–847.

Opler, Tim/Pinkowitz, Lee/Stulz, René/Williamson, Rohan (2001): Corporate Cash Holdings; in: Journal of Applied Corporate Finance, Bd. 14 Nr. 1, S. 55-66.

Organization for Economic Cooperation and Development (2000): Die OECD-Leitsätze für multinationale Unternehmen, http://www.bmwi.de/ BMWi/Redaktion/PDF/M-O/oecd-leitsaetze,property=pdf,bereich=bmwi, sprache=de,rwb=true.pdf, 25.07.2011, online.

Ostermann, Rainer (2007): Basiswissen internes Rechnungswesen: Theorie – Technik – Transfer, Herdecke/Witten 2007.

o.V. (2008): Treasury as a Service Center, in: GTNEWS, http://www.gtnews.com/ webforms/article_detail.aspx?id=10737460804, 03.06.2008, online.

o.V. (2009): Treasury in Transformation: Results of Treasury Strategies 2008 Global Corporate Treasury and Liquidity Research Program, in: FX&MM Magazine, Dezember2008/Januar2009, S. 28-32.

o.V. (2013): Journal of Corporate Treasury Management, http://www.henrystewart.com/jctm.aspx, 04.01.2013, online.

Padgett, Carol (2012): Corporate Governance: Theory and practice, New York 2012.

Pech, Matthias (2008): Die Finanzmarktkrise 2007/2008 und ihre Auswirkungen auf strukturierte Produkte, Bremen 2008.

Peemöller, Volker H. (2008): Stand und Entwicklung der Internen Revision, in: Reidank, Carl-Christian/Peemöller, Volker H. (Hrsg.) (2008): Corporate Governance und Interne Revision: Handbuch für die Neuausrichtung der Internal Auditings, Berlin 2008, S. 1-16.

Pelzer, Sara (2008): Lesbar und eindeutig – Welche Richtlinien braucht das Treasury?, in: der Treasurer, FINANCE-Sonderbeilage März 2008, S. 10.

Peng, Mike W. (2009): Global Business, Mason 2009.

Perlitz, Manfred (2004): Internationales Management, 5. Auflg., Stuttgart 2004.

Perlmutter, Horward V. (1969): The Tortuous Evolution of the Multinational Corporation, in: Columbia Journal of World Business, Bd. 4 Nr.5, S. 9-18.

Perridon, Louis/Steiner, Manfred/Rathgeber, Andreas (2009): Finanzwirtschaft der Unternehmung, 15. Aufl., München 2009.

Perry, Charls (2005): Decide on the Right Treasury Management System (TMS), in: Treasury Management International (TMI Magazine), Issue 139, S. 24-27.

Pfitzer, Norbert/Oser, Peter/Orth, Christian (Hrsg.) (2005): Deutscher Corporate Governance Kodex: Ein Handbuch für Entscheidungsträger, 2. Auflg., Stuttgart 2005.

Pflug, Robert (2007): Aufbau einer Cash-Pooling-Struktur; in: Seethaler, Peter/Steitz, Markus (Hrsg.) (2007): Praxishandbuch Treasury-Management: Leitfaden für die Praxis des Finanzmanagement, Wiesbaden 2007.

Phillips, Aaron L. (1997): Treasury Management: Job Responsabilitties, Curricular Development, and Research opportunities, in: Financial Management, Bd. 26 Nr. 3, S. 69-81.

Pilbeam, Keith (2006): International Finance, 3. Auflg., New York 2006.

Pischon, Alexander/Liesegang, Dietfried G (1999): Integrierte Managementsysteme für Qualität, Umweltschutz und Arbeitssicherheit, Berlin/Heidelberg 1999.

Pohl, Rüdiger F. (2004): Cognitive illusions: A handbook on fallacies and biases in thinking, judgement and memory, Hove/New York 2004.

Poirier, Charles C./Houser, William F. (1993): Business Partnering for Continuous Improvement: How to forge enduring alliances among employees, suppliers & customers, San Francisco/San Diego 1993.

Polak, Petr/Roslan, Rady Roswanddy (2009): Location criteria for establishing treasury centres in South-East Asia; in: Journal of Corporate Treasury Management, Bd. 2 Nr. 4, S. 331-338.

Polak, Petr (2010a): Centralization of Treasury Management in a Globalized World; in: Journal of Finance and Economics, Issue 56, S. 88-95.

Polak, Petr (2010b): 'The centre holds': From the decentralised treasury towards fully centralised cash and treasury management; in: Journal of Corporate Treasury Management, Bd. 3 Nr. 2, S. 109-112.

Polak, Petr/Robertson, David C./Lind, Magnus (2011): The New Role of the Corporate Treasurer: Emerging Trends in Response to the Financial Crisis; in: International Research Journal of Finance and Economics, Issue 78 (2011), S. 48-69.

Porter, Michael E. (1989): Globaler Wettbewerb: Strategien der neuen Internationalisierung, Wiesbaden 1989.

Powell, Garry E./Baker, Kent H. (2010): Management Views on Corporate Cash Holdings; in: Discussion Paper Series (Series 2010-1) – McColl School of Business, ftp://ftp.drivehq.com/msbftp/repec/pdfs/wpapers/msbwp2010-01.pdf, 07.03.2013, online.

Preißler, Peter R. (2007): Controlling: Lehrbuch und Intensivkurs, 13. Auflg., München 2007.

Priemeier, Thomas (2005): Finanzrisikomanagement im Unternehmen: Ein Praxishandbuch, München 2005.

Priester, Charles/Wang, Jincheng (2010): Financial Strategies for the Manager, Heidelberg u.a. 2010.

Püthe, Tina (2008): Mittelständische Unternehmen und Genossenschaftsbanken: Eine empirische Analyse der Wirkung ökonomischer und verhaltenswirtschaftlicher Faktoren, Diss. Universität Münster 2008.

PWC Deutsche Revision AG/Verband Deutscher Treasurer e.V. (2003): Corporate Treasury in Deutschland, Frankfurt am Main 2003.

PWC (2010): Global Treasury Survey 2010: Can the crisis make treasury stronger?, o.O 2010.

Raheman. Abdul/Nasr, Mohamed (2007): Working Capital Management and Profitability – Case of Pakistani Firms; in: International Review of Business Research Papers, Bd. 3 Nr. 1, S. 279-300.

Rappaport, Alfred (1998): Creating Shareholder Value: A Guide for Managers and Investors (Revised and Updated), New York 1998.

Rapp, Matthias J. (2010): Bilanzorientiertes Risikomanagement in Industrieunternehmen, in: Controlling & Management (ZfCM), Bd. 54 Nr. 4, S. 236-240.

Rapp, Matthias J. (2011): Treasury, in: Rapp, Michael J./Wullenkord, Axel (Hrsg.) (2011): Unternehmenssteuerung durch den Finanzvorstand (CFO), Wiesbaden 2011.

Rapp, Matthias, J./Wullenkord, Axel (2011): Unternehmenssteuerung durch den Finanzvorstand (CFO): Aktuelle Herausforderungen und Lösungen, Wiesbaden 2011.

Regierungskommission Deutscher Corporate Governance Kodex (2012a): Deutscher Corporate Governance Kodex (in der Fassung vom 26. Mai 2010), http://www.corporate-governance-code.de/ger/download/kodex_2010D_CorGov_Endfassung_Mai_2010_pdf., 15.05.2012, online.

Regierungskommission Deutscher Corporate Governance Kodex (2012b): Home: Deutscher Corporate Governance Kodex, http://www.corporate-governance-code.de, 15.05.2012, online.

Reich, Charlotte/Reihlen, Markus/Rhode, Annette (2006): Internationalisierung von Managementberatungsunternehmen: Der Erklärungsbeitrag von Dunnings Eklektischer Theorie am Beispiel A.T. Kearny, in: Reihlen, Markus/Rhode, Annette (Hrsg.) (2006): Internationalisierung professioneller Dienstleistungsunternehmen, Köln 2006.

Reichmann, Thomas (2011): Controlling mit Kennzahlen: Die systemgestützte Controlling-Konzeption mit Analyse- und Reportinginstrumenten, 8. Auflg., München 2011.

Reichert, Boris-Daniel (2012): Neue Wege der Investor Relations: Dialog und Transparenz in der Finanzkommunikation, Münster 2012.

Reid, Stan (1983): Firm Internationalization, Transaction Costs and Strategic Choice, in: International Marketing Review, Bd. 1 Nr. 2, 1983, S. 44-56.

Reisch, Rutbert D. (2009): Konzern-Treasury: Finanzmanagement in der Industrie, München 2009.

Rittberger, Volker/Zangel, Bernhard (2003): Internationale Organisationen: Politik und Geschichte, 3. Auflg., Wiesbaden 2003.

Rittscher, Hauke (2007): Cash-Management-Systeme in der Insolvenz; in: Ehricke, Ulrich/Paulus, Christoph (Hrsg.) (2007): Schriften zum Insolvenzrecht – Band 14, Baden-Baden 2007.

Rothermund, Dietmar (1993): Die Welt in der Wirtschaftskrise – 1929-1939, Münster u.a. 1993.

Rudolph, Bernd (2007): Kredittransfer – Abbau alter gegen den Aufbau neuer Risiken?, in: Kredit und Kapital, Jg. 40 Nr. 1, S. 1-16.

Rudolph, Bernd (2009): Die internationale Finanzkrise: Ursachen, Treiber, Veränderungsbedarf und Reformansätze (Münchener Wirtschaftswissenschaftliche Beiträge, 2009-10), http://epub.ub.uni-muenchen.de/10964/, 19.04.2011, online.

Sanders, Helen (2012a): The Treasurer's Voice: Centralisation; in: Treasury Management International (TMI Magazine), Issue 202, S. 8-13.

Sanders, Helen (2012b): The Treasurer's Voice: Bank Relationships; in: Treasury Management International (TMI Magazine), Issue 201, S. 10-16.

San José, Leire/Iturralde, Txomin/Maseda, Amaia (2008): Treasury Management Versus Cash Management, in: International Research Journal of Finance and Economics, Issue 19, S. 192-204.

Schäfer, Henry (2002): Unternehmensfinanzen: Grundzüge in Theorie und Management, 2. Auflg., Heidelberg 2002.

Schewe, Gerhard (2005): Unternehmensverfassung: Corporate Governance im Spannungsfeld von Leitung, Kontrolle und Interessenvertretung, Berlin/ Heidelberg/New York 2005.

Schierenbeck, Henner (2003): Ertragsorientiertes Bankmanagement – Band1: Grundlagen, Marktzinsmethode und Rentabilitäts-Controlling, 8. Auflg. Wiesbaden 2003.

Schierenbeck, Henner/Wöhle, Claudia B. (2008): Grundzüge der Betriebswirtschaftslehre, 17. Auflg., München 2008.

Schirm, Stefan A. (2007): Internationale Politische Ökonomie: Eine Einführung, 2. Auflg., Baden-Baden 2007.

Schmitz, Thorsten/Wehrheim, Michael (2006): Risikomanagement: Grundlagen – Theorie – Praxis, Stuttgart 2006.

Schmude, Karoline/Svatopluk, Alexander (2008): Herausforderungen Treasury - Neue Strategien für einen nachhaltigen Wertbeitrag, in: Keuper, Frank/Neumann, Fritz (Hrsg.) (2007): Finance Transformation: Strategien, Konzepte und Instrumente, Wiesbaden (2008), S. 271-290.

Schneck, Otttmar (2011): Rechtsgrundlagen des Risikomanagements, in: Klein, Andreas (Hrsg.) (2011): Risikomanagement und Risiko-Controlling, Freiburg 2011, S. 87-96.

Schnetzler, Michael/Svatopluk, Alexander (2001): Intercompany Clearing und In-House Banking für Corporates; in: Finanz Betrieb, Bd. 3 Nr. 2, S. 97-99.

Schneider, Dieter (1993): Geschichte der Buchhaltung und Bilanzierung, in: Chmielewicz, Klaus/Schweitzer, Marcell (Hrsg.) (1993): Handwörterbuch des Rechnungswesen, 3. Auflg., Stuttgart 1993, S. 712-721.

Schreiber, Rolf/Nientimp, Axel (2011): Verrechnungspreise, 3. Auflg., Herne 2011.

Schularick, Moritz (2006): Finanzielle Globalisierung in historischer Perspektive: Kapitalflüsse von Reich nach Arm, Investitionsrisiken und global öffentliche Güter, Tübingen 2006.

Schwarze, Jochen (2011): Grundlagen der Statistik – Band 1: Beschreibende Verfahren, 11. Auflg., Herne 2009.

Sele, Cyrill (1995): Standortkonkurrenz zwischen Finanzplätzen unter besonderer Berücksichtigung des Offshore-Geschäfts – Der Fall Liechtenstein, Diss. Univ. St. Gallen 1995.

Sell, Axel (2003): Einführung in die internationalen Wirtschaftsbeziehungen, 2. Auflg., München 2003.

Sell, John W. (2006): The Neuer Markt is Dead. Long Live the Neuer Markt!, in: International Advances in Economic Research, Bd. 12 Nr. 2, S. 191-202.

Shapiro, Alan C. (1978): Payments Netting in International Cash Management; in: Journal of International Business Studies, Bd. 9 Nr. 2, S. 51-58.

Siemens (2013): Börsennotierung Europa (ORD), http://www.siemens.com/investor/de/siemens_aktie/aktieninformation.htm, 18.01.2013, online.

Smid, Robert (2008): Unlocking value from your sheet through working capital management; in: Journal of Payments strategy & systems, Bd. 2 Nr. 2, S. 127-137.

Smith, Keith V. (1973): State of the Art Working Capital Management; in: Financial Management, Bd. 2 Nr. 3, S. 50-55.

Solbes, Pedro (2001): Die globalisierten Finanzmärkte und die Risiken für die Stabilität der Wirtschaft, in: Randzio-Plath, Christa (Hrsg.) (2001): Zur Globalisierung der Finanzmärkte und Finanzmarktstabilität: Herausforderungen für Europa, Baden-Baden (2001), S. 59-71.

Solnik, Bruno/McLeavey, Dennis (2009): Global Investments, 6. Auflg., Boston u.a. 2009.

Song, Kyojik/Lee, Youngjoo (2012): Long-Term Effects of a Financial Crisis: Evidence from Cash Holdings of East Asian Firms; in: Journal of Financial and Quantitative Analysis, Bd. 47 Nr. 3, S. 617-641.

Söllner, Albert (2008): Einführung in das internationale Management: eine institutionenökonomische Perspektive, Wiesbaden 2008.

Siebert, Horst (1998): Disziplinierung der nationalen Wirtschaftspolitik durch die internationale Kapitalmarktmobilität, in: Duwendag, Dieter/Hildenbrand, Werner (Hrsg.) (1998): Finanzmärkte im Spannungsfeld von Globalisierung, Regulierung und Geldpolitik, Berlin 1998, S. 41-67.

Spencer Stuart (2009): From CFO to CEO, http://content.spencerstuart.com/sswebsite/pdf/lib/CFOtoCEO.pdf, 25.07.2012, online.

Sperber, Herbert/Sprink, Joachim (1999): Finanzmanagement internationaler Unternehmen: Grundlagen – Strategien – Instrumente, Stuttgart/Berlin/Köln 1999.

Spiegel, Michael (2011): Supporting a New decade of Treasury, in: Treasury Management International (TMI Magazine), Issue 197, S. 32-35.

Srinivasan, Venkat/Kim, Yong H. (1986): Payments Netting in International Cash Management: A Network Optimization Approach; in: Journal of International Business Studies, Bd. 17 Nr. 2, S. 1-20.

Stachowiack, Herbert (1973): Allgemeine Modelltheorie, Wien u.a. 1973.

Stanwick, Peter/Stanwick, Sarah (2001): Using the Internet for Treasury Management; in: Journal of Corporate Accounting & Finance, Bd. 13 Nr. 1, S. 3-7.

Steinhauer, Leif (2007): Die Objektivierung des kapitalmarktorientierten Value Reporting, Diss. Universität Hamburg 2007.

Steinmeyer, Volker (2008): Der Lagebericht als publizitätspolitisches Instrument börsennotierter Aktiengesellschaften: Eine Untersuchung zur Weiterentwicklung der Lageberichtserstattung aus betriebswirtschaftlicher Sicht, Diss. Universität Hamburg 2008.

Sterling, Theodore F. (Hrsg.) (2002): The Enron Scandel, New York 2002.

Storck, Ekkehard (2005): Globale Drehscheibe Euromarkt, 3. Auflg., München 2005.

Streeck, Wolfgang/Kluge, Norbert (Hrsg.) (1999): Mitbestimmung in Deutschland: Tradition und Effizienz, Frankfurt am Main/New York 1999.

Strieder, Thomas (2005): Deutscher Corporate Governance Kodex: Praxiskommentar, Berlin 2005.

Strietzel, Markus (2005): Unternehmenswachstum durch Internationalisierung in Emerging Markets: Eine neo-kontingenztheoretische Analyse, Diss. Universität European Business School 2005.

Studenmund, A. H.(2001): Using Econometrics, 4. Auflg., Boston, 2001.

Sullivan, Daniel/Bauerschmidt, Alan (1990): Incremental Internationalization: A Test of Johanson and Vahlne's Thesis, in: Management International Review, Bd. 30 Nr. 1. 1990, S. 19-30.

SunGard (2010): The Move to Corporate Transaction Banking, http://www.cfo.com/whitepapers/index.cfm/download/14496160, 14.08.2012, online.

Talkenberger, Dirk/Wehn, Carsten S. (2012): Kontrahentenrisiko im Überblick; in: Ludwig, Sven/Martin, Marcus R. W./Wehn, Carsten S. (Hrsg.) (2012): Kontrahentenrisiko: Bewertung, Steuerung, Unterlegung nach Basel III und IFRS, 2012, S. 1-20.

Tebroke, Hermann-Josef/Laurer, Thomas (2005): Betriebliches Finanzmanagement, Stuttgart 2005.

Thirty, Bruno (1991): Do you know what your finance director does?, in: Business Strategy Review, Bd. 2 Nr. 3, S. 39-51.

Thomson Reuters (2013 a): Worldscope Fundamentals fact Sheet, http://thomsonreuters.com/content/financial/pdf/i_and_a/Worldscope_Fundamentals.pdf, 11.03.2013, online.

Thomson Reuters (2013 b): Worldscope Fundamentals, http://thomsonreuters.com/products_services/financial/financial_products/a-z/worldscope_fundamentals/, 11.03.2013, online.

Treasury Strategies (2008): 2008 Global Corporate Treasury Research Programme, in: FX&MM, Oktober 2008, S. 34-39.

Troßmann, Ernst (2008): Internes Rechnungswesen; in: Corsten, Hans/Reiß, Michael (Hrsg.) (2008): Betriebswirtschaftslehre (Band 1), 4. Auflg., München 2008, S. 221-346.

Ulrich, Dave (1997): Human Resource Champion: The next Agenda for adding Value and delivering results, o. O. 1997.

Ulrich, David (2005): Human Resource Champions: The Next Agenda for Adding Value and Delivering Results, Boston 2005.

Ulrich, Hans/Krieg, Walter K. (1972): Das St. Galler Managementmodell, Bern 1972.

Ungefehr, Friederike (1988): Tourismus und Offshore-Banking auf den Bahamas: Internationale Dienstleistungen als dominanter Wirtschaftsfaktor in einem kleinen Entwicklungsland, Frankfurt am Main u.a. (1988).

United Nations Conference on Trade and Development (2011a): Structure of TNCs (Transnational Corporations), http://www.unctad.org/Templates/Page.asp?intItemID=3170&lang=1, 11.11.2011, online.

United Nations Conference on Trade and Development (2011b): UnctadStat, http://unctadstat.unctad.org/TableViewer/tableView.aspx?ReportId=14940, 07.12.2011, online.

U.S. Department of the Treasury (2012): Role of Treasury, http://www.treasury.gov/about/role-of-treasury/Pages/default.aspx, 08.06.2012, online.

Vaghefi, Reza M./Paulson, Steven K./Tomlinson, William H. (1991): International Business: Theory & Practice, New York 1991.

Valdez, Stephen/Molyneux, Philip(2010): An Introduction to Global Financial Markets, 6. Auflg., New York 2010.

van der Wal, Diejana/Rijken, Heijmert (2010): Cash Management Centralisation: Is it Right for Your Company?, in GTNEWS, http://www.gtnews.com/article/7904.cfm, 30.06.2012, online.

Verband Deutscher Treasurer e.V. (2007): Bankensteuerung, Frankfurt am Main 2007.

Verband Deutscher Treasurer e.V. (2008): Governance in der Unternehmens-Treasury, Frankfurt am Main 2008.

Verband Deutscher Treasurer e.V. (2011): Bankensteuerung, Frankfurt am Main 2011.

Vieregg, Sebastian (2009): Kulturelle Faktoren in der internationalen Geschäftsentwicklung: Onlinebasierte Möglichkeiten des interkulturellen Marketings, Diss. Leuphana Universität Lüneburg 2009.

Vitols, Sigurt (2001): Frankfurt's Neuer Markt and the IPO explosion: is Germany on the road to Silicon Valley?, in: Economy and Society, Bd. 30 Nr. 4, S. 553-564.

Voll, Johannes (2006): Internationalisierung in der Unternehmensentwicklung: Implikationen kultureller Distanz im Internationalisierungspfad, Diss. (WHU -) Otto Beisheim School of Management 2006.

von Eije, Henk/Westerman, Wim (2001): Multinational cash management and conglomerate discounts in the euro zone, http://som.eldoc.ub.rug.nl/reports/themeE/2001/01E60/, 25.10.2012, online.

von Pölnitz, Götz (1999): Die Fugger, 6. Auflg., Tübingen 1999.

von Rheinbaben, Joachim/Ruckes, Martin (2004): The number and the closeness of bank relationships; in: Journal of Banking & Finance, Bd. 28 Nr. 7, S. 1597-1615.

Wagner , Helmut (2009): Einführung in die Weltwirtschaftspolitik: Globalisierung: Internationale Wirtschaftsbeziehungen, Internationale Organisationen, Internationale Politikkoordinierung, 6. Auflg., München 2009.

Waidacher, Christoph/Dönges, Marc (2011): Grundlagen des Kreditrisikomanagements, in: Seethaler, Peter/Steitz, Markus (Hrsg.) (2011): Praxishandbuch Treasury-Management: Leitfaden für die Praxis des Finanzmanagements, Wiesbaden 2011 (Nachdruck von 2007), S. 414-429.

Walker, Gerry (2001): IT Problem Management, Upper Saddle River 2001.

Walter, Andrew (2005): Understanding financial globalization in international political economy; in: Philips, Nicola, (Hrsg.) (2005): Globalizing Political Economy, Basingstoke 2005, S. 141-164.

Walther, Dietrich (2009): Green Business – das Milliardengeschäft: Nach den Dotcoms kommen jetzt die Dot-greens, Wiesbaden 2009.

Wassing, Beatrice (2011): Best Practice for Cash Pooling: A Custom Made Solution?; in: GTNEWS, http://www.gtnews.com/article/8524.cfm, 06.08.2012, online.

Weber, Ralf L. (1999): Währungs- und Finanzkrisen: Lehren für Mittel- und Osteuropa?, in Schüller, Alfred (Hrsg.) (1999): Studien zur Ordnungsökonomik, Nr. 23, Stuttgart 1999, S. 1-28.

Welge Martin K./Holtbrügge, Dirk (2006): Internationales Management: Theorien, Funktionen, Fallstudien, 4. Auflg., Stuttgart 2006.

Wendland, Jan (2008): Finanzierung durch Cash Pooling im Kapitalgesellschaftskonzern: Ertragsteuerliche Analyse und Handlungskonsequenzen, Diss. Universität Düsseldorf 2008.

Werdenich, Martin (2008): Modernes Cash-Management: Instrumente und Maßnahmen zur Sicherung und Optimierung der Liquidität, 2. Auflg., München 2008.

Wesnitzer, Markus (1993): Markteintrittsstrategien in Osteuropa – Konzepte für die Konsumgüterindustrie, Diss. Universität Bamberg 1993.

Wiederkehr, Bruno/Züger, Rita-Maria (2010): Risikomanagementsystem im Unternehmen: Grundlagen mit zahlreichen Beispielen, Repetitionsfragen und Antworten, Zürich 2010.

Wilderer, Mirka C. (2010): Transnationale Unternehmen zwischen heterogenen Umwelten und interner Flexibilisierung: Zur Rolle polykontextueller Netzwerke in der Siemens AG, Diss. Universität Oldenburg 2010.

Wimmer, Brigitte/Pastel, Günther (2004): Professionelles Fremdwährungsmanagement aus der Sicht eines multinational ausgerichteten Industriekonzerns; in: Guserl, Richard/Pernsteiner, Helmut (2004): Handbuch Finanzmanagement in der Praxis, Wiesbaden 2004, S. 406-426.

Witschonke, Karl (2007): Strategies to improve banking partnerships and treasury productivity; in: Journal of Corporate Treasury Management, Bd. 1 Nr. 2, S. 166-170.

Wittman, Christoph Moritz (2006): Investment Banking und Nachfolgeberatung der Sparkassen: Analyse von Effizienz und Notwendigkeit eines Leistungsangebotes, Diss. European Business School 2006.

White, Roderick E./Poynter, Thomas A. (1989a): Organizing for Worldwide Advantage, in: Business Quarterly, Sommer 1989, S. 84-89.

White, Roderick E./Poynter, Thomas A. (1989b): Achieving Worldwide Advantage with the Horizontal Organization, in: Business Quarterly, Herbst 1989, S. 55-60.

White, Roderick E./Poynter, Thomas A. (1990): Organizing for World-wide Advantage, in: Bartlett, Christopher A./Doz, Yves L./Hedlund, Gunnar (Hrsg.) (1990): Managing the Global Firm, London/New York, 1990, S. 95-113.

Williams, Barry (1997): Positive Theories of Multinational banking: Eclectic Theory versus Internalisation Theory, in: Journal of Economic Surveys, Bd. 11 Nr. 1, S. 71-100.

Wind, Yoram/Douglas, Susan P./Perlmutter, Howard V. (1973): Guidelines for Developing International Marketing Strategies, in The Journal of Marketing, Bd. 37 Nr. 2, S. 14-23.

Wolf, Klaus/Runzheimer, Bodo (2009): Risikomanagement und KonTraG: Konzeption und Implementierung, 5. Auflg., Wiesbaden 2009.

Wolke, Thomas (2008): Risikomanagement, 2. Auflg. München 2008.

Wortmann, Michael (2008): Komplex und Global: Strategien und Strukturen multinationaler Unternehmen, Wiesbaden 2008.

Wöhe, Günter/Bilstein, Jürgen/Ernst, Dietmar/Häcker, Joachim (2009): Grundzüge der Unternehmensfinanzierung, 10. Auflg., München 2009.

Wöltje, Jörg (2008): Schnelleinstieg Rechnungswesen, München 2008.

Wöltje, Jörg u.a. (2011): Bilanzen lesen, verstehen, gestalten, 10. Auflg., Freiburg/Berlin/München, 2011.

Wöltje, Jörg (2012): Betriebswirtschaftliche Formelsammlung: Rechenwege, Formeln, Kennzahlen kompakt erklärt, 6. Auflg., 2012., Freiburg 2012.

Wunder, Thomas (2003): Transnationale Strategien: Anwendungsorientierte Realisierung mit Balance Scorecards, Diss. European Business School 2003.

Zahrte, Kai (2010): Finanzierung durch Cash Pooling im internationalen mehrstufigen Konzern nach dem MoMiG, Diss. Georg-August-Universität Göttingen 2010.

Zantow, Roger/Dinauer, Josef (2011): Finanzwirtshaft des Unternehmens: Die Grundlagen des modernen Finanzmanagements, 3. Auflg., München 2011.

Zipperling, Manuela (2012): Das deutsche Modell der Corporate Governance im Vergleich zum monistischen System und zur SE, in: Grundei, Jens/Zaumseil, Peter (Hrsg.) (2012): Der Aufsichtsrat im System der Corporate Governance: Betriebswirtschaftliche und juristische Perspektiven, Wiesbaden 2012.

Zucknick, Michael/Schramm, Sabine (2008): Cash-Management Techniques; in: GTNEWS, http://www.gtnews.com/article/7381.cfm, 30.06.2012, online.

Zwirner, Christian (2007): IFRS-Bilanzierungspraxis: Umsetzungs- und Bewertungsunterschiede in der Rechnungslegung, Berlin 2007.

Schriftenreihe Finanzierung und Banken

Herausgeber: Prof. Dr. Detlev Hummel

Band 1: Roland Hübner: Terminbörsliche Immobilienderivate für Deutschland, 2002.

Band 2: Philip Steden: Marktorientierte Bankenregulierung. Eine ökonomische Analyse unter besonderer Berücksichtigung der Einlagensicherung, 2002.

Band 3: Marc Brüning: Corporate Finance als europäische Option im mittelstandsorientierten Bankgeschäft, 2002.

Band 4: Peter Claudy: Projektfinanzierungen in Emerging Markets. Eine institutionenökonomische Analyse, 2002.

Band 5: Sven Deglow: Vertriebs-Controlling in Bausparkassen. Aufgaben und Instrumente einer Controlling-Konzeption zur Koordination der Vertriebswege, 2003.

Band 6: David Mbonimana: Internationalisierungsstrategien von Banken – Kooperation versus Akquisition. Eine historische und vergleichende Analyse am Beispiel deutscher Großbanken, 2005.

Band 7: Julia Plakitkina: Bankenstrukturen und Systemrisiken – eine ökonomische Analyse Russlands im internationalen Vergleich, 2005.

Band 8: Florian Bolte: Auswirkungen des Schuldenmanagements auf Renditedifferenzen zwischen Anleihen öffentlicher Emittenten des Euro-Währungsgebietes, 2005.

Band 9: Annett Ullrich: Finanzplatz Berlin – Entstehung und Entwicklung, 2005.

Band 10: Holger Blisse: Stärkung der Kreditgenossenschaften durch verbundbezogenes Eigenkapital der Mitglieder. Ein Beitrag zur Corporate Governance-Diskussion, 2006.

Band 11: Tobias Hofmann: Asset Management mit Immobilienaktien, 2006.

Band 12: Bert Helwing: Qualitative Bewertung von Kapitalbeteiligungsgesellschaften – Eine empirische Analyse ausgewählter Bewertungskriterien und ihr Einfluss auf die Rendite und das Beteiligungsvolumen, 2008.

Band 13: Michael Behrens: Turnaround Finance – eine Analyse der Kapitalzufuhr im Krisenfall des Mittelstandes, 2008.

Band 14: Jana Gersch: Studienfinanzierung durch Kreditinstitute, 2009.

Band 15: Christian Wildmann: Portfolioinvestitionen in Emerging Capital Markets. Portfolioinvestitionen im Kontext von Entwicklungsaspekten aufstrebender Kapitalmärkte, 2011.

Band 16: Rolf-Peter Mikolayczyk: Veränderungen des US-Bankensystems als Wurzel der Bankenkrise von 2008, 2011.

Band 17: Holger Seidel: Innovative Venture Capital-Investments über Dachfonds, 2011.

Band 18: Markus Tischer: Effizienzmessung im Sparkassensektor am Beispiel regionaler Cluster, 2011.

Band 19: Peter Brodehser: Internationale Projektfinanzierung – Strukturen und Instrumente der Bankintermediation, 2012.

Band 20: Arno Richter: Finanzierung kleiner und mittlerer Unternehmen – eine theoretische und empirische Analyse sowie Besonderheiten in Ostdeutschland, 2012.

Band 21: Nick Dimler: Anlagepolitik öffentlicher Versorgungsrücklagen deutscher Bundesländer und kapitalmarktfundierte Strategieentwicklung, 2013.

Band 22: Robert Mülhaupt: Einflussfaktoren der Informationseffizienz von Aktienmärkten. Eine Analyse der Rolle von Transparenzanforderungen und Aktien-Analysten in den CEE-3, 2014.

Band 23: Thomas Schneider: Analyse europäischer Finanzverbünde und Perspektiven der deutschen Sparkassen-Finanzgruppe – Zentralisation: Notwendigkeit oder Fiktion? Entwicklungsaspekte in der Sparkassenorganisation im europäischen Vergleich, 2015.

Band 24: Nicolas Edling: Treasury-Management Internationaler Unternehmen, 2015.